경천아일록 읽기

擎天兒日錄

숭실대학교 한국문학과예술연구소 학술자료총서 05

한글판·러시아어판 합본

김경천 장군의
전설적 민족해방투쟁록

경천아일록 읽기

擎 天 兒 日 錄

김경천 저
김병학 탈초 및 현대어역 / 유 콘스탄틴 러시아어역

學古房

▲ 러시아 하바롭스크시 변강합동국가보안국에서 일하던 시기의 김경천 (1932년)

▲ 김경천의 아버지 김정우. 그는 35살의 늦은 나이에 일본에 유학하고 돌아와 대한제국 육군군기창장으로 일했다. (1900~1908년)

▲ 김경천과 아내 유정화.(1915년 무렵)
이 사진은 김경천이 일본에서 오랜만에 환국하여 유정화와 혼인을 치른 뒤 다시 일본
으로 돌아가 1~2년이 지난 1915년 봄에 찍은 것으로 보인다.

▲ 일본육군 기병연대에서 장교로 복무하던 시기의 김경천. 둘째 줄 맨 오른쪽이 김경천이
　다. (1910~1918년)

▲ 1921년 3월 연해주 공산당 지역중앙위원회 고려인 부서의 제안으로 아무르 주 크라스노 야르 마을에서 개최된 연해주 한인 빨치산 활동가들의 제1회 모임. 여기에서 고려인 빨 치산 부대들을 통합하여 연해주 인민혁명군 소속으로 합병시키자는 결의가 나왔다. 맨 뒷줄 왼쪽에서 세 번째가 김경천이다.

둘째 줄 왼쪽에서 두 번째는 나중에 선봉신문 농업부장을 역임한 황동훈, 네 번째는 한인 지도자로서 소비에트 당국에 한인의 권리를 적극 주장했던 한명세, 여섯 번째는 1930년대 뽀시예트 구역 당서기장을 역임한 김 아파나시, 넷째 줄 왼쪽(오른쪽)에서 다 섯 번째는 중국과 한국에서 신문을 발행하고 지하활동을 하다가 체포되어 서울 서대문 감옥에서 옥고를 치르고 사망한 채 그리고리, 맨 뒷줄 오른쪽에서 첫 번째는 제76 고려 인 포병부대 정치교육장교를 역임한 김광택, 뒤에서 두 번째 줄 왼쪽에서 두 번째는 대표적인 한인빨치산 지도자 중 한 명인 한창걸, 맨 앞 줄 가운데는 남준표다.

▲ 1918~1922년 연해주 한인빨치산 부대원들의 복장. 앞줄 오른쪽은 1902년생 김생육이다.

▲ 항일빨치산대원 최 뾰뜨르 니꼴라예비츠(1901–1988)와 동료들 (1918–1922)

▲ 김경천의 유일한 누이동생 옥진의 결혼식 사진(1930년 서울). 옥진은
경성고등여자보통학교를 졸업하고 1930년에 남광준에게 출가했다.
그 후 어느 시기에 이들은 지금의 북한 지역으로 이주하였다.

КИМ-Кен-Чен, 1885 г.р. (фотография 1939 года)

◀ 간첩죄로 체포된 김경천이 카자흐스
탄 까라간다 수용소에 들어가 머리를
깎이기 전에 찍은 사진 (1939년)

КИМ-Кен-Чен, 1885 года рождения (фотография 1939 года)

간첩죄로 체포된 김경천이 카자흐스탄
까라간다 수용소에 들어가 머리를 깎인
후에 찍은 사진 (1939년) ▶

13

▲ 김경천의 자식들. 앞줄 왼쪽부터 반시계 방향으로 맏딸 지리, 셋째딸 지란, 막내딸 지희, 맏아들 수범. 둘째 딸 지혜는 1937년 여름에 블라디보스토크에서 사망했다.

▲ 김경천의 자식들. 앞줄 왼쪽부터 맏딸 지리, 막내딸 지희, 셋째딸 지란, 뒷줄은 둘째 아들 기범.

▲ 김경천의 막내딸 김지희.

▲ 김경천의 자손들. 뒷줄에 김경천의 아내 유정화, 맏딸 지리, 막내딸 지희가 보인다.
　(1958년경 카자흐스탄 까라간다)

▲ 카자흐스탄 까라간다에 있는 김경천의 아내 유정화의 무덤과 묘비

▲ 김경천에게 추서된 대한민국 건국훈장과 훈장증 (1998년)

КАЗАКСТАН РЕСПУБЛИКАСЫ
ҰЛТТЫҚ ҚАУІПСІЗДІК
КОМИТЕТІНІҢ
ҚАРАҒАНДЫ ОБЛЫСЫ
БОЙЫНША ДЕПАРТАМЕНТІ

ДЕПАРТАМЕНТ КОМИТЕТА
НАЦИОНАЛЬНОЙ БЕЗОПАСНОСТИ
РЕСПУБЛИКИ КАЗАХСТАН
ПО КАРАГАНДИНСКОЙ
ОБЛАСТИ

100000, Қарағанды қаласы, Бұқар жырау даңғылы, 17
Тел.: 8 (3212) 41-04-48, 41-05-52

100000, город Караганда, пр. Бухар-Жырау, 17
Тел.: 8 (3212) 41-04-48, 41-05-52

1с .09.2008г, *с/8-2-1958 м/с*

На № _____ от _____

Ким Евгению Петровичу
г. Караганда, ул. Рыскулова, дом 9, кв.13

АРХИВНАЯ СПРАВКА

По материалам архивного уголовного дела № 01515 находящегося на хранении в Департаменте КНБ РК по Карагандинской области, проходит:

КИМ-Кен-Чен, 1885 г.р., уроженец г. Бук-Чен республики Корея, по национальности кореец, гражданин СССР, беспартийный, образование высшее, в 1917 году закончил высшую офицерскую школу Японии в г. Токио, сын полковника корейской армии. До 1919 года служил в японской армии в чине поручика, в 1920 году нелегально перешел в Советскую Россию из Манчжурии.

С октября 1919 года по июль 1922 года командир Приморского корейского партизанского отряда. В последующий период являлся председателем колхоза «Надежда», работал в органах ОГПУ и преподавателем Владивостокского интернационального педагогического института.

В 1936 году осужден военным трибуналом по ст. 58-12 к 3 годам лишения свободы. После освобождения прибыл в Карагандинскую область, где работал в колхозе «Коминтерн» Тельманского района Карагандинской области. Проживал: Тельманский район, 13 поселок, 3-я улица, дом 21. Уголовное дело, по которому был осужден в 1936 году, прекращено в 1956 году по ст.4 п.5 УПК РСФСР.

5 апреля 1939 года арестован вновь. Приговором Особого Совещания при НКВД СССР от 17 декабря 1939 года осужден по ст. 58 п.6 ч.1 УК РСФСР к восьми годам лишения свободы. Будучи в изоляции в Севжелдорлаге, умер 26 января 1942 года.

Определением военного трибунала Московского военного округа от 16 февраля 1959 года приговор Особого Совещания при НКВД СССР от 17 декабря 1939 года отменен, дело производством прекращено за отсутствием состава преступления.

КИМ Кен-Чен реабилитирован и подпадает под действие ст. 4 Закона Республики Казахстан «О реабилитации жертв массовых политических репрессий» от 14 апреля 1993 года.

На день ареста - 5 апреля 1939 года, **КИМ Кен-Чен** имел семью в составе: жена – Ю Ден Хва 48 лет, сыновья – Ким Су-Пом, 13 лет, Ким Ки-Пом, 8 лет, дочери – Ким Вера, 24 года, Ким Нина, 22 года, Ким Ти-Хи, 11 лет.

Основание - архивное уголовное дело № 01515.

Заместитель начальника　　　　　　　　　　　　　　Б. Сеитов

000003

▲ 김경천의 외손자 김 예브게니가 2008년 카자흐스탄 안전위원회에서 받은 김경천 관련 증명서. 여기에는 김경천의 모든 이력이 짧게 기술되어 있는데 그가 공산당원이 아니었다는 사실도 명기되어 있다.

МВД РОССИИ
МИНИСТЕРСТВО ВНУТРЕННИХ ДЕЛ
ПО РЕСПУБЛИКЕ КОМИ
(МВД по РК)

ИНФОРМАЦИОННЫЙ ЦЕНТР

ул. Советская, 63б, Сыктывкар, 167610

E-mail: skticmvdrk@gmail.com
МСПД "Дионис": sktic@giz.mvd.ru
Тел/факс: 28-20-28
Телефон доверия: 21-66-35, 28-29-50

июля 2008 г. № 3/ 1467-К

Ким Е. П.
ул. Рыскулова, д.9, кв. 13,
Юго-Восток, г. Караганда,
Казахстан, 100030

АРХИВНАЯ СПРАВКА

КИМ-КЕН-ЧЕН он же КИМ-КЕН-ТХЕН, 1885 года рождения, уроженец мест. Бук-Чен /Корея/, кореец, сын полковника корейской армии, в 1916 году окончил высшую военную школу в г.Токио, до 1919 года служил в японской армии в чине капитана. До ареста проживал в Тельманском районе Карагандинской области в поселке №13, работал огородником в колхозе «Коминтерн». В 1936 году был судим по ст. 58-12 УК на 3 года /сведений о нахождении в местах лишения свободы нет/.

Постановлением Особого Совещания при НКВД СССР от 17 декабря 1939 года осужден по ст. «шпионаж» на 8 лет исправительно-трудового лагеря. Начало срока 05 апреля 1939 года.

25 июня 1939 года из Карагандинской тюрьмы направлен в Бутырскую тюрьму.

17 января 1940 года с Котласского п/пункта прибыл в Севжелдорлаг НКВД.

Находясь на излечении в лазарете колонны №3, 14 января 1942 года умер. Смерть последовала от упадка сердечной деятельности на почве пеллагры. Похоронен в 800 метрах от зоны.

Основание: ф. № 118 оп. № 62п д. № 669.

Начальник ИЦ
при МВД по РК

А.А.Иванов

Начальник ОСФ
ИЦ при МВД по РК

Е.Е.Куклине

▲ 김경천의 외손자 김 예브게니가 2008년 러시아 꼬미자치공화국 내무성에서 받은 김경천 관련 증명서. 여기에는 김경천의 사망원인과 무덤에 대한 정보가 실려있다.

Дневник Ким Ген Чена

ВЫБОР

▲ 2018년 모스크바에서 출판된 경천아일록 러시아어판.
ВЫБОР: Дневник Ким Ген Чена, легендарного героя освободительной борьбы корейского народа. [선택: 한민족해방투쟁의 전설적인 영웅 김경천의 일기]

3.1독립만세운동 100주년, 대한민국임시정부수립 100주년이 되는 이 뜻깊은 해에 항일의병장 김경천 장군이 쓴 일기를 다시 펴내게 되어 감회가 새롭다. 김경천 장군은 정확히 100년 전 3월 1일 서울 종로에서 일어난 3.1독립만세운동 현장을 목격하고 잃어버린 조국을 되찾겠다는 일념으로 연해주로 망명하여 치열한 항일무장투쟁을 전개하였다. 그리고 숨 가쁜 전투의 와중에서, 또 전투전후의 잠시 평온한 일상 속에서 조국과 민족의 앞날을 생각하며 당신이 품은 원대한 뜻과 행적을 틈틈이 기록해나갔다. 때로는 불리하게 돌아가는 국제정세와 독립운동 진영 내부의 분열에 실망하기도 했지만 당신은 조국독립에 대한 희망의 끈을 한시도 놓지 않았다. 그 기록물이 한 세기의 단절을 넘어 지금 우리 앞에 의로운 길, 정의롭고 올바른 길이 무엇인지를 묻고 있는 것만 같다.

일본은 과거사 반성을 회피한 채 다시 군사대국화의 길로 나아간 지 오래다. 그런데 우리는 아직까지도 남아있는 친일잔재에 발목이 잡혀 큰 걸음을 내딛지 못하고 있는 현실이 통탄스럽기 그지없다. 명심하고자 하는 것은, 과거의 잘못을 반성하지 않는 개인이나 집단은 결코 내일로 가는 문을 열 수가 없다는 사실이다. 우리는 양심의 소리를 외면한 자는 누구나 예외 없이 과거의 잘못을 되풀이하는 형벌을 받아 인류의 진보에 낙오자가 되고 말았음을 수없이 봐왔지 않은가. 그런 의미에서 김경천 장군이 불굴의 의지로 침략자들과 맞서 싸우면서 빚어낸 사색의 결과를 양심에 비추어 성찰한 이 수적은 우리가 정의롭고 바람직한 미래를 열어 가는데 훌륭한 나침반 중 하나가 되어줄 것이라 확신한다. 우리 조상들이 세계만방에 독립을 선언한지 한 세기가 지난 지금 우리는 경천아일록에서 미래 백년의 꿈을 찾아낼 수 있을 것이다.

이 책『경천아일록 읽기』에는 탈초 및 현대어역자가 2012년에 펴낸 『경천아일록』에 보이던 오류와 오탈자들을 바로잡고 러시아어 번역본을 추가했다.『경천아일록』을 펴낼 당시 텍스트로 삼은 영인본이 더러 가장자리 글들이 잘리고 군데군데 판독이 불가능한 상태로 입수되었고 또 탈초 및 현대어역자의 공부가 부족해서『경천아일록』에는 미흡한 점들이 적지 않았다. 비록 책이 출판된 뒤이긴 했지만 다행히 탈초자는 원문을 직접 확인하고 바로잡을 기회를 얻었다. 러시아어 번역은 훌륭한 번역가인 유 콘스탄틴씨가 오래 전에 해주었다. 7만 여명에 이르는 소련고려인이 우리나라에 들어와 살고 있는 점을 고려하면『경천아일록 읽기』에 러시아어 번역본이 같이 묶이는 것은 자연스럽고도 바람직한 일이라 생각된다. 마침 작년에 김경천 장군의 후손들이 우리에게 경천아일록 러시아어판을 발행하고 싶다고 연락해왔고, 2018년 11월에 모스크바에서 러시아어판 경천아일록이 출간되었다.

『경천아일록 읽기』는 ㈜모리스앤코 정태봉 대표이사님의 전폭적인 성원과 후원으로 나오게 되었다. 본 현대어역자의 역사지식이 일천함에도 불구하고 이 책의 가치를 알아봐주시고 이를 세상에 널리 알리라고 격려해주신 정태봉 이사님께 깊은 감사를 드린다. 탈초 및 현대어역자의 작업을 늘 지지해주시는 숭실대학교 한국문학과예술연구소장 조규익 교수님과 학고방 하운근 사장님, 그리고 지난한 편집 작업을 꼼꼼히 진행해주신 명지현 선생님께도 감사드린다.

3.1독립만세운동 및 대한민국임시정부수립 100주년에

탈초 및 현대어역자 삼가 씀

　제 아버지 김경천은 일제에 빼앗겨버린 조국을 되찾기 위해 1919년에 만주를 거쳐 연해주로 망명하여 줄기차게 항일빨치산 투쟁을 전개하였고 1922년에는 뽀시예트 구역 한인빨치산 부대 총사령관을 역임하였습니다. 연해주에서 일본군을 물리치는데 크게 기여하신 후에는 고려인 협동농장 건설에 이바지하였고 블라디보스토크 고려사범대학교에서 일본어와 군사학을 가르쳤습니다.

　하지만 1936년에 아버지가 아무런 죄도 없이 체포되고 남은 우리 가족들은 그 이듬해 중앙아시아와 카자흐스탄으로 강제이주를 당하면서 말로 표현할 수 없는 고통과 슬픔을 맛보아야 했습니다. 어머니는 늘 고향 서울을 그리워하며 우셨습니다. 지난 1998년 대한민국 정부에서 제 아버지께 건국훈장을 추서하신 것을 어머니가 못 보신 것이 안타깝기 그지없습니다.

　저의 형제자매인 수범, 기범, 지리, 지혜, 지란이 모두 세상을 떠나고 없는 지금 저는 이들을 대신하여, 제 아버지의 전쟁일기를 정리해주신 김병학 시인께 다함없는 감사를 드립니다. 김병학 시인의 노고로 인해 이제 아버지는 역사학자들뿐만 아니라 모든 한국인의 가슴 속에 살아 계시게 될 것입니다.

　저의 자식들, 손자들, 증손자들 모두의 이름으로 감사를 드립니다.

카자흐스탄 까라간다에서 김경천의 막내 딸

김지희(김 지나 이바노브나)

Мой отец, Ким Ген Чен, эмигригровал в 1919 году в Приморье через Манчжурию и принимал активное участие в антияпонском движении. В 1922 году он был назначен главнокомандующим парти-занскими соединениями Посьетского военного района и внес боль-шой вклад в дело освобождения Родины от японских милитаристов.

После окончания войны он участвовал в строительстве артелей, а также преподавал японский язык и военное дело в Корейском Педагогическом институте в городе Владивосток.

Однако в 1936 году отец был арестован по ложному доносу, а нашей семье пришлось испытать немыслимые тяготы, связанные с депортацией в Среднюю Азию и Казахстан. Мать постоянно плакла, вспоминая о родном Сеуле. К большому сожалению, она не дожила до того события, когда в 1998 году Правительство Республики Корея присвоило моему отцу Орден «За заслуги в строительстве государства. От имени Президента». Посмертно.

От имени моих братьев и сестер, Ким Су Бом(Владимира), Ким Ги Бом(Геннадия), Ким Ти Ри (Веры), и Ким Ти Ран (Нины), которых уже нет в живых, выражаю глубокую благодарность писателю и поэту Ким Бён Хаку, организовавшему перевод и подготовившему к печати военный дневник моего отца. Мне очень отрадно осознавать, что благодаря стараниям писателя Ким Бён Хака имя моего отца будет известно не только узкому кругу ученых-историков, но и останется в памяти миллионов граждан Кореи.

Еще раз хочу сказать большое спасибо от имени моих детей, внуков и правнуков.

Ким Дина Ивановна(Ти Хи), младшая дочь Ким Ген Чена.
Город Караганда.

26

경천아일록과 일록완성 이후의
김경천의 생애에 대하여

1 들어가며

김경천은 1920년대 초반 연해주에서 항일무장독립투쟁을 전개했던 전설적인 항일빨치산 사령관이다. 그는 1904년 일본에 유학하여 육군 중앙유년학교와 육군사관학교를 졸업하고 육군 기병 중위로 복무하다가 1919년 3.1운동이 일어나자 항일무장투쟁을 전개하기 위해 만주로 망명했다. 그리고 그해 가을에 연해주로 거처를 옮겨 1920년부터 1922년까지 러시아 백군, 마적, 일본군과 맞서 영웅적으로 전투를 치렀다. 그는 일본군의 지원을 받고 한인마을을 수시로 습격해오는 마적을 소탕하고 역시 일본군과 연합하여 공격해오는 러시아 백군에 맞서 한인 빨치산부대를 이끌고 싸워 혁혁한 전과를 올렸다. 당시 그의 명성은 연해주와 만주, 상해는 물론이고 국내에서도 '백마를 탄 김장군'으로 널리 알려졌으며 심지어는 군신(軍神)으로까지 추앙받았다.

그러나 1935년 무렵부터 연해주 한인사회에 탄압의 바람이 불어 그는 소비에트 정부로부터 간첩혐의를 받아 체포되었고 몇 년 후에 강제수용소에서 숨을 거두었다. 그리고 그의 이름은 곧 잊혀졌다. 한국에서는 일제시기 후반의 암흑기와 해방이후 남북이념대립을 거치면서 그의 존재는 빠른 속도로 무대에서 사라졌다. 일부 역사학자나 전쟁사가들은 그의 행보를 부분적으로나마 연구해왔지만 그의 자세한 항일운동행적을 증명해줄 자료가 국내에는 단편적으로만 남아있는데다 구공산권 국가에 대한 자료 접근이 어려웠고 분단 상황에 처해있는 우리나라의 법적 · 이념적 제약이 보이지 않는 장벽을 두르고 있어서 불과 20여 년 전까지만 해도 한국 내 김경천의 존재는 희미한 실루엣으로만 남아있었다.

김경천에 대한 본격적이 연구가 시작된 것은 소련이 개방되면서부터다. 그가 망명이후 주무대로 삼아 활동했던 소련 측 자료에 대한 접근이 가능해지자 그의 행적은 국내 일부 역사학자들에 의해 조명되기 시작했다. 그러나 기존에 출판된 소련 측 자료들은 유가족과 관계자들의 불분명한 기억에 의존한 증언으로 구성된 것이거나, 그의 행적이 단편적으로 기록된 소련 측 문서의 일부를 인용한 것이거나, 그의 빨치산 활동이 일부 언급된 출판물 정도여서 김경천의 일생을 온전히 조명하기에는 여러모로 불충분했다.[1]

---

1) 경천아일록의 내용을 보충해주는 소련 측 자료로는 1. 십월혁명십주년 원동긔념준비위원회 편찬 『십월혁명십주년과 쏘베트고려민족』(해삼위도서주식회사, 1927). 2. Цой Хорим, 『Исторический очерк о жизни корейцев на Дальнем Востоке』 (Хабаровск: 1932) [최호림(崔虎林), 『원동변강 고려인생활 역사초록』(하바롭스크, 1932년 9월)](이하 대괄호 안은 선행하는 러시아어 서적 및 자료의 제목을 필자가 한국어로 번역한 것이다.). 이 자료는 러시아어판과 한국어판이 있는데 러시아 하바롭스크 문서국에서 러시아어판만 워드로 전환하여 인터넷상에 공개한 것임. 3. Ким Сын Хва 『Очерки по истории советских корейцев』(Алма-Ата, Издательство Наука, 1965). [김승화, 『소비에트 고려인 역사 개관』(알마아타, 과학출판사, 1965)], 4. М. Т. КИМ, 『Корейские интернационалисты в борьбе за власть Советов на Дальнем Востоке(1918-1922)』(москва: издательство наука, 1979) [김 마뜨웨이, 『원동 소비에트 주권을 위해 투쟁한 한인국제주의자들(1918-1922)』(모스크바: 과학출판사, 1979)] 등이 있다.
1. 『십월혁명 십주년과 소베트 고려민족』은 당시 연해주 모든 한인들의 항일무장투쟁과 러시아 백군에 맞선 투쟁을 종합하여 정리한 것으로 김경천의 행적도 다수 언급되고 있다. 2. 최호림(1896-1961)의 글에는 경천아일록에 기록된 간결한 전투행적을 그런대로 자세히 보충해주는 기록이 적지 않다. 더구나 최호림 자신이 직접 빨치산 투쟁에 참여한데다 나중에 선봉신문의 주필까지 역임했던 만큼, 또한 빨치산활동이 종료된 지 그리 오래지 않아 기록한 것인 만큼 사료적 가치도 크다고 할 수 있다. 최호림의 자료는 비교적 최근인 2006년 무렵에 발굴되었다. 3. 김승화의 책은 학문적 관점에서 김경천에 대한 행적을 객관적 자료들을 인용해 일부 밝히고 있다. 4. 김 마뜨웨이의 책은 유족들의 증언과 당시에 접근이 가능한 자료를 모아 김경천의 행적을 짧은 전기형태로 기술한 점이 눈에 띈다. 그런데 유가족들의 증언에는 불분명한 부분이 더러 있다.
한편 가장 오래된 한국 측 자료 중 하나로 "공민(公民), 「노령견문기(5) 8.경천 김경천 장군이 직접 쓴 수기와 일기 경천아일록은 그런 의미에서 김경천의 행적을 가장 정확하고 세밀하게 알려줄 확실한 자료다. 이 기록물은 2005년 무렵에 구소련 비밀문서보관소에서 처음으로 세상에 나왔다. 경천아일록은 1888년 김경천이 출생한 때부터 1919년 만주 망명까지는 수기형식으로, 1920년부터 1925년 말까지는 일기형식으로 기록되어 있다. 이 기록물은 단순히 연해주 뽀시예트 및 훈춘지역 항일빨치산 사령관 김경천 개인의 행적만 기술해주는 차원을 넘어 세계전쟁사에서도 대단히 큰 의의를 지닌다. 군 지휘관이 일정 규모의 부대를 이끌고 전투를 치르면서 현장에서 직접 쓴 매우 희귀한 자료이기 때문이다. 이런 유의 기록물은 국내에서는 이순신 장군이 쓴 난중일기가 유일하고 서양전쟁사에도 그런 유례가 거의 없다고 한다.

필자는 이 글에서 경천아일록의 발견 배경과 일록의 구성 및 특징을 설명하고 이에 따른 김경천의 생애, 특히 국내에 잘 알려져 있지 않은 그의 말년의 생애를 소련 측 자료를 근거로 재구성해보고자 한다.

2 경천아일록의 존재와 발견

연해주 지역 항일독립운동가 김경천 장군이 1920년대에 기록한 경천아일록은 2005년 무렵에 그 존재가 세상에 처음으로 알려졌다. 카자흐

김장군」(동아일보, 1922년 1월 23일, 24일)"과 "아령조선군인 김경천, 「빙설 쌓인 시베리아에서 홍백전쟁(紅白戰爭)한 실지 경험담」(동아일보, 1923년 7월 29일)"이 있다. 여기에는 경천아일록에 간결하게 표현된 전투부분을 보충해주는 자세한 기록들이 많다. 공민(公民)은 독립운동가이자 한 때 동아일보 기자로 활동했던 나경석(羅景錫. 1890-1959)의 필명이다. 김경천에 대한 본격적인 연구는 "박환, 「시베리아의 항일운동가 김경천」, 『대륙으로 간 혁명가들』(국학자료원, 2003)"이라 할 수 있을 것이다.

스탄 까라간다 주에 거주하는 김경천 장군의 막내딸 지희씨를 비롯한 유가족이 까라간다 정보국 문서보관소에 찾아가 김경천의 유품을 일부라도 돌려달라고 여러 차례 요구하자 그 기관에서 서류뭉치 하나를 건네주었는데 그것이 바로 김경천 장군이 쓴 일기 경천아일록이었던 것이다.

경천아일록이 그동안 극동 연해주가 아닌 중앙아시아 카자흐스탄 까라간다 주 정보국 문서보관소에 보관되어 있었던 것은 김경천이 까라간다 수용소에서 복역한 사실에서 기인하는 것 같다. 김경천은 정치적으로 무고하게 탄압을 받아 1936년 연해주에서 소비에트 당국에 체포되었고 그 이듬해 남은 가족들은 카자흐스탄 까라간다로 강제이주를 당했다. 그는 3년 자유박탈형을 선고받고 복역하던 중 1939년 2월, 2년 반의 형기를 마치고 석방되어 가족을 찾아 3월에 카자흐스탄 까라간다 주 뗄만 구역으로 갔다. 그리고 그곳에 있던 독일인 협동농장 코민테른 꼴호즈에서 농장 작업부로 일했다. 그러다가 한 달 만에 다시 간첩이라는 죄목으로 체포되었다.

경천아일록은 그가 연해주에서 첫 번째로 체포되었을 때 소장하고 있던 다른 서류들과 같이 압수당했던 것으로 보인다. 물론 그가 두 번째로 체포되어 까라간다 정치범 수용소(까를라그(Карлаг))에서 복역하던 시기(1939년 4월부터 6월)에 일록을 썼을 가능성도 전혀 배제할 수는 없으나 여러 해 분량의 일기에 연도와 날짜가 정확히 기록된 점, 필체가 일관되지 못하고 1년 혹은 반년 혹은 2-3개월 치 기록마다 조금씩 또는 상당히 달라지는 점, 기록된 내용이 다양하고 분량이 많아 2-3개월 만에 완성하기가 거의 불가능한 점, 한 인물에 대한 평가나 인상이 하루나 이틀 후에 완전히 상반되게 기록된 부분이 더러 있는 점, 게다가 여러 가지 신체적 제약이 가해지고 정치적 탄압의 공포가 가해지는 수용소에서 그런 위험한 정치적 사실이 포함된 내용을 쓸 수 있는 물리적, 심리적 시간을 전혀 낼 수 없는 점, 일기의 상당부분이 현재형 시제로 쓰이고 있는 점 등으로 미루어 이 일기는 그가 수용소생활 중에 쓴 것이 아니라 연해주에서 첫 번째로 체포되었을 때 압수당했던 것이 까를라그로 옮겨졌음이 틀림없다. 또 경천아일록은 1925년 12월 31일을 끝으로 그 이후의 기록이 전혀 보이지 않고 있는 점으로 미루어보아도 이 일기의 완성시점은 1925년이 의심의 여지없이 정확하다고 볼 수 있다.

2005년까지는 김경천의 유가족들도 경천아일록의 존재 자체를 모르고 있었다. 김경천이 평소에 틈틈이 일기를 쓴다는 사실은 그의 아내를 비롯한 가족이 예전에는 알고 있었겠지만 그가 소련당국에 체포되어 인민의 적으로 낙인찍히고 남은 가족들은 강제이주를 당하면서 가족에게서 자연스럽게 잊혀 졌을 것이다. 또 김경천이 일록의 정리를 끝마치던 1925년 당시 맏딸 지리가 10살이었고 나머지 자식들은 그보다 어렸으므로 그때 자식들은 경천아일록의 존재나 가치를 알고 이해할 만한 나이가 아니었다.

경천아일록의 발견으로 그의 다른 유품의 존재도 일부 확인되었다. 일록에는 그가 일본육군사관학교 시절부터 써서 모은 시가집도 가지고 있었다는 기록이 나온다. 유가족의 증언에 의하면2) 그가 연해주에서 체포될 때 사진과 서류 등이 가득 담긴 큼직한 가죽가방을 압수당했다고 하므로 아마 거기에는 그가 써왔던 일기의 초고들이나 사진, 시가집 등이 다수 포함되어 있었을 것이다. 일록 발견 이후 몇 년 간 김경천 장군의 외손자 김 예브게니(Ким Евгений Петрович) 씨가 노력하여 까라간다 문서보관소에서 김경천의 말년 사진 몇 장을 찾기도 했다.

---

2) 이하 유가족의 증언은 모두 김경천 장군의 막내딸 지희씨의 증언이다. 지희씨는 2013년 현재 김경천 장군의 6자녀 중 유일하게 생존해 있다. 증언은 필자가 2010년 4월에 지희씨가 거주하는 카자흐스탄 까라간다에서 대부분 청취했고 2012년 11월 10일에 KBS역사스페셜 팀과 같이 까라간다에 가서 다시 청취했다.

3 경천아일록의 구성

1) 전체적 얼개

경천아일록은 크게 회고록 형식으로 기록된 전반부와 일기형식으로 기록된 후반부로 나눌 수 있다. 회고록 형식의 전반부는 그가 예전에 써왔던 일기의 흩어진 수적들을 모으고 기억을 되살려 경천아일록의 형태를 만들어놓은 1919년 말까지로 볼 수 있다. 거기에는 1888년 그의 출생부터 시작하여 서울이주, 경성학당 졸업, 일본유학, 일본 육군사관학교 입학과 졸업, 일본 육군기병 장교복무, 삼일운동, 남만주망명, 연해주 이거 등 일련의 개인적, 역사적 사건과 소회가 시대 순으로 명료하게 기록되어 있다.

일기형식의 후반부는 1920년 1월 1일 이후부터 일록이 끝나는 1925년 12월말까지 6년에 이르는 긴 분량이다.[3] 여기에는 그의 삶에서 가장 치열했던 일본군, 러시아 백군, 마적과의 전투 과정 및 거기에 끼어든 개인적 감회가 때로는 처연하게 때로는 숨 가쁘게 전개되고 있다. 또 그런 와중에도 그는 간간이 시나 산문을 지어 넣어 우국충정의 지사적 의지나 수준 높은 지식인으로서의 면모를 유감없이 보여주고 있다. 1922년 후반 일본군이 시베리아에서 철병한 이후로는 군사학 서적 번역작업과 상해국민대표회의 참가, 군인구락부의 일, 중국을 중심으로 하여 일어나는 국제정세를 판단하고 분석하는 일 등이 기록되어 있다.

또 1920년부터 1923년까지의 일기는 치열한 전투의 현장에 있거나 다른 일로 분주한 가운데 다른 지면에 틈틈이 기록해둔 것들을 그 이후

---

3) 이는 『경천아일록』 전체에서 그 부분이 차지하는 분량이 많다는 것이지 일록 자체의 분량은 많다는 것이 아니다. 『경천아일록』 원문은 A4용지보다 조금 큰 크기에 총 80페이지이며 부록 「오가세기」까지 합하면 89페이지이다.

어느 시점에서 한데 모아 정리하고 통독하면서 일부 빠진 내용을 덧붙인 것 같다. 일기의 말미나 여백에 다른 필체로 보충된 기록들이 이를 뒷받침 해준다. 일록의 첫 번째 서문이 1921년 2월로 나와 있는 것으로 보아 그가 붉은 둔지에 머무르던 시기에 1차 정리를 끝낸 것 같다. 2차 정리는 1923년 상해국민대표회의에 다녀온 후에 마친 듯하며 그 이후부터는 순수한 일기형식으로 일록을 작성해나갔다. 그리고 1925년 5월과 11월에 각각 간단한 서문 하나씩을 다시 덧붙임으로써 일록을 1925년까지로 끝낼 것임을 어느 정도 암시해놓고 있다.

2) 일록 후반부

일기형식으로 기록된 후반부는 그 활동상에 따라 자연스럽게 다시 두 부분으로 나누어진다. 즉 일본군, 러시아 백군, 마적들에 맞서 부하들을 이끌고 영웅적으로 싸우던 빨치산 투쟁시기인 1920년 초부터 1922년 7월까지와, 극동에서 일본군이 철병하고 무장해제를 당한 그 이후시기로 구분되는 것이다.

지극히 자연스러운 일이지만 그는 일본군이 시베리아를 떠난 이후부터는 무료하고 답답하고 의미 없는 생활을 이어가게 된다. 그는 오직 한반도의 독립을 위해 헌신하려는 일념으로 만주와 노령 연해주로 망명하였고 또 일록에서 여러 번 밝히고 있듯이 그는 본래 본성이 혁명아였기 때문에 한반도가 해방되지 않은 상황에서 자신의 초심을 꺾고 소비에트 체제에 순응해가는 것을 견딜 수가 없었던 것이다.

그는 1922년 말 소련정부로부터 무장해제를 당하자 어떻게 하든 한인 빨치산 군인들을 규합해 한반도에서 일제를 몰아내려 했던 계획이 좌절되어 오래도록 실의에 빠져 지냈다. 또 사회에 대한 실망과 사람에 대한 실망으로 날과 해를 보냈다. 게다가 노령 연해주 한인사회의 분열

과 그들의 알량한 세력다툼에 실망하다 못해 체념하고 달관하는 모습
까지 보이고 있다. 1925년에 덧붙여 쓴 일록의 두 번째 서문에 그런 느
낌이 압축적으로 표현되어 있다.

3) 부록 오가세기(吾家世記)

이 책 끝부분에는 김경천의 가계를 기록해놓은 '오가세기(吾家世
記)'가 부록으로 첨부되어 있다. 이는 경천아일록에 포함되지는 않지만
일록의 부록으로 항상 같이 묶여져야 할 부분이다. 오가세기는 김경천
이 일록의 정리를 끝마친 지 7년이 지난 1932년 무렵에 기록한 것인데
내용으로 미루어보아 그가 일록을 보충할 의도로 쓴 것이 틀림없다.

아마도 그는 자기 자신의 일대기만 정리한 일록만으로는 흡족하지
못했던 것 같다. 그래서 자신의 직계 가족, 특히 자기에게 지대한 영향
을 미친 부친 김정우와 앞날이 창연했지만 단명하고 말았던 사형 성은
에 대한 행적을 요약해 정리하고 자기가 기억할 수 있는 3-4대조 조상
까지 가계보를 정리하여 일록을 보충하였던 것이다. 또 오가세기 중 자
신의 행적을 정리한 부분에서는 자세한 내용을 확인하려면 경천아일록
을 보라는 지시어를 붙여놓아 오가세기를 경천아일록과 한 권으로 묶
으려는 의도를 분명히 해놓았다. 그러므로 오가세기는 앞으로도 반드
시 경천아일록의 부록으로 덧붙여져야 할 것이다.

오가세기는 김경천이 시간여유를 내서 차분히 정리한 까닭에 경천아
일록 회고록 부분의 일부분, 특히 전반부에 나타나는 연대나 시기의 오
기가 바로잡혀 있다. 반대로 경천아일록의 일기부분이 오가세기를 바
로잡아 주는 것도 한두 가지 있는데 가령 아내가 자식들을 데리고 연해
주로 들어온 시기의 기록 같은 경우가 그렇다.

4) 전체적 조망

경천아일록 첫 부분에서 밝히고 있듯이 김경천은 오래 전부터 일기를 꼼꼼히 써왔다. 하지만 1919년 3.1독립만세운동 이후 만주로 망명하면서 서울 사저에 남겨두었던 일기를 거의 대부분 분실했고, 만주로 망명한 이후에도 틈틈이 일기를 써왔지만 역사적 풍운과 격동 속에서 상당부분을 잃어버렸다. 하지만 풍찬노숙의 빨치산 투쟁 과정에서 쓴 일기들 중 일부 남은 것들이 있어 그 수적을 모아 1921년 초에 새롭게 정리한 듯하다. 아마도 그때 회고록 형식의 전반부가 완성되었을 것으로 보인다. 그는 정리한 회고록을 퇴고하면서 미처 기록하지 못한 부분을 여백과 각 일기 말미에 추가해 넣었다. 회고록을 정리하던 무렵부터는 일기를 꾸준히 써서 회고록을 이어나갔다. 그렇게 하여 1925년 12월 31일까지 일기가 이어지고 경천아일록이 완성되었다.

전반부 회고록 부분에는 그의 운명을 결정지은 일련의 사건들이 상징적으로 선명히 떠오르고 있다. 그의 일본유학 자체가 러일전쟁의 산물이었던 만큼 이는 그의 운명을 예언적으로 인도했으며 유학 중 맞이한 부친과 형의 죽음, 그리고 안중근 의사의 의거 소식과 한일합병 같은 정치적 사변은 급박한 변화 속에 던져질 그의 운명을 하나의 전조로 선취해가고 있었다. 특히 삼일운동 당일 서울 종로에서 만세운동이 벌어진 상황 속에 그가 들어가 있었던 사실은 그로 하여금 항일 무장투쟁에 대한 결심을 굳혀준 일생 최대의 극적인 사건이 되었다. 연이어 숨가쁘게 망명을 계획하고 준비하면서 망명의 변을 세 가지로 정리하여 언명한 기록에는 진정한 애국자의 강철 같은 결심과 의지가 결연히 드러난다.

1919년 초여름 망명에 성공한 이후부터 1922년 여름 빨치산 전투를 끝낼 때까지 3년간의 기록은 항일투쟁사에 대단히 귀중한 자료라 할 수 있다. 고도로 훈련된 군인답게 그는 극한적인 체험까지도 절제된 언어를 사용해 간결하게 표현하고 전투요도까지 그려 넣어가면서 당시 연해주 한인 항일빨치산들의 치열한 전투상황을 최대한 객관적으로 보여주려고 노력하고 있다. 허나 그 절제된 언어 속에서는 숨길 수 없는 한인 빨치산 전사들의 피와 눈물과 신음소리가 새어나오고 부하에 대한 김경천의 연민과 애정이 절절히 흘러나온다. 그 외에도 만주와 노령을 넘나들면서 마주치는 세태나 국제정치를 보는 안목, 당시 연해주와 만주에 걸쳐 널리 존재하던 우리 독립단이 처한 환경, 그곳에 산재하는 우리 고시대의 유적들, 우리 유민이 살아가는 모습 등에 대해서 우리들에게 많은 이야기를 들려준다.

1921년에 러시아 내전이 끝나고 1922년에 극동에 주둔하던 일본군이 물러가자 무장해제를 당하고 한반도의 독립을 위해 끝까지 싸우려던 그의 지상과제가 좌절되어 실의의 나날을 보내는 부분은 참으로 안타깝기만 하다. 조국의 독립을 위해 할 일이 없어져버린 그가 할 수 있는 일이라고는 당시 극동에서 벌어지던 열강들의 정세나 바라보고 분석하는 일이 전부였을 것이다.

4 경천아일록의 문체와 특징

1920년대 당시 우리나라 대부분의 기록물이 그러하듯이 경천아일록은 국한문 혼용으로 기록되어 있다. 또 중요한 역사적 사실들이 대부분 간결하게 요약되어 있다. 김경천이 역사학자가 아니라 군인이었기 때문에 그랬을 것이다. 또한 겸손하고 과장하기를 좋아하지 않는 그의 됨됨이와도 관련이 있을 것이다. 일록을 읽어보면 김경천은 일본육군사관학교에서 누구보다도 철저히 군사교육을 받았고 나폴레옹을 일생일대의 귀감으로 삼아 철두철미한 군인정신을 지켜왔으며 자신의 안일보다 늘 나라의 앞날을 먼저 생각한 사람이었다. 그래서 그는 마적이나 백군과의 전투에서 목숨을 아끼지 않고 늘 앞장서서 부하들을 지휘하여 승리로 이끌었다. 그러나 결코 자만하지 않았고 자신의 전과를 조금도 부풀리지 않았다.

이와 관련하여 김경천 휘하의 부대원으로 있으면서 여러 차례 전투를 치렀던 박청림은 김경천의 생김새와 됨됨이를 이렇게 회상하고 있다. "김응천(김경천)은 중키가 조금 못 되는 다부진 체구에 얼굴은 길쭉한 타원형이고 튼튼한 체격에 다함없는 기력과 강인한 의지를 지녔으며, 서두르지 않고 부산하지 않으며 정확하고 확실하며 불굴의 가치, 고결한 덕성과 교양, 끓어 넘치는 애국심을 지녔다. 그의 도덕적 품성은 무엇보다도 그의 활동에 원기를 더하면서 그 활동을 고결하게 해주었고 그가 지향하는 모든 고귀한 뜻을 고상하게 만들어주었다."[4] 이처럼 김경천은 용맹과 지략을 겸비한 군 통솔자였을 뿐만 아니라 드높은 덕성과 교양에 애국심까지 갖춘 보기 드문 명장이었다. 또 그는 적들의 탄환이 빗발치는 전투에도 언제나 앞장서서 싸움으로써 부하들의 다함없는 존경을 받았다. 역시 박청림은 다른 회상기에서 "김응천(김경천)의 대담성과 영웅성을 제5군단장 이. 뻬. 우보레위츠가 잘 알고 있었고 높이 평가하였다."라고 적고 있다.[5]

다음은 김경천이 연해주로 건너온 이듬해에 일본군의 지원을 받고 한인마을을 습격해온 마적을 소탕하고 기록한 일기다. 이날의 마적소

---

4) 박청림 「박청림(1899-1991) 회고록(노어)」(연도미상. 1985년 무렵으로 추정).

5) 박청림 「원동에서의 쏘베트정권을 위한 투쟁 참가자의 회상기」(레닌기치 1987년 10월 24일). 우보레위츠는 한인빨치산과 함께 많은 전투를 치렀고 그래서 한인 독립운동에 호의를 갖고 있었다(윤상원 박사학위논문 『러시아지역 한인의 항일무장투쟁 연구(1918-1922)』(고려대학교, 2009) 316쪽)

탕으로 김경천은 마적들에게 두려움과 공포의 대상이 되었고 그의 이름은 국내에도 널리 알려지게 되었다.

> 마적 300명이 대우지미(大宇地味) 북쪽 산에 이르렀으므로 서로 교전하다가 약 1시간이 넘어 그치니 마적은 자기들 수가 많음을 믿고 우리를 포위하므로 퇴각하였다. 마적은 인가에 들어가 가옥 38채를 일시에 방화하니 불빛이 하늘로 치솟는다. 밤이 되니 불빛은 하늘을 붉게 물들었다. 아아, 참담하고도 참담하다. 하늘도 어찌 그리 무심하리요! 토벌대는 포수동(抱水洞) 산중으로 피하였고 다음 날에 마적은 뒤가 두려워 도망한다. 그 뒤를 따라가니 마적은 일본군이 석탄광(石炭礦)에 지어놓은 보루로 들어간다. 그때 러시아인 민병들도 모여들어 우리와 함께 전투하니 우리가 그들을 포위하여 200여명을 사살했다. 적들이 산산이 흩어졌다. 우리도 몇 명의 사상자가 있었다.[6]
>
> - 경천아일록 1920년 5월 18일

다음은 1921년 10월부터 이듬해 초여름까지 반년 이상을 극한의 고

---

[6] 이날의 마적토벌에 대해서 김경천은 1923년 동아일보에 이렇게 인터뷰했다. "그런데 이때에 수청지방에는 마적 고산(告山)의 패가 횡행하여 인민이 살 수 없었소. 이때에 우리 군사와 마적사이에 충돌이 있었는데 우리는 탄환이 부족함으로 일시 퇴각하였더니 마적이 들어와서 조선 사람의 집 사오십호를 일시에 불을 놓아 밤이 새도록 화광이 충천하고 연기가 산간에 가득한데 이것이 우리 인간의 생지옥인가 하는 생각이 있었소. 나는 이 광경을 보고 아무래도 마적을 토벌하지 아니하면 아니 되겠다 결심하고 이때에 이를 토벌하기 위하여 지원병을 뽑는데 제일 학교 교사 다니는 사람이 많이 지원하였었소. 이때에 마적 사백 여명들은 일본사람이 파놓은 요새 속으로 들어가 있는 것을 별안간 공격을 시작하여 일제 사격하니 필경 그놈들이 지탱하지 못하고 산산이 헤어지는데 필경 거의 다 죽고 삼백여명 중에 겨우 육십 명쯤 살아가고 몰살을 하였소."(아령조선군인 김경천, 「빙설 쌓인 시베리아에서 홍백전쟁(紅白戰爭)한 실지 경험담」(동아일보, 1923년 7월 29일))

생을 겪으면서 일본군 및 백군과 싸우던 전투의 첫 시작부분이다. 한인 빨치산들의 장비와 보급상황이 얼마나 열악했는지, 또 김경천의 부하에 대한 사랑이 얼마나 애절했는지가 절절이 드러나 있다.

> [……] 오늘도 나는 기상하여 내 군대의 장졸을 검사하고 실내로 들어오자 부관 강신관(姜新寬)이 급히 들어오며 나를 부른다. 나는 곧 '그래그래' 하고 대답하였다. 부관은 러시아어 통신문을 왼손에 쥐어주고는 러시아사령관한테서 온 것인데 수청(水淸)지방에 일본군과 백군이 침입하니 곧 공동출전 하자는 것이란다. 나는 곧 응답하고 군대의 출동을 명하니 각부가 일시에 분주하다. 벌써 가을을 지나서 초겨울에 다다랐다. 나뭇잎은 이미 떨어지고 고인 물들은 얼어있다. 곧 출정 길에 올라 서서히 행군하니 러시아군도 동행한다. [……]
> 오전 11시에 햇빛은 차차 어두워지고 북풍이 크게 불어 흰 눈이 앞을 가린다. 나의 장졸들은 잘 입지 못하므로 그 고생은 더욱 글로써 표현하기 어렵다. 흰 눈은 벌써 산과 들을 덮어서 백색의 시베리아를 꾸몄다. 오늘은 투두거우 마을에서 주군하며 이곳에 있던 수비대를 합했다. 아, 춥고 외로운 이 고독한 군대의 장졸들을 누가 위로할까. 동포는 멀리 있고 적은 눈앞에 있다. 이 장졸들의 심정을 훗날에 누가 동포들에게 알려줄까 하는 생각을 나는 마지 못한다.
>   ─ 경천아일록 1921년 10월 11일 이래전쟁
>   (적군─백군 연간전쟁). 눈물이야! 피야!

또 일록에는 6장의 전투요도와 2장의 다른 지도가 그려져 있다. 김경천이 전쟁의 현장에서 일기를 쓰다가 아예 전투상황을 지도로 보여준 것이다. 마적, 일본군 및 백군들의 주요 침투경로나 아군의 주둔지 등을 그린 것인데 거기에는 방향과 등고선까지 표시되어 있다. 군사전문가다운 김경천의 면모가 유감없이 드러나는 부분이다. 이 지도들은 연

해주 한인 빨치산대원들의 활동상황과 이동경로를 일부나마 추적해볼
수 있는 매우 귀중한 자료로 보인다. 나머지 2장의 지도는 우리 민족이
웅비하기를 바라며 당시 우리 한민족의 분포도를 그린 것과 서울 사직
동에 있는 사저를 그리워하며 그 집을 그린 것이다.

5 경천아일록에 나타난 문학적 표현들

경천아일록에는 김경천이 지은 시문 10여 편이 실려 있다. 대부분이
한시이고 한글 시가는 3편이다. 그는 일록에서 자기가 일본육군사관학
교 시절에 지은 『경천아 시가집』이 있다고 밝힌 만큼 그가 지은 한시
들은 결코 적지 않았을 것이다. 또 일록에는 드문드문 산문형식의 일기
가 등장하는데 문체가 대단히 아름답고 내용도 일상 일기보다 더 길게
서술되어 있다. 그런데 일록의 한글표기법과 정서법은 초보수준에 머
물러 있다. 김경천이 청소년기와 장년기 대부분을 일본에서 사관학교
를 다니면서 일본어만 써왔기 때문이다. 그는 일본어에는 능통했지만
한글은 제대로 배울 기회를 갖지 못했다. 그런 만큼 일록에 나타나는
한글 정서법과 표기법상의 미숙함을 이해하고 읽어나가면 그 너머로
대단히 수려한 산문을 만나게 된다. 특히 1921년 4월 11일자 일기는 멀
리 서울에 두고 온 세 딸 삼지(지리, 지혜, 지란)를 그리워하는 아비의
마음을 암탉이 쌀을 보고 제 새끼를 부르는 꼭꼭 소리에 비유하여 애절
하게 드러낸 김경천 산문의 백미라 할 수 있다.

양지에 노란 꽃이 피고 새싹은 빨강, 노랑 두 빛으로 새봄을
자랑한다. 먼 산 북면에 잔설이 점점이 남아 있다. 높은 나무 위
에 까치가 새로 둥지를 짓고 들녘엔 꿩이 울어댄다. 마을 이름이

만춘동(滿春洞)이던가. 시베리아의 봄이 의례히 떠들썩할 것이다. 나의 경천원(擎天園)에 무수한 꽃과 잎들이 한꺼번에 피었겠다. 왕손(王孫)은 한번 가면 돌아오지 않는 것인가. 용금수(湧金水) 좋은 샘물은 누가 마시고 꽃구경 하는가. 외로운 아내 정(貞)은 어린 아이들 데리고 잘 있는가, 높다란 경천각(擎天閣)에 올라 북쪽을 보고 나를 찾으리라. 앞산에 꾀꼬리 우는 노래, 고향에서 꾀꼬리가 왔는가. 동쪽 정원에서 나무 찍는 소리는 고향이나 타향이 다 같구나. 새끼를 거느린 암탉이 쌀 보고 제 새끼 부르는 꼭꼭 소리는 나의 사랑하는 세 딸 지리, 지혜, 지란아 어디 있느냐 하는 것 같구나. [……] 나의 발걸음 소리에 놀라 날아가는 얼룩새야 내 마음 네가 모르는구나. 부귀도 바라지 않고 이곳에 왔거든 내가 너를 잡을 소냐. 왜놈이 밉기로 여기 왔다. 도끼를 맨 저 목동아야 경복궁가(景福宮歌)를 슬피 노래 말아라. 인생이 어느 누가 원한이 없을 소냐. 만고의 웅장 이순신(李舜臣)도 소인배의 피해를 보았으며 천고의 영웅 나폴레옹도 천추에 남을 원혼을 망망한 바다 가운데 외로운 섬에 두었다. 절세미인 우씨(虞氏)며 그 배필 항우(項羽)도, 비록 그는 천고의 영웅이 분명하건만 해하일전(垓下一戰)에서 우씨가 부른 한 곡의 노래에 후세의 영웅이 된 그로 하여금 울게 하였다. 인생의 고락이 흩어지는 구름 같으니 원망과 기쁨이 서로 동행이다. 이 산과 저산 너머에서 나무하는 저 나무꾼은 무어라고 노래하여 자기의 행복이 이에 있는 듯하다. 파리(썰매)에 나무를 싣고 가며 풀 먹는 제 새끼를 부르는 암소는 그 무거운 짐을 지고도 새끼를 사랑스레 부른다. [……] 목동은 소를 끌고 이라이러 하면서 자기 집으로 간다. 나도 풀들이 노릿노릿 푸릇푸릇한 것을 보며 자연의 미인을 희롱하며 책을 끼고 산을 내린다. 어디로 가나, 집은 만리 밖이다. 외로운 나그네야.   - 경천아일록 1921년 4월 11일

일록에 등장하는 한시들은 그의 지사적 우국충정의 뜻을 표현한 것과 문사적 서정을 표현한 것으로 나누어진다. 마적을 물리치고 쓴 '북

녘 만리를 달리는 한조각 마음아', 간도로 돌아가는 도중에 쓴 '밤에 태평강을 건너면서' 등은 장부의 기개가 하늘까지 맞닿아 있는 전자의 대표작이다. 아래의 시는 그가 일본 동경 육군중앙유년학교에 재학하던 시절에 입지의 표시로 지은 것이다. 일록의 도입 부분에 이어 1922년 5월 28일자 일기에도 재등장시킬 정도로 그는 늘 이 시를 되새기며 자신을 연단했던 것 같다.

술회(述懷)

丈夫應取萬古名(장부응취만고명)
豈了碌碌伏櫪駒(기료록록복력구)
風雲未霽雪紛紜(풍운미제설분운)
安得勇士建義族(안득용사건의족)

회포를 표현함

장부가 응당 취하고자 하는 건 만고에 떨칠 이름인데
어찌 하잘것없는 망아지 구유에 기대어 생을 마치리오
풍운은 가라앉지 않고 눈만 어지럽게 뿌리니
어찌 의로운 민족을 세울 용사를 얻을 수 있으랴

그런가 하면 '풀은 풀마다 노란 색이요' 등은 지극히 섬세한 한 인간의 내면이 드러난 김경천 서정의 진수라 할 수 있다.

江東秋

草草黃金色(초초황금색)
木木畵嘉紅(목목화가홍)
錦風吹不盡(금풍취불진)
眞是漢陽情(진시한양정)

강동의 가을

풀은 풀마다 황금빛이요
나무들은 곱고 붉은 그림일세
비단 바람 끝없이 불어오니
이것이 진정 한양의 정일세

한글시가 중에서 단연 돋보이는 것은 1924년 1월 1일자 일기에 쓴
'불쌍한 독립군'이라는 제목의 시다. 무장해제를 당한 우리 독립군들이
헐벗은 몸으로 극심한 추위에 떨면서 곡식추수를 하는 것을 보고 비통
한 심정을 이기지 못하고 쓴 시다. 항일무장투쟁을 전개했던 동료부하
들에 대한 뜨거운 연민과 함께 이를 외면하는 세인들에 대한 원망이
체념조로 잘 드러나 있다.

불쌍한 독립군! (무장해제 후)

1. 영하 사십도 시베리아 추위에
   여름 모자 쓰고서 홋저고리로
   밑 빠진 메커리에 간발하고서   * 메커리: 짚신
   벌벌 떨고 다니는 우리 독립군

2. 한반도를 결박한 철사를 벗겨
   화려강산 옛 빛을 보려하였더니
   경박한 사람들은 코웃음하며
   부모나 찾아 가서 보려무나

3. 서산에 지는 해는 쓸쓸도 하다
   너의 고향 이곳에서 몇 천리더냐
   널 기르신 너의 부모 이곳 있으면
   너의 모양 보고서 어떠 하리요

김경천이 지은 이와 같은 유의 한글 시는 한 편이 더 있는데 1923년 동아일보에 '시비리야벌!'이라는 제목으로 다음과 같이 실려 있다. "1. 뜬구름도 방황하는 시비리야벌 / 칼을 집고 홀로 서서 / 흰뫼 저편을 바라보니 / 사랑하는 ○○화는 희미하고 // 2. ○○에 목마른 사람이 이천만 / 아처롭다 뜻을 열곳이 없으므로 / 흑룡수에 눈물 뿌려 / 다시 맹서하노라" (아령조선군인 김경천, 『빙설 쌓인 시베리아에서 홍백전쟁(紅白戰爭)한 실지 경험담』(동아일보 1923년 7월 29일))

6 일록 완성 이후의 김경천의 생애

김경천은 1926년 봄에 니꼴스크 - 우수리스크시에서 수청(水淸) 다우지미 서개척리(西開拓里)로 이사 가서 2년 가까이 살았다. 그리고 1927년 말에 영주할 목적으로 수청 해안 난채시(蘭採市)로 다시 이주해서 한적하게 농사를 지으면서 살았다. 그 때 그는 연해주 한인들의 공식 사회활동에서 한 발 물러나 은둔에 가까운 생활을 한 것 같다. 그는 오래전부터 복잡다단한 한인사회의 실상을 깨닫고 크게 실망해온 터라 아마도 자의적으로 그런 생활을 선택하였을 개연성이 높다.

식민지 조국을 해방시키려는 혁명과업을 한시도 잊지 않고 살았지만 일본군이 물러가버린 소련 극동에서 그가 조국을 위해 더 이상 할 수 있는 일은 없었다. 혁명과업을 수행할 수 있는 다른 곳으로 떠날 생각도 했지만 이미 망명생활의 대부분을 보낸 연해주를 떠나 다른 데로 가기는 어려웠을 것이다. 다른 장소로 거처를 옮긴다면 그 후보지는 당연히 만주와 상해인데 당시 만주는 이미 제2의 식민지 한반도가 되어버려 독립운동을 할 수 있는 여건은 매우 나빠졌고 대한민국임시정부가 있는 상해도 독립 운동가들이 활동하기에 점점 어려운 곳이 되어가고 있었다. 더욱이 1925년 여름에 서울에 거주하던 가족까지 불러와 함께 살게 된 마당에 그가 독립활동의 근거지를 옮기는 것은 사실상 불가능에 가까웠을 것이다.

자신의 빨치산 활동이 끝난 1922년 후반부터 이 기간 사이에 그는 '나제즈다(희망)', 또는 '앞으로'라는 이름의 협동농장을 건설하고 조합원들을 지도했다.[7] 당시는 소비에트화가 정착되어가던 시점이라 그때 설립된 한인협동농장의 상당수가 소비에트 혁명이념에 맞춰 농장의 이름을 '볼세비크'나 '10월 혁명'이나 '코민테른' 같은 이념적, 구호적인 것으로 짓기를 좋아했던 것을 고려해보면 김경천의 협동농장 명칭은 매우 소박하고 탈이념적, 탈구호적이다.

김경천의 소박한 농촌생활은 그러나 1932년에 끝이 난다. 그의 사회

---

7) Справка с карагандинского отдела Комитета Национальной безопасности (10.09.2008.) [카자흐스탄 까라간다 주 인민안전위원회 산하 부서 발행 김경천 관련 증명서(2008년 9월 10일 발행)]에는 김경천이 '나제즈다(희망)' 협동농장을 지도했다고 나와 있지만 최근에 까라간다 인민안전위원회에서 확인한 Протокол допроса Ким Ген Чена в карагандинском отделении НКВД (10-е апреля 1939 г.) [카자흐스탄 까라간다 주 인민안전위원회 소장 김경천 심문조서(1939년 4월 10일자)]를 보면 김경천이 '앞으로(Афро)'라는 협동농장을 지도했다고 기록되어 있다. 러시아어에 Афро라는 단어가 없고 이 문자조합의 우리말 음역이 '앞으로'와 거의 일치하는 점으로 미루어보아 김경천이 이 협동농장의 명칭으로 우리말 '앞으로'를 의도적으로 가져다 쓴 것으로 보인다. 김경천 심문조서는 2012년 11월 9일에 KBS역사스페셜 팀과 같이 까라간다 인민안전위원회에서 확인했다. KBS는 동년 12월 6일에 "백마 탄 김장군 김경천 시베리아의 전설이 되다"라는 제목으로 김경천의 항일투쟁 다큐멘터리를 방영하였다. (이하 소련측 관련기관에서 발행한 증명서, 문서, 심문조서의 두 번째 인용부터는 국문번역제목을 사용한다.)

한편 최호림은 김경천이 빨치산 활동이 끝나자 남은 병사들을 이끌고 수청 구역으로 돌아가 거기서 협동농장들을 설립하는데 적극적으로 참여했다고 말하고 있다. (Цой Хорим, 『Исторический очерк о жизни корейцев на Дальнем Востоке』(Хабаровск: 1932))

적 위상이나 능력, 또 그가 수행한 과거의 행적 등으로 미루어 연해주 당국이나 한인사회는 그가 가만히 농사만 짓고 살도록 내버려두지 않았던 것 같다. 또 김경천 자신도 시대가 바뀐 만큼 한반도의 독립을 위해 기꺼이 중간보조역할을 떠맡을 생각을 하고 있었다. 그리하여 1932년 봄에 그는 한적한 농촌생활을 청산하고 하바롭스크시 변강합동국가보안국으로 들어가 일을 시작함으로써 다시 사회의 중심부로 나아가게 되었다. 하바롭스크시 변강합동국가보안국에는 소수민족부서가 있었는데 김경천은 거기서 한국어, 일본어, 중국어 통역으로 일을 하였다.[8] 다행인지 불행인지 그의 하바롭스크 생활은 1934년경에 끝이 난다.[9] 다시 블라디보스토크 고려사범대학의 초청을 받은 것이다.

그렇게 블라디보스토크로 돌아온 김경천은 고려사범대학교에서 일본어와 군사학을 가르쳤다. 군사학 교재는 1922년 무렵에 그가 일본 군사학서를 의역하여 만든 책이 있었으므로 그것을 새롭게 보완, 개정하여 가르쳤을 것이다. 일본어 교재는 얇은 노트 한 권 분량으로 직접 만들어서 가르쳤다.[10]

1935년 무렵이 되자 다수의 한인 인텔리들이 소련당국에 피검되기

---

8) 김경천 심문조서(1939년 4월 10일자). 2012년 11월 9일 까라간다 인민안전위원회에서 확인.

9) 연해주에서 직접 김경천을 만나본 바 있는 재소고려인 문학평론가 정상진(1918-2013)의 증언에 의하면 김경천의 셋째 딸 지란은 1935년에 블라디보스토크 고려사범대학 부설 노동학원에 입학하여 재학 중이었고 그해 겨울에 정상진은 지란의 초청을 받아 김경천의 집에 가서 직접 김경천을 만났다고 한다. 이로 미루어 김경천은 1934년 말에서 1935년 초 사이에 하바롭스크에서 블라디보스토크로 이사 온 것 같다. 정상진은 김경천의 셋째 딸 지란보다 나이가 한 살 많은 1918년생이며 연해주와 카자흐스탄 크즐오르다에서 지란과 같이 고려사범대학교를 다녔다.

10) 일본어 교재의 존재는 2012년 11월 9일 까라간다 인민안전위원회에서 KBS역사스페셜 팀과 같이 확인하였다.

시작했다. 그도 1936년 가을에 전격 체포되어 같은 해 9월 29일 원동지방 국경수비대 군법회의에서 소련 형법 제58조 12항에 의거하여 3년 금고형(자유박탈형)을 선고받았다.[11]

그가 소련당국에 체포되던 당시의 상황을 살펴보면 그때는 연해주 한인지도자들 중 이르쿠츠크 파가 득세하여 상해파가 몰락하던 시기이기도 했다. 1935-1936년 어간에 거의 모든 상해파 공산당 지도자들이 소련당국에 체포되었다. 여기에는 소련 극동지역 한인공산주의자들과 소비에트 극동서기국의 복잡한 내막이 얽혀있다. 이는 멀리 1921년에 벌어진 자유시 참변까지 거슬러 올라간다. 물론 스탈린 시대의 탄압이 이르쿠츠크파라고 비켜가지는 않았지만 탄압 초기에 상해파 공산주의자들이 훨씬 더 큰 피해를 본 것이 사실이다.

---

11) Справка с областного Департамента Комитета Национальной безопасности, г.Караганда (17.11.2001.) [카자흐스탄 까라간다 주 인민안전위원회 산하 부서 발행 김경천 관련 증명서(2001년 11월 17일 발행)]. 김경천은 체포당한 뒤 형을 선고받을 때까지 몇 차례에 걸쳐 조사를 받으면서 고문을 당했을 것으로 추정되는데 이 과정을 추정해볼 수 있는 단서가 있다. 1930년대 초부터 1937년 강제이주 직전까지 연해주 뽀시예트 변강위원회 제2비서를 역임했던 서 세몬의 딸 서 림마(1932년생. 카자흐스탄 알마틔시 거주)씨의 증언에 의하면, 아버지 서 세몬은 1937년에 체포되어 징역 4년형을 선고받고 복역한 전력이 있는데 나중에 그녀의 어머니가 그때 남편이 당한 고문에 대해 다음과 같은 이야기를 들려주었다고 한다. 당시 고문의 방법은 여러 가지가 있었는데 가장 널리 자행된 고문 중의 하나는 무릎까지 차오르는 얼음물 속에 용의자를 세우고 무릎 위부터 머리까지는 고개조차 돌리지 못할 정도로 좁은 나무상자나 격자를 씌워 무한정 세워놓는 것이었다고 한다. 또 다른 방법은 가장 원시적인 고문방법으로 무작정 몽둥이로 두드려 패는 것이었고 그 과정에서 용의자가 기절하면 찬물을 부어 정신이 들게 한 다음 다시 몽둥이로 때리기를 반복하는 것이었다. 내무서원들은 이와 같은 고문을 자행하면서 미리 만들어놓은 가짜 조서에 서명하기를 강요하는데 대부분은 고문을 못 이기고 서명을 하게 된다고 한다. 그렇게 하여 조서에 서명한 사람은 대개 8-10년 정도의 형을 선고받고, 고문을 끝까지 견뎌낸 사람은 3-4년 정도의 형을 선고받았다고 한다.

아마 김경천은 그때 소련 내 이르쿠츠크파 한인공산주의자들에게서 상해파로 몰렸을 가능성이 있다. 김경천은 평소에 어느 파에도 가담하지 않고 양 파를 냉정하게 보려고 노력했고 또 그 스스로 이런 파당을 좋아하지 않아 그런 데서 한 발 물러나 지냈으나 개인적으로는 상해파들과 가까이 지냈는데 이것이 빌미가 되었을 가능성이 충분히 있다.

또 한 가지 추정 가능한 탄압의 이유는 그가 소련식 공산주의 운동에 적극 가담하지 않았기 때문이다. 김경천에게 인생 최고의 목표는 한반도의 독립이었고 그는 이와 같은 목표를 누구에게도 숨기지 않았기 때문에 나중에 소비에트 혁명운동을 부정하는 민족주의자로 몰렸을 가능성이 있다. 또 김경천은 소비에트 국가를 신뢰하지 않았다. 일제와 치열하게 싸웠던 소비에트 국가가 연해주에서 일본을 몰아낸 지 얼마 안 지나서 그 일본과 조약을 맺어 구원을 한순간에 일소하는 것을 보면서 그는 어느 체제도 믿지 않게 되었다.

그 외에도 김경천에게 개인적 원한을 가진 누군가가 없는 죄를 뒤집어 씌워 그를 밀고했을 가능성이 있다. 이런 복합적인 요소를 고려해볼 때 탄압의 바람이 일기 시작하던 1935-1936년 당시의 무시무시한 정치적 상황에서 누군가가 마음만 먹으면 자기가 미워하는 사람을 얼마든지 첩자로 몰아넣을 수 있는 여건에 김경천은 무방비 상태로 노출되어 있었다.

김경천이 체포된 이듬 해, 그러니까 1937년 여름에는 스무 살 난 둘째 딸 지혜가 갑자기 식중독으로 사망했다. 그리고 얼마 지나지 않아 김경천의 가족들은 다른 모든 한인들과 마찬가지로 화물열차에 실려 카자흐스탄과 중앙아시아로 강제이주를 당했다. 그들이 그해 겨울에 도착한 곳은 카자흐스탄 까라간다 주였다.

김경천은 2년 반을 복역하고 1939년 2월 까를라그에서 석방되었다.[12] 석방되자마자 그는 가족을 찾아 3월에 카자흐스탄 까라간다에 있는 집으로 들어왔다.[13] 그리고 한 가정의 가장으로서 까라간다 주 뗄만 구역 독일인 농장 코민테른 꼴호즈에서 농장 작업부로 일을 시작했다.[14] 그런데 한 달 만인 4월 5일에 다시 체포되어 까라간다 정치범수용소에 갇히고 말았다.[15] 거의 3개월을 복역하고 여름 더위가 시작되던 6월 25일이 되자 그는 모스크바 부띠르스꼬이(Бутырской) 감옥으로 이감되었고 그해 12월 17일에 비로소 재판을 받았다. 재판부는 소련연방 형법 제58조 6항에 의거하여 그에게 간첩죄를 적용하고 강제노동수용소 수감 8년 형을 언도했다. 형기는 그가 체포된 4월 5일부터 계산되었다.[16] 당시 부띠르스꼬이 감옥은 소련에서 가장 악명 높은 감옥이었다.

....

12) 카자흐스탄 까라간다 주 내무국 산하 정보센터 발행 김경천 관련 문서(1995년 6월 19일 발행). 박환, 「시베리아의 항일운동가 김경천」, 『대륙으로 간 혁명가들』 (국학자료원, 2003) 371면에서 재인용. 까를라그(Карлаг)는 까라간다에 세워진 정치범수용소다. 그러므로 김경천이 까를라그에서 석방되었다면 그곳에서 복역 했다는 이야기가 되는데 그렇다면 그는 연해주에서 형을 언도받고 그곳에 있는 감옥이나 수용소에서 복역하다가 나중에 카자흐스탄 까라간다 수용소로 이감되 었거나 아니면 형 자체를 까를라그에서 살았다는 결론이 나오는데, 항일독립운 동가 '이인섭의 수기' 등을 참조해보면 김경천은 당시 소련당국에 체포된 다른 고려인지도자들처럼 카자흐스탄 유배형을 선고받고 바로 까라간다로 이감되었 을 것으로 생각된다. (이인섭 지음, 반병률 엮음 『망명자의 수기』(한울, 2013))

13) 카자흐스탄 까라간다 주 인민안전위원회 산하 부서 발행 김경천 관련 증명서 (2008년 9월 10일 발행).

14) Справка Военного трибунала Московского военного округа (19.02.1959) [모스 크바 군관구 발행 김경천 관련 증명서(1959년 2월 19일 발행)]. Ким Евгений Петрович, 『КИМ ГЕН ЧЕН』(Караганда: 2005) 31면.

15) 당시 소련정부는 김경천처럼 소정의 형기를 마치고 석방된 정치범들 중에서 앞 으로도 스탈린체제에 잠재적 위험이 될 것으로 판단된 최고의 인텔리나 관료, 군지휘관들을 다시 선별하여 체포하고 그들 대부분을 강제노동수용소로 보냈다.

16) 카자흐스탄 까라간다 주 인민안전위원회 산하 부서 발행 김경천 관련 증명서 (2001년 11월 17일 발행), 카자흐스탄 까라간다 주 인민안전위원회 산하 부서 발행 김경천 관련 증명서(2008년 9월 10일 발행), Справка Информационного

재판이 끝나자 당국은 그를 모스크바 근교에 있는 꼬틀라스(Котласс) 시 감옥분소로 옮겼다가 1940년 1월 17일에 러시아의 북부에 있는 꼬미 자치공화국 내무인민위원회 북부철도수용소(세브젤도를라그. Севжелд орлаг)로 이송했다.[17] 수용소 명칭이 말해주듯이 여기에 수감된 죄수들 은 매일 철도건설공사장에 동원되었다.

막내딸 지희씨의 증언에 의하면 김경천이 까라간다 수용소에서 복역 할 때까지만 해도 가족 간 서신왕래가 가능했다고 한다. 그때 김경천은 아내에게 편지를 보내 자신은 아무런 잘못이 없으며 자기가 체포된 것 은 시대가 시대인 만큼 아마도 무슨 착오가 생겨서 그런 것일 거라고 매우 희망적으로 썼다고 한다.

김경천의 아내 유정화는 남편이 체포되고 나서 얼마 후 누가 남편을 '물어넣었는지를' 알게 되었다고 한다. 하지만 그녀는 이 사실을 자식 들에 몇 번 이야기는 했지만 한 번도 그 이름을 발설하지는 않았다. 김 경천의 가족들은 그가 체포되던 1936년부터 인민의 적이라는 주홍글씨 를 지닌 채 여러 해 동안 세인들에게서 비웃음과 손가락질을 당하며 살았다.

2008년 카자흐스탄 까라간다 인민안전위원회에서 김경천의 유가족 에게 발급해준 증명서에는 김경천이 1942년 1월 26일에 꼬미 자치공화 국 북부철도수용소에서 사망했다고 기재되어 있다. 또 같은 해에 김경

Центра Управления Внутренних дел Республики Коми, российской Федерации (Июль 2008 г.) [러시아연방공화국 꼬미 자치공화국 내무부 정보센터 발행 김경 천 관련 증명서(2008년 7월 발행)].
17) 러시아연방공화국 꼬미 자치공화국 내무부 정보센터 발행 김경천 관련 증명서 (2008년 7월 발행). 한편 북부철도수용소는 철도건설을 목적으로 운영되었던 강 제노동수용소로 1938년 5월 10일에 설립되어 1950년 7월 24일에 북부 뻬쵸라 노동수용소에 통합되었다.(http://www.google.com/Севжелдорлаг)

천의 외손자 김 예브게니씨가 러시아 꼬미 자치공화국으로 편지를 보내 그 답장으로 받은 증명서에는 김경천이 1942년 1월 14일에 수용소 병원에서 비타민 및 영양 결핍으로 나타나는 펠라그라로 인한 심장질환으로 사망했고 그 수용소에서 800m 떨어진 곳에 묻혔다고 기록되어 있다.

이로 미루어 김경천은 만 2년 동안 철도건설공사 노역에 동원되었음이 확실하다. 그가 북부철도수용소에 도착했을 때에는 꼬뜰라스 - 보르꾸뜨간 철도건설공사가 한창 진행 중이었고 1940년 5월 14일부터는 728km에 달하는 꼬뜰라스 - 우스치꼬즈바간 북부뻬쵸라 간선철도 공사가 시작되었다.[18] 김경천은 신체가 늙고 쇠약해져가던 53세의 나이에 이 수용소로 끌려가 만 2년을 강제노역에 시달렸다. 육체가 극도로 혹사되었음은 더 말할 나위조차 없다. 또 거기는 겨울이 길고 혹독하게 추운 곳이다. 게다가 당시 죄수들에게 배급되는 음식이 얼마나 거칠고 부실하였는지는 익히 알려진 사실이다. 결국 김경천은 늙은 몸으로 극도로 추운 기후 속에서 고된 노동에 시달리느라 육체가 혹사되고 영양이 부실하여, 펠라그라로 인한 심장질환으로 사망한 것이다.[19] 당시 그

---

18) 그 시기에 철도공사에 동원된 죄수들 숫자는 1940년 1월 1일 26,310명, 1941년 1월 1일 84,893명, 1941년 7월 1일 66,926명, 1942년 1월 1일 53,344명 등이었다.(http://www.google.com/Севжелдорлаг)

19) 북부철도수용소의 환경이 얼마나 열악했고 악명이 높았는지는 러시아의 유명한 반체제 작가 솔제니친이 쓴 소설 『수용소 군도』에 잘 나와 있다. 그는 철저하게 자료를 고증하여 이 소설을 썼는데 그가 이 소설에서 묘사한 북부철도수용소 전반을 요약하면 다음과 같다.
북부철도수용소는 수용소 군도의 일부분으로 엔. 아. 프렌껠의 주도하에 운영된 철도건설 수용소로 널리 알려져 있다. 이 수용소의 분점들은 철도건설 경로를 따라 배열되었고 수용된 죄수들은 종대로 세워져 수용소 분점이 위치한 순서대로 분산 배치되었다. 각 수용소 분점들 주위에는 군사교육을 받은 저격수들이 국가안전을 위한 작전을 수행한다며 수용된 죄수들의 일거수일투족을 철저히

수용소에 끌려간 죄수들 대부분이 이 질환으로 사망했으며 사망자는 하루 평균 50명 정도였다고 한다.

김경천의 사망일은 발급된 증명서마다 차이가 난다. 현재 한국에는 그의 사망일이 1월 2일로 알려져 있는데 나중에 발급된 증명서들에는 1월 14일과 26일로 나와 있으므로 앞으로 더 구체적인 확인이 필요하다. 그의 묘소는 2008년 김 예브게니씨가 발급받은 증명서를 토대로 확인해본 결과 여전히 그곳에 존재하고 있는 것으로 나와 있다. 하지만 그 묘소는 김경천 한 사람만 묻힌 무덤이 아니라 당시 그 수용소에 끌려가 강제노동에 시달리다 사망한 죄수들이 집단으로 묻혀있는 공동묘지다. 당국은 시신들을 모아두었다가 1주일에 한 번씩 차에 싣고 가서 큰 구덩이를 파고 한꺼번에 매장했다고 한다. 그래서 김경천 장군의 유해만 따로 찾아내기는 쉽지 않을 것으로 보인다. 하지만 근거자료를 더 찾아 보완하고 세밀하게 확인하여 반드시 유해를 찾아내서 막내딸 지희씨의 뜻대로 한국에 봉환해야 할 것이다.

1936년에 김경천이 체포되어 3년 형을 언도받은 사건은 1956년에 재

감시하며 통제했다. 소련정부는 1941년에 국가경제발전 5개년계획을 수행함에 있어서 이 수용소 죄수들의 노동력만으로 국가 전체 기본자금의 5분의 1을 충당하였다. 노동량에 있어서 어느 인민위원부도 노동수용소를 운영하고 있는 국가 안전위원회와 경쟁이 되지 못했다. 수용소 죄수들은 극동지방, 까렐로 - 핀스키 공화국, 꼬미 자치공화국에 요구되는 벌목작업의 50%를 담당하였고 아르한겔스크주와 무르만스크주 석유채굴의 3분의 1 이상을 담당하였으며 현저한 양의 크롬광석, 금, 석탄을 캐서 공급하였고 각종 철도와 도로를 건설하였다. 이 수용소의 노동능력은 중단과 한계가 없음을 보여주었다. 통상적으로 수용소 죄수들은 3개월에서 6개월 이상을 견뎌내지 못하고 죽었다.

"북부철도수용소는 무엇이었던가. 그것은 바로 어떤 형태의 주택 하나 없는 타이가요 툰드라. 그 많은 수용소 죄수들에게 편안한 주거시설은 주어질 수가 없었다. 그래도 하늘 아래 마구간이라도 있었던 것이 고마울 뿐."(http://www.google.com/Севжелдорлаг)

심되어 무죄선고가 내려졌다.[20] 그리고 1939년에 체포되어 그해 12월 17일에 간첩죄로 8년형을 선고받은 사건은 1959년 2월 16일 모스크바 군관구 군사재판소에서 재심하여 무죄를 선언하고 다음날 17일에 사후 복권 시켰다.[21] 남은 가족들에게 낙인찍혀 있던 인민의 적이라는 주홍글씨도 그때 지워졌다. 카자흐스탄에서는 1993년 4월 14일에 선포된 '정치적 탄압에 의한 희생자의 명예회복에 관한' 법률에 의거하여 김경천의 명예를 회복시켰다. 1998년 8월 15일 한국정부는 김경천에게 건국훈장 대통령장을 추서했다.

7 나가며

김경천은 1888년에 태어나 17살이 되던 1904년에 일본으로 건너가 육군중앙유년학교와 육군사관학교를 졸업하고 육군 중위가 되어 성공과 출세가 보장되었음에도 불구하고 3.1운동이 일어나자 일제에 빼앗긴 조국을 무력으로 되찾기 위해 서울에 아내와 세 딸을 두고 만주로 망명했다. 그리고 연해주로 거처를 옮겨 혼신의 힘을 다해 일제와 마적과 러시아 백군에 맞서 싸웠다. 그런데 이와 같은 그의 영웅적인 행적은 얼마 지나지 않아 세인들의 뇌리에서 잊혀지고 말았다. 소련에서는 인민의 적으로 낙인찍혀 탄압을 받았고 한국에서는 자료접근의 한계와

---

20) 카자흐스탄 까라간다 주 인민안전위원회 산하 부서 발행 김경천 관련 증명서 (2008년 9월 10일 발행)

21) 모스크바 군관구 발행 김경천 관련 증명서(1959년 2월 19일 발행). Ким Евгений Петрович, 『КИМ ГЕН ЧЕН』(Караганда: 2005) 31면. 카자흐스탄 까라간다 주 인민안전위원회 산하 부서 발행 김경천 관련 증명서(2001년 11월 17일 발행). 카자흐스탄 까라간다 주 인민안전위원회 산하 부서 발행 김경천 관련 증명서 (2008년 9월 10일 발행).

이념적인 이유 때문에 오랫동안 방치되었기 때문이다.

다행히 소련과 수교가 되면서 그에 대한 자료가 발굴되기 시작했고 유족들의 증언을 통해 그의 진면목이 조금씩 드러나게 되었다. 그리고 2005년에 그가 쓴 수기와 일기인 경천아일록이 발굴되면서 그동안 베일에 가려져 있던 그의 가계와 성장과정, 빨치산활동의 전모, 만주망명, 무장해제 이후의 행적 등이 모두 알려지게 되었다. 특히 일록에는 치열했던 전투과정이 전투요도까지 곁들인 설명으로 서술되어 있어 항일빨치산 지휘관으로서의 김경천의 지략과 위엄이 유감없이 드러나고 있다. 또 일록에 나오는 10여 편의 시문과 산문형식의 일기는 그의 지사적·문사적 성격을 유감없이 보여주고 있다.

하지만 경천아일록은 무엇보다도 최정예군사교육을 받은 군사전문가가 규모 있는 부대를 이끌고 전투에 참가하여 전투현장에서 직접 쓴 일기라는 점에서 통시적으로는 이순신 장군의 '난중일기'와 비견되는 기록물이라 할 수 있다. 더욱이 김경천은 한인빨치산 뿐만 아니라 한인 – 러시아인 혼성부대를 이끌고 여러 번 전투를 치러 백군과 일본군의 간담을 서늘하게 만든 국제적인 군지휘관이었다. 공시적으로는 중국으로 망명한 항일운동가를 대표하는 김구의 '백범일지'에 비견되는 노령지역 항일운동가의 탁월한 기록물이라 할 수 있다.

망명 항일무장투쟁가 김경천이 기록한 경천아일록은 아직도 완전한 친일청산이 이루어지지 않고 있는 우리나라에 올바르고 정의로운 사회를 위한 바람직한 관점을 제공하고 후세교육에도 널리 활용될 수 있을 것이다. 가치 있는 역사자료는 전문연구의 영역에서 해방되어 대중에게 널리 읽히고 활용되는 것이 바람직하다.

김경천은 서울 사직동 166번지 사저를 늘 그리워했다. 어느 정도 일만 풀리면 서울로 돌아가 꼭 그 집을 되찾고 거기서 조용히 살다가 자손에게 영원한 가산으로 물려주고자 했다. 그의 일기 부록에는 1923년 상해국민대표회의에 갔다가 그해 9월에 스위스인의 기선을 타고 전라, 경상해안과 울릉도를 지나 블라디보스토크로 돌아갈 때 고국생각이 더욱 간절했다는 고백이 나온다. 머나먼 시베리아 북부 러시아 꼬미 자치공화국 수용소에서 한겨울에 홀로 쓸쓸히 눈을 감으면서 아마도 그는 따뜻한 남쪽 나라 서울 사직동 사저로 고개를 돌렸을 것이다.

참고문헌

한국 측 자료

- 김구 저, 우현민 현대어역, 『백범일지』(서문당, 1992)
- 박환, 「시베리아의 항일운동가 김경천」, 『대륙으로 간 혁명가들』(국학자료원, 2003)
- 보리스 박 . 니콜라이 부가이 지음, 김광한 . 이백용 옮김, 『러시아에서의 140년간』(시대정신, 2004)
- 공민(公民), 「노령견문기(5) 8.경천 김장군」(동아일보, 1922년 1월 23일)
- 공민(公民), 「노령견문기(6) 8.경천 김장군(속)」(동아일보, 1922년 1월 24일)
- 아령조선군인 김경천, 「빙설 쌓인 시베리아에서 홍백전쟁(紅白戰爭)한 실지 경험담」(동아일보, 1923년 7월 29일)
- 윤상원 박사학위논문 『러시아지역 한인의 항일무장투쟁 연구(1918-1922)』(고려대학교, 2009)
- 이인섭 지음, 반병률 엮음 『망명자의 수기』(한울, 2013)

소련 측 자료

서적

- 십월혁명십주년 원동긔념준비위원회 편찬 『십월혁명십주년과 쏘베트고려민족』(해삼위도서주식회사, 1927)

- В. Д. Ким 『Туманган — пограничная река』(Ташкент, Ўзбекистон, 1994) [김 블라디미르 『국경의 강 – 두만강』(타쉬켄트, 우즈베키스탄출판사, 1994)]
- Ким Сын Хва 『Очерки по истории советских корейцев』(Алма-Ата, Издательство Наука, 1965). [김승화 『소비에트 고려인 역사개관』(알마 – 아타, 나우까출판사, 1965)]
- М. Т. КИМ, 『Корейские интернационалисты в борьбе за власть Советов на Дальнем Востоке(1918-1922)』(москва: издательство наука, 1979) [김 마뜨베이 『원동에서 소비에트 정권을 위한 한인국제주의자들의 투쟁(1918-1922)』(모스크바, 나우까출판사, 1979)]
- Ким Евгений Петрович, 『КИМ ГЕН ЧЕН』(Караганда: 2005) [김 예브게니 『김경천』(까라간다, 2005)]

문서

- Протокол допроса Ким Ген Чена в карагандинском отделении НКВД (6, 8, 9, 10-е апреля 1939 г.) [카자흐스탄 까라간다 주 인민안전위원회 소장 김경천 심문조서(1939년 4월 6, 8, 9, 10일자 일부)]
- Справка Военного трибунала Московского военного округа (19.02.1959) [모스크바 군관구 발행 김경천 관련 증명서(1959년 2월 19일 발행)]
- Документ Информационного Центра Управления внутренних дел г. Караганды (19.06.1995.) [카자흐스탄 까라간다 주 내무국 산하 정보센터 발행 김경천 관련 문서(1995년 6월 19일 발행)]
- Справка с областного Департамента Комитета Национальной безопасности, г.Караганда (17.11.2001.) [카자흐스탄 까라간다 주 인민안전위원회 산하 부서 발행 김경천 관련 증명서(2001년 11월 17일 발행)]
- Справка Информационного Центра Управления Внутренних дел Республики Коми, российской Федерации (Июль 2008 г.) [러시아연방공화국 꼬미 자치공화국 내무부 정보센터 발행 김경천 관련 증명서(2008년 7월 발행)]
- Справка с карагандинского отдела Комитета Национальной безопасности

(10.09.2008.) [카자흐스탄 까라간다 주 인민안전위원회 산하 부서 발행 김경천 관련 증명서(2008년 9월 10일 발행)]

신문

- 박청림 「원동에서의 쏘베트정권을 위한 투쟁 참가자의 회상기」(레닌기치 1987년 10월 9, 10, 24일)

회고록

- 박청림 「박청림(1899-1991) 회고록(노어)」(연도미상. 1985년 무렵으로 추정)

인터넷자료

- http://www.google.com/Севжелдорлаг
- https://koryo-saram.ru/tsoj-horim-ocherk-istorii-korejtsev-v-dvk-chast-vtoraya-korejskoe-partizanskoe-dvizhenie-v-gody-grazhdanskoj-vojny-v-dvk/ (Цой Хорим, Очерк истории корейцев Д.В.К.(1932г.) Часть вторая: Корейское паризанское движение в годы гражданской войны в Д.В.К. / Партархив Хабаровского крайкома КПСС, П-44, опись-1 ед. 599. / Отдел Испарта при Далькрайкоме ВКП(б) [최호림 『원동변강 고려인생활 역사초록』(1932) 제2부: 내전기간 중 원동변강 고려인 빨치산활동])

증언

- 김지희(1929년생. 김경천의 막내딸)의 증언(2010년 4월, 2012년 11월 10일)
- 정상진(1918-2013)의 증언(2012년 11월 24일, 동년 12월 11,13일)

현대어역본

[현대어역본]

1. 원문에 문장 및 단락이 구분되어 있지 않고 띄어쓰기가 되어있지 않아 정리자가 내용과 문맥에 맞게 적절히 구분, 정리해 놓았다.

2. 한자로 된 숫자는 모두 아라비아 숫자로 옮겼다. 그리고 단기(檀紀)로 표기되어있는 연대는 그 옆에 괄호를 열고 서기(西紀)를 부기해주었다.

3. 역사적으로 중요한 사건이 기록되어 있거나 추가설명이 필요한 부분, 그리고 이 일록에 등장하는 인명과 지명은 가능한 한 주석을 달아 보충설명 해주었고 짧은 설명이나 해설은 본문에 괄호를 열고 작은 글씨로 바로 부기해주었다.

4. 정리자가 내용에 따라 일부 적절한 소제목을 만들어 넣고 그 소제목을 대괄호([ ])로 표시해주었다. 또 꼭 필요하다고 판단된 내용 일부를 본문에 추가한 경우에도 대괄호([ ])로 표시해주었다.

5. 원문에 나오는 괄호 안의 글씨가 현대어역본에서도 사용되는 경우 〈   〉로 표기했다.

[서문]

이시영(李時榮)이 보고 싶다.
신동천(申東川)이 보고 싶다.
신용걸(申用傑)이 보고 싶다.
안무(安武)가 보고 싶다.
임병극(林秉極)이 보고 싶다.
김선영(金善榮)이 보고 싶다.
김찬오(金贊五)가 보고 싶다.[1]

---

1) 이시영은 독립운동을 위해 김경천과 비슷한 시기에 만주로 망명한 이로서 김경천이 1919년 6월 8일 안동현에서 서간도로 갈 때 함께 갔으며 서간도 삼원포에서 독립운동에 헌신하다가 그해 7월에 사망했다.
신동천은 구한국 무관학교 2회 출신 독립운동가로 본명은 신영균(申英均) 또는 신팔균이다. 그는 김경천이 지대형(池大亨. 지청천)과 함께 서간도 유하현에 있는 무관학교를 찾아갔을 때 그들보다 며칠 먼저 들어와 있었다. 군사전문가인 이들 세 사람은 조국을 위해 헌신할 것을 맹세하고 그 맹세의 뜻으로 다 같이 천자(天字)가 붙은 이름을 새 이름으로 쓰게 되었는데 신동천, 김경천, 지청천이 그것이며 이들을 남만주 삼천이라고 불렀다고 한다. 신동천은 1924년 7월경에 중국관군으로 편입된 토비들이 우리 독립군에 시비를 걸어와 같이 싸우는 과정에서 불행하게 사망했다. 그때 그는 통의부군사위원장이었다. (박환, 「시베리아의 항일운동가 김경천」『대륙으로 간 혁명가들』(서울, 국학자료원, 2003) 353쪽 ; 동아일보 1924년 7월 30일자 기사). 경천아일록에는 신동천의 이름 끝 글자가 天이 아닌 川으로 적혀있다.
신용걸은 김경천이 총사령관으로 있던 수청고려의병대 제1중대장이었다. 그는 1921년 9월 김경천이 군사를 이끌고 도병하(아누치노)로 나아갈 때 올가항 수비대로 남았다. 그리고 그해 10월 올가항 전쟁이 벌어지자 대부분이 고려인으로 구성된 2개 소대원 50명을 이끌고 800명의 백군을 맞아 전투를 지휘했고 다음 날 올가항에 정박한 적함을 공격하여 승리를 거두었다. 그런데 이 전투에서 백군의 기습공격으로 21명의 소대원이 전사하고 말았다. 그러자 그는 다수의 부하를 잃고 자기만 살아서 돌아갈 수 없다며 28세의 젊은 나이에 스스로 배를 갈라 자결했다. 그런데 최호림의 기록에는 그가 78명의 대원을 이끌었으며 백군에게 투항하지 않기 위해서 자살했고 당시 그의 나이는 33살이라고 나와 있다(십월혁

65

명십주년 원동긔념준비위원회 편찬『십월혁명십주년과 쏘베트고려민족』(해삼위도서주식회사, 1927) 52-54쪽 ; 아령조선군인 김경천,『빙설 쌓인 시베리아에서 홍백전쟁(紅白戰爭)한 실지 경험담』(동아일보 1923년 7월 29일) ; Цой Хорим『Исторический очерк о жизни корейцев на Дальнем Востоке』(하바롭스크, 1932)). 안무는 중국 만주에서 국민회 군대를 이끌고 독립운동을 하다가 1920년 서북간도 각 의병대가 일본군의 침략으로 부득이 퇴각하여 노령으로 향할 때 동료들과 함께 국민회 군대를 이끌고 연해주로 들어갔으며 그 이후에도 꾸준히 독립투쟁에 헌신했다.

임병극은 1885년 평안도에서 태어났다. 1917년에 중국으로 망명하였고 1919년 3.1운동 무렵부터는 만주에서 의병대장으로 활약했다. 1920년에는 함경북도 단천 부근에서 일본군들과 전투를 치렀고 그 전투에서 심각한 부상을 입었다. 1921년에 100명의 의병을 데리고 연해주 수이푼 구역으로 이동했으며 거기서 연해주 극동인민혁명군으로 재편성되어 백군 및 일본군과 싸웠다. 임병극 부대는 주로 국경지대에서 전투를 치러 혁혁한 전과를 올렸다. 그는 1923년 초에 만주로 돌아가 일제의 압제에 시달리는 사람들 사이에서 애국활동을 시작했는데 중국경찰에 체포되고 말았다. 이에 일본 경찰이 임병극의 신병인도를 강력히 요청하자 중국 경찰들이 도움을 주어 그는 발목에 쇠고랑을 찬 채로 탈출에 성공했다. 그는 다시 연해주로 돌아가 1924년에 공산당 당원이 되었고 뿌즈보스똑이라는 집단농장 어업조합 의장 및 농민위원회 위원장을 역임했다 (М. Т. КИМ『Корейские интернационалисты в борьбе за власть Советов на Дальнем Востоке (1918-1922)』(москва, издательство наука, 1979) 107-108쪽).

김선영과 김찬오는 아직 확인되지 않았으나 1921년 올가항 전투에서 김경천 부대의 소대장이었던 신용걸의 부하 중에 김안호라는 이름이 있는 것으로 보아 그가 김찬오인지도 모르겠다. 그도 역시 전사했으며 그 외 다수의 전사자 이름은 밝혀져 있지 않다. 러시아어 기록에는 언어차이로 인해 우리 이름이 틀리게 표기되어 있는 경우가 흔하다.

경천아일록(擎天兒日錄)

제 1

나는 본래부터 일기를 많이 유의해서 써왔지만 다년간 세월의 어지러움 중에 많이 유실되어버렸다. 서울[京城]에 있는 내 본집에는 일기가 얼마나 남아있을지?

수청(水淸) 만춘동(滿春洞) 산골짜기에서 세월이 가고 오는 이날! 무정과 적막의 덩어리가 된 이 경천(擎天)은 믿자하나 믿을 것이 없고 의지하자니 그것도 없다. 그러나 다시 생각해보면 본래 인생이란 것이 이러한 것인데 경천은 혹시 무슨 별다른 수나 있는가 하고서!

1925년 5월 5일 니시(尼市. Никольск시)에서

올바른 길로 나아간다는 소리는 들려오지 않고 적막하기만 한 우리 민족의 혁명계! 까마귀가 학의 걸음 걷듯이 이리저리 벌여대기만 하니 대내외의 손가락질과 비웃음이나 받는다. 아직 혁명의 역사가 없고 경험이 없는 우리로서 무리하지는 않으나 답답하기도 하다. 결속되어가는 당파씨름! 유일전선이란 말은 일종의 유행표어가 되었다.

1925년 11월 14일 니시(尼市. Никольск시)에서

술회(述懷)

丈夫應取萬古名(장부응취만고명)
豈了碌碌伏櫪駒(기료록록복력구)
風雲未霽雪紛紜(풍운미제설분운)
安得勇士建義族(안득용사건의족)

회포를 표현함

장부가 응당 취하고자 하는 건 만고에 떨칠 이름인데
어찌 하잘것없는 망아지 구유에 기대어 생을 마치리오
풍운은 가라앉지 않고 눈만 어지럽게 뿌리니
어찌 의로운 민족을 세울 용사를 얻을 수 있으랴

이 시는 내가 일본 동경 육군중앙유년학교(陸軍中央幼年學校)에 재
학하던 시절에 지은 작품이다. 나의 입지의 표시라 할 수 있다. 그뿐
아니라 나는 이에 맞도록 지금껏 실천한다. 노력한다.

경천아일록(擎天兒日錄)

이 마음!!

알프스, 히말라야 산의 제일봉이 높아도 끝이 있고 대서양, 태평양이
깊다 하여도 우주의 한 알갱이인 지구의 표면에 지나지 못했다. 이것에
비해도 수억 년 속의 한 점 이슬방울과 같은 한 근 고깃덩어리 인생으
로 수명 백년의 단기간에 웅비하는 기상으로 명운을 걸고 한판 승부를
겨뤄 대과업이니 대성공이니 한들 그 이루어낸 것이 무엇이리요마는
진시황제(秦始皇帝)의 만리장성이며 개자추(介子推)의 한식도 무(無)
로 보면 없는 것이거니와 유(有)로 보면 인생의 가치 있는 증거임을 보
고 예나 지금이나 인생의 호기심은 하나인가 하여 경천은 무한 천지에
한 알갱이임을 상관치 않고 헌신적인 분투의 장막으로 들어가노라. 아!
그러나 우주는 웃으리라!

민족을 위한다, 국가를 위한다, 사회를 위한다, 세계를 위한다 말하는
것들이 또 빈 것에 지나지 않으니 그 비어있음을 알고 속으나 모르고
속으나 또한 일반이다. 한번 왔다 가는 것은 우주만물에 이미 정해진
것이라 난들 어찌하리오! 꿈과 같은 한때의 부귀영화가 헛됨을 믿고
깨어나기나 기다리자 하노라.

시베리아
경천 쓰노라

내가 북청(北靑)에서 영독산(靈督山)의 진달래꽃을 보고 즐겼고 휘호(揮湖) 호수에서 새하얀 모래밭에 핀 해당화의 열매를 따고 서울[京城] 남산에서 거대한 뱀처럼 흐르는 한강의 흐름이며 조선왕조 오백년 도읍의 유산인 성 주위를 보고 한탄하였으며 평양 칠성문(七星門) 밖 옛 전쟁터를 가을 국화꽃에 비추어 보았고 장산곶의 파도며 동경의 벚꽃을 해를 이어 보았고 만주의 진흙물에 발을 씻고 시베리아의 눈 속에서 야영한 것도 모두 그때뿐이다. 지나가니 꿈과 조금도 다름이 없다. 아무리 시끄럽게 하여도 지나가면 그만이다. 아무리 어려운 일도 지나가면 그만이다. 아무리 기쁜 것도 지나가면 그만이다. 루이 14세의 호강도 지나가니 그만이다. 종로 거지도 지나가니 그만이다.

아! 구속에서 해방된 것인가. 이 세상은 별것이 아니요 단지 희망으로 버텨 간다. 그 희망도 꼭 이루어진다는 것이 아니다. 헛된 것이었다. 아, 공연히 분주히 구는 저 길손아 자연이나 시끄럽게 하지 마라. 자연이 웃는다!

목차

1. 서언

우주를 지으신 이가 나에게 무엇을 주셨는가. "너의 운명은 네가 스스로 개척하라" 함을 주셨다. 나의 일생은 이로 인하여 나아감이로다.

비상한 시대에는 비상한 인걸이 태어나 비상한 결심으로 비상한 난관을 헤치고 나가 비상한 과업을 이루어낸다 함은 오직 경천으로 하여금 이 세상의 파도 속으로 들어가게 하고자 함이었다.

북청읍(北靑邑) 서문(西門) 밖은 땅이 넓고 인물이 총명하며 북으로는 멀리 대독산(大督山)의 연봉을 바라보고 서로는 영독산(靈督山)의 화원이 있으며 남녘 하늘은 광활하고 기름진 옥토가 시야가 부족하리만큼 펼쳐져 있으며 동으로는 북청읍 성곽을 끼어 원대한 기상이 자연에 감응하게 한다.

나는 8살에 부친을 따라 서울[京城]로 이사 왔다가 17살에 한국유학생으로 일본에 건너가니 나의 앞길에 한 줄기 서광[一光曙]이 비추었다.

불행히 한국이 일본에 합병되매 나는 일본군대에서 16년간 군사상 연구에 힘을 쏟았다.

4252년(1919) 3월 1일 독립선언 이래로 나는 민족을 위해 헌신하고 종사하는 기회를 얻었다.

이 일기는 내가 실천한 것의 일부분에 지나지 않는다. 그 외의 일기는 다년간의 어지러움 중에 잃어버렸다.

4254년(1921년) 2월　일 시베리아 동녘 해안에서
경천 쓰노라

2. 출생지

경천(擎天)은 4221년〈1888년 무자년〉 6월 5일 오후 9시에 함경도(咸鏡道) 북청군(北靑郡) 서문(西門) 밖에서 태어났다. 성은 김(金)이며 이름은 경천(擎天)이다. 본관은 김해(金海)며 입북조(入北祖) 김종남(金從南)의 후손이다.[2) 부친은 정우(鼎禹)라 하는데 포병부령(砲兵副領)과 포병공창장(砲兵工廠長)으로 재직하다가 나이 52세에 별세하였고 형은 성은(成殷)이라 하는데 일본육군사관학교(日本陸軍士官學校)를 졸업하고 본국에 돌아와 한국군대에 처음으로 공병과(工兵科)를 설립하고 공병대를 창립하여 공병부령(工兵副領)으로 재직했다. 부친도 일본고등공업학교(日本高等工業學校)를 마쳤다.

오른쪽 여백의 글 부친은 일본고등공업학교 졸업생이다.

부친 및 모친, 형의 묘는 경기도 시흥(始興) 구로리(九老里) 남산(南山)에 있다. 형은 30세가 못되어 사망했다.

이와 같이 부친과 형은 대한제국 광무제(光武帝) 시기에 벼슬길에 있었는데 그분들이 실력 없이 벼슬자리에 있었던 것이 아니고 모두 제 자격을 갖추었음을 알 수 있다.

---

2) 김경천은 경주김씨의 시조인 김알지의 후손이다. 김알지의 30세손 김렴에서 '후김해김씨'가 분파되어 나왔는데 이를 조선후기까지 '김해김씨'라고 불렀기 때문에 김경천도 이렇게 인식하고 있었던 것 같다. 이 문제에 대해서는 정리자가 부록 오가세기에 한 번 더 언급해놓았다.

서문(西門) 밖의 자연 : 북으로는 멀리 태덕산(太德山)의 웅장한 봉우리를 바라보고 서로는 영독산(靈督山)의 화원에 임하였으며 남녘 하늘 아래로는 광야가 바다처럼 끝없이 펼쳐졌으니 그 광활하고 호연함을 나는 잊을 수가 없다. 동쪽으로는 북청읍 성곽이 길게 남아 있었다.

영독산(靈督山)의 새싹동산 : 높지 않으며 평탄하지도 험하지도 않아 푸른 솔과 새싹들과 온갖 꽃과 좋은 열매가 열리는 천연의 공원이다. 나는 어릴 적부터 여기서 아이들과 놀기를 제일 좋아했던 것을 지금껏 잊을 수가 없다. 그 즐겁고 웅장하던 정신이 뇌리를 비춘다.

나는 아이 적에 그다지 총명하지 못했고 둔하고 순박해서 어른들도 나를 어쩌지 못하였다. 5살 때 하루는 형이 미꾸라지를 잡아다가 그릇에 넣어두었는데 내가 오전부터 그것을 잡아보려고 하나 미꾸라지가 미끈미끈하여 빠져나가는 것을 보고 크게 웃으며 계속하여 잡으려 하였고 어머니가 말려도 듣지 않고 계속하였다. 다음 날 아침에 집안사람들이 들어가 보니 내가 그 그릇이 있던 방에서 가로로 누워 그대로 잠을 자고 있는지라 집안사람들이 매우 놀랐다.

3. 광주(廣州) 이주

4228년(1895년) 가을에 부친을 따라 경기도(京畿道) 광주군(廣州郡) 초월면(草月面) 학현리(鶴峴里)로 이주하게 되었다. 아버지와 형은 곧 일본으로 유학을 떠났다. 나는 한문을 배웠다. 아버지와 형이 일본에서 유학하는 동안에 어머니가 돌아가셔서 홀로 고생을 많이 하였다. 어머니가 병으로 눕자 약을 구하려고 10리가 넘는 곳으로 큰 내를 건너 간 일이 있다. 사람들이 북청에서 온 아이가 강하더라고 일컬었다. 그때 내 나이 10살이었다.

> 오른쪽과 가운데 여백의 글 약을 구하러 큰 내를 건널 때에 실로 위험하여 한 발짝만 잘못 디디면 익사하였을 것인데 무사함을 보고 사람들이 이를 특별한 일로 알았다. 그 내는 어른들도 건너기 어렵다고 하였다. 어머니가 별세한 이래로 이름에 서(庶)자가 달린 할머니가 계셔서 고생을 많이 하였으나 매사에 일보도 사랑치 않고 대항하였다.

4233년(1900년) 여름에 아버지와 형이 전문 과정을 마치고 환국하였다. 그분들이 서울로 돌아오시자 오래간만에 아버지와 형을 모시고 살게 되었다. 그러나 내가 또 일본으로 가게 되었다.

4. 서울[京城] 거주

4233년(1900년) 여름에 아버지와 형이 일본에서 돌아오시니 서울[京城]에 집을 정하고 나는 경성학당(京城學堂)에 입학하여 신학문을 배웠다. 일본어, 역사, 지리, 물리, 산술(算術) 등을 배웠다. 4236년(1903년) 3월 일에 경성학당을 졸업하였다. 부친은 나를 일본에 유학 시키고자 많이 힘쓰셨으나 아직 좋은 기회를 얻지 못하였다.

4237년(1904년) 봄에 일본이 러시아의 만주침략을 방어한다고 인천(仁川) 앞바다에서 해전을 개시하자 이에 전운이 극동일부에 가득하였다. 일본군은 인천에 상륙하여 서울[京城]로 날마다 자꾸 입성하였다. 광무황제(光武皇帝)는 일본공사 임권조(林權助. 하야시 곤스케)의 위협과 협박을 받아 국외중립을 천명하고 이 미명하에 차차 일본의 압박을 당하게 되었다. 그러나 이것은 우리 정부가 사리에 어두워서 그랬던 것이다. 우리가 러시아와 친근한데 오늘 일본이 승리하게 되니 그 일본이 어찌 우리에게 호감이 있겠는가. 한국정부에 인재가 없는 까닭이다. 일본군은 정주(定州), 압록강(鴨綠江), 구련성(九連城), 요동반도(遼東半島)에서 연승하였으나 여순구(旅順口)에서 방어요새를 만났다.

이런 때를 당하자 한국정부는 황제와 신료 모두가 낙망하여 대사를 일본에 위문차로 보내며 학부대신 이재극(李載克)에게 명하여 일본에 유학생을 파견하게 된다. 나도 이에 응모하였다. 합격시험 문제가 볼만하다. 맹자(孟子)를 읽히고 작문은 "學而時習之不亦樂乎"(학이시습지불역낙호. "공부하고 익히면 또한 즐겁지 아니한가")라 하는 것이었으며 기타 신체검사 등이었다. 그러나 그것도 세력으로 합격이 결정된다. 나는 그

시험에서 논어(論語)와 맹자(孟子)는 읽어보지도 못했다. 아버지와 형이 모두 벼슬자리에 있는 까닭으로 나는 일본유학생이 된 모양이다. 그러나 국비로 유학을 못 가면 사비로라도 가리라.3) 당시 아버지는 군기창장(軍器廠長) 육군포병부령(陸軍砲兵副領)이요 형은 공병대장(工兵隊長) 육군공병부령(陸軍工兵副領)으로 재임하고 있었다.

그해 8월 일에 이재극은 유학생 50명을 데리고 인천항에서 승선하고 일본으로 향하였다. 이 50명의 유학생 중에서 국가와 민족에 쓸 만한 인재가 몇이나 되는가 하는 것을 그 당시에 사람들이 이야기했다. 최린(崔麟), 김진용(金晋鏞), 조용은(趙鏞殷, 독립운동가 조소앙(趙素昻 1887-1958)의 본명) 등이 그 인재들 숫자에 들어갔다. 이때에 이용익(李容翊) 씨가 우리와 함께 일본에 가서 머물렀던 것이니 이씨는 아마도 자기의 본의로 가는 것이 아니고 한국과 일본 사이의 정치적 내객(內客)으로 가는 것이었다. 자세한 일은 나는 모른다.

---

3) 김경천은 관비유학생으로 학업을 마쳤다. 본문은 김경천이 유학을 가고 싶은 자신의 바람을 사비유학생으로라도 가겠다고 표현한 것 같다(공민(公民), 『노령 견문기(5) 8.경천 김장군』(동아일보 1922년 1월 23일)).

5. 일본유학

러일전쟁에서 일본이 승리하자 한국이 일본에 유학생을 보낸 것은 나로 하여금 군인이 되게 하여 민족을 위해 힘쓰도록 결심하게 만들었다. 4237년(1904년) 8월 일에 인천항에서 학부대신 이재극의 지휘로 출발하였다. 이재극은 아무 것도 모르는 사람이다. 머리에 상투는 꼿꼿하여 유학생 중에서도 출발당시에 그 뿔처럼 솟은 상투를 보고 비웃은 자가 다수였다. 내가 유학생 중에서 일본말을 하므로 나를 대표로 삼았다. 도처에서 내가 통역을 했다. 처음에 유학생 합격시험을 치를 때 이재극은 내가 머리를 짧게 자르고 양복을 입은 것을 보고 "이러면 그만이지 왜 일본에 가려고 또 이러오?" 하는 것이었다. 소위 한 나라의 교육을 도맡은 주석이 외국에 유학하는 것이 머리나 깎고 양복을 입으려만 가는 줄 아니 한국의 말로가 알만 했다.

인천항 출발일은 초가을이라 해는 밝고 바람은 부드러웠다. 나는 오전 10시 경에 인천 감리서(監理署: 조선시대 말에 개항장이나 개시장의 통상 사무를 맡아보던 관아)를 떠나 승선장에 갔더니 아버지와 형도 와 계셨다. 아버지와 형께 이별의 절을 올리고 승선하고 나니 배는 오후가 지나서 출범하였다. 우리의 기개는 양양하다. 앞길이 천만리다. 한국의 혁명과 개혁이 이 손 안에 있는 듯하다. 조국을 멀리 떠나니 가슴이 시원했다. 우리 50명의 유학생이 미래의 삼천리강토를 짊어지고 있는 것이다. 그러나 만일 나라가 우리 중에서 쓸 만한 인재를 얻어내지 못한다면 이번 유학생도 허탕이라 할 수 있다. 이날 밤에 풍랑이 매우 심하여 모두 멀미가 나서 앓는 소리가 배안에서 일어난다. 군산(郡山), 목포(木浦)를 지나 부산(釜山)항에 도착하였다. 상륙하여 부산시를 돌아보니 일본이나 다름없는 모양이다. 어찌하여 우리 민족은 없는지.

다시 출항하여 7일 만에 마관(馬關. 시모노세키)에 당도하니 산마다 나무들이 무성하고 도시 경관이 높고 낮아 과연 문명이 낫다 할 수 있다. 상륙하여 여관에 들었다가 동경(東京)가는 기차를 타고 동쪽으로 달려 그 다음날에 새 다리가 놓인 정거장에 당도하니 대한공사관(大韓公使館)에서 관원 몇 명이 영접을 나왔다. 눈에 선뜻 보이는 것은 공사관 마차를 끄는 자의 삿갓에 태극문양이 붙어있는 것이었다. 차에서 내려 일비곡공원(日比谷公園) 서편 동경여관(東京旅館)에 들었다. 다른 학생들은 일본어를 배우고 나는 정규 예비학교에 다니면서 보통과를 이수하고 장차 무슨 공부를 할까 고민한다. 아버지와 형은 공업을 배우라 하셨다. 나는 모르겠다, 무엇을 배울지…

그럭저럭 4238년(1905년) 봄이 다다라 하루는 한적하므로 일생에 귀감이 될 고대영웅을 택하여 그를 본받고자 하여 그날 신전대통(神田大通)의 각 서점에 다니면서 고대 영웅걸사의 전기를 찾으니 별별 것들이 많으나 마음에 흔쾌히 드는 것이 없었다. 수십 군데의 서점을 뒤지다가 한 작은 서점에 가서 그 주인을 보고 동서고금에 제일가는 영웅걸사의 전기를 물으니 주인이 살며시 웃으면서 오래된 작은 책을 한 권 주면서 '보시오' 한다.

분연히 떨치고 일어남!

그 작은 책은 헌 책이며 받아보니 책표지에 한 청년군인의 모습이 있는데 두 눈이 형형하고 코가 아름답고 얼굴이 밝으며 장발을 늘어뜨린 고대 서양군인이었다. 그 군인 얼굴 윗부분에 「ボナパ|ト. ナボレオン」(보나파르트 나폴레옹)이라 씌어있다. 이는 약 백 년 전 프랑스 남쪽바

다의 작은 섬 코르시카 아작시오 시에서 태어난, 천고에 그와 비교할 인물을 찾지 못한 대 영걸 나폴레옹의 약사였다. 이 헌 책자를 13전에 사서 외로이 등불 밝혀 밤을 새우며 혼자 연일 애독하였다. 나의 정신에 일대 변동이 일었다. 다른 일을 하라는 아버지와 형의 가르침에도 불구하고 군인이 되겠다고 다짐하고 나도 그러한 대활동가[大事業家]가 되고자 하며 심지어 일거수일투족이라도 그와 같이 하고자 한다. 나폴레옹이 겪은 슬픔의 지경을 볼 때에는 나도 그같이 슬퍼하며 운다. 아마도 나는 그 때에 나폴레옹에 미친 사람이 되었다고 할 수 있다.

우선 나폴레옹과 같이 유년학교(幼年學校)에 입학하기로 한다. 공사를 찾아가 뵙고 일본에도 육군유년학교가 있으니 한국인 중에 나 혼자라도 입학하여 선량한 군인이 되겠다고 청하였더니 공사는 나를 일본 외무성으로 초청하였고 일본 육군대신은 일본 황제의 칙허를 받아 그해 가을 9월에 입학하게 되었다. 이번 여름에 형이 일본육군시찰위원(日本陸軍視察委員)으로 동경에 들어왔으므로 기쁘게 상봉하였는데 형은 내가 군인이 되는 것을 찬성하지 않았다. 그러나 나는 단호히 불응하였다.

장교학생으로

4238년(1905년) 9월 1일에 나는 동경육군중앙유년학교(東京陸軍中央幼年學校) 예과(豫科) 제2학년에 군인학도로 입학하였다. 이날 군인복장을 입으니 기쁘기는 하나 앞길이 창연하여 고생이 많을 것을 생각하며 그 열매가 클까 하며 있었다. 내가 이같이 군인 되어 650명의 학도 중 유일한 한국인으로 혼자 입학함도 나폴레옹을 안 까닭이다. 내가 오늘부터 고독을 벗 삼아 차가운 침상에서 고향에 대한 꿈과 장래에 이루어질지 이루어지지 않을지 모를 희망을 가지고 마음과 담력을 단련하게 되었는데 이것은 나를 강철 인간으로 만드는 최고의 기관이 되었다.

유년학교는 예과가 3년이고 본과가 2년이다. 나는 시험 본 결과에 따라 예과 2년 급에 입학하였다. 중학교 과정에 군대교육을 추가하는 것이다. 군사학 이론[學科]과 실기[術科]가[4] 매우 분주하고, 엄정히 교육하며 고대 그리스 스파르타식 교육제로 진행되므로 겨울에도 실내에 온기라곤 없이 지낸다. 나는 18세가 된 가을 초에 비로소 군인이 된 것이다. 당시는 러일전쟁 중이므로 일본육군의 기상이 모두 활발하고 용감하다. 유년학교에서는 얇은 옷을 입고 조악한 음식을 먹으며 극히 엄격히 생활한다. 강한 군대로 천하에 이름을 떨치는 나라의 장교교육이라 할 수 있다.

> 양쪽 여백의 글　동경육군유년학교에 재학하던 당시의 나는 실로 볼만했다. 6백 수십 명의 일본학도가 처음으로 약소국 사람인 내가 입학한 것을 기이하게 여긴다. 내가 산보하든지 하면 구경을 왔다. 나는 형형한 눈으로 그들을 보며 한 마디 말이라도 함부로 아니하고 코웃음은 고사하고 그들한테 행동으로도 녹록치 않음을 보여준다. 나의 겉모습도 나폴레옹 같다고 하였다. 여러 해를 있으나 친우라고는 아부(阿部)라 하는 1명뿐이다. 나는 고독과 적적함을 크게 사랑하였다. 학교 후원 삼림 속은 내가 깊이 사색하는 곳이다. 혼자서 국가며 민족의 부패를 탄식하여 울고 하늘에 부르짖어 나의 앞날을 희망하였다. 해를 이어 아버지와 형이 돌아가시니 나는 더욱 염세적이 되었다.

> 교사나 학도 중에 우리나라에 대해 좋지 않은 것을 언급하면 나에게는 그같이 나의 명예심을 해치는 것이 없다. 나는 이런 때에는 그 교사나 학도와 서로 말도 않고 지내기를 10여일, 20여일씩이나 하였다. 일요일

---

4) 당시 일본육군사관학교는 군사학의 경우 전술학을 위주로 하여 병기학, 지형학, 축성학, 교통학 등을, 술과로는 교련, 진중근무, 검술, 사격, 마술을 가르쳤다. 그리고 술과 실시에 필요한 각 병과의 조전(操典), 교범(敎範), 야외요무령(野外要務令) 및 내무·예식에 필요한 내무서, 육군예식 등도 교육하였다(박환의 같은 책 347쪽).

에 한국인을 만나면 1개월이나 2개월 만에 [잠깐 한국어를 쓸 뿐 그 외에는] 전혀 한국어를 사용하지 못했다. 잠꼬대도 일본어였다. 그러므로 나의 재학 시기는 전부 고독생활이었다.

4239년(1906년) 겨울에 형이 사망했다는 부친의 편지를 받았다. 형은 나이 30도 되지 않아 이 세상을 떠났다. 자식도 없다. 나는 이에 6대째 독자가 되었다. 우리 집은 실로 외롭다. 나도 외롭다. 이같이 외로운 만큼 결단코 학업성취 하여야 하겠다.

4240년(1907년) 가을 9월 1일에 본과학생으로 입학하였다. 4240년 (1907년) 봄 월 일에 부친이 별세하셨다.[5] 우리 집은 실로 말이 아니다. 아버지와 형이 외국에 유학할 때에 할머니와 어머니가 별세하시더니 이번에는 내가 유학하고 있자니까 아버지와 형이 해를 이어 별세하시니 우리 집은 너무도 규칙적이다. 대대손손 독자라고, 나의 형제인 형이 또 돌아가니 우리 집은 너무나 자손이 퍼지지 않는 집이다. 부친은 실로 입북시조(入北始祖) 이후로 제일 위대한 분이다. 나는 나의 형이 오늘날의 세계라 하는 것을 안 것도 아버지께서 은혜를 베풀어주셨기 때문이라 생각한다. 나는 부친이 나를 한 점 혈육으로 두고 이 세상을 떠나신 것을 매우 섭섭히 생각하였다. 아버지가 터를 잡으신 시흥(始

---

5) 여기에서 김경천이 약간의 착오를 일으킨 것 같다. 김경천의 호적등본에 의하면 김정우는 1857년에 태어나 1908년에 사망했고(박환의 같은 책 343쪽에서 인용) 김경천이 스스로 기록한 오가세기(吾家世記)에도 부친의 사망연도를 1908년으로 기재하고 있기 때문이다. 따라서 형 성은의 사망연도도 1907년으로 수정되어야 옳다. 일기 이 부분의 내용과 문맥을 보아도 1907년 가을 다음에 1908년 봄이 이어지는 것이 순서에 맞다. 그 외에도 중위진급연도와 기병과에 들어가 1년간 마술을 수료한 해가 '오가세기'의 기록과 1년씩 차이가 난다. 아마도 김경천이 회고록 부분을 기록할 때 기준년을 서기가 아닌 단기로 표기하면서 일부 혼동을 일으키지 않았나 생각된다. 따라서 '5. 일본유학'편에 한해서, 이후 이어지는 내용에 나오는 연도는 대부분 한해씩 뒤로 넘겨서 읽으면 될 것 같다.

興) 북면(北面) 구로리(九老里) 남산(南山)에 안장하였다.

올해 6월 8일 8시에 누이 옥진(玉振)이가 태어났다. 옥진이는 유복녀이며 나에게는 더 없는 귀한 누이다.

4241년(1908년) 여름 7월 일 본과를 졸업하고 기병(騎兵) 상등병(上等兵)의 자격으로 동경 기병 제1연대 제1중대에 입대하였다. 평생소원을 이루어 기병과에 들어가 준마를 타니 기뻤다. 9월에 하사가 되어 11월에 추기 기동연습에 참여하고 비로소 대군이 이동하는 것을 보았다. [1909년] 하루는 동경근교에서 대항연습을 하노라니 이등박문(伊藤博文. 이토오 히로부미) 암살이라는 호외가 나돌며 동경시가 부서지게 떠든다. 나는 가슴이 덜렁한다. 이등(伊藤)을 총살한 이는 안응칠(安應七)씨라 한다. 나는 자세히 모르나 아! 위대하다 우리도 사람이 있구나! [하고 속으로 감격해서 외쳤다.] 이등(伊藤)은 일본 제 일류의 정치가이고 세력가이며 우리 대한에는 일본이 러시아를 격파한 이래 강박한 수단으로 조정의 황제와 신료를 압박하여 5개 조약(을사늑약(乙巳勒約))을 맺어 대한을 망케 하고 통감(統監)이란 것으로 여러 해를 서울[京城]에 있으면서 조정 상하를 농락하더니 이번에도 만주문제를 해결하고자 러시아 재정대신 꼬꼬프쪼브(Коковцов)가 하얼빈에 온 것을 만나보려고 스스로 찾아가 하얼빈 정거장에서 금방 내려 꼬꼬프쪼브를 만나자 만고용사 안중근의사의 권총에 즉사하였다.

이번 가을에 서울에서 30여명의 학도가 유년학교에 입학하고자 들어왔다. 나는 이에 동포 동지를 많이 얻었다. 이는 우리나라 군대를 일본이 해산한 까닭이다.

12월 1일

오늘 연대에 부설되어 있는 육군사관학교에 입학하였다. 인제는 아주 장교가 될 마지막 학교다. 양쪽 어깨에 바람을 넣고 의기양양하게 교문으로 들어갔다. 사관학교에서 나는 나폴레옹을 연극으로 재현한 것처럼 살았다. 나의 책상 한 편에는 나폴레옹에 관한 책들 중 어느 것이든지 없을 때가 없다. 벌써 4-5년을 나폴레옹 단련을 쌓았으므로 마음과 담력이 많이 향상 되었다. 교관 등의 행동과 언행과 의식을 보니 나보다 못하다. 나는 나폴레옹을 이같이 숭배하기 때문에 내게 손해도 있다. 세상을 불합리하게만 생각하며 고독과 적막을 너무 사랑하므로 교우까지 싫어하여 벗이라고는 한두 명을 넘지 않는다. 동창 일본학생이 나를 제2의 나폴레옹이라고 별명을 붙여주었다. 나폴레옹에 관한 책을 볼 때마다 기운이 솟아올라 장래의 희망을 눈앞에 떠올린다. 일요일이면 사숙실(私宿室)에 가서 혼자 있으면서 책이나 보고 나폴레옹 사진과 상대할 뿐이다.

나는 이럭저럭하여 몸이 조금씩 약해졌다. 여러 해 이 엄한 스파르타 생활에 고독과 적막뿐이요 슬픈 생각뿐이요 섭섭한 일뿐이므로 심지를 위로받고 힘입을 온정이라고는 나는 아주 잊었다. 없다. 세상은 모두 차갑다. 인정은 모두 싸늘하다. 국가는 영 망해 한일합방이란 것이 되었다. 중대장이 전 중대학생을 모아놓고 합병한 이유를 말 하였다. 학생 중에 나를 위로하며 너무 낙심 말고 서로 도와 면학하자는 자도 있다.

나는 한국어를 평이한 것 외에는 거의 잊게 되었다. 그럴 것이다. 5-6년을 자나 깨나 혼자 있으며 한인이라고는 일요일에 외출해서 혹 만나야 말을 써본다. 한인의 웃음을 많이 받았다. 허나 마음과 정신은 점점 더욱 견고해 진다.

하루는 핼리혜성이 지구를 지나간다고 신문에 말이 많더니 그만이다. 아니 오는 것을, 문명적 두려움이 시작된 것이다.

사관학교 졸업

4243년(1910년) 여름 6월 일에 나는 하나님이 보우하사 육군사관학교를 졸업하였다. 아아! 아버지와 형을 잃으면서 집안의 재산을 허치고 가족이 흩어지기까지 하면서 오늘 뜻하던 바를 마쳤다. 나는 나의 군사학 지식보다도 심지공부가 더욱 아름답다 할 수 있다. 나의 심지는 강철과 피로도 빼내지 못할 꽃이 될 길에 들어섰다. 견습사관으로 도로 기병 제1연대로 갔다. 여기서 배우며 연구하며 교육하며 한다. 11월에 또 추기 대연습에 참여하였다.

우리나라에 총독으로 부임하는 일본인 사내(寺內. 데라우치)가 나를 불러 일본군대에 임관시키겠다고 말한다. 나는 이같이 생각하였다. 이미 나라가 망한 이상 장래를 희망하자면 사관학교를 졸업한 것만 가지고는 아무 것도 아니다. 실지연구(實地研究)를 쌓으리라 하고 응낙하였다. 이해 12월말에 나는 일본왕 목인(睦仁. 무쓰히토)의 명을 받아 일본육군기병소위로 임관하였다. 아아, 이상하다. 실로 기이하다. 나는 광무제(光武帝) 시기에 주일 대한제국유학생이더니 오늘은 일본장교가 되었다. 아아, 나의 앞길은 이다지도 변화가 많은 것일까. 4244년(1911년) 정월에 구역 밖에 숙소를 정하고 매일 임무를 수행한다.

이 시기에 오래간만에 환국하여 이미 정해두었던 혼인을 치루고 서울[京城] 사직동(社稷洞) 166번지에 사저를 정하였다. 이 집은 내가 가장 마음에 들어 하는 공원 같은 낙원이다. 영원히 전하리라. 4247년(1914년) 봄에 중위로 임관하였다. 육군호산학교(陸軍戶山學校)에 장교학생으로 입학하여 검술, 체조를 6개월간 전부 수료하였다. 4249년(1916년)에는 기병학교에 입학하여 마술과(馬術科)를 1년간 모두 수료하였다. 나는 또 공병대에 가서 견학까지 하였다. 인제는 임관 이래 7-8년의 연구를 나의 위치로는 다 마쳤다 할 수 있다. 대학교가 남았다. 이는 의문이 많다. 되겠는지 안 되겠는지, 또 가더라도 입학시험에 합격이 될 런지. 그러나 나는 몸이 매우 약해져 좀 한가로이 휴양할 필요가 생겨 4251년(1918년)에 휴가를 청구하여 상당한 결심으로 가족, 가구까지 일일이 휴대하여가지고 도일 15년, 임관 9년 만에 내가 사랑하는 정원이 있는 사직동 본가로 영구적으로 왔다. 나는 아내 정화(貞和), 누이 옥진(玉振), 장녀 지리(智理), 차녀 지혜(智慧)를 거느린 5인가족의 가장이다.

6. 서울 사직동(社稷洞) 사저에서 제2차 휴가 및 독립운동

4252년(1919년) 1월 일에 나는 몸이 약해졌으므로 휴가를 청하여 서울[京城] 사직동(社稷洞) 사저로 돌아왔다. 실로 오래간만이다. 16년만이다. 내가 처음 유학 갈 때에는 한국이 독립국이었다. 지금은 나까지 일본국 육군기병 중위의 몸이다. 매우 부자유한 몸이다.

나의 사저는 대지가 약 천 평 되는 산지다. 큰 바위 사이로 약수가 솟는 샘이 있으며 갖가지 꽃들이 함께 웃고 멀리 인왕산(仁王山), 북악(北岳), 삼각산(三角山), 인정전(仁正殿)이 바라다보이며 사직청송림(社稷靑松林)이 가까이 보이니 전경은 앉아서 바라볼만한 곳이다. 나는 이 정원을 사랑한다. 정원 안에 작은 연못이 있고 거기에 돌다리가 걸렸으며 못 주변에 500년 전 아니 적어도 500년은 흙 속에 묻혀있던 청석동자(靑石童子)를 집 아래 냇가에서 얻어다가 세웠다. 이를 보며 나는 역사 500년 전이 회춘하는 듯 기뻐한다. 산 위에는 초목이 많다. 솔, 너도밤나무, 진달래, 능금나무 등 여러 가지가 있다. 여름에는 고요히 자라겠고 봄철에는 갖가지 꽃이 핀다. 가을은 너도밤나무 열매가 자줏빛 구름을 지어 산의 색깔이 자줏빛 물을 들인 것 같다.

서산 위에 정자가 하나 있으니 이름 하여 경천각(擎天閣)이라 한다. 내가 적적히 삼각산, 인왕산, 북악 제봉을 바라보며 옛날과 지금을 이르러 생각하는 곳이다. 바위에서 솟는 물을 이름 하여 용금수(湧金水)라 하며 동쪽의 산을 운심대(雲深臺)라 한다. 서편의 터 위에 경천각(擎天閣)이 있는 모양이다. 산수가 맑고 고우므로 나는 영원히 이 터를 전하고자 한다.

내가 사저로 돌아와 이미 반년을 고요히 휴양하면서 4252년(1919년) 봄을 맞이했을 때 광무제(光武帝)가 붕어하시니 풍설이 많다. 진실로 암살을 당하셨음이 분명하다. 불쌍한 분이다. 일생에 황제라는 칭호도 받았고 나라를 잃고 퇴위도 당하셨다. 나는 그 부음을 듣고 여러 차례 상례 예식에 참석하였다.

　대저 세계대전도 야심을 가진 군국주의에서 일어남으로써 그들의 위치를 오히려 위험하게 만들었다. 윌슨 미국대통령이 민족자결을 선언, 공포하였고 이것이 우리의 사상에 커다란 영향을 주었는데 광무제가 붕어하시니 전국 청년의 정신이 크게 분발하여 떨쳐 일어나게 되었다. 하늘이 부여해준 자유를 찾고자 함은 인류의 가장 고상한 과업이다. 3월 1일!! 나의 정원에는 갖가지 꽃이 피려고 준비한다.

　나의 집에는 뜻있는 허다한 청년들의 왕래가 많다. 장래에 무엇인가가 있어야 하리라는 마음은 모두 있다.

　세계연맹회의에서 일본이 한국을 합병한 것에 한국인이 동의하였음을 표하기 위해 종교대표에 신흥우(申興雨), 귀족대표에 조중응(趙重應), 이완용(李完用), 실업대표에 　　　　　　 등의 매국적들이 연명서를 만들어 비밀리에 광무제께 서명할 것을 요구하였으나 황제가 듣지 않으므로 암살한 것이다. 또 영친왕(英親王) 이은(李垠)을 일본왕족 이본궁(梨本宮)의 딸과 1월 25일에 혼인시키고자 한다. 그러나 황제가 붕어하시므로 그 혼인도 중지된다.

　일본은 합병이래로 헌병제로 전국을 압제하되 인도정의에 어긋나며 인류가 감히 못할 일을 한다. 우리 부여족(扶餘族)은 4천 수백 년의 역사를 가지고 있고, 이조(李朝) 오백년은 망국의 본 됨이 많지만 그 전에는 극동에 웅비했으며 문화가 넘치는 나라였다. 오늘에 이 지경이 된 것은 전부 이조의 죄악이다. 이조는 우리의 대표적 악인이라 할 수 있다. 그러나 우리는 합병 10년에 와신상담하여 능히 자활할만한 문명에 도달하였다. 우리 청년들 중에는 나폴레옹, 비스마르크, 트리스탄, 웰링턴, 지에르가 있다. 그 뜨거운 핏속에서는 나라를 세울 인물이 솟아난다. 하늘이 우리가 자각하기를 많이 바라며 이를 위하여 인물을 풍작 하셨다.

내가 귀경하기 전에도 동경에서 여러 청년을 만났다. 모두들 세계에 무언가를 공포하자 한다. 나는 독립은 이 큰 전쟁으로 인해 아니 되지만 우리가 많이 각성되었다고 하였으며 그것을 이용하여 민족의 각성을 요구할 기회는 있다고 하였다. 과연 그렇다. 동경유학생 청년들이 독립운동을 개시하였다는 통지를 보았다. 꽃피는 봄이 도래하였다. 삼천리강산에![6]

3월 1일!

일본유학생 청년들이 불의 뚜껑을 열자 서울의 각 단체 유지들이 비밀리에 무엇인가를 하는 모양이다. 나는 직접 참석하지 못 한다. 통지만 듣는다. 거기에는 내가 불참할 필요가 있다. 그러니 그 결과가 그다지 커질 줄은 아직 믿지 못한다.

---

6) 이로 미루어 동경유학생들의 2.8독립선언은 김경천에게 망명동기를 마련해준 사건 중 하나가 되었던 것 같다. 1923년 7월 29일 동아일보 기자와의 면담에서도 김경천은 이렇게 말하고 있다. "세상 사람이 다 아는 바와 같이 일천구백십구년에 전무후무한 세계적 회의가 열리고 각 소약민족에게도 권리를 준다 함에 우리 동경유학생이 독립운동의 첫소리를 발하였소. 이때 나는 동경에서 사관학교를 마치고 일본육군 기병 제1연대 사관으로 있을 때이라 꿈속같이 기쁜 중에도 불일듯 하는 마음을 참을 수 없었소. 그리하여 병으로 수유를 얻어가지고 이월 이십일에 경성에 도착하니 도처에 공기가 이상스러웠소."(아령조선군인 김경천, 『빙설 쌓인 시베리아에서 홍백전쟁(紅白戰爭)한 실지 경험담』(동아일보 1923년 7월 29일). 이하 동아일보 기사 인용문은 정리자가 현대어문에 맞게 일부 수정, 윤문함)

3월 1일! 아! 이날 날씨는 매우 화창하다. 오전 10시경에 나는 사저를 나와 청년회관을 향해 가다가 야주현(夜珠峴) 병문(兵門)을 지나니 벌써 총독부에서 무엇을 아는지 10여 명의 헌병순사가 자동차를 타고 질주하며 시위한다. 서울[京城] 시내의 하늘은 봄이건만 먹구름이 맺히고 살기가 등등하다. 내 가슴 속에는 점점 여러 가지 것들이 일어난다. 일본인이 어떠한 위력을 가할까, 또는 우리 민족이 얼마나 인내력이 있을까 한다. 종로에 이르니 살기가 더욱 은은하다.

내가 청년회관에 가보니 고요하다. 여러 사무원을 만나 서로 담소하고 총무 되는 윤치호(尹致昊)씨 사무실에 가서 그분과 더불어 담화하니 그럭저럭 오후 2시가 지났다. 나는 윤씨에게 점심을 먹자고 말하는 중이다. 문득 일본순사가 회관을 포위하고 경찰서장 같은 사람 하나가 윤씨를 찾아 실내로 들어왔다. 윤씨에게 가택수색을 고지하니 윤씨는 허락하였다. 회관 내에 있는, 놀러온 사람들을 전부 한 방에 가둔다. 나도 그중 한 명이다.

하늘이 우리에게 자유를 주심을 우리가 공포하는 오늘! 오후 2시 30분 쯤 된다. 문득 파고다 공원에서 대한독립만세…… 쇠를 치는 듯한, 뼈가 저린, 숨이 찬, 불평이 가득한 청년들의 핏소리가 난다. 종로대로가 미어터지도록 청년학생들이 구보로 몰려온다. 그 회관 실내에 갇혀 있는 사람들이 모두 얼굴색이 변하고 부들부들 떤다. 종로는 끓는 소리가 나며 한편으로는 날카로운 칼을 든 일본의 순사들이 우리의 피가 끓는 청년들을 잡아서 종로경찰서 안으로 끌고 간다.

청년회관 안에 갇힌 사람은 모두 몸수색을 받고 풀려났다. 나는 곧 시내를 돌아다니며 관찰하여보니 피눈물을 금할 수 없다. 청년단은 종로에서 경운궁(慶運宮) 앞으로 가더니 그 대한문(大韓門) 안까지 진입하였다가 거기서 니현(泥峴) 일본인 거주지로 들어갔다. 남자뿐만 아니라 여학생도 많다. 그들은 조국이 망한 것을 분히 알며 남자와 동등한 권리를 지녔음을 자신한다. 성공회에 있는 어떤 여학생도 니현(泥峴)까지 갔다가 머리를 풀어 헤치고 나온다.

종로에서 거지 한 명이 대한독립만세를 부르자 일본순검이 체포하여 가니 그걸 보던 사람이 웃으면서 말하기를 저 거지는 오늘 저녁부터 밥걱정은 없겠다 하니 듣는 자 모두 저도 모르게 웃었다.

동대문 안 부인병원(婦人病院) 앞으로 청년단이 가서 만세를 부르니 그 간호부들이 모두 울면서 만세로 응답함은 나의 마음을 더욱 분하게 한다. 큰 길로 다니는 청년남녀며 전차를 타고 가는 청년남녀가 모두 분한 기색이 얼굴에 가득하고 세계 인류의 본분을 행하는 듯한 빛이 보인다. 해가 서쪽 인왕산 저편으로 들어가니 서울 시내가 고요하고 사람들이 장차 어찌 될꼬 한다. 곧 정부를 조직하고 나서자는 사람도 있다. 예서제서 뜻있는 사람들의 강론이 많다.

청년회관에 있을 때에도 아는 벗들이 나더러 <u>칼을 빼시오 인제는 별 수 없으니 칼을 빼시오</u> 하며 여럿이 권한다. 여러 벗들의 말대로 내가 칼을 빼자면 서간도(西間島), 북간도(北間島), 러시아령[俄領]의 3곳으로 망명[出奔]하는 문제가 서있다. 나 자신도 국외에서 와신 한지 15년에 오늘을 맞이한 것이다. 또 나의 책임인가 한다. 하늘로부터 부여받은 식분(識分)이다. 나를 빼고는 다시 적자가 없음은 나도 안다. 연일 회의가 나의 정원에서 진행된다. 마침 이응준(李應俊), 지대형(池大亨)[7] 군이 내도하였다. 일이 더욱 결행을 요하게 된다. 지군은 본의로 응낙하며 외지로 망명하게 되나 이군은 마지못하여 대답하는 것이다. 회의에서 여러 가지 토론이 있었다. 그러나 나는 이와 같이 생각을

---

7) 이응준과 지대형은 일본육군사관학교를 졸업한 김경천의 직계 후배들이다. 지대형은 김경천과 함께 만주로 망명하여 지청천으로 이름을 바꾸고 독립운동에 헌신했으며 나중에 광복군 총사령관이 되었다. 지청천의 다른 이름은 지석규다.

정리하였다. 아아, 원컨대 후대인들은 토론하여 보시오!

1. 개인적으로 15년간의 와신상담 끝에 이번 기회를 얻은 것이니 나
   자신의 안식을 구하여 위험한 곳으로 가는 것을 겁내는 것은 내
   본의가 아니요, 안식만 알자 했으면 당초 부친과 형이 별세한 그
   때에 집안을 지키는 자가 되었을지니 이미 해외에서 무수한 고난
   을 견디어냄은 민족에 어떻게든 쓸모 있는 사람이 되고자 함이니
   그런즉 이 기회에 용맹정진 할 것이다. 이로 인하여 낙오하고 실
   패하더라도 내가 개인적으로 구경하는 것은 용사가 할 일이 아니
   라 생각한다. 나라를 팔아먹은 원수가 있는 동시에 그것을 보고
   가만히 앉아있는 것도 제2의 매국자라 할 수 있다 함이다.

2. 2천만 전 민족을 통틀어 보아도 나만큼 국가를 위한 학문(爲國學)
   을 배운 자가 없다. 있다하면 나의 후배들 중에서나 장차 나올 수
   있을 것이다. 민족관념도 2천만의 대부분은 나만 못하다. 그런데
   이러한 내가 나부터 헌신적 과업에 목숨과 몸을 아낀다면 다시는
   이런 일을 성취하기 어려우리라 생각한다. 이러한 내가 척척 몸을
   내부치면 나만 못한 자도 용기 있게 전진하리라. 내가 몸을 아낀
   다면 나만 못한 사람은 더하리라. 나는 편안히 살자하여도 부끄럽
   다. 죄인이다. 2천만 우리민족이 나를 보고 욕해도 나는 2천만 우
   리민족을 보고 욕을 못 하리라.

3. 세계대세로 본 나의 망명! 세계대전이래로는 아시아 대세니 또 유
   럽 대세니 하는 것이 없어지고 일거수일투족이 세계대세가 되었
   다. 일본은 여러 가지 방면으로 원인을 심어 세계의 고립국이 되
   었다. 황인종을 멸망하게 만든 것도 일본의 책임이다. 일본의 오
   산으로 생긴 것이다. 일본은 실로 군사부문만 빼면 빈 껍질만 있
   다 할 만한 나라가 아닌가. 그러하건만 일본은 중국[支那], 우리나

라, 동부 러시아, 인도, 태국[샴] 등의 나라와 선린 외교도 안하고 미워하고 압박하며 야심만 가지고 자기 자신도 이용을 못하는 농탕을 치므로 열강에만 이용당하고 세계의 코웃음을 산다. 그리고 믿는 것이라고는 재력도 아니요 철강도 아니요 외교도 아니요 국민도 아니요 식량도 아니요 제조품도 아니요 비행기, 잠수함[潛行船]도 아니요 단지 군대의 무장뿐이다.

일본이 3년간 전투를 계속할만한 국력이라고는 인명뿐이다. 철강은 1년을 못 견딘다. 식량도 1년을 견디기에 모자란다. 국민은 인내력이 세계에서 제일 될 만큼 없다. 사회당은 하루하루 위협하는 모양이다. 군대도 러일전쟁 때 여순(旅順), 봉천(奉天)에 있던 군대는 아니다. 일본의 시베리아 출병은 해하전(垓下戰)에서 이좌거(李左車)가 항우(項羽) 셋을 인도한 격이다. 일본은 더욱 항우 같이 고립되어 진퇴유곡이리라 한다. 그 야심으로! 이상과 같으므로 하루아침에 동서양에 전쟁이 전개되면 우리는 중국[支那]의 동북3성과 시베리아에 자연적으로 이주하여 정착한 1백만의 우리 민족으로 세계에 대해서는 정의와 인도로, 일본에 대해서는 능히 혈전을 벌여 열강의 호의를 얻을 것이며 독립을 얻을 것이라 생각한다.

그런즉 나는 이번에 꼭 독립하리라고는 생각하지 않는다. 직접독립은 제2차 세계대전이 일어나야 가능하다. 그러니까 나의 망명이 좀 이르다 할 수 있다. 그러나 나는 아직 나이가 젊고 기개와 용기가 있으므로 해외에서 여러 해를 표류하며 공을 쌓을 필요가 있다고 생각하였다. 우리 3명은 철로로 신의주(新義州)를 지나 서간도(西間道)로 가자한다. 이군은 일이 있다 하여 평양으로 갔다. 안곽(安廓)군은 상해(上海)로 비밀리에 떠났다. 나는 지군과 더불어 날마다 비밀회의를 한다.

경시총감부(警視總監府)의 앞잡이가 격일로 찾아온다.

내가 하루는 말을 타고 총감부로 놀러나가니 총감 및 아는 헌병하사가 언제 부대로 복귀하는지 묻는다. 나는 곧 간다 하였다. 독립운동에 대하여 아는 것이 있느냐고 묻는다. 어찌도 우습고도 분한지 내가 알바 아니라 하니 그 하사가 '예' 하고 대답할 뿐이다. 내가 다시 생각하고 보니 잘못 말하였다.

나는 의복 등 행장을 전부 정돈하였다. 날마다 자연스럽게 편안히 자리에 앉아있지 못하고 왔다 갔다 하니 마음에서 아무리 잊자 하나 그러지 못하는 것이 처자의 문제다. 없는 셈으로 치자 한다. 그러나 눈에 보이니 성이 가시다. 내 처자 된 이들은 불행한 사람이다. 그들이 다른 사람들처럼 매일 함께 지내면서 같이 기뻐하는 사람을 지아비나 아비로 못 둔 것이 다 내 잘못이라 생각한다. 나는 사랑하는 정원을 두고 갈 것을 생각하니 더욱 애석하다. 저 경천각(擎天閣)에 누가 오르며 운심대(雲深臺)에 누가 산보하리요. 용금수(湧金水) 약수는 못 먹는가 한다. 모두 나를 대신하여 아내 정화(貞和)며 누이 옥진(玉振)이며 사랑하는 딸 지리(智理), 지혜(智慧), 지란(智蘭)들이 있으리라. 그들이 나를 생각함이 내가 그들을 생각함보다 더하리라. 그러나 하나님이 그들을 사랑하고 보호하시리라.

5월말을 당하니 전국각지에서 독립운동에 대한 사실이 밝혀져 각 단체에서 일본의 손아귀에 잡힌 자가 1만 수천 명을 넘어 일본은 서울[京城] 서대문밖 감옥을 확장하고 크게 증가하여 몇 만 명이라도 수용하는데 부족함이 없다고 집으로 배달해주는 신문 매일신보(每日新報)에 기재하여 우리를 겁주려 하는 것이다. 오히려 우리의 코웃음을 산다. 감옥에 갇힌 자는 청년남자여자뿐 아니라 7-8세 되는 어린이도 있다. 노인도 있다. 그중에도 과부의 아들도 있다.

하루는 내가 서울[京城] 지방법원 앞을 지나니 자동차에 우리 청년

4-5명이 실려 있었다. 모두 죄수복을 입었다. 그 근방에 나이가 40가량 되는 부인이 미처 눈물이 나오지 못하고 가슴이 막혀서 그 뚫어지고 더러워진 치마로 얼굴을 가리고 통곡하는 것이 보인다. 아, 나도 가슴이 막히면서 두 눈에 눈물이 흐른다. 아아! 저 죄수복을 입은 청년이 무슨 죄가 있는가. 일본아 네 죄에는 무슨 옷을 입겠느냐. 저 청년들은 내가 사랑하는 민족 중에 최고로 용감한 사람이다. 모두 20세가 되나 못되나 하다. 저들은 동포라는 것을 알았다. 민족이란 것을 안 사람이다. 인종이 생긴 그 동시에 만물보다 더 먼저이며 최고로 아름다운 자유라 하는 것이 있음을 아는 자들이다. 호의호식하는 자칭 유지, 신사들아 모두 어느 구석에 가서 숨었느냐. 외국유학도 쓸 데 없고 나이도 소용없다. 아아, 꽃 같은 저 소년아 나는 너를 사랑하며 동정의 위로를, 종로로 들어가면서 은밀한 축원을 보내노라. 그러나 사랑하는 청년아 마음을 굳게 하라. 열매 볼 날 멀지 않다.

미국이나 영국, 일본의 신사나 청년인 경우와 지금 현재 한국의 신사며 청년인 경우가 매우 다르다. 우리는 건국하자는 큰 임무가 있고 타국은 이것이 없다. 그러기에 우리나라 신사나 청년이 두 눈이 멀거니 앉아 밥이나 먹고 있음은 죄인이다. 조국이 부름을 모르는가! 아아, 이완용은 나라를 팔아먹은 적이거니와 그대들은 모르는 체 하는 적이다. 한국에 국가라는 것을 아는 지식계급이 많으면 모르겠으나 손에 꼽을 만큼 밖에 없다. 이런 적은 수의 신사로서 강력한 왜적을 물리치고 독립하자는 것이 대단히 어려운 일이 아닌가. 그런데 그 소수의 신사가 더러는 모르는 체, 더러는 일본에 봉사하는 노예가 되곤 하니 진실로 한반도를 위해 슬퍼하노라.

민원식(閔元植)이란 자는 일본에 다니면서 우리가 일본과 동화되기를 주창하니 이 민가 놈은 내가 이리저리 씨를 말릴 것이다. 민원식은 본래 무식한 놈인데 돈을 먹고 그러는 것인지.

7. 남만주 망명

A. 4252년〈1919년〉

6월 6일

어제는 나의 생일이었다. 다정한 벗 몇 명과 더불어 술잔을 나누고 오늘 아침에 일어나니 날은 흐리고 비가 내린다. 절호의 기회! 놓치면 안 된다. 지군에게 "야, 어찌할까, 오늘 실행할까?" 지군은 대찬성이다. 김영섭(金永燮)군도 찬성이다. 앞뒷일을 김군에게 부탁하고 지군과 함께 야주현(夜珠峴) 병문(兵門) 너머 쪽에서 자동차를 탔다. 때는 아마도 12시가 좀 지났으리라.

삼각산(三角山)을 등에 지고 살과 같이 달리는 자동차야. 어언 간에 남대문을 지나 역 앞에 이르러 폭발음이 울리더니 타이어가 터져버렸구나. 아아, 만사가 멈추고 마는가. 이 역 앞에 모여든 무수한 사람들 속에서 10분 동안 바퀴를 수리하노라니 그 사이에 심장, 간장, 애간장이 봄바람 앞에 흰 구름 같이 녹는다. 아아, 수리를 끝내고 다시 달리니 벌써 철교를 지나 사람 없는 큰 길 위를 빠르게 달린다. 그러하나 나의 마음은 더욱 급하여 아아 자동차보다 늘상 내 맘이 앞섰구나. 어서 어서 어서 저 수원(水原)으로. 어서 어서 어서 저 수원까지.

해가 떨어지기 조금 전에 수원에 도착하였다. 중국인[淸人] 요리점에서 쉬면서 저녁식사를 마치고 어두운 밤에 우리 두 사람이 서로 모르는 체 하고 정거장으로 가서 일등실을 잡아타고 신의주로 간다.

사랑하는 나의 처자들은 나를 기다리리라. 아아, 무슨 까닭인가. 사람마다 다 처자가 있으리라. 사람마다 부모며 지아비가 있으리라. 나의 처자는 오늘부터 누구를 믿고 있으리오. 아이들이 나를 찾으면 아내 정화(貞和)는 무어라 대답하겠는지.

들들들들 굴러가는 기차는 한국의 독립을 양 어깨에 짊어지고 가는 이 두 사람을 싣고 밤중에 남대문 역으로 왔구나. 의기가 복받쳐 더없이 원통하고 슬픈 마음의 말 어찌 다 기록하리요. 가던 도중 자동차 타이어가 터져서 애간장을 다 녹이던 이 역에 다시 왔건 만도 총독부에서는 허다한 돈을 낭비하며 나 같은 사람을 잡으라 한다더니[8] 그 주구들이 역 안팎에 우글우글 한다. 만도 하늘의 명을 받고 가는 나를 감히 알소냐.

기적소리와 함께 인구 25만의 서울 대도시 동포를 이별하고 압록강으로 향한다. 아아, 나의 사랑 처자들아 인제는 아주 멀어진다. 언제나 언제나… 일등실 침대에 누워 덧없는 하룻밤 달콤한 꿈에 빠져 곤히 잤다.

6월 7일

큰 새가 떴다. 점점점점 멀리 떴다. 날씨는 맑고 밝다. 깊은 잠을 깨고 보니 해가 높이 솟았다. 신의주(新義州)역에서 내려 행장을 가지고 광성여관(光成旅館)으로 들어갔다. 안동현(安東縣)으로 전화를 걸어

---

8) 김경천과 지청천이 망명하자 일본군은 이들의 체포에 혈안이 되었으며 이들의 체포에 현상금 5만 엔을 내걸었다.(M. T. КИМ의 같은 책 85쪽). 이 액수는 현재 화폐가치로 환산하면 50억이 넘는 거액이다. 이로 미루어보아 일본이 이들의 망명에 얼마나 큰 충격을 받았는지를 짐작할 수 있다.

여행권을 보내라 하고 다시 여관주인의 아들을 보냈다. 석양에 안동현에서 여행권이 왔다. 이윽고 문득 안동현 조사원 앞잡이가 우리 방에 들어와 조사를 하니 그때 내 심장과 간장이 얼마나 놀랐던가. 여행권이 기이하게 두 사람 모두 성이 박씨로 되어있고 조사원도 성이 박씨라 한 집안 사람끼리 상봉하는 것으로 인사하고 보내기는 뭐하나 안심할 수는 없다. 대단히 곤란하게 시간을 보내다가 해가 지자 기차로 압록강을 넘기로 하고 행장을 들고 역으로 가서 이등실 차를 탔다. 지군은 아니 보인다. 차안에서 한 일본인과 교제하면서 동행하게 되니 묘하게 되었다.

나를 실은 기차는 내가 사랑하는 이천만동포가 있는 이 금수강산을 기적소리로 이별하고 떠난다. 나의 심정은 무어라고 말할 수가 없다. 압록강 대철교는 노래 세계일주가(世界一週歌)에 나오는 것 같이 크기도 크다. '호랑이굴에 들어가지 않으면 호랑이를 잡지 못 한다' 라든지 또는 '장부는 대담해야 하리라' 하는 말은 내가 항상 사람들에게 말하는 바다. 내가 지금 안동현 상(上)역에서 내리자 전등은 대낮같이 밝은데 나는 그 터널 속으로 다른 승객들보다 제일 앞에 서서 간다. 터널 옆에는 일본 헌병, 순사, 형사, 사복한 보조원들이 무엇 하려는 것인지 5-6명이나 있어서, 비록 그들이 한조각 충성심과 의리도 안 배운 것들이다 마는 눈을 반짝반짝 하면서 나를 본다. 그러나 저들이 어찌 나를 알리요. 나를 꼭 일본인으로 안다. 나는 그 앞을 앞장서서 지나갔다. 그것들은 눈이 멀거니… 어디 하이칼라가 가나… 하였을 뿐이다.

하늘이 나를 많이 도우신다 하는 것은 내가 떠나기 전부터 자연스럽게 내게 영묘한 지혜가 있었기 때문이다. 터널을 지나 청나라 사람 인력거를 불러 타고 가게 되니 가슴에서 뜨거운 공기가 뿜어져 나온다. 아아 하나님이시여 감사하옵니다. 안내인을 찾아 청나라 사람들의 집 깊숙한 가옥으로 들어가니 청나라 사람의 집은 참 더럽기도 하다. 그

더러운 속에서 묵묵히 수많은 생각에 잠겨 잠을 이루었다. 그런데 지군의 소식은 몰랐더니 인력거로 왔다는 말만 들었다.

6월 8일

그 더러운 청나라 사람의 집에서 일어나니 해가 높이 솟았다. 식사를 마치고 나니 동지들이 많이 내왕한다. 청나라 의복을 차려입고 보니 천연한 일본인으로 보이는 사람이 청복을 입은 형상이다.

즉시 행장을 전라도인 이남기(李南基)라는 안내자에게 맡기고 걸어서 서간도(西間島)로 간다. 동행인은 이시영(李時榮), 지군과 그 외에 청년 몇이다.

나의 행장을 맡은 이가라는 자는 내 행장을 가지고 달아났다. 소위 대과업을 수행하는 비밀기관에서 사무를 맡은 자가 이 모양이니 그 기관을 가히 알겠더라. 일생에 처음으로 청국인의 옷을 입고 청국인의 신발을 신으니 아주 걸을 수가 없다. 안동현 시가는 넓기는 하나 도로가 청국인의 얼굴같이 추하다. 그 시가를 횡단하여 안내자를 따라 원대한 뜻을 품고 외로운 걸음으로 중대한 책임을 지고 동북으로 동북으로!

우리를 안내하여 가는 사람은 본래 의주(義州)에 있던 일본헌병보조원인데 독립운동을 위해 스스로 퇴직하고 나와서 현재는 우리를 위하여 일에 힘쓴다한다. 우리의 행로는 압록강 우안을 끼고 올라가면서 멀리 의주읍(義州邑) 통군정(統軍亭)을 바라보며 또 러일전쟁의 첫 전투지로 유명하던 압록강전투를 보듯이 그 지형을 유심히 살피며 간다. 러시아군이 자기의 왼쪽 날개를 일본군에 포위를 당한 것은 사실이리라. 애하(曖河) 부근의 땅은 평평한 작은 언덕이라서 포위하기에는 적합했다. 토착민의 말을 들으니 지금도 밭들 사이 산골짜기에 유골이 흩어져 있다 한다.

해가 지고 발도 아프다. 동행하는 용사들도 모두 족통이 난 모양이다. 이는 만주족 신발 때문이다. 극히 누추하고 작은 만주인[胡人] 집에 숙소를 정하고 애하 변에서 목욕하니 상쾌하나 만주인의 음식은 실로 못 먹겠다. 계란 몇 개만 먹고 연기와 만주인 몸 냄새 속에서 억지로 잤다.

6월 9일 이래

오늘부터 동북방으로 날마다 50-60리씩 행진하며 산천을 보니 회인현(懷仁縣)에는 이르지 못했고 일일정(一日程) 부근까지는 산이 맑고 물이 깨끗하여 산마다 들리는 두견새 울음은 외로운 나그네의 마음을 무상하게 혹은 위로하고 혹은 슬프게 한다. 계곡마다 폭포수가 쏟아지며 산세가 기묘하고 기암절벽이 많아 옛날에 우리 민족이 이곳에 웅거하였다가 그 후대가 영리하지 못하므로 타민족에게 빼앗겼음을 한탄하며 한편으로는 지금 현재 우리 민족이 이렇게 자연적으로 건너와 호연한 뜻을 가지고 활동함을 생각하니 다시 용기가 생겨 다리도 발도 안 아프다.

각지에 우리 민족이 많이 이주하나 대개 교육은 없다. 쾌당모자(快當帽子)라는 마을에 오니 여기에 독립단 분사무소가 있는 모양인데 거기에 무뢰한이 있어서 가난한 백성을 곤란하게 구는 모양이다. 우리 독립운동의 일도 이걸 보면 한심하다.

회인현(懷仁縣)은 성을 두르고 있고, 더럽지만 도회지다. 이곳에서 유지라는 사람을 만나보니 꼿꼿한 상투머리에 배자(저고리 위에 덧입는 옷)를 두르고 꼴이 형편이 없다. 나는 낙심하였다. 실로 말이 아니었다. 되지도 못한 것들이 말소리는 어찌 그리 큰지 귀가 딱딱 메었다.

곳곳에 만주인 병방(兵房)은 과연 구더기 같이 많다. 그 형상은 실로 보고 웃지 않을 수가 없으리라. 되지 못한 것들이 쩍하면 총을 들고 '누구냐'는 잘 한다. 4억만 대국에 아마도 3억 5천만은 구더기인가 보다. 참 눈이 시려서 못 보겠다.

만주인의 마차는 볼만하다. 그 중에 간림차(幹林車)라는 것은 승객용인데 어찌도 흔들리는지 오래만 타면 두뇌가 파열할 것 같으며, 하차(荷車)라고 하는 말이나 당나귀 7-8마리 혹은 10여 마리가 끄는 것이 있는데 이는 교통수단이라고는 전혀 없으므로 대상들이 전용하니 10여대 혹은 20여대가 꼬리를 물고 갈 때에는 볼만하다. 서너 발씩 되는 말채를 들고 쮸에쮸에 하면서 몰고 가는 것을 보면 과연 태고 삼황(三皇)시절 같더라.

동행하는 이시영(李時榮)군은 대구 사람인데 사람이 활발하고 용기 있는, 의협심 강한 자다. 나 또한 그를 아낀다.

나는 만주음식을 못 먹으므로 매일 게당가와[9], 계란만 먹고 오니 몸이 매우 약해지며 도처에 재미라고는 없을 뿐만 아니라 회인(懷仁)을 지난 후로는 산천까지 무미함이 꼭 만주인[胡人]의 성질 같다. 지군은 잡가를 부르며 나도 부른다. 고개는 수십 개를 넘었다. 그 중에 강산령(崗山嶺)은 가장 높은 산인데 그 고개 위에 올라서서 북방을 바라보니 태산준령이 아직도 얼마나 많은지 밭고랑 같이 보이는 것이 구름과 안개에 싸여 시야가 모자라니 동행하던 청년 아무개는 "아아 저거 싫다…" 하며 구슬프게 눈물을 줄줄 흘린다. 무리 아니다. 실로 많기도 하다. 동행인 각자마다 족통이 난 곳이 적어도 한 발에 네다섯 군데는 된다.

우리가 이같이 지금 활동하는 이 지대는 우리의 조상이 활동했던 곳

---

9) '거칠거나 품질이 떨어지는 사탕'을 뜻하는 '개당과'로 풀이할 수도 있겠지만 정확한 뜻을 알기는 어렵다.

이다. 발해(渤海), 부여(扶餘), 여진(女眞)의 제국이 웅거하였었다. 꼿꼿이 우리 국민이 정주하고 논농사를 짓는 것이 보기에 가장 기쁘다. 도로가 험악함은 아마 동양에서 제일가리니 노면에 흙은 없고 자갈이 어지러이 널려있어 한걸음이라도 내딛을 때는 뇌를 울린다. 산간에 흩어져 사는 우리 인민은 실로 한심한 바가 있으니 그들은 대개 경상도나 평안도인 인데 그 머리, 그 더러운 얼굴, 그 입은 옷은 밤에 만나면 귀신으로 알겠더라. 그들의 뇌리에는 국가와 사회는 전혀 없고 단지 밥뿐이다. 사람이라니 사람이요 동족으로 보니 한인이다. 통탄스럽구나. 지난날에 우리 민족이 역시 이같이 되어 타민족으로부터 자연적으로 내쫓김을 당한 것이다.

우리의 고난이 끝이 있어 약 보름 만에 봉천성(奉天省) 유하현(柳河縣) 고산자(孤山子) 대두자(大肚子)에 있는 서간도(西間島) 무관학교에 도착하여 남일호(南一湖)군의 집에 숙소를 정했다. 본 무관학교는 올해 3월까지 보통교육을 실시하였다가 독립선언이후로 그것을 전부 폐지하고 군사학을 시작한 것이니 범사에 매우 유약하다. 만주인의 건물을 임차하였고 새롭게 건축도 하는 중이다.

학생은 국내에서 독립선언을 한 이래로 일본인의 압박 때문에 국경을 넘어온 청년과 또는 서간도 각지에서 들어온 자들로 모두 200명이 될락 말락 한다. 이것으로 세계강국 중 하나인 일본을 대적코자 함은 너무도 수가 적다. 또 남만주에 있는 우리 힘이 원래 약하다. 그러므로 여기서 더 대대적으로 일을 벌이는 것은 불가능하다. 더구나 지방주민들이 가난하므로 이들에게서 더 요구할 도리가 없다. 나보다 며칠 먼저 들어온 신영균(申英均)씨가 있다. 이 분은 경성무관학교(京城武官學校) 2회 출신이요 위인이 군인다운 군인이므로 우리 국가에서 쉽게 얻기 어려운 인물이었다.

새로 들어온 사람이 우리 세 명이 되자 예전 교육을 하던 사람들이 자연히 우리를 싫어하여 그 사이에 자연히 학생까지도 신구의 분란이 생기니 우리 민족성이 실로 가련하다. 이러하므로 충분한 교육도 못하고 사고에 사고가 잇따르고 이로 인하여 어지러운 파도가 많다. 남일호(南一湖)씨는 오직 공평하게 사무에 헌신한다. 아, 내가 동포를 위하여 한 점의 사사로움도 없이 자기의 평안을 구하지 않고 처자의 애달픈 하소연도 천만 뜻밖으로 알고 위험을 무릅쓰고 행동을 감행하여 여기로 왔더니 오늘에 이르러보니 세상 사람들은 너무도 차갑다. 이 학교에 이전부터 있던 사람들은 지식도 없고 주인의식도 없으면서 명예와 주권을〈변변치도 않은 주권〉 가지고 우리를 일종의 기계로 사용하려 한다. 자기들의 능력이 능히 나를 기용할 만하면 모르겠다. 하지만 저들은 군사학은 물론 보통학도 모르는 어리석은 자들이요 인격도 없다. 소인배의 행동으로 예전 학생들을 우리한테 반항하도록 부추기는 일도 있다. 이와 같이 우매한 이 지방과 인민을 알지 못하고 나는 그들을 너무 중요시 하는 것이 내가 부족한 점이다. 나는 생각한다. 이 모양으로는 도저히 가장 원대한 마지막 목적을 실행하지 못 하리라. 이상과 같으므로 학과며 기타 모든 것이 무위하게 이루어지며 시간을 보내기도 한다.

거기다가 마적(馬賊)의 습격이 많다. 만주의 적들이 부대를 만들어 가지고 각 도시든 뭐든 가리지 않고 대낮에 습격하여 무수한 금전을 탈취하며 혹은 사람을 납치하고 산속에 거주하면서 막대한 금전을 징수하며 인가에 들면 소, 돼지를 종자도 안 남기고 다 가져간다. 그 무리는 적게는 수십 명이며 많게는 수천 명이다. 소위 관병이란 것들은 마적을 방관하고 오히려 자기들 월급이 지체되면 총을 가지고 도적이 된다. 올해 여름에 고산자(孤山子) 무관학교에 마적이 두 차례나 밤중에 습격해 들어와 학생과 교사 몇 명을 납치해갔다. 어떤 학생은 그 마적과 격투하다 부상당한 자도 있었다. 이러하므로 군사교육은 자연히 충실치 못하다.

고산자(孤山子)에는 고산(孤山)이라고 하는 산이 하나 있는데 그 산 남쪽 사면에 우리 민족의 옛 무덤[古墳]이 많이 있다. 이는 필시 고구려조의 유적인가 한다. 밭에서 돌로 만든 방아확, 옛날 그릇 등이 이 근년에 많이 발견된다. 대한의 민족 다수가 들어와 산 아래로 생겨난 유적이 분명하다 한다. 또한 만주인들도 말하기를 한인이 만주를 회복하자는 길조라 한다. 우리의 역사를 보아도 이 만주는 본시 우리의 영토임이 분명하다. 중국 한(漢)나라와 당(唐)나라 이후로 점차적으로 요동과 만주를 빼앗긴 것이다. 지금 현재 우리가 여기서 활동하는 것이 우리의 조상이 이미 웅거하였던 그 뒤 자취를 밟는 것이다. 고목에 꽃이 핀 격이라 한다. 그런데 나의 의문이 많다. 이는 무엇인가 하니 이 넓은 만주지방에서 살던 우리 부여족(扶餘族)이 어찌 되고 지금 현재는 그 분묘만 남았는가, 압록강을 넘었나? 만주족에 동화되었나, 어느 지방으로 이주하였는가? 우리 역사가의 연구를 기대한다.

사랑하는 벗의 죽음!

여름 7월 일 학교 사무실에서 점심식사를 마치고나니 오후 1시 반이다. 홀연히 삼원포(三源浦)〈고산자에서 70리 되는 곳으로 서간도 한족회(西間島韓族會) 본부가 있는 곳〉에서 소식이 왔는데 그것은 내가 사랑하던 이시영(李時榮)군의 죽음이다. 내가 압록강을 넘은 이래 첫 번의 슬픔이다. 이군은 나와 더불어 안동현에서부터 오늘까지 함께 고통을 겪었으며 나도 그의 사람됨을 존경하고 사랑했더니 오늘 뜻밖에 그의 죽음 소식을 들으니 나의 마음이 오직 낙심될까. 또 이군이 삼원포로 간 것도 공무로, 자기의 고상한 의견으로 간 것이었다. 나는 곧 행장을 차려 출발하니 오후 2시다. 다리에 힘을 가하여 오후 8시에 삼원포에 당도하여 애정의 눈물로 안장했다. 이군은 15세 되는 자식이 있다한다. 나는 그를 만나고 싶다.

여름이 장차 끝나가고 초가을이 오려고 한다. 여러 유지들은 나뭇잎이 떨어지면 군사행동을 하기가 불리하니 어서 무기를 준비하여가지고 압록강을 한번 넘는 것이 소원이라 한다. 나도 그렇게 생각하나 지금의 형편으로는 압록강은 고사하고 개천도 못 건너겠다 생각한다. 그러나 이에 무기구입 문제가 생겨 혹은 무송(撫松)으로 사라가자 하며 혹은 러시아령으로 가자한다. 회의한 결과 러시아령 니꼴스크로 가자한다. 위원을 정하니 나와 신영균(申英均) 두 사람이다. 그래서 우리 두 사람은 떠나기로 하고 행장을 차린 것이며 나는 무기구입 건 외에 러시아령에 가면 이동휘(李東輝)씨를 만나볼 계획이다.[10) 또 기타 고향사람이나 친척을 만나보고자 한다.

서간도한족회(西間島韓族會)는 자치기관인데 거기에 쓸모 있는 임원이 있으니 이상용(李相容), 김동삼(金東三), 남일호(南一湖) 제씨는 가히 일을 상의할 만하였다. 군정서(軍政署)가 그 중에 있으니 총재가 이상용씨다. 그는 나이가 60세나 우매하지 않고 사람들의 우두머리가 될 만하다. 그리고 그 밖에는 모두 그러그러하여 한 냥에 몇 개짜리들이다.

9월 중순에 나는 신영균(申英均)군과 같이 출발하여 반석현(盤石

10) 이동휘(1873. 6. 20-1935. 1. 31)는 대표적인 노령 한인운동의 지도자로 상해 대한민국 임시정부 초대 국무총리를 역임했다. 1873년 6월 20일 함경남도 단천에서 출생했다. 1895년 한성무관학교에 입학하였고 나중에 강화진위대장으로 복무했다. 1908년에는 안창호, 이동녕 등과 함께 신민회를 조직하고 옥고를 치렀다. 1911년에 간도로 망명했다가 1913년에 연해주로 건너가 활동했다. 1918년에는 김 알렉산드라와 함께 한인사회당 창당을 주도했다. 1919년에는 상해에 있는 대한민국 임시정부 초대 국무총리가 되어 1921년까지 총리를 역임했다. 그 후 블라디보스토크에서 한인사회 운동과 공산주의 운동에 매진했다.

縣), 조양현(朝陽縣)을 지나 10여일 만에 길림(吉林)에 당도하였다. 길을 가는 도중에 재미있게 여행한다. 가을인고로 밭마다 옥수수, 콩이 이미 익었으므로 따다가 불을 피워 구워 먹는다. 산에 들면 머루, 오미자를 따 먹는다. 날마다 50-60십리씩 가는 고로 그리 심히 피곤하지도 않다. 가을 하늘에 기러기는 그들의 고향으로 꺽꺽 울면서 남쪽으로 날아간다.

> 날아오네 날아오네 저 기러기 떼
> 점점 오네 점점 오네 나를 보고서
> 저들은 자기의 고향산천을
> 잊지 않고 찾아가노나 아아
> 이 몸은 점점 멀리 가네 멀리 멀리

나는 가을 하늘은 탁 트여 넓은데 저 기러기 떼를 보면서 혼자 중얼중얼 하며 발끝으로 돌을 차면 엎드러질 듯이 휘청휘청 하면서 간다. 저녁이 되면 춥다. 아아, 나는 이미 처자를 잊은 것 같다. 잊지는 않으나 잊은 것 같다.

길림(吉林)에 당도하여 우리 유지들이 만든 군정사(軍政司)에 갔다. 군정사라니까 군대 일을 하는 것 같다. 그러나 아니다, 말뿐이다. 박남파(朴南坡), 황지대(黃之臺) 제군이 있다. 박군은 꼭 만주사람 같다. 그 언어며 행동이 그는 수십 년을 만주 지역에 있는 모양이다. 길림에 가서 이각(李覺), 최진(崔鎭) 군을 만났다. 며칠을 여기에서 머물다가 러시아령으로 갈 것이다. 길림은 안동현(安東縣)만큼은 크지 않으나 대도회지라 할 수 있다. 각 가로를 지나면서 보니 산수가 기묘하다 할 수 있다. 송화강(松花江)은 그 동쪽 인근으로 흘러가 하얼빈(哈爾賓)에서는 기선이 내왕하며 북쪽으로 산들이 연이어 있으나 높지 않다. 산 위에 러시아군이 만들어놓은 포대가 있다. 아마 러일전쟁 때에 지었겠지. 서쪽 산에는 관운장(關雲長)의 묘가 있다. 크게 지었다. 만주인은 아마도 관운장의 혼으로 사나 보다. 한인(韓人) 요리집도 있다.

여러 날을 머무르다가 사전 약속도 없이 박용만(朴容萬)씨를 만났다. 박씨는 미국에서 와서 블라디보스토크를 경유하여 북경(北京)으로 간다 한다. 역시 ○○일로 북경에 있는 미국공사를 보러 간다한다. 박씨는 내가 러시아령으로 출발할 때 길림에서 제일가는 누각에서 내게 오찬을 베풀어 주었는데 고급 중국요리는 서양요리에 뒤떨어지지 않아 나는 잘 먹었다. 그날에 길림 역에서 신군은 떨어져 길림에 남고 나는 김 아무개와 동반하여 장춘(長春)으로 향하였다. 장춘, 하얼빈은 일본의 세력 내에 있어 천신만고의 고생보다도 일본의 감시망을 벗어 지나가는 것이 가장 큰 모험이다. 그러나 믿는 것은 하나님이 나를 보우하심이다.

아아, 나는 이에 만주 장막을 닫고, 차디 찬 시베리아로 향하노라. 길림에서 들으니 서울로 새 총독으로 부임해 오던 제등실(齊藤實. 사이토)이 남대문 정거장에서 러시아령 노인 용사 강우규씨의 폭탄에 맞으나 명중되지 못하여 혁대만 상하고 죽지 않았다 하나 장하다. 우리 민족이 세계에 알릴만한 일이 많다.

8. 시베리아 1

A. 4252년(1919년)

4252년(1919년) 가을 9월 일에 나는 서간도군정서(西間島軍政署)에서 병기에 관한 사무를 맡아가지고 9월말에 길림에서 떠났다. 역에서 박용만(朴容萬)씨와 작별하고 기적을 울리는 기차를 타고 장춘(長春)으로 갔다. 밤 8시경에 장춘에 와보니 이곳은 일본군이 중심을 이루고 있다. 중국인의 요리 집에서 잠시 휴식하고 곧 하얼빈 행 기차를 타고자 한다. 나는 결심하고 일본인 행동으로 일본인 노릇한다. 가방을 들고 소가 푸줏간에 가듯 억지로 가니 역 안의 일본헌병 장교하사가 우물우물한다. 매사는 먼저 기선을 제압하는 것이 필요하다. 가서 일본헌병 하사를 보고 하얼빈 행을 물으니 그 하사가 반가이 가르치며 여기 이 차 올시다 한다. 나는 고맙다고 모자를 벗어 예를 표하고 승차하니 좀 숨이 나온다. 차안에서 곧 옷을 갈아입고 그 다음날 아침에 하얼빈에 도착하여 중국인요리점에서 짧게 쉬었다가 다시 해삼위(海蔘威. 블라디보스토크)로 향하려한다.

하얼빈은 대도시다. 그러나 길 위는 맨 먼지와 쓰레기다. 누런 먼지 천지란 곳이 바로 여기다. 러시아는 전쟁이래로 재정이 지극히 어려워 지금 씨비르스까야(сибирская)란 수지(手紙) 같은 지폐를 통용하는데[11] 우리나라 돈 1원이면 여기 돈 30원이나 된다. 역 안에는 그리스도

---

11) 당시 러시아는 혁명이후 내전상태에 빠지면서 백위군 임시정부를 비롯한 몇 개

의 성상을 기념비처럼 세워놓았는데 이는 신자를 얻고자 하는 것인지 백성을 어리석음에 빠뜨리려는 것인지. 만주인들이 누더기를 걸치고 역 안팎에 구더기 같이 우글거린다. 중국도 딱하다. 공화니 무엇이니 하지만 나는 같은 황인종인 관계로 러시아인 보기가 부끄럽다. 일본군대, 러시아 백파군대, 중국군대 등이 왔다갔다 분주하다. 시내교통은 마차로 행하니 모두 청결함이 없다. 이 역은 우리 민족이 이로부터 후세 천만년은 잊지 못할 곳이다. 우리의 용사 안중근 의사가 이등(伊藤)을 죽인 곳임이다. 나는 마음으로 감사의 뜻을 하늘에 축원하면서 기차를 타고 동쪽으로 갔다. 뽀그라니츠나야(Пограничная) 역에 도착하였다.

오른쪽 여백의 글 이곳은 중국 땅이지만 러시아인의 세력이 강하다. 연해주로 들어가는 첫 역이므로 중국인과 러시아인이 섞여 다닌다. 조선인도 많다. 역 한편에는 일본 국기가 걸려있어 그곳이 일본영사관임을 알겠다. 나는 일본 병졸 보초 앞을 지나다니며 1시간이나 정차하였다가 다시 기적소리와 함께 기차를 타고 작은 산 하나를 지나니 러시아령이다. 자연은 하등의 구분이 없으나 인위적으로 이곳은 중국 땅이요 이곳은 러시아 땅이라 하는 것이다. 나의 감상에는 더욱 곡절이 많다. 한반도의 혁명객으로 이곳의 초청과 응낙이나 받은 듯이 반겨 한다.

실로 길기도 길다. 가도 가도 평원이다. 레일도 직선이다. 역마다 러시아인의 가옥뿐이다. 중국인이라고는 집이 어디 있는 것인지 쫙 끼고 몰려다니는 것들은 중국인뿐이다. 러시아인도 개화되지 못 했다. 절반 개화됐다 할 수 있다. 그 추하고 더러운 것을 보면 아직도 멀었다. 뻬쩨르부르그(Петербург) 정부는 여태껏 야심만 쓰고 그리스정교를 가지

의 지방정부에서 자체적으로 화폐를 만들어 썼는데 씨비르스까야(сибирская) 외에도 께렌까(керенка) 등의 화폐가 있었다.

고 국민을 바보로 만들었다. 그 때문에 오늘 이같이 그 니꼴라이(Ник
олай) 황제까지 아니 죽었던가, 연합군의 침입을 받지 않았던가, 일본
의 야심 실행지가 아니 되었던가. 지금 이후로 이 러시아를 보는 유지
와 신사들아, 나라를 다스리는 자들아 이것에 주의할 것인가 하노라.
러시아의 뾰뜨르(Пётр) 대제 이래로 그 침략행위며 그 교민주의(敎民
主義)가 오늘을 만든 것이다.

어찌 지난 역사를 책으로 읽어야만 알리요, 그 본보기가 이것이라.
그 백성을 어리석음으로 교육하고 어찌 무사히 그 나라를 안전히 보전
할 리가 있을까. 이틀 밤낮을 달린 끝에 니꼴스크〈소왕영(蘇王營)〉에
서 내려 우리 선진자 이갑(李甲)씨의 댁으로 찾아가니 이씨는 이미 나
가고 없다. 해로여관(海老旅館) 앞 러시아인 여관에 숙소를 정했다.
중국 - 러시아 국경에 오니까 그 국경역을 뽀그라니츠나야(Пограничная)
혹은 뼤르바야(Первая)라 한다.[12] 이는 국경이라는 의미란다. 이곳에
서부터는 중국인은 여행권이 있어야 러시아령으로 넘는다. 러시아인
관리가 말채찍으로 쳐가면서 중국인을 쫓아버린다. 그 이리 몰리고 저
리 몰리는 것이 암만 보아도 이 세계의 인종 같지 않다. 불쌍하다. 중국
인은 독립국민이라면서 개나 돼지의 대우를 받는다. 한인은 그다지 아
니하다. 상당히 아는 까닭이다. 나는 생각하였다. 저 중국인 같이 되자
면 이 세상에 사람으로 나지 말고 산짐승로 태어남이 도리어 좋겠다
하였다. 또 사실 중국인은 참 너절하다. 아아, 중국은 언제나! 우리나라
는 독립을 언제나! 누가 더 빠를꼬?

소왕령(蘇王領) 노메르여사(旅舍)[13)]에서 수십일 동안 머무르면서

---

12) 뽀그라니츠나야(Пограничная)는 '국경'이라는 뜻이고 뼤르바야(Первая)는 '첫
번째'라는 뜻인데 기차역에 뼤르바야(Первая)라는 이름이 붙을 경우 국경을 넘
어 첫 번째 역이라는 의미로 쓰인다.
13) 여관이나 호텔 같은 숙소의 호실을 러시아어로 '노메르'라 하므로 당시 이와 같

각 방면 인사들을 상봉한다. 지방 관념이 모두 있다. 북도(北道), 서도(西道), 서울… 자기들끼리도 당파가 있다. 아아, 이것이 대한이 망한 이유가 아닌가? 그저 해외동포들은 이런 연극을 한다. 내가 3방면 인사들을 보니 모두 자기는 옳고 타 2도의 하는 것은 옳지 않단다. 일에 대하여 경쟁하면 오히려 좋은데 이것은 서로 방해하고 타인이 못 되기를 바라고 코웃음 치며 자기의 우매함과 악함을 모른다. 서울 당은 간악하고 영리하다. 서당(西黨)은 냉정하고 한마음으로 일치되었으며 비교석 일에 밝다. 북당(北黨)은 우직하다. 나는 어디까지나 중립한다.

블라디보스토크에 머물고 있는 이용(李鏞)군을[14] 만나러 갔다 왔다. 중국령 마도석(磨刀石)에 군인회(軍人會)를 부치자고 발기하여 갔더니 몇몇 곳에서 왔고 상해(上海)에서는 이동휘(李東輝)씨의 서신과 대표한 사람이 오고 하얼빈 유동열(柳東說)씨는 아니 온다.[15] 이는 자기에게 무슨 불만이 있으므로 아니 온 것이다. 김형섭(金亨燮)은 상해로 군

은 숙소이름이 있었던 것 같다.

14) 이용은 네덜란드 헤이그 만국평화회의에 참석한 이준열사의 아들로 연해주와 중국에서 무장독립투쟁에 헌신한 인물이다.

15) 유동열은 평안북도 박천 출신으로 일본육군사관학교를 졸업하고 대한제국 육군 참령이 되었다. 그는 러일전쟁에도 참전하여 일본으로부터 욱일장(旭日章)을 서훈 받았지만 다른 일본육군사관학교 출신들과 달리 민족운동에 투신했다. 그는 신민회에 참가했다가 한일합병 후에 중국으로 망명하였다. 1918년 2월에는 민족운동의 지도자 이동휘와 소비에트 집행위원회 위원 김 알렉산드라 등이 한인사회당을 조직하기 위해 하바롭스크에서 한인정치망명자대회를 개최했을 때 북경에서 참석하였고 같은 해 6월 이동휘, 김 알렉산드라, 김규면, 한형권 등과 주도적으로 창립총회를 여는 등 공산당활동에 적극 참여하였다. 1919년 3월 17일 블라디보스토크에서 대한국민의회가 개최되고 21일에 각료명단이 발표되었는데 그때 유동열은 참모총장으로 임명되었다(『십월혁명 십주년과 쏘베트고려민족』 46쪽 ; 윤상원 『러시아지역 한인의 항일무장투쟁 연구(1918-1922)』(고려대학교, 2009) 63-64쪽).

무차관노릇 가고 아니 온다. 벼슬을 먼저 하면 일은 누가 할는지! 이것
도 우리 민족성의 큰 결점이다. 편하고 지위 높고 한 일은 경쟁하고,
모험하고 고생하는 것은 싫어한다. 나는 생각한다. 군인은 군사행동의
실전지로 비바람을 무릅쓰고 가고, 삶과 죽음의 굴을 넘나들어도 좋으
리라 한다.

B. 4253년(경신)〈1920년〉

4253년(1920년) 1월 첫날은 소왕령(蘇王領) 스와놉스까야(Свановская) 거리
러시아인 집에서 서오성(徐五星)씨와 더불어 새해를 맞았다. 삼천리강산
이천만 동포를 위하여 죽음을 무릅쓰고 망명한 첫 번 새해다. 이렇게 쉽
게 해를 보내다가는 큰일이다. 나는 "아아, 왜 밖으로 나와서 허송세월
하는가" 하고 가슴이 막힌다. 겁이 난다. 조국에 죄를 짓는다. 1월말에 추
풍(秋風) 만석동(萬石洞)에 군인이 얼마 있으므로 거기로 교육차 갔다.
각 마을과 각 집에 군인들이 널려있으니 교육도 못 하겠다.

3월 1일!

한스럽기 그지없는 이날을 맞았다. 만석동(萬石洞)에 있는 학교 주
최로 기념식을 거행했다. 유지들의 통절한 연설이 많이 있었다.

3월 18일

우수리스크 지대 외수청(外水淸) 치모우에 주둔하고 있는 러시아
공산당과 연락하고 군인소집이 되므로 나는 신헌길(申憲吉)군과 더불
어 니꼴스크에서 김하석(金河錫)군을[16] 만나고 블라디보스토크로 왔
다. 아무개 아무개 유지들과 일을 상의하고.

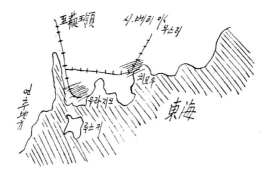

지도 1. 소왕령에 이르는 곳, 시베리아, 우수리스크, 연추지방, 블라디보스토크,
치모우, 루스키, 동해

3월 21일

치모우 역에 내리니 밤 10시나 되었다. 정재관(鄭在寬),[17] 장기영(張
基英)씨가[18] 동반했다.

---

16) 김하석은 1919년 2월 25일 니꼴스크(소왕령. 현 우수리스크)에서 전로한족회 중
    앙총회 2차대회가 개최되었을 때 문창범, 장기영 등과 함께 전로한족중앙총회를
    대한국민의회로 확대 개편할 것을 발의하는 등 연해주 한인사회의 활동과 독립
    운동에 많은 공헌을 하였다.

17) 정재관은 1911년 12월 19일 블라디보스토크 신한촌에서 결성된 권업회 창립 주
    역 중 한 명이다. 권업회는 당시 연해주에서 가장 큰 비중을 지닌 독립운동 단체
    였다. 그는 미국한인 국민회 총회장으로 있다가 연해주로 건너와 독립운동을
    전개한 특이한 경력의 소유자다.(Ким Сын Хва 『Очерки по истории Советских
    Корейцев』(Алма-Ата, издательство наука, 1965) 75쪽)

18) 장기영은 연해주 한인사회 민족운동의 지도자 이동휘가 원동 소비에트 집행위
    원회 위원 김 알렉산드라와 함께 한인사회당을 조직하기 위해 1918년 2월 하바
    롭스크에서 한인정치망명자대회를 개최했을 때 수청사범학교의 대표로 참가했
    고 1919년 2월 25일 니꼴스크에서 전로한족회 중앙총회 2차대회가 개최되었을
    때에는 문창범, 김하석 등과 전로한족중앙총회를 대한국민의회로 확대 개편할
    것을 발의하는 등 연해주 한인운동에 많은 역할을 하였다.

한편으로 외수청(外水淸) 연합총회를 열고나니 청년입대자가 매일 몇십 명씩 몰려온다. 무슨 일 하는 것 같다. 그러나 일본군은 약 1개 연대가 치모우에 들어와 가까운 병영에 있다. 일본군은 눈이 뚱그래져서 매일 들어오는 우리 군인을 본다. 일본군사령관은 해항(海港) 러시아 정부에 대고 강압수단으로 한인군대를 헤치라고 한다. 많은 한인들이 러시아 군대에서 도망쳐 나와 우리에게 온다. 일본군대에서 최후통첩이 왔다. 만일 한인군대를 해산하지 않으면 전쟁이라도 하겠다고 한다. 할 수 없어서 러시아인은 한인 중 러시아 입적자만 받고 그 외는 해산시킨다. 통곡하며 각기 흩어지더라. 아아, 무슨 비극인가. 러시아인이 무력한 것도 가련하다. 나는 똥 닭 쫓던 개모양이다.

러시아인 측에 일을 제대로 하는 자가 없다. 공산당이니 무어니 하는 사람들이 군사학교를 졸업했거나 군사지식이 있는 자가 아니요 모두 학교교사들이다. 그것들이 무엇을 알리요. 석탄광(石炭礦)에 있던 대포를 가져다가 병영 문 마당이나 일본 병영 옆에 가져다가 공중으로 포구를 내고 둘 뿐이다. 만일에 대비한 준비는 거의 없다.

4월 4일의 크나큰 통한![18]

팽! 팽! 하는 난데없는 소총소리가 5-6방인가 나더니 쿵! 쿵! 하고 대포소리가 나자 새벽하늘을 부수는 듯한 총포소리가 일시에 난다. 나, 장기영(張基永), 정재관(鄭在寬), 박군화(朴君化) 등이 자는 집의 지붕 도단에 총탄이 맞아 탕 하는 소리와 같이 땡땡! 하고 초탄이 빗발처럼 쏟아진다. 우리는 아직 이 총포소리에 놀라 깰 뿐 어쩔 줄을 모른다. 일본이 러시아군에 대해 개전하는 것인 줄은 알겠다. 아아, 큰일이다. 우리가 있는 집까지 포위하지 않았는가 하는 마음이 난다. 벌떡 일어난다. 가슴이 덜렁한다. 자세히 들으니 총소리가 먼 데서 난다. 우리는 부지런히 옷을 입고 문밖을 내다보니 만경이 고요하다. 닭도 아니 운다. 말도 움직이지 않는다. 우리는 산으로 달려 올라가 수풀 사이로 숨으니 좀 마음이 놓이나 총포소리는 더욱 심하다. 내가 할 바를 모르겠다.

---

19) 이 사건을 '4월 참변'이라 부른다. 이때 한인 수백 명이 일본인에게 학살당했다. 1920년 3월 12일에 아무르강 하구 북쪽에 위치한 니꼴라옙스크항(니항)에 머물고 있던 일본군과 일본민간인들이 리시아 볼셰비키군대와 우리 한인부대의 습격을 받고 전멸한 사건이 일어났다. 이에 격분한 일본의 시베리아주둔군은 블라디보스토크 시내 볼셰비키 기관을 모조리 섬멸하고 한인들의 중심지 신한촌을 공격해서 아수라장으로 만들었다. 일본군은 1920년 4월 4일 밤에 블라디보스토크, 니꼴스크-우수리스크, 스빠스크, 하바롭스크, 슈꼬또브, 뽀시예트 및 기타 여러 지역의 극동공화국 부대를 공격했다. 이로 인해 며칠 간 수천 명의 민간인과 빨치산 군인들이 학살당했다. 특히 일본군은 한인들에게 더 지독한 잔인성을 발휘하였다. 그들은 1920년 4월 5일 새벽 5시에 연해주 한인운동의 중심지인 블라디보스토크 신한촌을 포위하고 사격을 개시했다. 그리고 그곳에 있던 한인 중대원들과 학교에 있던 민간인들을 끌어내 전원을 묶고 개머리판으로 구타한 다음 진흙바닥에 엎어지게 한 뒤 계속 괴롭혔다. 그 뒤 그 한인들을 학교에 가두고 문을 잠근 다음 방화했다. 이때 저명한 민족운동가 최재형도 우수리스크에서 붙잡혀 살해되었다. 1920년 4월 참변 당시 일제의 토벌작전에 의해 살해된 민간인과 빨치산의 숫자는 5천 명에 이른다. 한민학교, 한인신문 건물이 불태워지고 한인단체의 중요한 서류들도 모조리 압수당했다. 이때 김경천은 가까스로 피신해 산림지대인 수청으로 들어갔다(보리스 박·니콜라이 부가이 지음, 김광한·이백용 옮김, 『러시아에서의 140년간』(서울, 시대정신, 2004) 194-195쪽 ; 박환의 같은 책 355쪽).
4월 참변의 원인이 되었던 3월 니항 사건을 김경천은 이렇게 말하고 있다. "그런데 일천구백이십년 삼월에 저 유명한 니항(尼港) 사건이 발생하였습니다. 삼월 초사일에 각 처에 헤어져 있는 조선 군대와 적군(赤軍)이 연합하여 「니항」에 있는 일본군대와 백군(白軍)에게 총공격을 개시하였소. 이때 군세는 적군의 연합군은 이천여명이요 우리 조선군사가 칠백 여명인데 「소학령」에는 수천명의 백군과 일본군 팔백명이 주둔하였소. 전후 두 시간을 콩볶듯 싸우는데 이 싸움에 일본군이 이백 여명이 죽고 적군 속에는 「홍가리」군사가 많이 죽었으며 우리 군사는 겨우 육칠인 전사자가 있을 뿐이었소. 이 싸움에 우리 조선군이 용맹스럽게 싸운 것은 세계 각국 군사의 경탄하는 대상이 되었었소. 그러나 그 후 구당(白軍)이 일본군을 뒤에 업고 쳐들어옴으로 우리 군사는 몇 배나 되는 일본군과

아아, 한 많은 오늘이여! 러시아인은 많이 죽고 다쳤겠다. 거리가 가까우니 러시아군인이며 남아있는 우리 한인군인이 피하지도 못하고 별로 유력한 전투도 못하고 포로가 되거나 죽었으리라 생각하면서 산을 넘어 인가에 들어가 식사를 마치고 그 길로 내수청으로 향하였다. 일본은 러시아공산당 군대를 강제로 무장을 해제하고 해산을 시킨 것이다. 일본은 정당한 전투를 피하여 의외로 출전하였다.

이같이 치모우 군대소집도 끝을 마쳤다. 중령(中領)이란 촌락을 지나서 내수청 대우지미(大宇地味) 포수동(抱水洞)으로 왔다. 아는 얼굴도 특별히 없고 참참 섭섭하다.

4월 13일

청지동(靑枝洞) 수청사범학교(水淸師範學校)에 도착하여 그 뒷산 위에 있는 옛 성터를 찾아 올라가 살펴보니 옛날과 오늘 사이의 감회를 어쩌지 못하겠다. 이 성은 토성인데 발해(渤海)나 북부여(北扶餘) 시대의 것이며 성 위에 자란 고목이 이미 몇 척이나 되었다. 아아, 우리의 일도 훗날에는 이같이 지나간 자취뿐이리라 생각하며 한 방울의 슬픈 눈물을 뿌려 옛 사람을 애도 하노라.

5월 14일
[마적을 무찌르다]

산과 들에 초목이 무성하니 사방에 마적(馬賊)이 들끓는다. 마적은

싸우는 것은 무모라 그곳에서 수청(水淸)지방으로 퇴각하였습니다."(아령조선군인 김경천, 『빙설 쌓인 시베리아에서 홍백전쟁(紅白戰爭)한 실지 경험담』(동아일보 1923년 7월 29일))

본래 중국의 특산물이다. 중국인은 마적질 하는 것을 하나의 명예로 알고 그런 자를 쾌남아라 하며 자칭 의협심이 있는 자라 한다. 이는 필시 수호지(水湖志)에서 생겨난 것이니 이는 중국이 망해가는 하나의 원인이다. 바로 이때에도 수청(水淸) 동부 수주하(水走河) 지방으로 마적 약 300명이 큰영을 지나 대우지미(大宇地味)로 행하므로 이에 대우지미의 청년을 중심으로 하여 마적토벌대[胡人討伐隊]를 소집하니 인원이 30여 명이요 내가 대장이 되어 지휘한다. 병기가 없고 인원도 없다.[20]

5월 18일

마적 300명이 대우지미(大宇地味) 북쪽 산에 이르렀으므로 서로 교전하다가 약 1시간이 넘어 그치니 마적은 자기들 수가 많음을 믿고 우리를 포위하므로 퇴각하였다. 마적은 인가에 들어가 가옥 38채를 일시에 방화하니 불빛이 하늘로 치솟는다. 밤이 되니 불빛은 하늘을 붉게

---

20) 당시 마적이 발호하는 이유에 대해서 공민(公民)은 이렇게 기록하고 있다. "그때에 중국인 마적은 러시아인의 무기를 일본군이 전부 압수하였음을 아는 고로 무인지경에 들어오듯 하여 농촌에 절대다수를 점한 조선인의 피해가 막대하였었나이다. 그러나 우리 농민은 마적을 방어할 방략이 절무하여 가산을 버리고 안전지대로 이전하려다가 처자는 아사하고 부모는 동사하였고 반광반사(半狂半死)한 촌민이 수청에서 해삼으로 탈주하였으나 가옥에 들어가 살 여유가 없는 고로 정거장 화차 안에서 생활하면서 시중에서 걸식하는 조선 사람이 부지기수였나이다. 그뿐 아니라 일본군대는 조선인의 독립단과 공산당을 박멸키 위하여 마적괴수 고산(靠山)이란 놈을 니꼴스크시(니시)에 불러다놓고 각별히 우대하여 가면서 마적에게 무기를 공급하여 조선인 촌락을 습격케 하여 다대한 손해를 주도록 한 것은 공연한 비밀이라 노령에 있는 조선 사람은 누구든지 알지 못하는 사람이 없나이다. 형편이 이러하므로 조선청년은 의용군을 조직하여 마적을 토벌하였으나 매양 불리한 때 가만히 있었나이다."(공민(公民), 『노령견문기(5) 8. 경천 김장군』(동아일보 1922년 1월 23일))

물들였다. 아아, 참담하고도 참담하다. 하늘도 어찌 그리 무심하리요! 토벌대는 포수동(抱水洞) 산중으로 피하였고 다음 날에 마적은 뒤가 두려워 도망한다. 그 뒤를 따라가니 마적은 일본군이 석탄광(石炭礦)에 지어놓은 보루로 들어간다. 그때 러시아인 민병들도 모여들어 우리와 함께 전투하니 우리가 그들을 포위하여 200여명을 사살했다. 적들이 산산이 흩어졌다. 우리도 몇 명의 사상자가 있었다.[21]

6월 5일

오늘은 나의 생일이다. 외수청(外水淸) 따인채골 산중에 또 마적 50-60명이 들어와 근방 주민의 재산을 강제로 빼앗는단 보고가 온지라 어제부터 행군하여 오늘 새벽에 따인채골 산을 삼면으로 포위하고 공격하니 이에 그 주적 몇 명이 죽고 나머지는 흩어져 도망 하였다. 오늘은 나의 생일이건만 어제 밤부터 한잠을 못 자고 음식도 먹지 못하고

---

21) 이날의 마적토벌에 대해서 김경천은 1923년 동아일보에 이렇게 인터뷰했다. "그런데 이때에 수청지방에는 마적 고산(告山)의 패가 횡행하여 인민이 살 수 없었소. 이때에 우리 군사와 마적사이에 충돌이 있었는데 우리는 탄환이 부족함으로 일시 퇴각하였더니 마적이 들어와서 조선 사람의 집 사오십호를 일시에 불을 놓아 밤이 새도록 화광이 충천하고 연기가 산간에 가득한데 이것이 우리 인간의 생지옥인가 하는 생각이 있었소. 나는 이 광경을 보고 아무래도 마적을 토벌하지 아니하면 아니 되겠다 결심하고 이때에 이를 토벌하기 위하여 지원병을 뽑는데 제일 학교 교사 다니는 사람이 많이 지원하였었소. 이때에 마적 사백 여명들은 일본사람이 파놓은 요새 속으로 들어가 있는 것을 별안간 공격을 시작하여 일제 사격하니 필경 그놈들이 지탱하지 못하고 산산이 헤어지는데 필경 거의 다 죽고 삼백여명 중에 겨우 육십 명쯤 살아가고 몰살을 하였소."(아령조선군인 김경천, 『빙설 쌓인 시베리아에서 홍백전쟁(紅白戰爭)한 실지 경험담』(동아일보 1923년 7월 29일)).
김경천이 마적을 소탕할 때 합류해 함께 싸운 러시아 민병대는 싸비쯔키(А. П. Савицкий)부대였다(М. Т. КИМ의 같은 책 85쪽).

새벽부터 비는 내리고 그 깊은 수풀 속에서 이슬은 머리를 지나는데 억만금으로도 못 바꾸는 귀한 생명을 빗발치는 총탄 속에 세웠다. 벗들 중에 말하는 이도 있다. 마적 잡으러 이곳에 왔느냐고. 그도 그렇기는 하다만 큰일을 못하는 바에는 작은 일도 못할까 하는 것이 나의 주장이다. 우리 민족같이 불쌍한 것이 없다. 왜노(倭奴)의 압박, 러시아인한테서 설움 받고 거기다가 또 되지 못한 중국 만주인까지 와서 여간한 재산과 마소까지 빼앗아가니 어찌 통분치 않으리오. 훗날의 유지들아 오늘 나의 행동을 비웃지 말기를!

연이어 외수청에 마적이 창궐하므로 부하용사들을 파견하여 토벌하기를 몇 차례에 이르니 가을을 당하여서는 마적의 말이라고는 없다.[22]

9월 17일

내가 해수욕을 잘 못하므로 해수욕하다가 오한이 나서 보름이나 누워있었다. 각지 유지들의 친절한 후의를 받아 속히 쾌차한다. 근래에 나는 징쿵에서 머문다.

내가 북간도(北間島)로 갈 문제가 생겼다. 이는 북간도에서 무관학교를 열어 교육을 시작하므로 내가 오기를 요청한 까닭이다.

---

22) 동아일보 1922년 1월 23일, 24일자에 이에 대한 공민(公民)의 기사가 실려 있다. "이때에 김장군은 각처에 격서를 치송하여 의용군을 모집하고 급속히 주야로 연습을 하여 마적토벌을 시작하였으나 처음에는 의용군에 적지 않은 사상자가 생겨나 노령의 수천의 조선인촌락이 분화산상에 있는 것 같았나이다. 김장군은 사력을 다하여 마적 토벌을 계속하였는데 매번 자기가 선봉이 되어 단신으로 적진에 돌입하여 맹렬하게 공격하였으므로 200-300명의 소수의용군으로 수천 명의 마적부대를 도주케 하였는데 군신(軍神) 김장군의 전술에 마적은 전율하여 감히 접근하지 못하게 되어 수청 일대 수천 호가 개선가를 부르고 안도하게 되었나이다(공민(公民), 『노령견문기(5) 8.경천 김장군』(동아일보 1922년 1월 23일) ; 공민(公民), 『노령견문기(6) 8.경천 김장군(속)』(동아일보 1922년 1월 24일)).

江東秋(강동추)

草草黃金色(초초황금색)
木木畵嘉紅(목목화가홍)
錦風吹不盡(금풍취불진)
眞是漢陽情(진시한양정)

강동의 가을

풀은 풀마다 황금빛이요
나무들은 곱고 붉은 그림일세
비단 바람 끝없이 불어오니
이것이 진정 한양의 정일세

述懷詞(술회사)

萬里北走一片心(만리북주일편심)
胡賊橫行民不安(호적횡행민불안)
公道正義五六戰(공도정의오륙전)
能壓異族氣依然(능압이족기의연)

마음의 생각을 표현함

북녘 만 리를 달리는 한조각 마음아
마적이 횡행하니 백성이 불안하구나
올바른 도리와 정의로 대여섯 번 싸워
능히 그들을 제압하니 기상 의연하여라

9월 28일
[북간도 귀환과 회기]

나의 병은 완쾌되지 못 하였다. 북간도로 갈 날짜가 급했다. 오늘 병
상의 요를 떨치고 일어나 장기영(張基永), 김창섭(金昌燮), 김여하(金

麗河), 이두환(李斗煥), 박원훈(朴元勳) 등과 동반하여 징큿해에서 목선을 탔다. 순풍에 돛을 달고 독립군의 중임을 띤 이 배는 무사히 살같이 간다. 허다한 동지들과 작별하고 나는 약한 몸을 정신 차려 다잡고 금방 해가 지자 해항(海港) 앞을 지나 시지미에 도착하였다. 해항 앞 큰 바다에서 일본구축함을 만났으나 저들이 어찌 이 배를 알리요. 밤에 어부의 집에 들어가서 자고 시지미 하구 마을에서 며칠을 머무르면서 훗날을 기다린다.

10월 4일

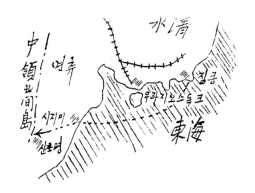

지도 2. 중국령북간도, 연추, 시지미, 신초평, 수청, 징큿,
블라디보스토크, 동해

블라디보스토크에 계시는 숙모가 내가 멀리 떠나는 것을 송별하기 위해 내가 있는 신초평에 오셔서 동행인 모두를 잘 대접하시고 돌아가신다. 전하는 이야기를 들으니 북간도 한국군을 일본의 부추김을 받은 중국군대가 해산하라 한단다. 이는 우리 독립군에 대단히 중요한 사건이다. 그러나 그 독립군의 경거함에도 원인이 있다.

10월 12일

오늘 중국령을 넘었다. 산중 40리 무인지대다. 우리보다 늦게 들어온 사람이 전하는 이야기를 들으니 우리들이 러시아 땅을 출발하고 40분쯤 지나 일본장교 이하 8명이 우리를 뒤쫓아 왔다고 하나 어찌 되었는지 산중에서 서로 마주치지 못하였다. 일본군은 말을 탔다는데 이상하다. 고산 국경을 넘어 중국 땅 유스거우에서 유숙한다.

10월 19일

전하는 이야기를 접하니 마적이 밤에 일본영사관을 습격하므로 일본군이 두만강을 넘어 북간도로 침입하자 독립군은 모두 흩어져 거주하고 있다 하며 지금 우리가 머무는 곳 50리 밖까지 일본군이 침입하였다한다.[23] 그들은 가옥을 불 지르며 인민을 죽인다 한다. 방향을 바꾸어 금성(金城)에서 자고 다시 출발하여 태평촌(太平村)에서 유지들의 후한 대접을 받고 밤길을 걸어 토성(土城)으로 갔다. 밤에 태평강(太平江)을 건너면서

---

23) 1920년 10월에 만주 북동부 훈춘분지 일대에서 우리 한인들이 일제에 맞서 봉기를 하였다. 한인들은 10월 4일 훈춘에 있는 일본 영사관을 두 차례 습격했고 항일봉기의 불길은 만주전역으로 번져갔다. 여기에는 중국인들도 참여했다. 즉각 일본은 중국정부에 대고 봉기한 한인들에게 가장 강력한 조치를 취하겠다고 강요했고 중국정부는 만주의 불안정한 지역에 일본군을 투입하는 것에 동의하였다. 이에 일본은 2개 사단을 투입해 간도전역에서 이른바 간도토벌을 단행하게 된다. 이로 인해 1920년 11월부터 1921년 2월까지 '훈춘 대학살'이라는 참변이 자행되어 무수한 한인이 학살과 전대미문의 잔혹행위를 당했다. 그러자 수천 명에 달하는 만주지역 항일빨치산 부대들이 토벌을 피해 러시아령 아무르주로 이동했다(보리스 박·니콜라이 부가이(김광한·이백용 옮김)의 같은 책 199-200쪽).

月黑霜滿衣(월흑상만의)
孤舟渡江客(고주도강객)
本是北靑兒(본시북청아)
今在風雲中(금재풍운중)

달은 어둡고 서릿발 옷에 가득한데
외로이 배 타고 강 건너는 길손아
본래 너는 북청 사나이다마는
지금은 풍운 속을 지나고 있구나

라고 하면서 웃다가 탄식하다가 한다. 주영섭(朱永燮)군도 시 한 구를
지었다.

　우리는 방향을 완전히 되돌려 러시아아령으로 도로 넘기로 한다. 도
로 태평촌(太平村) 동방으로 곧바로 가는 길을 취하노라고 태산에 다
다랐다. 용기를 배가하여 한 높은 산봉우리에 올라 휴대한 점심을 먹고
그 봉우리를 칠웅봉(七雄峰)이라 우리끼리 명명하고 또 산을 넘고 또
태산을 넘다가 태산의 거대한 수풀 속에서 방향을 잃어버리고 방황하
다가 산 속에서 야영한다. 땔감을 많이 가져다가 불을 피우고 남은 밥
이 별로 없어 손가락으로 조금씩 집어먹는다. 그러나 우리 일곱 영웅이
둥그렇게 앉아 웃으면서 이야기하다가 잠들고, 추위에 잠을 깨고 나니
새하얀 서리가 옷에 가득하다.
　새벽에 일어나니 의론이 분분하다. 혹은 북, 혹은 동, 혹은 동북간이
라며 서로 자기방향이 옳단다. 어찌하나 다시 바다 같은 수풀을 뚫는
다. 천만 다행으로 양쪽 태산 사이 작은 마을로 왔다. 배고프다. 밥을
시켜서 금방 먹자하니 그곳 남쪽 20리 떨어진 마을에 일본 병사가 왔단
다. 또 불이야 불이야 하여 밥도 잘 못 먹고 더러 싸가지고 무인지경
120리 태산 속으로 들어갔다. 한 만주인의 집에 들어가 작은 돼지를 팔
라 하니 그 만주인이 18원을 달란다. 그것이 도적질을 아니 할 만하게

달라기에 못 샀다. 산은 높고 많고 길기도 하다. 나무들은 야, 기가 차다. 걸음을 잘 못 걷게 쓰러져있다. 산속 냇가에서 또 야영한다. 나폴레옹을 상상하면서 이틀 밤을 산에서 야영하니 옛길이 얼굴에 비친다. 다음 날에 겨우 인가에 와서 기갈을 면하였다.

10월 25일

추풍(秋風) 솔밭관 사회혁명군[24] 본부에서 머물다가 서북성(西北城)에 있는 혈성단(血誠團)에[25] 가서 김청람(金淸嵐), 채영(蔡英)[26] 군을

---

24) 솔밭관 고려혁명군이라 한다. 이 단체는 연해주 추풍 솔밭관에서 1920년 7월 15일에 17개 지방대표 45인으로 조직되었고 이중집, 신우여 등이 중심인물로 활약했다. 이후 이 부대는 일본군, 러시아 백군, 마적 등과 수많은 전투를 치렀으며 1921년 12월부터 신문 '군성'과 잡지 '한 살림'을 발행하기도 했다. 1922년 연해주 해방투쟁 당시 추풍지역에 있던 일부 솔밭관 군대는 임병극 부대와 합세하여 연추지역까지 백군을 추격하여 몰아내는 데 성공했다. 1922년 말 한인빨치산들의 무장이 해제되자 당시 총사령관이었던 김규식은 부대원 일부를 데리고 중국으로 넘어갔다(『십월혁명십주년과 쏘베트고려민족』 63-69쪽).

25) 혈성단은 1919년 말 1920년 초에 연해주 우수리스크 인접지역인 추풍 재피거우에서 조직되어 활동하다가 1920년 가을 일본군대의 공격이 예상되자 남쪽지방인 수청지역으로 이동하였다. 단원은 약 100명이었으며 대장은 강국모, 중대장은 채영(蔡英), 소대장 이창선, 참모는 김규(金奎) 등이었다(『십월혁명십주년과 쏘베트고려민족』 52쪽 ; 박환의 같은 책 361쪽).

26) 채영은 중국에서 군사학교를 졸업했다. 1920년 11월에 빨치산부대를 이끌고 북만주에서 연해주 달니예 레친스크주로 이주해와 다른 빨치산부대와 연합하여 적군과 싸워 혁혁한 전과를 올렸다. 특히 그가 1921년 8월 마적들과 뽀크로프까 지역에서 싸운 사실은 잘 알려져 있다. 그는 무기 없이 맨손으로 마적사령관실로 찾아가서 담판했다. "나는 고려인 빨치산 부대장인데 총도 없이 혼자서 왔다. 당신들은 나를 죽일 수도 있다. 당신들은 300명이지만 물러갈 데가 없다. 나는 중국에서 유학했고 당신네 동포들이 나를 많이 도와주었다. 그래서 나는 중국인을 죽일 생각이 없다. 헌데 당신들은 민간인을 죽이고 있다. 이 상황에서 당신들

만났다. 여기서 김규면(金圭冕)[27] 및 그 단대(團隊)를 만났다. 유스거우에서 일본병사가 온다는 소리에 달아난 장기영(張基永)군을 만났다. 허나 장군은 또 벌꿀 통을 지고 살겠다고 동지는 죽으라고 달아났다. 장군에 대하여 이번에 요절복통할 일이 많다. 그에 대해서는 백추(白秋) 김규면(金圭冕)씨가 잘 이야기하면서 무리를 웃겨준다.

10월 29일

니꼴스크 강 꼴랴 댁에 오니 숙모도 있다. 김웅(金雄)군을 만났다. 오래간만이다. 박형건(朴炯健)의 소식을 물으니 길림으로 도로 갔단다. 나의 잘못이 많다. 언제 또 만날 지. 나는 다시 모험하여 기차로 해항으로 가겠다. 모두 만류하나 나는 천운이 나를 보우함을 안다. 강 꼴랴가 안내하여 기차를 타고 일등실로 환승하면서 해항(海港) 강부위(姜副

은 우리와 싸워서 죽거나 투항을 하거나 둘 중 하나다. 총을 내려놓으면 살려서 보내겠다." 마적들은 그 말을 듣고 투항했다. 채영은 그들을 살려 보냈다. 그 후로도 채영 부대는 여러 차례 일본군과 싸웠고 제피거우 마을에서는 영웅적으로 전투를 치러냈다(М. Т. КИМ의 같은 책 104-105쪽).

27) 김규면은 1881년 함경북도에서 가난한 농민의 아들로 출생했다. 어려서 서당을 다니면서 한문을 배웠다. 그 후 만주로 건너가 한 기독교 교회에서 활동했으며 3.1운동 이후에 적극적인 활동을 펼쳤다. 그는 한국의 독립을 이루는 방법에 있어서 민족자결주의를 찬성하지 않고 이동휘의 노선을 따랐다. 그리고 이를 실현하기 위해 1919년 4월 이동휘가 거주하는 연해주로 건너갔다. 그는 이동휘와 함께 일본군에 대한 구체적인 투쟁계획을 세웠는데 그 핵심은 연해주와 만주지역에 항일빨치산 부대를 만들어 무력투쟁으로 일본군을 몰아내는 것이었다. 그들은 모스크바 코민테른 제2회의에 고려인 빨치산을 파견하기로 하고 1921년 초에 빨치산부대를 만들고 대장으로 신우여를 임명했다. 같은 해에 그 고려인 빨치산 부대들은 중국인 빨치산 부대와 통합되었다. 1921년 7월에는 달니예 레친스크 고려인 빨치산군 군사위원회가 형성되었고 그는 위원장이 되었다(М. Т. КИМ의 같은 책 113-114쪽).

尉)의 집으로 잠입하였다. 일본 헌병소가 집 근처다. 야, 위험한 일이다. 야숙하고 나니 그 다음 다음날은 11월 1일이다. 기선의 독실을 잡아타고 금갱리(金坑里) 해안에서 내리니 가슴이 열린다. 아아, 과거는 모두 꿈이다. 약 1개월 전에 이곳에서 목선을 타고 북간도 독립군으로 갔다는 것이 돌아서 제 자리로 왔다.

11월 15일

오늘은 미국에서 세계연맹회의를 연다더니 별일이 없는 모양이다. 열강이 모두 허리가 부러지게 된 고로 누가 말을 듣지 않는다. 서울 사직동 집으로 숙모를 가시게 하여 군사서적을 가져오게 하였다. 무사히 갔다 돌아오실는지!

C. 4254년〈신유〉〈1921년〉

1월 1일 〈수청(水淸) 포수동(抱水洞)에서〉

윗부분 여백의 글 오늘은 1921년 1월 1일이다. 새해 원단에 나는 하마터면 천당인지 지옥인지로 갈 뻔하였다. 작년 6월 5일 내 생일에 굶고 새벽부터 생명을 내어놓고 마적들과 전쟁하였더니 올해는 이게 어쩐 일인가. 사람들은 새해라고 호의호식하겠지.

오른쪽 여백의 글 약 10여일 전부터 포수동(抱水洞)과 대우지미(大宇知味) 민회(民會)에 토지문제가 발생하여 대우지미 민회가 석탄광(石炭礦) 경찰에 고소한 고로 어제 러시아 경찰 20인 가량이 대우지미 민회로 왔다. 그 뒤를 따라 일본병사가 왔다가 곧 돌아간 일이 있었다. 그러나 우리는 일본군이 온 줄만 알고 간 줄은 몰라 오늘 아침에 반드시 러시아인과 일본인이 이 포수동으로 올 것이라 한다. 그러던 차에 무장군인 다수가 마을 입구에 들어오니 그걸 본 자가 일본병사도 온다고 하였다.

간밤의 꿈을 깨자 편치 못하게 겨우 눈을 비비고 일어났다. 이남원(李南原)이 오늘 아침에 떡을 대접하마고 기약을 했으므로 통신 있기를 기다린다. 아직 세수도 아니 하였다. 이 집의 학생이 바깥에서 "마우자(러시아인) 마우자가 구술기(불술기, 기차)를 타고 많이많이 … 일본인은 아니 보이는데…" 벌써 해산(海山) 동지는 산으로 달린다. 나도 무의식적으로 그 뒤를 따른다. 약 20보나 갔을까, 머리 위로 한 발의 총소리가 울렸다. 아아 때는 이미 늦었구나. 해산은 이미 작은 언덕을 넘는다. 총소리가 연달아 일어나며 탄환이 전후좌우로 날고 추위를 자랑하는 흰 눈을 맞추며 일장의 전쟁 막을 열었다. 해산은 벌써 아니 보인다. 나는 큰 산을 횡단코자 산면으로 오르니 탄환들이 내 주위를 날아간다. 나는 만사가 장차 급함을 생각하며 여러 가지로 과거를 떠올리면서 산 아래를 보니 일본병사는 아니 보인다. 다행이다. 러시아인뿐이면 피할 필요는 없다. 빗발치는 탄환 속에서 아무리 보아도 일본병사는 없다. 나는 다시 생각하고 돌아가기로 결심하고 러시아인을 향하여 간다. 우습다. 나의 문답하는 연극!

나 「추어(Что)」〈어째서 그러느냐〉… 가방을 버리면서 웃는다.

러시아경관 〈분노한 표정이 얼굴에 가득하여〉「꾸다 호지쉬 (Куда ходишь?)」〈어디로 가오〉.

　　　나의 러시아어 지식은 짧으므로 나의 집으로 간다하는 말을 잊어버렸다. 그래서 중국어로 말한다.

나 「우어듸팡쓰짜이나벤…」〈내 집이 저기다.〉 하면서 가던 산 저쪽 방향을 가리킨다. 러시아경관도 기가 막혀서

러시아경관 「…× ×× ××…」(가장 심한 러시아어 욕설 중 하나)하고 욕한다.

아아, 나는 이에 체포된 몸이 되었더니 대우지미(大宇知味)의 황석

태(黃錫泰)군의 주선으로 오늘 밤에 풀려났다. 자세한 일은 다시 생각하기로 하고 그만 기록을 마친다.

오늘은 흰 눈이 분분히 내려 4-5촌에 이르렀으리라. 밤에 10여 촌으로 쌓인 흰 눈꽃을 밟고 올라오니 마음에 품은 생각이 많아지며 저 시베리아 북쪽에서 불어오는 찬바람은 나의 마음을 부끄럽게 한다.

여러 동지들의 위문을 받았다. 정해산(鄭海山)은 나보다도 더 여러 해를 나그네 설움을 겪었으므로 나보다 마음에 슬픔이 더욱 많으리라.

1월 25일〈구 경신 12월 17일〉
[군정책임자의 길]

어제 징쿵에서 허토문촌(墟土門村)으로 가 해촌(該村)에서 일어난 살인사건을 해결하고[28] 오늘은 적양촌(赤楊村)으로 가서 고향 사람 이

---

28) 김경천이 수청지역에서 일어난 살인사건과 같은 형사문제를 해결하러 다닌 것은 그가 군정책임자였기 때문이다. 당시 그는 수청지역에서 사법권을 포함한 전권을 갖고 있었다. 마적토벌에 성공한 그가 수청지역을 중심으로 군정을 단행했던 것이다. 동아일보 1922년 1월 24일자에 이에 대한 공민(公民)의 기사가 실려 있다. "그 후 김장군은 군정을 실시하였는데 중국인과 러시아인까지도 그 군정의 통치에 복종하게 되어 러시아인이나 중국인이 타지방으로 여행하려면 김장군의 증명서를 가지고야 의용군수비구역 외로 출입하게 되었나이다. 미국에 있다가 러시아 땅에 들어온 지 10여년 되는 정모(정재관)는 민정 책임자의 자격으로 민정을 관할하는데 덕망이 있어서 매년 매호에서 10원씩 납세하여 군자금으로 사용하고 지금껏 내려오던 러시아식 교육을 전폐하고 조선어로 아동을 교육케 하고 둔병공산제도(屯兵共産制度)를 적용하여 일단 적병을 발견하면 신속히 무장할 준비를 하여두고 산업에 노력하여 그 지방 사람들은 비교적 풍족히 지내게 되어 [……] 조선의 유지청년이 러시아 땅에 수천수만이 출입하였으나 김장군 같이 위대한 공적을 성취한 사람은 없다하나이다."(공민(公民), 『노령견문기(6) 8.경천 김장군(속)』(동아일보 1922년 1월 24일)). 김경천을 도와 민정책임을 맡은 정재관은 미국에서 활동하다 러시아로 이동한 인물로 대동공보사, 권업

씨(李氏) 댁에서 머문다. 며칠 전에 전하는 말을 들으니 일본병사가 해항(海港)에서 미국 해군대위를 총살하였으므로 이로 인해 미국은 일본에 대하여 중대한 교섭을 하겠는데 만일 일본이 응하지 않으면 포화의 뚜껑을 열겠는지 예측하기 어렵다고 한다.

이번 겨울은 참 눈도 적게 내리거니와 춥지도 않다. 10년 이래로 처음이라고 말하니 시베리아 동쪽 끝도 실로 이 같으면 우리 독립군이 된 보토리('외톨이 홀아비'라는 뜻의 재소한인 방언)도 재미있게 지내겠다. 하나님이 도우심이 아닌가. 먼 산에 잔설이 남아있을 뿐이요, 들판에 바람이 불어제치면 모래와 먼지가 날리는 것이 대단하다. 아무르에 갔던 김여하(金麗河)군이 대한국민의회(大韓國民議會)29)에서 나보고 참석하라는 공문을 가지고 왔다. 김군을 만나니 반갑다.

2월 5일〈구 12월 28일〉

왼쪽 여백의 글 **별의 기이한 행적** : 구 정월 초 5일에 달과 큰 별이 백주 대낮에 하늘에서 짝이 되어 혹은 앞서고 혹은 뒤서며 며칠을 함께 동행한다 운운하니 장차 무슨 변고가 있을 런지?

....

회, 대한인국민회 시베리아지방총회 등에서 주도적인 활동을 한 인물이다.

29) 대한국민의회는 1919년 2월 25일 우수리스크에서 결성되고 3월 17일 블라디보스토크에서 출범한 대한민국 임시정부다. 1919년 3.1독립만세운동 전후로 임시정부는 한 달 사이에 세 곳에서 설립되었는데 1919년 2월 25일 러시아 우수리스크에서 대한국민의회, 1919년 4월 11일 중국에서 상해임시정부, 1919년 4월 23일 국내에서 결성된 한성임시정부가 그것이다. 3개 임시정부는 1919년 9월 6일 상해임시정부로 통합되었다. 대한국민의회는 1917년 5월 고려족 중앙총회 대표자 회의를 계기로 나중에 결성된 전로한족회 중앙총회가 1919년 2월 25일에 조직을 확대 개편하면서 명칭을 바꾼 것이다. 대한국민의회는 1919년 3월 17일 '조선독립선언서'를 한국어, 러시아어, 영어, 중국어 4개 언어로 작성해 연해주 한인과 각국 영사관에 배포하고 항일 만세운동을 주도하였으며 이후에도 적극적으로 한인사회활동을 이어갔다.

전번 달에 모 사건으로 경성법원에 피감 되었던 북청(北靑) 숙모가 무사히 방면되어 해항(海港)으로 돌아오셨다 하니 나는 실로 무엇이라고 말할 수 없이 기쁘다. 일본귀족으로 말할 것 같으면 내게 개인적 원수는 없더니 인제는 개인의 원수까지 된다. 나의 사랑하는 아내 정화(貞和)도 16일 만에 방면하였다고 한다. 일본같이 죄악이 많고 야만스러운 것이 없다. 무력한 여자들이 무슨 죄가 있으며 무엇을 안다고 만행을 저질러 규중부녀를 체포하는지 참 아무리 공평히 생각해도 인간의 도리를 모르는 왜놈이로다.

2월 20일〈신유 정월 12일〉

봄이 완연하다. 나뭇가지에 하얀 꽃이 피었다. 박종근(朴宗根)군이 통신을 보내 이르기를 속히 흑룡(黑龍)으로 들어오라 말한다. 총을 메고 산에 올라 눈을 밟으며 사슴아, 노루야, 혹은 토끼야 하며 돌아다녔으나 한 마리도 못 만나고 숙사로 돌아왔다. 일본병사 20 몇 명이 소우지미(小宇地味) 러시아인 마을에 돌아와 대령하였다.

2월 23일〈정월 15일〉

오늘은 구 정월 보름이다. 붉은 둔지에 머무른 지 이미 한 달을 넘겼다. 주인과 집 근처 노인들이 찾아와 술을 몇 잔 나누며 나를 많이 위로한다.

述懷(술회)

萬里孤客雪寒野(만리고객설한야)
千山疊懷依酒消(천산루회의주소)

마음에 품은 생각을 표현함

멀리 떠나온 외로운 나그네, 찬 들에는 눈만 내려

수천 개 산만큼 쌓인 회포 술에 의지하여 삭이네

又(우)

半醉半醒日將斜(반취반성일장사)　　　　　 * 醒: 원문에는 睡

萬里鄕山眠前開(만리향산면전개)

마음에 품은 생각을 또 표현함

취했다 깨었다 하는 중에 해는 차츰 기우는데

머나먼 고향의 산이 눈앞에 가득 펼쳐지네

3월 1일 수청(水淸) 적양촌(赤楊村)에서

오늘은 무궁화 삼천리에 반만년의 역사를 가진 우리가 자유라 하는 인생 최대의 고상한 것을 선언한 제2주년이요 제3년을 꽃는 날이다. 자유를 선언하고 제3년의 막을 열면서 지금껏 독립을 이루지 못한 것이 세계에 대하여 부끄러운 일이다. 아, 이 독립을 하자는데 너무도 희생이 없다. 너무도 전체가 어리다. 너무도 정치에만 눈이 팔리고 실천력이 적은 국민이다. 너무도 자칭 영웅이 많다. 너무도 당파가 많다. 너무도 실제방면에 노력하는 자가 적고 허명에 취한 자가 많다. 상해임시정부에 벼슬을 구하러 가는 것을 보아도 알고 거기 당사자들이 세력〈허명의 세력〉 다툼하는 것을 보아도 알며 그들이 군사방면에는 금전을 한 푼 아니 쓰면서 비용은 매달 은화 4천원을 사용한다는 것 보아도 안다.[30] 우리 청년 중에 지식 있는 자들은 모두 상해로만 간다. 중국 -

---

30) 그 당시까지만 해도 세계는 은본위제 통화가 널리 사용되고 있었고 중국을 비롯한 아시아권 국가들은 주로 멕시코 조폐국에서 은으로 찍어낸 폐소화를 대외지불 수단으로 사용했다. 중국의 은본위제는 1935년에 폐지되었다.

러시아령 지역에 와서 총칼을 메고 조밥을 먹는 고생은 아니 하자 한다. 독립되면 벼슬만 하려 한다. 우리나라에 관직을 얻고자 하는 열기가 나라를 망하게 한 한 조건이건만 이상과 같은 연유로 인하여 우리의 독립이라 하는 것이 이루어지지 않은 채 보이지 않는 형태로 오늘까지 온 것이다. 내가 여기서 헛되이 있는 것도 역시 무의미하다.

이 마을에서 학교를 새로 설립하여 내게 이름을 지어 달라고 요청하므로 학교명을 수영학원(秀英學院)이라 이름 하였고 오늘 그 개원식을 겸하여 삼일독립선언기념식까지 하였다. 각 유지들이 참석하여 이미 지내온 바를 애통해하고 지금 현재의 불우함을 한탄하며 장래를 희망하였다. 나는 다만 우리 형제자매의 건재를 축원한다.

3월 15일

이 근일에 거대한 눈보라가 몰아쳐와 쌓인 눈이 처마 끝에 이르니 이곳에 15-16년간 들어와 사는 이도 처음으로 맞이하는 큰 눈이라 한다. 눈에 막혀서 집집마다 교통이 여러 날 후에나 연결되며 산에 살던 노루들이 먹을 것이 궁하여 인가 근처로 내려오니 학생들도 그걸 잡으러 돌아다니느라 이산저산 중에서 엽총소리가 산을 울리며 김창섭(金昌燮), 안영진(安永鎭) 군이 외수청(外水淸)에서 ○○으로 돌아왔다가 수주하(水走河)로 들어갔다.

눈이 녹는 봄에 잡은 노루고기는 그리 맛있지 않다. 그러나 산중에서는 그것도 별미로 먹겠다. 또 청어가 해협에서 다수로 잡혀 100마리에 50-60전씩 하는데 좀 더 있으면 50전에 200마리가 넘으리라 한다. 한반도 내지에서 많은 어선들이 해로로 들어와 이곳 해변 등으로 찾아와서 많은 양의 청어를 사가지고 돌아가더라.

3월 21일

쌓인 눈이 반이나 녹은 듯하다. 그러나 아직도 마차가 다니는 자국 밖으로는 못 다닌다. 석탄광(石炭礦) 공격포위 전투에서 부상당한 배준백(裵埈百)군이 근 1년 만에 퇴원하여 나를 찾아오니 기쁨과 근심이 서로 반반이다. 배군은 사지에서 모험하던 용사다. 해항(海港) 카이다 전투 이래 여러 번 참전한 사람이었는데 이번 부상은 배군에게 일생의 불구를 만들어 우완불수가 되었다.

상해에 있는 우리 임시정부 군무부에서 출판한 북간도군정서(北間島軍政署) 총재 서일(徐一)군의 격고문 및 북로군 전투상보(北路軍戰鬪詳報)라 하는 것이 왔기에 나는 큰 희망으로 읽어보니 심장을 끊어지게 하는 매우 통분한 어구도 있다. 그러나 그 중에 좀 과도한 난리를 당한 일이 있는가 한다. 물론 이번 북간도 사건은 나도 대개는 아는 것이다. 그 상보(詳報)에 씌었기를 일본군은 죽은 자가 연대장 1인, 대대장 2인, 장교이하 1254인, 부상자가 장교이하 200여인이라 하며 그 군정서 군대는〈총 숫자가 400여명이다〉죽은 자 1인이요 부상자가 5인이요 포로 된 자 2인이라 한다. 그런즉 이 군대는 능히 400으로 적의 연대〈혼성으로 포병과 포 몇 문이 있다〉와 접전하여 400의 3배 이상을 전멸시킨 것이라. 동서양전쟁사에 그런 예가 있기는 있다. 그러나 이 군대는 일본군의 공격과 포위를 당해서 도피한 것인가 하였더니 이같이 공개할만한 승리를 얻은 것이라 한다.

나는 우리 민족이 허례를 좋아하며 실행이 여기에 따르지 않는 인성이 있음을 한하는 바러니 지금도 역시 그렇다. 우리의 앞길이야말로 실로 딱하다 할 수 있다. 아아, 저 그리스 왕 레오니다스는 600명의 군인을 이끌고 본대를 떠나 적진 깊숙이 들어가 외로운 성을 지키다가 수만 명의 페르시아군의 포위공격을 당해 전멸할 때까지 악전하였으므로 전 그리스민족에게 대 분노를 일으키며 대 단체를 짓게 하여 그리스인이 문득 대군을 모아 페르시아군을 대파하고 그 왕 레오니다스 및 부하가 전사한 곳에 비를 세우고 새겼으되

"그리스인아 우리는 너희를 위하여 그 명령대로 죽노라" 하였다.

아아 이 전례와 군정서의 조란이 어찌 같은가. 이것뿐 아니라 이전부터 외지에 나와서 나라의 일을 도모하는, 우리보다 먼저 온 무리들이 모두 이런 식으로 일을 하였으므로 오늘날까지 아무 하는 일 없이 상심만 한다. 깊이깊이 우리 명심할 것이다. 우리 민족같이 일에 단련 없는 민족은 세계에서 드물다. 공명하고 올바른 성질은 매우 적다. 무엇을 하든지 정직하지 않고 허명에 만족한다. 나는 이로써 장래를 많이 염려한다. 독립선언이래로 더욱 더하다. 상해정부라는 곳으로 자꾸 몰려가는 것을 보아도 알겠다. 또 북간도에 36개 단체의 독립군을 지어가지고 들썽거리는 것을 보아도 알겠다. 모두 대장이요 저마다 참모관이요 된 것 아니 된 것 되다가 못 된 것 모두 사령관이요 총재요 장교란다. 보병조전(步兵操典)의 보(步)자의 출처를 몰라도 무어무어라 하며 타인의 말은 아니 듣기로 작정이요 영웅은 맨 영웅이다. 실로 한탄스럽지 않은가. 장래에 어떠한 방법으로 이것을 충실히 사용하게 할꼬. 이게 독립보다도 제일 중대한 문제로 나는 이를 중대시한다.

> **왼쪽 여백의 글** 북간도에서 이 군정서가 당한 난리를 친히 겪고 들어온 사람을 만나서 자세한 소식을 들으니 청산리(靑山里)에 우리 민가가 10호인데 여기에 독립군이 있는 줄 알고 일본병사가 들어오기에 독립군이 미리 알고 아래로 피하니 일본병사가 와서 주민에게 탐문한즉 위로 갔다 하니 일본병사가 위로 올라가는 것을 아래에 있는 독립군이 후방에서 사격하고 도망하니 일본병사가 그 주민이 자기를 속였다 하여 그 동네에 여자 7명만 남기고 싹 죽였다 하니 아아 무슨 범벅인지.

4월 4일〈구 2월 27일〉

지난 2일에 나는 만춘동(滿春洞)으로 왔다. 오늘은 작년의 크나큰 통한이 있었던 날의 꼭 제 돌이다. 이날은 우리와 러시아인의 한이 되는 날이며 분히 아는 기념일이다. 20여일 전에 수청(水淸)에 20년래로 처음이라는 큰 눈이 내렸다가 금방 녹자 오늘 새벽에 또 눈이 온다. 하도 자주 많이 오니 싫다.

<u>철병의 소리</u>! 러시아에 공산주의가 전파되자 연합군은 그 위험을 방어하자고 시베리아에 출병하였었다. 이에 공산당이 패주하자 작년에 연합군이 철퇴하였다. 그러나 유독 일본은 극동에 대한 관계가 타연합군과는 같지 않아 동일시하지 못한다는 것을 구실로 삼고 오늘까지 타국의 악감을 사면서 있었다가 오래도 아니 있고, 러시아인을 여러 가지로 압박하고 우리도 몹시 압박하였다.

일본의 출병의 속뜻을 말하자면 러시아인의 공산당을 쫓는 것보다 대한의 독립운동을 방해하는 것이 더 큰 목적이다. 일본병사가 시베리아에 있으면서 하는 행동을 보아도 알겠다. 그런고로 일본군의 철퇴는 러시아인이나 대한인이 다 같이 기다리는 것이다. 이같이 하여 오늘까지 오더니 이 근래에 니꼴라옙스크의 주권, 사할린 어업 및 토지 등을 손 안에 넣고 철병하기로 한다고들 말한다. 아직은 모르겠다. 자세한 조건은 뒷날에는 알 수가 있으리라.

그러나 만일 일본이 이번에 철병을 안 하면 다시 증병하여 극동에서 대파란을 일으킬 것이다. 일본의 주요 국가직위에 있는 군인 측에서는 증병하자는 주장도 있다. 군인들은 아마 무력에 재미를 많이 붙인 것이지만 반드시 그 코가 납작하여질 때가 있으리라. 일본 육해군당국자의 야심은 나의 두 눈에 환히 보인다. 그러나 그 군국주의의 제국은 종말이 멀지 않으리라. 일본 동경의 유명한 잡지 '제3제국'의 실현이 되리

라. 멀지 않다. 일본인은 우습다. 독일의 야심을 욕하면서 자기들은 동양독일이라 자임한다. 이것이 멀지 않아 제정 러시아의 니꼴라이 정부 같이 되리라.

정재관(鄭在寬)씨는 신병으로 매우 고생하다 좀 나은 모양이다. 며칠 전에 왔다가 징큥 해변으로 갔다. 일본에 동화하자고 주창하고 일본 앞으로 다니는 민원식(閔元植)은 동경에서 우리 용사 양(梁)씨의 손에 피살되었다. 장하다. 일본상하가 또 놀라서 한인을 무서워하겠다.

4월 11일〈구 3월 5일〉
[사랑하는 딸들에게]

양지에 노란 꽃이 피고 새싹은 빨강, 노랑 두 빛으로 새봄을 자랑한다. 먼 산 북면에 잔설이 점점이 남아 있다. 높은 나무 위에 까치가 새로 둥지를 짓고 들녘엔 꿩이 울어댄다. 마을 이름이 만춘동(滿春洞)이던가. 시베리아의 봄이 의례히 떠들썩할 것이다. 나의 경천원(擎天園)에 무수한 꽃과 잎들이 한꺼번에 피었겠다. 왕손(王孫)은 한번 가면 돌아오지 않는 것인가. 용금수(湧金水) 좋은 샘물은 누가 마시고 꽃구경 하는가. 외로운 아내 정(貞)은 어린 아이들 데리고 잘 있는가, 높다란 경천각(擎天閣)에 올라 북쪽을 보고 나를 찾으리라. 앞산에 꾀꼬리 우는 노래, 고향에서 꾀꼬리가 왔는가. 동쪽 정원에서 나무 찍는 소리는 고향이나 타향이 다 같구나. 새끼를 거느린 암탉이 쌀 보고 제 새끼 부르는 꼭꼭 소리는 나의 사랑하는 세 딸 지리, 지혜, 지란아 어디 있느냐 [하는 것 같구나.] 나도 그 같은 마음이 있건 만도 국가와 민족을 위하는 마음을 이기지 못하여 고국강토를 버리고 이곳에 왔다. 나의 발걸음 소리에 놀라 날아가는 얼룩새야 내 마음 네가 모르는구나. 부귀도 바라지 않고 이곳에 왔거든 내가 너를 잡을 소냐. 왜놈이 밉기로 여기 왔다. 도끼를 맨 저 목동아야 경복궁가(景福宮歌)를 슬피 노래 말아라. 인생이 어느 누가 원한이 없을 소냐. 만고의 웅장 이순신(李舜臣)도 소인배의 피해를 보았으며 천고의 영웅 나폴레옹도 천추에 남을 원혼을 망망한 바다 가운데 외로운 섬에 두었다. 절세미인 우씨(虞氏)며 그 배필 항우(項羽)도, 비록 그는 천고의 영웅이 분명하건만 해하일전(垓下一戰)에서 우씨가 부른 한 곡의 노래에 후세의 영웅이 된 그로 하여금 울게 하였다. 인생의 고락이 흩어지는 구름 같으니 원망과 기쁨이 서로 동행이다. 이산과 저 산 너머에서 나무하는 저 나무꾼은 무어라고 노래하여 자기의 행복이 이에 있는 듯하다. 파리(썰매)에 나무를 싣고 가며 풀 먹는 제 새끼를 부르는 암소는 그 무거운 짐을 지고도 새끼를 사랑스레 부른다.

시베리아 넓은 들에 따뜻한 봄이 오건만도 살기는 더욱 심하다. 며칠 전에도 블라디보스토크에서 러시아 밀리찌야(милиция. 경찰)[31] 쩨묘노브(Семёнов)에 대한 반란이 일었다. 아아 하나님은 실로 무심하다. 부유하고 강한 악인을 도우면서 약하고 가난한 자를 아니 돕는다. 정오가 가까우니 이 산 및 저 산 아래 드문드문 이 집 저 집에서 점심 지으려고 연기가 나며 목동은 소를 끌고 이라이러 하면서 자기 집으로 간다. 나도 풀들이 노릿노릿 푸릇푸릇한 것을 보며 자연의 미인을 희롱하며 책을 끼고 산을 내린다. 어디로 가나, 집은 만리 밖이다. 외로운 나그네야.

4월 20일

요즘은 봄 색깔이 점차 짙어간다. 어제 뜨레찌-푸진에서 강국모(姜國模), 한일재(韓一載) 군이 나를 찾아서 왔다. 온 목적은 나와 동반하

---

31) 경찰이라는 러시아어 단어는 밀리찌야(милиция)와 뽈리찌야(полиция)가 있는데 밀리찌야는 1917년 러시아 혁명 이후에 사용했고 그 이전에는 뽈리찌야라고 불렀다.

고자 함이다.32) 깊은 만춘동(滿春洞)에서 오래간만에 만나니 기쁘다. 오늘 두 사람과 동반하여 붉은 둔지로 와서 장차 대우지미(大宇地味)로 가서 일을 의논하려고 한다. 일본은 시베리아에 증병하여 스빠스크(Спаск)에 병력을 집중하였다. 미국은 영국, 프랑스에 대고 미국과 일본의 개전에 대한 중립여부를 물었다 하며 오호츠크 금광에33) 미국인

---

32) 당시에 강국모와 한일재가 수청 다우지미에서 활동하던 김경천을 찾아온 목적과 내용이 1927년 블라디보스토크에서 발간된『십월혁명 십주년과 쏘베트고려민족』에 나와 있는데 이를 요약하면 다음과 같다.

1920년 3월 이후로는 백파와 연합군의 반동이 너무 심하여 한인빨치산과 러시아 적군은 부득이 수세에 몰려있었다. 같은 해 10월경에 간도에서 건너온 박경철, 리승조 등 신민단 군인 5인, 도병하에서 온 한창걸, 리병수 등 8인, 수청에서 온 지방단위원 강백우 등 몇 사람이 수주허 흔두거우에 모여 '고려로농군회'를 조직하였다. 고려로농군회 대표들은 1921년 4월경에 혈성단 대표 강국모 등 몇 사람과 더불어 두 단체의 연합과 사관양성 문제를 협의한 결과 수청에 있는 김경천을 초청하여 군무를 맡기기로 하고 사관을 양성할 지점을 뜨레찌 - 푸진으로 정하고 회명을 연해주 한인총회라 고쳤다. 이에 이르러 이상 각 단체가 합하여 수청고려의병대라는 단일한 명칭을 가지게 되었다(『십월혁명 십주년과 쏘베트 고려민족』 51-52쪽).

한편 혈성단은 1919년 말 1920년 초에 연해주 우수리스크 인접지역인 추풍 재피거우에서 조직되어 활동하다가 1920년 가을, 일본군대의 공격이 예상되자 남쪽 지방인 수청지역으로 이동하였다. 단원은 약 100명이었으며 대장은 강국모, 중대장은 채영(蔡英), 소대장 이창선, 참모는 김규(金奎) 등이었다. 그런데 혈성단의 중심인물인 채영이 조맹선부대와 함께 이르쿠츠크로 이동하여 지도력에 공백이 생기자 혈성단은 군대를 지도할 총지도자가 필요해졌다. 이에 고려로농군회와 연합하여 연해주한인총회를 조직하고 군사기관으로 수청고려의병대를 조직하여 군사전문가인 김경천을 초청하였던 것이다(박환의 같은 책 361쪽).

33) 오호츠크 금광은 오래 전부터 연해주 한인들이 금 채취 노동자로 일하고 있었던 곳이다. 이들은 1919년 한국에서 일어난 3.1운동의 불길이 연해주로 번져 각종 독립운동이 활발해지자 채취한 금을 모아 연해주 한인빨치산부대들에게 활동자금으로 건네주기도 했다. 본문 1925년 12월 26일자 일기에도 한인 금광노동자에 대한 언급이 나온다.

이 우리 민족만 품팔이 인부로 받아들여 60년 임차권으로 채광한다 하는 등 세상〈극동의 풍운〉이 비 오려다 맑아져 무엇으로 돌아가겠는지 모르겠다. 나는 생각하노니, 말을 하는 김에 언급하자면, 세상은 분분하고야 말 것이니 아주 큰 난리가 일어나 좌우간에 대살륙, 대파괴가 일어나고 그 후에 큰 인물이 나와서 달 밝은 봄날에 새로운 세계를 지으려고 할 것이다. 아아 하늘의 죄인가 사람의 죄인가.

또 도병하(都兵河)에서 마적[胡賊] 약 500명이 이 지방으로 들어왔다 한다. 가련하다 우리 유민이여, 가증하다 지나인[중국인]이여. 우리는 독립보다도 먼저 이 지나인을 전멸시키리라. 마적 때문에 지나도 망하고 인접 나라까지 성이 가시다. 나는 작년에는 마적을 격퇴하는데 용감히 뛰어들었는데 올해는?

봄날 아침이 한적하니 닭울음소리조차 한적하게 들린다. 여유가 있는 것 같다. 흐르는 물은 얼음 얼었던 시절을 잊은 듯이 활발하게 흐른다. 처마 끝의 참새소리는 봄날의 희롱을 못 잊은 듯하다. 작년 이때에 나는 삶과 죽음 사이를 몇 번 왔다 갔다 하였는데 제 돌이 이 아닌가.

4월 24일
[수청지역 한인빨치산 총사령관이 되어]

나는 일행 7-8인과 함께 동호(東湖)에서 해가 질 때 목선을 탔다. 봄날의 해가 지자 몸이 선선하다. 비밀리에 동호 항을 횡단하여 밝는 날 새벽에 어촌에 배를 대고 앞길을 차차 살피며 한인 인가에 들어가 공복을 채운 후에 동북방을 바라보고 자꾸 간다.

여러 날 만에 달영거우 학교에 도착하여 안영진(安永鎭), 김준(金俊) 양군을 만나니 기쁘다.

다시 이동하여 수주하(水走河)에 있는 한창걸(韓昌傑)의 군대에 가

니 매우 친절히 대접한다.[34]

이 군대에서 가결이 되어 뜨레찌 - 푸진에 있는 강국모(姜國模)의 군대와 통합하여 나를 사령관으로 임명하니 나는 불가피하게 맡았다.

다시 행하여 태산을 넘어 6-7일 만에 뜨레찌 - 푸진에 당도하여 이곳의 군대를 통솔했다. 내가 이에 군대를 맡았지만 우리 민족의 최고 가증한 치우친 마음 때문에 내부의 풍파가 많이 발생하여 인민이나 타국인을 많이 웃겼다.

강국모, 한창걸이 당초에는 자기들의 능력이 부족하여 군대를 나에게 통치하라고 맡겼으나[35] 군대전부가 나에게 잘 복종함을 보고 시기의 마음을 두고 나를 도로 배척하자는 마음이 생기므로 여러 가지 소인배 수단으로 사람을 곤하게 하나 내가 대항치 아니 하므로 결국은 그들이 한 명씩 흩어졌다.[36]

---

34) 한창걸은 1892년 4월 28일 니꼴스크 - 우수리스크주 양치혜 마을에서 가난한 농민 자식으로 태어났다. 고등학교를 졸업하고 올긴 구역 니꼴라옙까 마을에서 살았는데 블라디보스토크에서 일본군과 백군들이 찾아와서 그 마을 지주들을 지원하는 것을 보고 일류호브 빨치산부대와 협력하여 마을부대를 만들었다. 마을 고려인 농민들이 빨치산부대를 지원하자 지주들은 백군과 협력하여 농민들을 괴롭혔다. 그래서 그는 농민보호부대를 만들었는데 부대원이 36명이었다가 몇 달 만에 80명으로 늘었다. 1919년 꼴차크 백군에 대항하는 반란에 참가했다가 붙잡혀 일본군에게 넘겨져 구금되어 고문을 받았는데 1920년 1월 31일에 빨치산 부대가 블라디보스토크로 왔을 때 풀려났다. 내전이 끝나고 일본군이 물러간 후에 붉은 별이라는 농장을 설립하여 지도했다(М. Т. КИМ의 같은 책 77쪽).
35) 1919년-1922년 당시 연해주에는 수십 개의 한인 빨치산 부대가 있었는데 소비에트 러시아 아무르전선 등록과에 집결되어 일본과 싸우기 위해 조직된 한인 빨치산 군대만 36개 부대 3700명이었다. 또 250명의 한인은 러시아 빨치산에 소속되어 있었다. 그중에서도 특히 1919년 2월에 조직된 수청지역 부대가 괄목할 만한 활약을 보였는데 이 부대의 첫 조직자는 한창걸이었다. 그가 김경천을 초청해 부대를 맡긴 후로 부대의 전투능력은 크게 향상되어 연해주 열강 간섭자들과 싸울 때마다 혁혁한 전과를 올렸다(Ким Сын Хва의 같은 책 103쪽).

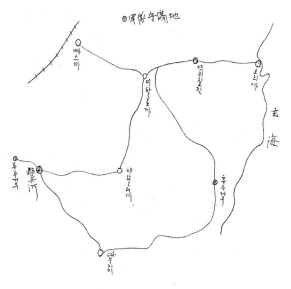

지도 3. 군대수비지 스빠스크 미하일놉까, 뜨레찌 – 푸진, 올리가, 투두거우,
도병하, 야꼬블레프까, 흔두거우, 현해(玄海), 따우지미

   나는 사령관이 되자 곧 뜨레찌 – 푸진 마을에 견고한 방어선을 쌓고
군대교련을 일신하고 실전에 충실케 하며 한편으로 학도대(學徒隊)를
조직하여 사관양성에 힘을 다하니37) 전군이 새로워졌다.

---

36) 통합부대에 분란이 생긴 데에는 각 부대마다 빨치산 활동의 과제나 목적을 보는
　 시각이 달랐던 데에도 원인이 있었다. 당시 민족주의적 성향이 강했던 어떤 고려
　 인 빨치산부대는 러시아 시월혁명을 완전히 무시하기도 했었다. 이 통합부대는
　 결국 9월에 통합이전의 상태로 되돌아갔다. 한창걸은 얼마 되지 않은 빨치산 부
　 대를 이끌고 올가 구역으로 갔고 강국모는 동지들 몇 명을 데리고 수이푼 구역으
　 로 갔으며 김경천은 남은 부대를 거느리고 아누치노로 이군하였다 (Цой Хорим
　 『Исторический очерк о жизни корейцев на Дальнем Востоке(원동변강 고려인
　 생활 역사초록)』(하바롭스크, 1932년 9월)). 최호림(崔虎林 Цой Хорим.
　 1896-1960)은 연해주 빨치산 전투에 직접 참가한 사람이며 나중에 한인신문 ‘선
　 봉신문’의 주필을 역임했다. 여기에 인용된 글은 러시아어로 기록된 것이며 따라
　 서 이후 인용에는 “Цой Хорим의 같은 기록”으로 표기함).

5월   일

도병하(都兵河)의 러시아군 사령관과 완전히 연락이 이루어져 러시아군의 군용품을 나누어 사용하게 되고 또 야꼬블레프까(Яковлевка) 지방에 마적[胡賊]이 많으므로 나는 보병 한 개 소대를〈소대장 이학운(李學云)〉야꼬블레프까에 수비대로 보내어 우리 민족을 보호했다.

올해도 마적이 사방에서 일어나므로 내 군대의 용맹한 장수와 부하들은 각지에서 이를 격파했다.

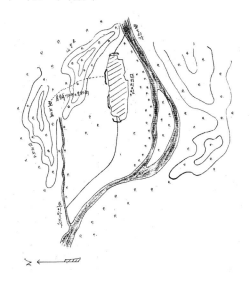

지도 4. 올리가 이르는 곳, 푸진산, 뜨레찌-푸진, 마적들이 올 방향, 노토에 이르는 곳. 뜨레찌산, 미할놉까에 이르는 곳

---

37) 그때 김경천은 단기 사관양성과를 만들었는데 교육과정은 4개월이었고 장교를 위한 기초군사교육을 시켰다. 이들은 대부분 나중에 백군과 전투할 때 소대장 또는 분대장을 맡았다. 이와 같은 사관양성교육은 김경천만이 할 수 있었던 것으로 연해주 전체 한인빨치산 부대에서 특별하고도 주목할 만한 일이었다(Цой Хорим의 같은 기록).

뜨레찌 - 푸진은 깊고 깊은 산속이다. 올긴에서 300리며 스빠스크에서 300리요 도병하(都兵河)에서도 300리 되며 한인 마을이 드물고 무인지대를 100리 이상을 지나서 도달하는 곳이다.

여기에 러시아에 입적한 우리 동포가 약 40호가 있다.

주민은 매우 양순하고 독립군을 매우 환영했다. 강국모(姜國模) 군대가 추풍(秋豊)에서 일본군의 위협과 압박을 받고 작년 가을에 이곳으로 왔다가 올 가을을 맞이하니 약 1개년 간 이 40호에서 200명의 독립군의 식료의 책임을 부담하였으니 그 곡물이 얼마나 많이 나갔겠는지를 가히 알겠더라.

강국모의 반란이 있었으나 별일 없이 평정하였다.[39]

---

38) 이 시기(1921년 7월)에 이만에서 빨치산부대 회의가 개최되었다. 이 회의는 아무르주에서 최 니꼴라이, 수이푼에서 채영, 수청에서 김경천, 정재관, 한창걸이 참석했다. 이 회의에서 연해주 빨치산부대 산하로 고려의군사위원회를 두기로 만장일치로 가결했다. 이 빨치산위원회 위원장은 김백추가 맡았다(Ким Сын Хва의 같은 책 122쪽).

39) 이 사건은 통합된 수청한인빨치산부대 내에 누적된 문제들이 폭발한 것이었다. 수청한인빨치산부대들은 '연해주 한인총회'를 조직하고 그 산하에 수청한인빨치산부대를 만들어 통합했었다. 한인총회는 무기, 식량, 피복 등 군수품을 원활히 조달하기 위해 극동공화국정부와 관계를 맺고자했고 그리하여 러시아공산당 시베리아뷰로 한인부에서 손풍익이 파견 나왔다. 그의 주도 아래 1921년 9월 초 추구옙스끼현 꼬로빈까 마을에서 '연해주 한인노동자대회'가 개최되었다. 그 과정에서 지도부들 사이에 주도권 다툼이 벌어져 손풍익이 강국모의 권총에 희생되는 일이 발생했다(강호여, 「연긔우 의병대와 수청빨치산대에 참가한 강호여 동지 회상긔」, 『이인섭 친필노트』 10권 44-45쪽 ; 윤상원의 책 288-290에서 재인용).

<h3 style="text-align:center">9월　일</h3>

　　도병하(都兵河) 러시아군 사령관과 교섭이 이루어진 까닭으로 나는
전 군대를 이끌고 도병하로 가기로 하고 이곳에 수비대만 두었다. 군을
이동하여 야꼬블레프까에 와서 야꼬블레프까 지대 대장 쉡첸꼬(Шевче
нко)와 상면하고 이어 전 연해주군의 군정위원 레우쉰(Леушин)을 만
났다. 다시 행군하여 도병하에 도착하여 고려촌에 사령부를 두고 러시
아군과 공동작전을 하며, 우리가 러시아 영토에 있으므로 러시아군의
도움과 그 지시에 응하여 행동했다.

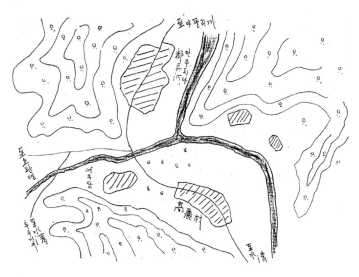

지도 5. 야꼬블레프까에 이르는 곳, 도병하, 아누치노, 소왕령에 이르는 곳, 커우상,
수청에 이르는 곳, 투두거우, 고려촌, 수청에 이르는 곳

<h3 style="text-align:center">1921년 10월 11일 이래 전쟁〈적군 - 백군 연간전쟁〉
눈물이야! 피야!?</h3>

　　한반도의 자유를 위하여 부여족의 자립을 구하며 세계 인류의 진보

에 낙오자 됨을 면하기 위하여 우리는 지나간 3년 전에 독립을 선포하고 세계인류에게 물은 바가 있었다. 그리고 이 일을 시작한 당일부터 눈물이나 피를 흘린 용사가 많았다. 그 효과는 아직 없고 곤한 자는 더욱 곤하며 궁핍한자 더욱 궁핍하며 낙심자는 오산자가 되고, 반역자[反罪者], 광자(狂者)의 무리가 한반도보다도 중국령, 러시아령에 더욱 널렸다. 이는 모두 누구의 죄인가? 슬프다, 묻노니 누구를 원망할까!!!

나는 뜨레찌-푸진에 주군 하였다가 러시아군과 동일보조를 취하기 위해 군대를 이동하여 도병하〈예로부터 군사상 요충지로 유명함〉에 이르러 각 중요지에 군대를 파견하여 수비하며 지금까지 지내왔다. 그러나 식료, 의복, 비용은 전적으로 부족하여 군대 전부가 실로 걸인 같다.

오늘도 나는 기상하여 내 군대의 장졸을 검사하고 실내로 들어오자 부관 강신관(姜新寬)이 급히 들어오며 나를 부른다. 나는 곧 '그래그래' 하고 대답하였다. 부관은 러시아어 통신문을 왼손에 쥐어주고는 러시아사령관한테서 온 것인데 수청(水淸)지방에 일본군과 백군이 침입하니 곧 공동출전 하자는 것이란다. 나는 곧 응답하고 군대의 출동을 명하니 각부가 일시에 분주하다. 벌써 가을을 지나서 초겨울에 다다랐다. 나뭇잎은 이미 떨어지고 고인 물들은 얼어있다. 곧 출정 길에 올라 서서히 행군하니 러시아군도 동행한다. 이번 출행에 나는 수청지방에 가서 수행할 과업진행에 커다란 희망을 품고 전쟁은 제2위에 두었었다.

오전 11시에 햇빛은 차차 어두워지고 북풍이 크게 불어 흰 눈이 앞을 가린다. 나의 장졸들은 잘 입지 못하므로 그 고생은 더욱 글로써 표현하기 어렵다. 흰 눈은 벌써 산과 들을 덮어서 백색의 시베리아를 꾸몄다.

오늘은 투두거우 마을에서 주군하며 이곳에 있던 수비대를 합했다. 아, 춥고 외로운 이 고독한 군대의 장졸들을 누가 위로할까. 동포는 멀리 있고 적은 눈앞에 있다. 이 장졸들의 심정을 훗날에 누가 동포들에게 알려줄까 하는 생각을 나는 마지 못한다.

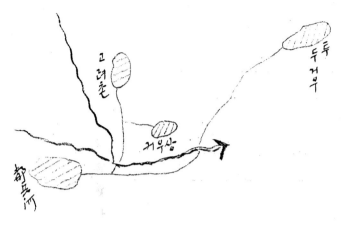

지도 6. 투두거우, 고려촌, 커우상, 도병하

11월 14일

여러 날을 행군하여 수청(水淸) 투두거우 지방에 이르러 수청 러시아군과 또 합하니 각지에서 들어온 군대가 8-9개 군대다. 추위는 뼈를 쑤시는데 외로운 군대를 거느리고 만 리를 지나온 오늘 나의 심정을 훗날 사람에게 알게 하겠다. 밤 10시경에 인가에 도착하니 오늘 행군거리가 약 100리며 60리의 큰 고개를 넘었다. 음력으로 5일인지 달빛은 하얀 눈빛을 띠며 공중에 높이 솟았다.

11월 17일 이후 전쟁

평사호(平沙戶)지방에 며칠 주군 하였다. 백군과의 거리가 20-30리에 불과하다. 오전 1시에 전군이 출발하여 공격에 들어간다. 수청(水淸) 신영거우(新英巨于) 북쪽 고성(古城) 부근에서 피아척후의 충돌이 있다. 먹구름은 하늘을 가리고 지척을 모르겠다. 나는 곧 군대를 고성 위로 올려 동녘이 밝기를 기다린다. 금방 날이 밝자 전면을 보니 러시아

적군은 벌써 이산저산으로 피하고 백군은 전면과 좌우로 우리를 포위하며 전진해온다. 나는 처한 상황을 보고 도저히 교전을 정당히 못하겠음을 알고 적군과 같이 퇴각한다. 약간의 화전은 이곳저곳에서 일어나나 전부가 퇴각하는 중이다.

아아, 신영거우 전장에서 내가 한 걸음만 오산하였으면 다수의 군사를 잃었을 것이나 나의 형안은 전 국면을 잘 보았다. 평사호 부락 전투에서 거의 포위를 당하였다가 군대가 빠져나왔다. 이날 군대가 사경에 이르도록 피곤했다. 나는 곧 연해주 각지에서 전쟁이 일어나므로 러시아 본군과 협공하기 위하여 곧 수청지구를 버리고 도병하(都兵河)를 넘었다. 군대에는 김광택(金光澤),[40] 이창선(李昌善)[41] 2명의 장교가

40) 여기에 나오는 김광택은 우즈베키스탄에서 볼셰비크 농업꼴호즈 회장을 역임한 김광택(1898-1957)과 동일한 인물이 분명한 것 같다. 함경북도에서 태어난 김광택은 어릴 적 부모를 따라 연해주로 이주했으며 1918-1922년에 한인 빨치산 부대에 들어가 항일투쟁에 적극 참가했다. 시베리아내전이 끝난 뒤에는 김유천 등과 함께 러시아 서부에 있는 국제사관학교에서 장교교육을 받았다(경천아일록 1925년 9월 28일자에도 김광택과 김유천(김유경)이 레닌그라드로 가는 도중에 김경천에게 편지를 보냈음이 기록되어 있다. 한편 김 블라디미르의 저서 『국경의 강-두만강』 39쪽에 나오는 최호림의 회상기에는 그의 이름이 김황탁(Ким Хван Так)으로 표기돼 있는데 이 책의 저자와 긴밀하게 교류했던 최 아리따씨에 의하면 김광택(Ким Кван Тхек)의 오기가 분명하다고 한다). 그 후 김광택은 우수리스크를 관할하는 제76고려인포병연대의 한 대대에서 장교로 복무했고 나중에는 볼셰비크 명칭 어업조합에 들어가 정치조직부장으로 일했다. 1937년 우즈베키스탄으로 강제이주를 당한 뒤에는 이전의 어업꼴호즈를 농업꼴호즈로 재건하고 1945년까지 회장으로 일했다. 은퇴한 뒤에는 '10월 혁명 20주년' 꼴호즈(나중에 '선봉' 꼴호즈로 개명함)에서 설립한 조선극장 구락부의 초대를 받아 1947년까지 극장장으로 일했다.(В. Д. Ким 『Туманган-пограничная река』(Ташкент, Ўзбекистон,, 1994) с. 39 [김 블라디미르『국경의 강-두만강』(타쉬켄트, 우즈베키스탄출판사, 1994) 39쪽] 등 참조)
41) 이창선은 강국모가 대장으로 있는 혈성단의 소대장이었는데 1921년 4월 이 부대가 한창걸 부대와 함께 김경천에게 통합지휘를 맡긴 후에 김경천의 부하로 활동

있다. 강(姜) 부관이 그들에게 지휘하게 하였다.

백군의 도병하(都兵河) 탈취전

내가 도병하(都兵河)에 넘어온 지 2일 만에 백군이 온갖 어려움을 무릅쓰고 도병하〈빨치산의 수도〉를 탈취하자 새벽 무렵부터 도병하 거리에서 대혼전이 일어났다. 그러나 우리는 도병하를 버릴 작정이므로 악전하지는 않으나 태산 속에 쌓인 눈길을 헤치며 2-3일씩 지나가기가 실로 힘이 들었다. 매일 빵 몇 쪽이나 먹는 게 전부다. 인생에 이만한 난관은 아마 가장 지위가 높은 황제가 되기보다도 어려우리라.[42] 미

한 것으로 보인다.(『십월혁명 십주년과 쏘베트 고려민족』 51-52쪽 참조)

[42] 1921년 10월 김경천 부대는 러시아 적군과 연합하여 수청에 주둔한 백군을 공격하여 수청 신영동(신영거우)에서 전투를 벌였다. 그러나 중과부적으로 패하여 일본군과 백군의 추격을 받게 되자 김경천은 기병을 데리고 이만 지방으로 이동하였다(『십월혁명 십주년과 쏘베트 고려민족』 52-53쪽).
당시 대혼전을 벌인 도병하 전투와 피눈물 나는 이만으로의 이동상황이 동아일보에 김경천의 육성으로 다음과 같이 실려 있다. "이러는 중 적군과 백군 사이에는 십오륙 차의 전쟁이 있었나니 이리할 때마다 조선군대도 영향을 입어 일진일퇴하게 되었소. 이때를 도와 중요한 길목은 모두 일본군대가 점령하였으므로 우리 군사는 할 수 없이 산에 가서 주둔하는데 하루에 귀리죽 몇 그릇을 먹고 발을 벗고 눈이 길 같이 쌓인 산속에서 지내니 그 고생이 어떠하였겠소. 미국이 독립전쟁을 할 때에 겨울에 맨발을 벗고 얼음 위를 지나가서 얼음에 발이 베어져 발자국마다 피가 흘렀다더니 우리 군사도 이때 발자국마다 피가 고이었소. 그러나 사람 없는 산천에 보이는 것은 망망한 백설과 하늘뿐인데 깎아지른 듯한 산을 지날 때에 우리는 프랑스 명장 「나폴레옹」이 알프스 산을 넘던 행군을 연상하였소. 달 밝은 밤에 눈 위로 행군하는 우리의 모양은 완연한 예술이요 그림이었소.
이때 우리는 적군과 행동을 같이 하였으므로 백군이 조선군이라고 만나기만 하면 죽일 때이오. 이때 연해주에 적군이 전멸함에 다시 쫓기어 들어가는데 강냉이 죽을 먹어가며 겨울에 박착을 하고 「이만」강가로 이백리를 행군하여 갔소. 그래

하일롭까(Михаиловка), 추구옙까(Чугуевка) 각지를 태산을 넘고 넘어서 뜨레찌 - 푸진 지방 와커우 계곡지에 들어가서 이만구역 양허자(楊虛子)로 들었다. 이곳에서 군비단(軍備團) 잔류군인과 무장을 수습하고서 나는 러시아군과 이별하고 나부유(羅扶遺)로 들어가기로 한다. 벌써 백군은 하바롭쓰크시 이북을 점령하여 우리는 도저히 그 북으로까지 가기가 틀렸다. 이때는 아마도 12월 초순이나 되었으리라.

러시아군대는 까르똔(Картон) 마을에서 전부가 백군에게 항복하였다. 대대장이 본시에 백군과 내응한 것이었다. 나는 나부유에서 러시아군 교도대(敎逃隊)를 합하여 다시 군마를 정돈하였다.[43] 나부유에서도 수 십리를 얼음 위로 들어가서 아무르계곡에 군마를 두고 잠시 얼음이 녹기를 기다린다.

아무르계곡의 질나까, 다어재 등은 여름 어간은 냇가에서 생활하고 겨울 어간은 산짐승을 좇아서 살아가는 곳이니 더 말할 수 없이 숨이 막히는 산계곡이다.

서 필경 어떤 산에 가서 얼음과 눈으로 요새를 만들고 지키고 있으니 만일 이때 일본군이나 백군이 들이치면 배산일전을 하려 하였소"(아령조선군인 김경천, 『빙설 쌓인 시베리아에서 홍백전쟁(紅白戰爭)한 실지 경험담』(동아일보 1923년 7월 29일)).

[43] 백군에게 항복한 러시아 부대 대대장은 빨쯘(Пальцын)이란 사람이었는데 그는 예전에 백군대령이었고 김경천 부대와 연합하여 전투를 치르는 과정에서도 백군과 계속하여 연락을 취했다. 대대장이 항복하자 러시아 부대원의 일부는 항복하고 일부는 도망하고 일부는 전사했지만 그들 중 가장 의지가 강하고 용감한 60명의 대검병, 40명의 장검병, 4정의 기관총을 지닌 기관총사수들이 김경천 부대를 찾아 옐레 - 소스노프까(Еле-Сосновка. 옐레 - 소스노프까는 나부유의 러시아식 지명인 것 같다.)로 들어왔다. 이리하여 30명에서 60명으로 충원되어 있던 김경천 부대원의 숫자는 다시 두 배 이상 늘었다. 이 통합부대 사령관은 김경천이 맡았고 러시아인 부대에서 들어온 뽈랴꼬브(Поляков)가 김경천의 보좌관이 되었다(Цой Хорим의 같은 기록).

기이한 이야기와 웃음거리가 지금껏 많다. 전쟁전후에 웃을 일도 많다. 여기에 기록하지 못하겠다.

아무르계곡에 벙어리 중국인을 양자로 정해 받아들이고 사는 이 진사라는 사람이 있어서 우리 군대에 강냉이 200여 부대를 기부하였다.

D. 4255년〈1922년〉
〈시베리아기〉

1월 첫날

나의 군대는 지나간 겨울 초부터 여러 차례 전쟁에 출전하여 인마를 정돈하고 새해를 나부유(羅扶遺)에서 맞는다.

나부유를 일명 놀니허라 한다. 이만에서 약 300여리가 된다. 여름철에는 교통이 까르똔(Картон)까지 있는데 까르똔에서 100리가 되므로 도로가 없고 교통왕래가 없다. 혹 목선으로 위험을 무릅쓰고 강을 거슬러 올라가기도 하나 연중 1차례도 있으나 마나 하다. 겨울철에 얼음이 얼면 썰매로 다니나 100리나 되는 먼 거리이므로 잘못 걷다간 눈 속에 싸여 극심한 추위에 파묻힌다.

아, 어찌하여 나는 군대를 이끌고 이 같이 산을 등진 깎아지른 계곡으로 왔는가. 천고에 이 같은 고난이 다시 없으리라. 나는 이를 기록하지 못하겠다. 어느 문사, 어느 화가가 나를 따라와서 이것을 쓰며 그릴까.

눈으로 지은 산병호(散兵壕), 얼음으로 지은 보초사(步哨舍)! 실로 따뜻한 지방에 사는 사람은 그 모양을 상상치 못하리라. 이 부근의 땅은 사람은 드물고 단지 다어재, 질나까에서 겨울과 여름을 따라 혹은 물가에서 혹은 산간에서 어류를 잡아먹고 산다. 그러나 이번에 독립군이 오는 것을 알고 그들은 모두 산골짜기로 도망가고 없다.

기후는 극도로 춥다. 숨 쉬기조차 힘들다. 나는 도저히 이와 같은 산골짜기에 있을 수 없으므로 군대를 이끌고 까르똔 마을로 나와 주군하였다. 러시아 적군장교 옐리세옌꼬(Елисеенко)군대를 만나 동일보조로 이만 시를 공격하기로 하였다.

> 왼쪽 여백의 글 내가 아무르에서 내려오니 박동규(朴東奎), 이용호(李用浩) 등 몇몇 동지가 사무를 계속하며 다시 업무정돈에 힘을 다한다.

이만시 야간 습격!

1월말경이겠다. 이만 시의 군비단(軍備團)[44] 군인 40-50명이 백군한테 살해를 당한 앙갚음으로! 이만 시를 탈취하였으나 병력이 모자라서 도로 와커우골짜기로 퇴각하였다. 이 전쟁에서 나는 가장 많은 탄환이 빗발치는 가운데서 군대를 지휘하였다. 지금껏 여러 차례 수행한 전쟁 중에서도 제일 많이 집중하여 쏟아지는 적탄 한가운데에 있었으며 전후좌우 장졸이 모두 여러 군데 부상을 당했으나 적탄은 나의 머리카락 한 올도 못 건드렸다.[45] 한인 - 러시아인 양쪽 군인들이 내게 위험하다

---

[44] 군비단의 정식명칭은 '대한독립군비단'이다. 서북간도와 노령에서 독립운동에 힘쓰던 마용하, 림표, 리용, 김덕은, 김찬, 주영섭, 김규면, 강재관, 박춘근, 정희연, 최중천, 림상춘, 한운용, 김홍일, 김택 등이 이만에 모여 1921년 9월 혁명군사위원회를 조직했다. 이들을 군비단이라고도 하고 이만 고려의병대라고도 부른다. 1921년 12월부터 전쟁의 기운이 농후해져 군비단군대 1, 3중대는 우수리강 전선을 맡고 한운용이 이끄는 2중대는 이만으로 거점을 옮겼다. 한운용 중대 51명은 백위파의 진지였던 이만 정거장을 점령했으나 백위파의 원군이 도착하자 악전하며 백위파 605명을 궤멸시키고 중과부적으로 전멸하였다. 이후 한운용 중대의 용맹성은 백위파들에게 두려움의 대명사가 되었다(M. T. КИМ의 같은 책 100-102쪽).

45) 당시의 상황이 동아일보에 김경천의 육성으로 다음과 같이 기록되어 있다. "그 이듬해(1922년 - 정리자 주) 정월에 백군이 「이만」땅으로 나가는 것을 보고 적군이 모두 나오나보다 하고 다시 행군을 하여 나오다가 「하바롭스크」에서 홍백전쟁이 있었는데 그 전쟁 중에 나는 백군의 중간연락을 끊기 위하여 「이만」에 있는 백군 총공격을 시작하니 그때는 정월 어떤 날이라. 제1차로 백군이 수백 명 죽고 대략 여섯 시간 동안 격렬히 싸우는데 백군은 대포를 걸고 내리다질러서 탄환이 우박 쏟아지듯 하였소. 조선군사가 참 싸움을 잘 합디다. 여러 가지 미비로 훈련이 부족하고 기계가 불비하건마는 빠득빠득 악을 쓰고 싸우는데 놓는 발마다 그 큰 아라사(러시아인) 군대가 떨어지지 않을 때가 없었소. 이리하여 아라사 군대가 이때는 조선군사라면 떨게 되었소. 그들의 말이 적군뿐이면 하잘 것 없는데 고 - 눈 까만 놈들 때문에 결딴이라고 하였었소.

이때 적군의 사령관이 백군에게 항복하여 그리 빼가서 붙었으므로 적군의 일부를 내가 지휘하여 싸우게 되었는데 이때 나는 악에 받친 사람이라. 탄환이 비 쏟아지듯 하는 속에 말을 타고 서서 지휘하는데 백군들이 대포를 놓다가 번 - 한 불빛에 나를 보고 「꺼레이츠」란 소리를 지르고 달아나는 자가 있었소. 이리하여 이만은 완전히 점령하였으나 이때는 적군의 힘이 약할 때라. 약 이백여 명의 우리 군사로 백군 칠백여명이 지키는 곳을 점령하기는 하였으나 배후에는 일본 군사가 있는 터이라 오래 지킬 수가 없어 다시 퇴각하였소"(아령조선군인 김경천, 『빙설 쌓인 시베리아에서 홍백전쟁(紅白戰爭)한 실지 경험담』(동아일보 1923년 7월 29일)).

최호림은 이 전투가 벌어진 날이 1922년 1월 6일이었으며 달밤이었다고 말한다. 그의 기록에 의하면 300여명의 백군들은 김경천이 거느리는 빨치산 부대가 눈을 밟고 오는 소리를 듣고 미리 대기하고 있다가 사격을 개시했으며 그 첫발에 김경천을 보좌하던 러시아인 보좌관 뽈랴꼬브(Поляков)가 쓰러졌다. 그러자 김경천은 부대를 신속하게 이끌어 총공격을 감행했으며 그렇게 한 시간 정도 치열한 전투를 벌인 끝에 백군을 패퇴시켜 그들을 후퇴하게 만들었다. 승리한 빨치산들은 신속하게 이만시 우체국과 백군사령부실을 수색했다. 이 전투에서 백군은 전사자가 40명, 김경천 부대는 12명이었다. 날이 밝자 남쪽에서 백군을 가득 실은 기차가 오는 것이 보이자 김경천은 50명도 안 되는 빨치산 군으로 수백 명의 백군을 감당하기는 어렵다고 판단하고 퇴각했다. 이 전투가 끝난 뒤로 김경천은 아누치노로 돌아왔다. 그해 여름에 연해주 전체 빨치산 부대 혁명군사위원회는 김경천을 뽀시예트 및 훈춘 구역 빨치산부대 총사령관으로 임명했다(Цой Хорим의 같은 기록).

고 말하나 나는 아직 일본군과 백군과 마적들은 나를 맞힐 탄환을 못 만들었다 하고 웃었다. 도병하(都兵河)탈취전은 이번보다 못하였다.

그 후로 백군이 하바롭스크에서 패배하여 海港(해항)과 니꼴스크 - 우스리스크시를 바라보며 퇴각함에 따라 우리는 와커우계곡 각지에서 자리를 옮겨가며 전투를 치렀다.

나는 그 후에 뜨레찌 - 푸진으로 들어갔으며 4월경에 도병하로 환군하였다.

지나간 겨울에 각지를 옮겨 다니며 싸우다가 6-7개월 만에 이 빨치산의 중심지로 돌아온 것이다. 그간 나의 심리적 고통이 많았다. 이루 말할 수조차 없다. 누군가 내가 정한이 있을 때 이야기를 하라면 할 것이다.

5월 15일 월요일

근래에 나와 나의 군대는 연해주 도병하〈아누치노〉에서 겨울철에 악전고투하던 피곤을 푸노라고 한가히 머문다. 그러나 장래의 기도(企圖)는 나의 기도대로 되기를 바란다.

이 세계는 어떠하던 간에 분분할 것이다. 전날의 구라파 세계대전[歐洲大戰亂]은 결국 무승부가 되었다. 그래서 그 승부는 미래에 날 것이다. 그때에는 유럽뿐 아니라 그 주동지가 극동이 되리라. 그때 우리에게는 필요이상의 필사의 노력이 필요할 것이다.

일본은 아직도 꿈에서 깨지 않았다. 극동연합국이46) 성립되고야 황

---

46) 러시아 백군(콜차크군)이 붕괴하자 극동에 간섭군으로 와 있던 미국, 영국, 프랑스군이 철병했다. 그러나 일본은 철병하지 않고 극동을 빼앗고자 하였다. 일본과 전쟁을 피하기 위해 하바롭스크는 소비에트 국가와 일본 사이에 완충국가를 만들 수밖에 없었다. 그리하여 1920년 4월 외 바이칼 민족대회가 개최되고 거기서 바이칼 동부에서 태평양에 이르는 전지역이 포함되는 극동공화국 창건이 선언

인종이 생존하리라. 나는 일본민족에 대고 절규한다. 극동의 멸망과 흥기가 일본의 자각 여하에 달려있다고.

사령부 서산 위에서 두견새가 첫 울음을 운다. 내가 4년 전에 처음으로 서간도(西間島)로 들어갈 제 높은 산 고운 봉우리에서 두견새가 울어 나의 나그네 소회를 위로해주더니 오늘이 그때에 가까운가.

일본군대는 부대교체를 끝냈겠다.

러시아 사령관이 나의 기도에 커다란 도움을 주겠다 한다.

5월 21일

수청(水淸)에서 김창섭(金昌爕), 김광택(金光澤), 황 보리쓰 군이 왔다. 온 뜻은 나를 데리고 가고자 함이다.

5월 28일

春眠不覺曉(춘면불각효)
處處聞啼鳥(처처한제조)

봄잠에 빠져 새벽이 옴을 모르는데
곳곳마다 한가로이 새 우는 소리

나는 매우 한가로이 머물고 있다. 이같이 한가로이 거주함은 내가 민족에 대하여 죄를 짓는 것 같다.

되었다. 그러나 1920년 4월참변이 일어나고 일본이 극동공화국(극동연합국)을 공격함으로써 극동공화국은 유지되지 못했다(보리스 박·니콜라이 부가이(김광한·이백용 옮김)의 같은 책 194-195쪽).

작년 겨울의 차가운 얼음도 풀렸다. 활동할 때가 온다. 산과 들에 녹음도 점차 무성하다. 가자! 저, 언덕까지?

매일 해가 떠오르면 저 두견새 울음소리 실로 큰 통한이 된다.

> 丈夫應取萬古名(장부응취만고명)
> 豈了碌碌伏櫪駒(기료록록복력구)
> 風雲未霽雪紛紛(풍운미제설분분)
> 安得勇士建大族(안득용사건대족)

> 장부가 응당 취하고자 하는 건 만고에 떨칠 이름인데
> 어찌 하찮은 망아지 구유에 기대어 인생을 마치리오
> 풍운은 아직 그치지 않고 눈보라가 휘날리니
> 어찌 큰 민족을 세울 용사를 얻을 수 있으랴

이 시는 내가 동경육군중앙유년학교(東京陸軍中央幼年學校)에 재학하던 당시에 지은 것이다. 지금 다시 쓴다. 그런데 옛적의 회포가 그날 같지 않다.

6월 7일

도병하(都兵河)를 떠난다. 나는 장래의 웅비를 기도(企圖)하고 추풍(秋豊), 연추(鍊秋)지대로 군대를 인솔하고 출발한다. 일본군과 백군 사이의 허리를 끊고자 한다. 하늘의 도우심을 바란다. 이날 밤에 투두거우에서 숙영하다.

허리를 끊음, 밤에 강을 건넌 용사들의 이야기

6월 8일 이래로 밤낮없이 행군하여 깊은 산속에서 숙영하고 산에서 사슴을 잡아 [배를 채우면서] 차거우(車巨于) 서남철로를 횡단하여 일

본군과 백군 사이의 허리를 끊었다. 수이푼 강에서 기병 소년을 시켜 단신으로 도강하게 하였는데 일본군의 보초는 불을 켠 채 잠들어 있었다.[47]

추풍(秋豊)에 도착하니 강국모(姜國模)의 군대와 공산군대의 충돌로 인하여 나 또한 도저히 기도(企圖)했던 바를 펼칠 수가 없었다.[48] 나는 일이 여의치 않음을 보고 곧 수청(水淸)으로 들어와 가을에 군사학 서적 번역에 착수하니 나의 빨치산 전투는 끝을 맺었다.

---

47) 당시의 상황을 김경천은 동아일보와의 인터뷰에서 다음과 같이 실감나게 이야기하고 있다. "이십이년 즉 작년 삼월 중에 「약골리가(야꼬블레프까)」로 백군이 집중하매 우리 군사는 적군과 연합하여 공격하였더니 백군은 소학령으로 쫓기어갔소. 그 후 일병이 철병하게 되매 백군은 우리나라 있는 쪽으로 퇴각할 듯하므로 나는 이것을 추격하기 위하여 군사를 데리고 일본군 경계선을 돌파하고 「취풍(추풍)」으로 나오니 이것은 범의 허리를 밟고 지나가는 듯한 장쾌한 모험이었소. 불빛에 뻔-히 비치는 일본 보초병의 눈을 피하기 위하여 흰말을 포장으로 덮어서 데리고 강을 건너는데 강에 오니 배가 없어서 어찌할 수 없었소. 마침 19세 먹은 소년 기병 1인이 자원하고 강 위에 가로질린 철사에 매어 달리어 십여 간이나 되는 강을 건너가서 배를 가지고 와서 전 군대를 건너게 하니 이때 발각만 되면 몰살이라. 더욱 소년을 구사일생의 경우에 보내고 매우 염려되었었소. 건너간 후 그날 밤으로 「취풍」 우리 독립군이 있는 곳에 도착하였소. 그런 후로 실전한 경험은 별로 없었소"(아령조선군인 김경천, 『빙설 쌓인 시베리아에서 홍백전쟁(紅白戰爭)한 실지 경험담』(동아일보 1923년 7월 29일)).

48) 김경천의 기도를 좌절시킨 강국모의 군대와 공산군대의 충돌사건을 『십월혁명 십주년과 소베트 고려민족』은 다음과 같이 기록하고 있다. 빨치산군대의 경비 일부를 담당하던 황거우 지방의 토호들이 경비지불을 회피하다가 어느 날 솔밭관 군대 한인회의 임원들을 붙잡아 구타하고 최영걸, 오병령을 육성에 있는 일본 헌병대에 바친 일이 있었다. 또 그 토호들은 강국모 등과 협력하여 러시아 공산당군을 치려고 계획하고 있었다. 그러던 중 일본군이 토호의 뒤를 이어 중십여창에 와서 한인군대에 사격을 가해 소규모 전투가 벌어졌다(『십월혁명 십주년과 쏘베트 고려민족』 67쪽). 김경천이 기도한 원대한 계획이 이와 같은 불미스러운 사건으로 인해 좌절되고 말았다.

일본군의 철퇴

다년간 시베리아에 와 있다가 희생만 치르고, 적군과 우리 한인군대로부터 곤란을 받던 일본이 철병하니 섭섭하다.

10월 31일〈구 9월 12일〉

근래에 군사학 서적을 출판하기 위하여 나는 몇몇 청년을 데리고 신흥동(新興洞)에 적적히 머문 지 벌써 1달이 차간다. 우리가 머무는 고지에서 남쪽을 바라보면 큰 바다가 보이고 그 사이에 호수가 있다. 날마다 바라보기만 하였더니 오후에 나는 그 호수에 가보기로 작정하고 갔다 왔다. 그다지 아름다운 호수는 아니나 잔잔한 물을 보며 풀언덕에서 산보 할만하다.

내부 서신을 받아보니 상해에서 윤해(尹海)가 암살을 당하여 죽음이 경각에 달렸다 하니 벌써 죽었는지도 모르겠다.[49] 윤군은 러시아령 청년정객으로는 쓸모 있는 사람인데 무슨 연고로 이렇게 되었는지는 모르나 실로 상해도 위험한 곳이로다. 아마도 큰일을 이루기 전에 다 죽고 몇이 아니 남을까 한다.

우리 민족은 실로 이상하다. 일도 못하면서 싸움만 하니 일은 이루어지지 않고 얻는 것은 내부 외부인을 물론하고 신용만 잃는 것이다. 보

---

49) 윤해는 1911년 12월 19일 블라디보스토크 신한촌에서 결성된 권업회(勸業會)의 창립 주역 중 한 명이다. 그는 김하구 등과 함께 한반도 국내 신민회에서 활동하다 연해주로 넘어가 독립운동을 했다. 권업회는 권업신문을 발간했는데 그는 이 신문의 발행에 참여했다. 당시 한인사회에 가장 큰 영향을 미쳤던 권업회는 일제의 강압에 굴복한 러시아당국에 의해 1914년 8월에 해체되었다. 그 후 윤해는 1926년 블라디보스토크에서 김경천, 김규식 등과 함께 민족당주비회를 조직해서 활동했다.

라, 장차 독립하면 다시 무단정치(武斷政治)를 써야 할 것이다. 그러나 좋든 싫든 간에 무단정치를 쓰더라도 그것은 우리 민족의 수준이 지금 이 정도이기 때문인가 한다.

11월 29일

요즘 군사학 서적을 출판하기 위하여 금갱리(金坑里)로 옮겨와 머문다. 「치따」의 한인공산당회의도 부서졌고 시베리아에 있는 한인군대도 전부 무장을 해제하게 되었다.

지청천(池靑天)이 해삼위(海三威)에 도착하였다가 상해국민대회(上海國民代會)에 갔다 오겠다는 통신이 왔다. 지군에게서 실로 오래간만에 문자라도 받게 되었다.

梁浦亭(양포정)의 贈詩(증시)
三春相別當三秋(삼춘상별당삼추)
每望東天淚自淚(매망동천누자루)
對月長思君不見(대월장사군불견)
無心上下赤楊河(무심상하적양하)

양포정(梁浦亭)이 증정한 시
삼년 전 봄 서로 이별하고 세 번의 가을을 맞네
매일 동녘하늘 바라보느니 눈물에 눈물뿐일세
달을 보며 오래도록 생각해도 님은 보이지 않고
무심히 적양의 강물만 흘러흘러 가는구나.

12월 6일

큰 바람이 분다. 패공(沛公: 한나라 고조 유방이 황위에 오르기 전의 칭호)이 출생하는지

나의 사랑!

사람마다 사랑하는 것 하나씩은 모두 있다. 그 사랑을 그 사람 그 사람의 바라는 바대로 다른 것에 아낌없이 준다. 그 사랑을 주기 위해서는 자기의 생명까지도 아끼지 않는 것이다. 나라를 사랑하며 부모를 사랑하며 벗을 사랑하며 형을 사랑하며 동생을 사랑하며 자식을 사랑하며 아내를 사랑하며 첩을 사랑하며 돈을 사랑하며 명예를 사랑하며 나의 마음에 합당한 자를 사랑하며 고운 자를 사랑하는 모든 사랑 중에 오직 한 사람이 하나만을 사랑한다.

나의 사랑은 신성하며 도저히 타인들의 요청이나 돈으로 살 수 없는 사랑이다. 나의 사랑을 받는 자는 행운이다, 복되다. 죽은 후에도 없어지지 않을 것이 이 사랑의 선물이다. 타인은 부러워한다. 그 사랑을 보고! 저! 징쿵 바다 가운데 서있는 오형제암(五兄弟岩)이 오늘 큰바람에 부서져도 나의 사랑은 더욱 목탁 같이 더욱 큰 사랑의 파도가 일어난다.

그 바다 위에 반딧불 같이 반짝 반짝이는 저 풍랑과 파도는 큰바람을 못 이겨 뛰고 또 다시 뛰어, 보기에도 선뜻선뜻하고 큰 일이 날 것 같다. 그러나 오직 이 나의 사랑은 화산이 터지자 솟아오르는 불덩어리 같다. 여름 하늘에서 장차 폭우로 쏟아지자는 먹구름덩이 같다. 아아 이 사랑을 받는 자는 행복이다, 만족이다.

E. 4256년〈1923년〉
〈시베리아기〉

1월 1일

하늘이 주신 자유를 찾아 무궁화삼천리의 부여민족을 안락하게 하기 위하여 그 책임을 지고 온 지 벌써 제 5년 초에 들었다. 세월은 우리에 대해 지극히 공평하고 사사로움 없이 간다. 우리도 거침없이 늙는다. 그 과업은 하늘에 대하여 실로 부끄럽다. 너무도 유치하다. 자유를 찾는 과업 수행자로는 너무도 아이 같다. 말이 많고 실천이 적다.

그러나 우리는 전진하자. 저 조국의 재촉을 들어라!

수청(水淸) 금갱리(金坑里)에서 제5년 첫날을 심심하게 맞이한다. 새해는 풍파가 많겠는지 큰바람이 불어 천지에 큰 전투가 일어난 것 같다. 동지 몇몇이 모여 담화로서 묵은해를 보내고 새해를 맞이하였다.

소수분(小綏芬) 독립단에서 교통통신인으로 장기영(張基英)군을 보내 그가 「치따」에서 내도하니 몇 년 동안 분분하던 상해파(上海派) 및 이르쿠츠크파(派)의 당파싸움에 대해 자세히 듣고 그 내막도 분명히 알았다.

김규면(金圭冕)군에게서도 통신이 왔다. 장래의 일에 대하여 모두 호감을 표시했다.

이용호(李容鎬)가 찾아왔다. 나는 요즘 상해파(上海派) 사람과 상종이 많다. 그러나 내가 상해파에 든 것은 결코 아니다. 나는 양자를 냉철히 관찰하는 것뿐이다. 어느 파에 대해서도 나는 옳고 그름을 따져가며 볼 것이다.

1월   일

여러 동지들이 나를 상해(上海)에서 개최되는 국민대표회의(國民代表會議)에 참석하라고 많이 권하기에 나도 가려고 행장을 수습하여 가지고 장기영(張基英), 이용호(李容鎬) 등 몇몇 벗들과 동반하여 마차로 금갱리(金坑里)를 떠나 치모우에 도착하였다. 김여하(金麗河)가 있었다. 하룻밤을 지내고 이곳에서 기차를 타고 우골로(Уголо)역에 와서 또 하룻밤을 지내고 다음날 니꼴스크 시에 도착하여 곧 김의직(金義直)씨의 집을 찾아가니 김씨는 이미 일본군대에 잡혀 저 세상으로 갔고 그의 아들 남성(南成)이 있다. 이집에서 며칠 머무르면서 여러 동지들을 만났다. 상해국민대표회의에 가는 사람도 많다. 나도 가기로 결정이 되었다. 상해파(上海派)에서 나를 대표회의의 싸움꾼으로 〈군인 측으로〉 추거하는 모양이다. 나는 그런 싸움에 전연 무관한 까닭에 나는 나대로 가려한다.

1월 일에 김규면(金圭冕), 장기영(張基英)과 함께 나는 떠났다. 그러나 소수분(小綏紛)에서 일본 앞잡이를 만나는 [것을 피하려고] 나는 되돌아왔고 김, 장 두 사람은 갔다. 며칠 후에 하얼빈에서 나를 데리러 왔다. 그러므로 나는 떠나기로 아주 결심하고 떠났다. 안내자를 데리고 니시(尼市)에서 발차하여 하얼빈시로 직행하기로 하였다.

상해에서 조선인의 대표회의가 열리는 것을 안 일본이 철로 각지에 앞잡이들을 가득 풀어놓은 때에 나는 큰 모험으로 간다.

국민대표회에 가는 나의 목적은 단지 내외지의 활동가들을 이 기회에 만나보고자 함에 있다. 그 외에 이것으로 이번에 하등의 효과를 크게 내리라고는 생각지 않는다.

9. 상해국민대표회의(上海國民代表會議)

4천여 년의 장구한 역사를 가지고 지난날에 남만주, 북만주, 연해주에 대응비하던 민족으로 일시의 불행인지 한일합병을 당하였다가 4년 전에 독립을 선언한 이래로 우리끼리 의견이 통일되지 않아 극도로 자체의 피해가 많았으므로 이것을 해결하고자 하는 것이 국민대표회의를 시작한 근본정신이겠다.

슬프다. 그러나 그 근본정신의 발전상에 무슨 이익이 있었던가. 하등의 이익도 없고 만 것이다.[50]

---

50) 김경천의 일기를 보면 그는 노령 한인사회의 분열상에 대해 오래 전부터 크게 실망해왔음을 알 수 있다. 상해임시정부의 이름을 빌려 공산당 관계자들이 주도한 상해국민대표회의 역시 그에게 커다란 실망만을 안겨주었다. 이후 김경천은 연해주 한인사회활동에 큰 기대도 걸지 않았고 적극적으로 참여하지도 않았다. 김경천에게는 다른 어떤 활동이나 이념보다도 우리민족의 독립이 최상의 목표였기 때문이다. 당시 상해임시정부 내무총장이었던 백범 김구는 국민대표회의의 분열상을 다음과 같이 말하고 있다.

"상해임시정부 초대 국무총리 이동휘의 심복인 한형권은 임시정부 러시아 대표를 맡았다. 그는 러시아 수도 모스크바에 가서 통일운동을 하겠다는 이유를 설명하고 운동자금 20만 루블을 받아가지고 상해로 들어왔다. 그는 그 돈을 상해에서 활동하던 공산당들에게 풀어 국민대표대회를 소집했다.

그러나 당시 한인 공산당은 3파로 분립되어 있었다. 상해에서 설립된 것은 상해파로 우두머리는 이동휘이고, 이르쿠츠크에서 조직된 것은 이르쿠츠크파로 그 우두머리는 안동찬(安東贊), 여운형(呂運亨) 등이며, 일본에서 공부하던 유학생들로써 일본에서 조직된 것은 엠엘파로 일본인 후쿠모코 가즈오(福本和夫)와 김준연(金俊淵) 등을 우두머리로 한 것이었다. 공산주의자들이 비록 상해에서는 세력이 미약했으나, 만주에서는 맹렬한 활동을 전개했다.

나는 1923년 2월 11일에 니시(尼市)를 떠나 극비밀리에 암행하여 뽀그라니츠나야 역을 넘어 기나긴 중동철도를 타고 14일에 하얼빈시에 도착하였다. 전격적으로 일본경계선을 지난다. 중국인여관에서 하룻밤을 묵고 다음날에는 더욱 모험이다. 장춘역에 도착하여 대담하게 나의 특장인 일본인 행세를 하며 일본인여관 장춘관(長春館)에 들었다. 마음이야 움질움질 하지만 나는 나의 운명을 무엇보다 믿으므로 태연히 숙박하며 숙박계에다 주소를 일본(日本) 천엽현(千葉縣) 등원대(等園臺)로 썼다. 이곳은 내가 기병학교에 있을 때에 잘 알던 곳인 까닭이다. 그 다음에 봉천역에 도착하여 또 일본인 노릇을 하며 일본인 사환을 불러서 가방을 들리고 마차를 달려 봉천여관(奉天旅館)에 투숙하였다. 오래간만에 일본 다다미 위에 몸을 던지니 느낌이 이상하다. 그러나 상

상해에서 개최된 국민대표대회는 잡종회(雜種會)라 할 만한 것이었는데, 일본, 조선, 중국, 러시아 등 각처 한인단체의 대표라는 형형색색의 명칭으로 2백여 대표가 회집했다. 그중 이르쿠츠크와 상해 양파 공산당이 서로 경쟁적으로 민족주의자 대표들을 분열시켜 양파가 서로 끌어당겼다. 상해 임시정부에 대해 이르쿠츠크 파는 창조(創造), 상해파는 개조(改造)를 각각 주장했다. 이른바 창조는 현 임시정부를 해체하고 새로 정부조직을 하자는 것이고, 개조파는 현정부의 개조를 주장했다. 그러다가 필경은 하나로 의견일치를 보지 못하고 회의가 분열되었다. 결국 창조파에서는 「한국정부」를 조직하고 그 정부 외부총장인 김규식은 이른바 한국정부를 이끌고 블라디보스토크까지 가서 러시아에 출품했지만 러시아가 상관하지도 않으므로 축에 끼이지도 못했다.
국민대표대회가 양파 공산당이 서로 투쟁하여 순진한 독립운동자들까지도 창조, 혹은 개조로 양분되는 바람에 전체가 요란하게 되므로 나는 당시 내무총장의 직권으로 국민대표대회의 해산령을 발했고 그래서 시국은 안정되었다. 임시정부에서는 한형권을 러시아 대표에서 파면하고 안공근을 주 러시아 대표로 파송했으나 별 효과는 없었고 러시아와의 외교관계는 이로부터 단절되었다"(김구 저, 우현민 현대어역, 『백범일지』(서울, 서문당, 1992) 273-274쪽 요약).
한편 동아일보는 1923년 7월 1일자 기사에, 국민대표회의에서 군무위원은 우리 혁명운동에 가장 중대한 책임이라 하여 고려중이며 방침은 아령군인 김경천, 이청천씨가 중임을 맡아 군사행동에 힘쓸 예정이라는 속보를 실었다.

해에 우리의 국민대표회의가 있음을 안 일본인은 각지 길목에 그물을 벌리고 상해로 가는 사람을 잡자고 한다. 그러나 경천(擎天)이야 저희가 알 수 없다. 순전한 일본 동경 서방님으로 가는 데야 일본인을 잡을지언정 나를 모를 것이다.

장춘(長春)과 봉천(奉天)의 일본여관에서 나는 오래간만에 일본 여자가 손으로 떠먹여주는 식사를 하였다. 이곳에서 여관 하인을 보내 차표를 사놓고 차가 떠날 때가 임박하여 마차를 달려 역으로 가니 하인이 벌써 기다린다. 차가 떠날 때까지 하인을 세워놓고 쓸데없는 이야기로 일본 순사의 눈을 얼리고 떠났다.

2월 17일

새벽에 천진(天津)시에 도착하였다. 천진이 처음이고 또 새벽이므로 길을 몰라서 인력거가 나를 끌고 어딘가로 돌아다니다가 겨우 프랑스 조계(租界) 안 불조루(佛照樓)에 도착하여 몸을 쉬게 되었다. 좀 마음이 놓인다.51)

몇 시간 몸을 쉬고 다시 상해 행 기차를 타고 떠났다. 낯선 강역에선 외로운 나그네의 쓸쓸한 정과 회포는 예나 지금이나 일반이다. 오후 2시경에 발차하였다. 이 땅은 벌써 매우 온화하다. 차 안에서 중국인을 만나 횡설수설로 필담하며 시간을 보냈다.

---

51) 조계(租界)란 중국의 개항도시에서 외국인이 그들의 거류 지구 안의 경찰 및 행정을 관리하던 조직 및 그 지역을 말한다. 김구는 1919년 4월 11일 상해임시정부 수립 이후 당시 상해에서 프랑스 조계가 우리나라 독립운동에 대해 특별히 동정적이어서, 일본영사로부터 프랑스 조계 안에 있는 우리 독립 운동가를 체포하겠다는 요구가 있을 때에는 미리 우리 임시정부에 통지하여 피신하게 한 다음 일본경관을 대동하여 빈 집을 수색하고 가게 만들었다고 밝히고 있다(김구의 같은 책 264쪽).

2월 18일

황하(黃河)를 지나 차차 남방에 다다르니 비가 내리고 푸릇푸릇한 보리밭이 보인다. 푸른 대나무가 마을마다 숲을 이루었다.

밤에 양자강(楊子江)을 건너 남경(南京)에 도착하여 여관에서 잠깐 휴식하였다. 이곳에서 또 우스운 연극이 있었다.

2월 19일

오전 9시에 상해에 도착하여 여러 옛날 벗들을 만났다. 차차 국민대표회의를 둘러싼 조선인의 정치계를 볼 수 있다.

10. 시베리아 2(1923년)

　4256년(1923년) 9월　일에 상해에서 스위스인의 기선을 타고 다시 시베리아 블라디보스토크 항에 도착하였다. 이로부터 시베리아 제2차 기록에 들어간다. 1월경에 갈 때보다도 붉은 색이 많이 보이고 붉은 냄새가 많이 난다. 한인은 경제곤란이 막심하고 공산당원이나 된 자들은 권총을 차고 뾰쪽 모자를 쓰고 우쭐우쭐한다. 이동휘(李東輝)〈상해공산당의 수령으로 당파전의 거수〉, 김하석(金夏錫)〈이르쿠츠크시 공산당의 욕을 가장 많이 먹는 자〉, 수처(水處) 황석태(黃錫泰) 등 제인의 영접을 받았다. 신한촌(新韓村)에 가서 숙소를 정하고 얼마간 있게 되었다. 가을철은 해항(海港)에서 한가로이 거주하였다. 날마다 해변에서 산보와 해수욕만 하다가 늦가을에 니꼴스크시 김태호(金泰浩) 집에 가서 그를 만났다.

　상해에서 들어온 국민위원 일단은 이곳 공산당원의 일파와 서로를 받아들이지 못해서 하등의 설계도 못하고 비공개대화도 못하고 날짜를 보냈다. 나는 그런 것에 전혀 상관치 않고 니시에서 한가로이 거주한다.

　겨울철에 여러 차례 해항(海港)으로 내려가 며칠씩을 지내다가 돌아오곤 했다.

　안무(安武)씨가 북간도로 출장을 나갔다. 임병극(林秉極)씨도 북간도로 출장 나갔다.

　무장을 해제당한 독립군들이 겨울을 당하여 각지에서 걸인 같이 방황하는 것은 실로 차마 눈뜨고 볼 수가 없다. 우리의 일이 냉랭하여간다. 사람들의 마음은 독립운동이 지속되어야 하는 줄은 아나 그것을 정신적이나 물질적으로 돕기를 싫어한다.

나는 벌써 이 사회를 냉시한다. 그 인물들까지도 그러려니 한다.
나는 초월관이 있다.

A. 4257년〈1924년〉

1월 1일

경천은 니꼴스크시 아스트라한스카야(Астраханская) 제5호 집에서
차가운 침대에 누워 깊은 꿈을 꾸다가 오전 7시 20분에 깨었다. 아아,
쓸쓸하다. 날이 갈수록 더욱 심하다. 경천이 서울을 떠난 지가 벌써 6년
의 첫날을 이곳에서 맞았다. 가슴 속에 안개가 가득하여 무엇이라고 쓸
지 모르겠다. 아아, 다만 슬픔뿐이다. 이 섭섭한 마음을 어디다 붙일까.

1월 1일에 부치는 노래
나의 일신도 한심하거니와 나의 집도 한심하다.
우리 사회도 한심하고 독립운동도 한심하다.
일꾼도 한심하고 민족도 한심하다.
따라 죽자하여도 한심하다.

경천은 슬픔이 그 도를 지나 낙관으로 넘어간다.
며칠 전에 독립군 군인들이 도리깨를 메고 마당질(가을에 곡식을 거두
어서 타작을 하기까지의 전 과정과 작업) 가는 것을 보았다. 모양이 실로 비
극이었다. 경천은 '불쌍한 독립군!' 이라는 노래를 지었다.

불쌍한 독립군! 무장해제 후
1. 영하 사십도 시베리아 추위에
   여름 모자 쓰고서 홋저고리로

밑 빠진 메커리에 간발하고서   * 메커리: 짚신
벌벌 떨고 다니는 우리 독립군

2. 한반도를 결박한 철사를 벗겨
   화려강산 옛 빛을 보려하였더니
   경박한 사람들은 코웃음하며
   부모나 찾아 가서 보려무나

3. 서산에 지는 해는 쓸쓸도 하다
   너의 고향 이곳에서 몇 천리더냐
   널 기르신 너의 부모 이곳 있으면
   너의 모양 보고서 어떠 하리요

　오늘 연해주 몇 지방 유지가 국민위원회를 환영하기 위하여 성대한
연회를 베풀고 청하였으므로 나는 출석하여 밤늦게까지 잘 취하고 놀
았다. 연회석상에서 몇 명의 연설이 있었고 나는 과거의 실속 없는 독
립운동을 비판하며 60만원의 돈을 헛되이 쓴 것을 통절히 말했다.
　숙채(淑彩)한테 편지를 보냈다.
　지금은 시베리아의 은세계 시대다. 몹시도 춥다. 그러나 경천은 요사
이 비교적 편안히 날을 보낸다.

1월 6일

　국민위원들과 함께 추풍사사(秋風四社)[52]에 다니며 대환영을 받았
다. 연일 술과 고기와 노래로 긴 밤낮이 가도록 놀고 나니 몸이 몹시
피곤하다. 대전자(영안평, 씨넬리꼬보)에 갔을 때 강 꼴랴 집에 가서 그를

---

52) 추풍사사(秋風四社)는 추풍지방에 있는 유명한 4개의 원호(러시아 입적자)촌으
　　로 꼬르싸꼬브까(허커우), 크로우노브까(황거우), 뿌찔롭까(육성촌), 씨넬리꼬보
　　(대전자, 영안평)를 일컫는다.

만나고 왔다. 추풍의 각 러시아 입적한인 마을에서 국민위원회를 후원할 의향이 매우 많았다. 경천의 이번 추풍행에 쓸모 있는 원호(原戶: 러시아에 입적한 한인. 한편 러시아에 입적하지 않은 한인은 여호(餘戶)라고 불렀다.) 청년들을 많이 만났다.

1월 15일

오늘 제1회 국민위원회의를 개막할 것인데 북신(北辛)(중국령에 있는 지역 이름) 기타 지방에서 아직 사람이 도착하지 않으므로 연기되었다. 경천은 회의가 임박하면 블라디보스토크 항으로 가서 참석하리라.

모스크바에서 트로츠키 씨는 과로로 인한 병으로 휴직하였고 레닌 씨도 심각한 병으로 매우 고생한다.

독일은 공산당이 패하고 민주당의 집권이 유력하다.

일본 동경에서 일본 황제가 출행하는 것을 보고 사회당원이 저격하여 그가 탄 마차를 관통시켰으나 불행히 일황은 맞추지 못하고 저격한 자는 곧 체포당했다.

1월 17일

대구에서 정죽(丁竹)의 서신이 오므로 매우 반가이 보았고 곧 답장을 보냈다. 나는 죽(竹)을 사랑한다.

근일에 일본 동경 동부에 대지진이 다시 일어나므로 그 피해가 막심하다 하니 자연의 토벌을 받는 섬나라 일본도 한심하다.

2월 22일

붉은 길의 주춧돌이 되었던 레닌 씨가 사망하다. 아아, 인류에 행복

을 주려던 위대한 레닌도 오늘 이후부터는 없으리로다. 레닌은 자기가
뜻한 바를 자기가 살아있는 기간 내에 결코 양호한 결과로 얻지 못했으
리라 생각한다.

2월 25일

블라디보스토크 항에서 개최하자던 우리의 제1회 국민위원회는 3월
1일로 연기되다.

니꼴스크 시의 여름〈1924년 여름〉

아! 무미한 니꼴스크시의 여름! 나는 본래 본성이 혁명아러니 하는
일 없이 한가히 놀고 지내는 것은 빨치산 활동 당시 겪던 극심한 고생
보다도 더욱 숨이 가쁘다 함이 나의 이번 여름의 표어다. 시내에 고려
구락부가 있다.[53] 그곳에서 모여 놀기도 하고 공원에서 산보도 하고 수
이푼 강에서 목욕도 한다.

그 외에 북경(北京), 상해(上海) 기타 각지에서 오는 통신을 받고 답
장을 보내는 것이 유일한 사무였다.

어찌하여 우리는, 그 중에서도 나는 날마다 적막에 빠지는가. 아, 해
와 달도 희미하게 적막 속으로 일분일초씩 빠진다.

---

53) 김경천은 1924년 3월에 한족군인구락부를 조직하여 본부를 블라디보스토크에,
　　지부를 니꼴스크에 두었다고 한다. 1925년 1월 13일자 일기를 보면 김경천이 그
　　때 군인구락부 일을 하고 있었음을 알 수 있다.

1924년 9월 30일 화요일
적군이 독립군을 참살한 사건

올해 9월 일에 추풍(秋風) 재피거우에서 적군(赤軍) 기병 한 부대가
재피거우 산속에 있는 우리 독립군 31명을 난살한 사건이 돌발하자 일
반 우리 민족의 낙망이 여간이 아니다. 그 이유도 없고 단지 이념상으
로 보나, 과거에 함께 고생하며 일본군 및 백군과 싸워온 것으로 보나,
오늘날의 친밀성으로 보아 필시 러시아 측은 광기가 들었다고 밖에 못
하겠다. 더욱이나 그 피살된 다수는 이미 빨치산 군으로 허다한 고초를
이 시베리아에서 맛본 자들이다. 이것이 러시아 측의 본의에서 나온 것
이라고는 볼 수 없다. 필시 무슨 착오가 생겼는가 한다. 무슨 착오일까.
그 다수의 보고서에 무슨 착오가 없을까?! 그 피살자 중에는 나와 더불
어 여러 해를 산속에서 고생한 청년도 있다. 나는 꼭 전적으로 러시아
측의 잘못만 있다고도 못하겠다. 러시아령에 있는 우리 고려인의 사회
가 너무도 복잡하니깐![54]

한심한 우리 독립 운동가들의 근정!
1924년 10월 13일 월요일

가을이 온 이래 처음의 추위다. 우물가에 얼음이 보이며 고인 물이

---

54) 윤상원이 인용한 일본 측 자료에는 1924년 7월 15일에 이 사건이 일어나 독립군
20명이 피살된 것으로 나와 있다. 그리고 이때 살아남은 이들이 러시아 측의
조치에 분개하여 8월 말에 추풍지방에 큰 소요를 일으키자 러시아 측은 이들
30명을 추적하여 살해했다고 한다(윤상원의 책 338-339쪽). 이와 달리 김경천은
9월에 독립군 31명이, 10월말에는 10여명이 러시아 측으로부터 난살을 당했다고
기록하고 있는데 지근거리에서 확인하고 기록한 김경천의 기록이 더 정확할 것
으로 생각된다.

얼었다. 경천은 쁘리발나야(Привальная) 거리 3번지 2호로 온지 4-5일
이나 된다. 방은 크고 또 거주할만한 좋은 방이다. 추운 밤 외로운 등불
아래서 지내는 나의 재미가 독특해서 나를 유별난 사람이라 부르는 것
을 면치 못하겠다. 나는 요사이 해왕성(海王星)이란 소설을 본다. 그 주
인공 되는 해왕백작(海王伯爵)에 대하여 내가 배울 것이 많다.

세계의 소식

1. 중국의 내란이 점점 커지니 북경파(北京派) 곧 오패부(吳佩孚) -
   장작림(張作霖)의 전쟁, 또 강소(江蘇)〈오패부파〉- 절강(浙江)의
   전쟁이 있으니 아직은 그 승부를 모르겠다.

2. 중동철도를 적색 러시아가 정식으로 아주 관하에 넣었으므로 적
   색 러시아의 세력이 북만주에 충만하였다.[55] 그런데 이 중국의 내
   란을 뒤에서 부추기는 자가 있으니 말하기를 미국, 일본, 러시아
   이 3자가 더욱 심하다 한다. 그러므로 신경이 예민한 정객은 벌써
   극동에서 제2차 세계대전이 일어난다고 예언하니 혹 맞을 런지
   모르지.

---

55) 중동철도는 제정러시아가 중국에 대한 영향력을 확대하기 위해 1897-1903년에
부설한 철도다. 철도는 하얼빈에서 시작해 러시아의 치따, 블라디보스토크를 지
나 아르뚜르 항구까지 이어진다. 중국은 이 철로를 통해 자국 내로 들어오는
러시아의 세력을 저지하기 위해 안간힘을 썼다. 중국 측은 1900년 6월 23일에
이 철도를 습격하여 파괴한 바 있고, 1924년에는 중국 - 소비에트 간 문제해결에
대한 조약을 체결했음에도 불구하고 1928년 10월 22일에 하얼빈에 있던 모든
소비에트 러시아 철도직원을 추방시켰고 1929년 7월 10일에는 군대를 동원해
철도를 장악했다. 1937년 8월 21일에 중국 - 소비에트 간 무력 불사용 조약이 체
결되었고 결국 이 철도는 1952년 12월 31일에 중국에 평화적으로 양도되었다.
본문 '9. 상해국민대표회의', 1924년 11월 6일, 1925년 5월 21일, 12월 1일과 19일
일기에도 중동철도가 언급되고 있다.

근래에 들은 우리 독립운동 인물들의 근정을 기록하였다가 뒷날의 참고로 하자. 미국통으로 유명하다는 박용만(朴容萬)은 일본총독부의 양해 하에 한반도 내지에 들어갔다 돌아간 사실이 있으므로 각 방면에서 그를 일본의 개로 인정한다. 또 김좌진(金佐鎭)의 행동은 모르겠다. 매우 의심할 점이 있다.

최진동(崔振東),[56] 강국모(姜國模) 두 사람을 중국인 관리가 체포하여 길림(吉林)으로 압송해갔다. 이에 대해 말하자면 실로 이 두 사람은 지난 몇 해 동안 나라 일에 분주하다가 불행을 당하였으니 동정의 눈물을 금치 못하겠다. 이 두 사람은 중국령 산채거우에 있다가 체포되었다. 필시 일본이 장작림(張作林)을 시켜서 이러하였을 것이다.

1924년 11월 6일 금요일

늦가을 초겨울이 분명하더니 이 양 3일간은 좀 따뜻한 날씨다. 어제 족제(族弟) 김창섭(金昌燮)군이 서울에서 찾아왔으므로 윤치호(尹致昊), 오긍선(吳兢善) 두 분의 후원의 뜻을 알았다. 또 한반도의 일반상황을 들으니 한심한 것이 많다. 더욱이 경제상으로는 몇 년 가지 않아 토지가 일본인의 수중에 들어가리라 함은 더욱 한심도 하고 분하다. 독립이 더디면 필시 한인은 파산하리라 한다. 오히려 혁명적 기운을 촉진하는지도 모르지.

중국내란

산해관(山海關) 전투에서 봉군(奉軍. 봉천에서 봉기한 장작림 군)이 승리하고 직군(直軍)은 마옥상(馮玉祥) 군이 모반하므로 조곤(曹錕)은

---

56) 최진동은 1920년 10월 간도사변 이후 중국에서 연해주로 건너온 총군부 군대의 영솔자 중 한 명이었다.

피란하고 오패부(吳佩孚)의 머리에 현상금이 걸렸으며 북경은 10월 23일 마군(馮軍)의 휘하로 돌아갔다 하나 아직 내용의 진짜 상황은 모르겠다. 모두 안복(安福)파의 책동이다.

러시아와 봉(奉. 장작림의 봉천군)의 접근

중동철로를 적색 러시아 측에 내준 이래로 러시아와 봉(奉)의 접근이 대단하여 적색 러시아의 저변은 매일 장작림(張作霖) 군이 유리하기를 찬성하여 말한다. 모를 것이 정치적 변절이다. 어제까지 백군을 사주하던 자로서, 서로 적대하던 러시아와 봉(奉)이 이같이 접근하다니! 내일은 누구와 더불어 접근할까. 가히 두렵다.

적군의 2차 독립군 살해

10월말에 재피거우에서 또 적군이 예전에 독립군으로 활동하던 청년 10여명을 처살하였다.

1924년 11월 10일 월요일

일본은 마옥상(馮玉祥)의 북경점령에 놀라 이때까지 중국내란에 중립이라더니 내각에서 결의하여 제17사단이나 제5사단이나 둘 중에 한개 사단을 천진(天津), 봉황도(奉皇島), 산해관(山海關) 방면으로 출동시키기로 하였다한다. 해군도 급파하였다.

영국 지중해 함대가 말타 섬에 집결한다는 놀라운 통신이 있고 약간의 미국해군도 중국연안에 급히 들어온다고 한다.

프랑스도 소비에트 러시아를 승인한다 하니 묻노라. 프랑스 측이 적색의 마음에 가까워진 것인가, 러시아 측이 부르주아지 나라를 양해한 것인가.

11월 22일 토요일

시베리아의 차가운 바람이 차차 거세게 불어온다. 중국내란은 오패부(吳佩孚)의 추락과 마옥상(馮玉祥)의 모반행동과 장작림(張作霖)의 주춤과 손문(孫文)의 긴 호흡으로 더 이상의 발전이 안 보인다. 첫 단락을 마친 듯하다. 아마도 열강은 이 사태의 형체가 급격히 외부적으로 커질까 봐서 매우 조심하나 보다. 은연중에는 움직임이 있으나 노골적으로는 매우 조심하는가 보다.

러시아 측에서 연해도(沿海道) 국경에 약간 증병하나보다. 모르지?

12월 30일

한형권(韓馨權)군이 북경에서 왔다가 다시 하얼빈으로 갔는데 통신이 없으므로 나는 매우 속이 탄다. 우리의 일은 모두 시원치 않고 답답하기만 하니 이 일을 어찌할까.

아, 또 무의미한 이 세상을 한해 두해로 맞이하게 됨을 경천은 무엇보다도 아파한다. 정말 싫은 이 오가는 해들… 오직 나는 혁명에 목이 말라 죽겠다. 내가 이 시베리아 동단에 있는 것이 옳은가, 다른 곳으로 가는 것이 옳은가.

B. 1925년

1월 1일 목요일

어젯밤에 망년회를 하기 위하여 꼬르싸꼬브(Корсаковская) 거리 15번지 김 리자(여자이름 '옐리자베따'의 애칭) 집에서 모여 놀다가 1월 1일

오전 4시경에 나는 숙사로 돌아왔다. 나의 송구영신의 한 마디는 「갑자년도 별일이 없구나!」뿐이었다.

1월 7일 수요일

아, 무의미하게 시간을 보내서는 못쓸 경천이가 또 올해도 벌써 새해 7일이 아닌가?! 한반도를 위하여 작년에는 얼마나 일을 하였을까. 실로 한심하다.

중국은 다시 내란이 일어나는 듯하다. 영미의 원조로 오패부가 활동하는 것이며 일본의 절대원조로 장작림(張作霖)이 남방으로 출병하는 것이며〈제섭원(霽燮元)을 치자고〉진형명(陳炯明)과 오패부가 악수하는 것이며 손문(孫文)이 계책 없이 있는 것이며 단보정(段報政)이 궁여지책을 쓰는 것이며 모두 볼만하다. 영국은 기어이 싱가포르 항에 해군 근거지를 축성하기로 작정했다. 일본이 힘들겠지.

북만주에 러시아가 출병하였다. 그 내용은 중국의 동란을 의미하겠지.

나의 마음!

아, 인생은 별 것이 아닌 것인데 그것을 억지로 별 것이거니 하여 자꾸 별 것으로 만들려고 하는 것이 우선 우습다. 그러고서는 그 규칙과 자기들이 지은 그물에 걸려서 자기를 속이며 자기도 모르게 부자유스럽게 세상을 보내며 또 가자고 한다. 어느 종교, 어느 당, 무슨 파나 모두 자기의 그물에 걸려서 부자유스럽게 저도 모르고 타인도 모르게 무의미하게 이 시간을 보내는 것이 우습다. 예로부터 동서를 물론하고 한 개인이 제 야심을 위하여 몇 만, 몇 백만의 생명을 들판에 말려 죽였건만 만물을 사랑한다는 하나님인지 부처님인지 하는 분은 그 한 개인을 죽였더라면 몇 백만 인생을 살릴 것인데 그것도 아니하는 하나님이나 부처님이랴, 이를 믿었다가는 밖에다 방아를 걸겠다. 만일에 우주를 지으신 이가 있다하면 지을 때뿐이며 간혹은 한 개인, 말하자면 영웅이나 걸사를 특히 얼마동안만 사랑하는 것이다. 그 외에는 방임주의를 쓰는 것이다.

자기가 목적한 일에 필요한 것 외에는 개인적인 일 처리에서 그 허다한 그물에 걸려들지 말 것을 나는 세간에 큰 소리로 외친다.

이 세상에서 얌전한 사람이란 것이 무엇인가. 그 자는 자기의 걸음걸이도 함부로 못 걷는 자다.

또 남녀의 관계로 말해보자. 남녀가 서로 교제한다, 논다, 혹은 다닌다 하는 것이 무슨 깊은 뜻이 있기로 말이 많은가. 무슨 깊은 뜻이 있기로 인류사회에 무슨 중대한 멸망할 악행이나 되는가. 그렇지 않는 이상에는 그다지 고루하게 떠들 필요가 없을 것이다. 이는 모두 고인들이 지어놓은 그물에 현재 사람들이 걸려서 그러한 것이다. 모두 우스운 일이다. 인류의 해방이 이것이 아닌가. 인류를 무엇에 대하여 해방할까. 인류 자신이 지은 그 그물에서 해방하자 한다.

1월 13일

오늘도 춥고 경천의 마음도 쓸쓸하다. 하얼빈에 간 한형권(韓馨權)의 통신이 어찌하여 이다지도 없는지 답답하다. 서울로 편지를 부쳤다.

변하여 가는 나의 마음

나는 지난 1923년 가을에 소왕령으로 왔다. 벌써 1년 반이 된다. 그동안 군인구락부의 일에 대하여 얼마간의 일은 하였으나 여러 날은 한가로이 노닐었다. 그렇게 한가로이 노닌 까닭에 나의 마음은 너무 궁금함을 못 이기어서 차차 마음이 변하여 가는 것을 나는 알았다. 어떻게 변하였을까. 혁명정신상에 잘못이 많고 안일을 얻고자 하였다. 이것은 내가 죄를 짓는 것이다. 각오한 혁명가가 이럴 수 없다. 경천은 아직도 어린 것이다. 철저치 못한 것이다. 내가 만일에 불철저할 것 같으면 최초의 결심이 수포로 돌아갈 것이다. 나는 다시 결심하고 마음을 채찍질하자.

2월 5일

오늘 미국에 있는 김영섭(金永燮)군에게 통신을 보냈다. 더욱이 요즘음 일본과 미국의 관계라든지 일본과 러시아의 관계든지를 들어 서로 의견교환하자고 하였다. 일본은 적색 러시아를 승인하였다. 가까운 시일 내에 또 미국도 따라서 적색 러시아를 승인한다고 한다. 일본은 러시아에 매우 가까이 접근한다. 일본, 러시아, 독일의 연맹설도 있다. 일본 – 러시아간 교섭은 성립되었다. 그 영향을 우리는 많이 받으리라. 어찌하여 군국주의의 정수라 하는 일본과 공산주의의 선봉이라 하는 러시아가 이다지 친밀하여지는지 별일이다. 러시아 신문과 조선인의 선봉신문(先鋒新聞)은 이를 축하한다.

조인까지 하여 8-9년이나 제기되던 여러 가지 문제를 모두 일소한 모양이다.

요즘에도 나는 김 리자(여자이름 '옐리자베따'의 애칭) 집에 가서 논다. 거의 매일이다. 나는 무슨 까닭으로 날마다 그곳에 가서 놀까. 이것이 별난 일이 아닌가. 사랑을 나누자고 그러는 것일까? 사랑에 들어가서는 별 영웅이 없다더니 참말이다. 그런데 나는 그 집의 누구를 사랑하는가. 두 사람 중에 누구를 찾는 것인가. 또 두 사람 중에 누가 나를 사랑하는가. 또 이 사랑이 성립될까? 또 되면 어찌할까. 모두 내 앞에 문제다. 나는 과연 이리 하여서 옳을까. 혁명정신이 무뎌지는 것은 아닐까.

2월 8일

태양광선이 차차 가까워온다. 바람이 차지만 얼음이 녹는다.

아! 타는 불꽃!

북청(北靑)에서 태어나 일본에서 성장하면서 혁명정신의 수양이 깊고 깊은 내가, 일본의 횡포를 부수고자 7년 전 6월 6일에 한반도를 하직한 내가 그 후 4차례 일의 형편의 변동 및 과업의 경과로 인하여 심리상의 변화도 적지 않다. 나 역시 모를 만큼 이상히 변한다. 그러나 속에서 불은 자꾸 탄다. 태산이라도 뚫고 싶다. 대해라도 들어가고 싶다.
아! 우주는 나의 가슴에 혁명을 일으키게만 하고 돕지는 않으니 이 우주도 나에게는 불행이다.

2월 21일 토요일
[아내 정이 찾아오다]

며칠간은 몹시 춥다. 오늘 서울[京城]에서 아내 정(貞)이 왔다. 서로 고생을 많이 하다가 오늘에야 7년 만에 새로 만났다. 오늘과 옛날 사이의 감회를 금치 못하겠다. 딸들이랑 잘 자라는 것 같다. 나는 혁명과업에 분주하여 집안일을 몰랐지만은 집안에 있는 여자들은 그렇지 않아 괴로운 생각이 많았으리라.

3월 1일 일요일!

지나간 7년 전에 우리가 서울을 중심으로 하여 한반도의 자유를 찾고자 일본과 싸운 첫날이 제7회 돌을 만났다. 그간에 우리 애국자들은 허다한 풍찬노숙에 고생을 많이 하였으나 외국의 정치적 관계로 인해 아무런 좋은 결과를 맺지 못하고 요즘은 아까운 세월을 외지에서 공허하게 낭비할 뿐이다. 슬프다, 어느 때에 한반도 민족으로서 자유의 깃발 아래 만세를 부르게 할까!

하루 이틀! 한해 두해! 가기는 잘 간다마는 우리의 과업은 조용하니 아무런 움직임 소리도 들리지 않는다. 영웅은 늙어가고 과업은 지지부진하다 함이 꼭 우리를 두고 이르는 말이다. 시베리아 천지에 쌓인 눈이 요즘 한층 더하다. 아직도 몹시 춥다. 나의 방안에는 요즘 매우 재미있다. 아내 정(貞)도 와서 있고 화분에 꽃 한 송이도 피었다. 그러나 정은 오래지 않아 서울로 돌아갈 것이다. 오늘 나는 방안에서 한가로이 쉬다가 밤에 니꼴스크 - 우수리스크시 구락부에 가서 보니 삼일운동 기념식을 거행하는데 쓸쓸함을 금치 못한다.

3월 11일 수요일

오늘 정(貞)은 해항(海港)에서 목커우로 가는 연락선을 타고 본국으로 향하였다. 서로 섭섭한 감회는 예나 지금이나 같을 것이다. 나는 이날 밤에 니시(尼市)로 돌아왔다.

3월 14일 토요일

북간도(北間島) 동흥학교(東興學校) 교사로 일하며 이번 본국 동아일보 주최로 해외동포위문회의 물품〈가격 약 9천원〉을 가지고 온 천○

○(千○○)군 및 전성호(全盛鎬)군이 오늘 중국령으로 갔다. 전군은 이번에 군인협회(軍人協會)에 가입하였다.

3월 15일 일요일

아내 정(貞)이 떠난 지가 벌써 닷새가 된다. 지금쯤은 어디까지 갔는지, 고생이나 심하게 아니 하는지, 오늘쯤 웅기(雄基)에서 기선을 탔는지, 아직도 못 탔는지, 가기나 잘 갔으면 다행이거니와 일본 앞잡이들의 수색이나 아니 당하는지 모르겠다. 나는 정에게 곧 아이들 데리고 들어오라고 하겠다. 보고 싶다.

3월 26일 목요일

요즘 나는 몸이 시원치 못하다. 정(貞)의 도착여부를 몰라서 매우 답답하다.

나는 요즘에 비로소 장기(獎碁)를 배운다. 또 열국지(列國志)를 본다. 참으로 나는 무의미하게 논다.

중국은 그대로 파란이 연이어 일어난다. 오패부(吳佩孚)가 부활하는 듯하며 북동 단정부(段政府: 단보정 정부를 말함)는 차차 무력하여 가는 것이다.

쌓인 눈이 많이 녹았다. 그러나 눈이 요 며칠간 몇 번이나 더 내렸다. 아마 서울은 여러 가지 화초가 만발하였겠다.

4월 1일 수요일

날씨가 매우 따뜻하여 눈이 거의 다 녹았다. 그러나 도로는 소왕령(蘇王領)의 명산품으로 몹시 질다.

아내 정(貞)이 웅기(雄基)항에서 보낸 편지가 왔다. 몹시 애처로운 말로 썼다. 그것은 내 탓이다. 나는 지금 이후부터 성심을 다하여 사랑하고 보호하겠다. 곧 들어오라고 회답을 보냈다. 정은 이 7년 어간에 실로 고생을 많이 했을 뿐 아니라 이번 내왕에 더욱이 고생하였다. 그 값은 내가 뒷날에 사랑으로 갚으리라. 나는 민족을 위하여서는 죽음 힘을 다 썼으나 가정을 버려두어 외로운 처자들을 너무도 원하지 않았다. 그러므로 이번에 정이 찾아온 것도 여기에 기인하였다. 그러나 어찌 민족과 가정 양쪽 모두의 완전을 구하리오. 지금 당장은 우리 민족적 과업에 특별히 할 일이 없으니 이번 여름에나 가솔을 데려다가 위로하고 받들며 지내보겠다. 나는 아무 때도 정에게 반대는 못하겠다. 나는 이번까지 살펴보고 정을 존경하고 사랑한다. 나는 요즘 더욱이 세 딸 지리, 지혜, 지란이가 보고 싶다.

4월 8일 수요일

오늘은 따뜻한 봄이 매우 가까이 왔음을 알겠다. 서울에서 정(貞)의 편지가 왔다. 무사히 갔으니 매우 다행이다. 정은 서울을 기점으로 하여 의주(義州) - 안동(安東) - 봉천(奉天) - 장춘(長春) - 하얼빈(哈爾賓) - 뽀그라니츠나야 - 니꼴스크 - 우수리스크시 - 해삼위(海蔘威) - 바닷길로 목커우 - 웅기(雄基) - 원산(元山)으로 해서 서울로 돌아가니 큰 도형을 그렸다.

4월 10일 금요일

강풍이 불어와 모래가 날리고 먼지가 인다. 오후에 벗이 한 명 찾아와 좌담했는데 담화가 상해(上海) - 이르쿠츠크 양파의 당파전에 이르러 서로 한심한 뜻을 금치 못하다가 자유시사변(自由市事變)에 대한 말에 이어 깔란다리쉬빌리(Каландаришвили)씨가 극동 천지에 대파란을 일으키려고 기도하고 왔다가 실패를 한 것은 우리 한반도 독립운동에 천세의 유감으로, 절호의 기회를 잃었음을 개탄하였다.[57] 과연 그렇

---

57) 자유시사변과 깔란다리쉬빌리(Нестор Александрович Каландаришвили. 1876-1922) : 일제에 맞서 1920년 만주 북동부 훈춘분지 일대에서 한인들이 일어나 봉기를 했다. 한인들은 그해 10월 4일 훈춘에 있는 일본 영사관을 두 차례 공격했고 그 후 항일봉기의 불길은 만주전역으로 번져갔다. 그러자 일본은 중국정부를 향해 봉기한 한인에 대해 가장 강력한 조치를 취해줄 것을 요구했고 중국정부는 어쩔 수 없이 만주의 불안정한 지역에 일본군이 투입하는 것에 동의하였다. 이에 일본은 2개 사단을 투입해 간도전역에서 이른바 간도토벌을 단행하게 된다. 이로 인해 1920년 11월부터 1921년 2월까지 "훈춘 대학살"이라는 참변이 이어져 무수한 한인이 학살과 전대미문의 잔혹행위를 당했다.

그러자 만주지역 항일빨치산 부대들의 일부인 3천 5백여 명이 토벌을 피해 러시아령 아무르주로 이동해왔다. 이들은 극동공화국 한인부의 인도로 자유시 인근 지역에 집결했다.

그러던 중 1921년 3월 15일 아무르주 크라스노야로보에서 극동지역 '전한(全韓) 임시군사위원회'가 개최되었다. 이 대회에서 모든 한인빨치산들을 하나로 통합하고 이를 극동공화국 인민혁명군의 지휘 아래 두기로 결정되었다. 통합 빨치산 부대의 명칭은 '사할린 빨치산'부대로 정했다. 당시 자유시 인근에는 훈춘대학살 이후 한국과 북만주에서 아무르주로 기지를 옮긴 홍범도, 이청천, 이범윤 등의 의병부대와 김좌진, 서일, 김승빈의 북로군정서 부대, 안무, 전일무 등이 지휘하는 국민회군대 등 5천 명 이상의 한인 빨치산들이 모여 있었다.

이 소식을 접한 러시아 코민테른 집행위원회 전권대표인 슈먀츠킨은 극동공화국에 있는 모든 한인빨치산 부대를 다룰 수 있는 권한을 코민테른 극동서기국에 넘겨줄 것을 요구했다. 그리고 그는 이르쿠츠크에서 한인혁명군을 조직한 다음 만주를 경유하여 한국으로 출병하려는 계획을 세웠다. 슈먀츠킨은 고려혁명군정의회를 만들고 위원장 및 사령관에 깔란다리쉬빌리(Каландаришвили)를 임명하였다. 이렇게 하여 한인빨치산 부대는 두 개의 지도부가 생겨나게 되었다. 깔란다리쉬빌리는 시베리아 내전의 영웅이었다. 그는 1920년 말 코민테른(제3국제공산당) 집행위원회의 결정에 따라 극동 한인혁명 빨치산 부대 지휘관으로 임명되었고 1921년에는 한인 여단의 여단장에 임명되었다.

다. 노혁명가 깔란다리쉬빌리가 극동의 도화선을 쥐고 한반도의 명운과 흥망을 걸고 한판 승부를 겨룰 웅대한 기도를 가지고 온 것인데 당시 그 국면에 접한 한인 중에서 능히 그 기도를 양해할 인물이 없었음이 사실이었다. 지금 양 당파의 꼴을 보면 그 당시를 가히 알 것이었다.

일본은 보통선거법이 통과되었다 한다. 오늘 이후부터 일본 관료 파벌들은 어떠한 수단으로 또 일본민중을 구속하겠는가. 결코 일본은 이 보통선거로 정립이나 정돈이 못 될 것이다.

"경천아, 한반도의 독립운동을 어찌할꼬?!" 나의 요즘 날의 언명이다.

4월 17일 금요일

강풍이 분다. 패공(沛公. 한나라 고조 유방이 황위에 오르기 전의 칭호)이 났는가. 이 니꼴스크시[尼市]는 봄에는 날씨가 매우 좋지 않다. 나는 요즘에 쁘리발나야(Привальная)거리에서 매우 한가하고 적적히 지내고 있다. 몸과 마음이 평안하고 한가히 지낸다. 주인의 위안을 많이 받는다. 더욱이 집안의 누이 되는 분의 고마운 뜻을 받는다. 노상범(盧尙範)군이 내방했다.

1921년 5월 26일 깔란다리쉬빌리를 단장으로 한 한인군사혁명소베트 위원들은 코민테른 극동서기국의 위임장을 받아가지고 이르쿠츠크를 출발하여 6월 6일에 자유시에 도착했다. 깔란다리쉬빌리는 사할린 빨치산 부대를 고려혁명군 정의회에 편입시키기 위한 계획을 실행하기 시작했다. 그러나 사할린 부대는 이를 거부했고 따라서 깔란다리쉬빌리는 사할린 부대를 포위하고 무장을 해제시키기 위해 무력을 동원한다는 결정을 내렸다.

6월 28일에 공격이 시작되어 수백 명의 사할린부대 소속 한인빨치산 대원이 사망, 익사, 실종되었다. 이것이 바로 '자유시 사변'(또는 '자유시 참변')이다. 결국 사할린부대는 해체되어 대부분 극동의 다른 부대로 재배치되었다. 만주를 경유하여 한반도로 진주하고자 했던 슈먀츠킨과 깔란다리쉬빌리의 구상도 실현되지 못했다(보리스 박·니콜라이 부가이(김광한·이백용 옮김)의 같은 책 199-209쪽, 기타 다른 책에서 요약 정리).

5월 4일 월요일

니꼴스크시[尼市]의 들에 바람이 분다. 오후에는 무슨 일인지 하늘이 붉은 색을 띠었다. 그리고 흐렸다. 가물자는 것인지. 오전과 오후에 나는 화원을 만들었다. 이것이 나의 일시적 취미이리라. 박민규(朴敏奎)의 소식을 들었다. 박군이 모스크바 시에서 집으로 돌아오는 중이며 어제 니시(尼市) 정거장을 지나면서 나를 곧 수청으로 오라고 말하였다 한다. 무슨 일인지? 나는 요즘 봄잠을 자고 깬다. 봄날의 노곤함에 장래가 어두움을 생각하니 답답하기만 하다. 나는 아무 소일이 없다. 그러므로 오늘도 화원을 만드는 것이다.

5월 10일 일요일

봄비와 봄바람이 잦다. 바람이 분다. 그렇지 않아도 먼지가 많은 니꼴스크시에서 더욱 눈을 뜨기가 힘들다. 구름이 분주히 왔다가 흩어진다. 오늘 천렵을 가자고 몇몇 동지하고 작정하였더니 틀렸다. 나의 거실 앞에 널린 벌판에 풀은 푸릇푸릇한데 사람은 드문드문 보인다. 나물 캐는 저 어린 아이들은 무어라고 노래하면서 재미있게 풀들 사이를 뒤진다.

이번 여름에는 수청 해변으로 피서가려고 하였더니 아내 정(貞)이 아직 여기로 들어오지 않아서 갈지 말지 한다. 올해 핀 진달래꽃을 오늘 처음 보았다.

5월 17일 일요일

간밤에 비가 오더니 오늘 오전은 맑게 개었다. 유대진(柳大鎭)이[58] 해항(海港)에 들어와 편지를 보내었으므로 나는 오늘 회답을 썼다. 또

정(貞)한테도 보냈다.

들이 푸르렀다. 나뭇잎이 차차 녹색을 띤다.

중국 오패부(吳佩孚)의 세력재생에 대한 소식이 신문에 있으며 한반
도에서는 민중대회가 개최되었으나 일본 측에서 해산시키자 시위운동
도 일어나 한동안 서울이 매우 떠들썩한 모양이다.

독일 힌덴부르그 원수는 이번에 대통령으로 피선되었다. 영국, 프랑
스, 미국은 세계평화를 스스로 담당하자는 협약을 맺어가지고 적색 러
시아에 대립하는 모양이다. 터키는 군비확장을 실행한다. 일본 동경에
적색 러시아의 대사가 도착하였다.

정신상의 포로?!

사람은 정신상의 포로가 되기를 기뻐한다. 이것을 잘 말하자면 정신
상의 위안일까 한다. 이 위안이 없이는 안심치 못하는 이상에는 이 포
로 됨을 다시 면치 못할 것이다. 사랑의 포로, 의로움의 포로, 금전의
포로, 명예의 포로 이 모든 것이 모두 이 몸을 속박치 않는 것이 없다.
그러면 이 포로 됨을 면하기는 매우 어려운 것이겠다. 예로부터 지금까
지 몇 사람이나 이것을 벗었던가. 이것을 벗자면 정신상태가 어느 정도
에 가 있을꼬? 아마, 유별난 인물이 되고서야 그럴 것이다.

---

58) 김경천의 처남. 김경천이 망명하자 그도 나중에 러시아로 망명하였다. 연해주에
서 김경천과 함께 활동하다가 1923년부터 블라디보스토크에서 신문사 기자로
일했다. 그는 기선을 타고 활동하던 중 기선 위에 달려있던 기중기의 갈고리가
떨어져 머리를 다치는 바람에 두통으로 많은 고생을 하였다. 1936년경에 김경천
의 가족과 소식이 끊어졌는데 아마도 그때 소련정부에 체포되어 처형된 것으로
보인다.(박환의 같은 책 377쪽)

5월 27일 수요일

연일 봄비가 오므로 논과 밭에 곡식의 싹이 매우 잘 나온 모양이며 나무마다 푸른 잎이 차차 짙어간다. 지금 같으면 풍년의 조짐이 완연하다. 미국 대함대의 출동은 일본으로 하여금 방심을 허용치 않는다. 일본과 미국의 전쟁은 일본의 불응으로 없을까 한다. 그러나 일본은 러시아와 단단히 악수하나 보다.

러시아와 중국의 관계가 짙은 암운에 싸인다. 문제는 중동철로선 때문이다. 전쟁개시까지는 모르겠으나 매우 분분하다. 그런데 장래에도 이 중동선 문제가 중국 - 러시아 - 일본 삼국 간에 결코 적은 문제가 아니고 군사상, 교통상, 상업상으로 매우 중대한 극동의 숨은 화산인가 한다. 그런데 카라한(Карахан) 대사는 옛 제정 러시아와 같이 중동선의 권위를 회복하려고 매우 힘쓴다 하는 말들이 있더니 이와 같은 분규가 발생하였다.

독일의 힌덴부르그 장군이 대통령에 피선되므로 몇몇 나라는 축하는 고사하고 매우 싫어한다.

6월 17일 수요일

올 봄이 찾아온 이래로 비가 알맞게 내리고 바람이 고르게 불어 오곡이 잘 되는 길조가 확실하다. 오늘 오전은 더워지려고 한다. 야외로 나가 산보하였다.

레닌그라드 국제사관학(國際士官學)의 내용을 자세히 들었다.[59) 빈

---

59) 소련정부는 천도교지도자 및 다른 민족운동 지도자들의 요청을 받고 1920년대 초 젊은 한인혁명가를 대상으로 러시아에서 군사전문가 양성을 위한 교육을 실시한 바 있다. 그리하여 1922년에는 러시아 군사학교로 100명이, 1923년에는 115

약한 당파싸움을 지금도 이어온다.

중국 상해에서며 청도(靑島) 각지에서 노동자 스트라이크가 많이 발생하는 모양이다. 아마도 붉은 점이 여기저기 많이 떨어지나 보다.

6월 22일 월요일

요사이는 약간 가물다. 니꼴스크시 거리에는 맨 먼지가 불어 날린다. 덥기도 매우 덥다. 나는 실로 적막하게 이 니꼴스크시 쁘리발나야 거리에 있다. 아, 예로부터 혁명가나 나라의 일로 망명하여 이역에서 신고를 맛보는 사람 같이 불쌍한 자는 없으리라. 나는 일본 동경에서 유학한지 벌써 20여년이다. 심리적으로나 육체적으로 얼마나 쓰고 쓴 것을 맛보았을까!! 지금 사람들이나 후대 사람들이나 누가 이것을 알까. 짐작이라도 할까!? 도저히 알 수가 없고 짐작할 사람이 없으리라. 죽어서는 원혼이 되고 살아서는 기쁠 때가 없으리라! 인생이 만일에 나 같다 하면 이 우주의 진리는 싱거운 것이라 하겠다.

7월 5일 일요일
[본국에서 가족이 들어오다]

본국에서 아내 정(貞), 장녀 지리(智理), 차녀 지혜(智慧), 삼녀 지란

명이 파견되었다. 이들 중 55% 정도는 한국에서 왔고 45%정도는 러시아 내 이주 한인이었다. 1923년 8월에는 러시아에서 교육받는 모든 한인 보병 및 포병후보 생들을 레닌그라드 국제사관학교에 집결시켜 한국어로 교육한다는 결정이 채택 되었다. 1925년 1월에 소련에는 총 174명의 한인 사관학교 후보생이 있었고 8명 의 교관이 있었으며 그중 145명이 레닌그라드 국제사관학교에 있었고 그 학교 한인중대 지휘관은 오하묵이었다(보리스 박·니콜라이 부가이(김광한·이백용 옮김)의 같은 책 179쪽).

(智蘭)이가 이사하여 오늘 해항(海港)에서 [니꼴스크로] 도착하였다. 나는 7년 만에 만나므로 삼지(三智)의 얼굴을 보니 위의 두 딸 지리, 지혜는 어스런하고 삼녀 지란은 도무지 모르겠다. 그 아이들도 나를 모르고 누구인가 하고 묻는다. 셋째 딸은 나를 아직 자기의 아비가 아니라고 하여 한바탕 달아난다.

아이들이 모두 귀엽다. 인제 나는 가정의 사람이 되었다.

9월 28일 월요일

가을 빛, 가을 기운, 가을의 마음이 한 번에 다다른 이때에 천지간에 외로운 나그네가 요즘은 가족을 데리고 가정생활을 한다.

지리(智理), 지혜(知慧)는 한인학교에 입학시키고 지란(智蘭)이는 러시아인 학교에 입학시켰다.

나는 근래에 억지로 마음을 버리고 평범한 생활을 하니 실은 더 아프다.

김광택(金光澤), 김유경(金有慶) 군이 레닌그라드 시로 가더니 이르쿠츠크 시에서 그들이 보낸 편지가 왔다. 나는 그들의 건재를 바란다.

10월 1일 목요일〈음력 8월 14일〉

쓸쓸한 찬바람이 완연히 시베리아의 특산품 같이 분다. 뿌힛뿌힛한 구름이 떠서 찬바람에 이리저리 불리는 것이 더욱이나 쓸쓸한 마음이 안 날 수 없게 한다.

아, 과거 7년 전의 독립운동에 수 만 명의 청년이 해외로 뿔뿔이 흩어져 지내더니 올해 이 가을쯤에는 제각기 자리를 잡고 추위에 얼지나 않는지. 나는 이번 가을은 별로 춥지 않게 가정생활을 하나 우리 몇몇 동지들은 지금도 걸인으로 다니는 자가 많다. 어느 민족을 물론하고 혁명당시는 이러할 것이므로 우리도 이런 것이다. 이것이 자기가 있는 가치가 더욱 빛나는 것이다.

10월 13일 화요일

숲에 단풍이 불긋불긋 누릇누릇하다. 이학운(李學云. 김경천부대의 소대장을 맡았던 이)군이 수청(水淸)에서 나를 찾아왔다. 수청 벗들의 안부를 들었다.

근래에 일본 및 한반도에서 사회 각 파(派)의 대표가 들어오므로 고려공산당 조직운동이 해항에서 맹렬하며 그 내막에는 싸움도 약간 꼬리를 물고 이어지는 중이다. 사랑스러운 가을날이다. 요사이 따뜻이 햇볕을 쬐기가 재미스럽다.

11월 2일 월요일

가을날이 아직 그다지 차갑지 않다. 나는 이번 겨울을 이 도시에서 지내려고 준비하고 있다.

요즈음 중국형편이 볼만하다. 오패부(吳佩孚)파가 연전연승하여 장작림(張作霖)은 국가의 적으로 몰리고 중국의 중심이 모두 오패부 쪽으로 기우는 중이란다.

별 일이 없으며 무의미하게 지낸다. 다툼으로 나날을 보내는 것은 조선인 정계이겠다. 작은 판국, 소인배들, 미약한 투쟁, 적은 만족으로 소위 혁명대과업이란 것이 구렁이 담 넘듯 한다. 애석하다.

나는 조선인사회가 이러한 줄은 실로 몰랐다. 그 처지를 생각하고 일본인보다도 과업에 진취성이 많은가 하였다. 조선인이 퍼뜩 잘못하면 영원한 욕을 먹고 그것이 세계 역사에 몇 줄의 글자로 기록되어 기념되고 말 것이다. 경천이 독립운동을 시작할 때에 소감을 말하기를 우리는 지금이야말로 시석(試石) 위에 오른 사금이라고 하였다.

그리하고 나는 매우 만족한 찬사를 소리 높이 외쳤다. 요즘에는 그 사금을 시석에 갈고 보니 금 같지 않고 놋쇠가 아닌지 의문이 생긴다. 모르지 더 갈고 보면 그 속에서 진짜 금이 나올까? 만일 진짜 금이 아니요 끝끝내 놋쇠이면 우리는 모두 죽어야 옳으리라.

11월 6일 금요일

요즘 나와 나의 가족은 참으로 평안히 지낸다. 오늘 나는 서책을 뒤지다가 경천아 시가록(擎天兒詩歌錄)을 보았다. 일본육군중앙유년학교 및 육군사관학교를 다니던 이래 지은 것이다. 분개함을 전적으로 참을 수 없어 나온 나의 불평이 가득한 시구(詩句)들이다. 이제 생각해 보아도 몸서리친다. 나의 입지는 분명히 일본군대생활에서 기인했다. 나의 정신의 견고함과 기타 장점은 모두 이 일본유학으로 된 것이다. 그 시곡(詩曲)을 보아도 알 것이다.

어제 한형권(韓馨權), 최준형(崔俊衡) 두 분이 찾아와 우리의 장래에 대하여 상의하였다. 그러나 하나도 준비가 되어 있지 않은 우리의 혁명계가 한심만 가득한 것뿐이다.

11월 13일 금요일

들판에 첫눈이 남아있고 하얀 서리가 횃대에 내려 겨울이 완연하다. 나는 요즘에 하는 일 없이 산다. 한심하고 답답한 것이야 누구더러 말할까. 그 외에 또 나는 마음이 불편한 것이 가정이다. 7년 만에 만났으니 위안이 될까 하였더니 오히려 홀로 생활하는 것만도 못하다. 이같이 하여서는 도저히 안락한 가정이 되기는 틀렸다. 어떤 때는 곧 어디로 떠나고 싶다. 성품상으로도 아마도 아내 정(貞)과 나는 합치하지 않는 것이다. 말하자면 나는 체질이 소양인(小陽人)이나 더욱 널리 보는 까닭에, 태음인(太陰人)이나 그다지 알지 못하는 정(貞)과 맞지 않는 것이다.

11월 15일 일요일

한적한 늦가을의 느낌은 예나 지금이나 의연하다. 오늘 나의 누이 옥진(玉振)이의 편지를 받았다. 태어나서 처음으로 우애의 정을 보는 것 같다. 처음일 것이다. 나에게는 형이 있었으나 일찍 세상을 하직한 탓에 그다지 우애를 주고받지 못하였다. 하나밖에 없는 내 누이의 건강과 면학을 바란다. 나는 누이가 얼마나 어른스럽게 자랐는지 보고 싶다.

내년 여름방학에는 꼭 오라 하여서 보리라.

11월 23일 월요일

한적한 나의 집안에서 나는 일어난 후로 화분에 물을 주고 방안을 왔다 갔다 하였다.

뜻밖에 김묵전(金黙田)이 찾아왔다. 시국과 천도교에 대하여 서로 담화하였다.

동양의 풍운은 중국을 중심으로 하여 대파란이 일어난다. 적색 러시아는 광동정국(廣東政局)과 마옥상(馮玉祥)에게 공공연히 무기를 공급한다. 중국은 지금부터는 예전보다 좀 다르게 내란이 연속되겠다.

조선 내에 새 공산당간부가 조직이 되었다. 그러나 러시아령에 있는 당원들은 대다수가 또 반대하는 중인데 그 더러운 까마귀 싸움을 누가 알리요. 서울에 있는 내 누이 옥진(玉振)이한테 편지를 보냈다.

12월 1일 화요일

눈이 내리고 극심하게 추워도 나의 실내에는 화초들이 볼만하게 잘 자란다. 더러는 꽃이 피고 두어 개는 열매가 열리고 혹은 꽃망울이 맺혔다. 나는 이것을 바라보며 이 시간을 보낸다.

중동철로선에 있는 김규식(金奎植) 일파가 혁신군을 조직하고 나를 군무부장이라고 임명하였던가. 한번 웃어주고 만다. 신흥사조가 날로 밀려오는 때에 이런 구시대 인물들은 좀 가만히 있었으면 좋을 터인데 무엇을 어쩌노라고 무슨 단, 무슨 군, 무슨 부라고 떠든다. 삼일운동이 래로 아이가 절반 이상이니 우리 이 일이 어찌 한심치 않으리오.

나는 삼국지연의(三國志演義)를 오늘 다시 일곱 번째 읽는다. 삼국지는 실로 중국의 오늘날 대세를 그대로 그린 것이다. 이번은 누가 통일하겠는지, 나누어 가지겠는지. 오늘 같아서는 중국의 통일이 어찌 될지 실로 알 수 없다. 삼국지를 읽는 때에는 중국의 오늘 형편이 더욱 한심해 보인다. 삼국시대에는 열강의 침탈 야욕이나 없었지, 오늘은 그렇지 아니하여 열강의 야욕 때문에 중국은 통일을 이루고자 하나 불가능이로다.

12월 2일 수요일
[서울 사직동 집이 그립다]

어제부터 내리던 눈이 그치지 않으며 눈 폭풍이 되었다. 나는 실내에서 왔다 갔다 하면서 옛일을 생각하다가 서울 사직동(社稷洞) 본집의 산수를 사랑하는 것을 떠올리고 속히 가서 못 봄을 한탄한다. 경천원

(擎天園)의 경천각(擎天閣)이며 동쪽 산 위의 운심대(雲深臺)를 나는 매우 사랑하였고 그 외에 용금수(湧金水)의 약수며 연못에 노는 금붕어며 그 돌다리는 실로 내가 사랑하던 것이다.

내가 만일 훗날에라도 성공하여 서울에 들어가면 이 정원을 찾으리라.

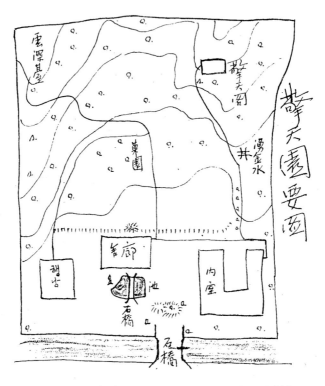

지도 7. 경천원요도 운심대(雲深臺), 경천각(擎天閣), 과원, 샘, 용금수(湧金水), 행랑, 사랑, 내실, 연못, 돌다리, 돌다리

12월 5일 토요일

오늘은 외출도 아니 하고 최수산(崔睡山)과 더불어 장기로 소일하였다. 추운 정도가 엄동이 완연하다. 해항(海港) 무관학교 강 꼴랴 한테서 편지가 왔다. 나는 겨울에 러시아어 공부를 하여보고자 한다. 어찌 될런지 계획해 보아야지.

오늘 최수산과의 대화중에 독립운동에 대한 그의 의견이 나와 매우 달랐다. 그는 2-3년간만 더 기다려 보아서 현재 상황대로 있으면 독립운동은 불가능한 것으로 부치겠다고 말하니 나는 매우 의미 있게 듣는 동시에, 그 소리가 섭섭하게 들린다. 세력이라는 것이 다 그런 것인지!

나는 조만간에 한 가지 결심을 아니 할 수 없다. 주위 사정의 필요에 의해서 그것은 무엇인고?

독립운동이 세계대세가 되어 자연히 침착해져간다. 그러나 한편으로는 신사조의 발흥이 독립운동을 더 큰 의미로 넓혀준다. 말하자면 혁명운동으로 들어간다. 그러므로 외관은 평정상태에 있으나 내용은 지나간 1919년 삼일운동 당시 이상이다. 조직적으로 들어간다. 파괴하기 위하여 건설로 간다. 그러므로 최수산의 말과 같이 2-3년까지 현재 상황대로 가면 독립운동이 불가능하다 하는 것을 나는 오해로 안다.

그러나 나는 조직시대에 준비를 하여야 하겠다. 훗날에 대응비할 기능을 더 기르자 한다.

이에 대하여 한 가지 결심을 요한다. 중간보조결심이겠다.

12월 8일 화요일

어제부터 내린 눈이 한 척이상이나 쌓였다. 경천이 이 시베리아에 내린 눈을 밟은 지가 이미 7년이 곧 끝나고 8년을 맞으려한다. 그사이 심신의 고통도 많았지만 심신의 단련도 많았다. 그러나 혁명가라는 이름으로는 한 일이 적다. 적은 것은 그만 두고라도 날마다 앞으로 나아가면서 일을 하지도 못하고 오늘 이래 묵은 올 한 해를 보내고 새로운 해를 맞이하니, 아까운 날과 달을 보내니 실로 죽지 못하여 사는 것 같다. 나는 하루 24시간동안에 자거나 또 무슨 일에 마음을 빼앗기는 것 외에는 드문드문 가슴이 뜨끔뜨끔하여 조선의 독립운동이 어찌 되나 어쩌면 좋을까 하고 몹시 고통스러워한다. 나는 어느 때에나 마음이 불안한 신경상태에 있다. 번뇌중이다. 그리하여 몸이 건강해지지 않는가 한다.

우주를 지으신 분은 어찌하여 나에게 혁명의 사상만 주고 그 권세를 주지 않는가. 권세는 스스로 준비하라는 것이겠지?

이것이 요즘 나의 표어다.

12월 12일 토요일

조각달이 눈 위를 비추는 새벽에 일어났다. 동창에서 달빛 한줄기가 나의 침대를 비춘다.

소설 삼국지를 읽는 것에 취미를 붙이고 남은 날들을 보낸다. 오늘도 유현덕(劉玄德)이 공명(孔明)에게 삼고초려(三顧草廬)하던 장을 읽으며 공명이 아직 초가에서 나오지도 않은 채 이미 천하를 삼등분한 기묘한 모책에 누가 탄복하지 않으리오. 내게 그러한 모책이 없음을 부끄러이 알며 공명의 사람됨을 부러워한다.

며칠 전에 개막된 중국[支那] 내란은 장작림(張作霖)의 일본도주로 일단락을 지었으며 이제부터가 또한 볼만한 것이겠다.

이 자리의 경치[即景]

쌍성 안에 한가히 은거하니
겨울날도 지루하고 지루하다
책상 위에 절반 피어난 꽃
더러 지고 더러 피었도다
창밖에 쌓인 눈을 바라보니
참새가 앉은 마른 가지
찬바람에 흔들리어
위태롭고 쓸쓸해 보이네
왕손은 어디에 계신지
나로 하여금 적막케 하네
서녘 평원에 해가 지니
내일에는 그 무엇일지
작은 이 땅덩이에서는
적색이니 백색이니 떠든다
보기 좋은 붉은 색 언제나
내 마음대로 세어볼까

* 쌍성(쌍성자): 니꼴스크(우수리스크)

12월 14일 월요일

동창에 뜨는 해가 화초의 잎새들을 다정스레 비춘다. 나는 그 옆에 한가히 앉아서 일기를 쓴다.

나의 생각은 요즘 지나[중국] 형편에 따라 번뇌하기를 더욱 마지 못한다. 궁금하고 막막하고 섭섭하다.

12월 15일 화요일
[부여족이 웅비하는 날]

이번 겨울로는 오늘이 제일 춥다. 장작림(張作霖)이 다시 일본의 원

조를 얻어 봉천(奉天)으로 돌아왔다고 한다. 예측할 수 없는 것이 지나
[중국]의 오늘 형편인가 한다.

동양의 중앙부가 이같이 어지러운 때에 우리 부여민족(扶餘民族)의
혁명운동은 적적하니 아무런 소식도 들리지 않는다. 그런데 해외에 널
려있는 부여족은 그 분산거주 상태를 보아서는 무슨 일을 할듯하나 실
제로 들어가면 어쩌지 못하고 있음은 실로 답답하다.

4천 년 전부터 만주 및 부여반도(扶餘半島)에서 웅비하고 또 흩어지
던 우리 민족은 지금 이 같은 발전력으로 아시아 전역에 산재하지 아니
한 곳이 없도록 분산되었다. 이 같이 발전하게 된 것은 어떤 정부나 기관
이 유도하거나 보호해서 된 것이 아니요 개인적으로 자연스럽게 살길을
찾아나서 정주하여 이렇게 된 것이다. 우연이다. 그 열매는 언제 열릴까!

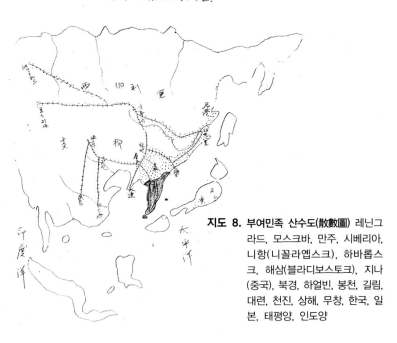

지도 8. 부여민족 산수도(散數圖) 레닌그
라드, 모스크바, 만주, 시베리아,
니항(니꼴라옙스크), 하바롭스
크, 해삼(블라디보스토크), 지나
(중국), 북경, 하얼빈, 봉천, 길림,
대련, 천진, 상해, 무창, 한국, 일
본, 태평양, 인도양

12월 16일 수요일〈음력 11월 1일〉

날씨는 차갑고 태양은 사랑스레 비친다. 그러나 몹시 춥다. 시베리아 추위의 본색이 완연하다. 영관(永觀), 수산(睡山) 제씨가 찾아와 같이 모여 중국의 파란[濤亂]에 대하여 상의하다가 헤어졌다.

12월 19일 토요일

중국의 파란에 대해서 자세히 듣지 못해 매우 궁금하다.

중동철로선이 지나가는 곳에서 조선인들이 군사적 행동을 계획하는 모양이나 대단치 않으며 별로 기이한 행동은 없으리라 한다.

12월 22일 화요일

어제와 오늘 두 날이 이번 온 겨울에 드문 추위였다. 구력으로 동짓날이다. 예로부터 무슨 연유로 팥죽을 먹는지 모르겠다. 나도 벗 몇 명을 불러 동지팥죽을 먹었다.

12월 23일 수요일

날씨는 매우 좋다. 그럭저럭 이날도 보냈다. 나는 지금 날마다 무엇을 향해 가는지 모르겠다. 혁명과업으로 가는지, 북망산으로 가는지, 고통으로 가는지, 공허한 어둠으로 가는지, 절망으로 가는지, 희망으로 가는지 도무지 모르겠다.

12월 25일 금요일

근일에 나는 얼굴에 부스럼이 낫다. 크지는 않으나 불편하다. 강 꼴랴가 왔다. 겨울방학이라 온 것이다.

한영관(韓永觀)이 찾아와 장기를 두며 놀다가 갔다.

남풍이 분다. 그러나 추위는 더욱 심하다.

나는 집안일도 재미가 없으며 나라의 일도 또 그렇다. 어쩌면 좋을
런지.

12월 26일 토요일

지난 초봄에 레나강반 금광(金鑛)으로 일하러 갔던 이호준(李昊俊)
노인이 오늘 무사히 돌아왔다.

옥진(玉振)이한테 편지를 썼다. 조선여자에게 부족한 점을 들어서
써주었다. 모르지? 어떻게 보겠는지.

12월 27일 일요일

올해도 이미 3-4일만이 남은 것뿐이다. 올해는 나에게는 한적하고 무
사하고 태평한 해였다. 내년은 어떠할 런지.

12월 29일 화요일

어제는 눈이 내리더니만 오늘은 추위가 극도로 더욱 심하다.

올해도 아주 남은 날이 이틀에 지나지 않는가. 이 남은 이틀을 나는
크나큰 통한으로 보낸다. 사회에 대한 불평으로, 혁명과업에 대한 불평
으로 보낸다. 인생에 대한 불평으로 보낸다. 세상의 무의미함을 생각하
매 그 반면에 이 우주가 과연 스스로 존재하는 것인지 그렇지 않는 것
인지 그것도 나는 알 수가 없다. 인생이란 것이 자기의 이익만 따라가
는 것인지 못 따라가는 것인지 그것도 모르겠다. 사람에게 양심이 있다

함이 사실일까, 그것도 모르겠다. 양심이 있으면 그는 자기의 이익과 반대로 가는 것이니 만일 양심이 있다면 그는 자기의 유형무형의 이익을 볼 수가 없다. 그러므로 세간에 소위 도덕가라 하는 사람은 양심이 풍부한 자이다. 그 사람은 말하자면 양심 죄에 걸린 것이겠다. 원래 사람은 단 것은 달다 하며 매운 것은 맵다 하며 희로애락을 희로애락이라 하는 것이 옳고 이치에 합당한 것이니 물건의 주인이 자기의 이익을 따라감도 옳으며 그것이 이치로 보아 당연하겠다. 마음에는 제 생각이 있으나 차마 양심에 끌려서, 혹은 체면에 끌려서 다른 것을 하는 것은 물론 이치에 맞지 않는 것이겠다. 도적질하는 것은 무엇일까. 양심이 아닐까, 양심일까. 그것도 양심이라고 할 것이다. 강한 자가 약한 자의 소유물을 도적질한다, 또 앗아 뺏는다 함은 강자의 힘이 작용한 바이며 이치에 들어가는 사실이라 할 것이다.

나의 심리는 이같이 되어 어느 것이 합리인지 불합리인지 모르고 고통을 맛보며 크나큰 통한의 이 해를 장차 이틀 후에 영원히 이별코자 한다. 다시는 못 볼 이 1925년을 보낸다. 그것도 모르지, 1925년을 내가 보내는지, 내가 가는지. 그러나 다시 못 볼 1925년이매 이 1925년도 나를 다시 못 볼 것이다. 그러니 나와 이 해 양자가 서로 가는 것이다. 그리하여 1925년 또 1926년 또 그다음 또 그다음 하여 그 오가는 해들은 다함이 없으나 오직 나는 끝이 있는 생명을 가지고 이 크나큰 통한의 날을 보낸다.

아, 이 인생은 오직 다함이 없는 한에서 생겨나 끝이 있는 한에 싸여 돌아가는구나. 도저히 이 통한의 바다를 벗어나지 못할 것이다.

나는 이와 같은 말로 올해를 보낸다.

아, 그 한을 싸고 돌아감이 오히려 즐거움일까

크나큰 한이 맺힌 영혼은 없어지지 않는다더라.

그것도 관계할 바가 아니겠지.

12월 31일 목요일

1925년 마지막 날이다. 한도 많고 감회도 많다.

오가세기
(吾家世紀)

김해김씨
(金海金氏)

오가세기(吾家世紀)

김경천 기술

김해김씨(金海金氏)

우리 집안은 성(姓)이 김(金)이요 본(本)은 김해(金海)니 가락국왕(駕洛國王) 김수로(金首露)의 후예다.[60]

입북조(入北祖)는 김종남(金從南)이니 이성계(李成桂)가 나라를 세우던 당시 익성군(益成君) 김인찬(金仁贊)의 아들로서 북청(北靑)으로 이주하였으니 흐립골 김(金) 정승(政承)의 묘(墓)가 곧 김종남(金從南)의 묘다. 대광보국숭록대부(大匡輔國崇祿大夫)로 관재(官在)하였으며 우리 집도 그 후예다. 자세한 역사는 흐립골 김씨문록(金氏門錄)에 기록되어 있다.

우리 집안은 대대로 유학(儒學)에 힘써오다가 김정우(金鼎禹)에 이르러 북청(北靑)에서 서울[京城]로 이주하였다.

김붕유(金鵬有)가 김기현(金基鉉)을 낳고 기현이 김규준(金奎濬)을 낳고 규준이 김정우(金鼎禹)를 낳고 정우가 김경천(金擎天)을 낳고 경천이 김수범(金秀凡)을 낳았다.

김붕유 이상 대는 가보(家譜)가 없으므로 아직 모르겠으니 북청(北靑)에 있는 문족(門族)에게 확인해보면 알 것이다.

---

60) '후 김해김씨 북청파' 종친회에 따르면, 김경천은 경주김씨(慶州金氏)의 시조인 김알지(金閼智)의 후손이다. 김알지의 30세손 김렴에서 분파된 '후 김해김씨'를 조선후기까지 '김해김씨'라고 불렀기 때문에 김경천 장군에게 이 같은 착오가 생긴 것으로 보인다. 따라서 뒤에 이어지는 '익성군(益成君) 김인찬'도 '익화군(益和君) 김인찬'으로 수정되어야 옳다.

김기현(金基鉉)의 호(號)는 연호(蓮湖)라 하며 아들 둘을 두었는데 장자는 병준(秉濬)인데 자식이 없었고 차자는 규준(奎濬)이라 하였다.

김규준(金奎濬)의 자(字)는 성필(星弼)이라 하고 호(號)는 정호(精湖)라 하였고 아들 하나, 딸 하나를 두었는데 아들은 정우(鼎禹)라 한다. 딸은 북청(北靑)의 거산(居山) 배(裵)씨 가문으로 출가하였다.

늘그막에 경천(擎天)을 따라 일본 동경으로 들어가 사망하니 묘는 일본 동경 옥천(玉川)에 있다. 다봉(茶奉)으로 관재(官在)하였다.

김정우(金鼎禹)의 자(字)는 범삼(範三)이다. 처(妻)는 파평윤씨(坡平尹氏)니 이름은 옥련(玉聯)이다. 김정우의 관(官)은 선달(先達), 사과(司果), 총순(總巡)이며 일본에 유학하여 동경고등공업학교(東京高等工業學校)를 졸업하고 돌아와 대한제국(大韓帝國) 당시에 공업계의 선구자가 되었으며 육군포병부령(陸軍砲兵副領) 정삼품(正三品)으로 있다가 나이 53세에 사망하였다.〈1908년〉

1895년 가을에 가솔을 데리고 육로로 천 리 길을 이동하여 서울[京城]로 이주하였다. 광주(廣州) 초월면(草月面) 학현리(鶴峴里)에 농장을 매입하여 거주지를 정했다. 가솔은 그곳에 거주하고 정우는 장자 성은(成殷)을 데리고 일본으로 유학을 떠났다.

1898년 가을에 그의 모친 전부인(全夫人)이 사망하였다. 묘는 학현리하(鶴峴里下) 동막동(東幕洞) 뒷산에 있다.

1899년 가을에 그의 처 윤부인(尹夫人)이 사망하였다.

1900년 여름에 일본유학을 마치고 환국하여 육군군기창장(陸軍軍器廠長)으로 재임했다.

장자는 성은(成殷)이고 그의 처는 안씨(安氏)인데 후손이 없었다.

차자는 경천(擎天)이고 처는 유씨(柳氏)이다.

딸은 옥진(玉振)이니 1930년에 경성고등여자보통학교(京城高等女子

普通學校)를 졸업하고 서울에서 남광준(南迁駿)에게 출가했다.

정우는 1908년 봄 2월 6일에 나이 53세로 서울 순동(巡洞)에서 사망했다. 묘는 시흥(始興) 구로리(九老里)에 있고 처 윤부인(尹夫人)의 묘도 같은 산에 있다.

정우는 나이 20에 북청남병사(北靑南兵使) 윤웅렬(尹雄烈)과 함께 서울[京城]에 들어갔다가 국사범(國事犯)과 사통(私通)한다는 당시 정부의 단죄와 명령으로 윤웅렬(尹雄烈)과 똑같이 전라도(全羅道) 능주(稜州)에 10년 귀양에 처해져 유배를 살았다.[61]

김성은(金成殷)의 처는 광주(廣州) 초월면(草月面) 퇴촌리(退村里)의 안씨(安氏)이며 후손이 없었다.

성은은 16세에 부친을 따라 일본으로 유학하여 동경성성학교(東京成城學校) 및 육군사관학교(陸軍士官學校) 공병과(工兵科)를 마치고 환국하여 한국의 유일한 공병장교(工兵將校)가 되어 공병대(工兵隊)를 설립하고 육군공병부령(陸軍工兵副領)으로 재임한 한국 군계(軍界)의 인재였는데 27세에 사망했다. 묘는 구로리(九老里) 부친의 묘가

---

61) 널리 알려졌다시피 윤웅렬(尹雄烈 1840-1911)은 1881년과 1883년, 두 차례에 걸쳐 함경남도 병마절도사를 지냈고 갑신정변(1884년) 당시에도 그가 지휘한 북청군이 주요한 지원 군사세력이었던 점으로 보아 그는 북청 출신이었던 김정우와 매우 각별한 사이였을 것으로 추정된다. 윤웅렬은 갑신정변이 실패한 후 전라도 능주로 귀양을 갔다가 3년 후에 풀려났다. 김정우도 윤웅렬과 똑같이 중간에 귀양이 풀렸는지는 알 수 없다. 만약 그가 10년 귀양을 그대로 다 살았다면 1894년에 귀향이 풀렸고 이듬해인 1895년에 가솔을 데리고 북청에서 경기도로 이주한 셈이 된다. 그런데 그의 차남 경천(1888-1942)의 출생연도로 미루어보아 역시 중도에 귀양이 풀렸음이 확실하다. 또 경천아일록을 보면 3.1운동 당일 김경천이 서울 청년회관에 가서 윤웅렬의 아들 윤치호와 만나 환담한 것으로 미루어보아 양 집안은 서로 잘 알고 지냈던 것 같다.

있는 산에 같이 있다. 부인 안씨(安氏)도 그 이듬해에 사망하니 묘는 퇴촌리(退村里)에 있다.

김경천(金擎天)은 호(號)를 경천아(擎天兒)라 하고 본명은 광서(光瑞)였는데 조선에 삼일운동이 일어난 이래 해외로 망명[出奔]한 후로 호(號)가 이름으로 대용되었다. 1888년 6월 5일에 북청(北靑) 서문(西門) 밖에서 태어났다.

처는 유정(柳貞)이라 하고 서울[京城] 하현(河峴) 사람이다.

경천은 나이 15살에 경성학당(京城學堂)을 졸업하고 17세에 일본에 유학하여 동경육군중앙유년학교(東京陸軍中央幼年學校) 및 육군사관학교(陸軍士官學校)를 졸업하고 동경 목흑기병 제일연대부(東京目黑騎兵第一聯隊附)에서 재직했다.

1911년 가을 8월에 서울[京城] 사직동(社稷洞) 166번지 사저로 돌아왔다가 조부, 처, 누이를 사저에 두고 다시 동경으로 돌아가 기병연대에서 재직했다.

1913년 1월에 가솔을 데리고 일본 동경으로 이주했다.

1915년 6월 11일에 장녀 지리(智理)가 태어났다.

9월에 기병 소위에서 기병 중위로 승진했다.

같은 해에 육군호산학교(陸軍戶山學校)를 졸업했다.

1917년에 기병학교(騎兵學校)를 졸업했다.

1917년 2월 8일에 차녀 지혜(智慧)가 태어났다.

1918년 6월 9일에 서울[京城] 사직동(社稷洞) 사저로 휴가를 얻어 돌아와 비로소 심신을 휴양했다. 유학한지 15년 만에 돌아와 휴양한 것이다.

같은 해 12월에 다시 동경연대(東京聯隊)로 복귀하여 재직하였다가 당시 해외와 국내에서, 유럽에서 일어난 제1차 세계대전[歐洲大戰] 이래의 영향으로 혁명의 분위기가 점차 증가되므로 다시 동경연대에서 휴가를 얻어 1919년 1월에 서울[京城] 사저로 돌아와 삼일운동에 참가하게 되었다.

1919년 4월 17일에 삼녀 지란(智蘭)이 태어났다.

사직동(社稷洞) 본집

사직동(社稷洞) 166번지이니 경치가 맑고 빼어난 터다. 수풀 우거진 과원이 있고 산에는 큰 바위가 있는데 바위틈으로 약수가 솟아나와 그 샘 이름을 용금수(湧金水)라 하였고 과원 이름을 경천원(擎天園)이라 하였다. 서산 위에는 정자가 하나 있으니 경천각(擎天閣)이라 이름 하였고 동산 위에는 대(臺)가 하나 있으니 운심대(雲深臺)라 하였다. 서울[京城]의 과반을 조망할 수 있고 경치가 수려하므로 서울 사저[本邸]로 터를 잡았다.

경천(擎天)의 망명[出奔]

1919년 3월 1일에 조선 각지에서 독립운동이 일어났는데 일본의 무력진압을 당해내지 못하고 다수의 인민이 살해되므로 동지들이 우리들도 외지에서 무력투쟁을 준비하지 않으면 안 되겠다는 의결을 하고 경천은 6월 6일에 비밀리에 서울[京城]을 떠나 압록강(鴨綠江)을 건너 남만주(南滿洲) 고산자(孤山子)에 있는 사관양성소(士官養成所)에 이르러 교육하다가 그해 가을 9월에 고산자(孤山子)를 떠나 일본의 시선을 피하여 길림(吉林), 장춘(長春), 하얼빈(哈爾濱)을 경유하여 러시아령 니꼴스크시[尼市]에 도착하여 무력투쟁의 준비를 하였다.

자세한 내용은 경천아일록(擎天兒日錄)에 있다.

1920년에 수청(水靑)에서 마적(馬賊)을 퇴치했다.

1921년 및 1922년에 군대를 각지에 보내어 러시아 적군 - 백군전쟁에 참가했다.

1923년에 상해(上海)에서 열린 국민대표회의(國民代表會議)에 갔다가 황해를 건너 해항(海港)으로 돌아왔다. 오래간만에 전라, 경상 해안을 조망하고 또 울릉도(鬱陵島)를 보니 여러 해 동안 해외로 떨어져 나와 생활하는 까닭에 고국생각이 더욱 간절하였다.

1925년 봄에 서울[京城] 사저[本邸]에서 처가 세 딸을 데리고 왔으므로 니꼴스크시[尼市]에서 일시 거주하다가 수청(水靑)으로 들어가 거주하였다.

1926년 봄에 수청(水靑) 다우지미 서개척(西開拓)리로 돌아와 거주하니 이곳은 내가 이전에 오래 내왕한 장소인 까닭이다.

같은 해 9월 17일에 장자 수범(秀凡)이 태어났다.

불로원(不老園) 생활

1927년 12월 7일에 가솔을 데리고 수청(水靑) 해안 난채시(蘭採市) 일명 한성동에 영주할 집을 정하고 이주하였다. 그곳은 호수와 바다 사이에 있는데 산이 맑고 물이 깨끗하여 이름 하여 불로원(不老園)이라 하였다. 집은 서로 떨어져 있어 개 짖는 소리와 닭 울음소리가 들려 바라보면 한 폭의 그림 같은 정자다. 해외생활 여러 해 만에 평안히 휴양하면서 농사를 짓고 한적하게 지냈다.

1929년 1월 31일에 사녀 지희(智姬)가 태어났다.

하바롭스크 시로 이주

1932년 3월 1일부터 하바롭스크 시로 들어와 정치부에서 사무를 보게 되었다. 가솔 전부는 4월 4일에 이주하여 거주하니 불로원(不老園) 생활은 이걸로 끝이 났다.

7월 24일에 처 정화(貞和)가 국립산아원에서 차자 기범(奇凡)을 낳았다.

* * *

김경천(金擎天) 1888년 6월 5일 생

옥진(玉振) 누이 1908년 6월 8일 오전 8시 생

지리(智理) 장녀 1915년 6월 11일 오전 8시 20분 생

지혜(智慧) 차녀 1917년 2월 8일 오전 2시 생

지란(智蘭) 삼녀 1919년 4월 17일 오전 8시 20분 생

수범(秀凡) 장자 1926년 9월 17일 오전 9시 55분 생

지희(智姬) 사녀 1929년 1월 31일 오후 1시 생

기범(奇凡) 차자 1932년 7월 24일 오후 11시 생

정(貞) 처 1892년 5월 일 생 (문화(文化) 유(柳)씨)[62]

---

62) 김경천의 아내 유정화는 1892년 4월 17일에 태어났다. 아마 음력날짜와 양력날짜의 차이 때문에 본문에는 5월로 기록되어 있지 않나 생각된다.

아울러 경천아일록 작성 이후의 김경천의 생애에 대해서 정리자가 연보 형식으로 다음과 같이 부기한다.

＊1926년 봄 수청 다우지미 서개척리에서 2년 가까이 거주했고 1927년 12에 영주할 목적으로 수청 해안 난채시로 이사 와서 한적하게 농사를 지으면서 살았다. 내전이 끝난 1922년 말부터 이 시기 사이에 김경천은 '나제즈다(희망)' 또는 '앞으로'라는 이름의 협동농장을 건설하고 조합원들을 지도했다.

＊1932년 3월에 하바롭스크시 변강합동국가보안국으로 들어가 일을 시작함으로써 다시 사회의 중심부로 나아가게 되었다. 그의 사회적 위상이나 능력, 또 그가

수행한 과거의 행적 등으로 미루어 연해주 한인사회는 그가 가만히 농사만 짓고 살도록 내버려두지 않았던 것 같다. 하바롭스크시 변강합동국가보안국에는 소수 민족부서가 있었는데 김경천은 거기서 한국어, 일본어, 중국어 통역으로 일했다. 하지만 하바롭스크 생활은 그리 오래 가지 않았다. 1934년에 블라디보스토크에 있는 고려사범대학의 초청을 받아 블라디보스토크로 이사했기 때문이다. 김경천은 거기서 일본어와 군사학을 가르쳤다. 군사학 교재는 1922년 무렵에 그가 일본어 군사학서를 의역하여 만든 책이 있었으므로 이것을 새롭게 보완, 개정히여 가르쳤을 것이다. 김경천의 가족은 블라디보스토크에서 강제이주 직전까지 살았다.

* 1936년 가을에 김경천은 소비에트 당국에 전격 체포되어 같은 해 9월 29일 연해주 국경수비대 군법회의에서 3년 금고형(자유박탈형)을 선고받았다. 김경천 가정에 시작된 비극의 서곡이었다.

* 1937년 여름에 둘째 딸 지혜가 식중독으로 갑자기 사망했다.

* 1937년 늦가을에서 초겨울 사이에 가족들은 연해주에서 중앙아시아 카자흐스탄 까라간다로 강제이주를 당했다.

* 1939년 2월 4일, 2년 반을 복역하고 까를라그(까라간다 정치범수용소)에서 석방되었다. 그는 강제이주를 당한 가족을 찾아 3월에 카자흐스탄 까라간다 집으로 들어왔다. 가족과 재회하고 한 가정의 가장으로서 까라간다 주 뗄만 구역 독일인 농장 코민테른 꼴호즈에서 농장작업부로 일을 시작했다.

* 1939년 4월 5일, 한 달 만에 다시 체포되어 까라간다 정치범수용소에 갇혔다. 여름 더위가 시작된 6월 25일에 그는 모스크바 부띠르스꼬이(Бутырской) 감옥으로 이감되었고 그해 12월 17일에 재판을 받았다. 재판부는 그에게 간첩죄를 적용하여 강제노동수용소 수감 8년을 언도했다. 형기는 그가 체포된 4월 5일부터 계산되었다. 재판이 끝나자 당국은 그를 모스크바 근교에 있는 꼬뜰라스(Котласс) 시 감옥분소로 옮겼다가 1940년 1월 17일에 러시아의 북부에 있는 꼬미 자치공화국 내무인민위원회 세브젤도를라그(Севжелдорлаг. 북부철도수용소)로 이송했다. 수용소 명칭이 말해주듯이 거기에 수감된 죄수들은 매일 철도건설공사장에 동원되었다.

* 1942년 1월 14일 러시아 북부 꼬미 자치공화국 내무인민위원회 북부철도수용소 부설 병원에서 비타민 및 영양 결핍으로 인한 심장질환으로 사망했다. 그의 시신은 수용소에서 800m 떨어진 지점에 묻혔다. 그의 사망일자는 카자흐스탄과 러시아 관계당국에서 내준 증명서마다 달리 기록되어 있다. 지금까지 한국에는 1월 2일로 알려져 있고 카자흐스탄 측에서 2008년에 내준 자료에는 1월 26일로 적혀있으나 김경천이 마지막 숨을 거둔 수용소가 있었던 꼬미 자치공화국에서

내준 증명서에는 1월 14일로 나와 있다. 꼬미 자치공화국 측의 증명서가 사실에 더 근접할 것으로 보인다.

* 1971년 6월 13일에 김경천의 아내 유정화가 사망했다.

* 1936년에 김경천이 체포되어 3년 형을 언도받은 사건은 1956년에 재심되어 무죄선고가 내려졌다. 그리고 1939년에 체포되어 그해 12월 17일에 간첩죄로 8년 형을 선고받은 사건은 1959년 2월 16일 모스크바 군관구 군사재판소에서 재심하여 무죄를 선언하고 다음날 17일에 사후복권 시켰다. 카자흐스탄에서는 1993년 4월 14일에 선포된 '정치적 탄압에 의한 희생자의 명예회복에 관한' 법률에 의거하여 김경천의 명예를 회복시켰다. 1998년 8월 15일 대한민국정부는 김경천에게 건국훈장 대통령장을 추서했다.

탈초본

[탈초본]

1. 모든 한자단어 오른편에 괄호를 열고 우리말 음을 병기해주었다.

2. 원문에 나오는 괄호는 〈 〉로 표기했다.

3. 원문에 사용된 한자 단어가 원래의 뜻과 달리 사용된 경우나 오기된 경우, 그 당시에는 그 뜻으로 사용되었으나 현재는 그것 대신 다른 단어가 사용되는 경우 등에는 괄호를 열어 원문의 우리말 음독을 적고 그 옆에 바로잡거나 현재 통용되는 한자단어를 표시해주었다.

4. 빠진 글자나, 반드시 보충되어야 할 글자 및 단어는 대괄호([ ])를 열어 표시해주었다.

5. 복자음 받침이 있는 한글 글자와, 형태상 이와 비슷한 구조로 되어있는 한자 중에 받침부분의 좌우표기가 뒤바뀌어있는 것들이 있는데 이는 모두 원문 그대로 표기하고 그 옆에 괄호를 열어 바로잡은 표기를 기입해주었다.

6. 연대가 단기(檀紀)로 표기된 곳 위에 서기가 겹쳐져 기록된 경우가 있는데 이때에는 단기 옆에 괄호를 열고 서기를 부기하는 방식으로 정리해주었다.

李時榮(이시영)이 보고 십다.
申東川(신동천)이 보고 십다.
申用傑(신용걸)이 보고 십다.
安武(안무) 보고 십다.
林秉極(임병극)이 보고 십다.
金善榮(김선영)이 보고 십다.
金贊五(김찬오) 보고 십다.

擎天兒日錄(경천아일록)

第一(제일)

볼래에 日錄(일록)을 나는 만니 留意(유의. 有意) 하야왓드니 多年風霜(다년풍상)에 失落(실락)이 만니 되야 지금 京城(경성) 本邸(본저)에나 얼마간 餘存(여존)한지?

水淸(수청) 滿春洞(만춘동) 山谷(산곡)에셔 가는 歲月(세월) 오는 이 날! 無情(무정)과 寂漠(적막. 寂寞)의 덩어리 된 이 擎天(경천)은 밋자 하나 밋을 거시 업고 의지하자니 그도 업다. 그러나 다시 생각하면 本是(본시) 人生(인생)이란 거시 이러한 거신데 擎天(경천)은 或如(혹여)나 무슨 別數(별수)가 잇난가 하고셔!

1925年(년) 五月(오월) 五日(오일) 尼市(니시)에셔

寂漠未聞(적막미문. 寂寞未聞)한 우리 民族(민족)의 革命界(혁명계)! 까마귀가 학의 거름 걸듯키 이리져리 벌여둣기만 하니 對內對外(대내대외)의 指笑(지소)나 밧은다. 아직 革命(혁명)의 歷史(역사)가 업고 經驗(경험)이 업난 우리로셔 無理(무리)치은 안으나 답답하기도 하다. 團結(단결)되여가는 黨派(당파)씨름! 唯一戰線(유일전선)은 一種(일종)의 流行標語(유행표어)가 되엿다.

1925年(년) 十一月(십일월) 十四日(십사일) 尼市(니시)에셔

述懷(술회)

丈夫應取萬古名(장부응취만고명)
豈了碌碌伏櫪駒(기료록록복력구)
風雲未霽雪紛紜(풍운미제설분운)
安得勇士建義族(안득용사건의족)

이 詩(시)은 余(여)가 日本(일본) 東京陸軍中央幼年學校(동경육군중앙유년학교)에 在學時(재학시)의 作(작)이다. 余(여)의 立志(입지)의 表示(표시)라 할 수 잇다. 그뿐 안니라 余(여)은 이에 맛도록 于今(우금)것 實行(실행)하미다. 努力(노력)한다.

경텬의 꿈을 긔록한 거시라

擎天兒日錄(경천아일록)

이 마음!!

알프스, 히말랴山(산)의 第一峰(제일봉)이 高(고)하야도 끗치 잇고 太西洋(태서양. 大西洋(대서양)), 太平洋(태평양)이 깁다 하여도 宇宙(우주)의 一粟(일속)인 地球表(지구표)에 지나지 못하엿다. 이것에 比(비)하여도 億年(억년)의 一露(일로)인 人生一肉斤(인생일육근)으로 壽則百年(수즉백년)의 短間(단간)에 雄氣(웅기)의 乾坤一滴(건곤일적. 乾坤一擲(건곤일척))으로 大事業(대사업)이니 大成功(대성공)이니 한들 所幹(소간)니 何事(하사)리요만은 秦始皇(진시황)의 長城(장성)이며 介子推(개자추)의 寒食(한식)도 無(무)로 觀(관)하면 無(무)어니와 有(유)로 보면 人生(인생)의 有価(유가)한 그 証據(증거)을, 봄은 古今人生(고금인생)의 好奇心(호기심)은 一(일)인가 하야 擎天(경천)은 無盡天地(무진천지)에 一粟(일속)이믈 不關(불관)하고 獻身的(헌신적) 奮鬪(분투)의 幕(막)에 드러가노라. 아! 그러나 宇宙(우주)는 우스리라!

民族(민족)을 爲(위)한다 國家(국가)을 爲(위)한다 社會(사회)을 爲(위)한다 世界(세계)을 爲(위)한다 云(운)하미 또 虛(허)에 지나지 안니나니 그 虛(허)을 알고 속으나 모르고 속으나 또한 一斑(일반)니라. 一來一去(일래일거)은 宇宙造物(우주조물)의 旣定(기정)한 거시라 擎天(경천)인들 엇져리요! 南柯一夢(남가일몽)에 虛(허)을 밋고 깨기나 기다리자 하노라

시비리야
擎天(경천) 쓰노라

余(여)가 北靑(북청)에셔 靈督山(영독산)의 진달래花(화)을 보고 즐기며 揮湖(휘호)에셔 明沙(명사)의 海棠花實(해당화실. 海棠花實)을 따며 京城(경성)의 南山(남산)에셔 大蛇(대사) 같은 漢水(한수)의 流(유)며 李朝(이조) 五百年(오백년) 遺邑(유읍)인 城圍(성위)을 보고 歎(탄)하며 平壤(평양) 七星門外(칠성문외)의 古戰場(고전장)을 秋菊(추국)에 비초여 보며 長山串(장산곶)의 波濤(파도)며 東京(동경)의 櫻花(앵화)을 年年(연년)니 보앗고 滿洲(만주)의 진흙믈에 발을 쯧고 시베리야 白雪中(백설중)의 露營(노영)도 모도 그때뿐니다. 지나가니 꿈과 조곰도 다르미 업다. 아모리 식그럽게 하여도 지나가면 고만니다. 아모리 어러운 일도 지나가면 고만니다. 아모리 깃뿐 것도 지나가면 고만니다. 루이 十四世(십사세)의 호강도 지나가니 고만니다. 종로 거지도 지나가니 고만니다.

아! 破奪(파탈. 擺脫)인가. 이 世上(세상)은 別(별)것이 안니요 단지 希望(희망)으로 벗트여 간다. 그 希望(희망)도 꼭 된다는 거시 안니다. 虛(허)엿다. 아ㅣ 空然(공연)니 분쥬히 하난 져 過客(과객)아 自然(자연)니나 식그럽게 마어라. 自然(자연)니 웃난다!

目録(목록)

擎天兒日錄(경천아일록) 第一號(제일호)

一. 叙言(서언)

宇宙(우주)의 造物主(조물주)가 나에게 무어슬 쥬신가. 너의 運命(운명)은 네가 스사로 開拓(개척)하라 하믈 쥬엇다. 余(여)의 一生(일생)은 이에 因(인)하야 나아가미로다.

非常(비상)한 時代(시대)에는 非常(비상)한 人傑(인걸)이 生(생)하야 非常(비상)한 決心(결심)으로 非常(비상)한 困難(곤란)을 지나셔 非常(비상)한 事業(사업)을 遂成(수성)한다 하믄 오직 擎天(경천)으로 하야곰 이 世上(세상) 波濤(파도) 中(중)에 入(입)하게 하미엿다.

北靑邑(북청읍) 西門外(서문외)난 地廣人叢(지광인총)하며 北(북)에 멀리 大督山(대독산)의 聯峯(연봉)을 바라며 西(서)에 靈督山(영독산) 花園(화원)니 잇스며 南天(남천)니 廣闊(광활)하고 玉野一望(옥야일망)에 眼界(안계)가 不足(부족)하고 東(동)에 本邑城圍(본읍성위)을 끼여 遠大(원대)한 氣像(기상)니 自然(자연)에 感(감)하게 하도다.

余(여)는 八歲(팔세)에 父(부)을 따라 京城(경성)에 왓다가 十有七歲(십유칠세)에 韓國留學生(한국유학생)으로 日本(일본)에 渡去(도거)하니 余(여)의 前程(전정)에 一光曙(일광서)가 잇셔나니라.

不幸(불행)이 韓國(한국)이 日本(일본)에 合邦(합방)되매 余(여)난 日本軍隊(일본군대)에 十有六年間(십유육년간)의 軍事上(군사상) 硏究(연구)에 有力(유력)하엿도다.

四二五二年(사이오이년) 三月(삼월) 一日(일일) 獨立宣言以來(독립

선언이래)로 나는 民族(민족)에 對(대)하야 獻身從事(헌신종사)하는
機會(기회)을 쥬미니라.

本(본) 日錄(일록)은 余(여)의 實踐(실천)의 幾分(기분)에 지나지 못
하다. 그 外(외)는 多年紛紛(다년분분)에 失(실)하엿도다.

四二五四年(사이오사년) 二月(이월) 日(일)
시비리야 東岸(동안)에셔
擎天(경천) 쓰노라

二. 出生地(출생지)

四二二一年(사이이일년)〈1888 戊子年(무자년)〉六月(유월) 五日(오일) 午後(오후) 九時(구시)에 擎天(경천)은 咸鏡道(함경도) 北靑郡(북청군) 西門外(서문외)에셔 生(생)하니 姓(성)은 金(김)이며 名(명)이 擎天(경천)니다. 本(본)니 金海(김해)며 入北祖(입북조) 金從南(김종남)의 後孫(후손)니다. 父(부)은 鼎禹(정우)라 하니 砲兵副領(포병부령)으로 잇셔 砲兵工廠長(포병공창장)으로 잇셔스며 年(연) 五十二(오십이)에 卒(졸)하엿고 兄(형)은 成殷(성은)니라 하니 日本陸軍士官學校(일본육군사관학교)을 卒業(졸업)하고 本國(본국)에 來(내)하야 비로소 工兵科(공병과)을 設(설)하니 工兵隊(공병대)을 創立(창립)하니 工兵副領(공병부령)으로 잇셧고 父(부)도 日本高等工業學校(일본고등공업학교)을 畢(필)하니라.

> 오른쪽 여백의 글 父(부)은 日本高等工業學校(일본고등공업학교) 卒業生(졸업생)이다.

父(부), 몃(및) 母(모), 兄(형)의 墓(묘)난 始興(시흥) 九老里(구로리) 南山(남산)에 在(재)하다. 兄(형)은 三十未滿(삼십미만)에 卒(졸)하다.

이와 갓이 父兄(부형)은 光武年間(광무년간)에 仕路(사로)에 居(거)하엿스니 實力(실력)업난 仕路(사로)난 안니고 自己(자기)의 資格(자격)은 모도 有(유)하엿스믈 알것다.

西門外(서문외)의 天然(천연)! 北(북)으로 멀리 太德山(태덕산)의 雄雄(웅웅)한 奇峰(기봉)을 바라며 西(서)로 靈督山(영독산)의 花園(화원)에 臨(임)하엿스며 南天廣野(남천광야)가 無邊大海(무변대해)을 이르니 그 廣闊浩然(광활호연)하미 擎天(경천)은 이즐 수가 업다. 東(동)으로 本邑城郭(본읍성곽)의 長在(장재)가 잇섯다.

靈督山(영독산)의 芽園(아원)! 不高(불고)하며 不平不險(불평불험)하야 靑松芽草(청송아초)이며 百花佳實(백화가실)은 天然(천연)의 公園(공원)이라. 擎天(경천)은 兒時(아시)로붓터 群兒(군아)들로 이에서 놀기을 第一趣味(제일취미)로 알미 于今不可忘(우금불가망)이다. 그 快(쾌)하고 雄雄(웅웅)하든 精神(정신)니 腦裡(뇌리. 腦裏)을 비치운다.

擎天(경천)은 孩兒(해아) 때에 그다지 聰明(총명)치 못하고 頑朴(완박)하야 長者(장자)도 엇져치 못하엿다. 一日(일일)은〈五歲(오세)〉兄(형)이 믹꾸라지〈小魚(소어)〉을 잡아다가 盆中(분중)에 너으매 擎天은 自午(자오)로 그것을 잡으려 하매 믹꾸라지가 밋긴밋긴 하여 빠지물 보고 大笑(대소)하마 日後(일후)되매 母親(모친)니 中止(중지)식여도 不己(불기. 不羈)하고 家人(가인) 明朝(명조)에 보니 그 盆傍(분방)에셔 橫臥(횡와)하야 그대로 잠을 자난지라. 家人(가인)니 驚呀不己(경하불기)하드라.

三. 廣州移居(광주이거)

四千二百二十八年(사천이백이십팔년) 秋(추)에 父(부)을 따라 京畿
道(경기도) 廣州郡(광주군) 草月面(초월면) 鶴峴里(학현리)에 移居(이
거)하게 되엿다. 父兄(부형)은 不久(불구)에 日本(일본)에 留學(유학)
으로 간다. 余(여)는 漢文(한문)을 배운다. 父兄(부형)이 日本(일본)에
留學(유학)하는 間(간)에 母主(모주)을 失(실)하고 獨(독)히 苦生(고생)
만니 하엿다. 母病(모병)에 藥(약)을 求(구)하라 十餘里(십여리) 되난
곳으로 大川(대천)을 越川(월천)하여 간 일이 잇다. 人人(인인)니 北兒
(북아)가 强(강)하다고 稱(칭)하더라. 年(연)니 十歲(십세)엿다.

오른쪽과 가운데 여백의 글　求藥次(구약차)로 大川(대천)을 건널 때에 實
(실)로 危險(위험)하야 一步(일보)만 드트면 溺死(익사)할 거신데 無事
(무사)하믈 人人(인인)니 別(별)일로 아럿다. 大人(대인)도 어렵다고 하
엿다. 母親(모친)니 別世(별세)한 以來(이래)로 庶字(서자)가 달닌 祖
母(조모)가 잇으므로 苦生(고생)을 만니 하엿으나 每每(매매)히 一步
(일보)도 사랑치 안코 對抗(대항)하엿다.

四千二百三十三年(사천이백삼십삼년) 夏(하)에 父兄(부형)이 卒業
專門(졸업전문)하고 還國(환국)한다. 京城(경성)에 來(내)하야 오라간
만에 父兄(부형)을 모시고 잇게 되엿다. 그러나 余(여)가 또 日本(일본)
으로 가게 된다.

四. 京城住居(경성주거)

　　四千二百三十三年(사천이백삼십삼년) 夏(하)에 父兄(부형)이 自日本(자일본)으로 還(환)하니 京城(경성)에 定宅(정택)하고 余(여)는 京城學堂(경성학당)에 入(입)하야 新學問(신학문)을 배운다. 日本語(일본어), 歷史(역사), 地理(지리), 物理(물리), 算術(산술) 等(등)을 배운다. 四千二百三十六年(사천이백삼십육년)에〈三月 日(삼월 일)〉京城學堂(경성학당)을 卒業(졸업)하엿다. 余(여)의 父(부)는 나을 日本(일본)에 留學(유학)을 시기고져 만니 힘쓰나 아직 好機(호기)을 엇지 못하드니라. 四千二百三十七年(사천이백삼십칠년) 春(춘)에 日本(일본)니 俄國(아국)의 滿洲侵略(만주침략)을 防禦(방어)한다 하고 仁川(인천) 沖海(충해)에셔 海戰(해전)을 開(개)하야 玆(자)에 戰雲(전운)니 極東一部(극동일부)에 漲滿(창만)하엿다. 日本軍(일본군)은 仁川(인천)에 上陸(상륙)하야 京城(경성)으로 每日(매일) 작구 入城(입성)한다. 光武皇帝(광무황제)는 日本公使(일본공사) 林權助(임권조)의 威迫(위박)으로 局外中立(국외중립)이라는 美名下(미명하)에 차차 日本(일본)의 壓迫(압박)을 當(당)한다. 그러나 이거슨 우리 政府(정부)의 不明(불명)하미다. 俄國(아국)에 親近(친근)하기 따문에 今日(금일)에 日本(일본)니 勝利(승리)하게 되니 그 日本(일본)니 엇지 好感(호감)이 잇쓰리요. 韓國政府(한국정부)가 無人(무인)한 까닥이다. 日本軍(일본군)은 定州(정주), 鴨綠江(압록강), 九連城(구련성), 遼東半島(요동반도)에 連勝(연승)하며 旅順口(여순구)가 防塞(방새)을 맛낟다. 此時(차시)을 當(당)하야 韓國政府(한국정부)는 上下(상하)가 落望(낙망)하야 大

使(대사)을 日本(일본)에 慰問(위문)차로 보내며 學部大臣(학부대신) 李載克(이재극)을 命(명)하야 日本(일본)에 留學生(유학생)을 派遣(파견)하게 된다. 余(여)도 이에 應募(응모)하엿다. 入格試驗(입격시험)에 問題(문제)가 볼만하다. 孟子(맹자)을 일키고 作文(작문)에 學而時習之不亦樂乎(학이시습지불역낙호)라 하는 거시며 身體檢查(신체검사) 等(등)이드라. 그러나 그도 勢力(세력)으로 된다. 余(여)는 그 時(시)에 論語(논어), 孟子(맹자)은 일거도 못 보앗다. 父兄(부형)이 모도 當路(당로)에 잇난 까닥으로 日本留學生(일본유학생)이 된 모양이다. 그러나 官費(관비)로 못 가면 私費(사비)라도 가리라. 父(부)는 軍器廠長(군기창장) 陸軍砲兵副領(육군포병부령)이요 兄(형)은 工兵隊長(공병대장) 陸軍工兵副領(육군공병부령)으로 잇섯다.

本年(본년) 八月(팔월) 日(일)에 李載克(이재극)은 留學生(유학생) 五十名(오십명)을 다리고 仁川港(인천항)에서 乘船(승선)하고 向日(향일)하엿다. 이 五十名(오십명) 中(중)에 國家民族(국가민족)에 有爲人(유위인)이 몟치나 되나 하문 當時(당시)에 人人(인인)니 言(언)하드라. 崔麟(최린), 金晋鏞(김진용), 趙鏞殷(조용은) 諸君(제군)니 同數(동수)에 드럿다. 이때에 李容翊氏(이용익씨)가 日本(일본)에 가서 留(유)하는 거시니 李氏(이씨)는 아마도 自己(자기)의 本意(본의)가 안니요 韓國(한국)과 日本(일본)의 政治的(정치적) 內客(내객)으로 가미다. 자세한 일은 余(여)는 모른다.

五. 日本留學(일본유학)

俄日戰爭(아일전쟁)에 日本(일본)니 勝利(승리)하자 韓國(한국)이 日本(일본)에 留學生(유학생)을 보내문 余(여)로 하여금 軍人(군인)되게 하야 民族(민족)에 有爲(유위)코자 하믈 決心(결심)케 하미다. 四千二百三十七年(사천이백삼십칠년) 八月(팔월) 日(일)에 仁川港(인천항)에셔 學部大臣(학부대신) 李載克(이재극)의 指揮(지휘)로 出發(출발)하엿다. 李載克(이재극)은 아무 것도 모르는 사람이다. 頭上(두상)에 상투는 꼿꼿하야 留學生(유학생) 中(중)에도 出發當時(출발당시)에 그 一角(일각)을 비은 者(자)가 多數(다수)다. 余(여)가 그 中(중)에 日本語(일본어)을 通(통)하므로 領班(영반)을 삼드라. 到處(도처)에 余(여)가 通譯(통역)이다. 쳐음에 留學生(유학생)의 合格試驗(합격시험)할졔 李載克(이재극)이가 余(여)의 斷髮洋服(단발양복)하믈 보고 <u>이러면 그만니지 왜 일본에 갈여고 또 이러오</u>? 한다. 所謂(소위) 一國(일국)의 敎育(교육)을 全任(전임)한 柱石(주석)으로 外國(외국)에 留學(유학)이 머리나 깍고 洋服(양복)을 입으라만 가난 줄 아니 韓國(한국)의 末路(말로)는 可知(가지)다.

仁川港(인천항) 出發日(출발일)은 初秋(초추)라 日朗風淸(일랑풍청)하다. 余(여)는 午前(오전) 十時頃(십시경)에 仁川(인천) 監理署(감리서)에서 떠나 乘船場(승선장)에 가니 父兄(부형)도 오섯드라. 父兄(부형)게 拜別(배별)하고 乘船(승선)하야 午后(오후. 午後)가 지나셔 出帆(출범)하엿다. 우리의 氣慨(기개)는 揚揚(양양)하다. 前程(전정)이 千萬里(천만리)다. 韓國(한국)의 革命改良(혁명개량)이 이 手中(수중)

에 잇난 듯하다. 本國(본국)을 遠去(원거)하미 心胸(심흉)이 시연하드라. 우리 五十名(오십명) 留學生(유학생)이 未來(미래)의 三千里疆土(삼천리강토)을 지고 잇난 거시다. 그러나 만일 未得人(미득인)이면 이번 留學生(유학생)도 제로라 할 수 잇다. 이날 밤에 風浪(풍랑)이 太甚(태심)하야 모도 醉(취)하여서 알는 소리가 船中(선중)에서 이러난다. 郡山(군산), 木浦(목포)을 지나 釜山港(부산항)에 到着(도착)하엿다. 上陸(상륙)하야 釜山市(부산시)을 보니 日本(일본)이나 다름 업는 모양이다. 엇재 우리 民族(민족)은 업난지.

다시 出航(출항)하야 七日(칠일)만에 馬關(마관)에 當到(당도)하니 山山(산산)에 樹木(수목)이 茂盛(무성)하고 市景(시경)이 놉고 나자 果是(과시) 文明(문명)이 낫다 할 수 잇다. 上陸(상륙)하야 旅館(여관)에 드럿다가 東京(동경)가는 汽車(기차)로 向東(향동)하여 그 翌日(익일)에 新橋(신교) 停車場(정거장)에 당도하니 大韓公使館(대한공사관)에서 館員幾人(관원기인)니 迎接(영접)완다. 眼(안)에 션듯 뵈이믄 公使館(공사관) 馬車物者(마차구자)의 笠(입)에 太極(태극)을 붓치미드라. 下車(하차)하야 日比谷公園(일비곡공원) 西便(서편) 東京旅館(동경여관)에 드럿다. 他學生(타학생)은 日本語(일본어)을 배우고 余(여)는 正則豫備學校(정칙예비학교)에 단니며셔 普通科(보통과)을 修(수)하야 將次(장차) 무슨 工夫(공부)을 할고 한다. 父兄(부형)은 工業(공업)을 배우라 한다. 나는 모르것다 무어슬 배울지.

그럭져럭 四千二百三十八年(사천이백삼십팔년) 春(춘)니 다다라 一日(일일)은 閒寂(한적)하므로 一生(일생)에 遺憾(유감)되든 古代英雄(고대영웅)을 擇(택)하야 그을 본밧고자 하드니 此日(차일)에 神田大通(신전대통) 各(각) 書店(서점)에 단니면셔 古英雄傑士(고영웅걸사)의 傳記(전기)을 求(구)하니 別別(별별)거시 만으나 心中(심중)에 快合(쾌합)하는 거시 업다. 數十店(수십점)을 두지다가 한 小店(소점)에 가

셔 그 主人(주인)을 보고 東西古今(동서고금)에 第一英傑(제일영걸)의
傳記(전기)을 무루니 主人(주인)니 半笑(반소)하면서 一小古冊(일소고
책)을 주면셔 보시요 한다.

慨然(개연)한 奮起(분기)!

그 小冊(소책)은 헌 冊(책)이며 바다보니 冊衣(책의)에 一靑年軍人
(일청년군인)의 像(상)이 잇쓰니 兩眼(양안)니 烱烱(형형)하고 鼻美顔
明(비미안명)하야 長髮(장발)을 지쳐쓰니 古代西洋軍人(고대서양군
인)이라. 像上便(상상편)에 「ボナパ丨ト. ナポレオン」(뽀나ㅣ파ㅣㄹ
트. 나포레온)니라 쎠셔 잇다. 이는 約百年前(약백년전)에 佛蘭西(불란
서) 南方海中(남방해중) 一小島(일소도) <u>코르씨카 옷지아스市(시)</u>에
生(생)한 千古(천고)에 그 比(비)을 見(견)치 못한 大英傑(대영걸) <u>나포
레온</u>(나폴레옹)의 略史(약사)로다. 이 헌 冊子(책자)을 十三錢(십삼전)
에 買(매)하야 孤燈良夜(고등양야)에 혼자 連日(연일) 愛讀(애독)하엿
다. 余(여)의 精神(정신)에 一大變動(일대변동)을 지엿다. 父兄(부형)
의 敎示(교시)을 不關(불관)하고 軍人(군인)니 되것다 하며 나도 그러
한 大事業家(대사업가)가 되고자 하며 甚至於(심지어) 一擧手一投足
(일거수일투족)이라도 그 갓치 하고자 한다. <u>那抱禮溫(나포례온)</u>의 悲
境(비경)을 볼 때에는 그 갓치 슬허하며 泣(읍)한다. 아마도 余(여)는
그 時(시)에 <u>那抱禮溫(나포례온)</u>에 狂人(광인)니 되엿다 할 수 잇다.
爲先(위선) <u>나포레온</u>과 갓치 幼年學校(유년학교)게 入學(입학)하기로
한다. 公使(공사)을 往見(왕견)하고 日本(일본)에도 陸軍幼年學校(육
군유년학교)가 잇쓰니 余(여)는 一人(일인)이라도 入學(입학)하야 善
良(선량)한 軍人(군인)니 되것따 請(청)하야 公使(공사)는 [나를] 日本
(일본) 外務省(외무성)에 照請(조청. 招請(초청))하야 日本(일본) 陸軍

大臣(육군대신)은 日皇(일황)의 勅許(칙허)을 맏타 此年(차년) 秋(추) 九月(구월)에 入學(입학)하게 되엿다. 今夏(금하)에 兄(형)이 日本陸軍 視察委員(일본육군시찰위원)으로 東京(동경)에 來(내)하엿스므로 깃뿌게 相逢(상봉)하니 兄(형)은 余(여)가 軍人(군인)니 되믈 不讚成(불찬성)이드라. 然(연)니나 余(여)는 斷然(단연)니 不應(불응)하엿다.

將校學生(장교학생)으로

四千二百三十八年(사천이백삼십팔년) 九月(구월) 一日(일일)에 余(여)는 東京陸軍中央幼年學校(동경육군중앙유년학교) 豫科(예과) 第二學年(제이학년)에 軍人學徒(군인학도)로 入學(입학)하야 이날 軍人服裝(군인복장)을 입으니 깃뿌기는 하나 前道(전도)이 蒼然(창연)하야 苦生(고생)이 만을 거슬 思(사)하니 그 果實(과실)이 大(대)할가 하며 잇섯다. 余(여)가 이간치 軍人(군인)되야 六百五十名(육백오십명)에 韓國(한국)의 一兒(일아)로 一人(일인)니 入學(입학)함도 나포레온(나폴레옹)을 안 까닥이다. 余(여)는 今日(금일)붓터 孤獨(고독)을 벋 사마 寒床(한상)에셔 故鄕(고향) 꿈과 將來(장래)의 有耶無耶(유야무야)한 希望(희망)을 가지고 心膽(심담)을 鍛鍊(단련)하게 되믄 余(여)을 鐵强人(철강인)을 맨드난데 最大(최대)한 機關(기관)니 되엿다.

幼年學校(유년학교)는 豫科(예과)가 三年(삼년)니요 本科(본과)가 二年(이년)니다. 余(여)는 試驗(시험)바는 決果(결과. 結果)로 豫科(예과) 二年級(이년급)에 入學(입학)하엿다. 中學校(중학교) 科程(과정)에 軍隊敎育(군대교육)을 加(가)하미다. 매우 學科(학과), 術科(술과)가 奔走(분주)하며 嚴正(엄정)히 敎育(교육)하며 希臘(희랍) 스바 - 르다 (스파르타) 敎育制(교육제)로 하므로 冬節(동절)에도 室內(실내)에 火氣(화기)가 別無(별무)하고 지난다. 余(여)는 十八歲(십팔세)가 된 秋

初(추초)에 비로소 軍人(군인)되미다. 當時(당시)은 日俄戰爭中(일아전쟁중)이므로 모도 日本陸軍(일본육군)의 氣想(기상)이 活潑(활발)하고 勇敢(용감)하다. 幼年學校(유년학교)에는 薄依惡食(박의악식)으로 極(극)키 嚴(엄)한 生活(생활)한다. 强兵(강병)으로 天下(천하)에 名(명)을 揚(양)하는 國(국)의 將校敎育(장교교육)이라 할 수 잇다.

양쪽 여백의 글 東京陸軍幼年學校(동경육군유년학교)에 在學時(재학시)의 나는 實(실)로 볼만하니라. 六百幾十名(육백기십명)의 日本學徒(일본학도)가 처음로 弱國人(약국인)되는 내가 入學(입학)하믈 奇異(기이)히 여긴다. 余(여)가 散步(산보)하든지 하면 구경을 오드라. 余(여)은 炯炯(형형)한 眼(안)으로 彼等(피등)보며 一語(일어)라도 함브로 안니하고 鼻笑(비소)은 고사하고 彼等(피등)안테 行動(행동)으로 碌碌(녹록)치 안니믈 뵈아준다. 余(여)을 外形(외형)도 나포레온(나폴레옹) 간다고 하드라. 數年(수년) 잇스나 親友(친우)라고 阿部(아부)라 하는 一人(일인)뿐니다. 余(여)는 孤寂(고적)을 큰게 사랑하엿다. 學校後園(학교후원) 森林中(삼림중)은 나의 深思(심사)하는 곳시다. 혼차 國家(국가)며 民族(민족)의 腐敗(부패)을 歎泣(탄읍)하며 天(천)을 부르지져 나의 前程(전정)을 希望(희망)하엿다. 年年(연년)니 父兄(부형)니 俱沒(구몰)하니 나는 더욱 嫌世(염세. 厭世)에 偏(편)하엿다.

敎師(교사)나 學徒中(학도중)에 우리나라에 不好(불호)한 言及(언급)되면 나의게는 그간치 나의 名譽心(명예심)을 害(해)하는 거슨 업다. 余(여)는 이런 時(시)에는 그 敎師(교사)나 學徒(학도)로 셔로 交言(교언)도 안니하기을 十餘日(십여일) 二十餘日式(이십여일식) 되엿다. 日曜日(일요일)에 韓人(한인)을 만나면 [그때 잠깐 한어를 사용할 뿐] 一個月(일개월)이나 二個月間(이개월간)에 韓語(한어)을 못 用(용) 하엿다. 잠고대도 日本語(일본어)여다. 그러므로 余(여) 在學間(재학간)은 全部(전부) 孤獨生活(고독생활)이엿다.

四千二百三十九年(사천이백삼십구년) 冬(동)에 兄(형)의 死去(사거)한 父主(부주)의 信書(신서)를 바덧다. 兄(형)은 年不及(연불급) 三十(삼십)에 此世(차세)을 마츠미다. 子(자)도 업다. 余(여)는 이에 六代(육대)채 獨子(독자)가 되엿다. 우리 집은 實(실)로 외롭다. 余(여)도 외롭다. 이간치 외롭도록 決心(결심)코 學業成就(학업성취)하여야 하겟다.

四千二百四十年(사천이백사십년) 秋(추) 九月(구월) 一日(일일)에 本科學生(본과학생)으로 入學(입학)하엿다. 四千二百四十年(사천이백사십년) 春(춘) 月(월) 日(일)에 父主(부주)가 別世(별세)하엿다. 우리 집은 實(실)로 말 안다. 父兄(부형)이 外國(외국)에 留學(유학)할 때에 祖母(조모), 母主(모주)가 別世(별세)하드니 이번은 余(여)가 留學(유학)하쟈니가 父兄(부형)이 連年別世(연년별세)하니 너무도 우리 집은 規則的(규칙적)이다. 代代獨子(대대독자)라고 余(여) 兄弟(형제) 中(중) 이 兄(형)이 또 死去(사거)하니 너무 擴張(확장)이 업는 집이다. 父主(부주)는 實(실)로 入北始祖(입북시조) 以後(이후)로 第一(제일) 偉大(위대)한 人(인)다. 余(여)는 거(그) 兄(형)이 今日世界(금일세계)라 하는 거슬 암도 父(부)의 賜(사)하신 거시다. 余(여)는 父主(부주)가 余(여) 一塊(일괴)을 두고 이 世上(세상)에 떠나시믈 매우 섭섭히 생각하엿다. 父(부)가 定基(정기)하신 始興(시흥) 北面(북면) 九老里(구로리) 南山(남산)에 安葬(안장)하엿다.

今年(금년) 六月(유월) 八日(팔일) 八時(팔시)에 妹(매) 玉振(옥진)니가 生(생)하다. 玉振(옥진)니는 遺腹女(유복녀)이며 나의게는 더 업난 貴(귀)한 뉘위다.

四千二百四十一年(사천이백사십일년) 夏(하) 七月(칠월) 日(일) 本科(본과)을 卒業(졸업)하고 騎兵(기병) 上等兵(상등병)의 同等(동등)으로 東京(동경) 騎兵(기병) 第一聯隊(제일연대) 第一中隊(제일중대)에 入隊(입대)하엿다. 平生所願(평생소원)을 일워 騎兵科(기병과)에 入

(입)하야 駿馬(준마)을 타니 긴뿌드라. 九月(구월)에 下士(하사)가 되야
十一月(십일월)에 秋期機動演習(추기기동연습)에 參與(참여)하고 비
로소 大軍(대군)니 移動(이동)한는 거슬 보안다. [이듬해] 一日(일일)
은 東京近郊(동경근교)에셔 對抗演習(대항연습) 하노라니 伊藤博文
(이등박문) 暗殺(암살)이라는 號外(호외)가 東京市(동경시)가 마사지
게 떠든다. 余(여)는 가심이 덜넝한다. 伊藤(이등)이을 銃殺(총살)한 人
(인)는 安應七氏(안응칠씨)이라 한다. 余(여)는 자셔히 모르나 <u>아! ㅣ</u>
<u>偉大(위대)하다 우리도 사람이 잇고나!</u> [하고 속으로 감격해서 외쳤
다.] 伊藤(이등)은 日本(일본)에 第一流(제일류)의 政治家(정치가)며
勢力家(세력가)며 우라(우리) 大韓(대한)에는 日本(일본)니 俄國(아국)
을 擊破(격파)한 以來(이래)로 强拍(강박)한 手段(수단)으로 上下(상
하)을 壓迫(압박)하야 五個條約(오개조약)을 지어 大韓(대한)을 亡(망)
케 하고 統監(통감)이란 거스로 數年(수년) 京城(경성)에 잇써 上下(상
하)을 농락하드니 今番(금번)도 滿洲問題(만주문제)을 解決(해결)코자
俄羅斯(아라사) 財政大臣(재정대신) <u>고르로고후(꼬꼬프쪼브)</u>가 할르
빈(하얼빈)에 왈스므을 보고자 自往(자왕)하야 <u>할르빈(하얼빈)</u> 停車場
(정거장)에셔 금만 下車(하차)하야 <u>고氏(씨)</u>을 만나자 萬古勇士(만고
용사) 安重根氏(안중근씨)의 拳銃(권총)에 卽死(즉사)하니라.

今秋(금추)에 京城(경성)셔 幼年學校(유년학교)에 三十餘人(삼십여
인)니 入學(입학)하기로 來(내)하얀다. 余(여)는 玆(자)에 同胞同志(동
포동지)을 만니 엇어다. 이는 本國(본국) 軍隊(군대)을 解散(해산)한 까
닥이다.

十二月 一日(십이월 일일)

聯隊附(연대부)로 本日(본일) 陸軍士官學校(육군사관학교)에 入學

(입학)하엿다. 인져는 아조 將校(장교)될 마지막 學校(학교)다. 兩肩(양견)에 風(풍)을 비고 意氣揚揚(의기양양)하야 校門(교문)에 드로간다. 士官學校(사관학교)에서 나는 <u>나포레온</u>(나폴레옹)의 演劇(연극)이다. 余(여)의 冊床一隅(책상일우)에는 <u>나포레온</u>(나폴레옹) 書中(서중)에 어느 거시든지 업슬 때가 업다. 볼셔 四五年(사오년)을 <u>나포레온</u>(나폴레옹) 鍛鍊(단련)을 싸아스므로 心膽(심담)이 만니 向上(향상)하게 되엿다. 敎官(교관) 等(등)의 行動言意(행동언의)을 보니 나만 못하다. 나는 <u>나포레온</u>(나폴레옹)을 이간치 崇拜(숭배)할 따문에 害(해)도 잇다. 世上(세상)을 不合意(불합의)하게만 생각하며 孤寂(고적)을 너무 사랑하므로 交友(교우)까지 실에하야 朋友(붕우)라고는 一二人(일이인)에 不果(불과. 不過)한다. 同窓(동창) 日本學生(일본학생)이 余(여)을 <u>나포레온</u>(나폴레옹) 第二라고 別名(별명)을 지엇다. <u>나포레온</u>(나폴레옹) 書(서)을 볼 때마둑 心氣(심기)가 渤渤(발발)하야 將來(장래)의 希望(희망)을 目作(목작)한다. 日曜日(일요일)이면 私宿室(사숙실)에 가셔 혼차 잇다 書冊(서책)이나 보고 <u>나포레온</u>(나폴레옹) 寫眞(사진)과 相對(상대)할 뿐니다.

나는 이럭져럭하야 身體(신체)가 조곰식 弱(약)하여졋따. 여러 해 이嚴(엄)한 <u>스파ㅣ르다</u>(스파르타) 生活(생활)에 孤寂(고적)뿐니요 悲念(비념)뿐니요 섭섭한 일뿐니므로 心志(심지)을 慰賴(위뢰)할 溫情(온정)이라고는 나는 아조 이졋다. 업다. 世上(세상)은 모다 寒(한)하다. 人情(인정)은 모도 冷(냉)하다. 國家(국가)는 永(영) 亡(망)하야 合邦(합방)이란 거시 되엿다. 中隊長(중대장)이 全(전) 中隊學生(중대학생)을 뫼아놋코 合邦(합방)한 理由(이유)을 말 하드라. 學生中(학생 중)에 날을 慰勞(위로)하며 너무 落心(낙심)말고 相扶勉學(상부면학)하자는 者(자)도 잇다. 余(여)는 거진 大韓語(대한어)을 平易(평이)한 걸 外(외)에는 잇게 되엿다. 그럴 거시다. 五六年(오륙년)을 자나 개나 혼차 잇스며 韓人(한인)이라고는 日曜日(일요일)에 外出(외출)하여셔 或(혹) 만나야 말을 써 본다. 韓人(한인)의 笑(소)을 만니 바덧다. 하나 心(심)과 精神(정신)는 겸겸 더욱 堅固(견고)하다. 一日(일일)은 하ㅣ례(핼리) 彗星(혜성)이 地球(지구)을 지난다고 新聞(신문)에 말리 만트니 고만니다. 안니 오난 거슬 文明惻(문명겁)을 시작하미다.

士官學校 卒業(사관학교 졸업)

四千二百四十三年(사천이백사십삼년) 夏(하) 六月(유월) 日(일)에 余(여)는 하나님이 保祐(보우. 保佑)하사 陸軍士官學校(육군사관학교)을 卒業(졸업)하엿다. 아아ㅣ 父兄(부형)을 이르면셔 家産(가산)을 허치고 散家(산가)까지 하면셔 今日(금일) 所意(소의)을 마첫다. 나는 나의 軍事學知識(군사학지식)보다도 心志工夫(심지공부)가 더욱 嘉(가)하다 할 수 잇다. 余(여)의 心志(심지)는 鐵血不拔(철혈불발)의 華(화)가 될 길에 入(입)하엿다. 見習士官(견습사관)으로 도로 騎兵(기병) 第一聯隊(제일연대)에 간다. 自此(자차)로 배우며 硏究(연구)하며 敎育(교육)하며 한다. 十一月(십일월)에 또 秋期大演習(추기대연습)에 參與(참여)하엿다. 우리나라에 總督(총독)으로 來留(내유)하는 日本(일본) 寺內(사내. 데라우치)가 余(여)을 請(청)하야 日本軍隊(일본군대)에 任官(임관)시기믈 말한다. 余(여)은 이갓치 思(사)하엿다. 이미 國(국)이 亡(망)한 以上(이상)에는 將來(장래)을 希望(희망)하자면 士官學校(사관학교)을 卒業(졸업)만 가지고는 아무 걷도 안니다. 實地硏究(실지연구)을 싸흐리라 하고 應諾(응낙)하엿다. 是年(시년) 十二月末(십이월말)에 余(여)는 日本陸軍騎兵少尉(일본육군기병소위)로 日本王(일본왕) 睦仁(목인. 무쓰히토)의 名(명)으로 任(임)하엿다. 아아ㅣ 異狀(이상)하다. 實(실)로 異奇(이기)하다. 光武年間(광무년간)에 大韓

駐日留學生(대한주일유학생)이러니 今日(금일)은 日本將校(일본장교)가 되엿다. 아아ㅣ 나의 前程(전정)은 이다지 變化(변화)가 多(다)하건 난가. 四千二百四十四年(사천이백사십사년) 正月(정월)에 當外(당외)에 旅宿(여숙)을 定(정)하고 每日(매일) 仕進(사진)한다. 斯歲各(사세각)에 오래간만에 還國(환국)하야 既定(기정)한 婚姻(혼인)을 成(성)하야 京城(경성) 社稷洞(사직동) 百六十六番地(백육십육번지)에 私邸(사저)을 定(정)하엿다. 이 家(가)는 余(여)가 가장 마음에 合當(합당)히 생각하는 公園的(공원적) 樂園(낙원)니다. 永遠(영원)히 傳(전)하리라. 四千二百四十七年(사천이백사십칠년) 春(춘)에 中尉(중위)로 任進(임진)하엿다. 陸軍戶山學校(육군호산학교)에 將校學生(장교학생)으로 入學(입학)하야 劍術(검술), 體操(체조)을 六個月(육개월) 全修(전수)하엿다. 四千二百四十九年(사천이백사십구년)에 騎兵學校(기병학교)에 入學(입학)하야 馬術科(마술과)을 一年間(일년간) 全修(전수)하엿다. 余(여)는 또 工兵隊(공병대)에 가셔 見學(견학)까지 하엿다. 인져는 任官以來(임관이래) 七八年(칠팔년)에 硏究(연구)을 나의 位置(위치)로는 畢(필)하엿다 할 수 잇다. 大學校(대학교)가 남앗다. 그는 疑問(의문)니 만타. 되고 안니 되겟난지 또 가 試驗(시험)이 入格(입격)이 얻들난지. 그러나 余(여)은 몸미 매우 弱(약)하야 좀 閒養(한양)할 必要(필요)가 生(생)하야 四千二百五十一年(사천이백오십일년)에 休暇(휴가)을 求(구)하야 相當(상당)한 決心(결심)으로 家人(가인), 家俱(가구)까지 一一(일일)히 携帶(휴대)하야가지고 永永的(영영적)으로 渡日(도일) 十有五年(십유오년), 任官(임관) 九個年(구개년)만에 나의 愛園(애원) 社稷洞(사직동) 邸(저)로 왓다. 나는 妻(처) 貞和(정화), 누위 玉振(옥진), 長女(장녀)에 智理(지리), 次女(차녀)에 智慧(지혜)을 다리고 一家五人(일가오인)니다.

六. 京城(경성) 社稷洞(사직동) 私邸(사저)에 第二回(제이회)의 休暇中(휴가중) 밋 獨立運動(독립운동)

四千二百五十二年(사천이백오십이년)〈1919年(년)〉 一月(일월) 日(일)에 余(여)는 身弱(신약)하므로 休暇(휴가)을 請(청)하여셔 京城(경성) 社稷洞(사직동) 私邸(사저)에 還(환)하엿다. 實(실)로 오래간만니다. 十有六年(십유육년)만니다. 余(여)가 처음 留學(유학)갈 졔는 韓國(한국)이 獨立(독립)이엿다. 現今(현금)은 余(여)까지 日本國(일본국) 陸軍騎兵(육군기병) 中尉(중위)의 몸이다. 매우 不自由(부자유)이 身(신)니다.

余(여)의 私邸(사저)는 地面(지면)니 約(약) 千坪(천평)되는 山地(산지)니 大巖間(대암간)으로 湧出(용출)하는 泉水(천수)가 잇스며 百花(백화)가 俱笑(구소)하고 멀니 仁王山(인왕산), 北岳(북악), 三角山(삼각산), 仁正殿(인정전)을 바라며 社稷靑松林(사직청송림)을 갓까이 본니 全景(전경)은 坐望(좌망)하난 곳시라. 余(여)는 此園(차원)을 愛(애)한다. 庭內(정내)에 小池(소지)가 잇고 거기 石橋(석교)가 걸엿스며 池邊(지변)에 五百年前(오백년전) 안니 젹어도 五百年(오백년)은 地中(지중)에 뭇쳣든 靑石童子(청석동자)을 집 아래 川(천)에셔 어데다가 立(입)하엿다. 이을 余(여)는 歷史五百年前(역사오백년전)니 回春(회춘)하난 듯 깁버한다. 山上(산상)에는 木草(목초)이 만타. 松(송), 나도밤나무, 진달내, 능금木(목) 여러 가지 잇다. 夏則(하즉) 靜養(정양)하것고 春節(춘절)은 百花(백화)가 핀다. 秋(추)은 나도밤나무 實(실)이 紫雲(자운)을 지여 山色(산색)이 紫(자)물 드린 것 갓다. 西山上(서산상)에 一亭(일정)이 잇스니 曰(왈) 擎天閣(경천각)이라 한다. 余(여)가 寂(적)히 三(삼. 삼각산), 仁(인. 인왕산), 北(북. 북악) 諸峰(제봉)을 바라고 古今(고금)을 及思(급사)하난 곳시다. 石泉(석천) 曰(왈) <u>湧金水</u>

(용금수)라 하며 東山(동산)을 <u>雲深臺</u>(운심대)라 한다. 西基上(서기상)에 擎天閣(경천각)이 잇난 모양이다. 山水(산수)가 淸麗(청려)하므로 余(여)난 永遠(영원)히 이 基地(기지)를 傳(전)코자 한다.

余(여)은 私邸(사저)에 來(내)하야 이미 半年(반년)을 靜養(정양)하야 四千二百五十二年(사천이백오십이년) 〈1919年(년)〉 春(춘)을 맛나 光武帝(광무제)가 崩(붕)하니 風說(풍설)이 만타. 實(실)이 暗殺(암살)을 當(당)하문 分明(분명)하다. 불상한 양반니다. 一生(일생)에 皇帝(황제)라고도 稱(칭)하엿고 失國失位(실국실위)도 하엿다. 余(여)는 그 喪(상)을 듯고 數次(수차) 喪則(상측)에 參(참)하엿다. 大抵(대저) 世界大戰(세계대전)도 野心(야심) 軍國主義(군국주의)로써 生(생)하야 그덜의 位置(위치)을 오히려 危(위)케 하엿다. 米國大統領(미국대통령) <u>위르손</u>(월슨)氏(씨)의 宣言(선언)에 民族自決(민족자결)을 公布(공포)하엿고 우리의 思想上(사상상)에 大影響(대영향)을 與(여)하자 光武帝(광무제)가 崩(붕)하니 全國(전국) 靑年(청년)의 精神(정신)니 大奮起(대분기)가 되엿다. 天賦(천부)한 自由(자유)을 차즈믄 人類(인류)의 最高尙(최고상)한 事業(사업)이다. 三月(삼월) 一日(일일)!! 나의 園中(원중)에는 百花(백화)가 開(개)할여 準備(준비)한다.

나의 집에는 許多(허다)한 有爲靑年(유위청년)의 來往(내왕)이 만타. 將來(장래)에 무어시 잇써야 하리라는 마음은 모도 잇다.

世界聯盟會(세계연맹회)에 日本(일본)은 韓國(한국)의 日本(일본)에 合邦(합방)이 韓人(한인)니 同意(동의)되믈 表(표)하기 爲(위)하야 宗敎代表(종교대표)에 申興雨(신흥우), 貴族代表(귀족대표)에 趙重應(조중응), 李完用(이완용), 實業代表(실업대표)에 等(등)의 賣國賊(매국적)이 聯名書(연명서)을 지어셔 秘密(비밀)히 光武(광무)의 署名(서명)을 要求(요구)하니 帝(제)가 不聽(불청)하므로 暗殺(암살)한 거시다. 또 英親王(영친왕) 李垠(이은)니을 日本王族(일본왕족) 梨本宮

(이본궁)의 女(여)로 一月(일월) 卄五日(이십오일)에 成婚(성혼)하자 한다. 帝(제)가 崩(붕)하시므로 그 婚姻(혼인)도 中止(중지)된다. 日本 (일본)은 合邦以來(합방이래)로 憲兵制(헌병제)로 全國(전국)을 壓制 (압제)하되 人道正義(인도정의)에 戾(려)하며 人類(인류)가 敢(감)히 못할 일을 한다. 扶餘族(부여족)은 四千幾百年(사천기백년) 歷史(역 사)을 가지고 李朝五百年(이조오백년)은 亡本(망본)니 만으나 그 前 (전)에는 極東(극동)에 雄視(웅시)한 거시며 文化暢濫(문화창람)한 나 라이다. 今日(금일)에 이 지경되문 全部(전부) 李朝(이조)의 罪惡(죄 악)이다. 李朝(이조)은 우리의 代表的(대표적) 惡人(악인)이라 할 수 잇다. 그러나 우리는 合邦十年(합방십년)에 臥薪嘗膽(와신상담)하야 能(능)히 自活(자활)할만한 文明(문명)에 醉(취)하엿다. 우리 靑年(청 년)에는 나포레온(나폴레옹), 비스마 - 르크(비스마르크), 토리스트(트 리스탄), 우에린돈(웰링턴), 지에 - 르(지에르)가 잇다. 그 熱烈(열렬)한 血中(혈중)에는 建國人物(건국인물)이 湧出(용출)한다. 天(천)니 우리 의 自覺(자각)하기을 만니 바라며 그을 爲(위)하야 人物(인물)을 豊作 (풍작)하셧다.

余(여)가 歸京(귀경)하기 前(전)에도 東京(동경)에서 여러 靑年(청 년)을 만낫다. 모도 世界(세계)에 무어슬 公布(공포)하자 한다. 余(여) 는 獨立(독립)은 이 大戰爭(대전쟁)으로 안니 되지만 우리의 覺醒(각 성. 覺醒)이 만타고 하엿스며 그을 利用(이용)하야 民族覺醒(민족각성. 民族覺醒)을 要求(요구)할 機會(기회)는 잇다 하엿다. 果然(과연)니다. 東京留學靑年(동경유학청년)드리 獨立運動(독립운동)을 開始(개시)하 엿다는 通知(통지)을 보앗다. 華春(화춘)니 到來(도래)하엿다, 三千里 江山(삼천리강산)에!

三月 一日!(삼월 일일)

日本留學靑年(일본유학청년)드리 火蓋(화개)을 열자 京城(경성)에 各(각) 團體(단체) 有志(유지)드리 秘密(비밀)히 엇쩌는 모양이다. 나는 直接參席(직접참석) 못 한다. 通知(통지)만 듯는다. 그는 余(여)는 不參(불참)할 必要(필요)가 잇다. 그러니 그 決果(결과. 結果)가 그다지 커질 줄은 未信(미신)니다.

三月一日(삼월일일)! 아ㅣ 當日(당일) 日氣(일기)가 매우 和朗(화랑)하다. 午前(오전) 十時頃(십시경)에 나는 私邸(사저)을 나와 靑年會館(청년회관)으로 向(향)하여 夜珠峴(야주현) 兵門(병문)에 가니 볼셔 總督府(총독부)에셔 무어슬 아는지 十餘人(십여인)의 憲兵巡査(헌병순사)가 自働車(자동차. 自動車)을 飛(비)하야 示威(시위)한다. 京城內(경성내)에 春天(춘천)니건만 黑雲(흑운)니 매치고 殺氣(살기)가 등등하다. 나는 漸漸(점점) 胸中(흉중)에 여러 가지가 生(생)한다. 日人(일인)니 엇더한 威力(위력)을 쓸고, 또는 우리 民族(민족)이 얼마나 忍耐力(인내력)이 잇스까 한다. 鐘路(종로)에 이르니 殺氣(살기)가 더욱 殷殷(은은)하다. 나는 靑年會館(청년회관)에 가니 고요하다. 여러 事務員(사무원)을 만나 셔로 談笑(담소)하고 總務(총무)되는 尹致昊氏(윤치호씨) 事務室(사무실)에 가셔 該氏(해씨)로 더브러 談話(담화)하니 그럭져럭 午后(오후. 午後) 二時(이시)가 지낫다. 나는 尹氏(윤씨)로 占心(점심. 點心)을 먹자고 말하는 中(중)이다. 믄득 日本巡査(일본순사)가 會館(회관)을 圍(위)하고 一署長(일서장) 갇튼 人(인)니 尹氏(윤씨)을 차자 室內(실내)에 왓다. 尹氏(윤씨)더러 家宅搜索(가택수색)을 言(언) 하니 尹氏(윤씨)는 許(허)하엿다. 館內(관내)에 잇는 놀나온 人(인)을 全部(전부) 一室(일실)에 가둔다. 나도 그中(중) 一人(일인)니다. 天(천)은 우리의게 自由(자유)을 쥬시믈 우리가 公布(공포)하는 今日(금일)! 午后(오후. 午後) 二時(이시) 三十分(삼십분)은 된다. 믄득 파고다 公園(공원)으로 大韓獨立萬歲(대한독립만세)…… 쇠을 치난 듯한 뼈가 져린 숨이 찬 不平(불평)이 滿滿(만만)한 靑年(청년)의 피소리가 난다. 鐘路大路(종로대로)가 미여셔 靑年學生(청년학생)들리 驅步(구보)로 몰나온다. 그 室內(실내)에 갇쳐잇난 人人(인인)니 모도 顔色(안색)이 變(변)하고 부들부들 떠난지라. 鐘路(종로)는 끌는 소래가 나며 一邊(일변)으로는 日本(일본)의 利劍(이검)이 우리의 血(혈)이 끌난 靑年(청년)을 자바셔 鐘路警察署(종로경찰서) 안으로 가져가드라. 靑年會館(청년회관) 內(내)에 갇친 사람은 모도 身體(신체)을 調査(조사)하고 放出(방출)되엿다. 余(여)는 곳 市內(시내)을 巡觀(순관)하니 不勝血淚(불승혈루)더라. 靑年團(청년단)은 鐘路(종로)로셔 慶運宮(경운궁) 前(전)으로 그 大韓門(대한문) 內(내)까지 入(입)하여다가 그리로셔 泥峴(니현) 日本人居留地(일본인거유지)에 入(입)하엿다. 男子(남자)뿐 안니며 女學生(여학생)도 多(다)하다. 그더른 祖國(조국)의 亡(망)하믈 忿(분)니 알며 男子(남자)와 同權(동권)이믈 自信(자신)하미다. 聖公會(성공회)에 잇난 女學生(여학생) 某(모)도 泥峴(니현)까지 갓다가 머리을 푸러 헷치고 오더라.

鐘路(종로)에셔 거지 一人(일인)니 大韓獨立萬歲(대한독립만세)을 부르니 日巡檢(일순검)이 捕着(포착)하야 가니 見者笑曰(견자소왈) 져 거지는 오늘 젼역붓터 밥걱졍은 업것다 하니 듯난 者(자) 모도 失笑(실소)하더라.

東大門(동대문) 內(내) 婦人病院(부인병원) 前(전)에 靑年團(청년단)니 가셔 萬歲(만세)을 부르니 그 看護婦(간호부)드리 모도 울면셔 應聲(응성)하믄 余(여)의 마음을 더욱 忿(분)하게 한다. 大路上(대로상)으로 단니는 靑年男女(청년남녀)며 電車(전차)을 타고 가는 靑年男女(청년남녀)가 모도 忿色(분색)이 滿面(만면)하고 世界人種(세계인종)의 本分(본분)을 行(행)하는 듯한 빗치 뵈운다. 日(일)이 西方(서방)

仁王山(인왕산) 져편에 入(입)하니 長安(장안)니 고요하고 人人(인인)니 將次(장차) 엇지 될고 한다. 곳 政府(정부)을 組織(조직)하고 나셔자는 人(인)도 잇다. 예셔계셔 有爲(유위)의 人(인)니 講論(강론)니 多多(다다)하다. 靑年會館(청년회관)에 이슬 때도 知友(지우)드리 余(여)다레 칼을 **빼시요 인져는** 別數(별수) 업스니 칼을 **빼시요** 하며 여러시 勸(권)한다. 여러 朋友(붕우)의 말대로 余(여)가 칼을 빼자면 西間島(서간도), 北間島(북간도), 俄領(아령)의 三處(삼처)로 出奔(출분)하는 問題(문제)다. 余(여)의 自身(자신)도 國外(국외)에 臥薪(와신)한지 十有五年(십유오년)에 今日(금일)을 待(대)하미다. 또 余(여)의 責任(책임)인가 한다. 天賦(천부)의 識分(식분)이다. 余(여)을 빼고난 다시 適者(적자) 업스문 余(여)도 안다. 連日(연일) 會議(회의)가 余(여)의 庭園(정원)에 된다. 맏침 李應俊(이응준), 池大亨(지대형) 二君(이군)니 來到(내도)하엿다. 더욱 事(사)가 決行(결행)을 要(요)하게 된다. 池君(지군)은 本意(본의)로 應諾(응낙)하며 外地(외지)로 出奔(출분)하게 되나 李君(이군)은 마지 못하야 對答(대답)하는 거시다. 會議(회의)에 여러 가지로 討論(토론)이 잇다. 그러나 余(여)은 如此(여차)히 思決(사결)하엿다. 아아 後人(후인)은 願(원)컨대 討論(토론)하여 보시오!

1. 個人(개인)으로 十有五年間(십유오년간)에 臥薪嘗膽(와신상담)이 此機會(차기회)을 求(구)하미니 自身(자신)의 安息(안식)을 求(구)하야 危地(위지)을 겁하믄 本意(본의)가 안니요 安息(안식)만 알자면 當初(당초) 父兄(부형)이 別世(별세)한 그대에(그때에) 守家之子(수가지자)가 될지니 이미 海外(해외)에 萬苦(만고)을 耐(내)하믄 民族(민족)에 如何間(여하간)에 有爲之人(유위지인)니 되고자 하미니 然則(연즉) 此機(차기)에 猛進(맹진)할 꺼시다. 이로 因(인)하야 誤落失敗(오락실패)난 余(여) | 個人(개인)으로 拘

見(구견)하믄 勇士(용사)가 할 일이 안니라 한다. 賣國賊(매국적)이 잇난 同時(동시)에 그을 보고 가만니 安坐(안좌)하난 것도 第二賣國子(제이매국자)라 할 수 잇다 하미다.

2. 全民族(전민족)으로 二千萬人中(이천만인중)에 余(여)만콤 爲國學(위국학)을 배운 者(자)가 업다. 잇다하면 余(여)의 後輩進來者(후배진래자)다. 民族觀念(민족관념)도 二千萬(이천만)의 多部分(다부분)은 余(여)만 못하다. 그러면 如此(여차)한 余(여)가 余(여)붓터 獻身的(헌신적) 事業(사업)에 命(명)과 身(신)을 액끼면 다시는 難得(난득)하리라 한다. 如此(여차)한 人(인)니 쳑쳑 몸을 내부치면 余(여)만 못한 者(자)도 勇進(용진)하리라. 余(여)가 몸을 액끼면 余(여)만 못한 人(인)은 더하리라. 余(여)은 安臥(안와)하재도 북끄럽다. 罪人(죄인)니다. 二千萬人(이천만인)니 余(여)을 보고 辱(욕)하여도 余(여)는 二千萬(이천만)을 보고 辱(욕) 못 하리라.

3. 世界大勢(세계대세)로 觀(관)하야 余(여)의 出奔(출분)! 世界大戰以來(세계대전이래)로난 亞細亞大勢(아세아대세)니 또 유롭바(유럽) 大勢(대세)니 하는 거시 업서지고 一擧手一投足(일거수일투족)이 世界大勢(세계대세)가 되엿다. 日本(일본)은 여러 가지 方面(방면)으로 原因(원인)을 植(식)하야 世界(세계)의 孤立國(고립국)이 되엿다. 黃色人種(황색인종)을 滅亡(멸망)하게 함도 日本(일본)의 責任(책임)이다. 日本(일본)의 誤算(오산)으로 生(생)하미다. 日本(일본)은 實(실)로 軍事上(군사상)만 빼면 빈 껍질만 잇다 할만한 國(국)이 안닌가. 그러하건만도 支那(지나), 우리, 東部(동부)루시아, 印度(인도), 새ㅣ무(샴. 태국), 等(등) 國(국)을 善交(선교)도 안니며 미워하며 壓迫(압박)하며 野心(야심)만 가지고 自己(자기)도 利用(이용) 못하는 弄蕩(농탕)을 치무로 列强(열강)

만 利用(이용)되고 世界(세계)의 鼻笑(비소)을 산다. 그러고 밋난 거시라고는 財(재)도 안니요 鐵(철)도 안니요 外交(외교)도 안니요 人衆(인중)도 안니요 食物(식물)도 안니요 製造品(제조품)도 안니요 飛行機(비행기), 潛行船(잠행선)도 안니요 但只(단지) 軍隊(군대)의 武裝(무장)뿐니다. 日本(일본)니 三年間(삼년간)을 戰鬪(전투)을 繼續(계속)할만한 國力(국력)이라고는 人命(인명)뿐니다. 鐵(철)은 一年(일년)을 못 겐댄다. 食物(식물)도 一年(일년)을 못자란다. 國民(국민)은 忍耐力(인내력)이 世界(세계)에 第一(제일)될 만침 업다. 社會黨(사회당)은 逐日(축일)로 威(위)하난 모양이다. 軍隊(군대)도 俄日役(아일역)에 旅順(여순), 奉天(봉천)에 잇던 隊(대)는 안니다. 西伯利亞(서백리아)에 日本(일본)의 出兵(출병)은 垓下戰(해하전)에 李左車(이좌거)가 項三(항삼)믈 引導(인도)한 格(격)이다. 日本(일본)은 더욱 項羽(항우) 갇치 孤立(고립)하야 進退維谷(진퇴유곡)이리라 한다. 그 野心(야심)으로! 以上(이상)과 갇흐므로 一朝(일조)에 東西(동서)에 戰展性(전전성)하면 우리는 支那東三省(지나 동삼성), 西伯利亞(서백리아)에 自然植民(자연식민) 一百萬(일백만)으로 世界(세계)에 對(대)하야 正義人道(정의인도)로 日本(일본)에 對(대)하야 血戰(혈전)을 能(능)히 하야 列强(열강)의 好意(호의)을 엇을 거시며 獨立(독립)을 可得(가득)하리라 한다.

然則(연즉) 余(여)는 今番(금번)에 꼭 獨立(독립)하리라고는 안니 思(사)한다. 直接獨立(직접독립)은 第二世界大戰(제이세계대전)이라 한다. 그러니가 余(여)의 出奔(출분)니 좀 일다 할 수 잇다. 그러나 余(여)는 아직 年靑氣勇(연청기용)하므로 海外(해외) 幾年間(기년간) 漂流(표류)하며 積功(적공)할 必要(필요)가 잇다 하엿노라. 우리 三人(삼인)

는 鐵路(철로)로 新義州(신의주)을 徑(경)하야 西間道(서간도)로 가자 한다. 李君(이군)은 有事(유사)하다 하야 平壤市(평양시)로 간다. 安廓君(안곽군)은 上海(상해)로 密去(밀거)하엿다. 余(여)는 池君(지군)으로 與(여)하야 每日(매일) 秘議(비의)을 한다. 警視總監府(경시총감부)의 使狗(사구)가 隔日(격일)로 온다. 余(여)는 一日(일일)은 走馬(주마)하야 總監部(총감부)로 놀나가니 總(총)감 및 知面(지면) 憲兵下士(헌병하사)가 何日(하일)에 還隊(환대)하는야 믇는다. 余(여)는 不久(불구)에 간다 하엿다. 獨立運動(독립운동)에 對(대)하야 알미 잇난야고 問(문)한다. 엇지도 우숩고도 忿(분)하야 余(여)의 알배 안니라 하니 그 下士(하사)가 예ㅣ할 뿐니다. 余(여)가 다시 생각하고 보니 잘못 말하엿드라. 余(여)는 衣服(의복) 等(등) 行裝(행장)을 全部(전부) 整頓(정돈)하엿다. 每日(매일) 自然(자연)히 溫席(온석)지 못하고 왓다 간다 하니 心中(심중)에 아모리 잇짜 하나 妻子(처자)의 問題(문제)다. 업난 셈만 대자 한다. 그래나 눈에 뵈이니 성이 가시다. 余(여)의 妻子(처자)된 人(인)은 不幸(불행)한 사람이다. 他人(타인)과 갇치 每日(매일) 相携同樂(상휴동락)하는 人(인)을 夫(부)나 父(부)로 못 둔 거시 自己(자기)의 잘못시니라 한다. 余(여)는 상랑(사랑)하는 庭園(정원)을 두고 갈 거슬 생각하니 더욱 可惜(가석)하다. 저 擎天閣(경천각)에 누가 오르며 雲深臺(운심대)에 누가 散步(산보)하리요. 湧金水(용금수) 藥水(약수)은 못 먹난가 한다. 모도 余(여)을 代身(대신)하야 妻(처) 貞和(정화)며 妹(매) 玉振(옥진)니며 愛女(애녀) 智利(지리. 智理), 智慧(지혜), 智蘭(지란)들리 잇쓰리라. 그드리 余(여)을 생각하미 余(여)보다 더하리라. 그러나 하나님이 그더을 愛護(애호)하시리라.

五月末(오월말)을 當(당)하니 全國各地(전국각지)에셔 獨立運動(독립운동)에 對(대)한 事實(사실)이 顯露(현로)되야 各(각) 團體(단체)에셔 日本(일본)의 毒手(독수)에 자피는 者(자)가 萬餘千(만여천)을 越

(월)하야 日本(일본)은 京城(경성) 西大門外(서대문외) 監獄署(감옥서)을 擴張(확장)에 大增加(대증가)을 하야 幾萬(기만)나라도 不足(부족)업다고 그 用達新聞(용달 신문) 每日新報(매일신보)에 記載(기재)하야 우리을 겁하라 하는 거시다. 오히려 우리의 鼻笑(비소)을 산다. 靑年男子女子(청년남자여자)뿐 안니라 七八歲(칠팔세)되는 小兒(소아)도 잇다. 老人(노인)도 잇다. 其中(기중)에도 寡婦(과부)의 孤子(고자)도 잇다.

一日(일일)은 余(여)가 京城(경성) 地方法院(지방법원) 前(전)으로 지나니 自働車(자동차. 自動車)에 우리 靑年(청년) 四五人(사오인)을 실엇다. 모도 罪衣(죄의)을 입펟다. 그 近傍(근방)으로 年(연)니 四十可量(사십가량. 四十假量)이나 되는 婦人(부인)니 밋쳐 눈물이 나오지 못하야서 胸中(흉중)이 맥케셔 그 뚜러지고 더러워진 치마로 얼굴을 가리우고 痛泣(통읍)하는 거시 뵈인다. 嗚呼(오호)라 余(여)도 가슴이 맥키면셔 兩眼(양안)에 눈물이 흐른다. 아아! 져ㅣ 罪衣(죄의) 입은 靑年(청년)니 무삼 罪(죄)야. 日本(일본)아 너의 罪(죄)는 무슨 衣(의)을 입것난야. 져ㅣ 靑年(청년)들은 나의 사랑하는 民族中(민족중)에 最勇敢(최용감)한 사람이다. 모도 二十歲(이십세) 되나 못되나 하다. 져들은 同飽(동포. 同胞)라는 거슬 안랄다. 民族(민족)이란 거슬 안 사람이다. 人種(인종)이 샌긴 그 同時(동시)에 萬物(만물)보다 第一(제일) 몬쳐며 最美(최미)한 自由(자유)라 하는 거시 잇스믈 아는 者(자)드리다. 好衣好食(호의호식)하는 自稱(자칭) 有志紳士(유지신사)드라 모도 어느 구석에 가셔 숨엇난야. 外國留學(외국유학)도 쓸 때 업고 年歲(연세)도 所用(소용) 업다. 아아 꼿 갓튼 져ㅣ 少年(소년)아 나는 너을 사랑하며 同情(동정)의 慰(위)을 鐘路(종로)로 드러가면서 暗祝(암축)을 보내로라. 그러나 사랑하는 靑年(청년)아 心(심)을 굳게 하라. 열매 볼 날 멀지 안타.

米國(미국)이나 英國(영국), 日本(일본)의 紳士(신사)나 靑年(청년)의 境遇(경우)와 現今(현금) 韓國(한국)의 紳士(신사)며 靑年(청년)의 境遇(경우)가 매우 다르다. 우리은 建國(건국)하자는 큰 任務(임무)가 잇고 他(타)는 이거시 업다. 그러기여 우리나라 紳士(신사)나 靑年(청년)니 두 눈니 멀거니 坐而食(좌이식)하믄 罪人(죄인)니다. 祖國(조국)이 브르믈 모르민가! 아아 李完用(이완용)은 賣國賊(매국적)이거니와 君(군) 等(등)은 모르는 체 하는 賊(적)이다. 韓國(한국)에 國家(국가)라는 거슬 아는 知識階級(지식계급)이 多(다)하면 모르걷스나 極指(극지)할만니 밧게 업다. 이런 少數(소수)의 紳士(신사)로 强倭(강왜)을 물니치고 獨立(독립)하자미 大難事(대난사)가 안니가. 그런데 그 少數(소수)의 紳士(신사)가 더러는 모르는 체 더러는 日本使奴(일본사노)되며하니 實(실)로 韓半島(한반도)을 爲(위)하야 슬페하노라.

閔元植(민원식)이란 人(인)은 日本(일본)에 단니면셔 同化主唱(동화주창)을 이판하니 閔哥(민가. 閔家)는 이리져리 滅種(멸종)시길 거시다. 元植(원식)은 볼내 無識(무식)한 놈인데 錢(전)에 含(함)하야 然(연)한지.

七. 南滿洲(남만주)에 出奔(출분)

A. 四千二百五十二年(사천이백오십이년)〈1919年(년)〉

六月 六日(유월 육일)

昨日(작일)은 余(여)의 生日(생일)이다. 多情(다정)한 朋友(붕우) 幾
人(기인)으로 分杯(분배. 分杯)하고 今朝(금조)에 起席(기석)하니 날은
흐리고 雨下(우하)한다. 此好機(차호기)! 不可失(불가실)이다. 池君(지
군)으로 야ㅣ 엇지할고 今日(금일) 實行(실행)할가. 池君(지군)은 大讚
成(대찬성. 大贊成)이라. 金永燮君(김영섭군)도 讚成(찬성. 贊成)이라.
前後事(전후사)을 金君(김군)에 付託(부탁)하고 池君(지군)으로 夜珠
峴(야주현) 兵門(병문) 越便(월편)에셔 自働車(자동차. 自動車) 上(상)
의 人(인)니 되엿다. 째는 아마도 十二時(십이시)을 좀 지낫스리라.

三角山(삼각산)을 등에 지고 살과 갓튼 自働車(자동차. 自動
車)야. 於焉間(어언간)에 南大門(남대문)을 지나 스덴쉼(스테이
션) 前(전)에 瀑然一聲(폭연일성. 爆然一聲)에 따이야(타이어)가
터졋네. 아아 萬事(만사)가 休(휴)하는가. 이 萬千人叢中(만천인
총중)에셔 十分(십분)동안 修理(수리)하니 그 사이 心肝(심간)니
春風(춘풍)에 白雲(백운) 갓치 녹어진다. 아아 다시 飛走(비주)
하니 볼셔 鐵橋(철교)을 지나 無人(무인)한 大路上(대로상)에 빠
르게 달는다. 그러하나 내의 마음은 더욱 急(급)하 아아 自働車
(자동차. 自動車)보다 일상 압셧네. 어셔 어셔 어셔 져ㅣ 水原(수
원)으로. 어셔 어셔 어셔 져ㅣ 水原(수원)까지.

日落(일락) 좀 前(전)에 水原(수원)에 到着(도착)하엿다. 淸人料理店(청인요리점)에 休息(휴식)하면서 夕飯(석반)을 마치고 夜暗(야암)에 兩人(양인)니 셔로 모르는 체 하고 停車場(정거장)에 가셔 一等室(일등실)을 占席(점석)하고 新義州(신의주)로 간다.

사랑하는 나의 妻子(처자)들은 나을 기다리리라. 아아 무슨 까닥인가. 人人(인인)니 妻子(처자)가 잇스리라. 人人(인인)니 父母(부모)며 夫(부)가 잇스리라. 져ㅣ 나의 妻子(처자)는 今日(금일)붓터 누을 밋고 잇스리요. 아히드리 나을 차즈면 貞和(정화)는 무에라 對答(대답)하건난지.

들들들들들 굴너가는 車(차)는 韓國(한국)의 獨立(독립)을 兩肩(양견)에 지고 가는 이 두 사람을 실고 夜半(야반)에 南大門驛(남대문역)에 왓네. 慷慨無盡(강개무진)한 말 엇지 다 기록하리요. 嚮者(향자)에 따이야(타이어)가 터져셔 心肝(심간)을 녹이든 이 스덴쉰(스테이션)에 다시 왓건만도 總督府(총독부)에셔는 許多(허다)한 錢(전)을 浪費(낭비)하며 날 갓튼 사람을 자부라 한다드니 그의 使犬(사견)은 스덴쉰(스테이션) 內外(내외)에 우물우물 한다만도 天命(천명)을 밧고 가는 나을 敢(감)히 알손야.

汽笛一聲(기적일성)에 二十五萬(이십오만)의 大都(대도) 同胞(동포)을 이별하고 鴨綠江(압록강)으로 向(향)한다. 아아 나의 사랑 妻子(처자)드라 인져는 아조 멀어진다. 언졔나 언졔나…… 一等室(일등실) 寢臺(침대)에 누어 南柯一夢(남가일몽)에 困(곤)니 잣다.

六月 七日(유월 칠일)

大鵬(대붕)이 떳다. 졈졈졈졈 멀리 떳다. 日氣(일기) 明朗(명랑)하다. 깁픈 잠을 깨고 보니 日高三杆(일고삼간)니다. 新義州驛(신의주역)에

車(차)을 下(하)하야 行李(행이)을 가지고 光成旅館(광성여관)에 入(입)하엿따. 安東縣(안동현)으로 電話(전화)을 걸고 旅行券(여행권)을 보내라 하고 다시 旅館主人(여관주인)의 子(자)을 보내엿나니라. 夕陽(석양)에 安東縣(안동현)으로셔 旅行券(여행권)니 왓다. 이윽고 믄득 安東縣(안동현) 探狗(탐구)가 우리 室(실)에 來(내)하야 調査(조사)을 하니 그쌔 心肝(심간)니 얼마나 놀낫스가. 旅行券(여행권)니 奇(기)하게 兩人(양인)니 모도 朴姓(박성)이요 探狗(탐구)도 亦(역) 朴姓(박성)이라 同族相逢(동족상봉)으로 親交(친교)하고 보내기는 뫼하나 定心(정심)할 순 업다. 大端(대단)니 困難(곤란)으로 지나다가 日沒(일몰)하매 汽車(기차)로 鴨綠江(압록강)을 넘끼로 하고 行李(행이)을 두고(들고) 스덴쉰(스테이션)에 가서 二等車(이등차)을 탓다. 池君(지군)은 안니 뵈인다. 車內(차내)에셔 한 日人(일인)을 交際(교제)하야 同行(동행)하게 되니 妙(묘)하게 되니라. 余(여)을 실은 汽車(기차)은 나의 사랑하는 二千萬同胞(이천만동포)의 잇난 이 錦繡江山(금수강산)을 汽笛一聲(기적일성)으로 離別(이별)하고 떠난다. 余(여)의 心中(심중)은 무에라고 할 수가 업다. 鴨綠江(압록강) 大鐵橋(대철교)는 世界一週歌(세계일주가)와 갓티 크기도 크드라. 曰(왈) 不入虎穴(불입호혈)이면 不得虎子(부득호자)라든지ㅣ 또는 丈夫(장부)는 大膽(대담)하리라 하믄 余(여)가 恒常(항상) 與人言之(여인언지)한 바라. 余(여)가 現在(현재)에 安東縣(안동현) 上(상)스덴쉰(스테이션)에 下車(하차)하야 電燈(전등)은 白晝(백주)갓치 明(명)한데 그 돈네르(터널) 속으로 다른 乘客(승객)보다 第一(제일) 압페 셔셔 간다. 돈네르(터널) 엽페는 日本(일본) 憲兵(헌병), 巡査(순사), 刑使(형사), 私服(사복)한 補助員(보조원) 무엇하셔 五六人(오륙인)니 잇셔셔 비록 一虫義(일충의. 一忠義)라도 아니 배운다는 거시다만 눈을 반짝반짝 하면셔 나을 본다. 그러나 제ㅣ 엇지 나을 알니요. 꼭 日本人(일본인)으로 안다. 余(여)는 그 압플

우션우션 하면셔 지나갓따. 그것들은 눈니 멀거니… 어듸 하이칼나가 가나… 하엿슬 분니다. 天(천)니 만니 도으시나니라 하믄 余(여)가 떠나기 前(전)붓터 自然(자연)니 神知(신지)가 잇스니라. 돈네르(터널)을 지나 淸人(청인) 人力車(인력거)을 불너 타고 가게 되니 胸中(흉중)으로셔 熱(열)한 空氣(공기)가 吐出(토출)한다. 아아 하나님이시여 感謝(감사)하올시다. 案內人(안내인)을 차자 淸人家(청인가) 深屋(심옥)으로 入(입)하니 淸人(청인)의 집은 참 더럽기도 하다. 그 더러운 속에셔 萬懷墨墨(만회묵묵. 萬懷黙黙)하여 就眠(취면)하니라. 그런데 池君(지군)의 消息(소식)은 몰낫드니 人力車(인력거)로 왓다는 말만 드럿다.

六月 八日(유월 팔일)

그 더러운 淸人家(청인가)에셔 이러나니 日高(일고)하엿다. 食後(식후)가 되니 同志(동지)드리 만니 來往(내왕)한다. 淸服(청복)을 차리고 보니 天然(천연)한 日人(일인)니 淸服(청복)입은 거시다.

即時(즉시) 行李(행이)을 全羅道人(전라도인) 李南基(이남기)라는 案內者(안내자)에 任置(임치)하고 步行(보행)으로 西間島(서간도)로 行(행)한다. 同行人(동행인) 中(중)에 李時榮(이시영), 池君(지군)과 그 外(외)에 靑年(청년) 몟치다.

余(여)에 行李(행이)을 맛튼 李者(이자)는 余(여)의 行李(행이)을 가지고 다라낫다. 所謂(소위) 大事業(대사업)에 秘密機關(비밀기관)에 事務(사무)을 맛흔 者(자)가 이 모양이니 그 機關(기관)을 可(가)히 알 것더라. 一生(일생)에 쳐음으로 胡服(호복)을 입고 그 胡鞋(호혜)을 신으니 아조 거믈 수가 업다. 安東縣(안동현) 市街(시가)는 廣大(광대)는 하나 道路(도로)가 淸人(청인)의 얼골갓치 츄하다. 그 市街(시가)을 橫斷(횡단)하야 案內者(안내자)을 따라 먼 뜻을 품고 외로운 거름에 重

大(중대)한 責任(책임)을 지고 東北(동북)으로 東北(동북)으로!

　우리을 案內(안내)하야 가는 人(인)는 本來(본래)에 義州(의주)에 잇든 憲兵補助員(헌병보조원)인데 獨立運動(독립운동)에 自退(자퇴)하고 나와서 現今(현금)은 우리을 爲(위)하야 일에 힘쓴다드라. 우리의 行路(행로)는 鴨綠江(압록강) 右岸(우안)을 沿(연)하야 上(상)하며 遠遠(원원)니 義州邑(의주읍) 統軍亭(통군정)을 바라보며 또 日俄戰役(일아전역)에 初戰(초전)으로 有名(유명)하든 鴨綠江戰(압록강전)을 보는 것 갓치 그 地形(지형)을 探尋(탐심)하며 온다. 俄軍(아군)니 自己(자기)의 左翼(좌익)을 日軍(일군)에 包圍(포위)을 當(당)하문 事實(사실)일너라. 璦河(애하) 附近地(부근지)는 平平小丘(평평소구)에 包圍(포위)하기에는 適合(적합)하드라. 土人(토인)의 言(언)을 드르니 現今(현금)도 田間山谷(전간산곡)에 坦骨(탄골)이 잇다 하드라.

　日暮(일모)하고 발도 압프다. 同行勇士(동행용사)들도 모도 足痛(족통)이 난 모양이다. 이는 靑鞋(청혜) 까닥이다. 極(극)키 陋小(누소)한 胡人家(호인가)에 宿所(숙소)을 定(정)하고 璦河邊(애하변)에 沐浴(목욕)하니 爽快(상쾌)하나 胡人(호인)의 飮食(음식)은 實(실)로 못 먹것다. 鷄卵(계란) 幾個(기개)만 먹고 煙氣胡臭中(연기호취중)에서 억지로 자니라.

六月 九日 以來(유월 구일 이래)

　今日(금일)붓테 東北方(동북방)으로 每日(매일) 五六十里式(오륙십리식) 行進(행진)하며 山川(산천)을 보니 壞仁縣(괴인현. 懷仁縣(회인현))에 不及(불급)하고 一日程(일일정) 附近(부근)까지는 山淸水麗(산청수려)하야 山山(산산)에 杜鵑聲(두견성)은 孤客(고객)의 懷(회)을 無上(무상)히 或慰或悲(혹위혹비)하게 하드라. 谷谷(곡곡)에 瀑下(폭하)

하며 山勢奇奇(산세기기)하야 奇巖絶壁(기암절벽)이 多(다)하야 昔日 (석일)에 우리 民族(민족)이 此地(차지)에 雄據(웅거)하엿다가 그 後生 (후생)이 不敏(불민)하므로 他族(타족)에게 被奪(피탈)되믈 恨(한)하며 一邊(일변)으로난 現今(현금) 우리 民族(민족)이 如此(여차)히 自然的 (자연적) 浩然(호연)한 뜻으로 活働(활동. 活動)하믈 及思(급사)하니 다시 勇氣(용기)가 生(생)하야 다리도 발도 안니 압프드라. 各地(각지) 에 우리 民族(민족)이 移住(이주)하는 者(자)가 만으나 대개 教育(교육)은 업드라. 快當帽子(쾌당모자)라는 村(촌)에 오니 獨立團分事務所 (독립단분사무소)가 잇난 모양이니 無賴漢(무뢰한)이 잇써 貧寒(빈한) 한 百姓(백성)을 困難(곤란)이 구난 모양이라. 우리 獨立事業(독립사업)도 이걸 보면 寒心(한심)하다.

懷仁縣(회인현)은 城(성)을 두루고 더러우나 都會處(도회처)러라. 此地(차지)에셔 有志者(유지자)라는 거슬 만나니 頭上一角(두상일각) 에 배재(배자)을 두루고 形便(형편)니 업드라. 余(여)는 落心(낙심)하엿다. 實(실)로 말 안니더라. 되지도 못한 것드리 말소리는 엇째 그리 큰지 규가 딱딱 메드라.

處處(처처)에 胡人兵房(호인병방)은 果然(과연) 구데기 갓치 만타. 그 畫像(화상)은 實(실)로 見而失笑(견이실소)치 아닐 人(인)니 업스리라. 되지 못한 거시 쩍하면 銃(총)을 들고 誰(수)야는 잘 하드라. 四億萬(사억만) 大國(대국)에 아마도 三億五千萬(삼억오천만)은 구데긴가 부다. 참 눈니 시구러셔 못 보겟다.

胡人(호인)의 馬車(마차)는 볼만하다. 그 中(중)에 幹林車(간림차)라는 거슨 乘客用(승객용)인데 엇지도 흔드난지 오래만 타면 頭腦破裂 (두뇌파열)하겟스며 荷車(하차)는 馬(마), 驢(노)가 七八匹(칠팔필) 或 (혹) 十餘匹(십여필)이 引(인)하는 거시 잇스니 이는 交通(교통)이라고 全無(전무)하므로 商隊(상대)가 全用(전용)하니 十餘車(십여차) 或(혹)

二十車(이십차)가 連尾(연미)하야 갈 대는 볼만하다. 셔너발씩 되는 말채을 들고 쭈에쭈에 하면셔 몰고 가는 거슬 보며 果然(과연) 太古(태고) 三皇時節(삼황시절)갓드라.

同行(동행)하는 李時榮君(이시영군)은 大邱人(대구인)니니 爲人(위인)니 活潑(활발)하고 勇氣(용기)잇난 好漢(호한)이라. 余(여) 또한 愛之(애지)하노라.

每日(매일) 余(여)는 胡食(호식)을 못 먹으므로 게당가와, 鷄卵(계란)만 먹고 오니 몸이 매우 弱(약)하여지며 到處(도처)에 자미라고 업쓸 뿐 외에 懷仁(회인)지난 後(후)로 山川(산천)꺼지 無味(무미)하미 胡人(호인)의 性質(성질) 갓도다. 池君(지군)은 雜歌(잡가)을 부르며 余(여)도 브른다. 嶺(영)은 數十個(수십개)은 넘엇다. 그 中(중)에 崗山嶺(강산령)은 最高山(최고산)니니 嶺上(영상)에 올나셔 北方(북방)을 바라보니 泰山埈嶺(태산준령. 泰山峻嶺)이 아직도 얼만지 밧고랑 갓치 뵈이미 雲霧中(운무중)에 싸이여 眼力(안력)이 모자라니 同行青年(동행청년) 誰(수)는 아아 져거 슬다아… 하며 潸然落淚(찬연낙루. 悽然落淚(처연낙루))하드라. 無理(무리) 안니라. 實(실)로 만키도 하다. 各人(각인)이 足痛(족통)이 젹어도 한 발에 四五處(사오처)는 된다. 우리가 이갓치 現今(현금) 活働(활동. 活動)하는 이 地帶(지대)는 우리의 祖先(조선)니 活働(활동. 活動)하든 바다. 渤海(발해), 扶餘(부여), 女眞(여진)의 諸國(제국)이 雄據(웅거)하엿섯다. 곧곧지 우리 國民(국민)니 定住(정주)하고 水田(수전)을 뜨난 거시 가장 보기에 깃뿌드라. 道路(도로)의 險惡(험악)하믄 아마 東洋(동양)에 第一(제일)이 되리니 道面(도면)에 土部(토부)은 업고 小石(소석)이 散蔽(산폐)하야 一步(일보)라도 行(행)할 때는 腦(뇌)을 울니드라. 山間(산간)에 散居(산거)하는 우리 人民(인민)는 實(실)로 寒心(한심)한재 잇스니 그드른 大概(대개) 慶尙道(경상도)나 平安道人(평안도인)니니 그 머리, 그 더러운 얼골, 그 衣

服(의복)은 夜間(야간)에 만나면 鬼神(귀신)으로 알 것드라. 그드레 腦
裡(뇌리. 腦裏)에는 國家(국가), 社會(사회) 모도 업고 단지 밥뿐니더
라. 사람이라니 사람이요 同族(동족)으로 보니 韓人(한인)이드라. 痛歎
哉(통탄재)라. 昔日(석일) 우리 民族(민족)이 亦(역)이 이갓치 되야 他
民族(타민족)의 自然的(자연적) 退伐(퇴벌)을 當(당)하미니라.

  우리의 苦難(고난)니 끗치 잇서 約望間(약망간)만에 奉天省(봉천성)
柳河縣(유하현) 孤山子(고산자) 大肚子(대두자)에 잇난 西間島(서간
도) 武官學校(무관학교)에 到着(도착)하야 南一湖君(남일호군) 家(가)
에 定宿(정숙)하엿다. 本(본) 武官學校(무관학교)는 本年(본년) 三月
(삼월)까지 普通敎育(보통교육)을 施(시)하엿다가 獨立宣言以後(독립
선언이후)로 그거슬 全廢(전폐)하고 軍事學(군사학)을 始作(시작)하미
니 매우 凡事(범사)에 幼弱(유약)하드라. 胡人家(호인가)에 借入(차입)
하엿고 新建築(신건축)도 하는 中(중)이더라. 學生(학생)은 內地(내지)
로셔 獨立宣言(독립선언)한 以來(이래)로 日人(일인)의 壓迫(압박)을
因(인)하야 出境(출경)한 靑年(청년)과 또는 西間島(서간도) 各地(각
지)로셔 來(내)한 것 모도 二百名(이백명)이 될낙 말낙하다. 이거스로
世界强國(세계강국)의 一(일)이 되는 日本(일본)을 對敵(대적)코자 하
믄 너무도 小(소)하드라. 그러나 南滿洲(남만주)에 잇난 우리 力(역)이
原弱(원약)하다. 그러무로 此(차)에셔 더 大大的(대대적)으로 하믄 不
可能(불가능)이다. 더구나 地方住民(지방주민)니 貧(빈)하므로 이에셔
더 要求(요구)할 道理(도리)가 업다. 余(여)보다 幾日間(기일간) 先到
(선도)한 申英均氏(신영균씨)가 잇다. 氏(씨)는 京城武官學校(경성무
관학교) 二回出身(이회출신)니요 爲人(위인)니 軍人的(군인적) 軍人
(군인)니니므로 우리 國家(국가)에 難得之人(난득지인)니드라. 新來人
(신래인)니 우리 三人(삼인)니 되자 舊來敎育(구래교육)하든 人(인)니
自然(자연) 우리을 실에하야 그 사이에 自然(자연) 學生(학생)까지도

新舊(신구)의 分(분)니 잇스니 우리 民性(민성)이 실로 可憐(가련)하다. 이러하므로 充分(충분)한 敎育(교육)도 못하고 事故(사고)에 事故(사고)을 因(인)하야 紛波(분파)가 만타. 南一湖氏(남일호씨)는 오직 公平(공평)하게 事務(사무)에 獻身(헌신)하드라. 嗚呼(오호)라 余(여)가 同飽(동포. 同胞)을 爲(위)하는 一点(일점)의 私(사)도 업시 自己(자기)의 安平(안평)을 不願(불원)하며 妻子(처자)의 哀訴(애소)을 夢外(몽외)로 알고 危險(위험)한 行動(행동)을 가지고 此地(차지)에 왓드니 今日(금일)에 至(지)하야보니 너무도 世人(세인)은 冷冷(냉냉)하도다. 本(본) 學校(학교)에 舊在(구재)하든 人(인)들은 知識(지식)도 업고 主心(주심)도 업스면셔리 名譽(명예)와 主權(주권)을〈벤벤치도 아닌 主權(주권)〉가지고 우리을 一種(일종) 機械(기계)로 使用(사용)할여 한다. 自己(자기)들의 能力(능력)이 能(능)히 余(여)을 機用(기용)할만 하면 모르것다. 하지만은 彼(피)들은 軍事學(군사학)은 勿論(물론) 普通學(보통학)도 모르는 愚夫(우부)요 人格(인격)도 업나니라. 小人(소인)의 行動(행동)으로 舊來學生(구래학생)을 우리안테 反抗(반항)하도록 추기는 일도 잇다. 如此(여차)히 愚昧(우매)한 地方(지방), 人民(인민)을 아지 못하고 余(여)는 너무 重要視(중요시)하미 余(여)의 不足(부족)이다. 余(여)는 思(사)하다. 이 모양으로는 都底(도저. 到底)히 最後最大(최후최대)한 目的(목적)을 못 實行(실행)하리라 한다. 以上(이상)과 갇트므로 學科(학과)며 其他(기타) 모든 거시 無爲(무위)하게 日月(일월)을 보냄도 잇다.

거기다가 馬賊(마적)의 襲來(습래)가 만다. 滿洲(만주)의 賊(적)이 部隊(부대)을 지여가지고 各(각) 都市(도시)라도 [가리지 않고] 白晝(백주)에 襲來(습래)하야 여러 萬金(만금)을 奪去(탈거)하며 或(혹) 人子人女(인자인녀)을 收容(수용)하야 山中(산중)에 雄居(웅거)하야 大金(대금)을 徵收(징수)하며 人家(인가)에 들면 豚牛(돈우)을 種子(종자)도 안니 기친다. 그 衆(중)은 小(소) 曰(왈) 數十(수십)이며 大(대) 幾千(기천)이라. 所謂(소위) 官兵(관병)이란 거슨 傍觀的(방관적)이요 오히려 月給(월급)이 遲滯(지체)되면 銃(총)을 가지고 盜賊(도적)이 된 다. 此年(차년) 夏(하)에 孤山子(고산자) 武官學校(무관학교)에 兩次 (양차)나 夜間(야간)에 襲來(습래)하야 學生(학생), 敎師(교사) 幾人(기 인)을 捕去(포거)하엿다. 엇던 學生(학생)은 그 賊(적)과 格鬪(격투)하 야 被傷者(피상자)도 잇셧다. 이러하므로 軍事敎育(군사교육)은 自然 (자연)니 充實(충실)치 못하다.

孤山子(고산자)에는 孤山(고산)니라고 一獨山(일독산)니 잇셔 그 山 (산) 南斜(남사)에 우리 人(인)의 古塚(고총)이 만타. 이는 必也(필야) 에 高句麗朝(고구려조)의 遺蹟(유적)인가 하노라. 田野(전야)에셔 石 造(석조)한 방아확, 古器(고기) 等(등)이 이 近年(근년)에는 得拾(득습) 이 만타. 大韓民(대한민)니 多數(다수)가 移入(이입)한 以來(이래)로 事跡(사적)이 分明(분명)하다 한다. 또하(또한) 滿洲人(만주인)들도 말 하기을 韓人(한인)니 滿洲(만주)을 回有(회유)하자는 吉兆(길조)라 한 다. 우리의 歷史(역사)을 보아도 이 滿洲(만주)은 本是(본시) 우리의 領土(영토)가 分明(분명)하다. 漢唐以後(한당이후)로 漸次(점차)로 遼 東滿洲(요동만주)을 앳끼미다. 現今(현금) 우리가 此地(차지)에 活働 (활동. 活動)하미 우리의 祖先(조선)니 이미 雄據(웅거)하든 그 後蹟 (후적)을 발부미다. 枯木(고목)이 生花(생화)하난 格(격)이라 한다. 그 런데 余(여)의 疑問(의문)니 만타. 이는 무에고 하니 이 널븐 滿洲地方 (만주지방)에 살든 우리 扶餘族(부여족)이 엇지 되고 現今(현금)은 그 墳墓(분묘)만 나멋난가, 鴨綠山(압록산. 鴨綠江(압록강))을 넘엇나? 胡 族(호족)에 同化(동화)하엿나, 何地方(하지방)으로 移住(이주)하난가? 우리의 歷史家(역사가)의 硏究(연구)을 待(대)하노라.

愛友(애우)의 死(사)!

學校(학교) 事務室(사무실)에서 夏(하) 七月(칠월) 日(일)에 午飯(오반)을 畢(필)하고나니 午后(오후. 午後) 一時半(일시반)니다. 忽然(홀연)니 三源浦(삼원포)〈自孤山子(자고산자)로 七十里(칠십리)되는 地(지)니 西間島韓族會(서간도한족회) 本部(본부)잇난 곳이니〉로셔 나의 愛(애)한든 李時榮君(이시영군)의 死去(사거)다. 余(여)는 鴨綠江(압록강)을 넘은 以來(이래)로 첩번의 哀痛(애통)이다. 君(군)은 余(여)로 더브러 安東縣(안동현)셔붓터 同苦(동고)을 今日(금일)까지 하야 余(여)도 그 爲人(위인)을 敬愛(경애)하엿드니 今日(금일) 그 死去(사거)을 意外(의외)로 드르니 余(여)의 마음이 오직 落心(낙심)되리오. 또 君(군)니 三源浦(삼원포)로 감도 公務(공무)로 自己(자기)의 高尚(고상)한 意見(의견)으로 간 거시다. 余(여)는 곳 行裝(행장)을 차려 發程(발정)하니 午后(오후. 午後) 二時(이시)다. 脚力(각력)을 加(가)하야 午后(오후. 午後) 八時(팔시)에 三源浦(삼원포)에 當到(당도)하여 愛情(애정)의 淚(누)로 安葬(안장)하니라. 君(군)은 十五歲(십오세)되는 兒子(아자)가 잇다드라. 余(여)는 그을 만나고 십다.

夏節(하절)이 將畢(장필)하고 初秋(초추)가 올여고 한다. 여러 有志(유지)들은 木葉(목엽)이 落(낙)하면 軍事行動(군사행동)이 不利(불리)하니 어셔 武器(무기)을 準備(준비)하여가지고 鴨綠江(압록강)을 한번 넘기가 所願(소원)이라 한다. 余(여)도 그러하게 생각하나 目下(목하)의 形便(형편)으로는 鴨綠江(압록강)은 姑捨(고사)하고 개쳔도 못 건너것다 생각한다. 그러나 玆(자)에 武器問題(무기문제)가 生(생)하야 或(혹)은 撫松(무송)으로 사라 가자 하며 或(혹)은 俄領(아령)으로 가자한다. 會議(회의)한 決果(결과. 結果)로 俄領(아령) 니골스크(니꼴스크)로 가자 한다. 委員(위원)을 定(정)하니 余(여)며 申英均(신영균) 兩

人(양인)니다. 우리 두 사람은 떠나기로 行裝(행장)을 차린 거시며 余(여)는 武器事件(무기사건) 外(외)에 俄領(아령)가면 李東輝氏(이동휘씨)을 볼 거시다. 또 긔他(타) 故鄕人(고향인)니나 親戚(친척)을 만나리라 한다.

西間島韓族會(서간도한족회)는 自治機關(자치기관)니라. 有爲(유위)한 任員(임원)니 잇스니 李相容(이상용), 金東三(김동삼), 南一湖(남일호) 諸氏(제씨)는 可(가)히 事(사)을 相議(상의)할만 하드라. 軍政署(군정서)가 그 中(중)에 잇스니 總裁(총재)가 李氏(이씨)다. 그는 年今(연금) 六十歲(육십세)나 그러나 愚昧(우매)치 안니코 人之長(인지장)이 될 만하다. 그러고는 그 外(외)는 모도 그러그러하야 一兩(일량)에 몃개짜리다.

九月(구월) 中旬(중순)에 余(여)는 申英均君(신영균군)으로 出發(출발)하야 盤石縣(반석현), 朝陽縣(조양현)을 지나 十餘日(십여일)만에 吉林(길림)에 當到(당도)하엿다. 中路(중로)에 자미잇게 旅行(여행)한다. 秋中(추중)인고로 田田(전전)에 옥수수, 콩이 旣熟(기숙)히엿스므로 起火(기화)하야 구버 먹는다. 山(산)에 들면 머루, 오미자을 따 먹는다. 每日(매일) 五六十里式(오륙십리식) 가난고로 別(별)로 太勞(태로)도 안니 된다. 秋天(추천)에 기럭이는 그들의 故鄕(고향)으로 격ㅣ一聲(일성)에 南飛(남비)하네.

> 나라오네 나라오네 져ㅣ기럭 떼
> 졈졈오네 졈졈오네 나을 보고셔
> 져들은 自己(자기)의 故鄕山川(고향산천)을
> 잇지 안니코 차자가노나 아아
> 이 몸은 졈졈 멀리 가네 멀리 멀리

나는 秋天(추천)은 空闊(공활)한데 져 기럭 떼을 보면셔 혼차 중얼중

얼 하며 발끗으로 돌을 차면 업떠질드시 횟청횟청 하면셔 간다. 夕(석) 이 되면 寒冷(한랭)하다. 아아 나는 이미 妻子(처자)을 이즌 것 갓다. 잇찌는 안니 하나 이즌 것 갓다.

吉林(길림)에 당도하야 우리 有志(유지)드리 맨든 軍政司(군정사)에 간다. 軍政司(군정사)라니가 軍隊事業(군대사업)하는 건 갓다. 그러나 안니 말뿐니다. 朴南坡(박남파), 黃之臺(황지대) 諸君(제군)니 잇다. 朴君(박군)은 꼭 胡人(호인) 갓드라. 그 言語(언어)며 行動(행동)이 그는 數十年(수십년)을 胡地(호지)에 잇난 모양이다. 吉林(길림)과셔 李覺(이각), 崔鎭(최진), 兩君(양군)을 만낟다. 幾日(기일)을 此地(차지)에 留(유)하다가 俄領(아령)으로 갈 거시다. 吉林(길림)은 安東縣(안동현) 만은 못 크나 大都會(대도회)라 할 수 잇다. 各街見物(각가견물)을 하니 山水(산수)가 妙(묘)하다 할 수 잇다. 松花江(송화강)은 그 東隣(동린)을 흘너 哈爾賓(합이빈. 하얼빈)에서 汽船(기선)이 來往(내왕)하며 北(북)에 山(산)니 連連(연연)하니 不高(불고)하다. 山上(산상)에 俄軍(아군)니 지은 砲臺(포대)가 잇다. 아마 俄日戰役(아일전역)에 지엇것지. 西山上(서산상)에는 關雲長(관운장)의 廟(묘)가 잇다. 크게 지엇다. 胡人(호인)은 아마도 雲長(운장)의 魂(혼)으로 사나부다. 韓人料理(한인요리)집도 잇드라.

數日(수일) 留(유)하드니 不期(불기)하고 朴容萬氏(박용만씨)을 만낫다. 氏(씨)는 米國(미국)으로 우라지오스독크(블라디보스토크)을 徑(경)하야 北京(북경)으로 간다 하드라. 역시 ○○事(사)로 在北京(재북경) 米公使(미공사)을 보라 간다드라. 氏(씨)가 余(여)가 出發時(출발시)에 吉林(길림) 第一樓(제일루)에셔 午餐(오찬)을 멕이니 中國料理(중국요리)가 上等(상등)은 西洋(서양)에 不下(불하)하며 余(여)는 잘 먹고 此日(차일)에 吉林(길림) 스덴쉰(스테이션)에셔 申君(신군)은 吉林(길림)에 落在(낙재)하고 余(여)는 金某(김모)로 同伴(동반)하야 長

春(장춘)으로 向(향)하엿다. 長春(장춘), 할르빈(하얼빈)은 日本(일본)의 勢力內(세력내)라 千辛萬苦(천신만고)보담도 日本(일본)의 網(망)을 버셔가미 第一(제일) 帽險(모험. 冒險)이다. 그러나 밋난 거슨 하나님이 나을 保柘(보우. 保佑)하시미다. 아아ㅣ余(여)은 이에 滿洲幕(만주막)은 단고(닫고) 차고 찬 西伯利亞(서백리아)로 向(향)하노라. 吉林(길림)에서 드르니 京城(경성)으로 새로 總督(총독)으로 오는 齊藤實(제등실. 사이토)이 南大門(남대문) 停車場(정거장)에셔 俄領老人勇士 姜   氏(아령노인용사 강[우규]씨)의 爆彈(폭탄)에 마즈나 失中(실중)되야 革帶(혁대)만 傷(상)하고 죽지 안엿다 하나 壯(장)하다. 우리 民族(민족)이 世界(세계)에 알닐만한 일이 만타.

八. 西伯利亞(서백리아. 시베리아) 一

A. 四千二百五十二年(사천이백오십이년)(1919年(년))

四千二百五十二年(사천이백오십이년) 秋(추) 九月(구월) 日(일)에 余(여)는 西間島軍政署(서간도군정서)에셔 兵器(병기)에 關(관)한 事務(사무)을 맏타가지고 吉林(길림)에셔 九月末(구월말)에 떠낫다. 스덴쇤(스테이션)에셔 朴容萬氏(박용만씨)을 作別(작별)하고 汽笛一聲(기적일성)에 長春(장춘)으로 간다. 夜八時頃(야팔시경)에 長春(장춘)에 오니 此地(차지)는 日軍(일군)이 中心(중심)이다. 中人(중인)의 料理家(요리가)에셔 暫休(잠휴)하고 곳 할빈行(행)을 타고자 한다. 余(여)는 決心(결심)하고 日本行動(일본행동)으로 日本人(일본인) 노릇한다. 가방을 들고 쇠가 푸주간에 가듯 억지로 간니 스덴쇤(스테이션) 內(내)에 日本憲兵將校下士(일본헌병장교하사)가 우물우물한다. 每事(매사)는 先制(선제)가 必要(필요)하다. 가셔 日本憲[兵]下士(일본헌병하사)을 보고 할빈行(행)을 므르니 그 下士(하사)가 반가 가르치며 여기 이 車(차) 올시다 한다. 余(여)는 고맙다고 帽子(모자)을 벗고 禮(예)하고 乘車(승차)하니 좀 숨이 나온다. 車內(차내)에셔 곳 變服(변복)하고 그 翌日朝(익일조)에 할빈(하얼빈)에 到着(도착)하야 中人料理店(중인요리점)에셔 少休(소휴)하고 다시 海蔘威(해삼위)로 向(향)하려한다. 할빈(하얼빈)은 大都市(대도시)다. 그러나 路上(노상)이 맨 塵芥(진개)요 黃塵萬丈(황진만장)이란 거시 여기로다. 俄國(아국)은 戰爭以來(전쟁이래)로 財政(재정)이 太亂(태란)하야 지금 <u>시베리시깨</u>(씨비르스까야)

란 手紙(수지)간튼 紙幣(지폐)을 通用(통용)하니 內地一円(내지일엔)니면 三十円(삼십엔)이나 된다. 스뎬숀(스테이션) 內(내)에 그리스도의 像(상)을 位碑(위비)간치 裝置(장치)하야 信者(신자)을 求(구)하민지 愚民(우민)을 지으민지. 滿洲民(만주민)니 누덕이를 지고 스뎬숀(스테이션) 內外(내외)에 귀덕이 간치 우물거린다. 中國(중국)도 딱하다. 共和(공화)니 무어니 하나 余(여)는 同人種(동인종)의 關係(관계)로 俄人(아인)보기 붓그럽다. 日本軍隊(일본군대), 俄舊黨軍隊(아구당군대), 中國軍隊(중국군대) 等(등)이 왓다간다 奔走(분주)하다. 市內交通(시내교통)은 馬車(마차)로 行(행)하니 모도 淸潔(청결)하미 업다. 이 스뎬숀(스테이션)은 우리 民族(민족)은 自此(자차)로 後世千萬年(후세천만년)은 잇지 못할 곳시다. 우리의 勇士(용사) 安重根氏(안중근씨)가 伊藤(이등)을 죽인 곳시미다. 나는 마음으로 感謝(감사)한 듯슬 皇天(황천)에 祝(축)하면서 乘車(승차)하고 東(동)으로 간다. 뽀그라니쓰나야(뽀그라니츠나야) 驛(역)에 到着(도착)하엿다.

오른쪽 여백의 글 이곳은 中國地(중국지)이나 俄人(아인)의 勢力(세력)이 만타. 沿海洲(연해주)로 入(입)하는 初驛(초역)이무로 中俄人(중아인)니 혼잡하여 단닌다. 朝鮮人(조선인)도 만다. 驛一便(역일편)에는 日本國旗(일본국기)을 달아 日領事館(일영사관)이물 알것다. 나은 日本兵卒(일본병졸)의 步哨(보초) 前(전)을 지나단니며 一時間(일시간)이나 停車(정차)하엿다가 다시 汽笛一聲(기적일성)에 一小山(일소산)을 지나니 俄領(아령)이다. 天然(천연)은 何等(하등)의 異別(이별)이 엽으나(없으나) 人造(인조)로 이거슨 中地(중지)요 이것은 俄地(아지)라 하미다. 나은 感想(감상)이 더욱 多曲(다곡)하다. 韓半島(한반도)의 革命客(혁명객)으로 請諾(청낙)이나 바든드키 반기여 한다.

實(실)로 길기도 길다. 가두록 平原(평원)니다. 레루(레일)도 直線(직선)니다. 스텐쉰(스테이션) 마독 俄人(아인)의 家屋(가옥) 뿐니다. 中人(중인)이라고는 집이 어듸 잇난지 쩍 끽고 몰나난 거슨 中人(중인)뿐니다. 俄人(아인)도 文明(문명) 못하엿다. 半開(반개)라 할 수 잇다. 그 추허고 더러운 것 보면 아직도 머럿다. 베도로구라도(뻬쩨르부르그) 政府(정부)는 엽때 野心(야심)만 쓰고 希臘敎(희랍교)을 가지고 國民(국민)을 바보을 맨드럿도다. 그 따문에 今日(금일)에 今日(금일) 이갓치 그 니코ㅣ르라이(니꼴라이)까지 안니 쥑인가, 聯合軍(연합군)의 侵入(침입)이 안닌가, 日本(일본)의 野心(야심) 實行地(실행지)가 아닌가. 自今以後(자금이후)로 이 俄國(아국)을 보난 有志士(유지사)드라 治國(치국)하는 者(자)ㅣ 이에 注意(주의)할 거신가 하노라. 俄國(아국)의 彼得大帝(피득대제. 뾰뜨르 대제) 以來(이래)로 그 侵略(침략)며 그 敎民主義(교민주의)가 今日(금일)을 지으미라.

엇지 往古歷史(왕고역사)을 일고 알리오, 그 見本(견본)니 이거시라. 그 民(민)을 愚昧(우매)로 敎育(교육)하고 엇지 無事(무사)히 其國(기국)을 安保(안보)할 理(리)가 잇슬가. 二晝夜(이주야)만에 니콜의스크(니꼴스크)〈蘇王營(소왕영. 蘇王營)〉에 下車(하차)하야 우리 先進者(선진자) 李甲氏(이갑씨)의 宅(댁)으로 차자가니 李氏(이씨)는 물론 已去(이거)하고 업다. 海老旅館(해로여관) 前(전) 俄人旅館(아인여관)에 定宿(정숙)하엿다. 中俄兩國境(중아양국경)에 오니가 뾰그라니쓰나야(뾰그라니츠나야) 或(혹)은 뻬루에(뻬르바야)라 한다. 이는 國境(국경)이라는 意味(의미)란다. 이곳셔붓터는 中國人(중국인)은 旅行券(여행권)니 잇셔야 俄領(아령)으로 넘는다. 俄人官吏(아인관리)가 馬鞭(마편)으로 쳐가면셔 中人(중인)을 좃차버린다. 그 이리 몰리고 져리 몰리미 암만 보아도 이 世界(세계)의 人種(인종)간지 안타. 불상하다. 中人(중인)은 獨立國民(독립국민)니라면셔 犬豚(견돈)의 待遇(대우)을 받는다. 韓人(한인)는 그닥지 안니하다. 相當(상당)이 아는 까닥이다. 余

(여)는 생각하엿다. 져ㅣ中人(중인)갇치 되자면 이 世上(세상)에 人(인)
으로 나지 말고 山獸(산수)로 生(생)하미 도리여 조컫다 하엿다. 또 事
實(사실) 中人(중인)은 참 너졀하다. 아아ㅣ中國(중국)은 언제나! 우리
나라는 獨立(독립)을 언제나! 누가 더 빠를고?

蘇王領(소왕령. 蘇王領) 노몌라(노몌르)〈旅舍(여사)〉에서 數十日間
(수십일간) 留(유)하면셔 各方面人士(각방면인사)을 相逢(상봉)한다.
地方觀念(지방관념)이 모도 잇다. 北道(북도), 西道(서도), 셔울, 自己
(자기)덜끼리도 黨派(당파)가 잇다. 아아ㅣ이거시 大韓(대한)니 亡(망)
한 理由(이유)가 안닌가? 그져 海外同胞(해외동포)들은 이런 演劇(연
극)을 한다. 余(여)는 三方面人士(삼방면인사)을 보니 모도 自己(자기)
는 올코 他(타) 二道(이도)의 하는 거슨 不可(불가)하단다. 事業(사업)
에 對(대)하야 競爭(경쟁)이면 오히려 可(가)한데 이거슨 셔로 妨害(방
해)하며 他人(타인)니 못 되기을 바라며 鼻笑(비소)하며 自己(자기)의
愚昧(우매)하고 惡(악)하믈 모른다. 셔울 黨(당)은 奸(간)하고 怜悧(영
리)하다. 西黨(서당)은 冷(냉)하고 一心(일심)이며 비교적 事(사)에 박
다. 北黨(북당)은 愚直(우직)하다. 余(여)는 어듸까지 中立(중립)한다.

우라지오스도크(블라디보스토크) 留(유)하는 李鏞君(이용군)을 만
나라 간다완다. 中領(중령) 磨刀石(마도석)에 軍人會(군인회)을 부치
자고 發起(발기)하야 갇드니 數個處(수개처)에 왇고 上海(상해)에셔
李東輝氏(이동휘씨)의 書信(서신)과 代表一人(대표일인)니 오고 할빈
(하얼빈) 柳東說氏(유동열씨)는 안니 온다. 이는 自己(자기)의 무슴
不滿(불만)이 잇스므로 안니 오미다. 金亨燮(김형섭)은 上海(상해)로
軍務次官(군무차관)노릇 가고 안니 온다. 베슬을 몬쳐 하고 일은 누가
할는지! 이걷도 우리 民性(민성)에 大欠点(대흠점)이다. 편하고 位
(위) 놉고 한 일은 競爭(경쟁)하고 冒險(모험)하며 苦生(고생)은 실에
한다. 余(여)는 思(사)한다. 軍人(군인)은 軍事行動實地(군사행동실

지)에 風雨(풍우)을 무릅쓰고 死生之穴(사생지혈)에 往來(왕래)하고 조흐리라 한다.

B. 四千二百五十三年(사천이백오십삼년)〈庚申(경신)〉(1920年(년))

四千二百五十三年(사천이백오십삼년) 一月(일월) 元旦(원단)은 蘓王領(소왕령. 蘇王領) 스와노흐프스카야(스와놉스까야) 俄人家(아인가)에서 徐五星氏(서오성씨)로 더[브]러 新年(신년)을 마젓다. 三千里(삼천리) 二千萬(이천만)을 爲(위)하야 冒死(모사)하고 出奔(출분)한 쳔번 新年(신년)니다. 이러 쉽게 年(년)을 보내다가는 큰일이다. 余(여)는 아아ㅣ왜 나와셔 空日虛月(공일허월)로 보내난가 하고 가슴이 맥킨다. 겁이 난다. 祖國(조국)에 罪(죄)을 짓는다. 一月末(일월말)에 秋風(추풍) 萬石洞(만석동)으로 軍人(군인) 얼마 잇스므로 敎育次(교육차)로 간다. 各村各家(각촌각가)에 널여잇스니 敎育(교육)도 못 하걷다.

三月 一日!(삼월 일일)

有憾多恨(유감다한)한 此日(차일)을 만난다. 此洞(차동) 學校(학교)의 主催(주최)로 記念式(기념식)을 擧行(거행)하고 有志(유지)의 絶痛(절통)한 演說(연설)이 多(다)하엿다.

三月 十八日(삼월 십팔일)

우스리(우수리스크)地帶(지대) 外水淸(외수청) 치모우에 俄國(아국) 共産黨(공산당)과 連絡(연락)하고 軍人召集(군인소집)이 되므로 予

(여)는 申憲吉君(신헌길군)으로 더브러 <u>니코리스크</u>(니꼴스크)에셔 金河錫君(김하석군)을 만낫다가 <u>우라지오스도ㅣ크</u>(블라디보스토크)에 왓다. 某某有志(모모유지)로 事業(사업)에 相議(상의)하고.

지도 1. 至蘇王領(지소왕령), 시베리야, 우스리(우수리스크), 연추地方(지방), 우라지오(블라디보스토크), 치모우, 루스키, 東海(동해)

三月 二十一日(삼월 이십일일)

<u>치모우</u> 스텐쉰(스테이션)에 下車(하차)하니 夜十時(야십시)나 되엿다. 鄭在寬(정재관), 張基英(장기영)의 諸氏(제씨)가 同伴(동반)니다.

一邊(일변)으로 外水淸(외수청) 聯合總會(연합총회)을 열고 每日(매일) 靑年入隊者(청년입대자) 幾十名式(기십명식)이다. 무삼 일 하는 건 간다. 그러나 日本軍(일본군)은 約(약) 一個聯隊(일개연대)가 <u>치모우</u>에 來(내)하야 隣營(인영)에 잇다. 日本軍(일본군)은 눈 뚱그래셔 每日(매일) 드러오는 우리 軍人(군인)을 본다. 日本軍司令官(일본군사령관)은 海港(해항) 俄政府(아정부)에 對(대)하야 强强手段(강강수단)으로 韓人軍隊(한인군대)을 헷치란다. 俄軍隊(아군대)에셔 피탈을 만니 하여온다. 日本軍隊(일본군대)에 最後的(최후적) 通知(통지)가 완

다. 만일 韓人軍隊(한인군대)을 안니 解散(해산)하면 戰爭(전쟁)이라 도 하것다 云云(운운)니다. 할 일 업셔셔 俄人(아인)은 韓人入籍者(한 인입적자)만 받고 그 外(외)는 解散(해산)시긴다. 痛哭(통곡)하며 各散 (각산)하드라. 아아ㅣ무삼 悲劇(비극)인가. 俄人(아인)의 無勢力(무세 력)도 可憐(가련)하다. 余(여)는 똥닥 쫀든 개모양이다.

俄人側(아인측)에 爲事者(위사자)가 업다. 共産黨(공산당)이니 무에 니 하는 人(인)드리 모도 卒業(졸업)이나 軍事知識(군사지식) 잇난 者 (자)가 안니오 모도 學校敎師(학교교사)드리다. 그것드리 무얼 알미 잇 스리요. 石炭礦(석탄광)에 잇든 大砲(대포)을 가지다가 營門(영문) 마 당이요 日本營(일본영) 엽페 간다가 空中(공중)으로 砲口(포구)을 보 내고 둘 뿐니다. 萬一(만일)의 準備(준비)는 少無(소무)하다.

四月 四日(사월 사일)의 多恨(다한)!

팽ㅣ팽ㅣ하는 난대 업는 小銃(소총)소리 五六放(오륙방)인가 하드 니 쿵ㅣ쿵 하고 大砲(대포)소리 나자 曉天(효천)을 바수난 듯한 銃砲 聲(총포성)이 一時(일시)에 난다. 余(여), 張基永(장기영), 鄭在寬(정재 관), 朴君化(박군화) 諸人(제인)드리 잟는 家屋(가옥) 집엉도단에 銃丸 (총환)니 마자 탕 소리과 갓치 땡팽ㅣ하고 超彈(초탄)니 雨(우) 갓다. 우리는 아직 이 銃砲聲(총포성)에 놀나 낄 뿐니다. 얻절 줄을 모른다. 日本(일본)니 俄軍(아군)에 對(대)하야 開戰(개전)하민 줄은 알겄다. 아아ㅣ大事(대사)다. 우리 일난 집까지 包圍(포위)하지 안니가 하는 마음이 난다. 벌덕 이러난다. 가슴이 덜넝한다. 자셔히 드르니 銃聲(총 성)이 먼 데셔 난다. 우리는 브즈러니 衣服(의복)을 입고 門外(문외)을 내다보니 萬景(만경)이 고요하다. 닥도 안니 운다. 말도 움직기지 안는 다. 우리는 山(산)으로 登走(등주)하야 林間(임간)에 수므니 좀 마음이 뇌운나 銃砲聲(총포성)은 더욱 甚(심)하다. 余(여)의 할 바을 모르걷다. 아아ㅣ 多恨(다한)의 此日(차일)이여. 俄人(아인)은 만니 死傷(사상)되엿것다. 距離(거리)가 간차우니 俄軍(아군)니며 餘存(여존)한 우리 軍人(군인)니 避(피)치도 못하고 別(별)로 有力(유력)한 戰鬪(전투)도 못하고 捕虜(포로)나 死傷(사상)하엿쓰리라 생각하면셔 山(산)을 넘어 人家(인가)에 드러 食事(식사)을 畢(필)하고 그 길로 內水淸(내수청)으로 向(향)하엳다. 日本(일본)은 俄共産黨軍隊(아공산당군대)에 對(대)하야 强制(강제)로 武裝(무장)을 빼앗고 解散(해산)을 시기미다. 日本(일본)은 正當(정당) 戰鬪(전투)을 避(피)하야 意外(의외)에 出(출)하니다.

이간치 치모우 軍隊召集(군대소집)도 끗츨 마쳣다. 中領(중령)이란 村落(촌락)을 지나셔 內水淸(내수청) 大宇地味(대우지미) 抱水洞(포수동)에 완다. 知面(지면)도 別無(별무)하고 참참 섭섭하다.

四月 十三日(사월 십삼일)

靑枝洞(청지동) 水淸師範學校(수청사범학교)에 到(도)하야 그 後山上(후산상)에 잇난 古城趾(고성지. 古城址)을 探見(탐견)하니 昔今之感(석금지감)을 不勝(불승)할너라. 이 城(성)은 土城(토성)이니 渤海(발해)나 北扶餘(북부여) 時代(시대)꺼시며 城上(성상)에 古木(고목)통이 이미 幾尺(기척)이 되엿다. 아아 우리의 事業(사업)도 日後(일후)되면 이간치 지나간 자최뿐니리라 생각하니 悲憾(비감)한 一適(일적)의 淚(누)을 뿌려 古人(고인)을 弔(조) 하노라.

五月 十四日(오월 십사일)

山野(산야)에 草木(초목)이 茂盛(무성)하니 四方(사방)에 馬賊(마적)이 橫行(횡행)하난지라. 馬賊(마적)은 本來(본래)에 中國(중국)의 特産物(특산물)이라. 中人(중인)은 馬賊(마적)하믈 一名譽(일명예)요 快男兒(쾌남아)며 自稱(자칭) 好漢(호한)니라 한다. 이는 必也(필야)에 水滸志(수호지. 水湖志)에서 出(출)하미니 中國(중국)은 이로쎠 亡(망)하여가는 一原因(일원인)니다. 目下(목하)에도 水淸(수청) 東部(동부) 水走河(수주하) 地方(지방)으로 馬賊(마적) 約(약) 三百(삼백)이 큰영을 지나 大字地味(대우지미)로 行(행)하므로 이여 大字地味(대우지미)의 靑年(청년)을 中心(중심)하고 胡人討伐隊(호인토벌대)을 召集(소집)하니 人員(인원)니 三十餘命(삼십여명)이요 余(여)가 隊長(대장)으로 指揮(지휘)한다. 兵器(병기)가 업고 人員(인원)도 업다.

五月 十八日(오월 십팔일)

胡賊(호적) 三百(삼백)이 大字地味(대우지미) 北山(북산)에 到(도)하므로 셔로 交戰(교전)하야 約(약) 一時餘(일시여)에 至(지)하니 胡賊(호적)은 多數(다수)을 믿고 包圍(포위)하므로 退却(퇴각)하엿다. 胡賊(호적)은 人家(인가)에 入(입)하야 家屋(가옥) 三十八個(삼십팔개)을 一時(일시)에 放火(방화)하니 火光衝天(화광충천)하다. 夜半(야반)에 至(지)하니 火光(화광)으로 天以赤(천이적)이라. 아아ㅣ 慘中之慘(참중지참)이라. 天豈無心(천기무심)하리요! 討伐隊(토벌대)는 抱水洞(포수동) 山中(산중)에 避(피)하엿고 翌日(익일)에 胡賊(호적)은 後(후)을 恐(공)하야 逃去(도거)한다. 그 後(후)을 따라가니 胡賊(호적)은 石炭礦(석탄광)에 日本軍(일본군)니 作(작)한 堡壘(보루)에 入據(입거)하자 俄人(아인)의 民兵(민병)도 會戰(회전)하니 包圍(포위)하야 二百餘名(이백여명)을 殺(살)하니 賊(적)이 散散(산산)니 되엿다. 우리도 幾人(기인)의 死傷(사상)이 읻셧다.

六月 五日(유월 오일)

本日(본일)은 余(여)의 生(생)이다. 外水淸(외수청) <u>따인채골</u> 山中(산중)에 또 胡賊(호적) 五六十名(오륙십명)이 來據(내거)하야 近傍住民(근방주민)의 財産(재산)을 强集(강집)하난 報告(보고)가 온지라 昨日(작일)붓터 行軍(행군)하야 今未明(금미명)에 <u>따인채골</u> 山(산)을 三面(삼면)으로 包圍(포위)하고 攻擊(공격)하야 그 主賊(주적) 幾人(기인)니 此(차)에 死(사)하고 餘(여)는 逃去散之(도거산지)하니라. 今日(금일)은 余(여)의 生日(생일)이건만 去夜(거야)붓터 一睡(일수)을 못하고 食物(식물)도 未得(미득)하고 未明(미명)붓터 雨(우)는 下(하)하고 그 深草中(심초중)에 이슬은 頭上(두상)을 지나난데 萬金(만금)으로 못 박구난 貴(귀)한 生命(생명)을 彈雨中(탄우중)에 셰웟다. 朋友中(붕우중)에 말하난 者(자)도 잇다. 胡賊(호적) 잡으라 이곳에 왓난야고. 그도 亦然(역연)하다만 大事(대사)을 못하는 바에 小事(소사)도 못할가 하는 余(여)의 主意(주의)다. 우리 民族(민족)갓치 불상한 거시 업다. 倭奴(왜노)의 壓迫(압박), 俄人(아인)안테 셜음 받고 거기다가 또 되지 못한 中國(중국) 胡人(호인)까지 와셔 여간한 財産(재산), 牛馬匹(우마필)까지 가져가니 얻지 痛忿(통분)치 안니리요. 後日(후일) 有志(유지)들아 今日(금일) 余(여)의 行動(행동)을 웃지 말기을!

連(연)하야 外水淸(외수청)에 胡賊(호적)이 일므로 部下勇士(부하용사)을 派遣(파견)하야 討伐(토벌)하미 數次(수차)에 及(급)하야 秋節(추절)을 當(당)하야셔는 胡賊(호적)의 말이라고는 업다.

九月 十七日(구월 십칠일)

余(여)가 海水浴(해수욕)을 잘 못하므로 傷寒(상한)에 드러 望間(망간)니나 臥席(와석)하엿다. 各地(각지) 有志(유지)의 親切(친절)한 厚

意(후의)을 받아 速快(속쾌)하노라. 近來(근래)에 余(여)는 징쿵에 留(유)하노라.

余(여)가 北間島(북간도)로 갈 問題(문제)가 生(생)하엿다. 이는 北間島(북간도)에 武官學校(무관학교)을 始(시)하므로 余(여)의 來(내)하믈 求(구)한 까닥이다.

江東秋(강동추)
草草黃金色(초초황금색)
木木畵嘉紅(목목화가홍)
錦風吹不盡(금풍취불진)
眞是漢陽情(진시한양정)

述懷詞(술회사)
萬里北走一片心(만리북주일편심)
胡賊橫行民不安(호적횡행민불안)
公道正義五六戰(공도정의오륙전)
能壓異族氣依然(능압이족기의연)

九月 二十八日(구월 이십팔일)

余(여)의 病(병)은 全快(전쾌)치 못하엿다. 北間島(북간도)로 갈 日字(일자)가 急(급)하엿다. 今日(금일)에 病褥(병욕)을 떨치고 張基永(장기영), 金昌燮(김창섭), 金麗河(김여하), 李斗煥(이두환), 朴元勳(박원훈) 等(등)으로 同伴(동반)하야 징쿵海(해)에 木船(목선)을 타고 順風(순풍)에 놋츨(돛을) 달아 獨立軍(독립군)의 重任(중임)을 띤 이 배는 無事(무사)히 살갇치 간다. 許多(허다)한 同志(동지)을 作別(작별)하고 余(여)는 弱(약)한 몸을 精神(정신)차려 금만 日暮(일모)하자 海

港(해항) 前(전)을 지나 시지미에 到着(도착)하연다. 海港(해항) 前洋(전양)에서 日本驅逐艦(일본구축함)을 만낫스나 져의가 엇지 이 배을 알니요. 夜(야)에 漁家(어가)에 자고 시지미 河口村(하구촌)에 數日(수일) 留(유)하고 後來(후래)을 待(대)한다.

十月 四日(시월 사일)

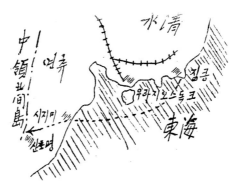

지도 2. 中領北間島(중령북간도), 연츄, 시지미, 신초평, 水淸(수청),
징큥, 우라지오스독크(블라디보스토크), 東海(동해)

우라지오스독크(블라디보스토크)에 在(재)한 叔母(숙모)가 予(여)의 遠行(원행) 送別(송별)하기 爲(위)하야 余(여)의 잇난 신초평에 來(내)하야 同伴諸人(동반제인)을 善待(선대)하고 還(환)하신다. 傳說(전설)을 드르니 北間島(북간도) 韓國軍(한국군)을 日本(일본)의 私囑(사촉. 唆囑)을 듯고 中國軍隊(중국군대)가 解散(해산)하라 한다. 이는 우리 獨立軍(독립군)에 一大(일대) 重件(중건)니다. 그러나 그 獨立軍(독립군)의 輕擧(경거)함도 잇다.

十月 十二日(시월 십이일)

本日(본일) 中領(중령)을 넘얻다. 山中(산중) 四十里(사십리) 無人地帶(무인지대)다. 後到人(후도인)의 傳言(전언)을 드르니 余(여) 等(등)이 俄地(아지)을 出發(출발)한 四十分(사십분)쯤 하야 日本將校(일본장교) 以下(이하) 八名(팔명)이 從後(종후)하얻쓰나 山中(산중)에셔 얻지 된지 相不會(상불회)하얻다. 日軍(일군)은 乘馬(승마)하얻따는데 異狀(이상)하다. 高山國境(고산국경)을 넘어 中地(중지) <u>유스거우</u>에 留宿(유숙)한다.

十月 十九日(시월 십구일)

傳說(전설)을 接(접)하니 馬賊(마적)이 日本領事館(일본영사관)을 夜襲(야습)하므로 日軍(일군)니 豆滿江(두만강)을 넘어 北間島(북간도)로 侵入(침입)하야 獨立軍(독립군)은 모도 散去(산거)하며 目下(목하) 우리 留(유)하는 곳 五十里外(오십리외)까지 侵入(침입)하얻다. 家屋(가옥)을 燒火(소화)하며 人民(인민)을 죽인다. 向方(향방)을 變(변)하야 金城(금성)에 자고 다시 出行(출행)하여 太平村(태평촌)에셔 有志(유지)의 厚待(후대)을 받고 夜行(야행)으로 土城(토성)에 갇다. 太平江(태평강)을 夜渡(야도)하면셔

> 月黑霜滿衣(월흑상만의)
> 孤舟渡江客(고주도강객)
> 本是北靑兒(본시북청아)
> 今在風雲中(금재풍운중)

이라 하면셔 一笑一歎(일소일탄)한다. 朱永燮君(주영섭군)도 一句(일구) 지엇다. 우리는 方向(방향)을 全變(전변)하야 俄領(아령)으로 도

로 넘끼로 한다. 도로 太平村(태평촌) 東方(동방)으로 直路(직로)을 取(취)하노라고 泰山(태산)을 다다란다. 勇氣(용기)을 倍(배)하야 一高峰(일고봉)에 올나 携帶(휴대)한 点心(점심)을 먹고 그 峰(봉)을 七雄峰(칠웅봉)이라 우리끼리 命名(명명)하고 또 山(산)을 넘고 또 泰山(태산)을 넘다가 泰山(태산) 樹海中(수해중)에서 失方(실방)하야 彷徨(방황)하다가 山中(산중)에 露營(노영)한다. 火木(화목)을 만니 피우고 밥이 업쎠 손구락으로 少量(소량)씩 집어먹는다. 그러나 七雄(칠웅)이 一環(일환)니 되야 笑談(소담)하다가 寒眠(한면)을 깨고 나니 白霜(백상)이 滿衣(만의)드라. 曉(효)에 이러나셔 議論(의론)니 紛紛(분분)하다. 或北(혹북), 或東(혹동), 或東北間(혹동북간) 셔로 自己方向(자기방향)이 올탄다. 엇지하나 다시 樹海(수해)을 뚤는다. 天幸(천행)으로 兩泰山間(양태산간) 小村(소촌)에 완다. 배곱프다. 밥을 시게셔 금만 먹자 하니 그 南(남) 二十里村(이십리촌)에 日兵(일병)이 완단다. 또 불이야 불이야 하여 밥도 잘 못 먹고 더러 싸가지고 無人之境(무인지경) 一百二十里(일백이십리) 泰山(태산)에 드린다. 一胡人家(일 호인가)에 드러 小豚(소돈)을 팔나 하니 그 胡(호)가 十八円(십팔엔)을 달난다. 그거시 盜賊(도적)질 안니 할만하게 달나기여 못 산다. 山(산)은 놉고 만코 길기도 하다. 樹(수)는 야ㅣ 기차다. 行步(행보)을 잘 못하게 쓰러젼다. 山中川邊(산중천변)에셔 또 露營(노영)하다. 나포레온(나폴레옹)을 想及(상급)하면셔 兩夜(양야)을 露營(노영)하니 古道(고도)가 顔色(안색)에 비치운다. 翌日(익일)에 人家(인가)에 겨우 와셔 飢渴(기갈)을 免(면)하엿다.

十月 二十五日(시월 이십오일)

秋風(추풍) 솔밭관에 社會革命軍(사회혁명군) 本部(본부)에셔 留

(유)하고 西北城(서북성)에 잇는 血誠團(혈성단)에 가서 金淸嵐(김청람), 蔡英(채영) 兩君(양군)을 만난다. 여기서 金圭冕(김규면) 민 그 團隊(단대)을 만난다. 유스거우에서 日兵(일병)이 온다는 소리에 다라난 張基永君(장기영군)을 만낫다. 하나 君(군)은 또 蜂蜜(봉밀)퉁재을 지고 살건다고 同志(동지)는 죽으라고 다라나더라. 張君(장군)에 對(대)하야 今番(금번)에 腰折(요절)할 일이 만타. 그난 白秋(백추) 金圭冕氏(김규면씨)가 잘 이애기하면서 衆人(중인)을 웃끼은다.

十月 二十九日(십월 이십구일)

니클스크(니꼴스크) 姜(강) 꼴야 宅(댁)에 오니 叔母(숙모)도 잇다. 金雄君(김웅군)을 만난다. 오래간만이다. 朴炯健(박형건)의 消息(소식)을 무루니 吉林(길림)으로 도로 간단다. 余(여)의 잘못시 만타. 언졔 또 만날 지. 余(여)는 다시 冒險(모험)하고 汽車(기차)로 海港(해항)으로 가곗다. 모도 말유하나 余(여)는 天運(천운)니 나을 保祐(보우. 保佑)하믈 안다. 姜(강) 꼴야가 案內(안내)하야 汽車(기차)을 타고 一等室(일등실)에 換乘(환승)하면서 海港(해항) 姜副尉(강부위) 家(가)에 潛入(잠입)하엿다. 日憲兵所(일헌병소)는 近家(근가)다. 야ㅣ 危險(위험)한 일이다. 夜宿(야숙)하고셔 翌翌日(익익일)은 十一月(십일월) 一日(일일)이다. 汽船(기선)을 〈獨室(독실)〉 타고 金坑里(금갱리) 海岸(해안)에 下船(하선)하니 가슴이 열닌다. 아아ㅣ 過去(과거)는 모도 꿈이다. 約(약) 一個月前(일개월전)에 此地(차지)에 木船(목선)을 타고 北間島(북간도) 獨立軍(독립군)으로 갇따는 거시 도라셔 졔 자리에 왇다.

十一月 十五日(십일월 십오일)

本日(본일)은 米國(미국)에다 世界聯盟會議(세계연맹회의)을 연다드니 別(별)일이 업난 모양이다. 列强(열강)이 모도 허리가 부러지게 된 고로 누가 말을 듯지 아닌다. 社稷洞(사직동) 家(가)로 叔母(숙모)을 가시게 하야 軍事書(군사서)을 오게 하니라. 無事往返(무사왕반) 하실 난지!

C. 四千二百五十四年(사천이백오십사년)〈辛酉(신유)〉〈1921年(년)〉

一月 一日(일월 일일)〈水淸(수청) 抱水洞(포수동)에셔〉

윗부분 여백의 글 今日(금일)은 一千九百二十一年(일천구백이십일년) 一月(일월) 一日(일일)이다. 이 新年(신년) 元旦(원단)에 余(여)는 하마하드면 天堂(천당)인지 地獄(지옥)인지 갈 번 하엿다. 昨年(작년) 六月(유월) 五日(오일) 生日(생일)에 굼고 새벽붓터 馬賊(마적)으로 生命(생명)을 내여녹코 戰爭(전쟁)하엿드니 今年(금년)은 이게 엇전 일인가. 人(인)은 新年(신년)이라고 好衣好食(호의호식)하건지.

오른쪽 여백의 글 略(약. 約) 十餘日前(십여일전)붓터 抱水洞(포수동)과 大宇知味(대우지미) 民會(민회)와 土地問題(토지문제)가 生(생)하야 大宇知味(대우지미) 民會(민회)가 石炭鑛(석탄광) 警察(경찰)에 告訴(고소)한 고로 昨日(작일)에 俄人警察(아인경찰) 二十人(이십인) 可量(가량. 假量)이 大宇知味民會(대우지미민회)에 왓다. 그 後(후)을 따라 日本兵(일본병)이 왓다가 곳 回還(회환)한 일이 잇섯다. 그러나 우리는 日本(일본)니 온 줄만 알고 간 줄은 모르고 今朝(금조)에 必也(필야)에 俄日人(아일인)니 이 抱水洞(포수동)으로 오리라 한다. 그러든 가리에(차에) 武裝軍人(무장군인)니 多數(다수)가 洞口(동구)에 入(입)하니 見者(견자)가 日本兵(일본병)도 온다고 하엳다.

昨夜(작야)의 꿈을 깨자 겨우 心不平(심불평)히 눈을 부비고 일어낫다. 李南原(이남원)니가 今朝(금조)에 떡을 待接(대접)하마고 旣約(기약)이 잇스므로 通信(통신)잇기을 待(대)한다. 아직 洗手(세수)도 안니

하엿다. 此家(차가) 學徒(학도)가 밧가테셔 「마우자 마우자에 구술기을 타고 만니만니 日本(일본)은 안니 뵈이는데…」 보셜 海山(해산)은 山(산)으로 달는다. 余(여)도 無意識(무의식)으로 그 後(후)을 따른다. 約(약) 二十步(이십보)는 갓스까, 頭上(두상)에 一響(일향)의 銃聲(총성)이 왓다. 아아 時(시)는 이미 느젓도다. 海山(해산)은 이미 小丘(소구)을 넘는다. 銃聲(총성)이 連發(연발)하며 彈丸(탄환)니 前後左右(전후좌우)에 寒地(한지)을 자랑하는 白雪(백설)을 擊(격)하야 一場(일장)의 戰幕(전막)을 여럿다. 海山(해산)은 볼셔 안니 뵈운다. 余(여)는 큰 山(산)을 橫斷(횡단)코자 山面(산면)으로 登(등)하니 彈丸(탄환)은 余(여)을 周飛(주비)한다. 余(여)는 萬事(만사)가 將次(장차) 急(급)하믈 思(사)하며 여러 가지로 過去(과거)을 起思(기사)하면셔 山下(산하)을 보니 日本兵(일본병)은 안니 뵈인다. 幸也(행야)라. 俄人(아인)쑨니면 避(피)할 必要(필요)는 업다. 彈丸中(탄환중)에셔 아모리 보아도 日本兵(일본병)은 업다. 余(여)는 다시 생각하고 回還(회환)하기로 決心(결심)하고 俄人(아인)을 向(향)하야 온다. 可笑(가소)롭다. 余(여)의 問答(문답)하는 演劇(연극)!

余(여) 「추어」〈엇재 그러느야〉… 가방 버리면셔 웃는다.
俄警官(아경관) 「구다허지」〈어듸로 가오.〉 怒色(노색)이 滿面(만면)하야. 余(여)의 俄語(아어)는 短小(단소)하므로 나의 집으로 간다하믄 잇젓다. 中語(중어)로 말한다.
余(여) 「우어듸팡쓰짜이나벤…」〈내의 집이 져긔다.〉 하면셔 가는 山彼方(산피방)을 가르친다. 俄警官(아경관)도 기가 막케셔
警官(경관) 「…욕도요마지…」하고 욕하드라.

嗚呼(오호)라 余(여)는 玆(자)에 捕捉(포착)한 몸이 되엿드니 大字知

味(대우지미)의 黃錫泰君(황석태군)의 쥬선으로 今夜(금야)에 出放(출방)하나라. 細事(세사)은 在心(재심)하기로 그만 記之(기지)하노라.

今日(금일)은 白雪(백설)이 紛紛下(분분하)하야 四五寸(사오촌)에 至(지)하리라. 夜(야)에 十餘村(십여촌. 十餘寸)으로 [쌓인] 白花(백화)을 빱고 올나오니 心中所懷(심중소회)가 多多(다다)하며 져ㅣ 西伯利亞(서백리아) 北(북)으로 오난 寒風(한풍)은 나의 心(심)을 붓그럽게 하드라.

여러 同志(동지)의 慰問(위문)을 바드니라. 鄭海山(정해산)은 나보다도 여러 年間(연간)을 客苦(객고)을 지나쓰므로 날보다 더욱 마음에 悲感(비감)이 多(다)하리라.

一月 二十五日(일월 이십오일)
〈舊庚申 十二月 十七日(구 경신 십이월 십칠일)〉

昨日(작일)에 징쿵으로셔 墟土門村(허토문촌)에 來(내)하야 該村(해촌)에 殺人事件(살인사건)을 解決(해결)하고 今日(금일)은 赤楊村(적양촌)에 來(내)하야 故鄕人(고향인) 李氏宅(이씨댁)에 留(유)하노라. 數日前(수일전)에 傳說(전설)을 드르니 日兵(일병)이 海港(해항)에셔 米國海軍大尉(미국해군대위)을 銃殺(총살)하엿스므로 이을 因(인)하야 米國(미국)은 日本(일본)에 對(대)하야 重大(중대)한 交涉(교섭. 交涉)이 잇스니 日本(일본)니 만일 應(응)치 안니하면 砲火(포화)의 蓋(개)을 열는지 未測(미측)이라드라.

今冬(금동)은 참 降雪(강설)도 小(소) 하거니와 寒(한)치 안니하다. 十年以來(십년이래)로 쳐음이라고 말하니 西伯利亞(서백리아) 東端(동단)도 實(실)로 이갓트면 우리 獨立軍(독립군)된 포토리(보토리)도 자미잇게 지나것다. 하나님이 도으시미 안닌가. 遠山(원산)에 殘雪(잔설)이 잇슬붓니요, 田野(전야)에 風(풍)이 吹(취)하면 揚沙飛塵(양사비진)니 大段(대단)하다. <u>아ㅣ</u>들에 갇든 金麗河君(김여하군)니 人韓國民議會(대한국민의회)에셔 余(여)을 오라는 公文(공문)을 가지고 왇다. 金君(김군)을 만나니 반갑다.

二月 五日(이월 오일)
〈十二月 二十八日(십이월 이십팔일)〉

왼쪽 여백의 글 奇蹟(기적) 舊正月(구정월) 初五日(초오일)에 月(월)과 大星(대성)이 白霄(백소)에 相伴(상반)하야 或先或後(혹선혹후)하며 幾日(기일) 同行(동행) 云云(운운)하니 將(장)찻 무슨 事變(사변)인지?

前月(전월)에 某事件(모사건)으로 京城法院(경성법원)에 被收(피수)되엿든 北靑(북청) 叔母主(숙모주)가 無事放免(무사방면)되여 海港(해항)으로 還來(환래)하섯따 하니 實(실)로 余(여)는 무어시라고 말할 슈 업시 깃쁘도다. 日本貴族(일본귀족)은 與(여) 余(여)로 私讐(사수)는 업드니 인져는 個人(개인)의 讐(수)까지 된다. 余(여)의 사랑하는 貞和(정화)도 十六日(십육일)만에 放免(방면)하엿다 云云(운운)니다. 日本(일본)갓치 罪惡(죄악)이 만코 野蠻(야만)니 업다. 無力(무력)한 女子(여자)드리 무슴 罪(죄)가 잇스며 무어슬 안다고 蠻行(만행)을 行(행)하야 閨中婦女(규중부녀)을 捕着(포착)하는지 참 아무리 公平(공평)이 생각하야도 人道(인도)을 모로는 倭(왜)로다.

二月 二十日(이월 이십일)
〈辛酉 正月 十二日(신유 정월 십이일)〉

봄이 完然(완연)하다. 栖木枝枝(서목지지)에 白花(백화)가 피엿다.

朴宗根君(박종근군)니 通信(통신)을 보내여 曰(왈) 速速(속속)키 黑龍(흑룡)으로 入(입)하라 云云(운운)니라. 擔銃(담총)하고 登山踏雪(등산답설)하며 鹿也獐也(녹야장야)아 或(혹) 兎也(토야)하니 一獸(일수)을 相逢(상봉)도 못하고 還舍(환사)하니라. 日兵(일병) 二十數人(이십수인)니 小宇地味(소우지미) 俄村(아촌)에 往返於大領(왕반어대령. 往返於待令)하니라.

二月 二十三日(이월 이십삼일)
〈正月 十五日(정월 십오일)〉

今日(금일)은 舊正月(구정월) 望日(망일)이라. 불근둔지에 留(유)한 지 이미 月餘(월여)다. 主人(주인)과 밋 近家老人(근가노인)드리 相會(상회)하야 酒幾杯(주기배. 酒幾杯)을 分(분)하여 余(여)을 만니 慰寂(위적)한다.

述懷(술회)

萬里孤客雪寒野(만리고객설한야)
千山疊懷依酒消(천산루회의주소)

又(우)

半醉半醒日將斜(반취반성일장사)
萬里鄉山眠前開(만리향산면전개)

三月 一日(삼월 일일) 水淸(수청) 赤楊村(적양촌)에셔

今日(금일)은 無窮花三千里(무궁화삼천리)에 半萬年(반만년)의 歷路(역로)을 가진 우리가 自由(자유)라 하는 人生(인생)의 最大高尚(최

대고상)한 宣言(선언)한 第二週年(제이주년)이요 第三年(제삼년)을 끝난 日(일)이다. 自由(자유)을 宣言(선언)하고 第三年(제삼년) 幕(막)을 開(개)하면서 于今(우금)것 獨立(독립)을 못하기는 世界(세계)에 對(대)하야 붓끄러운 일이다. 아 이 獨立(독립)하자면 너무도 犧牲(희생)이 업다. 너무도 全體(전체)가 幼(유)하다. 너무도 政治(정치)에만 눈니빨고 實施力(실시력)이 少(소)한 國民(국민)니다. 너무도 自稱(자칭)하는 英雄(영웅)이 만타. 너무도 黨派(당파)가 만타. 너무도 實際方面(실제방면)에 努力(노력)하는 者(자) 적고 虛名(허명)에 醉(취)한 者(자)가 만타. 上海臨時政府(상해임시정부)에 求仕(구사)가는 것 보아도 알고 거기 當事者(당사자)드리 勢力(세력)〈虛名(허명)의 勢(세)〉 다틈하는 것 보아도 알며 그더리 軍事方面(군사방면)에는 金錢(금전)을 한 푼 안니 쓰면서 費用(비용) 每月(매월) 大洋銀(대양은) 四千円(사천엔)을 用(용)한다는 것 보아도 안다. 우리 靑年中(청년중)에 知識(지식)잇난 者(자)들은 모도 上海(상해)로만 간다. 中俄領地(중아영지)에 와셔 銃刀(총도)을 메고 조밥에 苦生(고생)은 안니 하자 한다. 獨立(독립)되면 벼슬만 하려 한다. 우리나라에 仕官熱(사관열)이 亡國(망국)한 한 條件(조건)이건만 以上(이상)과 갇튼 緣由(연유)을 因(인)하야 우리 獨立(독립)이라 하는 거시 無形(무형)으로 今日(금일)까지 온 거시다. 余(여)가 此地(차지)에 空臥(공와)함도 亦(역) 無味(무미)하다.

本村(본촌)에서 學校(학교)을 新立(신립)하므로 余(여)는 請(청)하므로 學校名(학교명)을 秀英學院(수영학원)이라 하엿고 本日(본일) 그 開院式(개원식)을 兼(겸)하야 宣言紀念式(선언기념식)까지 하여 各(각) 有志(유지)드리 來參(내참)하야 旣來(기래)을 痛(통)하며 現今(현금)의 不遇(불우)을 歎(탄)하야 將來(장래)을 希望(희망)하니라. 余(여)는 다못(다만) 우리 兄弟姉妹(형제자매)의 健在(건재)을 祝(축)하노라.

三月 十五日(삼월 십오일)

이 近日(근일)에 大風雪(대풍설)이 吹飛(취비)하야 積雪(적설)이 치마끗헤(처마 끝에) 及(급)하니 此地(차지)에 十五六年間(십오륙년간) 來住(내주)하는 니도 初(초)로 當(당)하는 大雪(대설)이라 하드라. 雪(설)에 맷케서 家家相通(가가상통)이 數日後(수일후)에나 되며 山中獐類(산중장류)가 人家近處(인가근처)로 食物(식물)에 困(곤)하야 下來(하래)하야 學生(학생)들도 捕來(포래)하며 此山彼山中(차산피산중)에서 獵銃(엽총)이 山(산)을 울니며 金昌燮(김창섭), 安永鎭(안영진) 兩君(양군)니 自外水清(자외수청)으로 ○○을 輪來(윤래)하엿다가 水走河(수주하)로 入去(입거)하니라.

解春獐(해춘장)은 食味(식미)가 非甘(비감)하드라. 그러나 山中(산중)에셔 그도 貴味(귀미)로 먹것다. 또 靑魚(청어)가 海業(해업. 海峽(해협))에서 多數(다수)로 잡피여 百枚(백매)에 五六十錢式(오륙십전식)하니 좀 더 잇스면 五十錢(오십전)에 二百數(이백수)을 너무리라 한다. 內地(내지)로셔 魚船(어선. 漁船)드리 多數(다수)로 海路(해로)로 入來(입래)하야 此等(차등) 海邊(해변)으로 來着(내착)하야 多數(다수)을 買得(매득)하야 回還(회환)하드라.

三月 二十一日(삼월 이십일일)

積雪(적설)이 半(반)나나 녹은 듯하다. 그러나 아직도 人馬(인마)가 단니는 跡外(적외)에는 못 단닌다. 石炭礦(석탄광) 攻圍戰(공위전)에 負傷(부상)된 裵埈百君(배준백군)니 近一年(근일년)만에 退院(퇴원)하[여] 訪來(방래)하니 喜傷(희상)이 相半(상반)니다. 君(군)은 死地(사지)에 冒險(모험)하든 勇士(용사)니 海港(해항) 카이다戰(전) 以來(이래)로 幾度參戰(기도참전)한 人(인)니드니 今番(금번) 負傷(부상)은 君(군)으로써 一生(일생)의 不俱(불구)을 지어 右腕(우완)니 不用(불용)되게 하엿도다.

上海(상해)에 잇난 우리 臨時政府(임시정부) 軍務部(군무부)의 出鈑(출판. 出版)으로 北間島(북간도) 軍政署(군정서) 總裁(총재) 徐一君(서일군)의 檄告文(격고문) 밋 北路軍(북로군) 戰鬪詳報(전투상보)라 하는 거시 왓기여 余(여)은 큰 希望(희망)으로 본니 매우 心腸(심장)을 斷(단)케 하는 痛忿(통분)한 語句(어구)도 잇다. 그러나 그 中(중)에 좀 過度(과도)한 쳘란니 잇는가 한다. 勿論(물론) 北間島(북간도) 今番(금번) 事件(사건)은 余(여)도 大槪(대개)는 아는 거시다. 그 詳報(상보)에 曰(왈) 日本軍(일본군)의 死者(사자)가 聯隊長(연대장) 一人(일인), 大隊長(대대장) 二人(이인), 將校以下(장교이하) 一千二百五十四人(일천이백오십사인), 傷者(상자)가 將校以下(장교이하) 二百餘人(이백여인) 云(운)니며 그 軍政署(군정서) 軍隊(군대)는〈總數(총수)가 四百餘人(사백여인)이다〉死者(사자) 一人(일인)니요 傷者(상자)가 五人(오인)니오 捕虜(포로)된 者(자) 二人(이인) 云云(운운)니다. 然則(연즉) 이 軍隊(군대)는 能(능)히 四百(사백)으로 敵(적)의 聯隊(연대)〈混成(혼성)으로 砲兵幾門(포병기문)니 잇난 거심〉와 接戰(접전)하야 四百(사백)의 三倍以上(삼배이상)을 全滅(전멸)시긴 거시라. 東西戰史(동서전사)에 그런 例(예)가 잇끼는 잇다. 그러나 이 軍隊(군대)은 日本軍(일본군)의 攻圍(공위)을 만나셔 逃避(도피)한 거신가 하엿드니 이 갇치 公開(공개)할만한 勝(승)을 어드미라 한다. 余(여)는 우리 民族(민족)이 虛譽(허례)을 조아하며 實行(실행)이 此(차)에 不件(불건)하는 因性(인성)이 잇스믈 恨(한)하는 바러니 今(금)도 亦然(역연)니다. 우리의 前程(전정)이야말로 實(실)로 딱하다 할 수 잇다. 아아 | 져 | 끼리샤(그리스)王(왕) 레오니다스는 六百軍(육백군)으로 縣軍

千里(현군천리)하야 孤城(고성)을 직키다가 페르샤幾萬(기만)의 軍(군)의 包圍攻擊(포위공격)을 만나 全滅(전멸)하도록 惡戰(악전)하엿스므로 全(전) 끼리샤(그리스)民族(민족)의 大忿怒(대분노)을 이르키며 大團體(대단체)을 진게 하야 믄득 大軍(대군)을 뫼아 페르샤軍(군)을 大破(대파)하고 그 王(왕) 레오니다스 밑 部下(부하)가 戰死(전사)한 곳에 碑(비)을 세우고 색엣스되

끼리샤(그리스)人(인)아 우리는 너히을 위하야 그 명영대로 죽노라 하엿다. 아아 이 戰例(전례)와 軍政署(군정서)의 쳘란과 若何(약하)오. 이걸 뿐 안니 自昔(자석)으로 外地(외지)에 와서 國事(국사)을 謀(모)하는 우리의 先輩(선배)가 모도 此式(차식)으로 하엿쓰므로 今日(금일)까지 아무 하는 일 업시 失心(실심)만 한다. 深深(심심)하게 우리 銘心(명심)할 거시다. 우리 民族(민족)갇치 事業(사업)에 鍛鍊(단련)업는 民族(민족)은 世界(세계)에 드무다. 公直(공직)한 性質(성질)은 매우 少(소)하다. 무어슬 하는지 正直(정직)이 업고 虛名(허명)을 滿足(만족)한다. 余(여)는 이로써 將來(장래)을 만니 念慮(염려)한다. 獨立宣言以來(독립선언이래)로 더욱 더하다. 上海政府(상해정부)라는 곳즈로 작구 몰여가는 것 보아도 알것다. 또 北間島(북간도)에 三十六團體(삼십육단체)의 獨立軍(독립군)을 지어가지고 들셩거리난 것 보아도 알것다. 모도 大將(대장)이요 져마둑 參謀官(참모관)니요 된 거 안니 된 거 되다가 못 된 거 모도 司令官(사령관)니요 總裁(총재)요 將校(장교)란다. 步兵操典(보병조전)에 步字(보자)의 出處(출처)을 몰나도 무에무에라며 他人(타인)의 말은 안니 듯게 作定(작정)이요 英雄(영웅)은 맨 英雄(영웅)이다. 實(실)로 可歎(가탄)치 안닌가. 將來(장래) 엇지한 方法(방법)으로 이거슬 使用(사용)의 充(충)이 되게 할고. 이게 獨立(독립)보다 第一重大(제일중대)한 問題(문제)로 나는 重大視(중대시)한다.

왼쪽 여백의 글 北間(북간)도에셔 이 軍政署(군정서)의 遭亂(조란)을 親(친)니 當(당)하고 來(내)한 人(인)을 만나셔 자셰한 소식 드르니 靑山里(청산리)에 우리 民家(민가)가 十戸(십호)인데 이 獨立軍(독립군)니 잇난 줄 알고 日兵(일병)이 來(내)하기여 미루 알고 下(하)로 避(피)하니 日兵(일병)이 와셔 住民(주민)더러 探聞(탐문)한즉 上(상)으로 갓다 하니 日兵(일병)이 上(상)으로 가난 거슬 下(하)에 잇난 獨立軍(독립군)니 後方(후방)으로 射擊(사격)하고 逃亡(도망)하니 日兵(일병)이 그 住民(주민)니 自己(자기)을 속엿다 하야 그 洞內(동네)에 女子七人(여자칠인)만 生存(생존)시기고 싹 죽엣다 云云(운운)니 아아 무슨 범벅인지.

四月 四日(사월 사일)〈舊 二月 二十七日(구 이월 이십칠일)〉

지나간 二日(이일)에 나는 滿春洞(만춘동)으로 왓다. 今日(금일)은 昨年多恨(작년다한)한 꼭 제 돌시다. 此日(차일)은 우리, 俄人(아인)의 恨(한)니 되며 忿(분)히 아는 紀念日(기념일)이다. 二十餘日前(이십여일전)에 水淸(수청) 二十年來(이십년래)로 쳐음이라는 大雪(대설)이 금만 녹자 今日晨(금일신)에 또 雪(설)이 온다. 하도 자조 만니 오니 실타.

徹兵(철병. 撤兵)의 소리! 俄國(아국)이 共産主義(공산주의)가 全波(전파)되자 聯合軍(연합군)은 그 危險(위험)하믈 防禦(방어)하자고 西伯利亞(서백리아)에 出兵(출병)하엿션다. 이에 共産黨(공산당)이 敗走(패주)하자 昨年(작년)에 聯合軍(연합군)니 徹退(철퇴. 撤退)하엿다. 그러나 獨(독)히 日本(일본)은 極東(극동)에 對(대)한 關係(관계)가 他聯合軍(타연합군)과는 不然(불연)하야 同一視(동일시)하지 못하믈 口實(구실)을 삼고 今日(금일)까지 他國(타국)의 惡感(악감)을 사면셔 잇셧다가 만니도 안니 잇고 俄人(아인)을 여려가지로 壓迫(압박)하며 우리을 몹시 壓迫(압박)하엳다. 日本(일본)의 出兵(출병)의 內意(내의)을 말하자면 俄人(아인)의 共産黨(공산당)을 쪼츰보다 大韓(대한)의 獨立運動(독립운동)을 妨害(방해)하미 더 큰 目的(목적)이다. 日兵(일병)이 西伯利亞(서백리아)에 잇스면셔 하는 行動(행동)을 보아도 알걷다. 그런고로 日兵(일병)의 徹退(철퇴. 撤退)는 俄人(아인)니나 大韓人(대한인)니 갇치 기다리는 거시다. 이 갇치 하야 今日(금일)까지 오드니 이 近來(근래)에 니콜나쁘스크(니꼴라옙스크)의 主權(주권)?, 사칼린(사할린) 漁業(어업) 믿 土地(토지)? 等(등)은 掌中(장중)에 넉코 撤兵(철병. 撤兵)하기로 한다 云云(운운)니다. 아직은 모르걷다. 仔細(자세)한 條件(조건)은 日後(일후)에는 알 수가 잇스리라. 然(연)나나 만일에 日本(일본)니 이번에 徹兵(철병. 撤兵) 안니 하면 다시 增兵(증병)하야 極東(극동)에셔 大波瀾(대파란)을 이르킬 거시다. 日本當路軍人側(일본당로군인측)에셔는 增兵主唱(증병주창)도 잇다. 軍人(군인)드른 아마 武力(무력)에 滋味(자미)을 만니 부친 거시지 必也(필야)에 그 코가 납죽하여질 [때]가 잇스리라 한다. 日本(일본)의 陸海軍當局者(육해군당국자)의 野心(야심)은 余(여)의 兩眼(양안)에 화ㅣ니 뵈인다. 그러나 그 軍國主義(군국주의)의 帝國(제국)은 不遠(불원)하리라. 日本(일본) 東京(동경)에 有名(유명)한 雜誌(잡지) 第三帝國(제삼제국)의 實施(실시)가 되리라. 멀지 안타. 日本人(일본인)은 우습다. 獨逸(독일)의 野心(야심)을 辱(욕)하면셔리 東洋獨逸(동양독일)이라 自任(자임)한다. 이거시 不遠(불원)에 俄羅斯(아라사)의 니꼴라이(니꼴라이) 政府(정부) 갇치 되리라.

鄭在寬氏(정재관씨)는 身病(신병)으로 매우 辛苦(신고)한다 좀 나은 모양이다. 日前(일전)에 왇다가 징쿵 海邊(해변)으로 가드라. 同化主唱(동화주창)하고 日本(일본) 압프로 단니는 閔元植(민원식)은 東京(동경)에셔 우리 勇士(용사) 梁氏(양씨)의 手(수)에 被殺(피살)하엳다. 壯

哉(장재)라. 日本上下(일본상하)가 또 놀나셔 韓人(한인)을 무셔하걷다.

四月 十一日(사월 십일일)〈三月 五日(삼월 오일)〉

　陽地(양지)에 黃花(황화)가 피고 草芽(초아)가 紅(홍), 黃(황) 두 빗츠로 新春(신춘)을 자랑한다. 遠山北面(원산북면)에 殘雪(잔설)이 点点(점점)이 나마 읻다. 喬木上(교목상)에 간치가 새로 巢(소)을 짇고 野間春雉(야간춘치)가 自鳴(자명)이로다. 洞名(동명)이 滿春洞(만춘동)인가. 西伯利亞(서백리아) 봄이 의례히 더들거시다. 나의 擎天園(경천원)에 千葉百花(천엽백화)가 一時映(일시소) 하엿걷다. 王孫(왕손)는 一去(일거)에 未回(미회)런가. 湧金水(용금수) 조흔 샘에 누가 마시고 꼿구경 하난가. 외로운 져, 貞(정)은 어린 아해들 다리고 잘 잇난가. 高臺(고대) 擎天閣(경천각)에 北(북)을 보고 나을 차즈리라. 압山(산)에 꾀고리 우는 노래 故山(고산)에 꾀리가 완난가. 東園(동원)에 伐木聲(벌목성)은 內外地(내외지)가 갇고나. 색끼 다린 암닥이 쌀 보고 색끼 부르는 꼭꼭聲(성)은 나의 상랑(사랑)하는 三智(삼지)난 어대 잇나. 나도 그갇튼 마음은 잇건만도 國家(국가)와 民族(민족)을 爲(위)하는 마음을 이기지 못하야 故土(고토)을 바리고 이곳에 왓노라. 나의 步響(보향)에 놀래 飛去(비거)하는 알녹새야 내의 마음 네가 모르난고나. 富貴(부귀)도 不願(불원)하고 이곳에 왓거든 너을 잡을손야. 倭(왜)가 밉끼로 여기 왓다. 독끼 멘 져, 木童兒(목동아)야 景福宮歌(경복궁가)을 슬피 노래 마러라. 人生(인생)이 어늬 누가 願怨(원원)니 업슬손야. 萬古雄將(만고웅장)에 李舜臣(이순신)도 小人(소인)의 害(해)을 보앗스며 千古英雄(천고영웅) 나포레온(나폴레옹)도 千秋怨魂(천추원혼)을 汒汒海中(망망해중. 茫茫海中) 孤島(고도)에 두엇다. 絶世美人(절세미인) 虞氏(우씨)며 그 配弼(배필. 配匹) 項羽(항우)도 虞兮之歌一

曲(우혜지가일곡)에 千古英雄(천고영웅)이 분명하건만 垓下一戰(해하일전)에 後世英雄(후세영웅)으로 울게 하엿다. 人生苦樂(인생고락)이 消雲(소운) 갇트니 怨樂(원락)이 相半(상반)니다. 此山越山(차산월산)에셔 伐木(벌목)하는 져, 樵夫(초부)는 무에라고 노래하야 自己(자기)의 幸福(행복)이 이에 잇난 듯하다. 파리(썰매)에 나무 실고가며 풀먹는 졔 색끼 부르는 암소는 그 重荷(중하)을 지고도 색끼을 愛呼(애호)한다. 西伯利亞(서백리아) 널븐 뜰에 溫春(온춘)니 오건만도 殺氣(살기)는 더욱 심하다. 日前(일전)에도 우라지오스도크(블라디보스토크)에 아라사 밀리채(밀리찌야. 경찰)의 셰미노프(세묘노브)에 對(대)하야 反亂(반란)이 이럿다. 아아 皇天(황천)은 실로 無心(무심)하다. 富(부)하고 强(강)하며 惡子(악자)을 도으면셔 弱(약)하고 貧者(빈자)을 안니 놉는다(돕는다). 上午(상오)가 갇차오니 이 山(산) 밋 져 山(산) 아래 드문드문 이 집 져 집셔 点心(점심) 지을여고 煙氣(연기)가 나며 牧童(목동)은 소을 끌고 이라이러하면셔 自己(자기)집으로 간다. 나도 풀리 노릿노릿 푸릇푸릇한 거슬 보며 自然(자연)의 美人(미인)을 히롱하며 冊(책)을 끼고 山(산)을 나린다. 어듸로 가나. 집은 萬里外(만리외)다. 외로운 客(객)아.

四月 二十日(사월 이십일)

近日(근일)은 春色(춘색)이 漸深(점심)하다. 昨日(작일)에 뜨리치푼진(뜨레찌 - 푸진)에셔 姜國模(강국모), 韓一載(한일재) 兩君(양군)니 余(여)을 차자셔 왓다. 來(내)한 目的(목적)은 余(여)로 同伴(동반)코자 하미다. 깁픈 滿春洞(만춘동)에 오래간만에 만나니 깃뿌다. 今日(금일) 兩人(양인)을 同伴(동반)하야 블근 둔지로 와셔 將次(장차) 大宇地味(대우지미)로 가셔 議事(의사)하리라 한다. 日本(일본)은 西伯利亞(서백리아)에 增兵(증병)하야 빠시깨(스빠스크)에 兵力(병력)을 集中(집중)하엿다. 米國(미국)은 英(영), 法(법)에 對(대)하야 米日開戰(미일개전)에 中立與否(중립여부)을 물엇다 云云(운운)니며 <u>오호씨까</u>(오호츠크) 金鑛(금광)에 米人(미인)니 우리 사람만 傭入(용입)하야 六十年(육십년) 借權(차권)으로 採撗(채광. 採鑛)한다 하며 매우 世上(세상)〈極東(극동)의 風雲(풍운)〉이 將雨果晴(장우과청)에 무어셰 歸着(귀착)인지 모르겟다. 余(여)는 思(사)하노니 어차간에 世上(세상)은 紛紛(분분)하고야 말 거시니 아주 大亂(대란)을 起(기)하야 左右間(좌우간)에 大殺戮(대살륙), 大破壞(대파괴)하야 그 後(후)에 大人物(대인물)이 出(출)하여서 春中明月(춘중명월)에 新世界(신세계)을 짓자한다. 아아 天(천)의 罪(죄)야 人(인)의 罪(죄)야.

또 都兵河(도병하)로셔 胡賊(호적) 約(약) 五百名(오백명)이 이 地方(지방)으로 來(내)하엿다 한다. 可憐(가련)하다 우리 流民(유민)니여, 可憎(가증)하다 支那人(지나인)니여. 우리는 獨立(독립)보다도 이 支那人(지나인)을 全滅(전멸)시기리라. 胡賊(호적) 따문에 支那(지나)도 亡(망)하고 隣國(인국)까지 셩이 가시다. 余(여)는 昨年(작년)은 胡賊的(호적적) 勇飛(용비)러니 此年(차년)은?

春朝(춘조)가 閒寂(한적)하니 雞聲(계성)조차 閑音(한음)이다. 餘由(여유)가 잇난 것 갓다. 流水(유수) 冬氷(동빙)을 이즌드시 活潑(활발)하게 흐른다. 체마 끗테 참새소리 春弄(춘롱)을 못 이즌 듯하다. 去年(거년)입때에 나는 死生間(사생간)에 몃번 왓다간다 하엿드니 졔 돌시 이 아닌야.

四月 二十四日(사월 이십사일)

余(여)는 七八人(칠팔인) 一行(일행)으로 東湖(동호)에셔 日暮(일모)

에 木船(목선)을 탓다. 春日(춘일)니 지자 몸이 션선하다. 비밀 行動(행동)으로 東湖港(동호항)을 橫斷(횡단)하야 박는 날 未明(미명)에 漁村(어촌)에 到船(도선)하야 前路(전로)을 차차 살피며 韓人家(한인가)에 드러 空腹(공복)을 차인 後(후)에 東北方(동북방)을 바라고 작구 간다.

數日(수일)만에 달영거우 學校(학교)에 到着(도착)하야 安永鎭(안영진), 金俊(김준) 兩君(양군)을 만나니 깃뿌다.

다시 行(행)하야 水走河(수주하)에 잇난 韓昌傑(한창걸)의 軍隊(군대)에 가니 매우 親切(친절)히 對接(대접)하드라.

이 軍隊(군대)에셔 可決(가결)이 되야 뜨리치프진(뜨레찌 - 푸진)에 잇난 姜國模(강국모)의 軍隊(군대)와 統合(통합)하야 余(여)을 司令官(사령관)으로 任(임)하니 余(여)는 不可避(불가피)로 맏텃다.

다시 行(행)하야 泰山(태산)을 넘어 六七日(육칠일)만에 뜨리치프진(뜨레찌 - 푸진)에 當到(당도)하야 此地(차지)의 軍隊(군대)을 統率(통솔)하다. 余(여)가 이에 軍隊(군대)을 맛타지만 우리 民族(민족)의 最(최)히 可憎(가증)한 片心(편심) 따문에 內部(내부)의 風波(풍파)가 多生(다생)하야 人民(인민)이나 他國人(타국인)을 만나 웃끼니라.

姜國模(강국모), 韓昌傑(한창걸)이가 當初(당초)에는 自己(자기)의 能力不足(능력부족)으로 軍隊(군대)을 余(여)의게 統治(통치)을 시기나 軍隊全部(군대전부)가 余(여)의게 잘 服從(복종)하믈 보고 시기의 마음을 두고 나을 도로에 排斥(배척)하자는 마음이 生(생)하므로 여러 가지로 小人手段(소인수단)으로 人(인)을 困(곤)케 하나 余(여)는 對抗(대항)치 안니므로 決局(결국)은 小人(소인) 等(등)이 一人式(일인식) 散去(산거)하드라.

余(여)는 司令官(사령관)니 되자 곳 뜨리치프지(뜨레찌-푸진)村(촌)을 堅固(견고)한 防禦線(방어선)을 지으며 軍隊敎練(군대교련. 軍隊敎鍊)을 一新(일신)하며 實用(실용)에 充(충)케 하며 一便(일편)으로 學

徒隊(학도대)을 組織(조직)하야 士官養成(사관양성)에 盡力(진력)하니 全軍(전군)니 一新(일신)하드라.

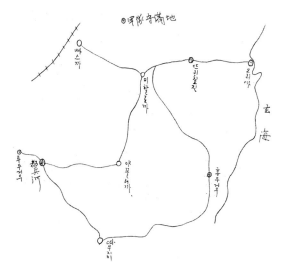

지도 3. 軍隊守備地(군대수비지) 빠스까(스빠스크), 미할로까(미하일로프까), 뜨 리치프진(뜨레찌-푸진), 오리까(올리가), 투두거우, 都兵河(도병하), 야 꼴리까(야꼬블레프까), 흥두거우, 玄海(현해), 따우지미

五月 日(오월 일)

都兵河(도병하)의 俄軍司令官(아군사령관)과 連絡(연락)이 完至(완지)하야 俄軍(아군)의 軍用品(군용품)을 分用(분용)케 되고 또 야꼴리까(야꼬블레프까) 地方(지방)에 胡賊(호적)이 만으므로 余(여)는 步兵(보병) 一小隊(일소대)을 〈長 李學云(장 이학운)〉 야꼴리까(야꼬블레프까)에 守備(수비)로 보내여 우리 民族(민족)을 保護(보호)하니라.

今年(금년)에도 胡賊(호적)이 四方(사방)에 蜂起(봉기)하므로 余(여)의 軍隊(군대)의 勇將猛卒(용장맹졸)은 各地(각지)에 이거슬 擊破(격파)하니라.

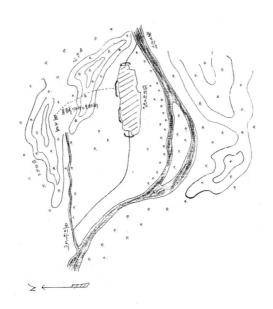

지도 4. 至(지)오리간(올리가), 프진山(푸진산), 뜨리치프진(뜨레찌-푸진), 馬賊
(마적)이 드러 올 方向(방향), 至(지)노토, 뜨리치山(뜨레찌산), 至(지)미할노
까(미하일노프까)

七月 日 以來(칠월 일 이래)

뜨리치프진(뜨레찌-푸진)은 深深山中(심심산중)이다. 오리간(올리
가)셔 三百里(삼백리)며 빠스깨(스빠스크)에서 三百里(삼백리)오 都兵
河(도병하)에서도 三百里(삼백리)되며 韓人村(한인촌)니 稀少(희소)하
고 無人地(무인지) 百里(백리) 以上(이상)을 지나셔 到達(도달)하난 곳
시다.

此地(차지)에 俄羅斯(아라사)에 入籍(입적)한 우리 同胞(동포)가 約
(약) 四十戸(사십호)가 잇다.

住民(주민)은 매우 良順(양순)하고 獨立軍(독립군)을 매우 歡迎(환
영)하드라. 姜國模(강국모) 軍隊(군대)가 秋豊(추풍)에셔 日本軍(일본

군)의 威迫(위박)을 받고 此地(차지)에 昨年(작년) 秋(추) 왓스니 今秋(금추)을 當(당)하니 約(약) 一個年間(일개년간)에 四十戶(사십호)에 二百名(이백명)의 獨立軍(독립군)의 食料(식료)의 責任(책임)을 負担(부단. 負擔(부담))하얏스니 그 穀多(곡다)하얏스믈 可知(가지)러라.

姜國模(강국모)의 反亂(반란)니 잇셔쓰나 別事(별사)업시 平定(평정)하다.

九月 日(구월 일)

都兵河(도병하) 俄軍(아군) 司令官(사령관)과 交捗(교섭. 交涉)한 까닥으로 余(여)은 全軍隊(전군대)을 다리고 都兵河(도병하)로 가기로 하야 守備隊(수비대)만 두고 移軍(이군)하야 야꼴리까(야꼬블레프까)에 와셔 야꼴리까(야꼬블레프까)地帶(지대) 隊長(대장) 셉첸크(쉡첸

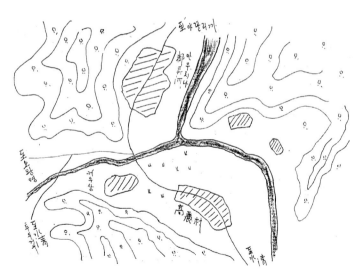

지도 5. 至(지)야꼴리까(야꼬블레프까), 都兵河(도병하), 안우치나, 至(지)소왕영, 커우상, 至(지)水淸(수청), 투두거우, 高麗村(고려촌), 至(지)水淸(수청)

코)로 더브러 相面(상면)하고 이여 全沿海州軍(전연해주군)의 軍政委員(군정위원) 레우신을 相面(상면)하고 다시 行軍(행군)하야 都兵河(도병하)에 到着(도착)하야 高麗村(고려촌)에 司令部(사령부)을 두고 俄軍(아군)과 共同作戰(공동작전)을 하며 俄國(아국)에 잇스므로 俄軍(아군)의 助力(조력)과 그 指示(지시)을 應(응)하야 行動(행동)하니라.

一九二一年 十月 十一日 以來 戰爭(일구이일년 시월 십일일 이래 전쟁) 〈赤白年戰爭(적백년전쟁)〉

淚(누)이아! 血(혈)이아!?

韓半島(한반도)의 自由(자유)을 爲(위)하야 扶餘族(부여족)의 自立(자립)을 求(구)하며 世界人類(세계인류)의 進步(진보)에 落伍者(낙오자)을 免(면)하기 爲(위)하야 우리은 지나간 三年前(삼년전)에 獨立(독립)을 宣布(선포)하고 世界人類(세계인류)에 무른 바가 잇섯다. 그러나 이 일 始作(시작)한 當日(당일)붓터 淚(누)나 血(혈)이나 흘닌 勇士(용사)가 만엇다. 그 效果(효과)은 아직 업고 困者(곤자)은 더욱 困(곤)하며 乏者(핍자)은 더욱 乏(핍)하며 落心者(낙심자)은 誤算者(오산자)로 [되고] 反罪者(반죄자), 狂者(광자)의 무리가 더욱 半島(반도)보다도 中領俄領(중령아령)에 널엿다. 이는 모도 뉘의 罪(죄)인가? 슬푸다, 뭇노니 누구을 怨(원)할가!!!

予(여)는 뜨리치프진(뜨레찌 - 푸진)에 駐軍(주군)하엿다가 俄軍(아군)과 同一步調(동일보조)을 取(취)하기 爲(위)하야 移駐(이주)하야 都兵河(도병하)〈自古(자고)로 軍事上(군사상) 有爲地(유위지)로 有名(유명)함〉에 來(내)하야 各(각) 重要地(중요지)에 軍隊(군대)을 派遣(파견)하야 守備(수비)하며 于今(우금)까지 왓다. 그러나 食料(식료),

被服(피복), 費用(비용)은 全(전)혀 不足(부족)하야 軍隊全部(군대전부)가 實(실)로 乞人(걸인) 갓다.

今日(금일)도 予(여)은 起床(기상)하야 予(여)의 軍隊(군대)의 將卒(장졸)을 檢査(검사)하고 室內(실내)로 오자 副官(부관) 姜新寬(강신관)니 急來(급래)하며 予(여)을 부른다. 予(여)은 곳 그래 그래 하고 對答(대답)하엿다. 副官(부관)은 俄文通信(아문통신)을 左手(좌수)에 쥬고 俄司令官(아사령관)안테셔 온 거신데 水淸地方(수청지방)에 日本軍(일본군)과 白軍(백군)니 侵入(침입)하니 곳 同共出戰(동공출전)하자은 거시다. 予(여)은 곳 應答(응답)하고 軍隊(군대)의 出動(출동)을 命(명)하니 各部(각부)가 一時(일시)에 奔走(분주)하다. 볼셔 秋節(추절)을 지나셔 冬初(동초)에 다다랏다. 木葉(목엽)은 已落(이락)하고 殘水(잔수)은 結氷(결빙)하엿다. 곳 出征(출정)에 올나 徐徐(서서)히 行軍(행군)하니 俄軍(아군)도 同行(동행)이다. 此行(차행)에 予(여)은 水淸地方(수청지방)에 가셔 事業進行(사업진행)에 多大(다대)한 希望(희망)을 부치고 戰爭(전쟁)은 第二位(제이위)에 두엇섯다.

午前(오전) 十一時(십일시)에 日光(일광)은 차차 陰蔽(음폐)하고 北風(북풍)이 大作(대작)하야 白雪(백설)이 앞을 가리운다. 予(여)의 將卒(장졸)은 잘 입지 못하므로 더욱 그 苦生(고생)은 一筆難記(일필난기)엿다. 白雪(백설)은 볼셔 山野(산야)을 덥퍼셔 白色(백색)의 시비리야을 꾸몃다.

今日(금일)은 투두거우村(촌)에 駐軍(주군)하며 此地(차지) 守備隊(수비대)을 合(합)하니라. 아ㅣ 칩고 외로운 이 孤軍將卒(고군장졸)을 누가 위로할가. 同胞(동포)은 遠在(원재)하고 敵(적)은 眼前(안전)에 잇다. 이 將卒(장졸)의 心理(심리)을 日後(일후)에 누가 同飽(동포. 同胞)에게 알여줄가 하는 생각을 나은 마지 못한다.

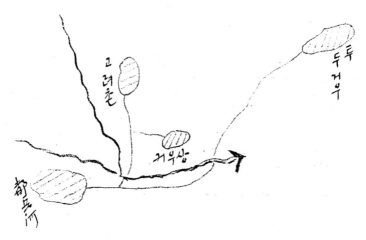

지도 6. 투두거우, 고려촌, 커우상, 都兵河(도병하)

十一月 十四日(십일월 십사일)

數日併行(수일병행)하야 水淸(수청) 투두거우 地方(지방)에 至(지)하야 水淸(수청) 俄軍(아군)과 또 合(합)하니 各地(각지)로 來(내)한 軍隊(군대)가 八九個軍隊(팔구개군대)러라. 寒氣(한기)은 侵骨(침골)하고 孤軍萬里(고군만리)에 後人(후인)으로써 今日(금일) 予(여)의 懷包(회포. 懷抱)을 알게 하것다. 夜(야) 十時頃(십시경)에 人家(인가)에 到着(도착)하니 今日(금일) 行程(행정) 約(약) 百里(백리)며 六十里(육십리)의 大嶺(대령)을 넘었다. 陰曆(음력)으로 伍日(오일)인지 月色(월색)은 雪色(설색)을 뜨여 半空(반공)에 놉피 소삿다.

十一月 十七日 以後戰爭(십일월 십칠일 이후 전쟁)

平沙戸地方(평사호지방)에 數日(수일) 駐軍(주군)하엿다. 白軍(백군)과 相距(상거)가 二三十里(이삼십리)에 不過(불과)하다. 午前(오전)

一時(일시)에 全軍(전군)니 出發(출발)하야 攻擊(공격)에 立(입)한다. 水淸(수청) 新英巨于(신영거우) 北古城(북고성) 附近(부근)에셰 彼我 斥候(피아척후)의 衝突(충돌)이 잇다. 黑雲(흑운)은 蔽空(폐공)하고 地 尺(지척. 咫尺)을 모르것다. 予(여)은 곳 軍隊(군대)을 古城(고성)에 올 리여셔 東明(동명)을 기다린다. 금만 박자 前面(전면)을 보니 俄赤軍 (아적군)은 볼셔 山山(산산)에 避(피)하고 白軍(백군)은 前左右(전좌 우)로 包圍前進(포위전진)한다. 予(여)은 悽況(처황)을 보고 도져히 交 戰(교전)을 正當(정당)히 못하믈 알고 赤軍(적군)과 같이 退却(퇴각)한 다. 若干(약간)의 火戰(화전)은 此處彼處(차처피처)에서 이러나나 全 部(전부)가 退却(퇴각)하난 中(중)이다. 嗚呼(오호) 新英巨于(신영거 우) 戰場(전장)에서 予(여)가 一步(일보)만 誤(오)하엿스면 多數(다수) 의 軍士(군사)을 失(실)할 거시나 予(여)의 炯眼(형안)은 全局(전국)을 잘 보앗다. 平沙戶部落戰(평사호부락전)에서 거진 包圍(포위)을 當 (당)하엿다가 軍隊(군대)가 빠진니라. 此日(차일)에 軍隊(군대)가 死境 (사경)에 至(지)하도록 疲困(피곤)하니라. 予(여)은 곳 沿海州(연해주) 各地(각지)에 戰爭(전쟁)이 起(기)하므로 俄本軍(아본군)과 協共(협공) 하기 爲(위)하야 곳 水淸地區(수청지구)을 바리고 都兵河(도병하)을 넘엇다. 軍隊(군대)에는 金光澤(김광택), 李昌善(이창선) 二將校(이장 교)가 잇다. 姜 副官(강 부관)니 指揮(지휘)하게 하엿다.

白軍(백군)의 都兵河(도병하) 奪收戰(탈수전)

予(여)가 都兵河(도병하)에 넘어온 二日(이일)만에 白軍(백군)은 萬 難(만난)을 무릅쓰고 都兵河(도병하)〈빨찌산京城(경성)〉을 奪收(탈수) 하자 晨頃(신경)븟터 都兵河(도병하) 거귀에서 大混戰(대혼전)니 生 (생)하엿다. 그러나 우리는 都兵河(도병하)을 棄(기)하기로 作定(작정)

이무로 惡戰(악전)치는 안난나 泰山中(태산중)에 雪中露滘(설중로관. 雪中路關 또는 雪中難關(설중난관))은 實(실)로 二三日(이삼일)씩 지나기 밧뿌니라. 每日(매일) 빵 幾(기)쪽이나 먹난다. 人生(인생)으로는 이만한 難關(난관)은 아마 萬重天子(만중천자) 되기보다도 어려우리라. 미하일로까(미하일로프까), 추구엽까(추구예프까) 各地(각지)을 泰山(태산)을 넘고 넘어서 뜨리치프진(뜨레찌-푸진) 地方(지방), 와커우谷地(곡지) 들어서 이만 楊虛子(양허자)에 드엇다. 此地(차지)에셔 軍備團(군비단) 殘留軍人(잔류군인)과 武裝(무장)을 收拾(수습)하여서 予(여)은 俄軍(아군)과 別(별)하고 羅扶遺(나부유)로 드러가기로 한다. 볼셔 白軍(백군)은 하바롭쓰크市(시) 以北(이북)을 占領(점령)하야 우리는 都底(도저. 到底)히 그 北(북)으로까지 가기가 틀엿다. 이 따은 아마도 十二月(십이월) 初旬(초순)이나 되엿스리라.

俄軍隊(아군대)은 까르돈(까르똔) 村(촌)에 全部(전부)가 白軍(백군)에 降伏(항복)하엿다. 大隊長(대대장)이 本是(본시)가 白軍(백군)과 內應(내응)한 거시드라. 予(여)은 羅扶遺(나부유)에셔 俄軍敎逃隊(아군교도대)을 合(합)하야 다시 軍馬(군마)을 整頓(정돈)하엿다. 羅扶遺(나부유)에셔도 數十里(수십리)을 氷上(빙상)으로 드러가셔 아물谷(곡)에 軍馬(군마)을 두고 暫時過冬(잠시과동)하기을 기다린다.

아물谷(곡)은 질나까, 다어재 等(등)의 夏間(하간)은 川邊(천변)에 生活(생활)하고 冬間(동간)은 山獸(산수)을 쪼차셔 사라가는 곳이니 더 말할 업난 숨이 막크는 山谷(산곡)이다.

奇談笑話(기담소화)가 于今(우금)것 만다. 戰爭前後(전쟁전후)에 一笑(일소)할 일도 만다. 이로 記錄(기록)지 못하노라.

아물谷(곡)에 벙어리 支那人(지나인)을 養子(양자)로 定(정)하고 잇난 李進士(이진사)라고 잇서서 軍隊(군대)에 강낭이 二百餘(이백여)부대을 義捐(의연)하엿다.

D. 四二五五年(사이오오년)〈1922年(년)〉
〈시베리야記(기)〉

一月 元日(일월 원일)

지나간 冬初(동초)붓터 여러 번 戰爭(전쟁)에 余(여) 믿 余(여)의 軍隊(군대)난 人馬(인마)을 整頓(정돈)하고 新年(신년)을 羅扶遺(나부유)에서 맛는다.

羅扶遺(나부유)을 一名(일명)은 놀니허라 한다. 이만에셔 約(약) 三百餘里(삼백여리)가 되며 夏間(하간)에 交通(교통)이 깔돈(까르똔)까지 잇스니 깔돈(까르똔)셔 百里(백리)되므로 道路(도로)가 업고 通來(통래)가 업스니 或(혹) 木船(목선)으로 危險(위험)을 무릅쓰고 上江(상강)하미 잇스나 年(연)에 一次(일차)도 잇스나 마나 하다. 冬節(동절)에 結氷(결빙)하면 파리〈썰매〉로 단니나 百里長路(백리장로)이므로 잘못 거르면 雪中(설중)에 寒中(한중)한다.

아ㅣ 엇지하야 予(여)은 軍隊(군대)을 다리고 此(차) 같은 背山絶谷(배산절곡)에 왓난가. 千古(천고)에 다시 이 같은 苦窮(고궁)이 업시리라 한다. 이로 筆記(필기)치 못하노라. 어느 文士(문사) 어느 畵家(화가)가 予(여)을 따라와셔 이거슬 쓰며 그릴가.

雪(설)로 지은 散兵壕(산병호), 어름으로 지은 步哨舍(보초사)! 實(실)로 溫熱地(온열지)에 사은 삼람(사람)은 그 모양을 想像(상상)치 못하리라. 이 近地(근지)은 人類(인류)은 稀少(희소)하고 단지 다어재, 질나깨(질나까)가 冬夏(동하)을 따라 或(혹) 水邊(수변)에 或(혹)은 山間(산간)에서 魚類(어류)을 잡어먹고 산다. 그러나 今番(금번) 獨立軍(독립군)니 오믈 알고 모도 山谷(산곡)으로 逃去(도거)하고 업다.

氣候(기후)는 極寒(극한)니다. 숨 쉬기도 밧뿌다. 予(여)은 도져히 如此(여차)한 山谷(산곡)에 이슬 수 업스무로 軍隊(군대)을 다리고 까르돈(까르똔)村(촌)에 駐軍(주군)하엿다. 俄赤軍將校(아적군장교) 엘션크(엘리세옌코)軍隊(군대)을 만나 同一步調(동일보조)로 이만市(시)을 攻擊(공격)하기로 하엿다.

왼쪽 여백의 글 予(여)가 아-믈로셔 下來(하래)하니 朴東奎(박동규), 李用浩(이용호) 몃몃 同志(동지)가 事務(사무)을 繼續(계속)하며 다시 事業整頓(사업정돈)에 盡力(진력)한다.

이만 夜襲(야습)!

一月末頃(일월말경)이것다. 이만市(시)에 軍備團軍人(군비단군인)니 白軍(백군)안테 四五十名(사오십명)이 殺害(살해)을 當(당)한 그 報讐(보수)로! 이만市(시)을 奪取(탈취)하엿으나 兵力(병력)이 모자라셔 도로 와커우谷(곡)으로 退却(퇴각)하엿다. 此戰爭(차전쟁)에 나은 가장 彈丸雨下中(탄환우하중)에셔 軍隊(군대)을 指揮(지휘)하엿다. 于今來(우금래) 여러 번 戰爭中(전쟁중)에 第一(제일)로 敵彈集束中(적탄집속중)에 잇엇스나 左右前後人(좌우전후인)니 多傷(다상)하나 敵彈(적탄)은 予(여)의 毛一枚(모일매)도 못 넌다럿다. 韓俄兩軍人(한아양군인)은 危險(위험)을 말하나 나은 아직 日白馬賊(일백마적)은 나을 마칠 彈丸(탄환)을 못 지엿다 하고 우섯다. 都兵[河]奪取戰(도병하탈취전)은 今番(금번)만 못하엿다.

그 後(후)로 와커우谷(곡) 各地(각지)에 白軍(백군)니 하바롭스크에 敗北(패배)하야 海港(해항), 니우市(시)로 바라고 退却(퇴각)하물 따라 우리은 轉戰(전전)하얏다.

予(여)은 그 後(후)에 뜨리치프진(뜨레찌-푸진)에 들엇스며 四月頃(사월경)에 都兵河(도병하)에 還軍(환군)하엿다.

지나간 冬節(동절)에 各地(각지)에 轉戰(전전)하다가 六七個月(육칠

개월)만에 此(차) **빨지산**의 中心地(중심지)로 도라온 거시다. 그간에 予(여)의 心裡苦痛(심리고통)이 만엇다. 이로 말할 수도 업다. 누가 予(여)가 靜閒(정한)니 잇을 때에 이애기로 하라면 할 거시다.

五月 十五日 月曜日(오월 십오일 월요일)

近來(근래)에 余(여) 밋 余(여)의 軍隊(군대)은 沿海州(연해주) 都兵河(도병하)〈안우치나〉에서 冬間(동간)의 惡戰苦鬪(악전고투)하든 餘困(여곤)을 푸느로라고 閑留(한유)한다. 그러나 將來(장래)의 企圖(기도)은 余(여)의 企圖(기도)대로 되기을 바란다.

이 世界(세계)은 如何間(여하간)에 紛紛(분분)할 거시다. 前日(전일)에 歐洲大戰亂(구주대전란)은 結局(결국) 無勝負(무승부)가 되엿다. 그래셔 그 勝負(승부)은 未來(미래)에 매즐 거시다. 그때에은 요롭빠(유럽)뿐 안니라 그 主動地(주동지)가 極東(극동)이 되리라. 그때에은 우리은 必要以上(필요이상)의 必死(필사)의 努力(노력)을 要(요)할 거시다.

日本(일본)은 아직도 꿈을 깨지 안니엿다. 極東聯合國(극동연합국)이 成立(성립)되고야 黃人種(황인종)이 生存(생존)하리라. 予(여)은 日本民族(일본민족)에 對(대)하야 絶叫(절규)한다. 極東(극동)의 滅亡(멸망)? 興起(흥기)가 日本(일본)의 自覺(자각)의 如何(여하)에 잇다고.

司令部(사령부) 西山上(서산상)에셔 杜鵑(두견)이가 初鳴(초명)한다. 予(여)가 四年[前](사년전)에 첫번 西間島(서간도)로 入來(입래)할 졔 高山嘉峰(고산가봉)에 杜鵑(두견)니가 울어셔 予(여)의 客懷(객회)을 慰藉(위적)하든니 今日(금일)이 그때가 갓가운가.

日本軍隊(일본군대)은 換隊(환대)을 畢(필)하엿것다.

俄司令官(아 사령관)니 予(여)의 企圖(기도)에 對(대)하야 多大(다대)한 助力(조력)을 하것다 한다.

五月 二十一日(오월 이십일일)

水淸(수청)으로셔 金昌燮(김창섭), 金光澤(김광택), 黃(황) 모리쓰(보리쓰) 三君(삼군)니 왔다. 來意(내의)은 予(여)을 다리고 가고져 하미다.

五月 二十八日(오월 이십팔일)

春眠不覺曉(춘면불각효)
處處聞啼鳥(처처한제조)

予(여)은 매우 閑留(한유)한다. 이같이 閑居(한거)하믄 予(여)가 民族(민족)에 對(대)하야 罪(죄)을 지음 갓다.

昨冬(작동)의 寒凍(한동)도 풀엇다. 活動(활동)할 時(시)가 온다. 山野(산야)에 綠陰(녹음)도 漸盛(점성)하다. 가자! 져, 岸(안)까지?

每日(매일) 日陽(일양)하면 져, 杜鵑聲(두견성) 實(실)로 多恨(다한)된다.

丈夫應取萬古名(장부응취만고명)
豈了碌碌伏櫪駒(기료록록복력구)
風雲未霽雪紛紛(풍운미제설분분)
安得勇士建大族(안득용사건대족)

이 詩(시)은 予(여)가 東京陸軍中央幼年學校(동경육군중앙유년학교)에 在學時(재학시)에 지은 거시라. 今(금)에 다시 쓰노라. 古懷(고회)을 未如日(미여일)다.

六月 七日(유월 칠일)

都兵河(도병하)을 떠난다. 予(여)은 將來(장래)의 雄飛(웅비)을 企圖(기도)하고 秋豊(추풍), 鍊秋地帶(연추지대)로 軍隊(군대)을 率(솔)하고 出發(출발)한다. 日本軍(일본군), 白軍(백군)을 中斷(중단)하자 한다. 天(천)의 祐(우. 佑)을 바란다. 此夜(차야)에 투두거우에 宿營(숙영)하다.

中斷(중단), 夜渡河(야도하)의 勇士(용사)의 譚(담)

六月(유월) 八日(팔일) 以來(이래)로 晝夜兼行(주야겸행)하야 深山(심산)의 露營(노영)과 山中(산중)의 捕鹿(포록)으로 [배를 채우면서] 車巨于(차거우) 西南鐵路(서남철로)을 橫斷(횡단)하야 日本軍(일본군), 白軍(백군)을 橫斷(횡단)하야 스흐픈(수이픈)江(강)에 騎兵少年(기병소년)의 單身越江(단신월강)으로 渡江(도강)하야 日本軍(일본군)의 步哨(보초)은 燈對而眠(등대이면)하드라.

秋豊(추풍)에 到着(도착)하니 姜國模(강국모)의 軍隊(군대), 共産軍隊(공산군대)의 衝突(충돌)도 因(인)하야 予(여) 亦(역) 都底(도저. 到底)히 企圖(기도)을 못 펴엿다. 予(여)은 事(사)의 不如意(불여의)을 보고 곳 水淸(수청)으로 節秋(절추)에 入來(입래)하야 軍事學書(군사학서) 羽譯(우역. 意譯(의역))에 着手(착수)하니 이 予(여)의 빠지산(빨치산) 戰(전)은 終了(종료)하엿다.

日本軍(일본군)의 徹退(철퇴. 撤退)

多年間(다년간) 西伯利(서백리)에 왓다가 犧牲(희생)과 赤軍(적군), 我軍(아군)에 困難(곤란)을 밧든 日本(일본)은 徹兵(철병. 撤兵)하니 섭섭하다.

十月 三十一日(시월 삼십일일)〈九月 十二日(구월 십이일)〉

近來(근래)에 軍事學書(군사학서)을 出版(출판)키 爲(위)하야 余(여)는 몟 靑年(청년)으로 新興洞(신흥동)에 寂寂(적적)키 留(유)한지 볼셔 月(월)이 차것다. 우리가 留(유)하는 高地(고지)에셔 南方(남방)을 바라면 大海(대해)가 뵈이고 그 안에 湖水(호수)가 잇다. 每日(매일) 바라보기만 하드니 午後(오후)에 나는 그 湖(호)을 가보기로 作定(작정)하고 갓다 왓다. 그다지 美(미)한 湖水(호수)는 안이나 平水草斷(평수초단)에 散步(산보)할만 하다.

來信(내신)을 接(접)하니 上海(상해)에셔 尹海(윤해)가 暗殺(암살)을 當(당)하야 死在傾刻(사재경각)이니라 하니 볼셔 死(사)한지도 모르것다. 尹君(윤군)은 俄領靑年政客(아령청년정객)으로난 有爲(유위)한 人(인)닌대 何故(하고)로 如此(여차)히 된지는 모르[나] 實(실)로 上海(상해)도 危地(위지)로다. 아마 大事(대사)을 成功(성공)하기 前(전)에 다 죽고 몟치 안니 存(존)할가 하노라.

우리 民族(민족)은 實(실)로 異常(이상)하다. 일도 못하면서 싸홈만 하니 事不成(사불성)이오 엇난 거슨 內外人(내외인)을 勿論(물론)하고 信用(신용)만 일난 거시다. 보라 將次(장차) 獨立(독립)하노라면 다시 武斷政治(무단정치)을 셔야 하리라. 그러나 好不好間(호불호간)에 우리 民族(민족)의 目下(목하)의 程度(정도)의 所然(소연)인가 하노라.

十一月 二十九日(십일월 이십구일)

近來(근래)에 書類出版(서류출판)하기 爲(위)하야 金坑里(금갱리)에 移留(이유)한다. 「치따」의 韓人共産黨會議(한인공산당회의)도 마사지엇고 西伯利亞(서백리아)에 잇난 韓人軍隊(한인군대)도 全部(전부) 武

裝(무장)을 解除(해제)하게 되엿다.

池靑天(지청천)니 海三威(해삼위)에 到着(도착)하엿다가 上海國民代會(상해국민대회)로 갓다 오엇다고 通信(통신)니 왓다. 池君(지군)은 實(실)로 오래간만에 文字(문자)라도 밧게 되엿다.

梁浦亭(양포정)의 贈詩(증시)

三春相別當三秋(삼춘상별당삼추)
每望東天淚自淚(매망동천누자루)
對月長思君不見(대월장사군불견)
無心上下赤楊河(무심상하적양하)

十二月 六日(십이월 육일)

大風(대풍)이 분다. 沛公(패공)이 出生(출생)하는지

吾人(오인)의 愛(애)!

人人(인인)에 愛(애) 하낫식은 모도 잇다. 그 愛(애)을 그 人(인) 그 人(인)의 所欲(소욕)대로 他物(타물)에 액끼우미 업시 준다. 그 주기 爲(위)하야셔는 自己(자기)의 生命(생명)까지도 액끼지 안난 거시다. 國(국)을 愛(애)하며 父母(부모)을 愛(애)하며 友(우)을 愛(애)하며 兄(형)을 愛(애)하며 弟(제)을 愛(애)하며 子(자)을 愛(애)하며 妻(처)을 愛(애)하며 妾(첩)을 愛(애)하며 金錢(금전)을 愛(애)하며 名譽(명예)을 愛(애)하며 我(아)의 心(심)에 合理(합리)한 者(자)을 愛(애)하며 곱은 者(자)을 愛(애)하난 모든 愛中(애중)에 오직 一人(일인)이 唯一(유일)을 愛(애)하나니라.

나의 愛(애)난 神聖(신성)하며 都底(도저. 到底)히 他(타)의 請求(청
구)이나 金錢(금전)으로 살 수 업난 愛(애)일다. 나의 愛(애)을 밧난 者
(자)난 幸(행)일다, 福(복)일다. 死(사)한 後(후)에도 失(실)치 안닐 거시
이 愛(애)의 善物(선물. 膳物)일다. 他人(타인)은 부러워한다. 그의 愛
(애)을 보고! 져ㅣ 징쿵 海中(해중)에 立(입)한 五兄弟岩(오형제암)이
今日(금일) 大風(대풍)에 부러져도 나의 愛(애)난 더욱이 木鐸(목탁)
같이 더욱 愛波(애파)가 生(생)한다.

그 海上(해상)에 반듯불 같이 반짝반짝이는 져 浪波(낭파)난 大風
(대풍)을 못 이기여 뛰고 또 다시 뛰여 보기에도 션뜻션뜻하고 큰 일이
날 것 갓다. 그러나 오직 이 나의 愛(애)는 火山(화산)니 터지자 소사오
르는 火(화)뭉치 갓다. 夏天(하천)에 將次(장차) 暴下(폭하. 瀑下)하자
는 黑雲(흑운)덩이 갓다. 아아 이 사랑을 밧는 者(자)는 幸(행)이다, 滿
足(만족)이다.

E. 四二五六年(사이오륙년)〈1923年(년)〉
〈시비리랴記(기)〉

一月 一日(일월 일일)

天賦(천부)의 自由(자유)을 차자 無窮花三千里(무궁화삼천리)의 扶
餘民(부여민)을 安樂(안락)하기 爲(위)하야 그 責任(책임)을 지고 온
지 볼셔 第五年(제오년) 初(초)을 잡앗다. 歲月(세월)은 우리에 對(대)
하야 至公無私(지공무사)하게 간다. 우리도 것침업시 늘난다. 그 事業
(사업)은 實(실)로 天(천)에 對(대)하야 북끄럽다. 너무도 幼穉(유치)하
다. 自由(자유)을 찻난 事業家(사업가)로난 너무도 小兒(소아) 갓다. 말
이 만코 實(실)이 少(소)하다.

그러나 우리는 前進(전진)하자. 져ㅣ 祖國(조국)의 재촉을 드러라!

水淸(수청) 金坑里(금갱리)에서 第五年(제오년) 元日(원일)을 심심하게 迎接(영접)한다. 新年(신년)은 風波(풍파)가 만컷난지 大風(대풍)이 吹(취)하야 天地(천지)가 큰 戰鬪(전투)가 낫 것 갓다. 同志(동지) 幾人(기인)니 뫼아 談話(담화)로써 送舊迎新(송구영신)하엿다.

小綏芬(소수분) 獨立團(독립단)에서 交通(교통)으로 來(내)하며 張基英君(장기영군)이니 「치따」로셔 來到(내도)하니 幾年來(기년래)로 紛紛(분분)하든 上海(상해) 밋 「이르크스크(이르쿠츠크)」派戰(파전)을 자셰자셔히 듯고 內幕(내막)도 分明(분명)히 알앗다.

金圭冕君(김규면군)도 通信(통신)니 왓다. 모두 將來(장래)의 事(사)에 對(대)하얏 그 好感(호감)이다.

李容鎬(이용호)가 차져왓다. 나은 近日(근일)은 上海派(상해파) 사람과 相從(상종)이 만타. 그러나 내가 上海派(상해파)에 든 거슨 決(결)코 안니다. 나은 그 兩者(양자)을 冷觀(냉관)할 것 뿐니다. 어느 派(파)에 對(대)하야셔도 나은 是是非非(시시비비)로 볼 거시다.

一月 日(일월 일)

여러 同志(동지)드리 나을 上海(상해) 開催(개최)되난 國民代表會議(국민대표회의)에 參席(참석)하라고 만히 勸(권)하기에 나도 갈여고 行裝(행장)을 收拾(수습)하여 가지고 張基英(장기영), 李容鎬(이용호) 몟몟 友(우)로 同伴(동반)하야 馬車(마차)로 金坑里(금갱리)을 떠나 <u>치모우</u>에 到着(도착)하엿다. 金麗河(김여하)가 잇드라. 一夜(일야)을 지나고 이곳에셔 汽車(기차)을 타고 <u>우굴로</u>(우골로)驛(역)에 來(내)하야 또 一夜(일야)을 지나고 翌日(익일)에 <u>니코르스크</u>(니꼴스크)市(시)에 着(착)하야 곳 金義直氏(김의직씨)의 家(가)을 차즈니 氏(씨)은 이미

日本軍隊(일본군대)에 잡피여 져곳으로 갓고 그 子(자) 南成(남성)이가 잇다. 此家(차가)에서 數日(수일) 留(유)하면셔 여러 同志(동지)을 만낫다. 上海國民代表會議(상해국민대표회의)에 가난 사람도 만타. 나도 가기로 決定(결정)이 되엿다. 上海派(상해파)에셔 나을 擧(거)하야 代表會議(대표회의)에서 싸홈군으로 〈軍人側(군인측)으로〉推擧(추거)하난 모양이다. 나은 그러 싸홈에 全然無關(전연무관)인 까닥에 나은 나대로 갈여한다.

一月 日(일월 일)에 金圭冕(김규면), 張基英(장기영)으로 予(여)은 떠낫다. 그러나 小綏紛(소수분)에셔 日本(일본)의 使狗(사구)을 만나는 [것을 피하려고] 回還(회환)하고 金(김), 張(장) 二人(이인)은 갓다. 幾日後(기일후)에 哈爾賓(합이빈. 하얼빈)으로셔 나을 다리라 왓다. 그러무로 나은 떠나기로 아조 決(결)하고 떠낫다. 嚮導者(향도자)을 다리고 尼市(니시)을 發車(발차)하야 哈市(합시)로 直行(직행)하기로 하엿다.

上海(상해)에 朝鮮人(조선인)의 代表會(대표회)가 되물 안 日本(일본)은 鐵路各地(철로각지)에 使狗(사구)가 滿在(만재)한 時(시)에 予(여)은 큰 冒險(모험)으로 간다.

國民代表會(국민대표회)에 가는 予(여)의 目的(목적)은 但只(단지) 內外地(내외지)의 運動者(운동자)을 此期會(차기회)에 만나보자 함에 잇다. 그 外(외)에 이것으로 今番(금번)에 何等(하등)에 效果(효과)을 크게 내리라고 안니 생각한다.

九. 上海國民代表會議(상해국민대표회의)

四千餘年(사천여년)의 長久(장구)한 歷年(역년)을 가지고 往日(왕일)에 南滿洲(남만주), 北滿洲(북만주), 沿海州(연해주)에 大雄飛(대웅비)하든 民族(민족)으로 一時(일시)의 不幸(불행)인지 日本合邦(일본합방)을 當(당)하얏다가 四年前(사년전)에 獨立宣言(독립선언)한 以來(이래)에 不統一(불통일)의 極度(극도)로 自體(자체)의 被害(피해)가 多多(다다) 하얏스므로 이에 國民代表會議(국민대표회의)을 시작한 根本精神(근본정신)니것다.

슬프다. 그러나 그 根本精神(근본정신)의 發展上(발전상)에 무슨 利益(이익)이 잇슨가. 何等(하등)의 利益(이익)도 업고 만 거시다.

予(여)는 1923年(년) 二月(이월) 十一日(십일일)에 尼市(니시)을 떠나 極(극)비밀히 暗行(암행)하야 뽀그라니쓰나야(뽀그라니츠나야)驛(역)을 넘어 長長(장장) 中東鐵路(중동철로)을 타고 十四日(십사일)에 哈爾賓市(합이빈시. 하얼빈시)에 到着(도착)하얏다. 全(전)혀 日本警戒線(일본경계선)을 지난다. 中人旅館(중인여관)에 一夜(일야)을 지나고 翌日(익일)에는 더욱 冒險(모험)이다. 長春驛(장춘역)에 到着(도착)하야 大膽(대담)히 나의 特長(특장)인 日本人(일본인)의 行世(행세)로 日本人旅館(일본인여관) 長春舘(장춘관)에 드럿다. 마음이야 옴질옴질 하지만 予(여)은 나의 運命(운명)을 무엇보다 밋으므로 泰然(태연)히 宿泊(숙박)하매 宿泊屆(숙박계)에다가 日本(일본) 千葉縣(천엽현) 等園臺(등원대)로 하얏다. 이곳은 나가 騎兵學校(기병학교)에 이슬 때에 잘 아난 까닭이다. 그 다음에 奉天驛(봉천역)에 到着(도착)하야 또한

日人(일인)노릇으로 日人(일인) 뽀이을 불너서 강방(가방)을 들니이고 馬車(마차)을 달애 奉天旅館(봉천여관)에 沒宿(몰숙)하엿다. 오래간만에 日本(일본) 다다미 우에 몸을 더지니 感想(감상)이 이상하다. 그러나 上海(상해)에 우리의 國民代表會議(국민대표회의)가 잇으믈 各地(각지) 목목에 日本人(일본인)은 그물을 벌니고 上海(상해)로 가는 人(인)을 잡자고 그러나 擎天(경천)니야 져히가 알 수 업다. 순전한 日本(일본) 東京(동경) 서방님으로 가난데야 日本人(일본인)을 잡을지언정 나을 모르거시다.

長春(장춘), 奉天(봉천)에셔 日本旅館(일본여관)에셔 나은 日女(일여)의 手(수)으로 오래간만에 食事(식사)을 하엿다. 이곳에서 旅館下人(여관하인)을 보내여 車票(차표)을 사놋코 車(차)가 떠날 臨迫(임박)하야 馬車(마차)을 달어 驛(역)에 가니 下人(하인)니 볼셔 기다린다. 車(차)가 떠나기까지 下人(하인)을 셰여녹코 쓸때업난 이애기로 日本巡査(일본순사)의 눈을 얼리고 떠낫다.

二月 十七日(이월 십칠일)

晨(신)에 天津市(천진시)에 到着(도착)하엿다. 天津(천진)니 처음이고 또 새박이무로 길을 몰나셔 人力車(인력거)가 나을 끌고 어대로 도라단니다가 게우 佛人(불인) 租界內(조계내) 佛照樓(불조루)에 到着(도착)하야 몸을 쉬게 되엿다. 좀 마음이 뇌인다.

몟 時(시)을 몸을 쉬고 다시 上海行(상해행)의 汽車(기차)을 타고 떠낫다. 異域(이역)의 孤客(고객)의 寒情(한정)의 懷(회)은 古今(고금)이 一般(일반)니다. 午后(오후. 午後) 二時頃(이시경)에 發車(발차)하더라. 이 땅은 볼셔 매우 溫和(온화)하다. 車內(차내)에셔 中國人(중국인)을 만나셔 橫說(횡설)로 筆談(필담)하야 時(시)을 보내엿다.

二月 十八日(이월 십팔일)

黃河(황하)을 지나 次次(차차) 南方(남방)에 다다르니 雨下(우하)하고 靑靑(청청)한 麥田(맥전)을 본다. 綠竹(녹죽)이 村村(촌촌)에 林(임)을 지엿다.

夜(야)에 楊子江(양자강)을 건너 南京(남경)에 到着(도착)하야 旅館(여관)에 暫間(잠간) 休息(휴식)하엿다. 此處(차처)에셔 또 一笑(일소)할 演(연)극이 잇엇다.

二月 十九日(이월 십구일)

午前(오전) 九時(구시)에 上海(상해)에 到着(도착)하야 여러 知舊(지구)의 友(우)을 만낫다. 次次(차차) 國民代表會(국민대표회)을 閼圍(활위)한 朝鮮人(조선인)의 政治界(정치계)은 볼 수 잇다.

十. 西伯利亞 二(서백리아 이). 1923年(년)

　　四二五六年(사이오륙년) 九月(구월) 日(일)에 上海(상해)로서 西瑞人(서서인)의 汽船(기선)을 타고 다시 西伯利亞(서백리아) 브라지오스도크(블라디보스토크) 港(항)에 到着(도착)하엿다. 일로붓터 西伯利亞(서백리아) 第二次(제이차)의 記錄(기록)에 入(입)한다. 一月頃(일월경)에 갈 때보다도 만니 赤色(적색), 赤臭(적취)가 잇다. 韓人(한인)은 經濟困難(경제곤란)니 莫甚(막심)하고 共産黨員(공산당원)나 된 人(인)은 短銃(단총)에 삑족 모자에 웃쥴웃쥴한다. 李東輝(이동휘)〈上海共産黨(상해공산당)의 首領(수령)으로 黨派戰(당파전)의 巨首(거수)〉, 金夏錫(김하석)〈伊市共産黨(이시공산당. 이르쿠츠크시 공산당)의 가장 辱(욕)을 만니 먹난 者(자)〉, 水處(수처) 黃錫泰(황석태) 等(등)의 諸人(제인)의 出迎(출영)을 밧엇다. 新韓村(신한촌)에 가셔 宿所(숙소)을 定(정)하고 얼마간 잇게 되엿다. 秋間(추간)은 海港(해항)에셔 閒居(한거)하엿다. 每日(매일) 海邊(해변)에 散步(산보) 밋 海水浴(해수욕)을 하고 秋末(추말)에 니코르의스크(니꼴스크)市(시) 金泰浩(김태호) 家(가)에 來(내)하야 面(면)하엿다.

　　上海(상해)로셔 來(내)한 國民委員一團(국민위원일단)은 此地(차지) 共産黨員(공산당원) 一派(일파)로 셔로 容(용)치 못하여셔 何等(하등)의 設計(설계)도 못하고 暗話(암화)도 [못하고] 日字(일자)을 보내엿다. 予(여)은 都是不關(도시불관. 圖示不關)하고 니市(시)에 閑居(한거)하노라.

　　冬間(동간)에 數次(수차) 海港(해항)에 下去(하거)하야 幾日式(기일식)을 지우다가 還(환)하엿다.

安武氏(안무씨)가 北間島(북간도)로 出張(출장)하엿다. 林秉極氏(임병극씨)도 北間島(북간도)로 出張(출장)하엿다.

武裝(무장)을 버슨 獨立軍人(독립군인)드리 冬節(동절)을 當(당)하야 各地(각지)에 乞人(걸인) 갗이 彷徨(방황)하믄 實(실)로 目不認見(목불인견. 目不忍見)니다. 우리의 事(사)가 冷冷(냉랭)하여간다. 人心(인심)은 獨立(독립)이 如(여)한 줄은 아나 精神上(정신상)이나 物質上(물질상)을 놉기을(돕기를) 시례한다.

予(여)은 볼셔 이 社會(사회)을 冷視(냉시)한다. 그 人物(인물)까지도 然然視(연연시)한다.

予(여)은 超越觀(초월관)니 잇다.

A. 四二五七年(사이오칠년) 1924年(년)

一月 一日(일월 일일)

擎天(경천)은 니고리스크(니꼴스크)市(시) 아스트라한스가야(아스쁘라한스까야) 第五號家(제오호가)에셔 寒床(한상)에 급픈 꿈을 午前(오전) 七時(칠시) 二十分(이십분)에 깨엿다. 아아 쓸쓸하다. 去去益甚(거거익심)일다. 볼셔 擎天(경천)니가 京城(경성)을 떠난 지가 六年(육년)의 初日(초일)을 이곳에셔 마젓다. 胸中(흉중)에 안개가 가득하야 무어시라고 쓸지 모르것다. 아아 다못 悲憾(비감)뿐니다. 이 셥셥한 마음을 어듸다 붓칠가.

一月 一日 曲(일월 일일 곡)

나의 一身(일신)도 寒心(한심)하거니와 나의 집도 寒心(한심)하다.

우리 社會(사회)도 寒心(한심)하고 獨立運動(독립운동)도 寒心(한심)하다.

일군(일꾼)도 寒心(한심)하고 民族(민족)도 寒心(한심)하다.

따라 죽자하여도 寒心(한심)하다.

擎天(경천)은 悲(비)가 그 度(도)을 지나 樂觀(낙관)으로 넘어간다.

數日前(수일전)에 獨立軍人(독립군인)드리 도리개을 메고 마당질 가는 거슬 보앗다. 모양이 實(실)로 悲劇(비극)이드라. 擎天(경천)은 불상한 獨立軍(독립군)! 이라는 歌(가)을 지엇다.

불상한 獨立軍(독립군)! 銃(총)을 버슨 後(후)?!

1. 영하 四十(사십)도 시비리야 치뷔에
   여름 모자 쓰고셔 홋져고리로
   밋 빠진 메커리에 간발하고셔
   벌벌 떨고 단니는 우리 獨立軍(독립군)

2. 韓半島(한반도)의 결박한 鐵絲(철사)을 벽겨
   화려江山(강산) 옛 빛를 보렷드니
   輕薄(경박)한 사람들은 코우숨하며
   부모나 차자 가셔 보려므나

3. 西山(서산)에 지는 해는 쓸쓸도 하다
   너의 고향 이곳셔 몟 千里(천리)드야
   널 기로신 너의 父母(부모) 이곳 잇스면
   너이 모양 보고셔 엇드어 하리요

本日(본일) 沿洲(연주) 몟 地方有志(지방유지)가 國民委員會(국민위원회)을 歡迎(환영)하기 爲(위)하야 盛宴(성연)을 設(설)하고 請(청)

하엿스므로 나는 出席(출석)하야 夜深(야심)까지 잘 取落(취락. 醉樂)하엿다. 宴席(연석)에서 幾人(기인)의 演說(연설)이 잇셔고 나는 過去(과거)의 無實地(무실지)한 獨立運動(독립운동)을 攻(공)하여 六十萬(육십만)의 空費(공비)을 通言(통언)하니라.

淑彩(숙채)안테 편지을 보냇다.

지금은 시비리야의 銀世界時代(은세계시대)이다. 못시도 침다(칩다). 그러나 擎天(경천)은 비교的(적) 便安(편안)니 요사히 日(일)을 보낸다.

一月 六日(일월 육일)

國民委員(국민위원) 諸君(제군)으로 더부러 秋風四社(추풍사사)에 단니며 大歡迎(대환영)을 바덧다. 連日(연일) 酒肉歌(주육가)로 長日長夜(장일장야)을 놀고 나니 몸이 못시 困(곤)하다. 대잔재社(사)에 갓슬 時(시)에 姜(강) 꼴야家(가)에 가셔 知面(지면)하고 오니라. 秋風(추풍) 俄籍各社(아적각사)에서 國民委員會(국민위원회)을 매우 後授(후수)할 意向(의향)이 多(다)하드라. 擎天(경천)의 今番行(금번행)에 原戶(원호) 靑年(청년)의 有爲(유위)한 者(자)을 만니 知面(지면)하얏다.

一月 十五日(일월 십오일)

本日(본일)에 第一回(제일회) 國民委員會議(국민위원회의)을 開幕(개막)할 거시데 北辛(북신) 그他(타) 地方(지방)에셔 未到(미도)하므로 延期(연기)된 거시다. 擎天(경천)은 臨時(임시)하야 브라디오스도크(블라디보스토크) 港(항)에 가셔 參席(참석)하리라.

모스크바에셔 트로스키(트로츠키)氏(씨)는 困病休職(곤병휴직)하엿도(고) 레닌氏(씨)도 難病(난병)에 辛苦(신고)한다.

獨逸(독일)은 共産黨(공산당)이 敗(패)을 當(당)하고 民主黨(민주당)이 有力(유력)하다.

日本(일본) 東京(동경)에서 그 皇帝(황제)가 出行(출행)하난 거슬 社會黨人(사회당인)니 射擊(사격)하야 그 馬車(마차)을 貫中(관중)하얏스나 不幸(불행)이 그 日皇(일황)은 不中(부중)하고 그 狙擊(저격)한 人(인)은 곳 捕着(포착)하엿다.

一月 十七日(일월 십칠일)

大邱(대구)에셔 丁竹(정죽)의 書信(서신)니 來(내)하므로 매우 반가히 보앗고 곳 回書(회서)을 보냇다. 나는 竹(죽)을 사랑한다.

近日(근일)에 日本(일본) 東京(동경) 東部以東(동부이동)에 大地震(대지진)니 따시 잇스므로 그 損害(손해)가 太甚(태심)하다 云云(운운)니니 自然(자연)의 討伐(토벌)을 當(당)하는 日本島(일본도)도 寒心(한심)하다.

二月 二十二日(이월 이십이일)

赤露(적로)에 柱礎(주초)되든 레닌氏(씨)가 死亡(사망)하다. 아아 偉大(위대)한 人類(인류)에 幸福(행복)을 쥬랴든 레닌도 今日以後(금일이후)난 업스리로다. 레닌은 決(결)코 自己(자기)의 心(심)하난 바을 그 期限內(기한내)에셔도 良好(양호)한 決果(결과. 結果)을 못 엇어스리라 한다.

二月 二十五日(이월 이십오일)

표브라디오스독키(블라디보스토크)港(항)에셔 開(개)하자든 우리의

第一回(제일회) 國民委員會(국민위원회)은 二月(이월. 三月(삼월)) 一日(일일)로 延期(연기)되다.

니코리스크(니꼴스크)市(시)의 夏間(하간)〈1924年(년) 夏(하)〉

아! 無味(무미)한 니市(시)의 여름! 本性本來(본성본래)가 革命兒(혁명아)러니 無爲閑臥(무위한와)은 빨지산(빨지산) 辛苦(신고)보다도 더욱 가뿌다 하믄 나의 今夏(금하)의 標語(표어)이다. 市內(시내)에 高麗俱樂部(고려구락부)가 잇다. 그곳에셔 모와 놀기도 하며 公園(공원)에 散步(산보)며 스의픈(수이픈)江(강)에 水浴(수욕)이다.

그 外(외)에 北京(북경), 上海(상해) 그他(타) 各地(각지)에셔 오는 通信(통신)을 바드며 보내난 거시 唯一(유일)한 事務(사무)엿다.

엇지하야 우리는 그 中(중)에도 나은 日日(일일)히 寂漠(적막. 寂寞)에 빠지난가. 아ㅣ 日月(일월)도 흐미히 寂漠(적막. 寂寞)에 一秒一分(일초일분)씩 빠진다.

1924年 九月 三十日 火(1924년 구월 삼십일 화)
赤軍(적군)의 獨立軍 慘殺(독립군 참살)한 事件(사건)

本年(본년) 九月(구월) 日(일)에 秋風(추풍) 재피거우에셔 赤軍騎兵(적군기병) 一隊(일대)가 재피거우 山中(산중)에 잇난 우리 獨立軍(독립군) 三十一名(삼십일명)을 亂殺(난살)한 事件(사건)의 突生(돌생)하자 一般(일반) 우리 民族(민족)의 落望(낙망)이 如干(여간)니 안니다. 그 理由(이유)도 업고 단지 主義上(주의상), 過去(과거)의 同苦上(동고상), 今日(금일) 親密上(친밀상)으로 보면 必也(필야)에 俄側(아측)은 狂氣(광기)가 드럿다고 밧게 못 하겟다. 더욱이나 그 被殺(피살)한 多

數(다수)은 이미 **빨지산**(빨지산) 軍(군)으로 許多(허다)한 苦楚(고초)을 이 西伯利亞(서백리아)에서 맛본 그 者(자)이드리다. 이것이 俄側(아측)의 本意(본의)로 나온 거시라고은 볼 수 업다. 必也(필야)에 무슨 誤着(오착. 誤錯)인가 한다. 무슨 誤着(오착. 誤錯)일가. 그 多數(다수)한 報告紙(보고지)에 무슨 誤着(오착. 錯誤)이 업슬가?! 그 被殺者(피살자)에 나로 더브러 數年間(수년간) 山中(산중)에서 苦生(고생)한 靑年(청년)도 잇다. 나은 꼭 俄側(아측)의 잘못시 專(전. 全)혀 잇다고도 못하것다. 俄領(아령)에 잇난 우리 高麗人(고려인)의 社會(사회)가 너무도 複雜(복잡)하니간!

寒心(한심)한 우리 獨立運動者(독립운동자)의 近情(근정)!
1924年(년) 十月 十三日(시월 십삼일) 月曜日(월요일)

秋來以來(추래이래)로 처음의 冷氣(냉기)다. 井邊(정변)에 氷(빙)을 보며 뫼은 물이 얼엇다. 擎天(경천)은 브리발나야(쁘리발나야) 町三號(정삼호)으 二室(이실)에 온지 四五日(사오일)이나 된다. 室(실)은 크고 또 居(거)할만한 好室(호실)이다. 夜夜寒燈(야야한등)에 나의 자미가 別人(별인)이라 하믈 免(면)치 못하것다. 나은 요사히에 海王星(해왕성)이란 小說(소설)을 본다. 그 主人公(주인공)되은 海王伯爵(해왕백작)에 對(대)하야 擎天(경천)의 배울꺼시 만타.

世界(세계)의 消息(소식)

1. 中國(중국)의 內亂(내란)니 漸大(점대)하니 北京派(북경파) 곳 吳佩孚(오패부) - 張作霖(장작림)의 戰爭(전쟁), 또 江蘇(강소. 江蘇)〈吳佩孚派(오패부파)〉 浙江(절강)의 戰爭(전쟁)이 잇스니 아직은 그 勝負(승부)을 모르것다.

2. 中東鐵道(중동철도)을 아조 正式(정식)을 赤俄(적아)의 管下(관하)에 너엇스므로 赤俄(적아)의 勢力(세력)의 北滿(북만)에 充滿(충만)하엿다. 그러데 이 中國(중국)의 內亂(내란)의 後推者(후추자)가 잇스니 曰米(왈미), 曰日(왈일), 曰俄(왈아)의 三者(삼자)가 尤甚(우심)하다. 그러므로 神經(신경)이 敏(민)한 政客(정객)은 볼셔 極東(극동)에셔 第二回(제이회)의 世界大戰(세계대전)니 生(생)한다고 豫言(예언)하니 或(혹) 마즐넌지 모르지.

近來(근래)에 드른 우리 獨立運動(독립운동)에 有爲者(유위자)의 近情(근정)을 記(기)하엿다가 日後(일후)의 參考(참고)로 하자. 米國(미국)의 通(통)으로 有名(유명)하다은 朴容萬(박용만)은 日本總督府(일본총독부)의 諒解下(양해하)에 內地(내지)에 往還(왕환)한 事實(사실)이 잇으므로 各方(각방)으로붓터 日狗(일구)로 認家(인가. 認可)한다. 또 金佐鎭(김좌진)의 行動(행동)은 모르것다. 매우 疑心(의심)할 点(점)이 잇다.

崔振東(최진동), 姜國模(강국모) 二氏(이씨)은 中人官吏(중인관리)가 捕着(포착)하야 吉林(길림)으로 移收(이수)하니 이에 對(대)하야 實(실)로 二氏(이씨)은 年來(연래)의 國事(국사)에 奔走(분주)하다가 不幸(불행)을 當(당)하문 同情(동정)의 淚(누)을 不勝(불승)하노라. 二氏(이씨)은 中領(중령) 山菜(산채)거우에 잇다가 被着(피착)되엿다. 必也(필야)에 日本(일본)니 張作林(장작림)을 시엿겨 이러하엿슬 거시다.

1924年(년) 十一月 六日(십일월 육일) 金(금)

秋末冬初(추말동초)가 分明(분명)하드니 이 兩(양) 三日間(삼일간)은 좀 溫溫(온온)한 日氣(일기)이다. 昨日(작일)에 族弟(족제) 金昌燮

君(김창섭군)니 自京城(자경성)으로 來訪(내방)하므로 尹致昊(윤치호), 吳兢善(오긍선) 二氏(이씨)의 厚援意(후원의)을 알엇다. 또 韓半島(한반도)의 一般狀況(일반상황)을 드르니 寒心(한심)한 거시 만다. 더욱이 經濟上(경제상)으로 不數年(불수년)에 土地(토지)가 日本人(일본인)의 手中(수중)에 들니라 하믄 더욱 寒心(한심)도 하고 忿(분)하다. 必也(필야)엔 獨立(독립)이 더듸면 韓人(한인)은 破散(파산)하리라 하다. 오히례 革命的(혁명적) 氣運(기운)을 促進(촉진)하는지도 모르지.

中國內亂(중국내란)

山海關(산해관) 戰(전)에 奉軍(봉군)니 勝利(승리)하고 直軍(직군)은 馮玉祥(마옥상) 軍(군)의 反(반)하므로 曹錕(조곤)은 避亂(피란)하고 吳佩孚(오패부)의 頭(두)에 懸償(현상. 懸賞)이며 北京(북경)은 馮軍(마군)의 所領(소령)에〈十月 二十三日(시월 이십삼일)〉歸(귀)하엿다 한다 하나 아직 內容(내용)의 眞況(진황)은 모르것다. 모도 安福派(안복파)의 策動(책동)이다.

俄奉(아봉)의 近接(근접)

中東鐵路(중동철로)을 赤俄側(적아측)에 쥰 以來(이래)로 俄奉(아봉)의 近接(근접)이 大端(대단)하야 赤低(적저)은 每日(매일) 張(장)의 有利(유리)을 讚宣(찬선)한다. 모를 거슨 政的(정적)의 變態(변태)이다. 昨日(작일)까지 白軍(백군)을 使囑(사촉)하난 者(자)로 셔로 敵對(적대)하든 俄奉(아봉)이 이같이 接近(접근)하다니! 明日(명일)은 누구로 더브러 接近(접근)일가 可恐(가공)이다.

赤軍(적군)의 二次(이차) 獨立軍 殺害(독립군 살해)

十月末(시월말)에 재피거우에서 또 이왕에 獨立軍(독립군)에 단니던 靑年(청년) 十餘名(십여명)을 處殺(처살)하엿다.

1924年 十一月 十日(1924년 십일월 십일) 月(월)

日本(일본)은 中國內亂(중국내란)이 馮玉祥(마옥상)의 北京占領(북경점령)에 驚動(경동)되야 입때,까지 中立(중립)이라드니 內閣決議(내각결의)로 第十七師團(제십칠사단)이나 第五師團(제오사단)이나 둘 中(중)에 一師團(일사단)을 天津(천진), 奉皇島(봉황도), 山海關(산해관) 方面(방면)에 出働(출동. 出動)하기로 하엿드라. 海軍(해군)도 急派(급파)하엿다.

英國(영국) 地中海 艦隊(지중해 함대)가 말타島(도)에 集中(집중)한 다은 可驚(가경)할 通信(통신)니 잇고

米國(미국)海軍(해군)도 若干(약간)니 中國沿岸(중국연안)에 急來(급래) 云云(운운)니다.

佛國(불국)도 소벳트 俄國(아국)을 承認(승인)한다니 뭇노라. 佛側(불측)이 赤心(적심)에 近(근)하민가, 俄側(아측)이 불소아지國(국)을 諒解(양해)하민가.

十一月 二十二日(십일월 이십이일) 土(토)

西伯利(서백리) 寒風(한풍)이 차차 權威(권위)가 잇게 부러온다. 中國內亂(중국내란)은 吳(오)이 落(낙)과 馮(마)의 反行(반행)과 張(장)의 쥬츕과 孫(손)의 長吸(장흡)으로 더 以上(이상)의 發展(발전)니 안니 뵈인다. 初段落(초단락)을 畢(필)한 듯하다. 아마도 列國(열국)은 이 事體(사체)가 急外大(급외대)할가 바셔 매우 조심하나 브다. 隱隱(은은)니든 運動(운동)이 잇스나 露骨的(노골적)으로 매우 조심하난 보다.

俄側(아측)에셔 沿海道(연해도) 國境(국경)에 若干(약간)의 增兵(증병)하나보다. 모르지?

十二月 三十日(십이월 삼십일)

韓馨權君(한형권군)니 自北京來(자북경래)하여 다시 ○○○으로 往(왕)하엿난대 그 通信(통신)니 업스므로 나은 매우 속이 탄다. 우리의 일은 모도 시언치 안니코 답답만 하니 이 일을 엇져난가.

아ㅣ 또 無意味(무의미)한 이 世上(세상)을 한해 두해로 마져드리게 되물 擎天(경천)은 무엇보다도 앞아한다. 정말 실은 이 오는 年年(연년). 오직 나은 革命(혁명)의 목이 말나 죽것다. 내가 이 西伯利亞(서백리아) 東端(동단)에 잇난 거시 오른가, 他處(타처)로 가는 거시 오른가.

B. 1925年(년)

一月 一日(일월 일일) 木曜日(목요일)

昨夜(작야)에 忘年會(망년회)하기 爲(위)하야 Корсаковская(꼬르싸꼽스까야) №15 김 리아(리자)家(가)에 뫼와 놀다가 一月(일월) 一日(일일) 午前(오전) 四時頃(사시경)에 予(여)은 宿舍(숙사)에 도라왓다. 나의 送舊迎新(송구영신)의 一言句(일언구)은 「甲子年(갑자년)도 別(별)일이 업고나!」뿐니엿다.

一月 七日(일월 칠일) 水曜(수요)

아ㅣ 無意味(무의미)로 時間(시간)을 보내셔는 못쓸 擎天(경천)니가 또 今年(금년)도 볼셔 新月(신월) 七日(칠일)이 아닌가?! 韓半島(한반도)을 爲(위)하야 去年(거년)에는 얼마나 일을 하엿슬가. 實(실)로 寒心(한심)하다.

中國(중국)은 다시 內亂(내란)이 生(생)하는 듯하다. 英米(영미)의 援助(원조)로 吳佩孚(오패부)의 活動(활동)이며 日本(일본)의 絶對援助(절대원조)로 張作霖(장작림)의 南方出兵(남방출병)이며〈霽燮元(제섭원)을 치자고〉陳炯明(진형명), 吳佩孚(오패부)의 握手(악수)며 孫文(손문)의 無策(무책)이며 段報政(단보정)의 窮策(궁책)이며 모도 볼만하다. 英國(영국)은 그여히 싱아폴(싱가포르) 港(항)에 海軍根據地(해군근거지)로 築城(축성)하게 作定(작정)이다. 日本(일본)니 밧뿌것지.

北滿洲(북만주)에 俄國(아국)에 出兵(출병)하엿다. 그 內容(내용)은 中國(중국)의 動亂(동란)을 意味(의미)하것지.

나의 마음!

아ㅣ 人生(인생)은 別(별) 것이 아닌 거신데 그거슬 억지로 別(별) 것이거니 하야 작구 別(별) 것으로 지을여고 하는 거시 爲先(위선) 우숩다. 그러고서리 그 規則(규칙)과 自己(자기)드리 지은 그물에 걸여셔 自己(자기)을 속이며 自己(자기)도 모르게 不自由(부자유)로이 世上(세상)을 뵈내며 또 가자고 한다. 어늬 宗敎(종교), 어느 黨(당), 무슨 派(파)가 모도 自己(자기)의 그물에 걸여셔 不自由(부자유)로 져도 모르게 他人(타인)도 모르게 無意味(무의미)하게 이 時間(시간)을 보내난 거시 우숩다. 自古(자고)로 東西(동서)을 勿論(물론)하고 一個人(일개인)의 野心(야심)을 爲(위)하야 幾萬(기만), 幾百萬(기백만)의 生命(생명)을 草野(초야)에 말리엿것만도 萬物(만물)을 愛(애)한다은 하나님인지, 佛(불)인지, 그 個人(개인)을 죽엿스면 멧 百萬人生(백만인생)을 살릴 거신데 그도 그것도 안니하는 하나님이나, 佛(불)을 밋엇다가은 한지에 방아을 걸것다. 만일에 造宇主(조우주)가 잇다하면 지을 때 뿐니며 間或(간혹)은 一個人(일개인)으로 말하자면 英雄(영웅)이나 傑士(걸사)을 特(특)히 얼맛동안을 사랑하난 거시이다. 그 外(외)에난 放任主義(방임주의)을 쓰난 거시다.

나의 目的(목적)한 事業(사업)에 必要(필요)한 外(외)에는 個人處理上(개인처리상)에 그 許多(허다)한 그물에 걸니지 말기을 나은 世間(세간)에 大言(대언)한다.

이 世上(세상)에서 얌젼 사람이란 거시 무어신가. 自己(자기)의 거름거리도 함부로 못 걸난 者(자)니라.

또 男女(남녀)의 關係(관계)로 말하자. 男女(남녀)가 셔로 交際(교제)한다, 논다, 或(혹)은 단닌다 하난 거시 무슨 깁프은 뜨이 잇기로 말이 만은가. 깁프은 뜻이 잇기로 人類社會(인류사회)에 무슨 重大(중대)한 滅亡(멸망)할 惡行(악행)이나 되난가. 그럿치이 안닌 以上(이상)에은 그다지 古陋(고루. 固陋)하게 떠들 必要(필요)가 업슬 거시다. 이는 모도 古人(고인)드리 지여노은 그물에 今人(금인)니 걸여셔 그러하미다. 모도 우수은 일이다. 人類(인류)의 解放(해방)이 이것이 아닌가. 人類(인류)을 어듸에 對(대)하야 解放(해방)할가. 人類(인류)의 自身(자신)니 지은 그 그물에서 解放(해방)하자 한다.

一月 十三日(일월 십삼일)

今日(금일)도 칩고 擎天(경천)의 마음도 쓸쓸하다. 哈爾賓(합이빈. 하얼빈)에 간 韓馨權(한형권)의 通信(통신)니 엇지하여 이다지도 업난지 답답하다. 京城(경성)으로 書信(서신)을 붓텻다.

變(변)하야 가는 나의 마음

내가 去年(거년) 1923年(년) 秋(추)에 소왕영에 왓다. 볼셔 一年半(일년반)니 된다. 그동안 軍人俱樂部(군인구락부)의 事業(사업)에 對(대)하야 多少(다소)의 일은 하엿스나 多日(다일)은 閑遊(한유)하엿다. 그 閑遊(한유)한 까닭에 나의 마음은 너무 굼굼하믈 못 익기여서 차차 마음이 變(변)하여 가는 거슬 나는 알엇다. 如何(여하)히 變(변)하엿슬가. 革命精神上(혁명정신상)에 잘못이 만코 安逸(안일)을 엇고자 함이다. 이거슨 내가 罪(죄)을 짓난 거시다. 覺悟(각오)한 革命者(혁명자)가 이럴 수 업다. 擎天(경천)은 아직도 어린 거시다. 徹底(철저)치 못한 거시다. 내가 만일에 不徹底(불철저)할 것 같으면 最初(최초)의 決心(결심)이 水泡(수포)에 歸(귀)할 거시다. 나은 다시 決心(결심)하며 마음을 채질하자.

二月 五日(이월 오일)

今日(금일) 米國(미국)에 잇난 金永燮君(김영섭군)에 通信(통신)을 보냇다. 더욱이 近日(근일) 日米(일미)이 關係(관계)든지 日俄(일아)의 關係(관계)든지을 드러셔 셔로 意見交換(의견교환)하자고 하엿다. 日本(일본)은 赤俄(적아)을 承認(승인)하엿다. 近日(근일)에 또 米國(미국)도 따라셔 赤俄(적아)을 承認(승인)한다고 한다. 日本(일본)은 俄(아)에 매우 近接(근접)한다. 日俄德(일아덕)의 聯盟說(연맹설)도 잇다. 日俄交涉(일아교섭. 日俄交涉)은 成立(성립)되엿다. 그 影響(영향)을 우리은 만니 입으리라. 엇지하야 軍國主義(군국주의)의 精 (정)이라 하는 日本(일본)과 共産主義(공산주의)의 先捧(선봉)이라 하는 俄(아)가 이다지 親密(친밀)하여지난가 別(별)일이다. 俄各新聞(아각신문)과 조선人(인)의 先鋒新聞(선봉신문)은 이을 祝賀(축하)한다.

調印(조인)까지하야 八九年(팔구년)이나 提案(제안)되던 여러 가지 問題(문제)을 모도 一掃(일소)한 모양이다.

近日(근일)에도 나는 金(김) 릐사(리자) 집에 가서 논다. 거진 每日(매일)이다. 나은 무슨 까닥으로 每日(매일) 그곳에 가서 놀가. 이것시 別(별)일이 안닌가. 愛(애)의 交換(교환)을 하자고 그러난 거시 안닐가? 愛(애)에 드러서는 別英雄(별영웅)이 업다드니 참말이다. 그러데 그 집에 누구을 상랑(사랑)하난가. 兩人中(양인중)에 누구을 求(구) 하난가. 또 兩人中(양인중)에 누구가 나을 사랑하난가. 또 이 사랑이 成立(성립)될가. 또 되면 엇지할가. 모도 나의 앞에 問題(문제)이다. 나은 果然(과연) 이러하여서 오를가. 革命精神(혁명정신)니 무듸지 안닐가.

二月 八日(이월 팔일)

太陽光線(태양광선)니 차차 갖아온다. 바람이 차지만 어름이 녹난다.

아! 타는 불꼳!

北靑(북청)에서 生(생)을 得(득)하야 日本(일본)에 長成(장성)하면서 革命精神(혁명정신)의 修養(수양)이 깁고 깊은 余(여)가 日本(일본)의 橫暴(횡포)을 마스고져 七年前(칠년전) 六月(유월) 六日(육일)에 韓半島(한반도)을 하직한 내가 그 後(후) 四回(사회)의 事情(사정)의 變態(변태) 믿 事業(사업)의 經過(경과)을 因(인)하야 心理上(심리상)의 變化(변화)도 不少(불소)하다. 余(여) 亦(역) 모를만코 이상히 變(변)한다. 그러나 속에 불은 작구 탄다. 太山(태산)이라도 풀코십다. 大海(대해)라도 드러가고 십다.

아! 宇宙(우주)은 내의 가슴에 革命(혁명)을 이르키게만 하고 돕지난 아니니 이 宇宙(우주)도 나의게는 不幸(불행)이다.

二月 二十一日(이월 이십일일) 土(토)

　數日間(수일간)은 못시 칩다. 今日(금일) 京城(경성)에셔 貞(정)이 왓다. 七年(칠년)만에 셔로 苦生(고생)을 만니 하다가 今日(금일)에사 새로 만낫다. 今昔之感(금석지감)을 不勝(불승)하것다. 女兒(여아)드리랑 잘 자라는 것 갓다. 나은 事業(사업)에 奔走(분주)하야 家事(가사)을 몰낫지만은 家中(가중)에 잇난 女子(여자)드른 不然(불연)하야 괴로운 생각이 만엇쓰리라.

三月 一日(삼월 일일) 日(일)!

　지나간 七年前(칠년전)에 우리는 京城(경성)를 中心(중심)하야 韓半島(한반도)의 自由(자유)을 [위하야] 日本(일본)과 싸운 첫날이 第七回碁(제칠회기)을 만낫다. 그간에 우리 愛國者(애국자)은 許多(허다)한 風찬露숙(풍찬노숙. 風餐露宿)에 고생을 만니 하엿스나 外國(외국)의 政治上(정치상) 關係(관계)로 아모 好果(호과)을 맷지 못하고 今頃(금경)은 앗가운 日月(일월)을 外地(외지)에서 空費(공비)할 뿐니다. 쓸푸다 엇느 때에 韓半島 民族(한반도 민족)으로써 自由(자유)의 旗下(기하)에서 萬歲(만세)을 부르게 할가!

　한날 두날! 한해 두해! 가기은 잘 간다만은 우리의 事業(사업)은 寂然未聞(적연미문)니다. 英雄(영웅)은 將老(장로)하고 事業(사업)은 遲遲(지지)라 하미 꼭 우리을 두고 이르미로다. 西伯利(서백리) 天地(천지)에 積雪(적설)이 近日(근일)에 一層(일층) 더하다. 아직도 못시 칩다. 나의 室內(실내)에는 近日(근일)에 매우 자미 잇다. 貞(정)이도 와셔 잇고 花草盆(화초분)에 花一枝(화일지)도 피엿다. 그러나 貞(정)은 不久(불구)에 京城(경성)으로 回還(회환)하리라. 今日(금일)은 予(여)는 室內(실내)에 閑臥(한와)하다가 夜(야)에 H. y(니꼴스크 - 우스리스크)市(시) 俱樂部(구락부)에셔 보니 三一運動(삼일운동)의 紀念式(기념식)을 行(행)하난데 不勝寒氣(불승한기)러라.

三月 十一日(삼월 십일일) 水(수)

今日(금일)에 貞(정)은 海港(해항)에셔 목커우 連絡船(연락선)을 타고 本國(본국)으로 向(향)하엿다. 셔로 섭섭한 感懷(감회)은 昔今(석금)이 同一(동일)이것다. 나은 이 밤으로 尼市(니시)로 回還(회환)하엿다.

三月 十四日(삼월 십사일) 土(토)

北間島(북간도) 東興學校(동흥학교) 師務(사무)에 잇스며 今番(금번) 本國(본국) 東亞日報(동아일보)의 主催(주최)로 海外同飽(해외동포. 海外同胞) 慰問會(위문회)의 物品(물품)〈價格(가격)이 約(약) 九千円(구천엔)〉을 가지고 온 千○○君(천○○군) 믿 全盛鎬君(전성호군)니 今日(금일) 中領(중령)으로 行(행)하엿다. 全君(전군)은 今番(금번)에 軍人協會(군인협회)에 入會(입회)하엿다.

三月 十五日(삼월 십오일) 日(일)

貞(정)이 떠난 지가 볼셔 닷째가 된다. 至今(지금)쯤은 어듸까지 간난지 苦生(고생)이나 過(과)하 안니 하난지 今日(금일)쯤 雄基(웅기)에셔 汽船(기선)을 타난지 아직도 못 탄난지 가기나 잘 갓스면 幸也(행

야)어니와 日本狗(일본구)의 搜索(수색)이나 안니 當(당)하난지 모르
것다. 나은 貞(정)을 곳 아히들 다리고 오라고 하것다. 보고 십다.

三月 二十六日(삼월 이십육일) 木(목)

近日(근일)에 나은 몸이 시연치 못하다. 貞(정)의 到着與否(도착여
부)을 몰나서 매우 답답하다.

나은 近日(근일)에 비로소 獎碁(장기)을 배운다. 또 列國志(열국지)
을 본다. 참으로 나은 無意味(무의미)하게 논다.

中國(중국)은 그대로 濤瀾(도란)니 連(연)하야 이러난다. 吳佩孚(오
패부)가 復活(부활)하난 듯하며 北東(북동) 段政府(단정부)은 次次無
力(차차무력)하야 가난 것이다.

積雪(적설)이 만니 消盡(소진)하엿다. 그러나 下雪(하설)이 近日(근
일) 數次(수차)이엿다. 아마 京城(경성)은 여러 가[지] 花草(화초)가 滿
發(만발)하엿것다.

四月 一日(사월 일일) 水(수)

日氣(일기)가 매우 曖(애. 溫(온))하야 雪(설)이 거진 다 녹엇다. 그러
나 道路(도로)은 蘓王領(소왕령. 蘇王領)의 名産(명산)으로 못시 질다.

貞(정)이 雄基港(웅기항)에서 보낸 편지가 왓다. 못시 애쳐러운 말로
썻다. 그는 내의 탓시다. 나은 今後(금후)에 誠心(성심)을 다하야 愛保
(애보)하것다. 곳 드러오라고 回答(회답)을 보냇다. 貞(정)은 實(실)로
苦生(고생)을 이 七年間(칠년간)에 만니 할 뿐 外(외)라 今番(금번) 來
往(내왕)에 더욱이 苦生(고생)하엿다. 그 갑슨 내가 日後(일후)에 愛
(애)로 갑푸리라. 나은 民族(민족)을 爲(위)하야셔은 死力(사력)을 썻쓰

나 家(가)을 棄(기)하야 孤孤(고고)한 妻子(처자)을 너무도 不願(불원)하엿다. 그러무로 今番(금번)에 貞(정)의 來訪(내방)도 此(차)에 因(인)하엿다. 그러나 엇지 兩全(양전)을 求(구)하리요. 當今(당금)은 우리 民族事業(민족사업)에 別事(별사)가 업스니 家率(가솔)을 다례다가 今夏(금하)나 慰(위)하며 바드며 지나여 보것다. 나은 아무 때도 貞(정)에 對(대)하야 反對(반대)은 못하것다. 나은 今番(금번)까지 보고 貞(정)을 敬愛(경애)한다. 나은 近日(근일)에 더욱이 三智(삼지)가 보고 십다.

四月 八日(사월 팔일) 水(수)

今日(금일)은 마우(매우) 春曖(춘애. 春溫(춘온))니 오믈 알것다. 京城(경성)에서 貞(정)의 書信(서신)니 왓다. 무사히 갓으니 매우 當幸(당행)이다. 貞(정)이은 京城(경성)을 起点(기점)하야 義州(의주) - 安東(안동) - 奉天(봉천) - 長春(장춘) - 哈爾賓(합이빈. 하얼빈) - 보그라니쓰나야(뽀그라니츠나야) - 니우市(시) - 海三威(해삼위. 海蔘威) - 海路(해로)로 목커우 - 雄基(웅기) - 元山(원산)으로 京城(경성)에 廻還(회환)하니 큰 圖形(도형)을 그렷도다.

四月 十日(사월 십일) 金(금)

强風(강풍)이 吹(취)하고 飛沙興塵(비사흥진)한다. 午后(오후. 午後)에 一友(일우)가 來訪(내방)하야 坐談(좌담. 座談)에 言(언)니 上(상. 상해)·伊(이. 이르쿠츠크) 兩派(양파)의 黨派戰(당파전)에 及(급)하야 셔로 寒心(한심)한 뜻을 말지 못하다가 自由市事變(자유시사변)에 말을 이어 가란다시위리암(깔란다리쉬빌리)氏(씨)가 極東天地(극동천지)에 大波瀾(대파란)을 企圖(기도)하고 왓다가 失敗(실패)을 함은 우리

韓半島(한반도) 獨立運動(독립운동)에 千載(천재)의 遺感(유감)으로
好機(호기)을 失(실) 하엿스믈 慨歎(개탄)하엿다. 果然(과연) 그럿타.
老革命家(노혁명가) 가란다시위리암(깔란다리쉬빌리)이가 極東(극동)
의 導火線(도화선)을 쥐고 乾坤一適(건곤일적. 乾坤一擲(건곤일척))을
雄圖(웅도)을 가지고 온 거슬 當時(당시) 그 當局(당국)한 韓人中(한인
중)으로셔는 能(능)히 그 企圖(기도)을 諒解(양해)할 人物(인물)이 업
스미 事實(사실)이엿다. 目今(목금) 그 兩派(양파)의 꼴을 보면 그 當
時(당시)을 可(가)히 알거시엿다.

日本(일본)은 普通選擧法(보통선거법)이 通過(통과)되엿다 한다. 今
後(금후)에는 日本官派(일본관파)은 若何(약하)한 手段(수단)으로 또
日本民衆(일본민중)을 束(속) 하것난가. 決(결)코 日本(일본)은 이 普
選(보선)으로 停立(정립)이나 整頓(정돈)니 못 될 거시다.

「擎天(경천)아 韓半島(한반도)의 獨立運動(독립운동)을 엇지할고?!」
予(여)의 近日(근일) 語(어)니다.

四月 十七日(사월 십칠일) 金(금)

强風(강풍)이 분다. 沛公(패공)이 낫난가. 此(차) 尼市(니시)은 春期
(춘기)에은 日氣(일기)가 매우 不好(불호)하다. 나은 近日(근일)에 앨
리얘리나야(쁘리발나야) 通(통)에서 매우 閒寂(한적. 閑寂)히 잇다. 心
身(심신)니 平閒(평한)니 지낫다. 主人(주인)의 慰安(위안)을 만니 밧
난다. 더욱 族妹氏(족매씨)의 고마운 뜻을 밧난다. 盧尙範君(노상범군)
니 來訪(내방)하드라.

五月 四日(오월 사일) 月(월)

尼市(니시) 野(야)에 바람이 분다. 午后(오후. 午後)에은 무슨 일인지

天(천)니 赤色(적색)을 띄엿다. 그리고 흐렷다. 가무자는 거신지. 午前午后(오전오후. 午前午後)에 나은 花園(화원)을 지엿다. 이거시 나의 一時的(일시적) 趣味(취미)이것다. 朴敏奎(박민규)의 消息(소식)을 듯다. 君(군)니 自(자) 모스크바 市(시)로셔 還家(환가)하난 中(중)이며 昨日(작일)에 尼市(니시) 停車場(정거장)을 지나며 予(여)을 곳 水淸(수청)으로 오라고 말하엿다 한다. 何事(하사)인지? 予(여)은 近日(근일)에 春夢(춘몽)에 자고 깬다. 春困(춘곤)에 將來(장래)의 暗暗(암암)을 생각하니 답답만 하다. 予(여)은 아무 소일이 업다. 그러므로 今日(금일)도 花園(화원)을 짓난 거시다.

五月 十日(오월 십일) 日(일)

春雨春風(춘우춘풍)이 頻頻來(빈빈래)다. 바람이 분다. 그렇이 안여도 몬지가 多(다)한 尼市(니시)에 더욱이 눈을 뜨기가 밧뿌다. 雲(운)이 走去奔來(주거분래)한다. 今日(금일) 川臘(천랍. 川獵(천렵))을 가자고 몃몃 同志(동지)가 作定(작정)하엿드니 틀엿다. 予(여)의 居室(거실) 앞에 널닌 벌판에 草靑靑人稀稀(초청청인희희)하다. 나물 캐은 져ㅣ어리 아히들 무에라고 노래하면셔 자미 잇게 草草間(초초간)을 두진다.

今夏(금하)에은 予(여)은 水淸海邊(수청해변)으로 避暑(피서)하자고 하엿드니 貞(정)의 不來(불래)로써 갈지 말지 하다. 今日(금일)에 今年(금년) 지달래(진달래)花(화)을 初見(초견)하다.

五月 十七日(오월 십칠일) 日(일)

夜雨午晴(야우오청)이다. 柳大鎭(유대진)니가 海港(해항)에 來到(내도)하야 書信(서신)을 보내엿스므로 予(여) 今日(금일)에 回答(회답)을 썼다. 또 貞(정)안테도 보내엿다.

들이 푸르럿다. 木葉(목엽)이 綠色(녹색)을 차차 뜬다.

中國(중국) 吳佩孚(오패부)의 勢力再生(세력재생)이 新聞(신문)에 잇스며 內地(내지)에셔은 民衆大會(민중대회)가 되여 倭側(왜측)의 解散(해산)니 잇스므로 示威運動(시위운동)도 잇셔 매우 一時(일시)은 京城(경성)이 떠든 모양이다.

獨逸(독일) 힌덴부르에(힌덴부르그) 元帥(원수)은 今番(금번)에 大統領(대통령)으로 撰擧(찬거. 選擧(선거)) 되엿다. 英(영), 佛(불), 米(미)은 世界平和(세계평화)을 自當(자당)하난 協約(협약)을 지어가지고 赤色(적색)에 對(대)하야 對立(대립)하는 모양이다. 土耳其(토이기)은 軍費擴張(군비확장)이 實行(실행)한다. 日本(일본) 東京(동경)에 赤俄(적아)의 大使(대사)가 來着(내착)하엿다.

精神上(정신상)의 捕虜(포로)?!

사람은 精神上(정신상)의 捕虜(포로)되기을 깃뻐한다. 이것을 잘 말하면 精神上(정신상)의 慰安(위안)일가 하노라. 이 慰安(위안)니 업셔셔은 安心(안심)치 못하는 以上(이상)에은 이 捕虜(포로)도 다시 免(면)치 못할 거시 것다. 愛(애)의 捕虜(포로), 義(의)의 捕虜(포로), 金錢(금전)의 捕虜(포로), 名譽(명예)의 捕虜(포로) 모든 거시 모도 이 몸을 束縛(속박)치 안나난 거시 업다. 그러면 이 捕虜(포로)을 免(면)하면 매우 어려운 거시 것다. 古今(고금)에 幾人(기인)니나 이것을 버셧든가. 이것을 벗자면 精神常態(정신상태)가 어느 程道(정도)에 갈고? 아마 | 奇異(기이)한 人物(인물)이 되고야 그럴 거시다.

五月 二十七日(오월 이십칠일) 水(수)

連日(연일) 春雨(춘우)가 오므로 田畓(전답)에 穀芽(곡아)가 매우 잘 나은 모양이며 木木(목목)에 靑葉(청엽)이 次次(차차) 깁퍼간다. 至今 (지금) 같으면 豊年兆(풍년조)가 完然(완연)하다. 米國(미국)의 大艦隊 (대함대)의 出動(출동)은 日本(일본)으로 하여곰 袍枕(구침)을 許(허)치 아닌다. 日米戰爭(일미전쟁)은 日本(일본)의 不應(불응)으로 업슬가 한 다. 그러나 日本(일본)은 俄國(아국)과 단단니 握手(악수)하나 부다.

俄中(아중)의 關係(관계)가 매우 暗雲(암운)에 싸인다. 問題(문제)은 中東鐵路線(중동철로선) 따문 然(연)하다. 開戰(개전)까지은 모르것스 나 매우 紛紛(분분)하다. 그런데 將來(장래)에도 이 中東線(중동선) 問 題(문제)가 中俄日(중아일) 三國間(삼국간)에 決(결)코 적은 거시 안니 고 軍事上(군사상), 交通上(교통상), 商業上(상업상)으로 매우 極東(극 동)의 隱火山(은화산)인가 한다. 그런데 카라한 大使(대사)은 中東線 (중동선)을 舊俄(구아)와 같이 權威(권위)을 回復(회복)하자고 매우 힘 쓴다 云云(운운)니드니 이와 같은 紛呌(분규. 紛糾)가 生(생)하엿다.

獨逸(독일)에 힌덴보르그(힌덴부르그) 將軍(장군)니 大統領(대통령) 에 選擧(선거)되므로 몃몃 國(국)은 祝賀(축하)은 姑捨(고사)하고 매우 실에 한다.

六月 十七日(유월 십칠일) 水(수)

今春來(금춘래)로 雨化風調(우화풍조)하야 五穀(오곡)이 잘 되난 吉 兆(길조)가 확실 하다. 今日(금일)은 午間(오간)은 더불나 한다. 野外散 步(야외산보)하엿다.

레닌그라드 國際士官學(국제사관학)의 內容(내용)을 자셔히 드럿다.

貧弱(빈약)한 黨派爭(당파쟁)을 지금도 이여온다.

中國(중국) 上海(상해)에서며 靑島(청도) 各地(각지)에셔 勞動者(노동자) 스토라익(스트라이크)이 多多(다다)한 모양이다. 아마 赤色点(적색점)이 여기져기 만니 떠러지나 부다.

六月 二十二日(유월 이십이일) 月(월)

요사히은 若干(약간) 가물다. 尼市(니시) 行街(행가)에는 맨 몬지가 불닌다. 덥기도 매우 덥다. 나은 實(실)로 寂漠(적막. 寂寞)하게 이 尼市(니시) 쁘릐바르나야(쁘리발나야) 街(가)에 잇다. 아ㅣ 自古(자고)로 革命者(혁명자)나 國事(국사)로 逃避(도피)하야 異域(이역)에 辛味(신미)을 맛보는 사람 같이 不常(불상)한 者(자)은 업스리라. 나은 볼셔 日本(일본) 東京(동경)에 留學以來(유학이래)로 二十餘年(이십여년)니다. 心理上(심리상), 肉體上(육체상)으로 얼마나 쓰고 쓴거슬 맛보앗스가!! 今人(금인)니나 後人(후인)니나 누가 이것을 알가. 짐작이라도 할가!? 都底(도저. 到底)히 알 수가 업고 짐작할 사람이 업스리라. 죽어셔 怨魂(원혼. 冤魂)니 되고 사라셔 깃뿔 때가 업스리라! 人生(인생)이 만일에 나 같다 하면 이 宇宙(우주)의 眞理(진리)은 승거운 거시라 하겟다.

七月 五日(칠월 오일) 日(일)

本國(본국)으로셔 妻(처) 貞(정), 長女(장녀) 智理(지리), 次女(차녀) 智慧(지혜), 三女(삼녀) 智蘭(지란)가 移搬(이반)하야 今日(금일) 自海港(자해항)으로 到着(도착)하얏다. 予(여)은 七年(칠년)만에 만나므로 三智(삼지)의 얼골은 보니 二女(이녀) 利(리. 理), 慧(혜)은 어스런하고 三女(삼녀)은 도모지 모르것다. 그아들도 予(여)을 모르고 誰(수)인고

하고 물난다. 三女(삼녀)은 予(여)을 아직 自己(자기)의 父(부)가 안니
라고 하야 一場(일장)의 失(실)을 준다.

아히드리 모도 귀엽다. 인져은 나은 家庭(가정)의 人(인)니 되엿다.

九月 二十八日(구월 이십팔일) 月(월)

秋色秋氣秋心(추색추기추심)이 一到(일도) 時(시)에 天地間(천지
간) 孤客(고객)이 近日(근일)은 家率(가솔)을 다리고 家的生活(가적생
활)을 하노라.

智理(지리), 知慧(지혜)은 韓人學校(한인학교)에 入學(입학)하고 智
蘭(지란)니은 俄人學校(아인학교)에 入學(입학)식엿다.

予(여)은 近來(근래)에 억지로 마음을 바리고 平然生活(평연생활)을
하니 實(실)은 더 아프다.

金光澤(김광택), 金有慶(김유경) 君(군)니 레닌그라드 市(시)로 入去
(입거)하드니 이르크스크(이르쿠츠크) 市(시)에[서 보낸] 書信(서신)니
왓다. 나은 君等(군등)의 健在(건재)을 바라노라.

十月 一日(시월 일일) 木(목) 음 八月 十四日(음 팔월 십사일)

쓸쓸한 찬바람이 完然(완연)니 西伯利亞(서백리아)의 特産(특산) 갖
이 분다. 뿌힛뿌힛한 구름이 떠서 찬바람에 이리져리 불니난 거시 더욱
이나 쓸쓸한 마음이 안니 날 수가 업게 한다.

아ㅣ 過去(과거) 七年前(칠년전)에 獨立運動(독립운동)에 幾萬名
(기만명)의 靑年(청년)니 海外(해외)에 散散(산산)니 지나드니 今年(금
년) 今秋(금추)쯤은 제 各(각)끼 자리을 잡고 얼지나 안난지. 나은 今秋
(금추)은 別(별)로 칩지 안니코 家庭生活(가정생활)을 하나 우리 몃몃

同志(동지)은 至今(지금)도 乞人(걸인)으로 단닌 者(자)가 만타. 어느 民族(민족)을 勿論(물론)하고 革命當時(혁명당시)에는 이러할시매 우리도 이런 가시, 이것이 自己(자기)가 잇난 價値(가치)가 더욱 빗난다.

十月 十三日(시월 십삼일) 火(화)

野林(야림)에 丹楓(단풍)이 붉근붉근누릇누릇하다. 李學云君(이학운군)니 水淸(수청)으로 來到(내도)하엿다. 水淸(수청) 諸友(제우)의 安否(안부)을 드럿다.

近來(근래)에 日本(일본) 및 內地(내지)로셔 社會(사회) 各(각) 派(파)의 代表(대표)가 來到(내도) 하여셔 高麗共産黨(고려공산당) 組織運動(조직운동)이 海港(해항)에 猛烈(맹렬)하며 그 內幕(내막)에는 싸흠도 若干(약간) 連尾(연미)하는 中(중)이다. 秋日可愛(추일가애)라. 요사이 太陽(태양)볏테에 따뜻이 쬐우기 자미스럽다.

十一月 二日(십일월 이일) 月(월)

秋日(추일)이 아직 그다지 冷(냉)하지 안하다. 나는 今冬(금동)을 此市(차시)에셔 지나기로 準備(준비)이다.

近日(근일) 中國形便(중국형편)니 볼만하다. 吳佩孚派(오패부파)가 連戰連勝(연전연승)하야 張作霖(장작림)은 國賊(국적)으로 몰니고 中國中心(중국중심)이 모도 吳傾(오경)하는 中(중)란다.

別(별) 일이 없으며(없으며) 無意味(무의미)한다. [다]투므로(다툼으로) 日(일)을 보내난 거슨 朝鮮人(조선인) 政界(정계)이것다. 小局小人 小鬪小滿(소국소인소투소만)으로 所謂(소위) 革命大事業(혁명대사업) 이란거시 구령이 담 넘듯 한다. 可惜(가석)하다.

나는 朝鮮人社會(조선인사회)가 이러한 줄은 實(실)로 몰낫다. 日本人(일본인)보다도 그 處地(처지)을 생각하고 事業(사업)에 進就性(진취성)이 맑은가(많은가) 하엿다. 朝鮮人(조선인)니 삣뚝하면 永遠(영원)의 辱(욕)을 世界歷史上(세계역사상)에 몟 줄의 그자로(글자로) 紀念(기념)하고 말거시라. 擎天(경천)니가 獨立運動(독립운동)을 始作(시작)할 때 所感(소감)에 말 하기을 우리는 至今(지금)이야 試石上(시석상)에 올은 砂金(사금)이라고 하엿다.

그리하고 나은 매우 滿足(만족)한 讚言(찬언)을 聲言(성언)하엿다. 近頃(근경)에는 그 砂金(사금)을 試石(시석)에 갈고 보니 金(금) 갗이 안니코 놋쇠가 아닌지의 疑問(의문)니 生(생)한다. 모르지 더 갈고 보면 그 속에 眞金(진금)이 나올가? 만일 眞金(진금)이 안니요 끗끗시 놋쇠이면 우리는 모도 죽어야 올흐니라.

十一月 六日(십일월 육일) 金(금)

近日(근일)은 참으로 予(여) 밋 予(여)의 家率(가솔)은 平安過(평안과)한다. 今日(금일) 予(여)은 書冊(서책)을 두지다가 擎天兒 詩歌錄(경천아 시가록)을 보앗다. 日本陸軍中央幼年學校(일본육군중앙유년학교) 밋 陸軍士官學校(육군사관학교)의 以來(이래)의 作(작)이다. 全(전)혀 奮慨(분개)을 참을 수 엄으므로(없으므로) 나온 不平滿滿(불평만만)한 詩句(시구)이다. 이제 생각하여 보아도 몸싸리 친다. 予(여)의 立志(입지)은 꼭 日本軍隊生活(일본군대생활)의 所因(소인)하미다. 予(여)의 精神(정신)의 堅固(견고)함과 그他(타) 모든 美点(미점)은 모도 이 日本留學(일본유학)으로 된 거시다. 그 詩曲(시곡)을 보아도 알 거시다.

昨日(작일)에 韓馨權(한형권), 崔俊衡(최준형) 兩氏(양씨)가 來(내)하야 우리의 將來(장래)에 對(대)하야 相議(상의)하엿다. 그러나 百無

一備(백무일비)한 우리의 革命界(혁명계)가 寒心(한심)이 만을 것 뿐니다.

十一月 十三日(십일월 십삼일) 金(금)

田野(전야)에 初雪(초설)이 殘在(잔재)하고 白霜(백상)이 架上(가상)에 [내려] 冬節(동절)이 完然(완연)하다. 予(여)은 近日(근일)에 無爲而活(무위이활)한다. 寒心(한심)하고 답답한 거시야 누구더러 말할가. 그 外(외)에 또 나은 마음이 不平(불평)한 거시 家庭(가정)이다. 七年(칠년)만에 맛나쓰니 慰安(위안)니 될가 하엿드니 오히려 單獨生活(단독생활)하기만도 못하다. 이갗이 하여셔는 도져히 安樂(안락)한 家庭(가정)되기는 틀엿다. 엇던 때는 곳 어대로 가고 십다. 性品上(성품상)에 아마도 貞(정)과 予(여)은 不合(불합)한 거시다. 말하자면 나은 小陽人(소양인)이나 더욱 널니 본 까닭에 大陰(대음)나나 그다지 아지 못하는 貞(정)으로 맞지 안니다.

十一月 十五日(십일월 십오일) 日(일)

閑寂(한적)한 秋末(추말)의 感(감)은 今昔(금석)이 依然(의연)하다. 今日(금일) 舍妹(사매) 玉振(옥진)니 書信(서신)을 바덧다. 生後(생후)에 처음으로 友愛(우애)의 情(정)을 보난 것 같다. 처음일 거시다. 何(하)하면 予(여)은 兄(형)이 잇섯스니 早卒(조졸)하엿거니와 그다지 友愛(우애)을 쥬고 밧지 못하엿다. 無二(무이)한 나의 舍妹(사매)의 健康(건강)과 勉學(면학)을 바란다. 나는 舍妹(사매)가 얼마나 어른스럽게 자랏난지 보고 십다.

明年(명년) 夏期放學(하기방학)에는 꼭 오라 하여셔 보리라.

十一月 二十三日(십일월 이십삼일) 月(월)

閒寂(한적)한 나의 家中(가중)에 나은 이러난 後(후)로 草盆(초분)에 물을 쥬고 房內(방내)를 왓다갓다 하엿다.

意外(의외)에 金黙田(김묵전)니 來訪(내방)하엿다. 서로 時局(시국)과 天道敎(천도교)에 對(대)하야 交談(교담)하엿다.

東洋(동양)의 風雲(풍운)은 中國(중국)을 中心(중심)으로 大波瀾(대파란)니 起(기)한다. 赤俄(적아)은 廣東政局(광동정국)과 馮玉祥(마옥상)을 公然(공연)니 武器供給(무기공급)한다. 中國(중국)은 自今(자금)으로 昔日(석일)보다 좀 다르게 內亂(내란)니 連續(연속)하겟다.

朝鮮內(조선내)로 새 共産黨幹部(공산당간부)가 組織(조직)이 되엿다. 그러나 俄領(아령)에 잇난 黨員(당원)은 大多數(대다수)가 또 反對(반대)하난 中(중)인데 그 烏之雌雄(오지자웅)을 누가 알니요. 京城(경성)에 잇난 舍妹(사매) 玉振(옥진)니안테 편지을 보냇다.

十二月 一日(십이월 일일) 火(화)

雪下極寒(설하극한)이라 予(여)의 室內(실내)에 花草(화초)드리 볼만하게 잘 자란다. 더러는 꽃이 피고 두어슨 열매가 열고 或(혹)은 꼿방울이 매쳣다. 予(여)은 이것으로 바라보며 이 時間(시간)을 보내노라.

中東鐵路線(중동철로선)에 잇난 金奎植(김규식) 一派(일파)가 革新軍(혁신군)을 組織(조직)하고 予(여)을 軍務部長(군무부장)이라고 하엿든가. 一笑(일소)하노라. 新興思潮(신흥사조)가 日進(일진)하는 日(일)에 이런 舊人(구인) 等(등)은 좀 가만니 잇엇으면 可(가)할 터인데 무어슬 엇져노라고 무슨 團(단), 무슨 軍(군), 무슨 府(부)라고 떠든다. 三一運動以來(삼일운동이래)로 兒戲(아희)가 半以上(반이상)이니 우리의 일이 엇지 寒心(한심)치 안니리요. 予(여) 三國志演義(삼국지연의)을 今日(금일)에 다시 七回次(칠회차) 讀始(독시)하노라. 三國志(삼국지)는 實(실)로 中國(중국)의 今日大勢(금일대세)을 고대로 그린 거시라. 今番(금번)은 誰(수)가 統一(통일)하것난지 分與(분여)하것난지. 今日(금일) 같아여서는 實(실)로 中國(중국)의 統一(통일)은 未可知(미가지)로다. 三國志(삼국지)을 보난 때에 더욱 中國(중국)의 今日形便(금일형편)니 寒心(한심)하여 보인다. 三國時代(삼국시대)에는 列强(열강)의 侵慾(침욕)이나 엇엇지(없엇지) 今日(금일)은 그럿이 안니하야 列强(열강)의 野慾(야욕)에 欲止不能(욕지불능. 欲之不能)이다.

十二月 二日(십이월 이일) 水(수)

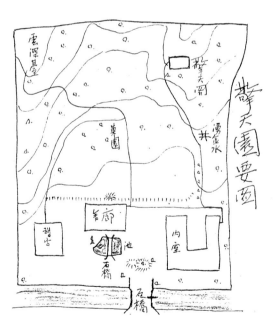

지도 7. 擎天園要圖(경천원요도) 雲深臺(운심대), 擎天閣(경천각), 菜園(과원), 井(정), 湧金水(용금수), 행낭, 舍廊(사랑), 內室(내실), 池(지), 石橋(석교), 石橋(석교)

昨雪(작설)이 止(지)치 안니며 風因嵐(풍인람)이 되엿다. 나은 室內(실내)에서 왓다갓다 하면셔 往古(왕고)을 생각하다가 社稷洞(사직동) 本邸(본저)의 山水(산수)을 사랑하는 것을 이르키여 速(속)키 가셔 못 보믈 恨(한)한다. 擎天園(경천원)의 擎天閣(경천각)이며 東山上(동산 상)의 雲深臺(운심대)을 나은 매우 사랑하엿드니 그 外(외)에 湧金水(용금수)의 藥水(약수)며 池(지)에 노난 金魚(금어)며 그 石橋(석교)난 實(실)로 나의 사랑하든 거시다.

予(여)가 만일에 日後(일후)라도 成功(성공)하야 京城(경성)에 드러가면 이 園(원)을 차즈리라.

十二月 五日(십이월 오일) 土(토)

오늘은 外出(외출)도 안니하고 睡山(수산)으로 獎棋(장기)로 消日(소일)하엿다. 寒度(한도)가 嚴冬(엄동)이 完然(완연)하다. 海港(해항) 武官學校(무관학교) 姜(강) 꼴야안테셔 편지가 왓다. 나은 冬季(동계)에 工夫(공부)을 《俄語(아어)》 하여보고자 한다. 엇지 될난지 計劃(계획)하여 보아야지.

崔睡山(최수산)니 今日(금일) 對話間(대화간)에 獨立運動(독립운동)에 對(대)하야 意見(의견)니 매우 다르다. 二三年間(이삼년간)만 더 기달여 보아셔 現況(현황)대로 잇으면 獨立運動(독립운동)은 不能(불능)에 붓치것다 云云(운운)하니 予(여)은 매우 意味(의미) 잇거 듯난 同時(동시)에 섭섭히 들닌다? 勢之所然(세지소연)인지!

予(여)은 早晩間(조만간)에 한 決心(결심)을 안니 할 수 업다. 周圍(주위)의 事情(사정)의 必要(필요)을 因(인)하야셔 그는 何(하)인고?

獨立運動(독립운동)이 世界大勢(세계대세)하야 自然(자연)니 沈着(침착)하여진다. 그러나 一方(일방)에 新思潮(신사조)의 渤興(발흥. 勃

興)이 獨立運動(독립운동)을 大意味(대의미)로 널핀다. 말하자면 革命運動(혁명운동)으로 드러간[다]. 그러무로 外觀(외관)은 平靜(평정)에 잇으나 內容(내용)은 지나간 1919年(년) 三一運動(삼일운동) 當時(당시) 以上(이상)이다. 組織的(조직적)으로 드러간다. 破壞(파괴)하기을 爲(위)하야 建設(건설)로 간다. 그러므로 睡山(수산)의 言(언)과 갗이 二三年(이삼년)까지 現狀(현상)대로 가면 獨立運動(독립운동)이 不能(불능)이라 하믈 誤解(오해)로 안다.

그러나 予(여)은 組織時代(조직시대)에 準備(준비)을 하여야 하것다. 後日(후일)에 大雄飛(대웅비)할 技能(기능)을 더 기르자 한다.

이에 對(대)하야 한 決心(결심)을 要(요)한다. 中間補助決心(중간보조결심)이것다.

十二月 八日(십이월 팔일) 火(화)

自昨以來(자작이래)의 白雪(백설)이 尺餘村(척여촌)이나 싸이엿다. 擎天(경천)니는 이 西伯利亞(서백리아)의 積雪(적설)을 발분지가 이미 七年(칠년)니 將盡(장진)하고 八年(팔년)을 마쥬려 한다. 그사히 心身(심신)의 苦痛(고통)도 맑아지만(많아지만) 心身(심신)의 鍛鍊(단련)도 맑앗다(많앗다). 그러나 革命者(혁명자)이라는 名儀(명의)로는 한 일이 적다. 적은 것도 고만 두고 進進(진진)히 하지 못하고 此日來(차일래)에 此年明年(차년명년)으로 送舊迎新(송구영신)하니 악까운 日(일)과 月(월)을 보내니 實(실)로 죽지 못하야 生(생)함 같으다. 나은 一日(일일) 二十四時間(이십사시간)동안에 자거나 또 무슨 일에 마음을 앗끼우기 外(외)에는 드문드문 가슴이 떡끔떡끔하야 朝鮮(조선)의 獨立運動(독립운동)이 엇찌 되나 엇져만 조흘까 하고 못시 苦痛(고통)이 된다. 나는 아무 때에도 不安心 神經常態(불안심 신경상태)에 잇다. 煩惱

中(번뇌중. 煩惱中)이다. 그리하야 몸이 健康(건강)하여 못지는가 한다.

宇宙(우주)의 造物主(조물주)는 나의게 革命(혁명)의 思想(사상)만 쥬고 그 權(권)을 쥬지 안난가. 權(권)은 自己(자기)로 準備(준비)하라 미것지?

이것이 나의 近來(근래)의 標語(표어)이것다.

十二月 十二日(십이월 십이일) 土(토)

殘雪殘月晨(잔설잔월신)에 이러낫다. 東窓(동창)으로셔 月光一條(월광일조)가 予(여)의 寢臺(침대)에 빛인다.

三國志(삼국지)에 趣味(취미)을 부치고 餘日(여일)을 보낸다. 今日(금일)도 劉玄德(유현덕)이 三顧孔明(삼고공명)하던 章(장)을 일그며 孔明(공명)의 未及出廬(미급출려)에 已分天下三分(이분천하삼분)에 누가 孔明(공명)의 奇謀(기모)에 歎服(탄복)지 안니리요. 吾人(오인)의 無謀(무모)을 북그러이 알며 孔明(공명)의 爲人(위인)을 부려워하노라.

數日內(수일내)로 開幕(개막)된 支那內亂(지나내란)은 張作霖(장작림)의 日本逃走(일본도주)로 一段落(일단락)을 지엿으며 自此(자차)로 또한 볼만한 거시다.

卽景(즉경)

雙城裡(쌍성리)에 閒隱(한은)하니

冬日(동일)도 遲遲(지지)하다

책상 우에 半開(반개)한 꼿

더러 지고 더러 피엿도다

窓外(창외)에 싸힌 雪上(설상)을 바라보니

참새가 안즌 마른 가지

찬바람에 흔들니여

위티하고 쓸쓸하게 뵈운다
王孫(왕손)은 何處在(하처재)한지
날로 하여곰 寂漠(적막. 寂寞)게 한다
西原(서원)에 해가 지니
明日(명일)에는 그 무어실지
적은 이 땅 떵이에셔는
赤(적)이니 白(백)이니 떠든다
뵈기 좋은 赤色(적색) 언제나
나의 마음대로 세여볼가.

十二月 十四日(십이월 십사일) 月(월)

東窓(동창)에 뜨난 해가 花草(화초)의 입입을 多情(다정)스러히 빛
인다. 나은 그 옆에서 閒然(한연)히 안져셔 日記(일기)을 쓰노라.

나의 생각은 近日(근일)에 더욱 支那形便(지나형편)을 따라 煩腦(번
뇌. 煩惱)하기을 마지 못하노라. 굼굼하고 漠漠(막막)하고 섭섭하다.

十二月 十五日(십이월 십오일) 火(화)

今冬(금동)으로난 今日(금일)이 뎨일 嚴寒(엄한)니다. 張作霖(장작
림)니가 다시 日本(일본)의 援助(원조)을 엇어 奉天(봉천)에 還來(환
래)하엿다 云云(운운)니다. 不可測(불가측)은 支那(지나)의 今日形便
(금일형편)인가 하노라.

東洋(동양) 中部(중부)가 이갚이 紛擾(분요)한 때에 扶餘民族(부여민
족)의 革命運動(혁명운동)은 寂寂未聞(적적미문)니다. 그런데 海外(해
외)에 널여잇난 扶餘族(부여족)은 그 散布(산포)을 보아셔는 무슨 일을
할 뜻 하나 事實(사실)에 드러가면 엇져지 못하문 實(실)로 답답하다.

四千年來(사천년래)로 滿洲(만주) 밋 扶餘半島(부여반도)에셔 雄飛
(웅비) 또 離散(이산)하든 우리 民族(민족)은 至今(지금)은 이같은 發
展力(발전력)으로 亞細亞全幅(아세아전폭)에 散在(산재)치 안닌 곳이
업도록 散布(산포)되엿다. 이 같이 發展(발전)하믄 얻은 政府(정부)나
機關(기관)니 誘導(유도)나 保護(보호)하미 안니요 個人(개인)으로는
自然的(자연적) 生之道(제생지도)을 求(구)하야 이럿케 된시다. 偶
然(우연)니다. 그 열매는 언제 열닐가!

지도 8. 扶餘民族散數圖(부여민족산수도)
레닌그라드, 모스커바, 만쥬리, 西伯利亞(서백리아), 尼港(니항), 하발포, 海三(해삼. 海
蔘), 支那(지나), 北京(북경), 할빈, 奉天(봉천), 吉林(길림), 大連(대련), 天津(천진), 上海
(상해), 武昌(무창), 韓(한), 日本(일본), 太平洋(태평양), 印度洋(인도양)

十二月 十六日(십이월 십육일) 水(수) 〈十一月 一日(십일월 일일)〉

氣候(기후)는 차고 太陽(태양)은 사랑스러히 빛인다. 그러나 못이 칩다. 西伯利亞(서백리아) 치비의 本色(본색)이 完然(완연)하다. 永觀(영관), 睡山(수산) 諸氏(제씨)가 來會(내회)하야 中國濤亂(중국도란)에 對(대)하야 相議(상의)하다가 散(산)하엿다.

十二月 十九日(십이월 십구일) 土(토)

中國濤亂(중국도란)을 자서히 得聞(득문)치 못하야 매우 궁굼하다. 中東鐵路線(중동철로선) 沿地(연지)에셔 朝鮮人(조선인)의 軍事的(군사적) 行動(행동)을 計劃(계획)하는 모양이나 大段(대단)치 안니며 別(별)로 奇異(기이)한 行動(행동)은 엽리라(없으리라) 한다.

十二月 二十二日(십이월 이십이일) 火(화)

昨今兩日(작금양일)이 全冬(전동)에 드문 치비엿다. 舊曆(구력)으로 冬至節(동지절)이다. 自古(자고)로 무삼 然緣(연연)으로 팟죽을 먹난지 모르것다. 나도 幾友(기우)을 請(청)하야 冬至(동지) 팟죽을 먹엇다.

十二月 二十三日(십이월 이십삼일) 水(수)

日氣(일기)은 매우 良好(양호)하다. 그럭져럭 이날도 보냇다. 나는 至今(지금) 每日(매일)에 무엇으로 가는지 모르것다. 事業(사업)으로 가난지 北亡山(북망산. 北邙山)으로 가는[지] 苦痛(고통)으로 가난지 無暗(무암)으로 가난지 絶望(절망)으로 가는지 希望(희망)으로 가는지 도모지 모르것다.

十二月 二十五日(십이월 이십오일) 金(금)

近日(근일)에 나는 面上(면상)에 부스럼이 낫다. 크지는 아으나 不便
(불편)은 하다. 姜(강) 꼴야가 왔다. 冬休學(동휴학)에 온 거시다.

韓永觀(한영관)니 訪來(방래)하야 獎棋(장기)을 놀다가 갓다.

南風(남풍)이 분다. 그러나 寒氣(한기)은 더욱 심하다.

나은 家事(가사)도 자미가 없으며(없으며) 國事(국사)도 또 그럿다.
엇져면 좋을넌지.

十二月 二十六日(십이월 이십육일) 土(토)

去春初(거춘초)에 레나江畔(강반)으로 金鑛(금광)으로 갓든 李昊俊
老人(이호준노인)니 今日(금일)에 無事(무사)히 回還(회환)하엿다.

玉振(옥진)니안터로 편지을 썻다. 朝鮮女子(조선여자)에 對(대)하야
不足(부족)한 것을 擧(거)하야 써 쥬엇다. 모르지? 엇더케 보겟난지.

十二月 二十七日(십이월 이십칠일) 日(일)

今年(금년)도 이미 三四日(삼사일)이 나문 것 뿐니다. 今年(금년)은
予(여)의게는 閒寂無事太平(한적무사태평)한 年(연)니엿다. 明年(명
년)은 如何(여하)할난지.

十二月 二十九日(십이월 이십구일) 火(화)

昨日積雪(작일적설)에 今日(금일)은 極寒(극한)니 더욱 甚(심)하다.

今年(금년)도 아져 남끼을 二天(이천)에 못 지난가. 이 남는 二天(이
천)을 나은 多恨(다한)으로 보낸다. 社會(사회)의 不平(불평)으로 事業

(사업)의 不平(불평)으로 보낸다. 人生(인생)의 不平(불평)으로 보낸다. 世上(세상)의 無意味(무의미)하믈 생각하매 그 反面(반면)으로 이 宇宙(우주)가 果然(과연) 自然(자연)인지 不自然(부자연)인지 그것도 나는 알 수가 업다. 人生(인생)이란 거시 自己(자기)의 利(이)만 따라갈 것신지 못 따라갈 거시인지 그도 모르것다. 사람이 良心(양심)잇다 함이 事實(사실)일가 그것도 모르것다. 良心(양심)이 잇으면 그는 自己(자기)의 利益(이익)과 反對(반대)로 가난거시니 良心(양심)이 잇으면 自己(자기)의 有形無形(유형무형)의 利益(이익)을 볼 수가 업다. 그러므로 世間(세간)에 所謂(소위) 道德家(도덕가)라난 사람은 良心(양심)이 豊富(풍부)한 者(자)이라. 그 사람은 말하자면 良心罪(양심죄)에 걸닌 거시것다. 元來(원래)에 사람은 甘(감)은 甘(감)하다 하며 辛(신)은 辛(신)하다 하야 喜怒愛樂(희로애락)을 喜怒愛樂(희로애락)이라 하난 거시 可(가)하며 理(이)에 合(합)하매 主物者(주물자)이면 自己(자기)의 利益(이익)을 따라감도 可(가)하며 理(이)에 當然(당연)함이것다. 마음에 잇으나 차마 良心(양심) 끌여서 或(혹)은 體面(체면)에 끌여서 하는 거슨 勿論(물론) 不可理(불가리)한 거시것다. 도적질하는 거슨 무엇실가. 良心(양심)이 안닐가 良心(양심)일가. 그도 良心(양심)이라고 할 거시다. 强(강)한 者(자)가 弱(약)한 者(자)의 所有物(소유물)을 도적한다, 또 아사빼인다 함이 强者(강자)의 力(역)의 行(행)한 바며 理(이)에 잇을 事實(사실)이라 할 거시다.

予(여)의 心理(심리)은 이갖이 되야 어느 거시 合理(합리)인지 不合理(불합리)인지 모르고 苦痛(고통)을 가지고 多恨(다한)의 此年(차년)을 장찻 二天(이천)으로 永別(영별)코자 한다. 다시은 못 보난 이 1925年(년)을 보낸다. 그도 모르지, 1925年(년)을 내가 보내난지 내가 가난지. 그러나 다시 못 보난 1925年(년)니매 1925年(년)도 나을 다시 못 볼 거시다. 그러니 兩者(양자)가 셔로 가난 거시다. 그리햐 1925年(년) 또

1926年(년) 또 고다음 또 고다음 하야 그 年年(연년)은 無盡事(무진사)하나 오직 나은 有盡(유진)의 生命(생명)을 가지고 이 多恨(다한)의 日(일)을 보내노라.

아ㅣ 이 人生(인생)은 오직 無窮恨(무궁한)에 生(생)하야 有限(유한)의 恨(한)에 싸여 도라가도다. 도져히 이 恨海(한해)을 벗지 못할 거시다.

나은 이럿케 말하야 此年(차년)을 보내노라.

아ㅣ 그 恨(한)을 싸고 도라가미 오히려 樂(낙)일가

多恨(다한)의 靈魂(영혼)은 없어(없어) 안니진다더라.

그도 關係(관계)할 바가 안니것지.

十二月 三十一日(십이월 삼십일일) 木(목)

1925年(년) 末日(말일)이다. 多恨多感(다한다감)이다.

吾家世紀
(오가세기)

金海金氏
(김해김씨)

吾家世紀(오가세기)

金海金氏(김해김씨)

吾家(오가)은 姓(성)이 金(김)이요 本(본)은 金海(김해)니 駕洛國王(가락국왕) 金首露(김수로)의 後裔(후예)니라.

入北祖(입북조)은 金從南(김종남)이니 李成桂(이성계) 開國(개국) 當時(당시)에 益成君(익성군) 金仁贊(김인찬)의 子(자)로셔 北靑(북청)에 移住(이주)하니 흐립골 金政承(김정승) 墓(묘)가 곳 金從南(김종남)의 墓(묘)니라. 大匡輔國崇祿大夫(대광보국숭록대부)로 官在(관재)하엿으며 吾家(오가)도 그 後裔(후예)이다. 細事(세사)는 흐립골 金氏門錄(김씨문록)에 在(재)하니라.

吾家(오가)는 代代(대대)로 儒學(유학)을 勉(면)하야오다가 金鼎禹(김정우)에 至(지)하야 北靑(북청)에서 移住(이주)하야 京城(경성)에 住(주)하니라.

金鵬有(김붕유)가 金基鉉(김기현)을 生(생)하고 基鉉(기현)니 金奎濬(김규준)을 生(생)하고 奎濬(규준)니 金鼎禹(김정우)을 生(생)하고 鼎禹(정우)가 金擎天(김경천)을 生(생)하고 擎天(경천)니 金秀凡(김수범)이을 生(생)하니라.

金鵬有(김붕유)의 以上代(이상대)은 家譜(가보)가 없으믄 아직 모르것으니 北靑門族(북청문족)에게 考(고)하면 알 것이다.

金基鉉(김기현)의 號(호)는 蓮湖(연호)라 하며 二子(이자)을 두니 長(장)은 秉濬(병준)니 無后(무후)하고 次(차)을 奎濬(규준)이라 하니라.

金奎濬(김규준)의 字(자)을 星弼(성필)이라 하고 號(호)을 精湖(정호)라 하니 一子一女(일자일녀)을 두니 子(자)는 鼎禹(정우)며 女(여)은 北靑(북청) 居山 裵門(거산 배문)에 出嫁(출가)하니라.

老來(노래)에 擎天(경천)을 따라 日本(일본) 東京(동경)에 來(내)하야 死(사)하니 墓(묘)은 日本(일본) 東京(동경) 玉川(옥천)에 在(재)하니라. 官(관)은 茶奉(다봉)으로 在(재)함.

金鼎禹(김정우) 字(자)는 範三(범삼)이니 妻(처)는 坡平尹氏(파평윤씨)니 名(명)은 玉聯(옥련)이요 官(관)은 先達(선달), 司果(사과), 總巡(총순)으로 日本(일본)에 留學(유학)하야 東京高等工業學校(동경고등공업학교)을 卒業(졸업)하고 韓國當時(한국당시)에 工業界(공업계)의 先進(선진)이며 陸軍砲兵副領(육군포병부령) 正三品(정삼품)으로 年五十三(연오십삼)에 卒(졸)하니라〈一九〇八年(일구영팔년)〉.

一八九五年(일팔구오년) 秋(추)에 家率(가솔)을 다리고 京城千里(경성천리)을 陸行(육행)하야 移住(이주)하야 廣州(광주) 草月面(초월면) 鶴峴里(학현리)에 農莊(농장)을 買定(매정)하고 家率(가솔)은 此(차)에 住(주)하고 長子(장자) 成殷(성은)니을 다리고 日本(일본)에 留學(유학)하니라.

一八九八年(일팔구팔년) 秋(추)에 그 母親(모친) 全夫人(전부인)니 卒(졸)하고 墓(묘)은 鶴峴里下(학현리하) 東幕洞(동막동) 後山(후산)에 在(재)함.

一八九九年(일팔구구년) 秋(추)에 그 妻(처) 尹夫人(윤부인)니 卒(졸)하니라.

一九〇〇年(일구영영년) 夏(하)에 日本留學(일본유학)을 畢(필)하고 還國(환국)하야 陸軍軍器廠長(육군군기창장)을 잇으니라.

長子(장자) 成殷(성은)이니 妻(처)가 安氏(안씨)니 無后(무후)함.

次子(차자) 擎天(경천)이니 妻(처)가 柳氏(유씨)니라.

女(여) 玉振(옥진)이니 一九三〇年(일구삼영년)에 京城高等女子普通學校(경성고등여자보통학교)을 卒業(졸업)하고 京城(경성)에서 南迋駿(남광준)으로 成婚(성혼)하니라.

一九〇八年(일구영팔년) 春(춘) 二月(이월) 六日(육일)에 年五十三(연오십삼)으로 京城(경성) 巡洞(순동)에 卒(졸)하니 墓(묘)는 始興(시흥) 九老里(구로리)에 在(재)하고 妻(처) 尹夫人(윤부인)의 墓(묘)도 同山(동산)에 在(재)함.

年(연) 二十有嶺(이십유령. 二十有齡)에 北靑南兵使(북청남병사) 尹雄烈(윤웅렬)과 京城(경성)에 來(내)하엿다가 國事犯(국사범)으로 私通(사통)한다는 當時(당시) 政府(정부)의 命令(명령)으로 尹雄烈(윤웅렬)과 同一(동일)히 全羅道(전라도) 稜州(능주)에 配所(배소) 十年(십년)으로 居(거)하니라.

金成殷(김성은)니는 妻(처)가 廣州(광주) 草月面(초월면) 退村里(퇴촌리)의 安氏(안씨)며 無后(무후)함.

十六歲(십육세)에 父(부)을 따라 日本(일본)에 留學(유학)하야 東京成城學校(동경성성학교) 밋 陸軍士官學校(육군사관학교) 工兵科(공병과)을 畢(필)하고 還國(환국)하야 韓國(한국)의 唯一(유일)한 工兵將校(공병장교)로 工兵隊(공병대)을 設(설)하고 陸軍工兵副領(육군공병부령)으로 잇어 韓國軍界(한국군계)에 有爲人(유위인)니드니 二十七歲(이십칠세)에 卒(졸)하니 墓(묘)는 九老里(구로리)에 父(부)로 同山上(동산상)에 在(재)함. 夫人(부인) 安氏(안씨)도 그 明年(명년)에 死(사)하니 墓(묘)는 退村里(퇴촌리)에 在(재)하니라.

金擎天(김경천)은 號(호)을 擎天兒(경천아)라 하니 本名(본명)은 光

瑞(광서)이드니 朝鮮(조선)에 三一運動以來(삼일운동이래)에 海外(해외)에 出奔(출분)한 後(후)로 號(호)가 名(명)으로 代用(대용)되미라. 一八八八年(일팔팔팔년) 六月(유월) 五日(오일)에 北靑(북청) 西門外(서문외)에셔 生(생)하엿다.

妻(처)은 柳貞(유정)이라 하니 京城(경성) 河峴人(하현인)니다.

年十五(연십오)에 京城學堂(경성학당)을 卒業(졸업)하고 十七歲(십칠세)에 日本(일본)에 留學(유학)하야 東京陸軍中央幼年學校(동경육군중앙유년학교) 밋 陸軍士官學校(육군사관학교)을 卒業(졸업)하고 東京目黑騎兵第一聯隊附(동경목흑기병제일연대부)로 在(재)함.

一九一一年(일구일일년) 秋(추) 八月(팔월)에 京城(경성) 社稷洞(사직동) 一六六番地(일육육번지) 本邸(본저)에 回還(회환)하야 祖父(조부), 妻(처), 妹(매)을 本邸(본저)에 두고 다시 東京(동경) 聯隊(연대)에 在職(재직)함.

一九一三年(일구일삼년) 一月(일월)에 家率(가솔)을 다리고 日本(일본) 東京(동경)에 移居(이거)함.

一九一五年(일구일오년) 六月(유월) 十一日(십일일)에 長女(장녀) 智理(지리)가 生(생)함.

九月(구월)에 騎兵少尉(기병소위)로셔 騎兵中尉(기병중위)로 陞職(승직)함.

仝年(동년)에 陸軍戶山學校(육군호산학교)을 卒業(졸업)함.

一九一七年(일구일칠년)에 騎兵學校(기병학교)을 卒業(졸업)함.

一九一七年(일구일칠년) 二月(이월) 八日(팔일)에 次女(차녀) 智慧(지혜)가 生(생)함.

一九一八年(일구일팔년) 六月(유월) 九日(구일)에 京城(경성) 社稷洞(사직동) 本邸(본저)에 休暇(휴가)로 回來(회래)하야 心身(심신)을 비로소 休養(휴양)함. 留學(유학)한지 十有五年(십유오년)만에 回來

(회래) 休養(휴양)함이다.

　仝年(동년) 十二月(십이월)에 다시 東京聯隊(동경연대)에 在職(재직)하엿다가 當時(당시)에 海外海內(해외해내)에서 歐洲大戰以來(구주대전이래)의 影響(영향)으로 革命(혁명)의 氣分(기분)니 漸加(점가)되므로 다시 聯隊(연대)에 休暇(휴가)을 엇어 一九一九年(일구일구년) 一月(일월)에 京城(경성) 本邸(본저)에 還(환)하야 三一運動(삼일운동)에 參加(참가)되니라.

　一九一九年(일구일구년) 四月(사월) 十七日(십칠일)에 三女(삼녀) 智蘭(지란)니가 生(생)함.

社稷洞(사직동) 本邸(본저)

　社稷洞(사직동) 一六六番地(일육육번지)니 淸秀(청수)한 基地(기지)며 樹林菓園(수림과원)에 山(산)에 巨巖(거암)이 잇으니 石亟中(석극중)을 藥水(약수)가 湧出(용출)하야 井名(정명)을 湧金水(용금수)라 하고 園名(원명)을 擎天園(경천원)이라 하야 西山上(서산상)에 一亭(일정)이 잇으니 擎天閣(경천각)이라 하고 東山上(동산상)에 一臺(일대)이가 잇으니 雲深臺(운심대)라 하며 京城(경성) 過半(과반)을 眺望(조망)하야 秀麗(수려)하므로 京城(경성) 本邸(본저)로 定基(정기)하니라.

擎天(경천)의 出奔(출분)

　一九一九年(일구일구년) 三月(삼월) 一日(일일)에 朝鮮各地(조선각지)에서 獨立運動(독립운동)이 起(기)하야 日本(일본)의 武力(무력)에 抵當(저당)치 못하야 多數(다수)한 人民(인민)의 殺害(살해)되므로 同志(동지)드리 外地(외지)에서 우리도 武力準備(무력준비)을 하지 안니면 안 되겟다는 議決(의결)로 擎天(경천)니는 六月(유월) 六日(육일)에 비밀히 京城(경성)을 떠니 鴨綠江(압록강)을 건너 南滿洲(남만주) 孤山子(고산자)에 士官養成所(사관양성소)에 來(내)하야 敎育(교육)하다가 此年(차년) 秋(추) 九月(구월)에 孤山子(고산자)을 떠니 吉林(길림), 長春(장춘), 哈爾濱(합이빈. 하얼빈)의 日本(일본)의 視線(시선)을 避(피)하야 俄領(아령) 尼市(니시)에 來着(내착)하야 武力行動(무력행동)의 準備(준비)을 하엿다.

細事(세사)은 擎天兒日錄(경천아일록)에 잇음.

一九二〇年(일구이영년)에 水靑(수청)에서 馬賊(마적)을 退治(퇴치)함.

一九二一年(일구이일년) 밋 一九二二年(일구이이년)에 軍隊(군대)을 各地(각지)에 보내여 俄國赤白戰(아국적백전)에 參加(참가)함.

一九二三年(일구이삼년)에 上海(상해)에 國民代表會(국민대표회)의에 갓다가 海港(해항)에 黃海(황해)을 건너 來到(내도)함. 오래간만에 全羅(전라), 慶尙(경상) 海岸(해안)을 眺望(조망)하고 또 울릉도(鬱凌島. 鬱陵島)을 보니 海外(해외)에 流離多年(유리다년)에 故國(고국) 생각이 더욱 간절하드라.

一九二五年(일구이오년) 春(춘)에 京城(경성) 本邸(본저)로셔 妻(처)가 女兒(여아) 三人(삼인)을 다리고 오기로 尼市(니시)에 一時居住(일시거주)하다가 水靑(수청)으로 入來(입래)하야 居住(거주)함.

一九二六年(일구이육년) 春(춘)에 水靑(수청) 다우지미 西開拓(서개척)에 往在(왕재)하니 此地(차지)는 予(여)가 往年(왕년)에 오래 來往(내왕)한 까닥이다.

仝年(동년) 九月(구월) 十七日(십칠일)에 長了(장자) 秀凡(수범)이 生(생)함.

不老園(불로원) 生活(생활)

一九二七年(일구이칠년) 十二月(십이월) 七日(칠일)에 家率(가솔)을 대리고 水靑(수청) 海岸(해안) 蘭採市(난채시) 一名(일명)은 한성동에 永住(영주)의 居宅(거택)을 定(정)하고 移住(이주)하니 湖海間(호해간)에 山明水淸(산명수청)하야 名命(명명) 不老園(불로원)에 孤屋(고옥)이요 人家(인가)는 相隔(상격)하야 犬鷄聲(견계성)니 들니여 相望(상망)하니 一幅畫(일폭화)의 亭子(정자)라. 海外多年(해외다년)에 平安(평안)니 休養(휴양)하며 農事(농사)을 하야 閑寂(한적)히 지난다.

一九二九年(일구이구년) 一月(일월) 三十一日(삼십일일)에 四女(사녀) 智姬(지희)가 生(생)함.

하바롭스크市(시)에 移住(이주)

一九三二年(일구삼이년) 三月(삼월) 一(일)[日(일)]붓터 하바롭스크市(시)에 來(내)하야 政治部(정치부)에서 事務(사무)을 보며 家率(가솔) 全部(전부)는 四月(사월) 四日(사일)에 移來(이래)하야 居住(거주)하니 不老園(불로원) 生活(생활)은 긋이엿다.

七月(칠월) 二十四日(이십사일)에 妻(처) 貞和(정화)가 國立産兒園(국립산아원)에서 次子(차자) 奇凡(기범)을 生(생)함.

* * *

金擎天(김경천) 一八八八年(일팔팔팔년) 六月(유월) 五日(오일) 生(생)

玉振(옥진) 누위 一九〇八年(일구영팔년) 六月(유월) 八日(팔일) 午前(오전) 八時(팔시)에 生(생)

智理(지리) 長女(장녀) 一九一五年(일구일오년) 六月(유월) 十一日(십일일) 午前(오전) 八時(팔시) 二十分(이십분) 生(생)

智慧(지혜) 次女(차녀) 一九一七年(일구일칠년) 二月(이월) 八日(팔일) 午前(오전) 二時(이시) 生(생)

智蘭(지란) 三女(삼녀) 一九一九年(일구일구년) 四月(사월) 十七日(십칠일) 午前(오전) 八時(팔시) 二十分(이십분) 生(생)

秀凡(수범) 長子(장자) 一九二六年(일구이륙년) 九月(구월) 十七日(십칠일) 午前(오전) 九時(구시) 五十五分(오십오분) 生(생)

智姬(지희) 四女(사녀) 一九二九年(일구이구년) 一月(일월) 三十一日(삼십일일) 午后(오후) 一時(일시) 生(생)

奇凡(기범) 次子(차자) 一九三二年(일구삼이년) 七月(칠월) 二十四日(이십사일) 午后(오후) 十一時(십일시) 生(생)

妻(처) 貞(정) 姓(성) 柳(유) 本(본) 文化(문화) 一八九二年(일팔구이년) 五月(오월) 日(일) 生(생)

러시아어역본

ДНЕВНИК КИМ ГЕН ЧЕНА

Перевод с корейского: Константин Югай

ОТ ПЕРЕВОДЧИКА НА РУССКИЙ ЯЗЫК
(ОТ СОСТАВИТЕЛЯ РУССКОЙ ВЕРСИИ)

Первое издание книги известного южнокорейского писателя Ким Бен Хака «Мемуары Ким Ген Чена вышло в свет на его Родине в 2012 году. Этому предшествовала кропотливая работа автора по расшифровке рукопasдиси легендарного командира партизанского отряда, обнаруженной его родственниками, проживающими в казахстанском городе Караганда. Было известно, что с 1937 года, с момента депортации корейцев из районов Дальнего Востока в Казахстан и Среднюю Азию, рукопись хранилась в архивах КНБ Республики Казахстан в Караганде. Однако получить ее на руки потомкам командира удалось лишь в начале 2000-х годов.

В силу того, что Ким Ген Чен в течение 16 лет находился в Японии, обучаясь военному делу, для него приоритетным языком являлся японский. При этом, будучи пламенным патриотом своей Родины и борцом за освобождение Кореи, он вел свои записи на корейском языке. Его невысокий уровень владения корейским языком, а также обилие японских вкраплений вперемежку со старыми китайскими иероглифами существенно осложнили прочтение рукописи. Тем не менее, работа по расшифровке рукописи была успешно осуществлена писателем Ким Бен Хаком и книга дошла до корейского читателя. Ее выход в свет вызвал в Республике Корея серьезный общественный резонанс. Наконец, Родина узнала о трагической судьбе своего героя.

Командир сводного партизанского отряда Ким Ген Чен был посмертно удостоен президентского ордена «За заслуги в строительстве Государства».

По просьбе Ким Бен Хака мной был осуществлен перевод книги с корейского языка на русский язык. Дневник Ким Ген Чена, на наш взгляд, представляет собой несомненную историческую ценность. Он проливает свет на многие вопросы, связанные с историей советских корейцев, в частности, с участием корейцев в антияпонском освободительном движении в Приморье, оказавшем существенное влияние на процесс освобождения Корейского полуострова от японского протектората, а также в борьбе за установление Советской власти на Дальнем Востоке.

Пользуясь данной возможностью, хочу поблагодарить всех, кто оказывал нам содействие в работе над книгой, за активное участие в пропаганде истории и культуры советских корейцев.

Константин Югай

СОДЕРЖАНИЕ

Хочу увидеть Ли Си Ена.

Хочу увидеть Син Донг Чона.

Хочу увидеть Син Ен Голя.

Хочу увидеть Ан Му.

Хочу увидеть Лим Бен Гыка.

Хочу увидеть Ким Сен Ена.

Хочу увидеть Ким Чан О.[1]

---

1) Ли Си Ен – один из борцов за независимость Кореи, который, примерно в те же сроки, что и Ким Ген Чен, эмигрировал в Маньчжурию, был рядом с ним 8-го июня 1919 года, когда Ким Ген Чен отправился из уезда Андонг в Согандо. Ли Си Ен, принимая активное участие в освободительном движении, погиб в июле того же года.

Син Донг Чон – активный участник освободительного движения, выпускник старокорейской офицерской школы. Настоящее имя – Син Ен Гюн, или Син Пхаль Гюн. Когда Ким Ген Чен вместе с Чжи Дэ Хеном (Чжи Чонг Чон) впервые прибыли в офицерскую школу в Согандо, он уже находился там несколько дней. Все трое, будучи профессиональными военными, поклялись до последней капли крови бороться за освобождение Родины, и в честь этой клятвы изменили последние слоги своих имен и стали именоваться Син Донг Чон, Ким Ген Чон, Чжи Чонг Чон, за что их впоследствии стали называть южноманчжурской троицей Чон. Син Донг Чон погиб в июле 1924 года в ходе вооруженного конфликта с тоби(вооруженными бандитами), присоединившимися к Квантунской армии. На тот момент он был заместителем военного комиссара объединенной корейской освободительной армии. (Ли Енг Менг 《Повесть о Ким Ир Сене》(Синмунхваса)1974, стр.60-61; Пак Хван, (《Ким Ген Чен – участник антияпонского освободительного движения в Сибири》, 《Революционеры, ушедшие на материк》(Сеул, Государственный научный архив, 2003),стр.353; газета Донгаильбо, 30.07.1924).

Син Енг Голь был командиром 1-й роты объединенной сучанской корейской партизанской армии, которой командовал Ким Ген Чен. В сентябре 1921 года, когда Ким Ген Чен направился со своей армией в Анучино(Добенха), Син Енг Голь во главе роты остался охранять позиции в порту Ольга. В октябре того же года он, возглавив отряд из 50-ти уцелевших бойцов из двух рот, в основном корейских партизан, принял бой против 800 белогвардейцев, а на следующий день, захватив вражеский корабль, одержал полную победу. В этом бою от рук белогвардейцев погиб 21 партизан. Под тяжестью ответственности за павших бойцов 28 летний командир решил свести счеты с жизнью, вспоров себе живот. В то же время, в воспоминаниях Чой Хо Рима говорится о том, что партизанский отряд состоял из 78 бойцов,

Син Енг Голь покончил с собой из нежелания сдаваться врагу и было ему на тот момент 33 года. (《Корейцы и десятилетие Октябрьской революции》, Владивосток, 1927, стр.52-54.; Командарм Ким Ген Чен:《Воспоминания о красно-белой войне в заснеженной Сибири》(газета Донгаильбо, 29.07.1923.); Чой Хорим 《Исторический очерк о жизни корейцев на Дальнем Востоке》, (Хабаровск,1932).

Ан Му командовал в Маньчжурии армией народного собрания, активно боролся за освобождение Родины. В 1920 году, будучи вынужден отступить перед превосходящими силами японской армии, направил свои войска в Приморье, где продолжил борьбу против интервентов.

Лим Бен Гык родился в 1885 году в провинции Пхеннандо. В 1917 году эмигрировал в Китай, а после восстания 01.03.1919 командовал партизанским отрядом в Китае. В 1920-м в окрестностях населенного пункта Данчон в провинции Северный Хамген Лим Бен Гык со своим отрядом вступил в бой против отрядов японской армии. В этом бою Лим Бен Гык получил серьезное ранение. В 1921 году Лим Бен Гык во главе отряда из 100 партизан направился в Суйфунский район Приморья, где отряд влился в состав Дальневосточной народной революционной Армии и продолжал воевать против белых, а также против японской армии. Отряд Лим Бен Гыка осуществлял военные операции преимущественно в приграничных районах и добился ряда блестящих побед. В начале 1923 года Лим Бен Гык вернулся в Маньчжурию для продолжения антияпонской деятельности, но был арестован китайской полицией. Тем не менее, вопреки требованию японской полиции о выдаче Лим Бен Гыка, китайские полицейские посодействовали его побегу из тюрьмы, и ему удалось бежать с кандалами на ногах. Прибыв опять в Приморье, он вступил в ряды Коммунистической партии и стал председателем рыболовецкой артели в колхозе 《Путь Востока》, а также председателем сельхозкооператива.(М.Т.Ким. 《Корейские интернационалисты в борьбе за власть Советов на Дальнем Востоке(1918-1922)》, Москва, Издательство 《Наука》,1979, стр.107-108).

Ким Сон Енг и Ким Чан О, предположительно, были бойцами роты Син Енг Голя в составе партизанского соединения под началом Ким Ген Чена, участвовавшие в 1921 году в бою за город Ольга. В поименном списке партизан присутствует имя погибшего в том бою Ким Ан Хо, остальные имена погибших до сих пор неизвестны. Вполне вероятно, что речь здесь идет о Ким Чан О. В российской историографии нередко встречается неточное воспроизведение корейских антропонимов, связанное с артикуляционной спецификой корейского и русского языков.

СОКРОВЕННЫЕ МЫСЛИ

Я с детства привык вести дневники. К сожалению, многие из них затерялись где-то в водовороте жизненных коллизий. Интересно, сколько их осталось в моем сеульском доме?

А сейчас моя жизнь проходит в ущелье Манчундонг Сучанского района. Без всплесков эмоций, без веры в будущее, без идеи. Но если оглянуться назад, то, в общем, жизнь - сама такая, и, может быть, есть у Ген Чона какой-то выход из положения!

05.05.1925. г. Никольск

Нет никаких вестей о единственно правильном пути, а в рядах наших пламенных революционеров царит тишь да покой. Как вороны, изображающие журавлиную походку, они становятся объектом насмешек и дома, и за границей. Конечно, у нас еще нет революционного опыта, и многое для нас простительно, но все же на сердце камень. И не видно конца внутрипартийной розни. Хотя в моде сейчас лозунг «Единый фронт».

14.11.1925. Никольск

МОИ МЫСЛИ, МОИ МЕЧТЫ

Настоящий мужчина непременно мечтает о вечной славе
Как прожить жизнь возле никчемных конских яслей
Ветры бушуют и тучи сгущаются, и снег застилает глаза
Где найти героя, способного построить справедливый мир.

Слава героя – вот мечта настоящих мужчин
Или участь твоя – чистить конские ясли
Где же он, среди туч и ветров, среди белого снега
Тот, что сделает праведным мир.

Эти стихи я сочинил, будучи курсантом Кадетского училища в Токио. В этих стихах я, юноша, обозначил цель всей моей жизни. И этих слов я придерживаюсь до сих пор.

Эх, душа!!!

Как бы ни были высоки вершины Альп и Гималаев, как бы ни были глубоки воды Атлантики и Тихого океана, это всего лишь точечки на поверхности Земли, которая, в свою очередь, является не более чем маленькой песчинкой в масштабах Вселенной. И что значит твоя жизнь в этой тысячелетней истории, которая сравнима с капелькой росы, пусть даже ты прожил сотню лет полной приключений жизни и совершил массу немыслимых подвигов. Даже Великая Китайская Стена, построенная династией Цинь, или Хансик, сотворенный Гэджачу, если окинуть скептическим взглядом, представляют собой не Бог весть что, но, с другой стороны, это есть свидетельство существования жизненных ценностей и человеческой любознательности во все времена. И, несмотря на то, что я, Ген Чен, всего лишь пылинка в этой Вселенной, я буду бороться изо всех сил. Хотя, наверное, Вселенная в ответ лишь снисходительно посмеется надо мной.

За нацию, за страну, за общество, за мир во всем мире… пусть это выглядит пустыми словами, но мне все равно, окажусь ли я обманутым, зная об этой пустоте. Что делать, если сверху было предначертано явиться разок на этот свет! Остается лишь ждать и надеяться, что однажды я проснусь, веря в бессмысленность богатства и славы.

Сибирь. Ген Чен.

Я любовался азалиями на горе Енгдоксан, когда жил в Букчоне, собирал плоды шиповника, выросшего на белом песчаном берегу озера Хвихо, наблюдал с горы Намсан за течением похожей на огромную змею реки Хананг в Сеуле, и вздыхал, осматривая стены пятисотлетней крепости, построенной во времена династии Чосон; видел осенние хризантемы у старых крепостных ворот Чильсонгмун в Пхеньяне, каждый год слышал плеск морских волн у подножия горы Чангсан и вдыхал аромат токийской сакуры, омывал свои ноги в грязных водах Маньчжурии, спал под открытым небом в заснеженной Сибири. Сейчас это все как будто бы во сне. *Любой шум и грохот когда-то стихает. Любые трудности можно преодолеть. Любые радости когда-то проходят. Время Луи XIV тоже как-то незаметно прошло. Или тот же нищий на улице Чонгро – прошел, и нет его.*

Неужели я свободен! В этой жизни нет ничего особенного. Только одна надежда. И то не факт, что она сбудется. Все было напрасно. Не шуми напрасно, бродяга, и не тревожь природу. А не то она над тобой посмеется.

1. ПРЕДИСЛОВИЕ

Что мне дал Создатель Вселенной?

«Своей судьбой управляй сам», - подсказал он мне.

Вот так я и управляю своей судьбой.

В нужное время должен родиться нужный человек, способный своим неординарным решением преодолеть нечеловеческие трудности и совершить великие подвиги, а это значит, что я, Ген Чен, должен с головой окунуться в этот жизненный водоворот.

У западных ворот городка Букчон раскинулась красивая равнина, с северной стороны его окружают вершины гор Тхэдоксан и Енгдоксан со склонами, усыпанными цветами, под южным небом раскинулись бескрайние плодородные земли, а к Востоку через крепостные стены виднеются красивые пейзажи.

Отсюда в восьмилетнем возрасте вместе с моим отцом я переехал в Сеул, а в 17 лет уехал учиться в Японию...

К несчастью, Корея была аннексирована Японией, и мне в течение долгих 16 лет пришлось служить в японской армии.

01.03. 4252(1919)года, после принятия Декларации о Независимости, у меня появилась возможность участвовать в борьбе за свой народ, за свою Родину.

В этом дневнике я описал лишь малую часть из того, что видел. Другие записи были утеряны в многолетней жизненной суете.

Февраль 4254(1921) года, Приморье, Ким Ген Чен.

2. РОДНЫЕ МЕСТА

Я, Ким Ген Чен, родился в десятом часу вечера 5-го июня 4221(1888) года в селе Сомунве уезда Букчон провинции Северный Хамген. Фамилия моя Ким, а имя – Кенг Чон(Ген Чен). Бон (род) у меня Кимхэ, а деда моего зовут Ким Джонг Нам. Отца звали Ким Джонг У, он был сначала заместителем командира артиллерийской части, потом начальником базы артиллерийского вооружения, скончался в возрасте 52 лет, старшего брата звали Сонг Ын, он окончил Военное училище сухопутных войск в Японии, вернулся в Корею и поступил на военную службу, впервые создав инженерные войска и служил начальником части. Отец же был выпускником Японской Высшей Технической школы.

И отец, и мать, а также брат похоронены на южном склоне горы в деревне Гуро уезда Сихынг провинции Генгидо. Брату не было и тридцати, когда он умер.

Следует отметить, что и отец, и брат сделали неплохую карьеру при 26-м короле Коджонге, обладали всеми качествами, необходимыми для такой работы.

Природа в окрестностях Сомунве: на севере издалека виднеется величественная гора Тхэдоксан, на западе – цветущие склоны горы Енгдоксан, с южной стороны раскинулась прекрасная долина, похожая на море, и я навсегда сохраню в памяти эту красоту. С восточной стороны длинной змейкой тянутся остатки крепостной стены.

Гора Енгдоксан: не очень высокая, с не очень пологими и не слишком крутыми склонами, покрытыми вечнозелеными соснами, а также разнообразными цветами и плодовыми деревьями, представляет собой настоящий нерукотворный сад. Никогда не забуду, как я любил играть здесь с друзьями. Эти радостные мгновения до сих пор остаются светлым пятном в моей жизни.

В детстве я не был слишком умным, даже напротив – был чересчур простым, и родители украдкой переживали за меня. Когда мне было 5 лет, брат однажды принес домой рыбу-вьюна и поместил его в корыте с водой. Мне было очень интересно подержать его в руках, и я попытался его поймать. Но вьюн был очень верткий и раз за разом выскальзывал из ладоней. Мне это добавляло азарта и я, несмотря на увещевания матери, с веселым визгом продолжал ловить рыбу. На следующий день, как мне рассказали, мои родные с ужасом обнаружили меня спящим возле сосуда с рыбой.

3. ПЕРЕЕЗД В КВАНДЖУ

Осенью 4228(1895) года мы вслед за отцом переехали в деревню Хакхен уезда Човоль, недалеко от городка Кванджу в провинции Кенгидо. Вскоре после этого отец с моим братом уехали учиться в Японию. Я же начал изучать Ханмун. Пока отец с братом находились в Японии, скончалась моя матушка, и мне одному пришлось пережить немало трудностей. Когда мать слегла от болезни, я попытался найти для нее лекарство и, помнится, прошел пешком больше десяти ли, перешел вброд большую реку. Люди удивленно цокали языками, и рассказывали знакомым о смелом мальчике из Букчона. Мне в ту пору было 10 лет. Река, действительно, была широкая, с сильным течением, и не каждый взрослый человек решался перейти ее вброд, потому что любой неверный шаг мог обернуться трагедией.

Летом 4233(1900) года вернулись из Японии отец с моим старшим братом. После долгой разлуки я снова был рядом со своими близкими. Но вскоре настал и мой черед ехать в Японию. После кончины матери за мной присматривала бабушка, и в ее имени, кажется, присутствовала частица Со. В общем, натерпелся я от нее, потому что она следила за каждым моим шагом, который сопровождался ее злобными окриками.

4. ЖИЗНЬ В СЕУЛЕ

После того как летом 4233(1900) года из Японии возвратились отец с братом, мы переехали в Сеул, я поступил в школу Кенгсон и стал прилежно учиться. Основными предметами в школе были японский язык, история, география, физика, арифметика. 01.03.4236(1903) года я окончил школу Кенгсон. Отец прилагал все усилия, чтобы отправить меня учиться в Японию, но до поры до времени такой возможности не представлялось.

Весной 4237(1904)года Япония, пытавшаяся воспрепятствовать вторжению России в Маньчжурию, развернула военно-морские учения в прибрежных водах близ Инчона, и в воздухе запахло войной. Японские военные моряки, высадившись в Инчоне, каждый день наведывались в Сеул. Под неприкрытым давлением и угрозами полномочного японского представителя Ито Хиробуми корейский император Коджонг, придерживавшийся до этого нейтральной позиции в международных отношениях, все больше впадал в зависимость от Японии. Но это все происходило из-за того, что Правительство было слабое и некомпетентное. Если у нас дружественные отношения с Россией, а японцы победили в войне, то как они должны относиться к нам? Все дело в том, что в корейском Правительстве нет сильных и толковых людей.

Японская армия одержала победы в Чонгджу, на реке Амнокган, в Гурене, на полуострове Ляодун, но встретила ожесточенное сопротивление в Есунгу.

В этих тяжелых условиях, павшие духом император и члены Правительства направили в Японию для консультаций посла, а министру образования Ли Джэ Гыку поручили подготовить к отправке в Японию группу учащихся. Я тоже подал заявку. Отдельно стоит остановиться на экзаменационном материале. Сначала нужно было прочитать что-нибудь из Конфуция, а темой сочинения было «хагисисыпджибульекнакхо», что переводится как «Разве это не радость, учиться и совершенствоваться?». А потом был медосмотр. Однако результаты экзаменов, оказывается, зависят не только от знаний. Многое зависит от связей и влияния. Мне на этих экзаменах не довелось прочитать ни строчки из Конфуция. Наверное, благодаря тому, что отец и брат состояли на государственной службе, меня зачислили в группу абитуриентов для поездки в Японию. Я готов был учиться если не в качестве стипендиата, то хотя бы за свои деньги. В те годы отец работал начальником базы артиллерийского вооружения, а брат – командующим инженерными войсками.

В августе того же года группа учащихся из 50-ти человек под руководством Ли Джэ Гыка отправилась паромом из порта Инчон в Японию. Было много разговоров о том, сколько пользы в будущем принесут стране и народу эти 50 человек. К слову, в этой группе были Чве Рин, Ким Джин Енг, Чо Енг Ын и другие. Также вместе с нами в Японию поехал Ли Енг Ик, но он, скорее всего, находился в Японии не по своей прихоти, а в качестве представителя Кореи для решения каких-то корейско-японских политических вопросов. Подробности мне не известны.

5. СТУДЕНЧЕСКИЕ ГОДЫ В ЯПОНИИ

Победа Японии в русско-японской войне способствовала тому, что Корея начала отправлять свою молодежь на обучение в Японию, а меня заставила принять решение стать военным и служить своему народу. В августе 4237(1904) года наш паром с министром Ли Джэ Гыком на борту вышел из порта Инчон. Ли Джэ Гык – крайне невежественный человек. В высоком сангтху (традиционный корейский головной убор), похожем на рог, он еще до отъезда стал объектом насмешек среди учащихся. Из-за того, что я знаю японский язык, меня назначили старшим группы. И везде я был переводчиком. Перед экзаменом, когда отбирали группу для поездки в Японию, Ли Джэ Гык, увидев меня в костюме и с короткой стрижкой, сказал: «Ты и так выглядишь неплохо, зачем тебе ехать в Японию?».

Если человек, отвечающий за подготовку интеллектуальных ресурсов в одной отдельно взятой стране, видит главной целью образования за границей лишь ношение костюма, что же тогда ждет Корею?

В день отправления, как и полагается ранней осени, было солнечно и дул слабый ветерок. Где-то около 10-ти утра я прошел регистрацию в порту Инчон и вышел на причал, а там меня уже ждали отец с братом. Когда я, совершив прощальный поклон отцу и брату, поднялся на палубу, и паром медленно отчалил, было уже далеко за полдень. На душе было светло и радостно. Меня ждал путь в десять тысяч ли. В моих руках была и корейская революция, и радикальные реформы в стране. Я впервые уезжал за границу, и меня распирало от новых чувств. От нас, пятидесяти парней, зависела судьба страны, раскинувшейся на три тысячи ли. Такое, по крайней мере, было у всех ощущение. Но если в будущем страна посчитает, что никто из нас не пригоден для великих дел, то вся эта миссия окажется пустой тратой времени.

В ту ночь была серьезная качка, и отовсюду доносились стоны

блюющих людей. После Гунсана и Мокпхо мы прибыли в порт Пусан. Сойдя с парома и прогулявшись по городу, я отметил про себя, что он ничем не отличается от Японии. Настолько мало здесь корейцев.

Отправились дальше в путь и через 7 дней прибыли в Магван, город на зеленых холмах, с очень красивой панорамой. Переночевали в гостинице, утром сели в токийский экспресс и помчались в восточном направлении, а на следующий день прибыли на конечную станцию с новым мостом, где нас встречало несколько сотрудников диппредставительства. Сразу заметил на бамбуковой шляпе у рикши, тащившего коляску нашего Посольства, корейский флаг «тхэгыкги». Прямо со станции пошли в гостиницу «Токио», что западнее парка Ильбигокгонгвон. Всю группу направили на курсы японского языка, а я попал на обычный подготовительный факультет, где изучают общеобразовательные предметы, и размышлял, какую себе выбрать специальность. Отец и брат советуют идти в Политехнический. А я пока не знаю, куда податься.

Вот так, незаметно, пришла весна 4238(1905) года. В один из погожих дней, не слишком обремененный заботами, я решил найти почитать что-нибудь о великих героях прошлого и обошел все книжные лавки в Синджондэтхонг. Героев было много, но такого, чтобы запал мне глубоко в душу, почему-то не оказалось. Заглянул еще в несколько десятков лавок, и в одной из них, наверное, самой неказистой, хозяин, с загадочной улыбкой предложил одну маленькую, изрядно потрепанную книжку.

...И ВСТАЛ, ВОСПРЯНУВ ДУХОМ...

На обложке этой старой и потертой книжки был нарисован образ молодого европейского воина с ясными глазами, светлым лицом, красивым профилем и длинной шевелюрой. Над ним японскими буквами было начертано: «Наполеон Бонапарт». Это была краткая история о жизни и деяниях великого и несравненного полководца Наполеона Бонапарта, лет сто назад родившегося на маленьком острове Корсика, в Аяччо, что в Южной Франции. Купив эту книжку за 13 чон, я в одиночестве, при свете керосиновой лампы, взахлеб перечитывал ее несколько дней и ночей. После этого в моем сознании произошли кое-какие изменения. Вопреки строгим наставлениям отца и брата, я решил стать военным, чтобы совершать такие же подвиги и быть во всем похожим на него. Читая о трудностях, испытанных Наполеоном, я переживаю так, как будто бы это происходило со мной. С этого времени я превратился в страстного почитателя Наполеона.

И теперь для начала нужно, по примеру Наполеона, поступить в кадетскую гимназию. В Посольстве сказали, что в Японии тоже есть кадетская гимназия, и когда я, корейский мальчишка, изъявил желание поступить в нее, чтобы в будущем стать достойным офицером, наш посол организовал для меня прием в японском МИД. Затем министр обороны Японии походатайствовал о визе Императора Японии, и в сентябре того же года я был зачислен в кадетскую гимназию. Тем летом в Токио приехал мой старший брат в составе военной делегации, и у нас была радостная встреча, но брат был против того, чтобы я учился на военного. Однако я в своем решении был непреклонен.

БУДУ ОФИЦЕРОМ

1 сентября 4238(1905) года я поступил на 2-й курс подготовительного отделения Кадетской гимназии при Токийской Академии сухопутных войск. Когда впервые надел военную форму, естественно, была радость, и в то же время не давала покоя мысль: «А что же будет дальше? Сколько испытаний ждет меня впереди? Чего я добьюсь на этой стезе?».

Я был единственным корейцем из 650-ти курсантов, и это благодаря тому, что познакомился с Наполеоном. С этого дня одиночество, тоска по Родине и холодная казарменная постель стали моими лучшими друзьями, а поставленная цель помогала крепить мой моральный дух, и все это вместе делало из меня железного человека.

В Кадетской гимназии было три подготовительных и два основных курса. Меня по результатам экзаменов зачислили сразу на второй подготовительный курс. К общеобразовательным дисциплинам здесь добавлен усиленный курс военной подготовки. Военную теорию и практику преподавали очень жестко и строго, по-спартански, даже зимой в помещении занимались при минусовой температуре. Наконец, в начале осени, когда мне исполнилось 18 лет, я стал полноправным военным. Это был период русско-японской войны, и в японской армии царил высокий боевой дух. В Кадетской гимназии соблюдался очень строгий порядок, курсантов специально держали в холоде и кормили впроголодь. Это был настоящий военный учебный центр, под стать регулярной армии одной из могущественных государств мира.

На меня стоило посмотреть в то время, когда я был курсантом кадетской гимназии в Токио. Шестьсот с лишним человек с нескрываемым изумлением смотрели на меня, парня из отсталой страны, каким-то чудом оказавшегося среди них. Даже во время прогулки многие специально подходили поглазеть на меня. А я молча, усмехаясь про себя, смотрел на них своими ясными глазами, и делал равнодушное лицо. Потом они говорили, что я похож на

Наполеона. За те несколько лет, проведенные здесь, у меня был лишь один настоящий друг – Абу. Я очень любил одиночество и покой. Я любил в одиночестве бродить по парку, разбитому за зданием гимназии, в глубоких размышлениях о моей стране и народе, взывал к небу, тяжело вздыхал по поводу разгула коррупции, и думал о своем будущем. После того как скончался старший брат, а следом - через год, и отец, я еще больше замкнулся в себе.

Меня больше всего унижало и злило, когда преподаватели или курсанты нелестно отзывались о моей стране. Я мог не разговаривать с ними по десять, а то и по двадцать дней. На корейском языке удавалось поговорить изредка, на выходные, когда раз в месяц, а то и в два месяца раз, встречался с кем-то из земляков. Все остальное время приходилось говорить на японском языке. Даже во сне разговаривал по-японски. Поэтому мои студенческие годы - это, можно сказать, были годы одиночества.

Зимой 4239(1906) года я получил письмо от отца, в котором была весть о кончине брата. Брату не было и тридцати. Даже детей после себя не оставил. Так я остался единственным продолжателем рода в шестом поколении. Как же осиротел наш дом! Мне так одиноко. И раз мне было суждено такое пережить, я должен был стать достойным своего брата и выучиться должным образом.

1 сентября 4240(1907) года я стал курсантом Основного Отделения. Весной 4240(1907) года скончался отец. Что происходит с нашей семьей! Пока отец с братом находились за границей, умерли мать с бабушкой, теперь, когда я нахожусь далеко от дома, отец с братом друг за другом покинули этот мир. У нас в семье какой-то свой распорядок. Во всех поколениях было по одному мужчине, а у нас в семье – двое. Брат умер, и вот теперь я остался один. Никак не разрастется наш семейный клан. Мой отец – самый успешный человек в нашем роду со времен нашего дальнего предка Иппуксиджо. И я думаю, что даже все то, чего за свою короткую жизнь добился мой старший брат, в немалой степени заслуга моего отца. Я очень тяжело пережил утрату. В душе моей было даже какое-то смутное

ощущение обиды за то, что он оставил меня одного, еще не окрепшего мальчика, в этом океане человеческих взаимоотношений. Отца похоронили в родовом имении на южной горе деревни Гуро, уезда Пукмен, недалеко от городка Сихын.

Восьмого июня этого года, в 8 часов утра появилась на свет сестренка Окджин. Она находилась еще в утробе матери, когда скончался наш отец, и для меня она является самым драгоценным существом на Земле.

В июле 4241(1908) года я окончил основной курс кадетской гимназии, и в звании старшего рядового кавалерии поступил на службу в 1-й эскадрон 1-го Токийского кавалерийского полка. Было радостно на душе, так как сбылась моя заветная мечта, подо мной был резвый боевой конь, а я стал настоящим воином. В сентябре мне присвоили звание капрала, а в ноябре я принимал участие в осенних крупномасштабных маневрах, где в первый раз в жизни наблюдал передвижение огромной армии. А в один из дней 1909 года, во время отработки оборонительных действий в пригороде Токио, разошлась новость об убийстве японского генерального резидента в Корее Ито Хиробуми. В тот вечер в Токио было очень неспокойно. А у меня екнуло сердце. Полномочного представителя застрелил Ан Джун Гын. Я не знаю всех подробностей.

《Но это же великое дело! Значит, есть еще у нас отважные люди!》 - воскликнул я про себя.

Ито Хиробуми был очень влиятельным политиком, который, после победы Японии в войне с Россией в течение нескольких лет находился в Сеуле, оказывал жесткое давление на Правительство Кореи, заставив ее ратифицировать пять позорных соглашений под общим названием 《Договор о покровительстве》, что, в сущности, означало полный крах Кореи. А в этот раз Хиробуми прибыл в Харбин на переговоры с российским министром финансов Коковцовым В.Н. для урегулирования маньчжурской проблемы, но не успел сойти на перрон и пожать руку министру, как получил смертельную пулю от Ан Джун Гына.

Этой осенью в кадетскую гимназию из Сеула прибыло около 30-ти абитуриентов, и у меня теперь стало больше друзей. А все из-за того, что японцы разоружили нашу армию.

ПЕРВОЕ ДЕКАБРЯ

Сегодня я поступил в Высшее Офицерское Училище сухопутных войск. Это заключительная часть моего обучения, после которой я буду настоящим кадровым офицером. Расправив шире плечи, преисполненный чувства достоинства, я вошел в двери учебного заведения. В Училище я веду себя, как второй Наполеон. У меня на столе непременно лежат книги о Наполеоне. Уже пятый год, как я веду образ жизни, напоминающий жизненный распорядок Наполеона, поэтому мой боевой дух на должном уровне. Даже наблюдая за речью и действиями преподавателей, отмечаю про себя, что я уже ничем не хуже. Мое почитание Наполеона иногда идет мне во вред. Все время замечаю несправедливость этой жизни, люблю одиночество и покой, мало общаюсь с сокурсниками, из-за чего друзей близких - раз-два, и обчелся. Мой однокурсник, японец, дал мне прозвище Второй Наполеон. Каждый раз, когда читаю о Наполеоне, у меня поднимается настроение, и я представляю себе свое будущее. По воскресеньям остаюсь в казарме, читаю книги и общаюсь с портретом Наполеона.

Чувствую, что постепенно ухудшается здоровье. Годы спартанской жизни, одиночество, мрачные мысли, трагедия в семье, и никакого источника силы и тепла. Никакого. Один лишь холод. И в отношениях – холод. Страна моя терпит крах и становится придатком Японии. Командир созвал эскадрон и прочитал лекцию о причинах присоединения. Среди однокурсников были и такие, кто успокаивал меня, подбадривал и предлагал учиться дальше, помогая друг другу.

Я почти забыл родной язык, изъясняюсь только простыми словами. Ну, а как же иначе. Уже шестой год один среди японцев, с корейцами встречаюсь лишь в редкие выходные. Корейцы часто подшучивают над моей речью. Но зато дух мой и разум становятся все крепче.

Однажды поднялся переполох из-за того, что к Земле, якобы, приближается Комета Галея. Комета не прилетела. Но страху было много.

ОКОНЧАНИЕ ОФИЦЕРСКОГО УЧИЛИЩА

Летом, в июне 4243(1910) года, с помощью Всевышнего я окончил Высшее Офицерское училище сухопутных войск. Наконец, произошло то событие, к которому я шел все эти годы, попутно лишившись отца и брата, и потратив почти все наше состояние. Самое ценное, что я получил в стенах училища, это, мне кажется, не столько знания в области военной науки, сколько закалка боевого духа и разума. Дух и разум – это тот цветочек в моей душе, который теперь не вытравить из меня ни железом, ни кровью. Я вернулся в свой 1-й кавалерийский полк молодым офицером. В ноябре повторно принимал участие в осенних крупномасштабных учениях. Назначенный на пост генерал-губернатора Кореи японец Тераучи вызвал меня к себе и предложил офицерскую должность в японской армии. Я подумал. Страны моей больше нет, а для того, чтобы строить будущее, одного диплома Офицерского училища недостаточно. Мне был необходим опыт действующего командира, и я принял предложение. В конце декабря того же года по приказу Ванмогина я, молодой лейтенант, получил официальное назначение в кавалерию японских сухопутных войск. Меня не покидало странное ощущение. Пока существовало Корейское Правительство во главе с императором Коджоном, я был здесь иностранным учащимся, но в жизни все перевернулось так, что теперь я - японский офицер. Сколько же перемен в моей жизни! В январе 4244(1911) года я снял жилье за пределами военной части и ежедневно исполнял свои служебные обязанности.

Через некоторое время я впервые за несколько лет вернулся на побывку в Корею, женился, как было запланировано, и поселился в доме по адресу: г. Сеул, р-н Саджикдонг 166. Этот дом мне нравился больше всех. Он напоминал райский сад. Никогда его не забуду.

Весной 4247(1914) года мне было присвоено звание старшего лейтенанта. Прошел курсы повышения квалификации в Офицерской школе, за полгода овладев техникой фехтования и гимнастики. В 4249(1916) году поступил в Кавалерийское училище и окончил годичные курсы верховой езды. Также был слушателем курсов в инженерных и строительных войсках. За прошедшие 7-8 лет офицерской жизни, я, можно сказать, получил все необходимые боевому командиру знания и навыки. Осталось только поступить в Академию. Но здесь много вопросов. Получится или нет, пройду экзамены или нет. Но я очень устал, и со здоровьем большие проблемы. Мне было необходимо отдохнуть и подлечиться. В 4251(1918) году принял решение попросить отпуск, и вместе с семьей и нажитым скарбом, после 16 лет военной жизни, в том числе 9 лет офицерской, навсегда вернулся в мой любимый дом с садом на улице Саджикдонг. Теперь я глава семьи из пяти человек: жена Джонг Хва, сестра Ок Джин, старшая дочь Джи Ри, младшая дочь Джи Хе.

6. ВТОРОЙ ОТПУСК В СЕУЛЕ. БОРЬБА ЗА СВОБОДУ

В январе 4252(1919) года в связи с ухудшением здоровья я написал рапорт о предоставлении отпуска и прибыл в свой сеульский дом. 16 лет уже минуло. Когда я уезжал из дома, Корея была еще независимым государством. А теперь даже я – японский кавалерийский офицер. Очень ограниченный в свободе человек.

Мой дом расположен на склоне невысокой горы и занимает площадь в тысячу пхен (чуть больше 30-ти соток). Рядом, между двумя каменными глыбами посреди веселого разноцветья течет родник с целебной водой, а вдалеке виднеются горы Инвансган, Пугаксан, Самгаксан, Инджонгджон. Тут же природный сосновый парк Саджик – еще один штрих, дополняющий великолепную панораму. Я люблю этот парк. Внутри парка есть пруд с каменным мостиком, а у пруда стоит каменная статуя мальчика, которая пролежала в земле не меньше пятисот лет, нет, и в самом деле, минимум – 500 лет, ее раскопали недалеко от дома, на дне речки и установили возле пруда. Смотрю на статую, и словно заглядываю в пятисотлетнюю глубь истории. Горы богаты растительностью. Сосны, каштаны, азалии, дикие яблони, и много других деревьев. Летом они все зеленые, но весной, во время цветения, стоит приятная взору богатая палитра цветов. Осенью склоны гор, словно от стелющихся туч, окрашиваются в темно-пурпурный цвет, который придают им массово созревающие плоды каштана.

На западном склоне стоит небольшой старый домик для отдыха. У него есть свое название –Генгчонгак. Это место, где я любил находиться, любуясь вершинами окружающих гор – Самгаксан, Инвансган, Пугаксан, размышляя о прошлом и настоящем. Здесь же бегущий из камня кристально чистый родник Енгымсу, а восточнее отсюда – невысокая гора Унсимдэ. Никогда не забуду эти прекрасные места.

Уже полгода прошло с тех пор, как я вернулся в свой дом

и начал вести спокойную, неторопливую жизнь, восстанавливая здоровье, когда весной 4252(1919) года скончался Император Коджонг и в городе начались волнения. Скорее всего, это было убийство. Жаль человека. Стать однажды в жизни коронованным Императором и при жизни потерять свое государство, а потом еще быть низложенным и лишиться всех регалий – такое не всякому пожелаешь. Я, узнав об этом, принял участие во всех траурных мероприятиях, выразив тем самым мое личное почтение к усопшему.

Причиной всех великих и малых мировых войн является милитаризм вкупе с тщеславием, которые делают положение руководителей еще более опасным. Президент США Уилсон опубликовал Декларацию о праве наций на самоопределение, что оказало огромное влияние на наше самосознание, а после смерти последнего Императора все это вылилось в открытые волнения среди молодежи. Борьба за свободу, данную свыше - самое благородное дело в жизни человечества. Первое марта! В моем саду готовы распуститься первые бутоны.

В мой дом часто приходит преисполненная высоких идей молодежь. И у всех есть смутное предчувствие надвигающихся событий.

Для того, чтобы создать видимость добровольного присоединения Кореи на конференции в Лиге Наций, японцы сфабриковали документ, под которым тайно поставили свои подписи предатели Родины Син Хын У - как представитель религиозных организаций, Чо Джунг Ын и Ли Ван Енг - от аристократических кругов, […] от промышленных групп, и потребовали подписи Императора, но получили отказ, после чего прибегли к его физическому устранению. К тому же, на 25 марта была запланирована женитьба принца Ли Ына на дочери представителя японского императорского рода Ибонгуна. Однако в связи с кончиной Императора свадьба была отменена.

После захвата Кореи японцы внедрили в страну жандармерию, действия которой временами выходили за рамки общечеловеческих норм. Мы - нация с более чем четырехтысячелетней историей, которая не раз видела примеры падения государства, взять хотя бы ту же династию Ли, правившую пятьсот лет, но ведь были и времена, когда наша страна простиралась до самого Дальнего Востока, а мы переживали расцвет культуры. В том, что мы все сегодня находимся в таком положении, всему виной династия Ли. Династия Ли – злейшие враги нашего народа. Но даже после 10-ти лет колониального режима, у нас остались люди, способные, несмотря ни на что, бороться за возрождение нации. Среди нашей молодежи хватает своих Наполеонов, Бисмарков, Тристов, Веллингтонов, Диеров. Даже в условиях кровавого террора в стране подрастает новое поколение, способное построить новое государство. Всевышний благоволит к нам, рождая смелых и талантливых людей.

До возвращения в Сеул я встречался с такими людьми в Токио. Каждый из них был готов к борьбе. Я считал, что для большой войны мы еще не готовы, но все же, мы достаточно окрепли в моральном смысле, и мы должны добиваться того, чтобы и весь народ был един в своих стремлениях. Действительно, это так. Я получил письмо, в котором говорилось, что среди студентов, обучающихся в Токио, началось движение за освобождение Родины. На землю в три тысячи ли пришла долгожданная весна!

1 МАРТА

После того как наши студенты в Японии заварили кашу, в Сеуле во всех организациях началось тайное движение. Я не мог принимать в этом непосредственное участие. Но информацию получал регулярно. Есть причина, по которой мне не следовало участвовать в этих делах. Никто и не представлял, что дело может получить такой размах.

Первое марта! В этот день была ясная, теплая погода. Около 10-ти утра я вышел из дома и направился в Дом молодежи. Проходя мимо ворот Яджухена(?) я увидел военный автомобиль с десятком жандармов в кузове, которые, будто предчувствуя что-то, усиленно патрулировали территорию. Внезапно сеульское небо затянуло серыми тучами и в воздухе запахло грозой. Мою душу переполняли противоречивые чувства. Какая реакция последует от японской стороны, и хватит ли у наших людей самообладания. Прибыв на улицу Чонгро, увидел, что здесь обстановка еще более накалена.

В Доме молодежи было спокойно. Пока беседовал с сотрудниками, а затем встретился с управляющим делами Юн Чи Хо в его кабинете, незаметно подоспел обеденный час. Я собрался было предложить Юну отобедать вместе. Но неожиданно дом окружили японские жандармы, и в кабинет к Юну ворвался человек в военной униформе, похожий на начальника полиции. Тот предъявил Юну ордер на обыск, и ему пришлось подчиниться. Всех посетителей Дома молодежи загнали в одну дальнюю комнату. Среди них оказался и я.

Сегодня мы заявляем о том, что свобода дана нам свыше! Половина третьего дня. И тут со стороны парка Пагоды доносится: «Да здравствует Корея!» Словно звон металла, пробирающий до костей, отчаянный, полный справедливого негодования, идущий из кровоточащей груди возглас. Улицу Чонгро заполнили собравшиеся со всех уголков города студенты. У запертых в дальнем кабинете Дома молодежи людей от волнения поменялось выражение лица. Улица Чонгро гудит, словно улей, а японские жандармы с саблями наголо арестовывают демонстрантов и увозят их в полицейский участок.

Задержанных в Доме молодежи подвергли проверке и отпустили. Я вышел на улицу и осмотрелся. Передо мной открылась следующая картина. Молодежь направилась мимо дворца Генунгун в сторону ворот Дэханмун, а оттуда свернула в направлении района Нихен – японского квартала. В толпе было немало девушек. Их, видимо, переполняло чувство гордости оттого, что они наравне с мужчинами идут спасать свою утерянную Родину. Даже студентка с распущенными волосами – прихожанка англиканской церкви, вместе со всеми участвовала в погроме японского квартала.

Какой-то нищий на улице Чонгро, кричавший: «Да здравствует Корея!», был тут же схвачен японской полицией. Кто-то в толпе, заметив это, грустно пошутил: «Теперь хоть в тюрьме голодать не будет», - чем вызвал непроизвольный смех среди присутствующих.

Когда члены молодежной организации подошли к гинекологической клинике, что у Восточных ворот Донгдэмун, и стали выкрикивать лозунги, и их призывы со слезами на глазах подхватил весь медицинский персонал, в моей груди все сильнее закипала ярость. Лица прохожих, шагавших по улице, всех пассажиров, проезжавших в общественном транспорте, выражали благородный гнев, словно они в едином порыве выполняли глобальную миссию. Солнце на западе постепенно ушло за гору Инвангсан, улицы Сеула немного успокоились, люди затаились в ожидании: «Что же будет дальше?».

Кто-то предлагал незамедлительно сформировать новое Правительство. То тут, то там, были слышны голоса уважаемых людей.

В Доме молодежи мне многие советовали: «Возьми в руки оружие. Вынимай саблю из ножен!»

Но для того, чтобы сделать это, мне было необходимо уехать или в Согандо (Западную Маньчжурию), или в Пукгандо (Северную Маньчжурию), или в Россию. А я и без этого провел за границей больше пятнадцати лет. Мне говорят, что это мое призвание. Мне свыше предначертано, находиться вдали от дома. Я прекрасно знаю, что никто не сделает это лучше меня. В моем саду ежедневно проходят собрания. Как раз в страну вернулись Ли Ын Джун, Джи Дэ Хен. Нужно было принимать решение. Джи Дэ Хен был двумя руками за то, чтобы эмигрировать за границу, а Ли Ын Джун просто не посмел отказаться. На собраниях обсуждались разные вопросы. Я же для себя принял решение. А молодежь - пусть себе еще порассуждает.

1. После долгих 15 лет вдали от дома меня ждет новое испытание.

И если бы я боялся опасностей, то уже тогда, когда скончались отец и брат, мне следовало оставаться дома и хранить очаг, а то, что пережил столько неимоверных трудностей, живя за границей, было подчинено одной цели: стать полезным для своей нации, поэтому я буду действовать смело и решительно. И пусть меня поджидают ошибки и неудачи, я не хочу оставаться сторонним наблюдателем. Существуют враги, которые предали Родину, но и тот, кто, зная обо всем, сидит, сложа руки - тоже предатель.

2. Из всего 20-ти миллионного населения днем с огнем не отыскать такого, чтобы был обучен защищать Родину так, как я. Разве только мои младшие братья по училищу в будущем смогут стать такими. Даже в вопросах национального самосознания большинство из 20-ти миллионов разбирается хуже меня. И если я, такой обученный и знающий, пожалею себя и побоюсь рискнуть ради такого великого дела, то больше такого шанса может и не представиться. А если я буду смелым и решительным, то за мной пойдут и те, кто раньше не решался на такой шаг. Но если же я буду дрожать за свою шкуру, то те, кто слабее меня, станут еще слабее. Мне стыдно жить спокойной жизнью. Я буду чувствовать себя преступником. И даже если 20 миллионная нация проклянет меня, я проклясть 20 миллионную нацию не смогу.

3. Моя эмиграция связана с международной политической ситуацией. После Мировой войны международная обстановка перестала делиться на азиатскую и европейскую, и стала полностью взаимосвязанной. Япония по многим внутренним причинам стала изолированной от остального мира. Она же повинна в крахе Желтого континента. Все проблемы – от недальновидной политики Японии. На самом деле от Японии осталась одна шелуха, если не брать в расчет ее армию. Она не желает строить добрососедские отношения ни с Китаем, ни с нами, ни с Восточной Россией, ни с Индией, ни с Сиамом,

используя лишь политику давления вперемежку с не приносящим никакой выгоды заигрыванием, становясь козлом отпущения для мировых держав и объектом иронии в международном сообществе. А все дело в том, что ее прерогативой являются вовсе не финансовая система, не металлургическая промышленность, не международные отношения, и не собственный народ, не пищевая промышленность и индустриализация, не самолеты и субмарины, а только лишь форсированное вооружение армии.

Единственное, чего у Японии с избытком хватит на трехлетнюю войну, это пушечное мясо. Металлургия не продержится и года. Продовольствия тоже хватит не больше чем на год. В плане терпения и стойкости ее народ также в мире не на первом месте. Социалистическая партия с каждым днем все сильнее и настойчивее. А армия уже не та, что была во время русско-японской войны при Цусиме и Порт-Артуре. Вторжение японских войск в Сибирь привело к потере Хэхаджона, Иджваго и Хангу. В результате Япония точно так же, как и Хангу, попала в изоляцию и находится в безвыходном положении. И это при таких амбициях! Из сказанного выше я могу сделать вывод, что если однажды в мире начнется война, то мы, объединившись с миллионным населением наших людей, живущих в северо-восточных районах Китая и Сибири, сможем пропагандировать идеи справедливости во всем мире, а против Японии – выступить с оружием в руках и добиться независимости Родины.

В то же время, я не думаю, что на этот раз нам удастся сразу добиться независимости. Чтобы окончательно освободиться от японского господства, миру нужно пережить вторую войну. С этой точки зрения, я думаю, немного рановато для моего отъезда. Но я еще молод, силен и отважен, поэтому нет ничего страшного в том, что я проведу лишние годы за границей и наберусь опыта. Мы втроем решили добираться по железной дороге через Синыйджу в Согандо. Ли Ын Джун, сославшись на неотложные дела, уехал в Пхеньян. Ан Квак тайно выехал в Шанхай. А мы с Джи Дэ Хеном ежедневно проводим секретные совещания. Почти через день ко мне домой наведывается сотрудник Тайной полиции.

Однажды я верхом на лошади прогуливался мимо конторы Тайной полиции и случайно наткнулся на начальника, а рядом с ним был знакомый капрал. «Когда возвращаетесь в часть?» - спросил капрал. «Совсем скоро», - ответил я. «Вам что-нибудь известно об освободительном движении?» - снова спросил капрал. Меня едва не разобрал смех, но, сдержавшись, я строго произнес: «Не мне следует знать об этом». «Так точно!» - растерянно отдавая честь, ответил капрал.

Потом, когда снова прокрутил в голове этот случай, подумал: не брякнул ли я чего лишнего?

Я сложил в дорогу одежду и походные вещи. Все было готово, но единственное, что никак не выходит у меня из головы – это жена и дети, которых приходится оставлять в который уже раз за всю мою неспокойную жизнь.

«Буду считать, что их у меня нет», - твержу я себе.

Но как? Они же все время перед глазами. Оттого и больней. Мои несчастные жена и дети. Это я, отец семейства, целиком повинен в том, что они не имеют возможности жить, как другие, полноценной счастливой семейной жизнью. Еще было грустно оттого, что приходится покидать мой любимый уютный сад. Кто теперь будет взбираться на гору Генченгак и бродить по склонам Унсимдэ? И когда теперь доведется испить целебной воды из родника Енгымсу? Они остаются одни – супруга Джонгхва, сестричка Окджин, любимые дочери Джири, Джихе и Джиран. Все они переживают за меня больше, чем я беспокоюсь о них. Но пусть Всевышний их любит и защитит.

В конце мая уже повсеместно просочилась информация о готовящихся акциях, и по всей стране в японские застенки попало более 10-ти тысяч человек из разных организаций, из-за чего японцам пришлось значительно увеличить вместимость сеульской тюрьмы в районе Западных ворот Содэмун, о чем для острастки населения писали в ежедневной газете Мэильсинмун. А нам наплевать: мы только посмеиваемся себе под нос. Среди заключенных не только молодые парни и девушки, но и дети 7-8-ми лет. Есть и старики, и вдовы.

Однажды проходил мимо суда одной из префектур в Сеуле и увидел в машине молодых парней в арестантских робах. Их было четверо или пятеро. Рядом, прикрыв лицо подолом испачканного платья, рыдала сорокалетняя женщина. У меня от этой картины невольно проступили слезы. Что же натворили эти ребята в арестантской одежде? В чем они виноваты? А ты, Япония, во что оденешься, когда придет время отвечать за все? Эти парни – самые отважные представители моего любимого народа. Всем им – что-то около двадцати. Они уже знают, что значит родная нация. Они знают, что такое соотечественник. И знают они о том, что для нации с момента ее зарождения самым прекрасным и дорогим в жизни является свобода. А где же вы, так называемые, сытые и хорошо одетые господа? Что же вы попрятались по углам? Ни к чему заграничное образование, и почтенный возраст ничего не значит. Я люблю вас, парни в расцвете лет, только держитесь, крепитесь, мужайте. Скоро наступит День возмездия.

Есть одно большое различие между американскими, английскими или японскими молодыми людьми и нынешней корейской молодежью. У нас есть великая цель: возрождение государства. У них такой задачи нет. Поэтому у нас любой мужчина, ничего не видя вокруг, беззаботно сидящий дома и жующий рис, считается преступником. Ты что, не слышишь зов Родины? Если Ли Ван Енг – предатель, продавший Родину, то вы – предаете Родину своим бездействием. Я бы понял, если бы в Корее были интеллектуалы, понимающие, что значит – государство, но их можно пересчитать по пальцам. И даже из этой горстки людей кто-то сидит, сложа руки, а кто-то прислуживает японцам. Мне очень обидно за весь

Корейский полуостров.

Какой-то тип по имени Мин Вон Сик мотается в Японию и утверждает, что мы должны ассимилироваться с японцами. Попадись этот ублюдок мне сейчас под горячую руку... Мин Вон Сик и так тупой и невежественный, а тут ему, наверное, еще и деньжат подбросили.

7. ПОБЕГ В ЮЖНУЮ МАНЬЧЖУРИЮ

А. 4252(1919) год

6-е июня.

Вчера был день моего рождения. Отмечал его с самыми близкими друзьями, выпили по рюмочке, а сегодня с утра пасмурно и льет дождь. Самый подходящий момент! Его нельзя упускать. И я сказал Джи Дэ Хену: «Послушай, как ты думаешь, может быть, сегодня рискнем?»

Джи Гун (Гун – обращение к младшим по возрасту или званию) обрадовался. Ким Енг Соб тоже был согласен. Поручив Ким Гуну обеспечить прикрытие, мы с Джи Гуном сели в машину за воротами Яджухен. Уже был полдень – где-то начало первого.

Мы проехали гору Самгаксан, наш автомобиль летел, словно стрела. Очень скоро миновали Южные ворота - Намдэмун и почти доехали до железнодорожного вокзала, как вдруг раздался хлопок: оказалось, пробило камеру. За те десять минут, что мы чинили машину посреди толпы, на холодном весеннем ветру, казалось, и сердце, и печень, и все остальное превратится в кусочки льда. Поменяв колесо, мы двинулись дальше, проехали через железный мост и, вырулив на широкую безлюдную улицу, добавили скорость. Но мне все равно казалось, что мы едем слишком медленно, и душа моя бежала вприпрыжку далеко впереди автомобиля. «Вперед, на Сувон! Гони быстрее на Сувон!»

В Сувон прибыли засветло. Отдохнули и поужинали в китайской закусочной, а поздно ночью, мы оба, прикинувшись незнакомыми людьми, разными путями, порознь, выдвинулись на железнодорожную станцию, сели в вагон первого класса и отправились в Синыйджу.

Мои любимые жена и дети! У каждого человека есть жена

и дети. У каждого есть родители. У детей должен быть отец. Кто же для них с сегодняшнего дня будет опорой? Что им скажет моя супруга Джонг Хва, если они спросят обо мне?

Ближе к полуночи наш паровоз, монотонно стуча колесами, привез двух героев, груди которых просто распирало от чувства ответственности за освобождение Родины, обратно, на станцию Намдэмун. Невозможно передать словами те смешанные чувства, испытанные в ту минуту. Мы снова были на том же вокзале, возле которого предательски пробило колесо и в первый раз похолодело в груди. Мало того, в Генерал-губернаторстве успели объявить розыск на меня, суля за поимку большие деньги, и в толпе по всему вокзалу рыскали ищейки. Теперь оставалось лишь уповать на Всевышнего, по зову коего я, собственно, и собрался в этот путь.

Вместе с гудком паровоза я мысленно попрощался с 250-ти тысячным мегаполисом, пожелал удачи своим соотечественникам, и поезд устремился в сторону реки Амнокган. Вот теперь, мои любимые жена и дети, точно уезжаю. Когда еще свидимся… и после бессонной ночи я уснул на полке вагона первого класса.

7-е июня

Невдалеке взлетела, постепенно удаляясь, крупная птица. Погода была ясная. Проснувшись после крепкого сна, я увидел, что солнце уже высоко. Прибыв на станцию Синыйджу, мы с вещами направились в гостиницу Гвангсонг. Позвонили в Андонгхен, чтобы заказать путевки, а за ними отправили сына хозяина гостиницы. Ближе к вечеру из Андонгхена привезли путевки. И тут неожиданно к нам в номер ворвался сотрудник сыскной полиции и начал производить проверку документов. Внутри снова повеяло холодком. Сердце с печенью получили очередную порцию шока. Но, по счастливому совпадению, обе путевки были оформлены на граждан по фамилии Пак, а так как сотрудник полиции тоже носил фамилию Пак, мы тут же инсценировали теплую встречу дальних родственников. На этот раз пронесло. Но все же бдительности терять не стоит. Так мы провели полный нервного беспокойства день, а вечером, решив перебраться поездом на противоположный берег реки Амнокган, пошли с вещами на станцию и заняли места в вагоне второго класса. Тут куда-то пропал Джи Гун. Он, оказалось, мирно беседовал с каким-то пассажиром. Очень щекотливая ситуация. Всю дорогу ехать в одном купе с попутчиком…японцем.

Наконец, поезд, издав протяжный прощальный гудок, как бы оповещая 20-ти миллионную страну с золотыми горами и реками о том, что увозит меня, начал набирать ход. Не передать словами мое душевное состояние в эту минуту. Железнодорожный мост через реку Амнокган, как правдиво поется в песне Сегеильджуга (Песнь о путешествии по свету), действительно большой. Я всегда любил говорить своим друзьям: «Чтобы победить тигра, нужно пробраться к нему в логово», или: «Мужчине к лицу отвага».

Когда вышли на станции Андонгхен-1, от света ламп было светло, как днем, и я самым первым шагнул в тоннель. У входа в тоннель, неизвестно зачем, дежурили японские полицейские, жандармы, сыщики, их помощники в штатском, всего человек пять-шесть. И, то ли их воспитали неправильно, то ли не привили чувства уважения, но все они, как один, учащенно моргая глазами, внимательно смотрели на меня. Но откуда же им было знать про мою персону! Они приняли меня за японца. «Какая-то большая шишка», - наверняка подумали они. Раз так нагло прошел во главе всей толпы пассажиров.

И в этот раз Всевышний не отвернулся от меня, хотя, надо признать, что моему побегу предшествовала серьезная подготовка. Пройдя тоннель, я подозвал китайского рикшу, уселся в сиденье поудобней, и только потом облегченно вздохнул. Благодарю тебя, Всевышний! С помощью гида нашел жилье в доме китайцев в укромном районе.

Это в какой же грязи они живут! После нескольких часов

размышлений в одиночестве посреди этого беспорядка все же удалось уснуть. Потом узнал, что Джи Гун тоже нанял рикшу и благополучно добрался до места назначения.

8-е июня

Когда я проснулся посреди этой несусветной грязи, солнце уже было высоко. Не успел закончить прием пищи, как в дом пришли друзья. Я переоделся в китайский костюм и отметил про себя: «Ну, прямо вылитый японец в китайском наряде!»

Оставив вещи нашему гиду Ли Нам Ги, выходцу из провинции Чолладо, мы немедленно, пешим ходом, отправились в Согандо. В группе со мной были Ли Си Енг, Джи Дэ Хен и еще несколько парней.

Наш гид по фамилии Ли, которому я доверил свой багаж, сбежал вместе с багажом в неизвестном направлении. И это ответственный сотрудник нашей тайной организации, призванной вершить великие дела! Все ясно с этой организацией, если там такие сотрудники. В первый раз в жизни облачился в китайскую одежду, обулся в китайскую обувь. Невозможно передвигаться. Город Андонгхен, хоть и большой, но улицы такие же серые, как и лица местных людей. Мы устало бредем за проводником через весь город, полные далеко идущих планов, с важной миссией, с грузом большой ответственности, на северо-восток.

Наш проводник – бывший сотрудник японской полиции из города Ыйджу, бросил службу ради борьбы за независимость Кореи, и теперь помогал нам в нашем деле. Наш путь пролегал вдоль верхнего течения реки Амнокган, мимо поселка Тхонгунджон недалеко от города Ыйджу, где произошло первое сражение между русскими и японскими войсками в русско-японской войне, известная под названием битва при Амнокгане. Мы шли, внимательно изучая ландшафт. Говорят, левый фланг русской армии попал в плотное кольцо японцев. В районе речки Эха небольшая ровная возвышенность, самое подходящее место для атаки с тыла и окружения. По словам местных жителей, в полях между ущельями до сих пор разбросаны останки погибших солдат.

Уже стемнело, да и ноги разболелись. У моих отважных попутчиков, похоже, те же проблемы. А все это из-за маньчжурских ботинок. Мы попросились на ночлег в ужасно ветхую и тесную маньчжурскую лачугу. Было приятно и свежо после купания в речке Эха, но есть местную стряпню было невозможно. Я съел только несколько яиц, и с трудом уснул посреди запаха немытых маньчжурских тел.

После 9-го июня

С сегодняшнего дня мы ежедневно преодолеваем путь в 50-60 ли в северо-восточном направлении. Судя по расположению гор, мы еще не добрались до Хвеинхена,(Хейлуцзян)(?), но прошли окрестности Ильильджона с его красивым горным пейзажем, чистыми горными ручьями и плачем кукушек, от которого на душе становилось то радостно, то спокойно, то грустно. В ущельях с причудливой формы скалами с крутых обрывов текут шумные водопады, и я с грустью вздыхаю о том, что здесь когда-то давно жили наши предки, а их неразумные потомки не сумели сохранить для нас эту землю, уступив ее другим народам. Но, с другой стороны, подумал я, сегодня наши люди свободно переезжают сюда, оседают здесь, разворачивают свою бурную деятельность. После этих мыслей я снова расправил плечи, куда-то исчезла боль в ногах.

В этих местах проживает много наших людей, но грамотных почти нет. По дороге встретилась деревня под названием Кхвэдангмоджа. Здесь, по слухам, существует филиал нашей Партии Независимости, но заправляет им какой-то местный бандит, от которого, похоже, в первую очередь, мечтают освободиться бедные сельчане. Такие вот дела у нашего освободительного движения.

Хвеинхен, окруженный крепостными стенами, грязный, но все же город. Когда мы встретились с уважаемыми в этих местах людьми, в длинных сангтху и бэджа(традиционная корейская одежда), я подумал, что это клоуны. Я был разочарован. В самом деле, это нужно было видеть. Ничего собой не представляющие, они так громко разговаривали, что у меня еще долго звенело в ушах.

Куда ни глянь, повсюду, как мухи, снуют маньчжурские дружинники. Меня уже разбирает смех. Эти недоделанные вояки в который уже раз подбегают с ружьями наперевес и учиняют допрос: «Кто такие?» - в этой четырехсотмиллионной стране, наверное, 350 миллионов – мухи. Уже рябит от них в глазах.

Еще стоит посмотреть на маньчжурские повозки. Среди них есть пассажирские, которые называются «галлимча», в дороге в них так трясет, что кажется, вот-вот мозги отобьются о стенку черепа. Есть еще транспортное средство «хача», в него запрягают по 7-8 ослов или столько же лошадей. «Хача» в основном используют торговцы, и когда в пути встречается караван из 10-ти, а то и 20-ти таких повозок, то это впечатляет. Они едут, размахивая плетеными кожаными кнутами, время от времени погоняя животных окриками: «Чу!Чу!», - и в нашем воображении всплывает древняя эпоха Трех Императоров.

Совершающий вместе со мной переход Ли Си Енг – родом из Дэгу, очень смелый и отзывчивый парень. Я им очень дорожу.

Из-за того, что мой желудок не принимает маньчжурскую кухню, всю дорогу питался лишь куриными яйцами, и это плохо отразилось на здоровье. У меня пропал интерес к окружающей действительности, а когда миновали Хвеин, даже горы стали меня раздражать, напоминая мне о скверном маньчжурском характере. Джи Гун поет себе тихо под нос, на ходу придумывая мелодии, а я ему подпеваю. Мы преодолели бессчетное количество горных вершин. Из них самая высокая – Гансанрен. Взобравшись на нее, кинули взгляд на север, куда лежал наш дальнейший путь. Этих вершин, окутанных туманом и облаками, еще оставалось как грядок в огороде, и взору не под силу было их охватить. Кто-то из ребят, всхлипнув и давясь слезами, простонал: «Все! Больше не могу!»

Я его вполне понимаю. И в правду тяжело. Нам еще шагать и шагать. У всех из нас было уже как минимум по четыре-пять сорванных кровоточащих мозолей на каждой ступне.

Территория, на которой мы находимся, когда-то принадлежала нашим предкам. Когда-то давно здесь процветали государства Бархэ, Пуе, Еджин. Вдвойне приятно ходить по земле, на которой жили, занимались хозяйством наши граждане. Дорога здесь, пожалуй, самая разухабистая на всем Дальнем Востоке, грунтовое покрытие полностью отсутствует, тут и там разбросаны каменные осколки, поэтому каждый шаг сопровождается нестерпимой болью, и отдается в мозгу. В долинах между гор разбросаны селения наших сограждан, в основном выходцев из провинций Генгсандо и Пхенгандо, но посмотришь на их грязные волосы и лица, одежду - в темноте точно примешь за привидения. В их мозгах нет места мыслям о государстве и обществе, им бы только поесть. Но и эти существа – тоже люди, а присмотришься внимательней – еще и корейцы. Очень грустная картина. Если наши сородичи и в прошлом влачили такое же жалкое существование, то неудивительно, что их притесняли другие народы.

Любое испытание когда-нибудь заканчивается, и дней через пятнадцать мы прибыли в офицерскую школу в Согандо, и поселились в доме Нам Иль Хо. До марта этого года школа была обычным общеобразовательным учреждением, но после первомартовских событий было решено реорганизовать ее в военную школу, однако дело во всех отношениях было поставлено из рук вон плохо. Здание было взято в аренду у местного маньчжурца, и велись работы по пристройке.

Число учащихся колебалось в районе 200 человек, часть из них составляли молодые люди, сбежавшие за кордон от японского преследования после переворота Первого марта, а остальные – местные корейские ребята, приехавшие из разных районов Согандо.

Для того чтобы противостоять одной самых могущественных держав в мире – Японии, народу будет маловато. Да и вообще, изначально наши позиции в Южной Маньчжурии слабы. Поэтому организовать здесь крупномасштабную деятельность не представляется реальным. Требовать чего-то большего от обнищавшего местного населения не имеет смысла. Син Ен Гюн прибыл сюда на несколько дней раньше меня. Это офицер второго выпуска Высшего Военного училища Генгсон, человек строгой выправки и с надлежащей выучкой, таких в Корее наперечет.

Нас, троих новых инструкторов, местный преподавательский состав принял с нескрываемой неприязнью, которая передалась и к учащимся, и я вновь с грустью вспомнил о наших характерных национальных особенностях. По этой причине о нормальном учебном процессе не могло быть и речи, провокации следовали за провокациями, превращая жизнь в кошмар. Нам Иль Хо все же старается честно отдавать всего себя работе. Выходит, ради всего этого я, без колебаний отказавшись от домашнего покоя и уюта, не вняв уговорам жены и детей, рискуя собственной жизнью, добирался сюда? Ну, нет теплоты у здешних людей. Нет у них ни знаний, ни хозяйского подхода к делу, зато с избытком присутствует тщеславие и борьба за влияние (хотя, какое тут, собственно говоря, влияние), а нас они пытаются использовать в своих интересах. Но ведь для этого нужно, чтобы они были хотя бы умнее меня. Но эти люди ни капельки не смыслят ни в военном деле, ни в общеобразовательных науках, да и человеческие качества на нуле.

Эти мелочные люди додумались до того, что начали настраивать учащихся против нас. Я уже стал сожалеть о том, что слишком дорожил отношениями с этими людьми, ничего не зная о них и специфических местных особенностях. Я призадумался. Если так пойдет и дальше, нам никогда не получится осуществить наш грандиозный план. Поэтому я решил больше не утруждать себя строгим соблюдением учебного процесса, оставив все на самотек.

Кроме этих проблем, еще и участились налеты местных

вооруженных банд «маджок»(хунхузов). Маньчжурские бандиты средь бела дня без разбору грабили города и села, отбирали у граждан деньги и имущество, часто увозили в горы людей, требуя за них огромный выкуп, у крестьян отбирали последних коров и свиней. Численность группировок составляла от нескольких десятков до нескольких тысяч человек. А так называемые правительственные войска, вместо того, чтобы уничтожать бандитов, под предлогом невыплаты довольствия сами нередко вставали на путь грабежа. Этим летом хунхузы уже дважды совершили ночные налеты на военное училище в Госанджа, захватив в заложники несколько студентов и преподавателей. Многие учащиеся получили ранения, оказывая сопротивление налетчикам. В этих условиях, естественно, никакой речи о нормальном учебном процессе быть не могло.

Недалеко от Госанджа находится гора под названием Госан. На южном склоне горы можно увидеть множество древних захоронений наших дальних предков. Скорее всего, это наследие эпохи Когуре. В последние годы здесь часто находят каменные ступы, посуду и прочие предметы обихода. Вне всякого сомнения, это утварь, оставшаяся после людей, в большом количестве пришедших с Корейского полуострова. Маньчжурцы тоже говорят, что это знак того, что корейцы не прочь вернуть себе Маньчжурию. Даже если заглянуть в историю, то очевидно, что Маньчжурия была нашей территорией. И только после Ханьского и Танского периодов Маньчжурия вместе с полуостровом Ляодун постепенно отошла к Китаю. Сейчас мы пытаемся развивать здесь свою деятельность, шагая, возможно, по останкам наших предков. Расцвели цветы на высохшем дереве. Однако у меня осталось еще много вопросов. Что стало с нашими многочисленными предками времен государства Пуе? Быть может, они погребены здесь, на просторах Маньчжурии, или ушли за реку Амнокган? Исчезли, сроднившись с маньчжурцами? Или подались на север? Я верю, что наши историки докопаются до истины.

ГИБЕЛЬ ЛЮБИМОГО ДРУГА

Летом, […] июля, мы пообедали в школьном кабинете. Была половина второго. Из Самвонпхо (населенный пункт в 70-ти ли от Согандо, где располагалась штаб-квартира Корейского Национального собрания) неожиданно пришла весть о гибели моего любимого друга и соратника Ли Си Ена. Это было первое печальное событие со времени переправы через Амнокган. Ли Гун был рядом со мной с момента отправки из Андонгхена, пережил наравне со мной все тяготы дальнего перехода, пользовался большим уважением среди друзей. Я тоже очень любил и уважал его прекрасные человеческие качества, поэтому эта трагическая весть стала для меня тяжелым ударом. Ли Гун находился в Самвонпхо по работе, поехав туда добровольно, из благородных побуждений. Я немедленно собрался в дорогу. Было два часа дня. Нужно было поторопиться, и я шел на пределе сил, добрался до Самвонпхо к 8-ми часам вечера, и уже здесь, на похоронах, не сдержал своих слез. У Ли Гуна остался 15 летний сын. Я его непременно должен найти.

Незаметно прошло лето, и наступала ранняя осень. Умные люди предлагают, пока не опали листья с деревьев, подготовить оружие и совершить рейд за реку Амнокган. Я тоже не против этого, но в нашем положении даже через ручеек не перепрыгнуть, не говоря уже о переправе через Амнокган. Тем не менее, тема оружия была поднята, и оставалось решить, где его достать. У нас было два варианта: ехать в Мусонг или в Приморье. Мы посовещались и решили, что нужно отправляться в Россию, в Никольск. Отправиться в экспедицию выпало мне и Син Енг Гюну. Мы договорились о дате и стали готовиться к походу. Кроме вопроса закупки оружия, у меня в России была еще одна цель: встретиться с Ли Дон Хви. Да, и с другими земляками и родственниками не помешало бы встретиться.

Корейское Национальное собрание Согандо – негосударственная организация, но среди ее руководителей есть толковые личности.

Ли Санг Енг, Ким Донг Сам, Нам Иль Хо – это люди, с которыми вполне можно советоваться по многим вопросам. В Собрании есть подразделение, курирующее военные вопросы, возглавляет его Ли Санг Енг. На вид ему лет 60, вполне рассудителен, обладает лидерскими качествами. Остальные – все примерно одного покроя, по цене один нянг с мелочью.

В середине сентября мы с Син Енг Гюном отправились в путь, и, пройдя Бансокхен, Джоянгхен, на десятый день прибыли в Гиллим. В дороге было довольно интересно. Стояла осень, всюду поля с созревшей кукурузой и фасолью, и мы с удовольствием жарили их на костре. В лесах собирали дикий виноград и китайский цитрон. И, несмотря на то, что преодолевали в день по 50-60 ли, почти не чувствовали усталости. В осеннем небе стая диких гусей, гогоча и покрякивая, летит куда-то на юг, к родным местам.

> Летит, летит эта стая диких гусей
> Неторопливо приближаясь ко мне.
> Они помнят о родных горах и реках
> И снова несут туда весточку.
> А я – все дальше и дальше от любимого порога.

Я продолжаю свой путь, провожая взглядом нестройный клин, любуюсь синевой ясного осеннего неба, время от времени спотыкаюсь о камни и оттого произношу нехорошие слова. К вечеру холодает. Кажется, я уже начал забывать жену и детей. Нет, еще не забыл, но начал забывать.

Прибыв в Гиллим, посетили созданное нашими уважаемыми людьми военное представительство. Раз оно военное представительство, то, наверное, занимается военными вопросами. Оказалось, что нет. Больше болтовней занимаются. Там есть люди по имени Пак Нам, Хван Джи Дэ. Пак Нам скорее похож на манчьжурца. Это чувствовалось и в его речи, и в поведении. Видимо, давно он уже здесь обретается. Здесь же, в Гиллиме, состоялась встреча с Ли Гаком и Чве Джином. Мы планируем провести здесь несколько дней и отправиться в Россию. Гиллим, конечно, не такой крупный, как Андонгхен, но тоже большой город. Прогулялись по городу и поразились необычным ландшафтом. Река Сонгхва течет в восточном направлении, из Харбина вверх по реке сюда приходят пароходы, а с севера город окружен невысокой горной грядой. В этих горах расположен бывший российский форт, возведенный во время Русско-японской войны. На западной возвышенности находится курган Кванунджана. Очень большой. Маньчжурцы, похоже, подпитываются духом Кванунджана. Есть здесь и корейская харчевня.

Через несколько дней, совершенно случайно, встретили Пак Енг Мана. Пак только что вернулся из Америки и находился в пути из Владивостока в Пекин. В Пекине он намеревался встретиться с американским послом. Перед моей отправкой в Россию Пак Енг Ман устроил для меня прием в лучшем доме Гиллима. Оказалось, что хорошо приготовленные китайские блюда ничем не хуже европейских, и я пообедал с большим удовольствием. В тот же день в сопровождении человека по фамилии Ким я отправился с гиллимского вокзала в Чангчун, а Син Гун остался в Гиллиме. И Чангчун, и Харбин в то время находились в зоне японской оккупации, и для меня самой главной задачей было не попасться в руки полиции. Но я верю, что Всевышний не оставит меня.

Вот так, перелистнув маньчжурскую страницу, я устремился в холодную Сибирь. Еще находясь в Гиллиме, я узнал, что на сеульском вокзале Намдэмун совершено покушение на вновь назначенного генерал-губернатора Саито. Стрелял в него прибывший из России пожилой мужчина по имени Кан У Гю, однако выстрел оказался не смертельным, пуля слегка повредила поясницу. И, тем не менее, он молодец. Нам теперь есть, что сказать миру.

8. СИБИРЬ – 1

А. 4252(1919) год

В конце сентября 4252(1919) года, получив задание Военного управления в Согандо о закупке вооружения, я выехал из Гиллима. На вокзале тепло попрощались с Пак Ен Маном и паровоз, издав протяжный гудок, отправился в Чангчун. Около восьми вечера прибыли в Чангчун. Оказалось, город контролируется японскими войсками. Наскоро перекусив в китайской закусочной, я собрался пересесть на харбинский поезд. На улице я выдаю себя за японца. С сумкой в руке, вразвалку, будто в мясную лавку, вваливаюсь в здание вокзала, где дежурил японский жандарм. В каждом деле важно ловить момент. Я подошел к жандарму и спросил его, как попасть на харбинский поезд. Тот с готовностью подсказал мне, куда мне следует пройти. Я поблагодарил его, как полагается по этикету, улыбнулся, слегка приподняв шляпу, вошел в вагон, и только тут у меня немного отлегло от сердца. В вагоне переоделся, а утром следующего дня прибыл в Харбин, снова перекусил в китайской харчевне и приготовился ехать в Хэсами (Владивосток).

Харбин – большой город. Но на улицах много пыли и мусора. Если в мире есть море желтой пыли – то это здесь. В послевоенной России из-за тяжелой финансовой ситуации в ходу были новые денежные купюры, похожие на промокашки, так называемые «сибирские», в пересчете на наши деньги получалось тридцать к одному. Зачем-то в здании вокзала установили христианскую статую, то ли для пропаганды религии, то ли для одурачивания бедных людей, во всяком случае, маньчжурцев, одетых в лохмотья, здесь было как селедки в бочке. Бедный Китай! Что бы ни говорили здесь о социальном равенстве, мне, как представителю желтой расы, стыдно за них перед русскими. В этом бурлящем людском потоке смешались японские солдаты, белогвардейцы, китайские войска.

Весь городской транспортный парк составляют конные повозки, и о чистоте тут не может быть и речи. Но, как бы там ни было, об этом вокзале наш народ будет помнить еще как минимум тысячу лет. На этом месте наш пламенный герой Ан Джун Гын убил Ли Дына (Ито Хиробуми). С этими мыслями, и благодарностью к Господу уезжаю дальше, на Восток. Вскоре прибываю на станцию Пограничная.

Здесь еще китайская территория, но уже чувствуется русское влияние. Это первая станция на пути в Приморье, поэтому много и китайцев, и русских. Часто встречаются и китайские корейцы. В конце станционного здания развевается японский флаг, указывающий на то, что здесь находится японское Консульство. Пока стояли на станции, я целый час мозолил глаза японским постовым, а когда раздался гудок, вскочил в поезд, который, преодолев невысокую гору, оказался на российской территории. Я не заметил никакой разницы в ландшафте, но мысленно прочертил для себя четкую грань, отделяющую все китайское и русское. В моем восприятии произошли большие перемены. Я прибыл сюда по официальному приглашению как корейский революционер, и мне здесь будто бы рады.

Как же долог путь! Бесконечная равнина. И рельсы, как струны. На каждой станции – домики в русском стиле. Изредка встречаются неизвестно где ночующие китайцы. Русские тоже еще не достигли цивилизации. Они где-то на полпути. Судя по этой серости и грязи – им еще долго идти. Правительство в Петербурге до сих пор лишь тешило себя тщеславием и одурманивало народ, используя для этой цели церковь. Разве не поэтому они сегодня убивают царя Николая, назавтра терпят интервенцию со стороны союзнических войск, а потом становятся объектом удовлетворения японского честолюбия? Я не знаю, услышат ли когда-нибудь это уважаемые господа, власть предержащие в этой стране. Но сегодняшнее положение – результат послепетровской захватнической политики и политики в отношении собственного народа.

Зачем изучать историю по книгам, если есть наглядные примеры. Как поддерживать безопасность в стране, если народ живет в темноте. Проведя с такими мыслями две ночи в поезде, не заметил, как прибыли в Никольск. Выйдя на станции, сразу направился к дому нашего уважаемого активиста Ли Гапа, но его там не оказалось. На ночлег остановился в русской гостинице напротив гостиницы Хэро. Я вспомнил, что первая станция на китайско-российской границе называлась Пограничная, или Первая. Отсюда китайцам для проезда в Россию необходимо иметь визу. Если ее нет, то русский надзиратель с кнутом и руганью отгоняет китайцев. Как ни посмотришь, жалко этих бедных людей, которых даже за людей не принимают. С гражданами суверенного государства обращаются, как со свиньями или собаками. К корейцам отношение другое. Я подумал: наверное, это оттого, что мы немного просвещенней. Мне кажется, лучше сразу рождаться на свет дикими животными, чем жить, как эти бедные китайцы. Ну, а с другой стороны, когда же к нам придет свобода? Еще неизвестно, у кого это получится быстрее.

Уже который день живу в номерах в Никольске, встречаюсь с разными людьми. У всех замечаю местнические настроения. Северяне, западные, сеульские… Не это ли привело к краху страны? Такая вот обстановка в среде зарубежных соотечественников. Я встречаюсь с представителями каждой из трех группировок, и все, как один, утверждают, что они правы, а две остальные действуют неправильно. Нет, чтобы объединить усилия и двигаться в одном направлении, делать одно общее дело, так они еще и палки в колеса друг другу вставляют, злорадствуют над неудачами других и при этом не хотят посмотреть на себя со стороны. Сеульские - хитрые и коварные. Западные отличаются хладнокровием, сплоченностью и достаточно эффективны в работе. Особенность северян - простота и упрямство. Я же до поры до времени стараюсь придерживаться нейтральной позиции.

Совершил поездку во Владивосток для встречи с находящимся там Ли Енг Гуном. Я вышел с предложением о создании военного собрания в китайском Мадосоке. Были люди из разных мест, из Шанхая прибыл представитель с письмом от Ли Донг Хви, и лишь Ю Донг Ель из Харбина не приехал. Он, по-видимому, был чем-то недоволен. Отсутствовал и Ким Хен Соб, он уехал в Шанхай и выполнял работу заместителя военного министра.

У всех на уме карьера. А кто же будет заниматься делом! И это тоже большой недостаток нашего национального характера. Все наперебой стремятся получить теплое местечко, и боятся трудностей и риска. Для себя я решил так: Если я профессиональный военный, то буду заниматься тем, что я умею делать лучше всего, ведь я привык, невзирая на дождь и ветер, идти по тонкой линии, разделяющей жизнь и смерть.

В. 4253(1920) год

4253(1920-й год) встретил вместе с Со О Соном в Никольске в доме русского товарища на улице Свановской. Это был мой первый Новый Год в эмиграции, вдали от Родины, раскинувшейся на три тысячи ли, и отдельно от двадцати миллионов моих сограждан. Так быстро проходит время, и еще ничего не сделано. Тяжело на душе от того, что время течет понапрасну. Мне страшно. Я виноват перед Родиной. В конце января отправился готовить военных в деревню Мансок Суйфуньского района. В каждой деревне, в каждом доме живут вояки. Как и чему их всех обучишь?

Первое марта!

Отметили этот бесконечно трагический день. Торжественную часть провели в школе деревни Мансок. Были пламенные речи уважаемых людей.

18 марта

Связался с русскими коммунистами в деревне Чимоу Весучонского района Уссурийского Края, и, после встречи с Ким Ха Соком в Никольске, вместе с Син Хон Гилем прибыл во Владивосток на сбор военных. Было много встреч с известными людьми.

21 марта

Ближе к 10-ти ночи прибыли на станцию Чимоу. Со мной были Джонг Джэ Гван и Джанг Ги Енг. Во вновь созданную в Сучане объединенную партизанскую армию ежедневно прибывают десятки новых бойцов. Кажется, дело сдвинулось с мертвой точки. Но японцев в Чимоу прибыла целая дивизия, и лагерь их расположен неподалеку. У них делаются круглые глаза от вида день ото дня растущей нашей армии. Генштаб японских войск требует от руководства Приморского Реввоенсовета расформировать корейские партизанские соединения. Многие корейцы переходят к нам из российской армии. Из штаба японской дивизии поступил ультиматум. Они предупреждают, что если корейские отряды не будут распущены, они начнут военные действия. Руководство пошло на уступки японцам, и в отряды стали набирать только российских корейцев. Остальных пришлось распустить по домам. Я видел, как бойцы плакали от негодования. Это трагедия. Всему виной слабость Советской власти. А я остался не у дел, как тот пес, гонявшийся за курами.

У русских нет подготовленных людей. Никто не учился военному делу, в лучшем случае – школьные учителя. О каком коммунизме тут можно говорить? Как с такими воевать? Откуда-то из угольной шахты притащили старую пушку, разобрали и оставили у ворот лагеря. Под носом у японцев. Никакой у людей подготовки.

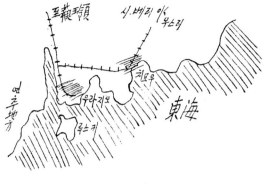

1.

Трагедия 4-го апреля

Под утро неожиданно началась стрельба. Сначала раздались 5-6 винтовочных выстрелов. А потом предрассветное небо разорвал оглушительный грохот канонады. В крышу дома, в котором ночевали я, Джанг Ги Енг, Джонг Джэ Гва и Пак Гун Хва и еще несколько человек, попало несколько пуль. Через мгновенье пули полетели градом. Вскочив от неожиданности со своих мест, мы затихли, прикидывая, что делать дальше. Сердце забилось учащенно. Скорее всего, японцы открыли огонь по позициям красных, а до нас долетели шальные пули. Но что, если они и нас заодно окружили? Я резко встал с места и прислушался. Вдалеке еще были слышны выстрелы. Мы быстро оделись и выглянули за дверь. Вокруг было спокойно. Даже куры затихли. Лошади стояли, не шелохнувшись. Мы тихо выскользнули за дверь и побежали в сторону покрытой зарослями сопки. Стрельба снова усилилась. Я стал прикидывать, что предпринять.

На душе было очень тревожно. Сегодня полегло очень много русских. Атака была неожиданной и с близкого расстояния, и квартировавшие рядом остатки корейских отрядов тоже не успели занять позиции и были перебиты шквальным огнем. С тяжелым сердцем мы вернулись в дом, наспех позавтракали и отправились в Нэсучон (Сучан). Так японские войска силой разоружили соединения красных. Но со стороны японцев это был не открытый бой, а внезапное, вероломное нападение.

Вот так закончилось формирование войск в Чимоу. Через некоторое время мы, сделав привал в деревне Джунгрен, прибыли в Дэуджими Пхосудонг Сучанского района. Было тяжело еще и от того, что здесь мы никого не знаем.

13 апреля

Недалеко от Педагогического училища в Сучане, на возвышенности, есть развалины древней крепости. Взобравшись на руины, стал размышлять о прошлом и настоящем. Глинобитные стены, вероятно, времен государства Бархэ или Северного Пуе давно заросли деревьями. Меня осеняют грустные мысли. И от наших творений в будущем останутся вот такие, едва различимые следы.

14 мая
(Война с хунхузами)

В дремучих лесах и в высоких травах днем и ночью рыщут банды хунхузов. Хунхузы – это специальный продукт китайского экспорта. Для китайца быть хунхузом считается большой честью, это символ настоящего благородного мужчины. Даже в древних китайских летописях есть упоминание о хунхузах. Но я думаю, что возвеличивание этих бандитов приведет к краху Китая. Как раз в эти дни в районе Суджуха восточнее Сучана объявилась банда хунхузов из 300 человек, направлявшаяся в Дэуджими. Мы решили создать местный отряд самообороны. В него собралось человек тридцать, и я стал командиром. Ни тебе оружия, ни бойцов.

18 мая

Встретили 300 хунхузов на горе к северу от Дэуджими, держали оборону около часа, пока не закончились патроны. Заметив это, хунхузы попытались нас окружить. Но мы успели вырваться из окружения. Хунхузы ворвались в село и подожгли 38 домов. От полыхающего огня ночное небо окрасилось в пурпурный цвет. Но почему же это небо так равнодушно. Отряд самообороны отступил в окрестности села Пхосудонг, а хунхузы, боясь возмездия, спешно ретировались. Мы бросились в погоню, и хунхузы спрятались в катакомбах, построенных японцами на угольной шахте. В это время к нам на помощь подоспел русский отряд самообороны. Теперь мы окружили китайских бандитов и уничтожили около 200 человек. Остальные бросились врассыпную. Мы тоже понесли потери убитыми и ранеными.

5 июня

Сегодня у меня день рождения. Получив сведения о том, что в горных лесах Таинчэ под Сучаном объявились хунхузы в количестве 50-60 человек, совершающие налеты на близлежащие деревни, вчера наш отряд выступил в поход. На рассвете мы окружили гору с трех направлений и нанесли удар по разбойникам. Оставив на месте убитых, китайцы пустились в бегство. Вот такой у меня сегодня день рождения. После бессонной ночи в дождливом лесу, голодный и грязный, но все же довольный тем, что удалось сохранить людям их драгоценные жизни. Друзья мои шутят надо мной, говоря, что я сюда хунхузов ловить приехал. С другой стороны, если нет больших дел, то и это сойдет. Тоже ведь благородное дело. Мне жалко наш народ. От японцев нет житья, и русские притесняют, а тут еще и китайские бандюги отбирают последнее. Я надеюсь, умные люди меня поймут, и не будут смеяться над моими здешними подвигами.

Хунхузы еще не раз появлялись в Сучане, но с осени, после ряда удачных операций отрядов самообороны, о них что-то ничего не слышно.

17 сентября

Мне нельзя купаться в море. Меня свалила сильнейшая простуда, и я с полмесяца провалялся в постели. Все желают мне скорейшего выздоровления, и я иду на поправку. В последнее время я нахожусь в Джинкхыне.

Мне срочно нужно ехать в Пуккандо. Там открыли военное училище и требуют моего присутствия для организации учебного процесса.

Осень в Гангдонге
Травы окрасились в золотисто-желтый цвет
И деревья - в красивом, багряном цвету
Только ветру не видно конца
Ветру, что начинается с Родины.

Сокровенные мысли
Кусочек души, бродящий в десяти тысячах ли от родного дома.
От хунхузов народу не видно житья.
За правду и справедливость воюем мы с ними шестой уже раз.
И во всех мы боях победили. Наш дух, как и прежде, непоколебим.

28 сентября
Возвращение в Буккандо

Я еще не оправился после болезни. Но нужно было поторопиться в Буккандо. Я сбросил с себя одеяло, собрался в дорогу, и на пристани

Джинкхын сел в деревянный баркас. Вместе со мной отправились в путь Джанг Ги Енг, Ким Чанг Соб, Ким Йо Ха, Ли Ду Хван, Пак Вон Хун и еще несколько человек. Покачиваясь от слабости в ногах, я попрощался с многочисленными товарищами. Парусник с героями-освободителями, ловя свежий попутный ветер, летел, как стрела. Не успело стемнеть, как мы, проездом через Хэхан прибыли в Сиджими. Недалеко от Хэхана, в открытом море, нам повстречался японский миноносец. Наше присутствие большого переполоха у них не вызвало. Откуда им было знать, кто там, на старом баркасе. Переночевали в рыбацком домике, а наутро перебрались в деревню в окрестностях Сиджими и провели в ожидании несколько дней.

4 октября

Моя тетя (супруга младшего брата отца), проживающая во Владивостоке, узнав о том, что я отправляюсь в дальнюю дорогу, разыскала меня в Синчопхене, принесла в дорогу много съестного и пожелала нам счастливого пути. По слухам, китайские власти под давлением японцев собираются расформировать корейские войска в Буккандо. Это очень серьезная ситуация для нашей Освободительной армии. Но и вина наших в этом тоже есть.

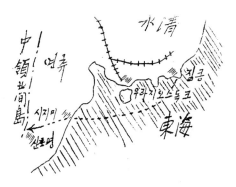

2.

12 октября

Сегодня пересекли китайскую границу. В Санджуна на 40 ли тянутся безлюдные места. Со слов людей, присоединившихся к нам позднее, мы узнали, что через 40 минут после нашей отправки за нами пришли японские солдаты во главе с офицером. Странно, но после Санджуна они нам на глаза не попадались, хотя, говорят, они были верхом на лошадях. Перейдя границу через горы, мы остановились на ночлег в Юсогоу.

19 октября

По рассказам очевидцев, ночью хунхузы атаковали японское консульство, японские войска в ответ на это перешли реку Туманган и находятся в 50-ти ли от нашей стоянки, а бойцы нашей освободительной армии разбросаны по разным квартирам. Японцы сжигают дома и убивают местных жителей. Мы решили изменить курс, переночевали в Гымсонге, затем пришли в Тхэпхенгчон, где друзья устроили нам радушный прием, и пошли дальше, в Тхосонг. Ночью, во время переправы через реку Тхэпхенган, чтобы отогнать тоску, читаю стихи.

> Луна неясная, на одежде моей иней.
> Путник, одиноко гребущий на переправе.
> Ты ведь тот самый парень из Букчона.
> А теперь плывешь сквозь ветер и тучи.

Вот так, то посмеиваясь, то тяжело вздыхая, проводим время. Джу Енг Соб также прочитал свое творение.

Принято решение возвращаться в Россию. Чтобы срезать путь до Тхэпхенгчона, мы пошли через горный массив. Собравшись с духом, вскарабкались на вершину, которую мы в свою честь назвали Чирунгбонг (Вершина семи героев), там с аппетитом пообедали, потом преодолели еще одну вершину, и, на следующей сбились с пути. Поблуждав по густому горном лесу, решили там же заночевать. Запаслись на ночь дровами, разожгли костер, провианта оставалось совсем немного, и в целях экономии каждый из нас едва притронулся к еде. Тем не менее, нам, семерым героям, было не скучно, мы шутили и смеялись, рассевшись вокруг костра, а наутро проснулись, вконец окоченевшие, совсем белые от инея на одежде.

Утром стали решать, в каком направлении двигаться. Кто-то предлагает идти на север, кто-то на восток, кто-то – на северо-восток, и каждый пытается убедить остальных в своей правоте. В итоге пошли дальше. К счастью, в ущелье меж двух гор оказалась небольшая деревушка. Очень хотелось есть. Только сели обедать, как нам говорят, что неподалеку, в 20-ти ли отсюда, стоят японские войска. Мы не успели даже толком перекусить, и, прихватив с собой немного еды, спешно ушли обратно в горы, проделав путь в 120 ли. В доме у маньчжурца попросили продать поросенка, но тот запросил 18 вон. Легче было отобрать у него скотинку, но не стали этого делать. Но и купить не получилось. Впереди снова бесконечные горные тропы. И, как назло, сплошной бурелом. На ночлег остановились у горной речки. Засыпая, вновь вспомнил Наполеона и его героические походы. На следующий день лишь случайно набрели на одинокий маньчжурский домик и избежали голодной смерти.

25 октября

Мы пробыли несколько дней в партизанском отряде Сольбаткван близ Суйфуня, затем ушли в отряд Хельсонгдан в Собуксон, где встретились с Ким Чон Намом и Чэ Енгом. Здесь же познакомились с Ким Гю Меном и его соратниками. Встретил здесь и Джанг Ги Енга, ускользнувшего от японских солдат в Юсогау. Джанг Гун после того случая решил и дальше жить, как в пчелином улье, а его товарищи разбежались по домам. Про него здесь ходят байки. Мы чуть не лопнули со смеху, услышав о нем рассказы Бэк Чу и Ким Гю Мена.

29 октября

Был в гостях у Коли Кан в Никольске. Там же встретил и тетю. Ким Унг тоже был там. Мы давно не виделись. Спросил, как дела у Пак Хен Гона, мне сказали, что он уехал обратно в Гиллим. Я был неправ. Когда теперь свидимся. Я снова хочу рискнуть и поехать поездом в Хэханг. Все меня отговаривают, но я уверен, что Бог мне поможет. С Колиной помощью удалось занять место в вагоне первого класса. Прибыв в Хэхан, тайно остановился в доме у Кан Бу Ви. По соседству находится японский полицейский участок. Надо держать ухо востро. Послезавтра 1-е ноября. Заняв отдельную каюту в пароме, вышел на причале близ Гымгэнгри. Все как будто бы во сне. Отсюда месяц назад мы вышли на деревянном баркасе, держа путь на Буккандо, чтобы влиться в ряды Освободительной Армии, но все вернулось на круги своя.

15-е ноября

Сегодня в Штатах открывается заседание Лиги Наций, но, по-видимому, ничего особенного не произойдет. У великих держав переломаны хребты, и никто их слушать не будет. Тетя собралась проведать мой сеульский дом в Саджикдонге, и я попросил привезти с собой мои военные учебники. Дай ей Бог счастливой дороги.

С. 4254(1921) год

1 января, Сучан, Пхосудонг

Сегодня 1 января 1921 года. В начале прошедшего года я едва

не лишился жизни. А 5 июня прошлого года, в самый день моего рождения, я, не евший ничего с утра, рискуя жизнью, дрался с хунхузами, а в этом году, надеюсь, будет все по-другому. Люди, должно быть, весело отмечают Новый год.

Дней десять назад в сельских советах Пхосудонга и Дэуджими начались споры по земельным вопросам. Сельский совет Дэуджими обратился в милицию угольной шахты и вчера в Дэуджими прибыл русский милицейский наряд в количестве около 20-ти человек. Вслед за ними пришли японские военные, но тут же покинули село. Однако до нас дошла информация лишь о прибытии японцев, а о том, что они ушли, не было известно, поэтому все были уверены, что сегодня утром русские придут к нам в Пхосудонг вместе с японцами. Когда к окраине села приблизился вооруженный отряд, кто-то пустил слух, что это японцы.

Утром проснулся разбитый, но все же встал, лениво протирая глаза. Ли Нам Вон сегодня обещал угостить рисовым хлебом, поэтому жду от него известий. Еще даже не умывался. Мальчик из этого дома, школьник по возрасту, закричал снаружи: «Мауджа! Мауджа! («Русские! Русские!») Их много. Они едут сюда... Японцев не видно».

Товарищ Хэсан уже несется под гору. Я тоже, недолго думая, побежал за ним. Не успел пробежать и двадцати шагов, как сзади над головой просвистела пуля. Ну, все! Поздно! Товарищ Хэсан уже убежал за невысокий холм. Пули уже летят градом, то у левого уха просвистят, то мимо правого, разрывая твердый снежный наст, дополняя без того реальную боевую обстановку. Хэсана уже не видно. Я, пытаясь перемахнуть через большую гору, взбираюсь по склону. Свист пуль вокруг меня не прекращается. Уже плюнув на все, перебираю в памяти мгновения из прошлой жизни, и оглядываюсь назад. Японцев не видно. Я подумал и решил вернуться, развернулся и пошел прямо навстречу к русскому милиционеру.

«Чуо?» – бросая сумку, как мог, по-русски спросил я.

«Куда бежишь?» – со свирепым выражением лица переспросил милиционер.

Мой русский еще не был совершенным, и я забыл, как объяснить, что иду домой. Поэтому ответил по-китайски: «Уо ди пансы цаи на бен (Мой дом – там)», – и указал на сопку, за которой только что пытался скрыться.

«…твою мать!» – только и разобрал я из всего потока брани из уст блюстителя порядка.

Вот так я был арестован, но благодаря Хван Сок Тхэку из Дэуджими к вечеру меня с миром отпустили. Подробности мне еще предстоит переосмыслить, а пока я закругляюсь.

Сегодня сильный снегопад. Толщина снега, наверное, 4-5 чон (дюймов). К ночи навалило до 10-ти чон. Снегопад наводит на разные мысли, а холодный ветер, дующий с севера, навевает моей душе чувство глубокого стыда.

Товарищи меня подбадривают. Джонг Хэ Сан, несколько раньше меня выбравший тяжелую скитальческую судьбу, похоже, удручен сильнее, чем я.

25 января (17 декабря по старому стилю)

Сегодня иду с ночевкой в Джогянгчон в гости к земляку Ли. Несколько дней назад прошла информация о том, что в Хэхане японский полицейский застрелил американского морского офицера, в ответ на это Штаты потребовали от Японии жестких мер, в противном случае американцы якобы готовы снять чехлы от пушек.

Нынешняя зима удивительно теплая и бесснежная. Говорят, лет десять уже такой зимы не было. Если здесь, на краю Сибири, продержится такая погода, то и нам, освободителям-одиночкам, будет не так скучно. Это Всевышний нам помогает. Лишь в горах кое-где видны пятна снега, а в полях пыль вздымается от ветра. Ким Е Ха, отправившийся на Амур, вернулся с письмом, в котором мне предписывалось участие в заседании Всекорейского Народного Конгресса. Рад видеть Ким Гуна.

5 февраля (28 декабря по старому стилю)

Сейчас наблюдаем необычное астрономическое явление: с 5-го января по старому стилю в небе средь бела дня Луна гуляет в паре с какой-то большой звездой, то немного опережая, то пропуская вперед, и это продолжается уже несколько дней. К чему бы это? Может быть, нас ждут большие катаклизмы?

В прошлом месяце зачем-то вызывали в суд Кенгсона мою тетю в Букчоне, но, к счастью, ее сразу освободили, и она благополучно вернулась в Хэхан, чему я безмерно рад. Если говорить о японских властях, то раньше открытой вражды у меня с ними не было, но теперь и в этой среде у меня появились личные враги. Мою жену продержали под арестом 16 дней. Японцы жестокие и коварные. В чем могла провиниться беззащитная женщина, что она вообще могла знать такого, чтобы с ней так безжалостно обращались. Нет, что ни говори, бесчеловечные существа.

20 февраля (15 января по старому стилю)

Уже почти настоящая весна. На ветвях деревьев расцвели белые цветы. Пришла весточка от Пак Джонг Гына. Говорит, что мне нужно ехать в Хынгренг. Сходил в горы поохотиться на оленя, косулю, или, в крайнем случае, на зайца, но, так и не встретив ни одной твари, вернулся домой. Оказывается, двадцать с лишним японцев вернулось в русское село Соуджими и там ожидает приказа командования.

23 февраля (15 января по старому стилю)

Сегодня отмечаем праздник - 15-е января по старому стилю. Уже больше месяца нахожусь в Красном гнезде. Выпили вместе с хозяином и пожилыми соседями по рюмочке. Они меня подбадривают.

Сокровенные мысли

Путник, одиноко блуждающий вдали от родного дома,
А в холодном поле только падает снег.
Тысячи разочарований, накопившиеся в душе,
Я заливаю вином.

Еще о сокровенном.

То пьянею, то трезвею, а в это время медленно заходит солнце,
А перед глазами – сотни гор моей далекой Родины.

1 марта. Сучан, село Джогянгчон

Сегодня третья годовщина даты, когда народ с пяти тысячелетней историей, с символом гибискуса проживающий на земле в три тысячи ли, заявил о самой благородной цели в жизни человека – свободе. Другое дело, что к великому стыду перед мировой общественностью, после трех лет со дня громогласного заявления мы так и не добились своей цели. Слишком мало было самопожертвования с нашей стороны для достижения свободы. Люди слишком инфантильны. Народ наш слишком увлечен политикой, но не умеет реализовывать идеи. Слишком много героев-самозванцев. Слишком много интриганов. Мало людей, идущих к конкретной цели, и больше показного геройства. Об этом можно судить хотя бы по тому, что каждый кореец стремится попасть в Шанхай, чтобы сделать карьеру во Временном Правительстве, раздираемом интригами и междоусобной возней за власть (иллюзорную, надо сказать, власть). И никто не даст даже цента на военные нужды, хотя каждый из них получает месячное довольствие в размере 4-х тысяч серебряных вон. Любой мало-мальски образованный молодой человек непременно едет в Шанхай. Никто не хочет воевать с ружьем и саблей в холодной России или Китае, питаясь вареной чумизой. Они рассчитывают получить хорошую должность после обретения независимости.

Карьеризм стал одной из причин краха нашего государства, и он же становится помехой на пути к достижению суверенитета. И то, что я нахожусь здесь без дела, превращает суть нашей борьбы в бессмыслицу.

В деревне построили новую школу, и меня попросили дать ей название. Я предложил назвать ее Суенгхагвон, а церемонию открытия учебного заведения приурочили к годовщине Первомартовской Революции в Корее. На церемонии выступили многие известные люди, отдав дань памяти участникам переворота, посетовали на нынешнее тяжелое положение и выразили надежду на светлое будущее. А я желаю только здоровья и благополучия моим братьям и сестрам.

15 марта

В эти дни была невиданная пурга. Снега намело до самой крыши. Местные старожилы говорят, таких осадков здесь не было лет 15-16. Несколько дней люди не могли выйти за ворота, а голодные косули, совсем забыв о страхе, подошли в поисках корма прямо к усадьбе, и по всей округе раздавались выстрелы из охотничьих ружей. Даже Ким Чанг Соб, Ан Енг Джин, приезжали из Сучана, а отсюда уехали в Суджуха.

Весной, когда тает снег, мясо косули не очень вкусное. Но в Санджуне такой подарок природы посчитали бы царским деликатесом. В этом году, кроме прочего, еще и сельдь ловится в огромном количестве, и продается по 50-60 копеек за 100 штук, а скоро цена и вовсе упадет до 200 штук за 50 копеек. Из Кореи сюда приходят рыболовецкие суда и в большом количестве закупают рыбу.

21 марта

Снежные сугробы где-то наполовину растаяли. Но до сих пор

передвигаться можно только по колее от конных повозок. Бэ Джун Бэк, получивший ранение в бою на угольной шахте, после года лечения выписался из госпиталя и пришел ко мне в гости. У меня в душе одновременно и радость, и тревога за него. Бэ Гун – бесстрашный боец. Помимо сражения в Кайде (Хэхан), он участвовал еще в ряде боев, но во время последнего получил серьезное ранение, сделавшее его инвалидом на всю жизнь – ему парализовало правую руку.

Из Шанхая прислали документы, изданные Военным Департаментом Временного Правительства в эмиграции, под названием «Геккомун» («Обращение»), автор – Со Иль, руководитель военного управления Буккандо, и «Джонтху сангбо» («Сводка о ходе сражения»), автор – Букрогун. Я с большим воодушевлением прочитал эти книги, в которых есть строки, берущие за живое. Возможно, из-за того, что авторы испытали слишком сильные потрясения. Я, естественно, знаю в общих чертах о событиях в Буккандо. В сводках пишется, что японцы потеряли убитыми одного командира полка, двух командиров батальонов, 1254 солдат и офицеров, ранеными – 200 солдат и офицеров, а войска военного управления (общая численность - 400 человек) - одного человека убитым, и пять – ранеными, а двое были взяты в плен. Это значит, что 400 человек, вступив в бой против втрое превосходящих сил противника, полностью уничтожили целый полк (а в полку имеется еще и артиллерийская батарея). Конечно, в мировой военной истории такие примеры имеются. Говорят, что отряд пытался вырваться из окружения японских войск, а в результате добился блестящей победы.

Я уже не раз говорил, что нашему народу присуще позерство, не подкрепленное реальными действиями, и могу еще раз повторить. Будущее народа вызывает большое беспокойство. В античные времена греческий царь Леонид с шестью сотнями воинов встал на защиту Родины, отбивая атаки десятков тысяч персов, отчаянно сопротивляясь врагу, пока не погиб последний воин. И это вызвало у эллинов справедливый народный гнев, они собрали огромную армию и разбили персов, а на месте, где погиб Леонид со своими героями, установили камень с надписью:

Путник, пойди возвести нашим гражданам в Лакедемоне,
Что, их заветы блюдя, здесь мы костьми полегли.

И как такой исторический факт сравнить с бахвальством нашего Военного Совета? Только из-за того, что люди, призванные за рубежом определять дальнейшее развитие страны, действуют подобным образом, мы вынуждены сидеть без дела. Нам нужно очень многое переосмыслить. В мире немного таких, как мы, неподготовленных к делу, незакаленных народов. У нас очень мало мудрых и справедливых людей. Что бы ни делали, больше показного, чем честной работы. Поэтому меня очень тревожит будущее. А особенно после Декларации о суверенитете. Я исхожу из того, что все, кому не лень, тянутся в шанхайское Правительство. А еще по тому, что на территории Буккандо создали 36 отрядов независимости, и в каком они находятся состоянии. Все там командующие, начальники штабов, а те, у кого не получилось, все равно командиры и офицеры. Ничего не смыслящие в военном деле, но с гонором, не желают прислушиваться к другим, и каждый мнит себя героем. Как тут не тревожиться о будущем. В будущем все это необходимо использовать в правильном русле. Эта проблема, я полагаю, важна не меньше, чем обретение независимости.

Я встретился с непосредственным участником событий в Буккандо и услышал подробный рассказ. В деревню Чонгсанри, где насчитывается 10 корейских домов, пришли японские войска, полагая, что здесь находятся бойцы Освободительной Армии. Однако наши, узнав о приходе японцев, заблаговременно покинули деревню, и спустились вниз, к подножию горы. Ворвавшись в деревню, японцы стали допрашивать местных жителей о местонахождении Освободительной Армии. Местные жители дали ложную информацию, направив японцев вверх по склону. Воспользовавшись ситуацией, наши обстреляли японские войска из засады. Японские солдаты, вернувшись в деревню, учинили жестокую расправу, расстреляли всех жителей, оставив в живых лишь семь женщин. Вот такая трагедия.

4 апреля(27 февраля по старому стилю)

2-го числа я приехал Манчундонг. Сегодня годовщина прошлогодней трагедии. Это скорбный день для нас и для русских, таким он и останется в нашей памяти. В прошлый раз, дней двадцать назад, выпало столько снега, какого не было уже лет двадцать, но тут же все растаяло. Сегодня с утра снова идет снег. Это уже перебор. Надоело.

После установления коммунистического режима в России Сибирь захватили союзнические войска. Однако в прошлом году, после поражения коммунистов, интервенты покинули Сибирь. И лишь Япония, преследующая в Приморье свои корыстные цели, несмотря на осуждение со стороны третьих стран, продолжала свое присутствие в регионе, оказывая давление на местное русское население. Естественно, несладко от них было и корейцам.

Основной целью японского присутствия в регионе была не столько борьба с коммунизмом, сколько подавление корейского национально-освободительного движения. Об этом можно судить даже по действиям японских солдат в Сибири. Тем не менее, ухода японских войск с нетерпением ожидали и русские, и корейцы. И вот недавно объявили, что японцы, державшие под контролем власть в Никольске, земли и рыболовецкие хозяйства на Сахалине, выводят свои войска из Приморья. Но это еще не окончательно. Подробности будут известны позднее.

Но если Япония не выведет свою армию из Дальнего Востока, то ситуация может измениться. Она увеличит численность контингента, что приведет к серьезному конфликту. В военном руководстве Японии слышны голоса, требующие увеличения численности войск. Японская армия бравирует своей мощью, но если так будет продолжаться и далее, ей обязательно разобьют нос в кровь. Мне не надо говорить о честолюбии японских военачальников. Однако у милитаризма нет будущего. Они идут по сценарию, предсказанному токийским журналом «Третья империя». Ждать уже осталось недолго. Японцы смешат людей. Они осуждают честолюбивые планы Германии, но сами превращаются в дальневосточную Германию. Их ждет такой же конец, как у царского правительства Николая II.

Джонг Джэ Гван, похоже, оправился после долгой болезни. Он приезжал ко мне несколько дней назад и уехал к морю, в Джинкхынг. А японский приспешник Мин Вон Сик, призывавший к ассимиляции с Японией, застрелен в Токио нашим человеком по фамилии Янг. Так ему и надо. Пусть они нас боятся.

11 апреля (5 марта по старому стилю)
(Любимым дочерям)

На лужайках расцвели красные и желтые цветы, возвещая о наступлении новой весны. На дальнем северном склоне еще кое-где видны белые пятна снега. На высоком дереве сорока свила новое гнездо, а где-то в поле плачет фазан. Деревня Манчундонг. Вновь шумит сибирская весна. В моем саду Генчонвон, наверное, тоже расцвели цветы. Неужели Вангсон уходит только раз. Кто же будет пить родниковую воду Енгымсу и любоваться цветами. Одиноко и тоскливо. Как они там, моя жена Джонг Ын с маленькими детьми. Наверное, поднявшись на гору Генгчонгак, всматриваются вдаль, на север, ожидая меня.

Со склона горы доносится пение жаворонка, может быть, он прилетел из моего сада? А шум дровосека, что доносится с восточного склона, он такой же, что и там, на Родине. Курица с выводком цыплят, завидев рисовые зерна, кудахчет, словно мать зовет к обеду дочерей Джири, Джихэ и Джиран. Я тоже скучаю по ним, но я должен всегда помнить, что пришел сюда, оставив семейный уют ради страны и народа. Пятнистая птичка, с испугом вспорхнувшая от шороха моих шагов, наверное, не поняла моих помыслов. Я пришел сюда, отбросив все мечты о богатстве и славе, и неужели мне взбредет в голову мысль ловить тебя. Я здесь, потому что ненавижу вэном (японцев). Эй, дровосек, не напевай мне грустную песню Кенбоккунгта. У кого не бывает в жизни печали. И великий герой Ли Сун Син пострадал от никчемных людей, и легендарный Наполеон провел остаток молодости на одиноком острове посреди океана, оставив здесь свои нерастраченные силы и идеи. То же самое в случае с красавицей Усси и ее женихом Хан У: в легенде Хэхаильджон она одной своей песней заставляет плакать бесстрашного народного героя. Жизнь с ее печалями и радостями – как рассеивающееся облако. А этот поющий дровосек, рубящий дерево в лесу за двумя холмами, наверное, счастливый человек. Он везет себе дрова на коровьей повозке, а корова, идущая под тяжелым грузом, не забывает ласково мычать, подзывая к себе теленка.

На сибирские поля опустилась теплая весна, но обстановка все больше становится взрывоопасной. Несколько дней назад во Владивостоке начались выступления против казацкого атамана - генерала Семенова. Всевышний иногда несправедлив. Он помогает богатым, сильным и злым, и равнодушен к бедным и слабым. Время близится к обеду, и от домов, разбросанных по склону, то тут, то там исходит дым из очагов, а дровосек, беззлобно подгоняя корову, шагает к своему дому. Я тоже, бреду домой с книгой под мышками, любуясь пестрыми красками природы. Куда бы я ни пошел, дом мой все равно далеко. Я - одинокий странник.

20 апреля

В эти дни весна играет своими сочными красками. Вчера из Трицпутина(Пуциловки) ко мне приехали Кан Гун Мо и Хан Иль Джэ. Целью их прибытия было мое сопровождение. Была радостная встреча в укромном Манчундонге. Сегодня все вместе прибыли в

Красное гнездо(?), отсюда отправимся в Дэуджими для обсуждения плана дальнейших действий. Япония усилила военное присутствие в Сибири и сконцентрировала свои основные силы в Спасске. США провели консультации с Англией и Францией для согласования позиций этих стран по вопросу американо-японского вторжения на Дальний Восток, американцы же получили лицензию на разработку золотых приисков в Охотске сроком на 60 лет и принимают на работу только лиц корейского происхождения. В общем, на политическом небосклоне то ясно, то пасмурно, и неизвестно, к чему это все приведет. Я думаю, раз уж зашла об этом речь, надвигаются большие потрясения в мире, будет большая война с огромными жертвами и разрушениями, а затем на передний план выйдет большой человек и будет строить новый мир. Не знаю, то ли небо виновато, то ли люди.

Из Добенгха пришло сообщение, что в район снова вторглись хунхузы. Жаль наших людей, ненавижу этих хунхузов. Прежде чем освободить страну, надо уничтожить бандитов. Из-за них и Китай страдает, и сопредельные страны. В прошлом году я успешно сражался против них, как то будет в этом.

Тихим весенним утром даже петухи кричат с ленцой. Чувствую себя свободно, как река после зимнего ледостава. Воробьи чирикают под крышей дома, радуясь наступлению нового весеннего дня. В этот же период прошлого года я несколько раз балансировал между жизнью и смертью, как же будет на этот раз?

24-е апреля

(Назначение на должность командующего объединенными партизанскими отрядами Сучанского района.)

Вместе с 7-8-ю сопровождающими до захода солнца я выдвинулся из Донгхо на деревянной лодке. Был свежий весенний вечер. Мы тайком пересекли неблизкое расстояние и на рассвете пришвартовались к причалу рыбацкой деревни, в полутьме крадучись пробрались в корейский домик, утолили голод и, оглядываясь по сторонам, двинулись дальше.

Спустя несколько дней мы прибыли в школу Дальенгоу, где нас тепло встретили Ан Енг Джин, Ким Джун, Янг Гун.

Отсюда направляемся в Суджуха, в отряд Хан Чанг Голя, где также происходит радостная встреча.

Здесь, в отряде, было принято решение об объединении с отрядом Кан Гун Мо в Трицпутине, а меня выбрали командиром объединенного отряда. Я принял предложение.

Далее, мы проделали путь через горы и через 6-7 дней прибыли в Третий-Фудин, где произошло объединение. Я принял командование объединенным отрядом, но из-за особенностей нашего национального характера, накопившегося раздражения, на начальном этапе имели место внутренние раздоры, чем мы, надо признаться, изрядно посмешили окружающий нас народ.

Вначале Кан Гун Мо и Хан Чан Голь, в виду недостатка командного опыта, передали мне всю полноту власти в отряде, однако

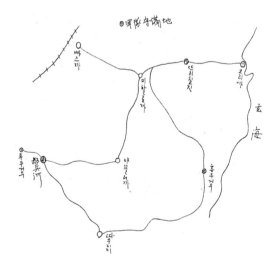

3. Районы дислокации

в дальнейшем, опасаясь моего тотального влияния, из чувства зависти, используя разные неблаговидные способы, попытались дискредитировать меня в среде партизан, но, не добившись своей цели, сами ушли из отряда.

Я же, после назначения командующим партизанского соединения, тут же распорядился построить в Третьем-Фудине надежные укрепления, начать эффективное обучение партизан, организовать учебный центр для подготовки военных кадров, что в корне изменило атмосферу в отряде.

Май

У нас сложились хорошие отношения с командованием частей Красной Армии в Добенха, и теперь они делятся с нами амуницией. В районе села Яковлевка объявились хунхузы, и я направил туда отряд самообороны для защиты населения. В этом году, как и прежде,

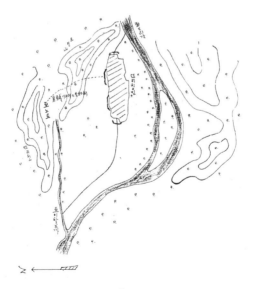

4.

во многих местах появлялись хунхузы, но мои отважные бойцы и командиры с честью справились с задачей по борьбе бандитами.

Июль

Третий-Фудин расположен в глубоком горном ущелье, в трехстах ли от Ольги, в трехстах ли от Спасска и в трехстах ли от Добенха. Здесь мало корейских деревень, и чтобы добраться до него, нужно пройти более ста ли по безлюдным местам.

Здесь проживает около 40 семей российских корейцев.

Простые жители очень доброжелательно встретили Освободительную армию. Отряд Кан Гук Мо, пришедший в эти места прошлой осенью из Суйфуня, скрываясь от японских войск, уже почти год квартирует в этой деревне. Получается, что 40 хозяйств в течение целого года обеспечивали провиантом отряд в 200 человек. Это сколько же риса было съедено!

Здесь имел место демарш со стороны Кан Гук Мо, но все в итоге стабилизировалось.

Сентябрь

Согласно договоренности с командованием Красноармейских частей в Добенха, я должен был направиться со своим отрядом в Добенха и, оставив здесь взвод охраны, последовать в Яковлевку и встретиться там с командиром Шевченко, а затем – с председателем Реввоенсовета Приморья Ильюшиным. Далее мне следовало вернуться в Добенха, обустроить здесь штаб командования и совместно с Красной Армией планировать военные действия. Учитывая то, что мы находимся на российской территории, мы должны были координировать свои действия с русскими.

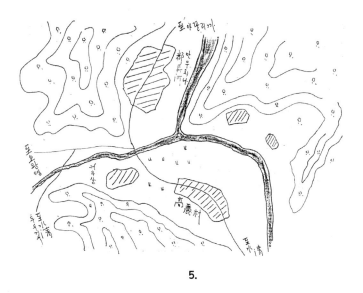

5.

11 октября 1921 года. (Гражданская война)
И кровь, и слезы.

Прошло три года с тех пор, как наш народ, не желающий оставаться на задворках глобального прогресса, заявил всему миру о своих притязаниях на свободу на территории Корейского полуострова и проживающих на нем потомков рода Пуе. С того дня наши люди видели море слез и крови. Однако никаких результатов это еще не принесло. Бедные остались бедными, нищие – нищими, павшие духом – и вовсе сумасшедшими, а предателей и умалишенных в Китае и России развелось больше, чем на полуострове. Кто виноват в этом? Очень грустно, и некого винить.

Наш отряд некоторое время квартировал в Третьем-Фудине, а затем передислоцировался в Добенха, изначально занимающий стратегически важное положение, для осуществления совместных военных операций с подразделениями Красной Армии. Однако из-за нехватки провианта, амуниции и финансовых средств наша армия напоминает толпу бродяг.

Сегодня, как обычно, после подъема было утреннее построение. Когда я вошел в здание штаба, ко мне торопливо прибежал адъютант Кан Син Гван. Я разрешил ему войти. Адъютант держал в руке записку на русском языке, полученную от командующего частями Красной Армии, и в ней сообщалось о том, что в Сучанский район пришли японские войска и белогвардейские отряды, в связи с чем нам предлагалось совместно выступить против них. Я тут же отослал положительный ответ и приказал всем готовиться к выступлению, после чего в отрядах начались оживленные сборы в поход. Было уже начало зимы. Листья с деревьев опали, а лужи после дождя заледенели. Одновременно с русскими отрядами мы неторопливо вышли в поход. На этот раз я надеялся на решение ряда задач при осуществлении военной операции в Сучане, хотя сами боевые действия отошли на второй план.

В 11 утра солнце постепенно укрылось за тучами, задул северный ветер и пошел обильный снег, загораживая нам видимость. Мои бойцы были плохо одеты, поэтому их мучения невозможно передать словами. Белый снег очень скоро накрыл близлежащие горы и равнины, образовав типичный сибирский зимний пейзаж.

Сегодня заночевали в деревне Тудугоу, где к нам присоединился оставленный здесь ранее отряд охраны. Эх! Что в этом холоде и голоде утешит моих несчастных партизан! Родина далеко, враг - перед носом. Я не могу не думать о том, кто потом возвестит нашему народу об их душевном состоянии в эти минуты.

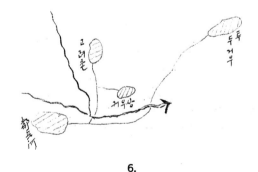

6.

14 ноября

После нескольких суток в походе добрались до деревни Тудугоу Сучанского района, где объединились с отрядами Красной Армии. Всего из разных регионов подтянулись 8-9 отрядов. Я расскажу потомкам о моих ощущениях после похода в тысячу ли, в пробирающий до костей мороз. Ночью, часов в 10, вошли в деревню. За день преодолели расстояние в 100 ли, из них 60 – через большой перевал. Наверно, сегодня 5-е число по лунному календарю, раз луна так высоко и светит ярко.

После 17-го ноября
Военные действия.

Несколько дней квартировали в Пхенсахо. Расстояние между нами и белыми всего 20-30 ли. В час дня все отряды двинулись в атаку. Недалеко от Госонга, что севернее от Синенгоу в Сучане, произошел бой между передовыми разведывательными группами. Небо затянуло тучами, отчего видимость была очень плохая. Я немедленно повел отряд в сторону Госонга и стал ждать рассвета. На рассвете увидел, что красноармейцы уже рассыпались, укрываясь то тут, то там за мелкими сопками, а нас с фронта и с флангов окружают отряды белых. Поняв, что в таких условиях сопротивление бесполезно, я отдал приказ об отступлении. Отступали довольно организованно, кое-где по фронту возникали небольшие перестрелки.

Один неверный шаг, и я бы потерял большую часть своего войска под Синенгоу. Да, пожалуй, я принял мудрое решение. Кольцо окружения в бою у Пхенгсахо почти сомкнулось, но нам очень повезло. В этот день бойцы устали до смерти. Почти тут же из-за нарастающей по всему Приморью гражданской войны, для совместных операций с Красной Армией, я оставил Сучан и двинулся в Добенха. В отряде остались два офицера: Ким Кванг Тхэк и Ли

Чан Сон. Ими должен был командовать адъютант Кан.

Бой с белогвардейцами за Добенха

Через два дня после того как я прибыл в Добенха, белые, каким то образом прорвались в Добенха, миновав партизанские укрепления, и в поселке начались уличные бои. Мы заранее планировали оставить Добенха, поэтому особо не упорствовали, а затем в течение 2-3-х дней пробирались по заснеженным горным тропам. Суточный рацион составлял всего несколько кусочков хлеба. Такое мои бойцы видели впервые в жизни. Мы прошли мимо Михайловки, далее - Чугуевки, преодолевая гору за горой, и через ущелье Вакоу недалеко от Третьего-Фудина вошли в деревню Янгходжа Иманского района. Здесь мы привели в порядок оружие и другую амуницию, и, попрощавшись с красными, решили выдвинуться на Набую. Белые уже заняли северные окрестности Хабаровска, поэтому нам одним туда идти было опасно. Была первая декада декабря.

Красные отряды почти целиком сдались белым в районе деревни Картон. Их командир, как выяснилось позже, поддерживал с белыми тайную связь. Я же, соединившись в Набую с самыми стойкими русскими красноармейцами, стал снова готовиться к походу. Мы вышли из Набую, пройдя сотни ли вверх по подмерзшей реке, остановились в ущелье близ Амура и стали дожидаться полного ледостава.

Ущелья Джильнакка и Даоджэ – это богом забытые места, где летом можно найти пропитание только в реке, а зимой – в лесу, гоняясь за дичью.

Об этом периоде осталось много смешных историй. На войне тоже есть место смеху. Но здесь я о них писать не буду.

На Амуре встретили человека по имени Ли Джин Са, который усыновил глухонемого китайского мальчика и пожертвовал для нас 200 мешков кукурузы.

Сибирские записки
D. 4255(1922) год

6 января

Мои войска с начала зимы участвовали в ряде сражений, а теперь мы встречаем Новый Год, заодно приводя в порядок личный состав и лошадей.

Набую по-другому называют Нольнихо. Он расположен в 300-х ли от Имана. В летнее время отсюда есть транспортное сообщение до Картона, а в остальное время эти 100 ли становятся непроходимыми. Иногда люди, несмотря на опасность, добираются на лодках вверх по реке, но это в лучшем случае раз в год. Зимой, когда все покрывается снегом и льдом, с риском для жизни можно преодолеть 100 ли на санях, но если не повезет, то можешь замерзнуть в дороге.

Я и сам удивляюсь, как это я со своим отрядом пробрался в такое глухое ущелье. Надеюсь, что больше таких испытаний на нашем пути не будет. Просто невозможно описать словами все то, что мы перенесли. Может быть, какой-нибудь летописец, или художник смог бы это изобразить.

Снежные окопы, караульный пост, срубленный изо льда! Наверное, тот, кто живет в теплых краях, даже представить себе не сможет подобную картину. Эти места почти безлюдны, и лишь в Даоджэ, Джильнакка немногочисленное население в летнее время промышляет охотой и рыболовством. Но на этот раз, узнав о том, что сюда прибывает Освободительная армия, люди, все, как один, убежали в куда-то в горы.

Погода нестерпимо холодная. Даже дышится с трудом. Не выдержав жуткого мороза, мы решили передислоцироваться в Картон. Посовещавшись с красным командиром Елисеенко, мы решили совместно атаковать город Иман.

P.S. Я вернулся из Амура, оставив в отряде Пак Донг Гю, Ли Енг Хо и еще несколько товарищей, для несения караульной службы.

Ночной штурм Имана

Был конец января. В бою за город Иман от рук белых погибло 40-50 моих бойцов. Мы заняли город, но из-за нехватки людей пришлось отступить в ущелье Вакау. Во время этого боя я командовал своими партизанами, находясь в самой гуще событий, под градом вражеских пуль. За все время, что я участвовал в сражениях, это был самый мощный обстрел, слева и справа от меня падали мои раненые бойцы, а меня вражеские пули в этот день почему-то обходили стороной, даже края уха не пощекотали. И корейские, и русские соратники предупреждали меня об опасности, а я в ответ лишь усмехался, говоря им, что ни японцы, ни белые, ни хунхузы еще не изготовили той пули, предназначенной для меня. В этот раз все получилось гораздо лучше, чем в сражении за Добенха.

После этого белые потерпели поражение в Хабаровске и отступили в Хэхан (Никольск-Уссурийск), а мы, часто меняя дислокацию, вели бои в местечке Вакау.

В дальнейшем я с отрядом направился в Третий-Фудин и в апреле вернулся в Добенха.

Мы вернулись в центр партизанского движения через 6-7 месяцев, проведя в походе всю прошедшую зиму, приняв участие в ряде ожесточенных сражений. Сколько тревожных минут было пережито за этот период! Невозможно передать словами. Впрочем, если случится хорошее настроение и будет приятный собеседник, я попытаюсь обо всем рассказать.

15 мая, понедельник

В эти дни мой отряд находится на отдыхе в Добенха (Анучино), спокойно приводя себя в порядок после напряженной зимней кампании. Но я бы хотел, чтобы в дальнейшем у меня сложилось так, как я запланировал.

В любом случае, этот мир не сегодня-завтра всколыхнется. В конце концов, недавняя Мировая война в Европе не выявила победителя. И кто-то в будущем непременно захочет победить. И тогда основной ареной войны станет не Европа, а Дальний Восток. В этом случае от нас потребуются утроенные усилия.

Японцы еще не спустились с небес на землю, утопая в своих грандиозных и радужных грезах. Для того чтобы выжила желтая раса, необходимо создание Дальневосточного Содружества государств. Поэтому я осуждаю Японию. Крах или процветание Дальневосточного региона во многом зависит от действий Японии.

На западном склоне, недалеко от штаба, запели первые кукушки. Четыре года назад, когда я в первый раз пришел в Согандо, мне такая же кукушка накуковала про бродяжью жизнь, и, видит Бог, не обманула.

Японские войска завершают смену контингента.

Командующий Красной Армией обещает всемерную поддержку в осуществлении моих планов.

21 мая

Из Сучана по мою душу прибыли три офицера - Ким Чанг Соб, Ким Гванг Тхэк и Борис Хван. Цель прибытия – сопроводить меня обратно.

28 мая

Сплю весенним сном, не замечая рассвета.
И везде беззаботно поют соловьи.

Я и в правду веду беззаботный образ жизни. Настолько беззаботный, что чувствую себя виноватым перед своим народом.

Растаял холодный зимний лед. Наступила пора для настоящих дел. На сопках и полях уже пробивается зелень трав и деревьев. И с каждым восходом солнца все больнее бередит мою душу плач той кукушки.

Мои мечты
Мечта настоящего мужчины с древнейших времен -
Быть опьяненным собственной славой.
И как же ты можешь прожить эту жизнь
У никчемного конского стойла?!
Ветры бушуют и тучи сгущаются, и снег застилает глаза.
Где найти героя, способного построить справедливый мир?

Слава героя – вот мечта настоящих мужчин.
Или участь твоя – чистить конское стойло?
Где же он, среди туч и ветров, среди белого снега,
Тот, что сделает праведным мир?

Эти стихи я сочинил еще в годы в годы обучения в Токийском кадетском училище. Я снова пишу стихи. Но ощущения совсем не такие, как раньше.

7-е июля

Мы оставили Добенха. Я, заранее обдумав план действий, веду своих бойцов в Суйфунь и Енчу. В моих планах – разрыв хребта, соединяющего японские и белогвардейские войска. Снова молю о помощи Всевышнего. Эту ночь мы проведем в Тудугоу.

Разрыв хребта. Рассказ участников переправы

Все это время после 8-го июня мы находились в непрерывном походе, ночевали в лесах, питаясь мясом дикого оленя, затем пересекли железнодорожную магистраль вблизи Чагоу, тем самым разорвав связь между японцами и белыми. Я поручил молодому бойцу верхом на лошади переправиться через реку Суйфунь, и тот разузнал, что часовые у японцев спят, даже не удосужившись погасить свет.

Когда прибыли в Суйфунь, то узнали, что произошел конфликт между отрядом Кан Гун Мо и красными, что никак не способствовало реализации моих планов. Разобравшись в ситуации, я вернулся в Сучан, где продолжил работу над переводом военных учебников, начатую еще прошлой осенью. Вот так завершилась моя партизанская кампания.

Вывод японских войск

После нескольких лет присутствия в Сибири, испытав на себе силу Красной армии и корейских партизан, Япония решила вывести свои войска, отчего даже стало немного грустно.

31 октября(12 сентября по старому стилю)

Уже почти месяц я нахожусь в Синхынгдонге вместе с несколькими помощниками, чтобы подготовить к изданию военные учебники. К югу от возвышенности, на которой мы живем, виднеется большое море, а посередине – залив. Я каждый день только издали любовался этой картиной, а сегодня решил сходить к заливу. Не сказать, что уж очень красивое место, но прогуляться по травянистому берегу, с видом на спокойную водную гладь, в общем-то, можно.

Получил из Кореи письмо, в котором говорится, что в Шанхае совершено покушение на Юн Хэ, жизнь его висит на волоске, и даже возможно, что его уже нет в живых. Юн Гун, представитель молодого поколения российских корейцев, достойный парень, и мне непонятно, как это могло случиться, но ясно одно: Шанхай – тоже опасное место. Если так пойдет и дальше, то там могут все погибнуть, не успев поучаствовать в больших делах.

Наш народ действительно странный. Нет, чтобы делами заниматься, они грызутся между собой, разделившись на местных и чужих, а дело так и стоит. Поэтому и теряют доверие. В будущем, когда произойдет освобождение, нужно будет заново выбирать Военное Правительство. Нравится это кому-то или нет, но только Военное Правительство соответствует нашему нынешнему уровню развития.

29 ноября

Недавно перебрался в деревню Гымгэнгри, чтобы завершить подготовку к изданию учебников по военному делу. Корейское отделение Коммунистической партии в Чите распалось, а корейская Партизанская Армия Сибири расформирована.

Мне сообщили, что Джи Чонг Чон собирается заглянуть проездом во Владивосток (Хэсами) по дороге в Шанхай, где должно состояться заседание Народного Собрания. Давненько не было писем от Джи Гуна.

> Уж три года прошло, как однажды весной мы простились.
> Каждый день я смотрю в эту даль,
> Только от этого больше слез и печали.
> Смотрю на луну и думаю о тебе, а тебя все нет и нет.
> И лишь река, как и прежде, несет свои бурные воды.

6 декабря

На улице сильный, порывистый ветер. Быть может, Пхэгонг (древнее звание некоронованной особы королевского рода) появляется на свет.

Моя любовь!

У каждого человека есть свой объект любви. Каждый в меру своих сил отдает свою любовь другому существу. Иногда ради любви не жалеют своей жизни. Любое проявление чувств, будь то любовь к Родине, любовь к родителям, к друзьям, к старшему брату, младшему брату, к детям, к жене, к любовнице, к деньгам, к славе, просто хорошему человеку, симпатичному человеку – это выбор одного конкретного человека.

Моя любовь - кристальной чистоты, и никто не получит ее от меня по просьбе или за деньги. И очень повезет тому человеку, которого я полюблю. Если я полюблю, то это будет чувство, которое не умрет даже после моей смерти. Люди завидуют, видя такую любовь. Пусть эти возвышающиеся над морем скалы (Пять братьев) сегодня расколются от бешеного шторма, но моя любовь будет крепче и выше этих волн.

Далеко в море мерцает свет, похожий на свечение сверчка, его уносят штормовые волны, и он беспомощно плещется в воде, и кажется, вот-вот погаснет. Но только моя любовь похожа на раскаленную лаву проснувшегося вулкана. Словно летнее небо, затянутое грозовой тучей, готовое разразиться проливным дождем. Да! Как счастлив и умиротворен тот человек, которого любят такой любовью.

Сибирские записки
Е. 4256(1923) год

1 января

Пошел пятый год с тех пор как я, с грузом ответственности перед своим народом, пришел сюда, чтобы бороться за дарованную Небом свободу и независимость для потомков народа Пуе, проживающих на земле в три тысячи ли. Время бежит, проявляя по отношению к нам высшую справедливость и не обращая внимания на всякие частности. Мы тоже неизбежно стареем. А за наши деяния стыдно перед Небом. Все слишком по-детски. Для защитников свободы мы слишком инфантильны. Много слов, но мало дела.

И все же, пошли вперед! Прислушайся к зову Родины!

Первый день моего пятого года в Приморье я провел в Гымгэнгри Сучанского района, и он получился достаточно скучным. Как будто в знак грядущих событий, ночью прошел ураган, и все вокруг напоминает поле боя. Вместе с несколькими соратниками, за разговорами, тихо проводили Старый Год и встретили Новый.

Из Сосубона прислали нарочным Джанг Ги Енга, который прибыл проездом из Читы, и тот подробно рассказал всю правду о нашумевшем многолетнем конфликте между шанхайской и иркутской фракциями.

Пришло сообщение и от Ким Гю Мена. Новость о предстоящих событиях была всеми воспринята положительно.

Прибыл Ли Енг Хо. В последнее время у меня много контактов с шанхайскими. Но это вовсе не значит, что я примкнул к ним. Я всего лишь внимательно наблюдаю за обеими группировками. Мне хочется окончательно выяснить, кто прав из них, а кто – нет.

[...]-е января

Последовав совету многих друзей, настаивающих на моем участии в Шанхайской Конференции Народного собрания, я собрал свои вещи и вместе с Джанг Ги Енгом, Ли Енг Хо и еще несколькими товарищами выехал в конной повозке из Гымгэнгри и прибыл в Чимоу. Там нас встречал Ким Е Ха. Провели ночь в Чимоу, а на следующий день поездом добрались до станции Узловая. Переночевали здесь и поехали дальше, в Никольск. В Никольске тут же поспешили в дом к Ким Ый Джину. Оказалось, что он был схвачен и убит японцами, а в доме оставался его сын Нам Сонг. Мы остановились у него на несколько дней, и встретились за это время со многими товарищами. Среди них много будущих участников Конференции Народного собрания в Шанхае. Я тоже принял решение ехать. Шанхайская фракция, по-видимому, воспринимает меня как силовика (делегата от военных). Но к их разборкам я не имею никакого отношения, поэтому и собираюсь ехать туда.

[…] января мы отправились в путь вместе с Ким Гю Меном и Джанг Ги Енгом. Однако в Сосубуне, опасаясь встречи с японскими агентами, Ким и Джанг повернули обратно. Через несколько дней из Харбина за мной прибыли люди. И только тут я принял окончательное решение. Вместе с сопровождающим мы договорились выехать из Никольска напрямую в Харбин.

Японцы знали о намечающейся Конференции Народного собрания, поэтому на всех участках железной дороги дежурили агенты, и для меня это путешествие было большим риском.

Моей целью в этот раз была лишь встреча с деятелями Народно-Освободительного движения, действующими как внутри страны, так и за рубежом. На что-то большее рассчитывать в данный момент не приходится.

9. КОНФЕРЕНЦИЯ НАРОДНОГО СОБРАНИЯ В ШАНХАЕ

Основной идеей Шанхайской Конференции, я думаю, была попытка сближения мнений и взглядов среди участников Освободительного движения, которое еще не достигнуто со времен Декларации о праве на свободу четырехлетней давности, что наносит непоправимый вред всему движению, и не способствует скорейшему достижению независимости, к которому стремится народ с более чем 4-х тысячелетней историей, когда-то обладавший обширными территориями в Южной и Северной Маньчжурии, а также в Приморье.

Грустно. Какое значение имело это событие для развития основных идей? Ровным счетом – никакого.

11-го февраля 1923 года, в обстановке чрезвычайной секретности, я выехал из Никольска, пересек границу на станции Пограничной и, проделав утомительный путь по бесконечно длинной Средне-восточной железной дороге, 14-го числа прибыл в Харбин. Бесцеремонно миновал японский контрольно-пропускной пункт. Переночевал в китайской гостинице, а на следующий день меня поджидал еще больший риск. Прибыв в Чангчун, как обычно, под видом японца, поселился в японской гостинице Чангчунгван. Никак не проявляя своего беспокойства, все так же веря в свою судьбу, спокойно вписываю в гостевую книгу японский адрес Чонепхен Дынгвондэ. Эту местность я хорошо знал со времен службы в Кавалерийском училище. Следующий пересадочный пункт - станция Бонгчен, здесь я подозвал японского лакея, вручил ему свой чемодан, нанял экипаж и отправился в гостиницу Бонгченгван. Уже столько лет не доводилось лежать на японском татами, что даже как-то не по себе. Однако японцы, осведомленные о намечающемся в Шанхае форуме Народного Собрания, уже повсеместно расставили свои сети и ловят каждого, кто направляется в Шанхай. Но Ген

Чена им расколоть не удастся. Как распознать в этом типично японском, где-то даже токийском кавалере что-то подозрительное? Ничего они не заметят.

В японских гостиницах Чангчуна и Бонгчена мне довелось вкусить давно подзабытую радость – церемонию приема пищи из рук японской женщины. Сначала я отправил японского лакея за билетами, а сам добрался до вокзала конным экипажем, где меня уже дожидался лакей. До самого отправления поезда не отпускаю лакея, проводя время за пустыми разговорами, пускаю пыль в глаза японским жандармам.

17 февраля

Под утро прибыли в город Чонджин. В Чонджине я был в первый раз, к тому же еще не рассвело, поэтому нанял рикшу, который изрядно поплутал со мной по улицам, но, в конце концов, привез меня во французский квартал (французскую дипмиссию), в гостиницу «Бульжору», где я и заночевал. Здесь можно было немного расслабиться.

Передохнув несколько часов в гостинице, я снова сел в поезд и отправился в Шанхай. Уже по привычке, что раньше, что сейчас, я стоял на перроне незнакомого вокзала, с такими же размышлениями одинокого путника. Поезд тронулся в 2 часа дня. В этих местах уже тепло. В поезде разговорился с попутчиком китайцем, и не заметил, как прошло время.

18 февраля

Проехали город Хвангха, здесь уже чувствуется южный климат, за окном теплый дождь орошает зеленые ячменные поля. Деревни утопают в гуще зеленого бамбука.

Ночью проехали через реку Янцзы и прибыли в город Намгенг, где немного передохнули в местной гостинице. Здесь снова произошла смешная история.

19 февраля

В 9:00 утра прибыли в Шанхай, и здесь я встретил много старых друзей. Теперь есть возможность увидеть видных корейских политических деятелей, имеющих отношение к Конференции Народного Собрания.

10. СИБИРЬ - 2 1923 год

[...] сентября 4256 (1923) года швейцарским пароходом я отбыл из Шанхая и возвратился в порт Владивосток. С этого дня начинается новый отсчет моей жизни в Сибири. По сравнению с январем, когда я уезжал отсюда, стало очень много красного цвета, отовсюду попахивает красным. Корейцы все так же живут в тяжелых условиях, за исключением новоявленных коммунистов, бравирующих в буденновках и с револьверами на поясах. У меня была встреча с Ли Донг Хви (Председатель Шанхайской фракции компартии), Ким Ха Сок (самый скандальный член Иркутской фракции), а также с Су Хо и Хванг Сок Тхэ. Некоторое время пробыл в Синханчоне. Осень без забот провел в Хэхане. Каждый день только и делал, что прогуливался по морскому берегу, загорал и лишь поздней осенью отправился в Никольск, где наведался в дом к Ким Тхэ Хо и встретился с ним.

Делегация членов Народного Собрания, прибывшая из Шанхая, не нашла взаимопонимания с местными коммунистами, поэтому никакого конструктивного диалога не получилось, просто зря потратили время, не удосужившись даже поговорить в неофициальной обстановке. Мне до этого нет никакого дела, и я беззаботно провожу время в Никольске.

Зимой часто наведываюсь в Хэхан и остаюсь здесь на несколько дней.

Ан Му отправился в командировку в Буккандо (Северную Маньчжурию). Лим Бен Гык также уехал в Буккандо.

Мои партизаны после расформирования армии разбежались кто куда, многие нищенствуют. Мне очень больно видеть это. Наше дело идет к развалу. Люди понимают, что Освободительное движение нужно продолжать, но не готовы участвовать в этом ни морально, ни материально.

Я охладел к этому обществу. И к каждому в отдельности тоже.

A. 4257(1924) год

1 января

Ген Чен проснулся в 7:20 утра в доме по улице Астраханской, 5, в городе Никольске, после глубокого сна на холодной кровати. Как же тоскливо и одиноко! Чем дальше, тем хуже. Пошел шестой год с тех пор, как Ген Чен оставил свой дом в Сеуле. Душу будто бы заволокло густым туманом, и даже не знаю, что написать. Грусть. Одна только грусть. Куда же спрятаться от этой тоски.

> Моя обувка выглядит жалко, и дом мой жалок
> И общество наше жалкое, борьба за свободу выглядит жалко.
> И рабочих жалко, и народ наш жалкий
> Даже умирать вместе с ними жалко.

У Ген Чена грусть уже переросла в депрессию.

На днях увидел, как наши доблестные воины-освободители с цепами шли молоть зерно на полевой стан. Грустная картина. И Ген Чену на ум пришла песня: «Жалкие воины-освободители».

Жалкие воины-освободители
(написана после расформирования армии).

1. В мороз минус сорок, в сибирскую зиму
   В летних шляпах и тонкой одежде
   В стертых до дыр соломенных ботинках, побритые наголо
   Слоняются, дрожа от холода, наши освободители.

2. Мы хотели освободить наш полуостров от железных оков
   Чтобы снова были свободны наши реки и горы
   Вы, легкомысленный народ, лучше бы навестили своих родителей.
   Чем усмехаться себе под нос.

3. За западной горой печально садится солнце
   Сколько тысяч ли до твоей Родины отсюда
   Что сказали бы твои отец и мать, если б они были здесь
   Глядя на твой жалкий вид.

Сегодня до позднего вечера пил и развлекался на торжестве, организованном активистами из Енджу в знак чествования делегации Народного комитета. Были речи членов Президиума, я тоже высказался, обрушившись с критикой на участников Освободительного движения, без толку потративших 600 тысяч вон.

Написал и отправил письмо Сукчэ.

Сейчас в Сибири серебряный сезон. Очень холодно. Тем не менее, последние дни прошли для Ген Чена сравнительно спокойно.

6 января

Вместе с членами Народного Комитета посетили 4 общественные организации (артели) в Суйфуньском районе. Везде был очень теплый прием. После ежедневных застолий с питьем и мясом, и с песнями допоздна, чувствую себя очень уставшим. Когда были в общественной организации Дэджанджэ, встретился с Кан Колей у него дома. Во всех организациях Суйфуньского района корейцы с российским паспортом выражали огромное желание помогать Народному комитету. В этой поездке по Суйфуньскому району Ген Чен познакомился с рядом толковых ребят из числа российских корейцев.

15 января

На сегодня было намечено открытие 1-го Собрания Народного комитета, но из-за того, что делегаты из Буксина (город в Китае) и других регионов не прибыли, собрание решено перенести. Я тоже намерен ехать во Владивосток и участвовать в форуме, как только будет известна новая дата.

В Москве в результате сильного переутомления Троцкий временно отошел от дел. Ленин тоже страдает от серьезной болезни.

В Германии коммунисты потерпели поражение, а больше всех шансов у демократов.

В Токио какой-то член социалистической партии организовал покушение на жизнь Императора. Пуля насквозь прошла экипаж, в которой ехал Император, но в него не попала. Нападавший был тут же схвачен.

17 января

Из Дэгу пришло письмо от Джонг Джук, чему я несказанно рад. Тут же написал ответ. Я люблю Джук.

На днях сообщили, что на востоке Японии вновь произошло мощное землетрясение, вызвавшее множество жертв. Сочувствую им и не хотел бы думать, что это наказание от самой природы.

22 февраля

Скончался лидер красного движения Ленин. С сегодняшнего дня не будет с нами человека, пытавшегося сделать человечество счастливым. Наверное, сам Ленин очень сожалел о том, что не успел довести до конца дело всей своей жизни.

25 февраля

Назначенное на сегодня 1-е заседание Народного Комитета во Владивостоке перенесено на 1-е марта.

Лето в Никольске (Лето 1924 года)

Скучное лето в Никольске! С этого лета я не устаю повторять, что негоже революционеру сидеть без дела, от безделья устаешь больше, чем в партизанской войне, во время которой нам приходилось испытывать поистине адские лишения. В городе действует корейский клуб. Мы собираемся в нем, проводим вместе время, гуляем по парку, купаемся в реке Суйфунь.

Единственное мое занятие помимо этих развлечений, это чтение корреспонденции из Пекина, Шанхая, а также из других городов, и составление ответов на них.

В общем, все мы, в том числе и я, постепенно впадаем в спячку. С каждой минутой, с каждой секундой мы все глубже окунаемся в туман депрессии.

30 сентября 1924 года, вторник
РАССТРЕЛ ВОИНОВ ОСВОБОДИТЕЛЬНОЙ АРМИИ

[...] сентября этого года в Джэпхигоу близ Суйфуня солдаты одной из кавалерийских частей Красной Армии устроили на сопках кровавую расправу над 31 воином Освободительной Армии, отчего наши люди находятся в полной растерянности. Никаких видимых причин для конфликта не было, в том числе и идейных разногласий, и тем более обидно то, что они когда-то бок о бок сражались против японских интервентов и белогвардейцев, и после поддерживали между собой добрые отношения. Наверное, они просто взбесились. Ничем другим объяснить это преступление не могу. Большая часть из убитых – это бывшие партизаны, не раз проливавшие пот и кровь в сибирской тайге. Я не думаю, что это преднамеренная акция русских. Скорее всего, произошло какое-то недоразумение. Но что именно? Среди погибших был и мой знакомый паренек, который прошел со мной все тяготы таежной партизанской жизни. В то же время, я не могу однозначно утверждать, что во всем виноваты русские. Ведь корейское общество в России такое разношерстное.

13 октября 1924 года, понедельник
ПОРАЖЕНЧЕСКИЕ НАСТРОЕНИЯ В ОСВОБОДИТЕЛЬНОМ ДВИЖЕНИИ

Наступили первые осенние холода. Застыли лужи, в колодце вода покрылась корочкой льда. Уже дней пять нахожусь в доме по улице Привальной, 3, в квартире номер 2. Комната просторная, вполне комфортная для жизни. У меня теперь странная привычка проводить холодные ночи при свете одинокой лампочки, и друзья посмеиваются над моей чудаковатостью. В эти дни я читаю повесть Хэвангсонг (Нептун). Мне есть чему поучиться у главного героя – графа Нептуна.

Мировые новости

В Китае все больший размах набирает гражданская война. Пекинцы во главе с О Пхе Бу воюют против Джанг Джак Лима, Гансу (сторонники О Пхе Бу) - против Джоль Ганга, и еще неясно, какая из сторон ближе к победе.

Большевики проложили Средне-восточную (Северо-Маньчжурскую) железную дорогу, тем самым расширив свое влияние в Северной Маньчжурии. Однако гражданскую войну в Китае провоцируют третьи силы, и скорее всего, это США, Япония и Россия. Поэтому самые прозорливые политики предрекают в ближайшее время начало 2-й мировой войны на Дальнем Востоке. Не знаю, возможно, они и правы.

Надо будет записать для истории действия наших деятелей Освободительного движения. Тот факт, что Пак Енг Ман, известный своими проамериканскими взглядами, с согласия японского генерал-губернатора побывал на Корейском Полуострове, позволяет утверждать, что это японская марионетка. Непонятны также действия Ким Чва Джина. Очень подозрительный тип.

Чве Джин Донг и Кан Кук Мо арестованы китайской полицией и этапированы в город Гиллим (Цзилинь.) Эти двое, к слову, много лет верой и правдой служили народному делу, и я искренне переживаю за них. Оба были схвачены в китайском Санчэгоу. Одно ясно: это был японский заказ, осуществленный при содействии Джанг Джак Лима.

6 ноября 1924 года, пятница

После осенних заморозков, настроивших на мысль о ранней зиме, в последние 2-3 дня снова потеплело. Вчера из Сеула прибыл Ким Чанг Соб, мой родственник, который сообщил, что Юн Джи Хо и О Гын Сон намерены оказывать нам поддержку. Все остальные новости из полуострова были безрадостные. Особенно разозлила новость о том, что в ближайшие годы все частные земли перейдут в собственность японцев. Чем дальше независимость, тем ближе крах нации. Но наверняка это вызовет революционные настроения в обществе.

Гражданская война в Китае

Говорят, что повстанческая армия Джанг Джак Лима одержала победу в бою под Санхэгваном, войска Джин Гуна из-за предательства Ма Ок Сана потерпели поражение от армии Джо Хона, за голову О Пхе Бу объявили вознаграждение, а Пекин 23 октября оккупировали американские войска. Все это провокации со стороны группировки Анбок.

Сближение большевистской России
с повстанческой армией Джанг Джак Лима.

После передачи Северо-маньчжурской железной дороги России сложились тесные отношения между Россией и повстанцами (Революционной Армией), и в стане красных желают победы Повстанческой Армии. Но никто не знает, как сложится политическая ситуация. Только вчера он служил белогвардейской шавкой, а сегодня дружит с красными. Интересно, с кем он завтра сойдется. Даже страшно подумать.

Повторная расправа красных над партизанами
Освободительной армии.

В конце октября в Джэпигоу красные снова учинили резню над бывшими бойцами Освободительной армии, в которой погибло около 10 человек.

10 ноября 1924 года, понедельник

Японское Правительство, до последнего времени соблюдавшее принцип невмешательства в военном конфликте в Китае, обеспокоенное захватом Ма Ок Саном Пекина, решило направить одну из двух дивизий, 17-ю или 5-ю, в Чонджин, Бонгхвангдо и Санхэгван. Одновременно выступил и Военно-морской флот.

Средиземноморский флот Британии сконцентрировал свои силы у берегов Мальты, американцы также срочно направили военные корабли в Китай.

Франция официально признала Советскую Россию. Непонятно, то ли французам близка красная идеология, то ли русские пошли на уступки буржуазной Республике.

22 ноября, суббота

Все сильнее и холоднее сибирские ветры. Китайская междоусобица зашла в тупик в результате падения О Пхе Бу, предательства Ма Ок Сана, нерешительности Джанг Джак Лима и замешательства Сон Муна, и не видно никакого развития. По-видимому, первый акт подошел к концу. Все осторожничают, опасаясь вмешательства внешних сил, ограничиваются закулисными интригами, и не решаются вступать в открытый конфликт.

Россия постепенно укрепляет свои войска в Приморье. К чему бы это?

30 декабря

Приезжавший ко мне из Пекина Хан Хен Квон отбыл в Харбин, и с тех пор от него нет вестей, и это меня очень беспокоит. В нашем деле все делается как-то не так, и что с этим поделать, не знаю.

Еще один понапрасну прожитый год позади, и такой же бессмысленный – впереди. Душа кипит от боли. Сколько можно встречать и провожать годы... я страдаю от бессилия что-то изменить в нашей революции. Правильно ли я поступаю, оставаясь посреди этой сибирской стужи? Может быть, следует уехать отсюда?

В. 1925 год

1 января, четверг

Вчера собрались в доме у Лизы (Елизаветы) Ким, на улице Корсаковская, 15, чтобы отметить Новый Год. Домой вернулся около 4-х часов утра. Моими первыми словами в Новом году были: «Первая четверть века, и... ничего особенного».

7 января, среда

Уже седьмое число Нового года. Время проходит бессмысленно. Что я сделал хорошего для своей Родины в прошлом году? Подумаешь, и становится стыдно.

В Китае, похоже, снова война. О Пхе Бу - при поддержке Штатов и Англии, Джанг Джак Лим – при абсолютной поддержке Японии, выступили в южном направлении (для борьбы с Дже Соб Воном), Джин Хен Менг и О Пхе Бу пожали друг другу руки, Сон Мун остался не у дел, Дан Бо Джонг составляет свой последний план, в общем, есть на что посмотреть. Англия все-таки приняла решение построить военно-морскую базу в Сингапуре. Тяжело придется Японии.

В Северную Маньчжурию пришли русские войска. Наверное, это тоже каким-то образом связано с гражданской войной в Китае.

Моя душа!

Жизнь – не есть что-то особенное и значимое, но самое смешное то, что люди верят в обратное, и пытаются преподнести ее особенной и значимой. Пытаясь добиться этого, сами придумывают правила и попадаются в самими же расставленные сети, обманывают себя и сами того не замечая, загоняют себя в узкие рамки, ограничивая себя в свободе. Это касается и религиозных течений, и партий, и прочих организаций, которые, запутавшись в этих лабиринтах, сами того не осознавая, занимаются бессмысленным времяпровождением, смеша окружающих. С давних пор, не важно, на Востоке или на Западе, было так, что кто-то один, дабы утешить свое честолюбие, обрекал на смерть десятки, тысячи, сотни тысяч людей, и если бы тот, кого называют Всевышним, будь это Христос или Будда, взял и убил того одного, то сколько бы спас он человеческих душ! И как же верить в него, если он и на это не может сподобиться! Нет уж, верить в него – все равно, что оставлять толчею за воротами. Если все же существует Создатель Вселенной, то он любит того одного, скажем так, героя, да и то до поры до времени. А все остальное время ограничивается ролью стороннего наблюдателя.

И теперь я кричу на весь мир, что для достижения высокой цели не стоит отвлекаться на разную мелочь и впутываться в повсюду расставленные сети.

Кто скажет, что значит в этом мире скромный человек? Ведь он даже шага не сделает самостоятельно

Или взять, к примеру, отношения между мужчиной и женщиной. Ну, какой глубокий смысл в том, что они встречаются, общаются, вместе прогуливаются, и почему об этом так много пересудов? Может быть, вся правда в том, что этим они наносят непоправимый вред человеческому обществу? Если это не так, то, пожалуй, нет никакой необходимости ехидно улыбаться и перешептываться за глаза. А все это сети, расставленные предшественниками, в которые попадаются наши современники. И смех, и грех. А разве не это свобода человечества? Так от чего его следует освобождать? Высвободиться из пут, придуманных самим человечеством.

13 января

Сегодня холодно и на улице, и у Ген Чена на душе. От отбывшего в Харбин Хан Енг Квона нет никаких вестей, и это меня очень тревожит. Отправил письмо в Сеул.

Перемены в моей душе

Я приехал в Совангренг осенью 1923 года. Уже полтора года, как я здесь. Некоторое время занимался делами офицерского клуба, а остальное время бездельничал. От этого безделья я начал осознавать, что в моей беспокойной душе происходят какие-то странные изменения. Что же это за перемены? Недостаточный революционный настрой и привычка к покою? А это уже преступление. Негоже пламенному революционеру себя так вести. Когда же ты, Ген Чен, повзрослеешь. Станешь последовательным в поступках. Если так будет и дальше, то все мои мечты лопнут, как мыльный пузырь. Я должен снова взять себя в руки и постоянно подстегивать свое сознание.

5 февраля

Сегодня написал письмо Ким Енг Собу, находящемуся в Штатах. Хотел обменяться с ним мнениями по поводу последних событий в отношениях между Японией и США, а также между Японией и Россией. Япония признала Красную Россию. В ближайшее время то же самое ожидается со стороны США. Японцы строят с Россией очень тесные отношения. Говорят, Япония, Россия и Германия собираются заключить союзнический договор. Не очень то и верится в то, что Россия готова к сближению с Японией, тем не менее, об этом с восторгом трубят в русской прессе и местной корейской газете «Сенбон».

Кажется, вот-вот подпишут договор, и разом разрешатся все проблемы, накопившиеся за последние 8-9 лет.

В последнее время я что-то зачастил в дом к Лизе (Елизавете) Ким. Почти каждый день бываю у нее. Что меня притягивает туда? Странные дела. Может, в любовь собрались поиграть? Правду говорят, что любви все возрасты покорны. Но кого же я люблю в этом доме? Неужели придется выбирать кого-то из двух человек? А кто из этих двух человек любит меня? А что будет, если все в отношениях сложится хорошо, и что будет, если не сложатся отношения? И все эти проблемы решать мне. Правильно ли я вообще поступаю?

А может быть, это предательство интересов революции?

8 февраля

Все ближе и ближе солнечные лучи. Все вокруг тает, хоть и дует холодный ветер.

Пылающий костер в душе

Урожденный в Букчоне, профессионально обученный в Японии, морально и физически готовый к большим революционным свершениям, семь с половиной лет назад я покинул Корейский полуостров, чтобы бороться с японским произволом, однако за это время в моей жизни имели место четыре переломных момента, оставившие в моей душе глубокий отпечаток. Я странным образом ощущаю изменения, происходящие в моей голове. Но костер в груди все так же пылает. Еще могу свернуть горы. Или броситься в морскую пучину.

Эх! Всевышний, призвавший меня к свершению революции, перестал помогать мне, и это большое несчастье.

21 февраля, суббота
Приезд супруги Джонг

Уже несколько дней держатся холода. Сегодня из Сеула приехала моя жена Джонг. Мы встретились после долгой и мучительной семилетней разлуки. Я не сдерживал своих чувств. С дочерьми вроде бы все в порядке. Их отец, с головой окунувшийся в дело революции, не мог знать о домашних делах, но оставшиеся в доме женщины провели не одну тревожную ночь.

1 марта, воскресенье!

В седьмой раз мы отметили первый день борьбы жителей Сеула за освобождение Корейского полуострова от японского колониализма. За это время многие наши патриоты, прошедшие через немыслимые лишения и невзгоды, из-за неблагоприятной политической ситуации в мире не добились никакого результата, и сейчас вынуждены убивать драгоценное время за пределами своей страны. Горько осознавать этот факт, и неизвестно, когда нашему народу доведется торжествовать под флагом свободы.

День за днем! Год за годом! Время бежит, не останавливаясь, и только наша революция топчется на месте, и не видно никаких поползновений. Герои стареют, а дело стоит – это про нас. Сибирь занесло снегом. Еще очень холодно. Но у меня в комнате очень весело. Во-первых, приехала супруга Джонги, а еще расцвел комнатный цветок в горшочке. Но Джонги скоро уедет в Сеул. Сегодня я весь день отдыхал дома, а вечером пошел в Дом офицеров города Никольск-Уссурийска, где проходило пышное празднование годовщины 01.03. Очень грустно было смотреть на это.

11 марта, среда

Сегодня Джонги паромом Хэхан – Мокгоу отправилась на Родину. И в этот раз, как и прежде, было грустное расставание. В ту же ночь я вернулся в Никольск.

14 марта, суббота

Чон [...] и Джонг Сонг Хо, преподаватели школы Донгхын, что в Буккандо (Северной Мньчжурии), приезжавшие с миссией помощи зарубежным соотечественникам (с продовольствием на сумму 9 тыс.

вон) под эгидой корейской газеты Донгаильбо, сегодня отбыли в Китай. Джонг Гун в этот приезд успел вступить в Военную Ассоциацию.

15 марта, воскресение

Уже прошло пять дней, как уехала моя супруга Джонг. С тревогой думаю о том, где она сейчас, не тяжело ли ей в пути, удалось ли ей сегодня попасть на паром, или еще не успела, хоть бы добралась благополучно, и не попалась в руки японским сыщикам. Я скажу Джонги, чтобы она поскорее приехала ко мне с детьми. Очень соскучился.

26 марта, четверг

В эти дни я как на иголках, не нахожу себе места. От Джонги нет вестей, и я не знаю, добралась ли она до дома.

В последнее время я пристрастился к игре в шашки. Или читаю летописи «Самгукджи». В общем, провожу время бесцельно.

В Китае с новой силой вспыхнула гражданская война. Вот-вот вернется к власти О Пхе Бу, а северо-восточные (правительство Дан Бо Джонг) постепенно теряют силу.

Выпавший за зиму снег почти растаял. Но за последнее время несколько раз повторялся снегопад. А в Сеуле, наверное, все цветет.

1 апреля, среда

Погода очень теплая, и снег почти весь растаял. Но дороги, что особенно характерно для Совангрена, похожи на болото.

Получил письмо от Джонги, отправленное ею из порта Унги.

Письмо грустное, с оттенком обиды. Во всем виноват я. В будущем обещаю от всей души любить и защищать. Я тут же написал ответ, попросив поскорее приехать. Джонги, пережившая большие мучения за эти семь лет, вдобавок ко всему настрадалась в этой поездке. Но я отплачу ей за это любовью в дальнейшем. Я не жалел своих сил ради спасения страны, но при этом оставил на произвол судьбы жену и детей, о чем очень сожалею. И этот приезд жены тоже связан с моими переживаниями. Но как быть идеальным одновременно и для нации, и для семьи? Теперь, когда в освободительном движении наступило затишье, и нет особо важных дел, я решил этим летом привезти сюда семью и пожить, заботясь о своих близких. Я никогда и ни в чем не буду отказывать Джонги. После этой встречи я еще больше уважаю и люблю Джонги. К тому же я очень соскучился по моим дочерям Джири, Джихэ и Джиран.

8 апреля, среда

Сегодня чувствуется приближение теплой весны. Из Сеула прилетело письмо от Джонги. Пишет, что добралась благополучно, чему я очень рад. Отправившись в путь из Сеула, Джонги маршрутом через Ыйджу, Андонг, Бонгчон, Чангчун, Харбин, Пограничная, Никольск-Уссурийск, Хэсамви (Владивосток), далее – морским путем Моккоу – Унги – Вонсан вернулась в Сеул, совершив чуть ли не кругосветное путешествие.

10 апреля, пятница

На улице бушует ветер, поднимая песок и пыль. Во второй половине дня ко мне для беседы заглянул знакомый товарищ, в ходе которой мы с горечью обсудили тему противостояния между Шанхайской и Иркутской группировками, сожалели по поводу неудавшейся попытки Нестора Каландаришвили организовать на Дальнем Востоке военную акцию, которая могла бы иметь огромное значение для всего нашего Освободительного движения и стать прекрасным шансом для успешного развития событий. Старый революционер Каландаришвили пришел в Приморье с большим желанием помочь в борьбе корейцев за судьбу Корейского полуострова, но среди самих корейцев не нашлось людей, способных поддержать его благородный порыв. Судя по нынешним взаимоотношениям двух группировок, можно сделать вполне ясный вывод о тогдашней ситуации.

В Японии принят закон о простых всеобщих выборах. Интересно, какие еще способы изберут японские бюрократические круги с сегодняшнего вечера, чтобы закабалить свой народ. Я нисколько не верю в то, что этим законом японцам удастся достичь спокойствия и порядка.

«Ген Чен, как быть с освобождением Корейского полуострова?», - это мой афоризм последних дней.

17 апреля, пятница

Снова дует порывистый ветер. Появился ли на свет будущий Император? Весной погода в Никольске просто отвратительная. Я живу на улице Привальной, не сильно обремененный заботами. Отдыхаю и душой, и телом. Часто беседую с хозяином дома, который старается приободрить меня. Кроме того, услышал слова поддержки от моей троюродной сестры. А еще ко мне пришел в гости Но Санг Бом.

4 мая, понедельник

По улицам Никольска проносится ураганный ветер. К вечеру

небо отчего-то окрасилось в красный цвет. А потом заволокло тучами. Кажется, к дождю. С утра до вечера готовил к посадке цветник. Сейчас это мое временное хобби. Поступило сообщение от Пак Мин Гю. Пак Гун по пути из Москвы домой был проездом в Никольске и просил меня приехать к нему в Сучан. Интересно, в чем дело? В последние дни у меня весенняя бессонница. От весеннего авитаминоза и беспросветной перспективы настроение подавленное. Нет настоящего дела. Поэтому и сегодня занимаюсь клумбой.

10 мая, воскресенье

Участились весенние дожди и ветры. Сегодня тоже ветрено. И в без того пыльном городе Никольске просто не раскрыть глаза. Надвинувшиеся было тучи куда-то рассеялись. Сегодня с товарищами собирались на речную рыбалку, но ее пришлось отменить. За окном моей комнаты раскинулась зеленая лужайка, по которой время от времени прогуливаются редкие прохожие. Дети, напевая какую-то веселую песенку, собирают в травяной гуще щавель.

Нынешним летом я собирался поехать на морское побережье в Сучане, но Джонги еще не приехала, и я думаю, стоит мне ехать одному или нет. Сегодня увидел первые в этом году азалии.

17 мая, воскресенье

Ночью лил проливной дождь, но к утру прояснилось. Ю Дэ Джин, прибывший в Хэхан, прислал мне письмо, и я сегодня же написал ответ. Также написал письмо жене Джонги.

Поля зазеленели. Деревья также приняли зеленый цвет.

В газетах пишут о возвращении О Пхе Бу к власти в Китае, в Корее открылся Демократический конгресс, который разогнали японские власти, из-за чего в Сеуле, говорят, некоторое время кипели нешуточные страсти.

В Германии маршал Гинденбург избран новым Президентом. Англия, Франция и США, сговорившись между собой, решили сами править миром, и теперь враждуют с Красной Россией. Турция укрепляет свой военный потенциал. В столицу Японии – Токио прибыл посол от Красной России.

В плену у своей морали?

Человек с радостью становится рабом своей морали. Это, если быть точным, моральное удовлетворение. Человек, нуждающийся в моральном удовлетворении, не силах избежать этого плена. Рабство любви, рабство одиночества, рабство денег, рабство чести – все эти понятия сковывают людей и делают их несвободными. Следовательно, очень сложно не быть рабом. Кто, начиная с античных времен, сумел избежать этой участи? Какой должна быть мораль у человека, чтобы быть выше этого? Таких людей, наверное, и называют чудаками.

27 мая, среда

Дождь идет каждый день, благодаря чему на полях хорошие всходы зерновых, а деревья густо покрылись листвой. Судя по всему, в этом году будет хороший урожай. Широкомасштабные маневры американского флота заставляют Японию держать ухо востро. Причиной американо-японской войны может стать несговорчивость Японии. Но Япония, по-видимому, очень крепко сдружилась с Россией.

Черные тучи сгустились над российско-китайскими отношениями. Причина – Северо-маньчжурская (Средне-восточная) железная дорога. Не знаю, дойдет ли дело до военного конфликта, но шумиха раздута нешуточная. Эта железная дорога и в дальнейшем может стать яблоком раздора между Китаем, Россией и Японией, так как имеет важнейшее значение в области военной стратегии, транспорта, торговли, и является, по существу, спящим вулканом на Дальнем Востоке. Говорят, советский посол Карахан прилагает большие усилия для возвращения Северо-маньчжурской железной дороги под свой контроль, как в царские времена, что стало причиной нынешних разногласий.

Новость об избрании маршала Гинденбурга канцлером Германии во многих странах восприняли сдержанно, не удосужившись даже на поздравления.

17 июня, среда

Благодаря своевременным весенним осадкам и умеренной ветрености все идет к тому, что в этом году будет хороший урожай зерновых. Сегодня уже с утра стоит жаркая погода. Я вышел на улицу прогуляться.

Внимательно ознакомился с содержанием учебного материала международных военных курсов в Ленинграде. Очень мало полезной информации для курсантов.

В китайских городах Шанхае и Циньдао начались массовые забастовки рабочих. Похоже, красная тень постепенно накрывает и эти регионы.

22 июня, понедельник

В последние дни стоит сухая погода. На главных улицах Никольска ветер поднимает несусветную пыль. И жарко очень. Я все так же живу тихо в доме по улице Привальной. Когда-то пламенный революционер, бежавший сюда ради свободы страны, сойдя на этой станции, вкусивший немало горя, теперь я, наверное, представляю собой жалкое зрелище. Двадцать лет назад я был курсантом в Токио. Сколько боли, душевной и физической, испытал я за эти годы! Ни современники, ни потомки, наверное, не узнают об этом. Может быть, догадаются? Нет, никто не узнает и никто не догадается. После смерти душа моя вознесется на небо, но почему при жизни так мало радости? Если это считается нормальной жизнью, то вселенская истина немного пресновата.

5 июля, воскресенье
(Переезд семьи)

Сегодня из Сеула через Хэхан в Никольск перебралась вся моя семья – жена Джонг, старшая дочь Джири, вторая дочь Джихэ и младшая дочь Джиран. После семи лет разлуки я смутно помнил лица старших дочерей, а младшую и вовсе не узнал. Дети тоже забыли меня и спрашивали у мамы, что это за дядя. Младшая первое время совсем отказывалась признавать меня отцом и постоянно убегала.

Я всех их люблю. Теперь я семейный человек.

28 сентября, понедельник

В самый разгар осеннего света, силы и духа, некогда самый одинокий человек на этом свете теперь живет счастливой семейной жизнью.

Джири и Джихэ я устроил в корейскую школу, а Джиран – в русскую.

Живу обычной, обывательской жизнью, отказавшись от старых притязаний, но на душе, если честно, скребут кошки.

Ким Гванг Тхэк и Ким Ю Генг отправились в Ленинград, и находясь проездом в Иркутске, написали мне письмо. Я желаю им больших успехов.

1 октября, четверг (14 августа по лунному календарю)

На улице снова студеный ветер – обычное дело для Сибири. В небе стремительно проносится одинокое облако, уносимое ветром куда-то вдаль, и это пробуждает во мне грустные воспоминания.

Семь лет назад десятки тысяч молодых людей покинули страну для того, чтобы, несмотря ни на что, бороться за ее освобождение, но я боюсь, как бы они этой осенью не погибли голодной и холодной смертью. Лично я эту осень провожу в тепле, в семейной обстановке, но многие наши товарищи и сейчас ведут бродячую, нищенскую жизнь. В любой стране периоды революции сопровождаются такими явлениями, и мы – не исключение. В такие моменты и происходит переоценка ценностей.

13 октября, вторник

Деревья на сопках окрасились в красно-желтый цвет. Из Сучана в гости ко мне приехал Ли Хак Ун (бывший командир роты в отряде Ким Ген Чена). От него узнал, как живут наши товарищи.

В последнее время из Японии и Кореи приезжают представители различных общественных организаций, активно обсуждается вопрос о создании местной корейской коммунистической партии в Хэхане, который, естественно, сопровождается конфликтами и интригами. Прекрасный осенний день. В такие дни приятно понежиться под теплыми солнечными лучами.

2 ноября, понедельник

Осенние дни еще достаточно теплые. Эту зиму я собираюсь

провести в этом городе.

В эти дни происходят интересные события в Китае. Партия О Пхе Бу одержала победу в войне, Джанг Джак Лим объявлен врагом народа, все основные силы и течения в Китае склоняются на сторону О Пхе Бу.

Живу размеренной жизнью, особо важных дел нет. Жить в постоянных раздорах друг с другом – это особенность корейской политики. Мелочные разборки, мелочные люди, никчемная борьба, мелкое тщеславие – и это так называемое дело революции, которое движется черепашьим шагом. Грустно смотреть на это.

Я, честно говоря, не ожидал увидеть такой местную корейскую общину. Мне казалось, что учитывая свое положение, они должны быть даже более прогрессивными, чем японцы. Стоит корейцу допустить ошибку, его будут клеймить позором всю оставшуюся жизнь, а о подвигах напишут пару строк для истории и забудут. Когда я только начинал свою деятельность в Освободительном движении, как-то высказался по этому поводу: «Мы сейчас – крупинка золота в каменной глыбе».

И громко, с воодушевлением выкрикивал лозунги. Теперь же, немного обтершись, начал сомневаться, не ржавчина ли это вместо золота. Или, может быть, следует еще потереть камень, и тогда появится золото? А если это не золото, а ржавое железо, то какой нам смысл жить?

6 ноября, пятница

Для меня и моей семьи наступили по-настоящему спокойные дни. Сегодня перебирал книги в домашней библиотеке и нашел старый сборник моих стихов. Я их сочинял еще в годы обучения в кадетском училище в Токио, а также в Высшем Офицерском училище. По существу, это бунтарские стихи, с нескрываемым чувством протеста, недовольства и гнева. Мне стало не по себе от этих воспоминаний. Мои взгляды на жизнь формировались именно в годы армейской службы. Моей твердостью духа и прочим преимуществам я обязан военной школе в Японии. Об этом можно судить даже по стихотворениям.

Вчера ко мне заглянули Хан Хен Квон и Чве Джун Хен, и мы обсудили наши дальнейшие действия. Впрочем, никто еще не готов к серьезной революционной деятельности, и мы с горечью признали этот факт.

13 ноября, пятница

В полях выпал первый снег, вешалка в прихожей покрылась инеем, и это говорит о том, что зима вступила в свои права. В последнее время ничего не делаю. Ну, а то, что творится у меня в душе, всем не расскажешь. Вдобавок ко всему возникла еще одна проблема – моя семья. Мечтал после семилетней разлуки начать счастливую семейную жизнь, но оказалось даже хуже, чем жить холостяком. Если так продолжится и дальше, то о семейном счастье придется забыть. Иногда даже хочется куда-нибудь сбежать. Наверное, у нас с женой Джонги разные характеры. У меня, к примеру, энергия «Янь», и широкий кругозор, а у нее – «Инь», и серьезный недостаток в образовании.

15 ноября, воскресенье

Неизменно унылое ощущение поздней осени. Сегодня получил письмо от моей младшей сестры. Как будто впервые, почувствовал близость родственной души. Наверное, и впрямь в первый раз. Как же так получилось, что даже с братом, рано ушедшим из жизни, у нас не было таких близких отношений. От всей души желаю моей единственной сестренке крепкого здоровья и успехов в образовании.

Я очень скучаю по ней и мечтаю увидеть, какой она выросла. Следующим летом, во время каникул, обязательно привезу ее сюда.

23 ноября, понедельник

Проснувшись в тишине дома, полил цветы в клумбе и начал слоняться по комнате.

Неожиданно пришел Ким Мук Джон. Поговорили о поэзии и учении Чондоге (Донгхак).

Китай захлестнула новая волна гражданской войны. Красная Россия открыто поставляет оружие Ма Ок Сану и Гуангдонгскому правительству. Видимо, вооруженный конфликт в Китае будет иметь немного другое продолжение.

В Корее создали новую Коммунистическую партию. Однако против этого выступает абсолютное большинство членов партии из России, в общем, и здесь идет грязная мышиная возня. Отправил письмо сестре Ок Джин в Сеул.

1 декабря, вторник

На улице снег и мороз, но у меня в доме пышно растут комнатные цветы. У двух растений уже завязались плоды, а у некоторых – только бутоны. Я провожу все время в уходе за своим ботаническим садом.

Сторонники Ким Гю Сика, действующие на Северо-маньчжурской железной дороге, организовали радикальную военную группировку и назначили меня командиром. Я только посмеялся немного и забыл. Этим древним мамонтам давно бы пора на покой, какие уж тут разговоры о партии, армии, идеологии. После первомартовской революции мы потеряли более половины людей, и нет никакого повода для воодушевления.

Сегодня в седьмой раз перечитываю историческую повесть «Самгукджи». В «Самгукджи», словно в проекции, с точностью описывается сегодняшняя политическая ситуация в Китае. Кто-то с кем-то объединился, кто-то захватил власть. В сегодняшней обстановке не поймешь, к чему приведет объединение в Китае. Когда читаешь «Самгукджи», понимаешь, что нынешняя ситуация в Китае более удручающая. Во времена трех государств не было такого коварства сильных по отношению к тем, кто слабее, сегодня же в обществе правит жадность и алчность, поэтому объединение Китая, я думаю, невозможно.

2 декабря, среда
(Воспоминания о доме в Сеуле)

Со вчерашнего вечера идет снег, перешедший сегодня в снежную бурю. Я прохаживаюсь по комнате и, вспоминая о прошлом, ясно представляю себе картину любимого мною горного родника рядом

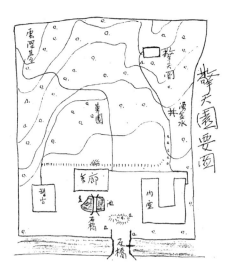

7. План сада Ген Чон.

с домом в Сеуле, и вздыхаю с горечью оттого, что не могу полюбоваться им воочию. Как я любил гулять в моем саду Ген Чон, возле скалы Генчонгак и восточной горы Унсимдэ, статуи мальчика у пруда с каменным мостиком.

Когда-нибудь я обязательно возвращусь в Сеул на белом коне и войду в этот сад.

5 декабря, суббота

Сегодня я даже не выходил из дома, и целый день провел за игрой в шашки вместе с Чве Су Саном. На улице не просто холод, а лютый холод. Пришло письмо от Кан Коли из военного училища в Хэхане. В эту зиму я намерен серьезно заняться изучением русского языка. Не знаю, что из этого получится.

В сегодняшнем разговоре выяснилось, что наши с Чве Су Саном мнения по поводу Освободительного движения сильно различаются. Он считает, что нужно подождать еще 2-3 года, и если ситуация не изменится, то с Освободительным движением можно заканчивать. Я выслушал его с невозмутимым видом, но подумал, что слова его звучат как-то жалостливо и трусливо. Или те, кто у власти, все такие!

В ближайшее время я должен принять для себя важное решение. Что значит - в связи со сложившимися обстоятельствами?

Освободительное движение, превратившись в мировой процесс, постепенно приняло вялотекущий характер. С другой стороны, появление новых прогрессивных течений значительно расширяет понятие Национально-освободительного движения, превращая его в революционное движение. Поэтому, несмотря на внешнее спокойствие, его внутреннее содержание возможно, даже более глобальное, чем события 1 марта 1919 года. Освободительное движение становится более упорядоченным. Строим для того, чтобы разрушить. Поэтому утверждение Чве Су Сана о том, что через 2-3 года освободительное движение невозможно, считаю заблуждением.

Мне, между тем, следует подготовиться к эпохе систематизации. Нужно подготовить почву для будущей окончательной победы.

Все это предполагает принятие одного решения. Наверное, все-таки промежуточного решения.

8 декабря, вторник

Снегу со вчерашнего дня навалило выше подола. Заканчивается седьмой, и приближается восьмой год, как Ген Чен ступает по сибирскому снегу. Много трудностей пережито за этот период, но, в то же время, душа и тело прошли хорошую закалку. Однако подвигов во имя Революции совершено ничтожно мало. Но дело даже не в этом, а в том, что у меня нет никакой возможности плодотворно работать и двигаться вперед, я год за годом теряю драгоценное время и все больше ощущаю бессмысленность существования. Мне кажется, я живу, потому что не умирается. Что бы я ни делал в течение суток, сознание мое свербит мысль об освобождении Чосона, и что бы я мог сделать для того, чтобы приблизить его час. Моя душа находится в постоянной тревоге. Наверное, это и есть душевное расстройство. И здоровье мое от этого не становится крепче.

Создатель мира сего подарил мне идею революции, но забыл положить в придачу власть и силу. Значит, власть нужно добывать самому! Это тоже мой слоган последних дней.

12 декабря, суббота

Проснулся еще до рассвета, когда полумесяц светит ясным светом на снежную равнину. Через окно, выходящее на восток, лунный свет падает и на мою кровать.

Я увлекся чтением повести «Самгукджи» и все последние дни провожу за этим занятием. Сегодня читаю страницу, где Ю Хен Док совершает ритуал Самгочоре (троекратное посещение), посвященное Гонгменгу. Гонгменг, будучи еще совсем юным, изобрел блистательный план разделения мира, что не может не вызывать восхищения. Мне стыдно, что у меня нет подобного плана, а также я по-хорошему завидую его благородству.

Несколько дней назад возобновилась война в Китае, где не без помощи Японии покончили с Джанг Джак Лимом. Теперь остается ждать дальнейшего развития событий.

Местный пейзаж

Я без дела сижу взаперти.

Дни осенние скучные скучные.

И цветок на столе расцвел наполовину,

А наполовину завял.

Я смотрю на выпавший снег за окном,

На сидящего на сухих ветвях воробья,

Качающегося от холодного ветра,

И кажется, что вот-вот отломится ветвь.

И где же та Божья рука и удача,

Что отвернулась от меня.

А на Западе снова садится солнце.

Что же ждет нас завтра,

На этой малом кусочке земли?

Очень шумно от красных и белых.

Когда же увижу я мой любимый алый цвет,

Тот, о котором я мечтаю?!

14 декабря, понедельник

Лучи восходящего солнца, проникая сквозь окна, ласково согревают листья комнатных растений. Я сижу рядом с ними и неторопливо заполняю дневник.

Все последние переживания связаны с обострением ситуации в Китае. И любопытно, и тревожно, и грустно.

15 декабря, вторник
(Когда воспрянет духом народ Пуе)

Сегодня, пожалуй, самый холодный день этой зимы. Джанг Джак Лим, говорят, при поддержке японцев пришел обратно Бонгчен. Невозможно предугадать события в сегодняшнем Китае.

В этой суматохе, царящей в срединном государстве, как то отошли на второй план разговоры о нашем Освободительном движении, и пока оттуда не слышно никаких вестей. К большому сожалению, если посмотреть на то, как разобщен наш народ, проживающий за границей, можно понять, что любое начинание обречено на провал.

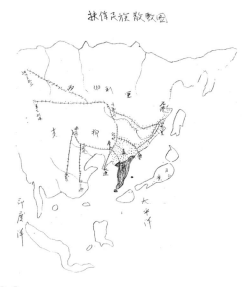

8. Регионы, где проживают представители народа Пуе.

Народ, четыре с лишним тысячелетия господствовавший и развивавшийся на полуострове Пуе и Маньчжурии, теперь уже разбросан по всей территории Азии. Но так случилось вовсе не благодаря дальновидной политике правительства, заботящегося о народе, а в результате естественной миграции населения, срывающегося с мест в поисках лучшей доли. Простая случайность. Но когда же созреют плоды!

16 декабря, среда (1 ноября по лунному календарю)

Погода холодная, несмотря на ласково светящее солнце. Даже жутко холодно. Настоящий сибирский мороз. Пришли Енг Гван и Су Сан, посидели вместе, поговорили о войне в Китае и разошлись по домам.

19 декабря, суббота

Очень любопытно, что там творится в Китае. Но подробной информации нет.

Говорят, в районе Северо-маньчжурской железной дороги корейцы готовят военную акцию, но я не уверен, что это будет что-то серьезное.

22 декабря, вторник

Со вчерашнего дня стоят небывалые холода. Сегодня еще и зимнее солнцестояние. Не знаю, почему, но в этот день испокон веков едят фасолевую кашу. Я тоже не стал ничего выдумывать и, пригласив несколько друзей, поел с ними кашу из красной фасоли.

23 декабря, среда

Погода очень хорошая. День прошел незаметно. Дни идут своей чередой, но я не знаю, куда мы движемся. То ли мы идем к революции, то ли на северную гору (имеется в виду кладбище (прим.), или к мучениям, или в черную пустоту, к разочарованиям, или к своей мечте.

25 декабря, пятница

В эти дни хожу с фурункулом на лице. Он небольшой, но доставляет много хлопот. Приехал Кан Коля. Сейчас зимние каникулы, вот он и нашел время приехать.

Приходил также Хан Енг Гван, и мы с ним сыграли в шашки. Дует южный ветер. Но от этого только холоднее.

Надоело заниматься домашним хозяйством, и делами страны тоже. Не знаю, как быть дальше.

26 декабря, суббота

Старик Ли Хо Джун, прошлой весной отправившийся к золотым приискам не реке Лена, сегодня вернулся в добром здравии.

Написал письмо сестренке Ок Джин. В письме указал на все ее недостатки, не делающие чести корейской женщине. Знает ли она о них? И как она воспримет мои замечания.

27декабря, воскресенье

Осталось всего три-четыре дня до начала Нового Года. Этот год для меня выдался спокойным и в целом благополучным. Что принесет мне следующий год?

29 декабря, вторник

Вчера весь день шел снег, а сегодня стоит трескучий мороз.

Осталось не более двух дней до окончания года. Эти два оставшихся дня я проведу в больших душевных муках, ругая общество и революционное движение, жалуясь на свою жизнь. Размышляя о бессмысленности жизни, а также о самодостаточности нашей Вселенной. Нет ответа на эти вопросы. Неужели весь смысл жизни – это преследование своих корыстных интересов? И этого я не знаю. Есть ли у людей совесть? Не знаю. Если у человека есть совесть, то он действует вразрез со своими корыстными интересами, и никогда не стремится к собственной выгоде. Если у него есть совесть. Поэтому в этой жизни существуют так называемые моралисты – это люди, у которых много совести. Люди, виноватые уже тем, что у них есть совесть.

Наверное, это естественно, что человек называет сладкое сладким, горькое – горьким, не скрывает свои чувства, и даже не скрывает своего стремления к выгоде, называя свою собственную вещь – своей. И неправильно, если он, идя на поводу у своей совести, говорит совсем не то, что думает, а из соображений собственной чести совершает совсем не те поступки. Что такое воровство? И как оно сочетается с совестью? Если сильный украл у слабого, или отобрал вещь, то здесь налицо злоупотребление преимуществом в силе.

Вот в таком душевном состоянии, не в силах разобраться, где правда, а где ложь, с болью в сердце, я готовлюсь навсегда проводить этот год. Проводить 1925-й год, который уже никогда не вернется. Или, может быть, не я его провожаю, а он – меня? Но, в любом случае, я никогда больше не встречу 1925-й год, и он меня никогда не встретит. Тем не менее, и я, и этот год, оба мы уходим. Таким образом, 1925 год сменит 1926-й, потом наступит следующий, затем еще один год, и так до бесконечности, и лишь я, у которого строго отмерена жизнь, провожаю день за днем с огромной болью в груди.

О Боже! Вся эта жизнь всего лишь перевоплощение бесконечной

боли в боль конечную. Никогда мне не выбраться из этого океана боли.

С такими словами я провожаю этот год.
Может быть, даже интереснее – идти по жизни с этой болью.
Говорят, душа с огромной болью не умирает.
Но это уже меня не касается.

31 декабря, четверг

Последний день 1925-го года. Больно и грустно.

ОГАСЕГИ
(МОЯ РОДОСЛОВНАЯ)

ОГАСЕГИ (МОЯ РОДОСЛОВНАЯ)
КИМ ХЭ КИМ ССИ (ФАМИЛИЯ КИМ ИЗ МЕСТНОСТИ КИМ ХЭ)

Наш род носит фамилию Ким, «бон» у нас Ким Хэ, и мы являемся потомками Ким Су Ро, Императора государства Гым Гван Гая.

Нашего дальнего предка, жившего на севере, звали Ким Джонг Нам, он был сыном Ким Ин Чана из Ик Сон Гуна, который поселился в Букчоне во времена, когда Ли Сонг Ге основал государство, и курган «Ким «Джонг Сынг» (Джонг Сынг – в средние века – главный министр) в местечке Хырипголь и есть могила Ким Джонг Нама. Он был удостоен звания дэгвантпогукснгродэбу (очень высокое звание при короле- Примеч. Пер.), и весь наш род – потомки этого человека. Более подробные записи имеются в книге «История рода Ким», хранящейся в Хырипголе.

Наши предки во всех поколениях придавали большое значение образованию, и когда настал черед Ким Джонг У, семья из Букчона переселилась в Сеул.

От Ким Бонг Ю появился на свет Ким Ги Хен, от Ким Ги Хена родился Ким Гю Джун, Ким Гю Джун родил Ким Джонг У, Ким Джонг У породил Ким Ген Чена, а от Ким Ген Чена родился Ким Су Бом.

О предках до Ким Бонг Ю пока никаких сведений не имеется, но это можно выяснить в родословной книге в Букчоне.

У Ким Ги Хена было второе имя Ен Хо, у него было два сына, старшего звали Бенг Джун, детей у него не было, а второй сын носил имя Гю Джун.

Сына Ким Гю Джуна звали Сонг Пхиль (второе имя – Джонг Хо), у него было двое детей – сын и дочь, и имя у сына было Джонг У. Дочь же вышла замуж в Госан, недалеко от Букчона, за человека по фамилии Бэ.

В преклонном возрасте они перебрались вслед за Ген Ченом в Японию, в Токио, где после смерти были похоронены в местечке

Окчен, близ Токио.

Старшего сына Ким Джонг У звали Бом Сам. Жена его носила фамилию Юн (из рода Пха Пхен), и звали ее Ок Рен. Ким Джонг У носил чиновничьи звания «сондаль», «сагва», «чонгсун» (тогдашние звания чиновников младшего сословия. Прим.), окончил промышленную гимназию в Токио и, вернувшись в Корею в период правления последнего Императора, стал одним из первопроходцев в области промышленности, затем был одним из командующих чиновников артиллерии в составе сухопутных войск, и в 1908 году скончался в возрасте 53 лет.

Осенью 1895 года семья, преодолев по земле расстояние в тысячу ли, перебралась в Сеул. Обосновались на приобретенной ферме по адресу Гвангджу Човольмен Хакхенри. В это время Джонг У вместе со старшим сыном Сонг Ыном уехали учиться в Японию.

Осенью 1898 года умерла его мать Чон Буин (Буин – почтительное обращение к женщине). Похоронили ее на склоне горы за деревней Хакхенри в районе Донг Мак Донг.

Осенью 1899 года умерла его супруга - Юн Буин.

Летом 1900 года, завершив обучение в Японии, Ким Джонг У вернулся в Корею и работал начальником инженерной базы сухопутных войск.

Старшего сына звали Сонг Ын, его жена носила фамилию Ан, детей у них не было.

Второго сына зовут Ген Чен, фамилия жены – Ю.

Дочь зовут Ок Джин, в 1930 году окончила женскую гимназию Генг Сонг в Сеуле и вышла замуж за Нам Гванг Джуна.

Джонг У скончался 6 февраля 1908 года в Сеуле, в районе Сундонг, в возрасте 53 лет. Его могила находится в Сихыне, в районе Гурори, на той же горе, где покоится прах его супруги - Юн Буин.

Возрасте 20 лет Джонг У, будучи обвинен в Сеуле в сношениях с конокрадом из Букчона Юн Унг Релем, по приказу правительства был сослан вместе с ним в уезд Нынгджу провинции Чолладо, где провел в ссылке 10 лет.

Жена Ким Сонг Ына родом из деревни Тхвечонри уезда Човольмен провинции Кванджу, носит фамилию Ан, у них нет потомства.

В 16 лет Сонг Ын вместе с отцом уехал в Японию, где обучался в токийской школе Сонг Сонг и в Высшем Офицерском училище сухопутных войск, получив специальность военного инженера. Вернувшись в Корею, стал первым и единственным на тот момент военным инженером в ранге офицера, основателем инженерных войск, был в составе командования инженерными войсками сухопутных войск Кореи, считался перспективным военачальником, но умер в возрасте 27 лет. Ким Сонг Ын похоронен рядом с отцом в деревне Гурори. Его жена Ан Сси умерла через год, ее могила находится в деревне Тхвечонри.

Ким Ген Чен – второе имя, а настоящее имя – Ким Гванг Со, но после побега за границу в результате первомартовских событий в Корее второе имя было использовано в качестве основного. Родился 5 июня 1988 года в деревне Самунве уезда Букчон.

Супругу зовут Ю Джонг, она родом из сеульского района Хахен.

В 15 лет Ген Чен окончил школу Генгсонг Хакданг, в 17 лет уехал в Японию и прошел полный курс обучения в токийском Кадетском училище и Высшем Офицерском училище Сухопутных войск, служил в штабе 1-го кавалерийского полка Мокхык в Токио.

В августе 1911 года прибыл на побывку в Сеул, район Саджикдонг 166, где проживали дедушка, жена, младшая сестра, потом вернулся в Токио и продолжил службу в кавалерийском полку.

В январе 1913 года вместе с семьей переселился в Токио.

11 июня 1915 года родилась старшая дочь Джири. В сентябре того же года получил повышение, будучи возведен из младших лейтенантов в лейтенанты. В том же году окончил офицерское училище Хосан в составе сухопутных войск.

В 1917 году окончил Кавалерийское училище.

8 февраля 1917 года родилась вторая дочь Джихе.

9 июня 1918 года прибыл в отпуск домой в Сеул, район

Саджикдонг, где, наконец, получил полноценный отдых и лечение. Это был первый отпуск за 15 лет военной службы.

В декабре того же года вернулся на службу в Токио, но в результате сложившейся революционной обстановки в Корее и за рубежом после начала 1-й Мировой войны в Европе, повторно оформил отпуск и в январе 1919 года прибыл домой в Сеул, где принял участие в событиях 1 Марта.

17 апреля 1919 года родилась третья дочь Джиран.

УСАДЬБА В РАЙОНЕ САДЖИКДОНГ

Наше имение по адресу Саджикдонг 166 расположено в очень живописном месте. Рядом прекрасный тенистый сад, а на склоне горы – огромная каменная скала, из которой просачивается кристальная родниковая вода. Имя у этого родника – Енгымсу, а саду дали название – Генгчонвон. На западном склоне горы стоит старинная беседка с черепичной крышей – Генгчонгак, а на восточной горе возвышается скала Унсимдэ. Мы выбрали это место из-за того, что здесь красивый пейзаж и отсюда видна большая часть Сеула.

ПОБЕГ ГЕН ЧЕНА

1 марта 1919 года во всех уголках Чосона началось Освободительное движение, которое было жестоко подавлено японскими властями, в результате чего погибло много наших граждан. Осознав необходимость организации вооруженной борьбы за пределами страны, 6 июня Ген Чен тайно покинул Сеул, и, переправившись через реку Амнокган, добрался до военной школы в уезде Госанджа, что в Южной Маньчжурии, где проработал некоторое время в качестве преподавателя, а в сентябре того же года, скрываясь от японцев, маршрутом через Гиллим, Чангчун и

Харбин прибыл в российский Никольск, чтобы организовать вооруженное сопротивление японским интервентам.

Более подробные факты содержатся в Дневнике Ким Ген Чена.

В 1920 году в Сучане воевал против хунхузов.

В 1921 – 1922 годы вместе со своей армией участвовал в Гражданской войне между красными и белыми.

В 1923 году участвовал в конференции Народного собрания, проходившей в Шанхае, и вернулся в Хэхан, совершив переход через Желтое море. После долгого пребывания за границей довелось наблюдать с борта судна прибрежные районы Чолладо, Генгсандо, острова Уллынгдо, отчего тоска по Родине стала просто невыносимой.

Весной 1925 года из Сеула приехала жена с тремя детьми, и мы некоторое время прожили в Никольске, а потом переехали в Сучан.

Весной 1926 года переселились в село Согэчокри, недалеко от Дэуджими под Сучаном. Сюда перебрались из-за того, что здесь было много друзей и знакомых.

В том же году, 17 сентября, родился первый сын - Су Бом.

ЖИЗНЬ В БУЛЛОВОНЕ(букв.《место, где не стареют》)

7 декабря 1927 года вместе с семьей переселились район Хансонгдонг в городе Нанчэ (Находка). Место расположено между озером и морем, с красивыми горами и чистой водой, за что и прозвали его – Булловон. Дома расположены довольно далеко, но участки примыкают друг к другу, поэтому хорошо слышен лай соседских собак и крики петухов, словом, живописная картина. Здесь впервые за много лет заграничной жизни довелось пожить спокойной, беззаботной жизнью, сочетая отдых с работой в поле.

31 января 1929 года родилась четвертая дочь Джи Хи.

ПЕРЕЕЗД В ХАБАРОВСК

1 марта 1932 года состоялся мой переезд в город Хабаровск, где я начал работать в Политическом Управлении. 4 апреля ко мне переехала вся семья, и на этом закончилось наше счастливое пребывание в Булловоне.

24 июля супруга Джонг Хва в государственном родильном доме родила второго сына – Ги Бома.

Даты рождения членов семьи.

Ким Ген Чен, 05.06. 1888.

Сестра Ок Джин, 08.06. 1908, 8 часов утра.

Старшая дочь Джи Ри, 11.06. 1915, 8:20 утра.

Вторая дочь Джи Хе, 08.02. 1917, 2 часа ночи.

Третья дочь Джи Ран, 17.04. 1919, 8:20 утра.

Старший сын Су Бом, 17.09. 1926, 9:55 утра.

Четвертая дочь Джи Хи, 31.01. 1929, 13:00.

Второй сын Ги Бом, 24. 07. 1932, 23:00.

Супруга Джонг, [...] мая 1892 г., (фамилия – Ю из рода Мунхва).

ДНЕВНИК КИМ ГЕН ЧЕНА И ДАЛЬНЕЙШАЯ СУДЬБА ЕГО АВТОРА

1. История обнаружения Дневника Ким Ген Чена.

Впервые о существовании Дневника Ким Ген Чена, легендарного партизанского командира, активного участника антияпонской борьбы на Дальнем Востоке, стало известно в 2005 году. Родственники Ким Ген Чена, проживающие в казахстанском городе Караганда, обратились в секретный архив КГБ, с просьбой о выдаче им хотя бы части личных вещей командира, и получили на руки какой-то пакет документов, который и оказался Дневником Ким Ген Чена.

О том, что рукопись хранится не в Приморье, а в Казахстане, в Архиве КГБ города Караганда, родственникам Ким Ген Чена стало известно после депортации корейцев из Дальнего Востока в Казахстан и Среднюю Азию в 1937 году. Ким Ген Чен был репрессирован Советской властью в 1936 году, а уже в следующем году вся семья была депортирована в казахстанский город Караганда. Будучи приговорен к трем годам лишения свободы, Ким Ген Чен, отбыв в заключении два с половиной года, досрочно освободился и в феврале 1939 года воссоединился с семьей в Тельманском районе Карагандинской области и начал работать в немецком колхозе «Коминтерн» простым рабочим. Однако через месяц был повторно арестован по обвинению в шпионской деятельности.

Скорее всего, Дневник был экспроприирован вместе с другими личными вещами Ким Ген Чена. Конечно, нельзя исключать и того, что эти записи были сделаны во время его второго ареста в карагандинском лагере для политзаключенных (с апреля по июнь 1939 года), однако, учитывая достаточно большой объем текста и точно указанные даты, неоднородный почерк, богатое содержание, в основном излагаемое в форме настоящего времени, можно сделать вывод, что дневник был написан много ранее, и лишь изъят во время повторного ареста. К тому же, за 2-3 месяца заключения в лагере, в условиях жесткого ограничения в свободе и под страхом репрессий не представляется возможным найти ни моральных, ни физических сил для написания подобных текстов политического содержания. Судя по тому, что последняя запись в дневнике была сделана 31 декабря 1925 года, а других рукописей в дальнейшем не обнаружено, можно с уверенностью считать, что это и есть реальная дата завершения дневника.

До 2005 года даже родственники Ким Ген Чена не знали о существовании этого дневника. О том, что Ким Ген Чен время от времени делал записи в дневнике, наверняка знала его супруга и другие члены семьи, но в условиях репрессий со стороны Советской власти и объявления его врагом народа, и последовавшей депортации членов семьи на первый план вышли проблемы социально-политического, материального и физического выживания, а такие, казалось бы, незначительные, к тому же опасные вещи, естественным образом отошли на второй план. Следует также учитывать тот факт, что на момент завершения дневника, в 1925 году, его старшей дочери Джи Ри было всего десять лет, а остальным детям и того меньше, а в этом возрасте они просто не могли осознавать значимость этих рукописей.

Вместе с обнаружением Дневника частично выяснилось существование и другого наследия Ким Ген Чена. В дневнике упоминается сборник стихов, написанных в период его обучения в офицерском училище в Японии. По свидетельству его родственников, в день ареста у него был изъят большой кожаный портфель, в котором хранилось большое количество фотографий и документов, и вполне вероятно, среди них были и ранние дневники, и сборники его стихотворений.

2. Структурное построение дневника

Первая часть Дневника Ким Ген Чена написана в форме мемуаров, и лишь вторая его часть, является, собственно, дневником. В мемуарной части собраны его воспоминания о детских годах, возможно, восстановленные в памяти факты из утерянных ранних дневников и охватывает период до 1919 года. Здесь, начиная со дня его рождения в 1888 году, описывается переезд в Сеул, школьные годы в Генгсонгхакдан, студенческие годы в Японии, поступление в Высшее офицерское училище и его окончание, служба в кавалерийском полку, Первомартовский переворот, побег в Южную Маньчжурию, переезд в Приморье, где с достоверной хронологической точностью указываются события личного и общеисторического характера.

Вторая часть охватывает длительный, шестилетний период, с 1 января 1920 года и завершается в конце декабря 1925 года. Здесь рассказывается о самых значительных событиях в его жизни периода Гражданской войны, ожесточенных боях против японских карателей, белогвардейцев, а также китайских бандитов – хунхузов. В процессе повествования проявляется четкая гражданская позиция Ким Ген Чена, которая излагается то в спокойной тональности, то с явным признаком недовольства. При этом в тексте отдельно помещены стихи и афоризмы автора, которые подчеркивают его незаурядную образованность и патриотизм, неравнодушие к судьбе своей страны. После вывода японских войск из Сибири в 1922 году Ким Ген Чен занимался переводом военных учебников, участвовал в Шанхайской конференции депутатов Народного собрания, организовывал работу Дома офицеров, занимался анализом политической ситуации в мире, исходя из обстановки в Китае.

Записи, датируемые с 1920 по 1923 годами, содержат сведения о кровопролитных боях и других важных событиях, но, в то же время, к ним добавлены факты из предыдущего периода жизни, записанные задним числом. Судя по тому, что предисловие к первой части было написано в феврале 1921 года, это был период его пребывания в Красном гнезде, где была заполнена первая часть мемуаров. Вторая часть была завершена в 1923 году, после возвращения из Шанхая, где он участвовал в Конференции депутатов Народного собрания, и с этого времени его записи носят характер обычного дневника. В мае и ноябре 1925 года он сделал дополнительные ремарки, что дает повод полагать, что в 1925 году им были сделаны последние записи.

Собственно дневник, который представляет собой вторая часть, в свою очередь, также можно разделить на две части, которые содержат разные факты о его деятельности. В первой рассказывается о героической войне его партизан против японских интервентов, русских белогвардейцев и китайских хунхузов с начала 1920 года по июль 1922 года, а во второй части пишется о событиях послевоенного периода, когда его партизанская армия подверглась расформированию.

Вполне естественно, что после вывода японских войск из районов Сибири и Дальнего Востока у него начинается монотонная, скучная, лишенная всякого смысла будничная жизнь. Его главной целью, с которой он покинул Корею и бежал сначала в Маньчжурию, а затем - в Приморье, была борьба за освобождение Корейского полуострова, и, как революционер по призванию, о чем неоднократно упоминается в мемуарах, он не был готов, наступив на горло собственной песне, принять Советскую власть, пока не была освобождена его Родина – Корея.

Приказ Советского правительства о расформировании его партизанской армии разрушил все его планы, которые заключались в том, чтобы создать боеспособную армию из числа корейских партизан, войти с ней на Корейский полуостров и свергнуть японскую колониальную власть. Разочарованный этим фактом, он длительное время находился в состоянии депрессии. К этому прибавилось разочарование в обществе и в людях. Особенно ему не нравилась разобщенность членов корейской диаспоры Приморья, никчемные распри, мелочная борьба группировок за влияние, из-за которых он окончательно разуверился в людях. Все это явственно ощущается во второй ремарке, сделанной им в 1925 году.

В заключительной части Дневника Ким Ген Чена помещено описание родословной Ким Ген Чена (《Огасеги》). Оно не является составной частью Дневника Ким Ген Чена, однако, как нам кажется, должно быть непременно использовано в этой книге в качестве приложения. 《Огасеги》(Родословная) была составлена Ким Ген Ченом в период между 1925 и 1932 годами, и, вполне вероятно, в дополнение к Дневнику.

Ким Ген Чен при составлении Родословной не ограничился простым перечислением прямых родственников. В ней он вкратце рассказывает о жизненном пути своих близких, особенно об отце, оказавшем огромное влияние в жизни Ким Ген Чена, и старшем брате, имевшем прекрасные профессиональные перспективы, но рано ушедшем из жизни, а также упоминает своих прадедов до пятого поколения. В той части Родословной, где упоминается деятельность самого Ким Ген Чена, даны ссылки, по которым можно найти более подробное описание фактов в самом Дневнике, что также свидетельствует о первоначальном замысле связать Родословную и Дневник в единое целое. Поэтому и в дальнейшем было бы целесообразно рассматривать 《Огасеги》 как неотъемлемую часть Дневника.

Благодаря тому, что при составлении Родословной Ким Ген Чен не находился в состоянии цейтнота, как это было при заполнении Дневника, в ней исправлены некоторые хронологические погрешности, встречающиеся в Дневнике. В то же время, некоторые даты, указанные в Дневнике, видятся более достоверными, чем те, которые даны в 《Огасеги》, например, день прибытия супруги вместе с детьми в Приморье.

Как указывается в начале Дневника, Ким Ген Чен с ранних лет вел скрупулезные записи в своих дневниках. Однако после его побега в Маньчжурию в результате событий 1 марта 1919 года, почти все его дневники, оставленные в сеульском доме, были утеряны. Также в суете исторических событий большей частью были утеряны записи, которые он делал время от времени, находясь в Маньчжурии. Но, к счастью, сохранилась небольшая часть записей времен партизанской войны, которые Ким Ген Чен заново отредактировал в начале 1921 года. По всей вероятности, в этот период было завершено составление первой, мемуарной части Дневника. При этом пропущенные в отредактированных мемуарах факты он восполнял в виде ремарок во второй части Дневника. С момента завершения мемуаров начинается аккуратное заполнение дневника. Этот процесс продолжается до 31 декабря 1925 года.

В первой части Дневника рассказывается об основных событиях, повлиявших на дальнейшую судьбу юного Ким Ген Чена. Обучение в Японии, к которой его побудили последствия русско-японской войны, предопределило всю его дальнейшую жизнь. Там же, в Японии, его настигла трагическая весть о кончине отца и старшего брата, а чуть позже – объявление японского протектората над Кореей, заставившие его в одиночку выбираться из бушующего политического водоворота, в которой его судьбе была отведена роль одинокого маяка. Но главным, переломным моментом в его жизни становится его непосредственное участие в Первомартовском перевороте на улице Чонгро, после которого он принял твердое решение взять в руки оружие и бороться за освобождение Родины, что стало важнейшим, поворотным событием в его жизни. Потом последовали спешные сборы к побегу, которому сопутствовали нелегкие испытания, подробно описанные в дневнике, свидетельствующие о несгибаемой решимости и воле настоящего патриота.

Записи Ким Ген Чена, охватывающие трехлетний период с начала лета 1919 года, со дня его успешного побега из Кореи, до лета 1922 года, момента окончания партизанской войны, несомненно, являются ценным материалом для изучения истории антияпонской борьбы в Приморье. Как высококлассный военный специалист, прекрасно обученный офицер, даже самые тяжелые жизненные испытания он описывает по-солдатски сдержанным, строгим языком, используя собственноручно нарисованные карты местности, стараясь максимально объективно рассказать о событиях в ходе антияпонской войны в Приморье. Но даже сквозь строгие и сдержанные строки явственно проступают и кровь, и слезы, и стоны корейских партизан, проявляется его любовь и забота о своих бойцах. Чувства эти льются и льются, превращаясь в реку. Кроме того, в них много информации о разных событиях, происходивших с ним в Маньчжурии и в Приморье, рассуждений о международной политической обстановке, о положении нашей Освободительной армии, разбросанной на территории Маньчжурии и российского Дальнего Востока, о древних корейских памятниках на этих землях, о жизни наших сограждан в этих местах.

Окончание гражданской войны в России, вывод японских войск из Приморья и последовавшее расформирование корейских партизанских соединений в корне разрушило его замыслы, связанные с дальнейшей борьбой за освобождение Корейского полуострова, и, конечно, нелегко читать его наполненные отчаянием строки во второй части Дневника. Оставшийся в одночасье не у дел, он продолжал анализировать политическую ситуацию на Дальнем Востоке, расклад военных сил в Тихоокеанском регионе, но это было все, чем он мог заниматься, сетуя на то, что Всевышний, ниспославший ему революционную идею, не дал власти для того, чтобы ее осуществить.

Большое историческое значение, помимо прочего, имеют его свидетельства о неоднократных массовых убийствах корейских партизан, учиненных солдатами Красной Армии, еще вчера бок о бок сражавшимися против отрядов белогвардейцев. Эти трагические события, о которых в ту пору ходило много слухов, стали серьезным ударом для представителей корейской диаспоры, но в последующем были укрыты под завесой тайны, превратившись в строго запретную тему, даже строже, чем тема депортации корейцев. С укреплением

Советской власти, особенно после насильственного переселения корейцев в районы Центральной Азии, старшее поколение корейцев предпочитало замалчивать эти факты, и теперь о них не знают не только простые корейцы, но и многие историки, так как о них не сталось ни одного документального свидетельства. Лишь в последнее время ученые стали уделять некоторое внимание этой теме. Эти события послужили одной из вех в череде дальнейших трагических событий в судьбе корейского населения Приморья. Стоит отметить, что тогдашние лидеры диаспоры не были готовы к такому повороту.

3. Историческая и литературная ценность Дневника Ким Ген Чена.

О том, какую историческую ценность представляет собой Дневник Ким Ген Чена, уже говорилось неоднократно. Тем более что речь идет о рукописях первоклассного военного специалиста, получившего образование в одном из самых престижных на тот период военных учебных заведений, командующего корейскими партизанскими соединениями Посьетского района Приморского края. Признавая большое историческое значение рукописей, проиллюстрированных собственноручно начертанными картами боевых действий, хотелось бы вкратце остановиться на литературно-художественной стороне Дневника.

В Дневнике Ким Ген Чена помещено 9 поэтических стихотворений и 3 стихотворения в прозе («симун»). Поскольку одно из них является дарственным, следует говорить о 8-и стихотворениях и 3-х стихах в прозе, сочиненных Ким Ген Ченом. Кроме того, в нескольких местах дневника встречаются очень красиво оформленные тексты. Тем не менее, из-за того, что у Ким Ген Чена не было возможности полноценно выучить корейский язык, в плане стилистики и орфографии ему трудно выставить положительную оценку. Однако, если отнестись с пониманием к мелким художественным и нехудожественным деталям, то читатель может рассмотреть в авторе временами великодушного и открытого, а иногда – очень скрупулезного человека.

Всю свою юность и молодость Ким Ген Чен провел в Японии, там же получил образование, поэтому свободно владел японским языком и прекрасно знал японскую культуру. В тоже время, не имея возможности общаться на родном языке, он подзабыл даже то, что знал до отъезда, и его степень владения родным языком не слишком отличалась от уровня начальной школы. Все это явно проявляется в Дневнике, и именно это обстоятельство явилось основной причиной трудностей при расшифровке текстов. Деликатность проблемы состоит в том, что Ким Ген Чен, ненавидевший Японию и бежавший за границу только для того, чтобы бороться за освобождение Кореи от японцев, не мог вести свои дневники на японском языке. Но и времени на то, чтобы в перерывах между сражениями заново изучать корейское правописание, у него тоже не было. Поэтому все его рукописи исполнены на лексической и грамматической базе, заложенной еще в начальной школе.

Тем не менее, если читать его рукописи, принимая во внимание все перипетии его жизненного пути, нельзя не увидеть несомненных литературных задатков Ким Ген Чена. Особенно это заметно в записи, сделанной 11 апреля 1921 года, где он, выражая отцовскую тоску по детям, оставшимся в Сеуле, сравнивает свое душевное состояние с курицей у рассыпанных зерен, зовущей своих цыплят.

В китайских стихах «ханси» Ким Ген Чена проявляется скромная душевная красота и его глубокий интеллект. Его стихотворения «Ханси» по содержанию можно разделить на две большие части: стихи, выражающие душевный порыв и широту души настоящего мужчины, а также глубокие лирические размышления о смысле бытия. Его бунтарские стихи «Что должен сделать настоящий мужчина…», сочиненные в годы обучения в кадетском училище в Токио, или написанные после боя с хунхузами «Кусочек души, несущийся тысячу ли на север», а также «Ночная переправа через реку Тхэпхен», сложенная на пути в Северную Маньчжурию, типичные произведения, воспевающие храбрость мужчины, способную вознестись до небес. Напротив, в таких стихотворениях, как «У каждой травы – желтый цвет» затронуты чрезвычайно тонкие, глубинные стороны человеческой души, что можно определить как душевную исповедь Ким Ген Чена.

В корейских стихах Ким Ген Чена «Вызывающая жалость Освободительная Армия», написанных после расформирования партизанской армии в Приморье, выражаются его душевные переживания по поводу тяжелого положения, в котором оказались его бывшие соратники. Такое мог написать лишь человек, горячо любивший свою Родину и деливший кусок хлеба с корейскими партизанами.

Здесь Ким Ген Чен раскрывает перед нами еще одну неизвестную страницу корейской литературы. Так, еще до официального основания в 1928 году Советской корейской литературы (Те Мен Хи) он становится основоположником корейской литературы в Приморье. Еще не поддающаяся классификации в Корее, передающая неповторимую атмосферу досоветского Приморья литература на корейском языке подлежит более глубокому изучению и, несомненно, должна быть выделена в отдельный жанр. В Дневнике Ким Ген Чена упоминается о «Сборнике стихов Ким Ген Чена», составленном из его произведений студенческого периода. Возможно, он еще хранится где-то в секретных архивах Владивостока или Караганды, и если нам удастся его отыскать, то Ким Ген Чен предстанет перед нами не только как легендарный партизанский командир, но и как талантливый поэт.

4. Жизнь Ким Ген Чена после завершения работы над Дневником

Весной 1926 года Ким Ген Чен из Никольск-Уссурийска переселился в деревню Согэчокри, недалеко от села Дэудзими Сучанского района, где прожил около двух лет. Затем, в конце 1927 года, еще раз сменил место жительства на приморский городок Нанчэси (Находка?) с целью навсегда осесть в этом месте, и жил здесь размеренной жизнью, занимаясь земледелием. В этот период он, по всей видимости, отошел от дел, связанных с общественной жизнью корейцев Приморья и вел затворнический образ жизни. К тому времени он уже глубоко разочаровался в некоторых представителях корейской диаспоры, и, скорее всего, добровольно оставил дела.

Ким Ген Чен ни на минуту не забывал о своей революционной задаче – освобождении Родины от колониальной зависимости, но на российском Дальнем Востоке закончилась Гражданская война, и что-то предпринять для осуществления своей цели больше для него не представлялось возможным. Возможно, он подумывал над тем, чтобы продолжить свою деятельность в другом регионе, но это было нелегко после столь длительного пребывания в Приморье. Под другим регионом, естественно, подразумеваются Маньчжурия или Шанхай, но к тому времени Маньчжурия фактически превратилась во вторую японскую колонию, где организовать революционную деятельность было даже сложнее, чем на российском Дальнем Востоке. Шанхай, где находилось Временное Правительство Республики Корея, также постепенно становился местом, не благоприятным для осуществления антияпонской деятельности. К тому же в 1925 году к нему из Сеула Россию прибыла семья, а в этих условиях смена боевых позиций была почти невозможна.

С конца 1922 года, после завершения партизанской кампании, он основал и руководил сельскохозяйственной артелью под названием «Надежда». Еще не удалось с точностью установить, было ли это сразу после окончания Гражданской войны, или после переезда в Согэчокри, или в период проживания в Нанчэси, но достоверно то, что после вывода японских войск Ким Ген Чен принимал участие в восстановлении разрушенного хозяйства.

Это были годы, когда набирала силу Советская власть, и имена для новых хозяйств подбирались соответственно идеологической установке: «Большевик», «Октябрьская революция», «Коминтерн», и на этом фоне имя «Надежда» выглядело достаточно скромно, даже безыдейно.

Однако Ким Ген Чен, по всей видимости, сознательно выбрал для своего хозяйства это название. Слово «надежда» часто встречается в Дневнике. Для многих патриотов, покинувших в те годы страну и участвовавших в освободительном движении за пределами Родины, это было особенное слово. В отличие от многих корейцев, принявших Советскую власть, он отказывался идти с ней на компромисс и жил надеждой когда-нибудь вернуться на Родину.

В 1932 году завершается период скромной крестьянской жизни Ким Ген Чена. Его общественный авторитет и организаторские способности, его большие заслуги перед обществом все же не были забыты в корейской диаспоре Приморья. Да и сам Ким Ген Чен со временем пришел к пониманию, что у него еще достаточно сил для дальнейшего, пусть даже опосредованного, участия в Освободительном движении. Поэтому весной 1932 года он, оставив размеренную сельскую жизнь, переезжает в Хабаровск, где приступает к работе в Политическом Управлении и вновь оказывается в центре общественной жизни. Может быть, к счастью, а может быть, к несчастью, но этой деятельностью, характер которой еще не выяснен, он занимался не долго. К тому времени подоспело приглашение из Корейского Педагогического Института города Владивостока.

По свидетельству младшей дочери Ким Ген Чена - Джи Хи, ее семья некоторое время прожила в Хабаровске, после чего переселилась во Владивосток, где и находилась до момента депортации. Во Владивостоке Ким Ген Чен работал в Корейском Педагогическом Институте, где преподавал японский язык и отвечал за военную подготовку. Здесь ему пригодились японские военные учебники, переведенные и адаптированные им в 1922 году.

В середине тридцатых годов на Дальнем Востоке начались репрессии в отношении представителей корейской интеллигенции. Волна арестов и обысков не обошла стороной и Ким Ген Чена. Осенью 1936 года он был арестован, и 29 сентября того же года осужден Дальневосточным Пограничным военным судом согласно пункту 12 статьи 58 Уголовного кодекса и приговорен к трем годам лишения свободы. Это был первый удар в бесконечной череде трагедий, постигших в дальнейшем семью Ким Ген Чена.

Аресту Ким Ген Чена предшествовала ситуация, когда происходило укрепление иркутской фракции и одновременно падение шанхайской группировки. В 1935-36 годах Советской властью были репрессированы почти все лидеры шанхайского отделения Коммунистической партии. Свою роль здесь сыграли сложные отношения между корейскими коммунистами Советского Приморья и руководством Отдела Коммунистической партии Дальнего Востока, восходящие к далеким кровавым событиям 1921 года. Конечно, сталинская чистка естественным образом коснулась и иркутской фракции, но то, что шанхайские коммунисты понесли несравнимо большие потери, является неоспоримым фактом.

Вполне вероятно обвинение со стороны «иркутских» в принадлежности Ким Ген Чена к «шанхайским». Несмотря на то, что он придерживался между ними нейтральных позиций, не вступал ни в одну из организаций, в целом осуждая подобное размежевание, все же в личных отношениях был ближе к «шанхайским», что вполне могло послужить основанием для подобных обвинений.

Еще одним вероятным основанием для репрессий было его безразличное отношение к членству в Коммунистической партии СССР. Главной целью жизни Ким Ген Чена было достижение независимости Корейского полуострова, и он никогда не скрывал этого, что, возможно, дало повод в дальнейшем обвинить его в национализме. Естественное недоумение могло вызвать то обстоятельство, что руководитель такого уровня, командовавший объединенными корейскими партизанскими отрядами Посьетского и Хунчунского районов, так и не вступил в партию. Он был беспартийным. Это был очень редкий случай. В любой момент Ким Ген Чен мог быть обвинен в национализме, и для этого имелись достаточно веские основания. А в Советском союзе национализм считался враждебной идеологией.

Ким Ген Чен с самого начала не доверял советскому строю. И это недоверие четко прослеживается в Дневнике. Его недовольство было вызвано тем, что Россия, еще совсем недавно ненавидевшая Японию и воевавшая против нее плечом к плечу с нами, изгнавшая ее из Приморья, теперь почему-то пожимает ей руку, направляет посла, заключает с ней Пакт и разом забывает прошлые обиды. Для Ким Ген Чена, человека строгих принципов, такое непостоянство в международной политике стало причиной глубокого разочарования и даже ненависти.

Самой правдоподобной версией причины ареста может быть обычный ложный донос. Многие завидовали его блестящей командирской выучке и умению управлять подчиненными, и во время партизанской кампании у него было немало недоброжелателей, которые, возможно, не могли простить ему действий, повлекших для них негативные последствия.

Учитывая все перечисленные факторы, можно утверждать, что в условиях тревожной обстановки, связанной с началом массовых репрессий 1935 -36 годов, когда каждый мог донести на каждого, обвинив в шпионаже, Ким Ген Чен оказался наиболее беззащитен и уязвим.

Следующий после неожиданного и необоснованного ареста год принес семье Ким Ген Чена еще одно горе. Летом 1937 года в результате пищевого отравления скоропостижно скончалась его вторая дочь Джи Хе, которой только исполнилось 20 лет. Не успела семья оправиться от траура, как подоспела еще одна черная весть, теперь уже для всех корейцев Дальнего Востока. Это было извещение о предстоящей депортации. Семья Ким Ген Чена вместе со всеми была перевезена в Казахстан и Среднюю Азию. Последней остановкой для них той поздней осенью оказалась Карагандинская область Казахской ССР.

Отбыв в заключении два с половиной года, в феврале 1939 года Ким Ген Чен был освобожден из Карлага. Сразу после освобождения он воссоединился с семьей в Карагандинской области. Чтобы прокормить семью, он тут же приступил к трудовой деятельности в немецком совхозе «Коминтерн» Тельманского района Карагандинской области в качестве рабочего. Однако всего через месяц, 5 апреля, был повторно арестован и помещен в Карагандинский лагерь для политзаключенных. Примерно через три месяца, летом, 25 июня, Ким Ген Чен был переведен в Москву, Бутырскую тюрьму, где только 17 декабря состоялся суд. По пункту 6 статьи 58 Уголовного кодекса СССР он был обвинен в шпионаже и приговорен к 8 годам лишения свободы. Отсчет срока начинается со дня его повторного ареста, 5 апреля 1939 года. В те годы Бутырская тюрьма считалась самым строгим исправительным учреждением в СССР.

После оглашения приговора Ким Ген Чен был временно переведен в Котласскую тюрьму, недалеко от Москвы, а 17 января 1940 года этапирован в Севжелдорлаг, расположенный где-то в Коми АССР. Как видно из названия лагеря, все заключенные здесь были задействованы в строительстве Северной железной дороги.

По свидетельству младшей дочери – Джи Хи, пока отец находился в Карлаге, с ним еще поддерживалась переписка. В своих письмах он успокаивал жену, объясняя свой арест сложным временем, писал, что ни в чем не виноват, что его арестовали по недоразумению, и был настроен очень оптимистично.

Через некоторое время после ареста Ким Ген Чена его жена Ю Джонг Хва выяснила, кто написал донос на ее мужа. Тем не менее, неоднократно подтверждая этот факт в разговорах с детьми, она ни разу не упомянула имя доносчика, ссылаясь на давность и невозможность что-либо изменить. С 1936 года, со дня ареста Ким Ген Чена, его семье в течение многих лет пришлось терпеть всевозможные унижения, которым в те годы подвергались жены и дети «врагов народа».

В то время, когда Ким Ген Чен отбывал наказание в Карлаге, рядом с ним некоторое время находился сокамерник корейской национальности, который вскоре был освобожден из заключения. Впоследствии он нашел семью Ким Ген Чена и сообщил о том, что Ким Ген Чен в камере регулярно занимался гимнастикой и не оставлял надежды на скорое освобождение. Но в один из дней Ким Ген Чена вывели из камеры сотрудники лагеря, и больше там его никто не видел.

В справке, выданной родственникам Ким Ген Чена Карагандинским департаментом КНБ в 2008 году, сообщается, что Ким Ген Чен умер 26 января 1942 года в лагере Северной железной дороги, что в Коми АССР. В том же 2008 году в ответ на запрос внука Ким Ген Чена – Ким Евгения, из Автономной Республики Коми была получена справка, в которой говорится о том, что Ким Ген Чен умер в госпитале Севжелдорлага 14 января 1942 года в результате сердечной недостаточности, вызванной авитаминозом, и похоронен в 800 метрах от лагеря.

Из этого следует, что Ким Ген Чен более двух лет работал на строительстве железной дороги. В те годы в самом разгаре были работы по укладке железнодорожной магистрали Котлас – Воркута, а 14 мая 1940 года началось строительство 728 километрового участка Котлас – Усть-Козьба – Северопечерск. Уже немолодой, 53 летний Ким Ген Чен был вынужден провести более двух лет на принудительных работах. Естественно, в таком возрасте было физически тяжело выдержать лагерный распорядок с его скудным рационом, не говоря уже о том, что климат в этих местах крайне суровый.

В датах смерти Ким Ген Чена в зависимости от источников наблюдаются разночтения. В Корее официальной датой смерти в настоящее время принято считать 2 января, а в более поздних документах указываются 14 и 26 января, что свидетельствует о необходимости дополнительных исследований. В 2008 году на основе данных, полученных Евгением Ким, Правительством Кореи была осуществлена попытка выявления места захоронения Ким Ген Чена, которая, к сожалению, закончилась безрезультатно. Для того чтобы обнаружить место захоронения и вернуть останки Ким Ген Чена на историческую родину, необходимо более детальное изучение архивных материалов и документальных свидетельств.

В 1956 году дело, по которому в 1936 году его арестовали и приговорили к трем годам лишения свободы, было пересмотрено, и с Ким Ген Чена было снято обвинение. 16 февраля 1959 года в Военном трибунале Московского Военного округа состоялось повторное рассмотрение дела, по которому в 1939 году арестовали Ким Ген Чена по обвинению в шпионаже и приговорили к 8 годам тюремного заключения. В результате он был признан невиновным, а на следующий день, 17 февраля, посмертно реабилитирован. Наконец-то и члены семьи избавились от позорного клейма родственников «врага народа». 14 апреля 1993 года, согласно Закону Республики Казахстан «О восстановлении чести и достоинства жертв политических репрессий» были реабилитированы честь и достоинство Ким Ген Чена. 15 августа 1998 года Правительство Республики Корея посмертно удостоило Ким Ген Чена «Президентским Орденом Строителя Государства».

Ким Ген Чен всегда скучал по своему дому по адресу: г. Сеул, Саджикдонг -166. Он мечтал, управившись с делами, вернуться в Сеул, спокойно пожить в этом доме, а к старости завещать его своим детям. В приложении к Дневнику он рассказывает о том, как в сентябре 1923 года на швейцарском пароходе он возвращался во Владивосток из Шанхая, с Конференции делегатов Народного собрания, и издали видел родные берега Чолладо, Генсандо, Уллындо, отчего тоска по Родине стала невыносимой. Наверняка он тосковал по своему уютному дому в Сеуле, одиноко засыпая в холодном лагере в российской Республике Коми. Как это делала и его супруга

… его жена Ю Джонг Хва, которая, при первом же упоминании о Сеуле в разговоре с детьми начинала лить слезы, и больше не могла ничего произнести.

Статья Ким Бен Хака из кн. Дневник
Ким Ген Чена/На кор. яз. Сеул:
Изд-во Ин-та корейской Литературы и Искусства при
Университете Сунг Силь.2012 г.
Перевод с корейского Константина Югая.

영인본

李時鍑 이라르싶다
申東川 이라르싶다
申用傑 이라르싶다

安武　　라르싶다
林秉柜 이라르싶다
金善栄 이마르싶다
金積　　보라싶다

봄래에 桓은 누구만기 苗竜가 아있드니 多年 風霜에 失格이만
나되이 지금 京城本邸에 나떨매긴 騎春 만지?

가는 歲月또 이손! 無情과 寂漠의덩어리된 이 韓天도 민차라나밋
는거서 엄고 븻지하지거고도 엄다— 그러나 다시 생각하며 本是 人生
이란 거서 이러관거신데 韓天 或씨나 무슨別 数가 있쓰까하거여!

가情满春词山后에서

寂漠未闻한 우리 民族의 革命界! 개써거가 해버거름걷듯키
이리거리번에 늣기잇쓰나 对内 对外의 指笑가밧은다. 아직 革命
의 歷史가업고 经全 驗이업는 우리로서 無理치 묘 모 으나 남에
기도라다. 团結되어가는 党運 써옴! 唯一 戰線은 一種의 流
行 標語가 되엿다

1925年 十月十四日 尼卟에서

懷名駒伝後
述萬古栖紛義
取磋栖章義
应了未濟勇士
夫岩雲未宵勇
丈風愽安

이 詩는 朱가 此東京陸軍士官幼年學校에 在學時의 作이며 平의 立志의 表示
라 할 수 있다 그 뜻 안이다 朱는 이에 멋도록 平今次로 實行하기에 努力한다

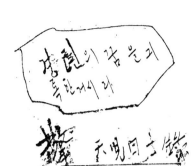

靑鹿의 꿈을 지
올리거시라

天明同志鑑

이마음!!

알므스, 히말라야 山의 第一峰 에 鳥 가 바로 꽂치 잇고
大西洋 太平洋 이 갈라바에는 宇宙의 一粟인
地球 表에 지나지 못하엿다 이것에 비하여도
滄海의 一露인 人生 一瞬 이로 壽될 干의 短
하되 雄氣의 乾坤 一擲으로 大事業 에 大成
功 이나 밧은 所爲 니 何事라 잇으로 泰始皇의 長
城 에 介子 推의 寒食 을 無로 觀하면 無 에서와
有로 보면 人生의 有價値 그 征揚을, 붉은 有 今人生의
好奇 心은 一입가 나 나 壯天은 無盡 天地 에 一粟
이을 不 閣 하고 戰爭的 競鬪의 塵 에 드러가보라
아 ! 그리나 宇宙는 무르되라 !
民族을 爲하되 國家를 爲하되 社会를 爲하되 個
男을 爲하 다 云하며 도 塵 에 지나지 안니 나니 그 塵을
알고 죽으나 모르고 죽으나 도 한 一塵 이라 一塵 一去
는 宇宙造物의 疎忽 한 거시라 樣 天心을 엇 히더뇨!
宇宙 一塵 에 塵을 믿고 게게 가나이다라 자 하노라

시베리아 에서

쓰노라

東·日本 春에서 靈鷲山의 진달래花을 보고 즐기며
西湖에서 明沙의 蕩花幕을 더 새 京城의 南
山에서 大蛇 같은 漢水의 流에 총期로 百年造 뿐인
城圍을 보고 歎 하며 平壤七星 門사의 古戰場을
秋菊에 비초여 보며 長山串의 波濤에 東京의 櫻花
를 녹이、、보았고 滿洲의 진 ─들을 ─ 만을 싣고 시베리아 水田
를 미았다. 아모리 식그럽게 하여도 지나가면 그만이다.
아모리 어려운 일도 지나가면 그만이다. 아모리 것 맬
건도 지나가면 그만이다. 루의 十四柱의 회상도 지나가면
그만이다. 종로거지도 지나가니고만이다.
아! 破壞인가 이幻想은 別것이안이요 단지 希望으로
벗트며간다 그希望도 곡된다는거시만이다. 虛 언다
아! 空然이 붓즉이해 산 저過來가 問然이가 식그럽게
마 어라 自然이웃난다 !

目　錄

519

擎天 未風日 錄
第一號

一. 叙言

宇宙의 造物主가 나에게무어슬 주싯가 너의 運命은
네가上사로 開拓하라하믄 즉엇다 余의一生은 이에 因하
야 나머가미로다

非常한 時代에는 非常한 人傑이 나와야 非常한 決心으로非常한 困
難을치나며 非常한 事業을 遂成한다하믄 오직 擎天으로하야음이 世上
波濤中에入하게하미엿다

余 生長은 西門外 £ 大廣人叢하며 ½ 에떨리 大鷲山 의 聯爭 筆을바라며 西
에 靈鷲山花園 이잇스며 南天이 廣闊하고 玉野一望에 眼界가 不足
하고 廣에主흔 城園을 기에 遠大한 氣像이 自然에 威하게하도다

余 先八歲에 父을따라 京城 에 £앗다가 十有七歲에 韓國 商學生으로더
불에 渡去하기 余의前程에 一光 瞩가잇서니라

不幸이 韓國이 日本에 倂邦 되며 余는 日本 軍隊에 十有大年間의 軍事을
研究에 力力하얏도다

四二五三年 三月에 獨立宣言이 發표나는 民族에 對하야 獻 身携 事하는 機
会을 주미니다

吾 日後는 余의 實踐의 錄 수에지나지못하다그外는 多로 錄이 에 生하 미로다
四二五四年 二月 日 시비리야東岸에서 擎天 쓰노라

1888 戊子年

三. 出生地

四二二一 氣와 四月 二日午後 九時에 朕은 咸鏡道 北靑郡 西門外에서 生하니 나의 父는 金이며 名이 朕天이다 本은 金浦 내入此祖 金從卓을 從卓으로 □□ 때 쭃는 鼎馬라하□ 鷗聲 □□으로 있어 □□ 모고 藏長으로 ... 時에 移하였고 兄은 咸幾에 나타나 日本陸軍士官學校를 卒業하고 本國에 幸하야 비로소 工兵科를 設하고 工兵隊를 創立하니 工兵副領으로 있었고 父도 日本高等工業學校를 畢하니라

父는 渴世 兄이 臺北 姑興九라 □□ 臺山에 在하나 兄은 ... 未滿에 ... 하니라

이와 같이 나의 兄은 光武 □間에 仕路에 居하였으며 實力있는 仕路 □ ... 그 自己의 資格으로도 有하였으리라 할것이다

西門外 다못 鎭! ... 思 ... 太傅 ... □한 ... 비차며 ... 西로 靈積山 ... 園에 臨하였으며 ... 天廳野가 無辺 大 ... 海를 이르고 廟□閣 □然하며 ... 天을 이른 ... 東으로 本岳 城廓의 影在 ... 있었다

靈積山 의 芳園! 不高하며 不平 不陰하니 아 青松 芳草이며 有 花 佳家 元氣의 公園이라 朕도 兒時를 □하며 朕들로 이에서 즐기을 第一 趣味를 삼며 ... 그 ... 雄에 ... 精神 니 腦裡를 비치르다

朕은 幼兒時 □ 때에 그 ... 총明치 못하고 頑朴하야 長者도 □ 거치 못하였다 一月은 (五歲) 叉이 □□하지 (小魚)을 잡아다가 盆中에 느으매 朕天은 即 ... 그것을 잡으려 하매 ... 가 맛긴 그 ... 에 아빠지 모르고 大笑 하며 □ 投되 ... 世親 中止 식이도 ... 家人 明朝에 보니 그 盆 傍에서 横臥하야 그대로 잠들라 □ 지라 家人이 愛嘆 □ 하드라

三. 廣州移居

四十二百二十八年 秋에 우리는 다시 京畿道 廣州郡
草月面 鶴峴里에 移居하게되엿다. 父母은 자주 내의
本에 漢學으로 가는 것 속는 漢文을 배운다 父母이 이本에서
學하는 同에 世主은 失하고 獨히 苦生하니하면 母
病에 藥을 求하라 十餘里되난곳으로 大川을 越川하여
간 일이잇다. 人人마다 孝가 강하다고 稱하더라 年
니十歲엿다.   四十二百三十三年 夏에 父母이 卒
業專門하고 還国한다. 京城에 来하야 오라 간나내에
父母을 뫼시고 잇게되엿다. 그러니 余도 또 이本으
로 가게 되엿다. 世報이 別표만 있나 보로 慶情가 업진 抱世 가있으
무로 苦生을 만이하엿는나 然이 一生도 사랑치안코 対하엿다

四. 京城佳居

四十二百三十三年 夏에 父母이 自日本으로 還하니 京
城에 定宅히고 余는 京城學堂에 入하야 新學同을
배운다. 日本語 歷史 地理 物理 算術等을 배운다. 四十二百
三十六年에 (三月 日) 京城學堂을 卒業하엿다. 余의 父는 나를
日本에 留學을 시키고 져 나니 힘쓰나 아직 好樣을 엇지못하
드니라. 四十二百三十七年 春에 日本이 俄国의 滿洲侵畧을
防禦한다 하고 仁川沖海에 서海戰을 開하야 此에 戰雲이
極東一部에 漲滿하엿다. 日本軍은 仁川에 上陸하야 京城으로 逆
日작구 入城한다. 光武皇帝는 日本公使 林權助의 威迫으로
局外中立 이라는 美名下에 차니 日本의 歷迫을 當한다. 그러니 이거
슨 우리 政府의 不 明이미다. 俄国에 親近하기 대문에 썻日에
日本이 勝利하게 되니 그日本니 엇지 好感이잇쓰리오. 韓国
政府가 無人한 까닭이다. 日本軍은 定州 鴨綠江 九連城
遼東半島에 連勝하며 旅順口水防塞을 맛난다. 此時을 當
하야 韓国政府는 上下가 落望하야 大使을 日本에 慰問차
로 보니며 學部大臣 李載克을 命하야 川本에 留學生을 派遣
하게 된다. 余도 이에 應募하엿다. 人格試驗에 問題가
분만하다. 孟子을 일키고. 伏文에 學而時習之不亦樂乎 라하는
거시며 身躰檢查等이드라. 그러나 그도 勢力으로 된다. 余는 그
時에 論語 孟子을 읽게도못 보앗다. 父母이 모도 當路에 잇

날까맥으로日本留学生이된모양이다 그러나 官費로못가면私
費라도 가려하나 는軍器廠長陸軍砲兵副領이요 兄은工兵隊
長陸軍工兵副領으로잇섯다

本年八月 日에李載克은留学生五十名을다리고仁川港에서乘船
하고向日하엿다 이五十名中에国家民族에有為人이몃치나되
나하는當時에人이言하드라 崔麟 金晋鏞、趙鏞殷諸君이同
數에드럿다 이대에李容翊氏가日本에가서留하는거시나李氏는아마도自
己의本意가안이요 韓国과日本의政治的內容으로가게다 자세한일은
는모른다

五.日本留学

俄日戰争에日本이勝利하사韓国이日本에留学生은보내문余를
하여금軍人되게하水兵隊에有為코자하믈決心게하니다 四千
二百三十七年八月 日에仁川港에서學部 大庄李載克의指揮
로出發하엿다 李載克은아무것도모르는사람이다 頭上에상투
는엿 하留学生中에는 斷髮 當時에그一角을비은者가多數다 余가
그中에 日本을通하므로領(?)班을삼드라 到處에 가通譯이며 처음
에留学生의合格試驗할게李載克이가余의洋髮洋服한믈보나
이러면그날지 왜인본에갈여고땟이러오? 한다 所謂一国의教
育을全任한 柱石으로外国에留学이머리나 깍고洋服을입으나
만 가난중이기韓国의末路는 씨치여 다

仁川港出發日은初秋라日朗風清하다 余는午前十時頃에仁川監
理署에서떠나乘船場에가니父 몬 도오엿드라 父모게拜別
하고乘船하야 누后가지나 쳐出 하여나 우리의氣槪는揚
揚하다 前程이千萬里다 韓国의革命改良이이手中에잇난듯하
다 本国을遠去하미心腔이셔연하드라 우리五十命留學生이未来의
三千里疆土을지고잇난거시다 그러나만일 未得人이면이번留學生
도계로라할수잇다 이날밤에風浪이太甚하야 모도醉하여셔앗는
노리가船中에셔이러난다 郡山、木浦 을지나 釜山港에

到着하엿다 上陸하야 釜山市를보니 日本거리 다름없는모양이다 엇재우리
民族은 업난지

다시出帆하야는 日반에 馬関에當到하니 山 々에樹木이茂盛하고市景
이놉드라 果是文明이른다할수익다 上陸하야 旅館에드럿다가 東京가
는汽車로向東하야 그꼿헤新橋停車場에다드하니 大韓公使館
에셔舘員数人迎接온 ☐眼에 션듯보이른公使館馬車 우의의☐
에太極을붓치드라. 下車하야 日比谷公園西便東京旅館에드
럿다. 他学生은 日本語을배우고 잇는대 削豫備学校에단녀며
普通科을修하야 將次무슨工夫을한고한다 父母은 工業을배우라
한다 나는모로것다 무 어슬배울지

그럭저럭四千二百三十八年春이다 一日은 《新》報하므로 내게
遠滅되든古代英雄을擇하야 그을본밧고자하드니 其日에神田
大通各書店에단니 번 셔古英雄傑士의傳記을求하니 있거
시 만으나 心中에快合하는거시업다 数十店을두지며 가한小店
에 가셔 그主人을보고 東西古今에第一英傑의傳記은무두 니主人
니 半笑하면에 一小古册을주면셔 보시오한다.

慨然한奮起!

그 小册은헌 册이며 바다보니 册衣에 一青年軍人의像이 잇쓰니
両眼이烱々하고 鼻美額明하야 長髮은지쳐쓰니 古代西洋軍人
이라 像上便에는ボナパルト、ナポレオン(뽀나파1르트. 나포레온)
니라셔 셔잇다 이는約百年前에 佛蘭西南方逆中一小島코르
씨카 앗지아스市에生한千古에그比을見치못한大英傑나포
레온 의畧史로다 이헌册子을 十三戔에買하야 孤燈良
夜에혼자連日愛讀하엿다 余의精神에一大變動을지엿다
父母의教示을不関하고軍人이될것가하며 나도그러한 大事業家
가되고자하며甚至於一擧手一投足이라도그을취하고자한다.那
抱禮温의悲境은볼 대에는 그간치을 허하며 法한다 이 마드
余는그時에 那抱禮温에狂人이되엿다 한수익다 考吉나포레온
마간치幼年学校개入學하기고한다 公使을徃見하고 日本에 릭
陸軍幼年学校가엇쓰니 余는一人이라도 入学하야 善良한軍
人니될것 대請하야公使은 日本外務省에 》請하야 日本
陸軍大臣을日皇의 勅許을받다 翌年秋九月에入学
하게되엿다 今夏에 兄이 日本陸軍視察委員으로 東京에

來하엿스므로깃뿌게相逢하기足은余水軍人ㄱ되믄不讚成이드라
鉄ㄴㄴ余는断然ㄱ不應하엿다

将校学生으로

四千二百三十八年一九月一日에 余는 東京陸軍中央幼年学校豫科 第二学年에 軍人学徒로 入学하水 이날 軍人服装을입으닉깃뿌 기는하나 前道이 촳難하水 苦生水 이따흐거슨 思하닉고 実實이 大 한가하며 잇엇다 余가이간지軍人되水 六百五十名에 韓国의 一見로一人ㄱ入学함도 날포레은 분반개다이다 余는 今日붓터짜 獨을 벗사머 寒床에더 故鄕꿈라 将来의 有耶無耶한 希望을 가지고 心膽을 鍛鍊하게되믄 余를 鉄强人을 멘드닉데 最大 한 機關ㄱ되엇다

幼年学校는 豫科水三年ㄱ요 本科水二年ㄱ다 余는 試験 밧은 決果로 豫科二年級에 入学하엿다 中学校科程에 軍家教育을 加하미다 매우 学科, 術科水 奔走하며 嚴正하教育하며 希臘 스바ㅡ르다 教育制로하므로 冬節에도 室内에 火氣水 別無하 지난다 余는 十八歳가된 秋初씨비로 軍人되미다 当時 은 日俄戰爭中이므로 모도 日本陸軍의 氣想이 恰發하고 勇敢 하다 幼年学校에는 薄衣要食으로 極히 嚴한 生活하다 雄 兵으로 天下에 名을 揚하는 帝国의 将校教育이라할수이다

四千二百三十九年冬에 兄의 死去한 父主의 信書를 바덧다 兄은 年 不及三十에 奰世을 마츠미 다 子도넘 다 余는 비에 六代 해獨 子가되엇다 부러짐은 実로 외롭다 余도 외롭다 이간치외롭도 록 決心코 学業成就하에 마하지다

四千二百四十年秋九月一日에 本科学生으로 入学하엿다
四千二百四十年春 月 日에 父主水別世하엿다 부러짐은 実로 만ㄴ이다 父兄이外国에留学할때에 祖妣, 妣主水別世하드 니 이변은 余水留学하가ㄱ가 父兄이 連年別世하니다 무도우리집 은 規則的이다 代ㅣ獨子라 余兄弟中이믄이 또死去하니너무擴 張이넘는집이다 父主는実로入业始祖以後로第一傅大한人이다 余는지兄이 今日世界라하는거슬알도 父의賜하신거시다 余는 父主水余一塊을두그미 世上에더ㅣ水시믄 매우緖ㅣ희생각하엿 다 文가定業하신始興业面左老里南山 에安葬하엿다

(좌측 세로 주석)
生은学校国家等으로歡 送한며民族主護와国家 의교랑等을 余는 烱ㅣ이 眼으로彼를보며一語로 父로州 彼看로보며六百五十名의日本学 徒가 젹음을 弱国人되는水入学함을 另異이 믜기며余水敎

東京陸軍 幼年学校에 在学時미世実을 본즉하여라

(우측 세로 주석)
問은더자ㄴ獨生徒水겨ㅣ 엿다 ㅣ일ㅣㅣ요ㄴ으로ㄱ로옛ㄴ水쇼며 교師水學徒들에水쇼며나ㄱ不好한 言度되면水이건ㄱ그의위名醫로ㅣ믄하는거슨하믄ㄴ月餘의 月間에韓語ㄴ들 用하呀묘水잡과도도日本語에다 그러므로余在学 敎師水學徒들에ㄱ요 交言호

(하단 세로 주석)
余ㄴ毎日ㅣ日ㅣ時에 埃에ㅣ水ㅣ하ㄱ다 手ㅣ한다.太ㅣㅣ비어ㅣ州 는ㅣㅣ없믄 敎하ㅣ하ㅣ엿다

四千二百四十一年 夏 七月에 本科를 卒業하고 騎兵으로 步兵의 同等으로 東京騎兵第一聯隊第一中隊에 入隊하엿다 平生所願을일워 騎兵科에 入籍하야 駿馬를타기 뿌드라 九月에 下士가되 야 十一月에 秋期機動演習에 參與하고 비로소 大軍이移 動하는것을 보앗다 一日은 東京近郊에서 對抗演習하 노라니 伊藤博文暗殺이라는 號外가 東京市거리에 뿌려 지더라 余는가심이 떨녓닷다 伊藤이을 銃殺한人는 安重根七州이라 한다 余는저절로 말낫다 아! 偉大하다우리도사람이잇고나!

伊藤은 日本에 第一流의 政治家이며 戰略家이다 우리大韓에는 日本 이俄國을 擊破하니 來로 强迫한 手段으로 上下를 壓迫하야 五個條約을 지어 大韓을 七刑하고 統監이란 거스로 數年京城 에잇서 上下를 농락 하드니 今番으로 滿洲問題를 解決코자 徐里 斯財政大臣 고로로고프 가할로빈 에왓스므로 보고 同往하야 하할 빈 停車場에서 곳下車하야 고氏을 맛나 나오다 萬古勇士安重根 氏의 拳銃에 卽死하니라 今秋에京城에幼年學校에 第三十條신서왓 한갓로 末하야 맛 余는統으에同胞同志을 안니엇 十二月一日이더라 이는 本國陸軍을 海軍을 創設한 것이라.

聯隊附로 本日陸軍士官學校에 入學하엿다 인 겨는 아조 將校 된마지막 學校다 園宿에 風을 비고 意氣揚々하야 校門에드로간다 士官學校에서나는 나포레온의 傳을이며 余의 冊末一隅에는 나포레온 書中에 어느거시 도지닙는 때가 업다 볼서 四五年은 나포 레온 鍛鍊을 싸아스므로心과 膽이만히 向上하게되엿다 敎官等 의 行動을 意을 보니 나는 못하다 나는 나포레온을 늘이 간지 崇拜 한 까닭에 害도엿다 世上은 不合意하게만 생각하며 孤寂을 너무 사랑하므로 交友까지 실에하야 朋友라고는 一二人에 不果한것이다 同窓日本学生이 余을 나포레온 第二라고 別名을 지엿다 나포레온 書을볼때마다 心에불가潮一하야 將來의 希望을 目及한다 日曜日이면 私宿室에가 여혼자잇다 書冊이나 보고 나포레온 寫眞과 相對한밸니다.

나는 미려 져력하야 身軆가 조금식 弱하여 젓다 여러해이 嚴 한스마이다 生活에 孤寂뿐니요 悲念뿐니요 섭ㅅ한일뿐 니요로心志을 慰賴할 溫情이라는 나는아소 이것다 업다 世上 은모다 實하다 人情은모도 冷하다 國家는 亦七 하야 合邦이 란 거시되엿다 中隊長이 全中隊學生을 뫼아놋고 合邦한 理由

을말 하드나 學生 中에 난을 慰勞하여 너무 傷心 말고 相扶勉勞하라는 忠
告도 잇다. 우는거진 大韓語을 平易한건 와에는 잇게 되엿고 그럴거시다. 五六
年을 지나 二三혼자 잇스며 韓人이라고도 明瞭이에 外出하여서 或 만나 나얏말
을 서로 붓터. 韓人의 笑을 만나 바엇다 하냐 心과 精神을 더욱 堅固하다.
一目은 하나면 彗星이 地球을 지난거고 新聞에 말러나 트니고 또 시다 만니
오난거을 大째 慌을 시작 하니게.

士官學校卒業

四千二百四十三年 夏六月 日에 우는 하나님이 保存하사 陸軍士官學
을 卒業하엿다. 아니 父 묘을 이르면 셔家産을 허치고 散家꺼지하면 셔 今日
所意을 마쳣다. 나는 나의 軍事学知識 보더도 心志工夫가 더욱 嘉하다.
한 두 잇다. 余의 心志는 鐵血不拔의 華가 될길에 入하엿다. 見習士官으로 또
도 騎兵第一聯隊에 간 거 自体로 배우며 研究하며 教育하며 하엿 十
一月에 또 秋期大演習에 參與하엿나 우리나라에 總督으로 놋 傴하는 日本
寺內가 余을 請하야 야 日本軍隊에 任官시키을 받다 야 余을 시간지思 하엿다.
刪圖 이 한 以上에는 將來을 希望하자 면 士官學校을 卒業 받가
지고는 아무럴 도만 나 다 實地研究을 ㅅ사호려하라하고 履歷하면 야 是 年 十
二月 末에 余는 日本陸軍騎兵少尉로 日本王睦仁의 名을 任가
될나 아 기 異狀하다 實로 異新하다 光武年間에 大韓騎日消学生이
더가 또 이 묘은 日本將校가 되연다 아니 나 와 前程은 이다지 變化가 잇하건
난가 四千二百四十四年 三月에 當 外에 旅宿을 定하고 每日 徒進히며 斯
歲月에 오래간 만에 還하야 旣定한 婚姻을 成하야 京城 社稷洞
百六十六 當地에 私邸을 定하엿다. 이 家는 余가 가장 마음에 合當히 생각
하는 公園的 樂園이다. 永遠히 傳하리라. 四千二百四十七年 春에 中
尉로 任進하엿다. 陸軍戶山学校에 將校学生으로 入學하야 劍術, 鏃
操을 六個月 全修하엿다. 四千二百四十九年에 騎兵学校에 入學하
야 馬術科을 一年間 全修하엿다. 余는 또 工兵隊에 가셔 見學까지
하엿다. 인게는 任官以來 七八年에 研究은 나의 位置로는 畢하엿다 할
수 잇다. 大学校가 남앗다. 그는 疑問이나 만타 되고 안나 되것난지 또 가하
驅이 入格이면 들난지 그러나 余은 몸기 매우 弱하야 昏 一問 着한 必要
가 生하야 四千二百五十一年에 休暇을 求하야 相當한 決心으로 家
人, 家具까지 一, 늬 携帯하야 가지고 汞, 的으로 渡日十有五年 任
官 九個年 만에 나의 愛園 社稷洞 邸로 왓다. 나는 妻貞和 누위王
振, 長女에 智理 次女에 智慧을 더리고 一家五人 거기

六. 京城社稷洞私邸에서
第二回의休暇中의獨立運動

一四[二]九[□]百[□]四十二年 二月 ㅁ에余는身弱하므로休暇을言請하여서京城社稷洞私邸에還하엿다實로오래간만이다十有五年만잇엇다余가처음幼㓒할쎄는韓國이獨立이엿다現今은余까지日本国陸軍騎兵中尉의몸이다매우不自由이혹니다.

余의私邸는地面이約十坪되는山地나大巖间으로湧出하는泉水가잇스며百花가俱笑하고뫼니仁王山, 北岳, 三角山, 仁政殿을싸라며社稷亦松林을갓가이돌니全景을生望하난곳시라余는此園을愛하다庭內에小池가잇고거기石橋가걸엿스며池边에五百年前인지젼에도五百年은地中에뭇쳣든壽石童子을집아来川에셰어데다가쇼하엿다이는余는歷史五百年前이回春하난듯김버탄다山上에는木蓮이만타松。나도밤나무진말비늘금木에러가지잇다夏則靜養하겟고春節은百花가퓐다秋은나도밤나무實이紫雲을지며山色이紫물드린것갇다西山上에一亭이잇스니⋯⋯淵하단다余가敏히三仁北岳諸峯을바라고古今을思愚하난곳시다泉曰[團金]水라하며東山은雲深臺라한다壁上에⋯天渦이잇난모양이다山水가清麗하므로余난水遠히이基地을傳코자한다   余는私邸에来하다이미半年을靜養하다가一四□□五十二年春을맛나老武帝가崩하니况說이닐타實이暗殺을当하는今明하다불상한양반이다一生에皇帝라고도稱하엿고失国失位도하엿다余는그表을듯고數次喪則에泰하엿다大抵古界大戰도野心軍国主義로셰生하다그덜의位置을을리러한게하엿다米国大統領윌손氏의宣言에民族自決을公布하엿고우리의思想上에大影響을興하자老武帝가崩하니全国青年의精神나大應起가되엿다天賦한自由을하고모든人類의最高尚한事業이다三月一ㅁ!!나의園中에도百花가開하여準備하너 나의 집에는 許多한 有爲靑年의 來往이 반갑게 來에 무어 시 잇 셔야 하리라는 마음으로도 잇다.　　世界聯盟會 에 日本은 韓国 의 日本에 合邦이 韓人 이 同意되는 表하가 爲하이 宗教代表에 申興雨 貴族代表에 趙重應實 業代表에　　　等의 賣国賊이 聯名書을 지어 의 秘密 히 光武의 署名을 要求하기 帝가 不聽하므로 暗殺한거시다 또 英親王李垠이은 日本王族 梨本宮의 女을 一月廿五 日에 成婚하자 한대 帝가 崩하시므로 그婚姻도 中止된다 日本은 合邦以來로 憲兵制로 全国을 歷制하의 人 道正義에 反하며 人類가 敢히못할 일을하다 扶餘族 은에 我百年歷史을가지 李朝五百年은亡本니만쓰시 前에는 秘密에 雄視한거시며 文化陽盛하나라이다 今日에이지경되은 全部 李朝의 罪惡이다 李朝은우리 의代表的 要人이라 할수외다. 그러나우리는 合邦十年 에 同封함騰하야 能히 自活할만한 文明에府하 엿다 우리靑年에는 나폴레온 비스마−ㄹ크 토리스트 우에 린돈 지쎄−르 가인이 그熱烈한 血中에는 建国人物이 湧出한다. 天니우리의自覺하기을만니바라며그을爲하야 人物을豐作하엿國
余가啟京하기前에도 東京에서 여러靑年을 만낫다 또도
世界에우리을公布하자한다 余는独立은 이大戰爭으로 반니되지 반우리覺眠이반하고하엿스니그을利用하 야民族覺眠을要求할機會는잇다하엿다 果然이 다東京의学靑年드리独立運動을開始하엿다는通知 을보았다 華春이到來하엿다 三千里江山에!
　　　　三月一日!
日本留学靑年드리 火蓋을 떨지 京城에 各團 躰有志드 리秘密히 엿셔는모양이다 나는直接氣席못한다通知 받듯는다 그는余는不參할必要가잇다. 그러고 決果가 그다지거진줄은 來信이다.　　三月一日! 아!當日向氣가 매우和朗하다午前十時頃에나는私邸을나의靑年 会舘으로向하여夜珠峴兵門에가니불셔總督府에서 무어을아는기十餘人의憲兵巡査가向動車을飛

하야 殺氣가 등々하더. 京城內에 秀天이 건만 黑雲이 덥치고
殺氣가 등々하더 나는 溝ㅣ腦中에 머려러가지가 生한다ㅁ
人이엿더한 感力을 쓰고또 는우리民族이멸씨々 恩而力이잇
스께한다 鐘路 써이르ㅣ殺氣가 더욱 殷ㅣ하다나는 靑年会
館에가ㅣ고요하다 려러 事務員ㅣ날나의 로談笑하고總
務되는 尹致昊所事務室에가서談氏로더브러談話하
ㅣ그려겨려 午后二時까지낫다나는 尹氏로占心을먹
자고말하는 中이다믄듯ㅣ本巡査가会館을 圍하고一
署長갓튼人ㅣ尹民을차자室內에왓다. 尹氏더러家宅搜
索을言하니尹氏는 許노하엿다. 館內에잇는놈나온人을全
部一室에가둔다 나도그中一人ㅣ다 곳은우리의게目的을
즉시믈우리가公布하는今ㅣ! 午后二時三十分은되
다믄듯 파고다公園으로 大韓独立萬歲 ……써을치난
듯한 뻐ㅣ가져린 음이찬 不平이滿ㅣ한靑年의픠소리가
난다. 鐘路大條가미며서 靑年學生들러驅步로몰나온
다 그室內에간처잇난人ㅣ이모도 額色이호하고부든ㅣ더
넌지라 鐘路는꿈으로라가나 께一로으로는 日本의利劒에
우리의血이군난靑年을자 바셔 鐘路警察署 안으로가
져가드라 青年会館內에간친사람은모도身軆을 調查
하고 放出되엿다 속는곳 市内은巡觀하니不勝血湶더라靑
年団은 鐘路로뎌慶運宮前으로그大漢门內까지시하여
다가그리로서泥峴日本人居留地에가하얏다. 男만뿐만
ㅣ며女學生도多하다그더믄 祖国의亡하믈 念ㅣ안녀男
子와同權이믄 自情하씨다 脰公들에잇난女學生某도泥峴
까지갓더가 버리믈푸러헛치고오더라. 鐘路에서 겨자一
人ㅣ大韓独立萬歲 를부르ㅣ日巡檢ㅣ捕着하씨가ㅣ見
者笑口져거지는오늘견면붓터밤겨경은업것다하ㅣ도난
者모도失笑하더라. 東大门內婦人病院前에靑年団ㅣ
가서 萬歲 을부르ㅣ그看護婦드러모도믈번뎌應 群하는
동의나옴을더욱急하게한 다 大路上으로닥거는靑年男女에
電車을타ㄹ가는靑年男女가모도 恣色이滿面하고 世界人種의
本分을行하는듯한빗치뵈온다 日이西方仁王山겨편하니
長安ㅣ고요하고人々ㅣ依次엇지되고한 더옷 政府를組

織하려 여자는 人도잇다 예서 제서 有爲의 人이 講論기多
하다 靑年会館에 이 논 때도 知友드리 余다려 칸을 쌔리요
인져는 別數업스나 칸을 쌔리요 하며 여러게勸하다 여러
朋友의 말대로 余水칸을 쌔라면 西间島 北间島 俄領의 三處
로 出奔하는 问題다 余의自身도 国外에 飄薪한지 十有五年
에 今 때을 待하미다 또 余의 責任인가하다 天賦의 識分
이다 余을 쌔르나 다시 適者업스문 余도잇다 連日会議가 余
의 庭圍에 되다 만침 李應俊 池大亨 二君이 来到하엿다
더욱 事가 決行을 要하게되다 池君은 本意을 應諾하며
外地로 出奔하게되나 李君은 따라지못하야 対答하는거
시다 會議에 여러가지로 計論이잇다 그러나 余은如此
히 思決하엿다 아 後人은 顧전데 計論하며보시오
1.個人으로 十有五年间에 臥薪嘗膽이以 機會을 求
하기 自身의 安息을 求하야 此地을 겁하문 本
意것안기요 安息쓰 알자면 當初것은 이別것
한 그대에 宇家는 子가될지 기이미 海外에 萬貨
을 耐하는 民族에 如何间에 有爲하는 슈기되고자
하미기 然則 以 機에 猛進한거시다 誤落失敗난
余 個人으로 拘見하는 勇士가 할 일인기라한다 賣国
賊이잇난 同時에 그을 보고가만니 安坐하난것도 第
二賣国子라 할수잇다하미다
2.全民族으로 二千萬人中에 余만콤 爲国 學은 배운
者가업다 잇다하면 余의 後輩道来者다 民族觀念
도 二千萬의 多部分은 余쌋못하다 그러면 如此한 余
头头吴 劇毄身的 事業에 余의 身을 액끼면 다시는
難得하리라한다 如此 한 人기 身을 내부치면 余쌋
못한 者도 勇進하리라 余가 몸을 액끼면 余쌋못한 人은
더하리라 余은 安臥하게도 북끄럽다 罪人이다 二千萬이
余을 보고 辱하여도 余는 二千萬을 보고 辱못하리라.
3.世界大勢로 觀하야 水余의 出奔! 世界大戰以来로난
西細亞大勢나또 유롭바大勢나하는거시업서지고 一
擧手一投足이 世界大勢가되엿다 日本은 여러가지
方面으로 原因을 植하야 世界의 孤立国이되엿다

黃色人種은 滅亡하게됨도 日本의 責任이며 日本의 算으로보아
미다. 日本은 實노 軍事上 백면빈 겸질만 잇다. 한번 탄 국이 인상기
그러하건만도 支那 우리 東部우리아 내廉씨1무. 美國은 義를 안 내버의
위하여 歷迫하 며野心 반 가지고 自己로利 用못하는 弄湯을 치무로利殖만
利用되고世界의鼻笑을 산다. 그리고 멋 는거시라고는 財도안기요 鐵도안기요
숯도안기요 人累도안기요 食物도안기요 製造品도안기요 飛行機潜行艇
도안기요但只軍隊의 병裝뿐이다 日本기 三年間을 戰키를 繼續한바
한 국가이라고는 人命뿐이다 鐵은 수을 못건대다 食物도 수을못라린
다. 國民은忍耐力이 世界에 第一될만 침엄다社生費은逐 口로感하너오양
이다. 軍隊도俄 日役에 旅順奉天에잇던隊는안기다西伯利亞에 日本의
出兵은 境下戰에 卓在市水項王을 引導하너 이다. 日本도너옥項羽간히
立하 水進退維谷 이리라 하너 그野心으로 !以나면긴고므로 一朝에東亞에 戰
기나하면 우리는 支那東省西伯利亞에 自狄植民一百萬으로 世界에 처하 水 卋人道로 日本에對하여 水血戰을能히하水列强의好意을 엇을그리며 獨立을 까得
하리라 한다

然則余는今 番에 꼭 獨立하 기라고는 안기思 한다. 直接待 호 는第二世界大戰기사인다. 그 러 기가 수의 出 奔 기흠 일더 할수 잇다. 그러나 余 는 아직 年靑氣勇 하 므로 海水域 年間潭流하 며 積功할 必要 가 잇 다. 하엿노라. 우리 人은 鐵路로 新義 州를 經하 水西 同道로가 기 라이다. 李君은 有事하여하 水平壤市를본 다. 公廟君은 上海로 秘去하엿다 는 池君으로 共하 水 每日 秘議을 한 다. 警視總監部기에 使狗가 薄 므로온다. 余는一日은 乘馬하 水 違海 ○ 로돌다가 ○ 西憲兵下十가 所 기에 還隊 하는 水 를 다. 余는 不久 에 간 다 하엿 다. 獨立運動에 對 하 야 반 미 잇 낫 어 고 미 한다. 넛 지도 우슘 고도 念 하 水 余 의 말 배 반 기라 하 니 그 下士가 에 ! 탕 뿐이다. 余 가 다시 생각 하 고보 니 잘 못 ○ 하 엿드라 余는 衣服과 行裝을 全部 整頓 하엿 더 每日自然히 過席 기 못하고 잇다. 같 더. 하 기心 中 에 아 모리 잇 써 하 니 妻子의 기 頤 水 넘 난 셈 반 더 라 한다 그 려 츤 에 뵈 너 기 경 이 가 시 더 余의 妻子 된 人 은 不 幸 탄 사 람 이 며 他 人 사 같 치 每日 相 携 同 衆 하 는 人 을 夫 기 父 로 못 둔 거 시 自 己 의 잘 못 시 기 서 한 다. 余 는 상 랑 하 는 庭 園 을 두 고 라 를 생 각 하 기 더 욱 까 惜 하 다. 저 ! 蒙 ○ 界 에 누 가 오 르 며 ○ ○ ○ 에 누 가 撥 步 하 리 오 團 金 水 藥 水 을 못 며 난 가 한 다. 므 로 余 는 ○ 身 하 水 妻 貞 ○ 며 妹 王 振 기 며 淑 女 ○ 利 智 慧 ○ 蘭 들 러 잇 쓰 너 라 그 드 리 余 를 생 각 하 며 余 보 다 더 하 리 라 그 러 나 하 너 님 이 그 더 ○ 變 雜 하 시 리 라.

五月末을 當하니 全国 各地에서 独立 運動에 처한 事実이
顕露되야 各団躰에서 日本의 毒手에 잡히는 者가 萬餘人을
越하야 日本은 京城 西大門 外監獄署를 擴張에 大增加을
하야 城萬人이라도 不足없다고 그 用違 新聞每日申報에 記載하야
우리를 겁하랴 하는거이다 오히려 우리의 鼻笑을 산다 靑年男子女子뿐
안이라 七八歲되는 小兒도잇다 老人도잇다 其中에도 寡婦의 孤子
도잇다 一日은 余가 京城地方法院前으로지나니 自動車에 우리
靑年四五人을 실엇다 모도 罪衣을 입엇더 그 近傍으로 年니 四五 되는 婦
人도되는 婦人이 쌋혀는 물이 나오지못하야 心의 胸中이 맥켜 겨워 뚜러지고
더러워진치마로 얼굴을 가리우고 痛泣하는거이 뵈인다 말뿐아뇨 두 가
슴이 맥키면서 兩眼에 눈물이 흐른다 아 ㄴ! 저 ! 罪衣 입은 靑年니
무삼 罪냐 日本 아니 의 罪는 무슨 衣을 입것난야 져 ! 靑年들은 나의 사랑
하는 民族 中에 最 愛한 사람이다 모도 二十歲나 못되야하다 져들은
同胞라는거을 안 한 民族이란거을 안 사람이다 人種이 선거이 同時에 萬物
보다 第一로 녀며 最美한 自由라하는거이 잇스을 아는 者드리다 好衣好食
하는 自捕布 志紳士드라 모도 어느구석에 가겨슴엇난 야 外国留学
으로쓸때 업고 年歲도 所用없다 아 ㄴ ! 癸丑 든져 ! 少年 아니는너을 사
랑하며 同情의 慰을 鐘路로드려가 면서 晤敬을 보내오라 그러나
사랑하는 靑年이 心 ㅂ굳게하라 열 매볼날 멀지 안타

米国이나 英国, 日本의 紳士나 靑年의 境遇와 現今 韓国의 紳
士며 靑年의 境遇가 매우 여르다 우리은 建国하자는 곧 任務
가 잇고 他는 이거시 업다 그러기여 우리 나라 紳士나 靑年이 두눈이
멀거니 뾰고 而食하는 罪人이여 祖国이보르문 모르신가 ! 아ㄴ 李定用
은 賣国賊이거니와 君等은 모르는 체하는 賊이여 韓国에 国家라는
거을 아는 知識階級이 多하면 모르건스나 極指한 만 一百 게업셔 이런 少
数의 紳士로 强俌을 물니치고 獨立하자니 大 難事가 아닌니가 그런데 그 少
数의 紳士가 더러는 모르는 체 더러는 日本使奴 되겨하니 實로 韓半
島을 爲하야 슬 제하노라

[支] 无槍 어란 人은 日本 에 눈니 벗셔 同化로 唱을 이 닷티 ㄱ 기 晧 땍는 이리되
리 滅種시길 거이 여 无槍은 불비 無識한 놈인데 錢에 솔하 야 왓던 한 지

七. 南滿洲에 出走

a. 四千二百五十二年 1919年

六月六日

昨日은 余의 生日이다. 余를 祝한 朋友 幾人으로 分하고 今朝에 起席하니 날은 흐리고 雨下한다 妖好樣! 不可失이다. 池君으로 아! 엇지한고 實行할가 池君은 大讚成이다. 金永燮君도 讚成이라 前後事를 金君에 付託하고 池君으로 夜 珠山峴兵門 越便에서 自働車上의 人이 되엿다. 때는 아마도 十二時를 좀 지낫스리라.

三角山을 등에지고 산까갓 는 自働車水 胡馬間에 南大川을 지나스덴 손前에 爆然一群에다 이약가 터졋네 水, 萬事가 休하는가 이 萬千人 叢中에서 十分동안 修理하고 사이 心肝 니 春風에 自雪갓치 녹어진다 아~ 다시 疾走하니 불서 鐵橋을 지나 無人한 大路上에 빠르게 달는다 그러하나 내의 마음은 더욱 忽하야 自働車보다 일상 밧었네 어셔~~ 겨! 水原으로 어셔~~ 겨! 水原까지

日落黃前에 水原에 到着하엿다. 清人料理店에 休息하면서 夕飯을 마치고 夜勝에 兩人이 셔로 모르는 체하고 停車場에가셔 一等室을 占席하고 新義州로 간다. 사랑하는 나의 妻子들은 나을 기다리리라 아~ 무슨 까닭인가 人~ 妻子가 잇스리라 人니 父母며 夫가 잇스리라 겨! 나의 妻子는 두니붓 터 누을 밋고 잇스리오 아히드리 나을 차지면 貞和는 무에라 對答하건는지 들~~ 줄니가는 車는 韓国의 獨立을 兩肩에 지고 가는 이 두 사람을 실고 夜半에 南大门駅에 왓네 慷慨無盡한 말엇지 다 기록하리오 獨寺에 대이약가 터져셔 心所를 녹이는 이스덴쇠 어시 왓건 반도 總督府에서는 許多한 銭을

浪費하며 날갓른사람을 자부리한다드 ㄱ그의 使
犬은스덴쇠内外에누를ㅆ한다 만도 天命을바
고가는나을 敢히말손야
汽笛一聲에二十五萬의大都同胞을이별하고
鴨綠江으로向한다 아ㅅㅅ나의사랑妻子드라
인제는아조ㅣㅣ얼어진다 언제나ㅣㅣㅣ……
一等室寢臺에누ㅣ 車柳一夢에困ㅣ잣다

六月七日
大鵬이떳다졈ㅣㅣ널리떳다 日氣明朗히다
깁픈잠을깨고보니日鳥三杆ㅣ다 新義州駅
에車을下하야 行李를가지고 老成旅舘에入
하엿다. 安東縣으로 電話을걸고 旅行券을보내
라하고다시 旅舘主人의子을보내엿나 나라夕
陽에安東縣으로셔 旅行券이왓다 이윽고믄득安東縣
探狗가누리室에 來하야調査을하니고 여心肝이업다니
놀낫스나 旅行券이齊하게兩人이니므도 朴姓이오 探狗
도亦朴姓이라 同族相逢으로親交하고보내가는됫하나
足心한수업다 大端히困難으로리니여가日没하매 汽
車로 鴨綠江을넘기를하고 行李을두르스덴쇠에가져二
等車을탓다 池君은안이되인다 車房에셔한 日人은交
際하야 同行하게되나 少々하게되니라 余를실은汽車
은나의사랑하는二千萬同胞의잇난이錦繡江山을
汽笛一聲으로離別하고떠난다 余의心中은무어ㅣ
라고할수가업다. 鴨綠江大鉄橋는 左圍一週에 歌
갓 티크기도크드라 曰不入虎穴이면不得虎子라 되니도
는丈夫는大膽하리라하믄 余가直異雙人言士한 째라 余
가現在에安東縣노던쇠에下車하야 電燈은白晝갓치
明한데그돈네르속으로오다른乘客보다 第一밤펴셔 간
다 돈네르엽 떠는日本憲兵巡査. 刑使. 私服한補
助員무엇하야셔五大人이잇셔셔비록一蟻라도아
니빠운다는거시다 밤눈을반짝ㅣㅣ하면셔나을본
다. 그러나 제ㅣ엇지나을알ㅣ요꼭日本人으로안다

535

솟는 그 맘을 우선ᄒᆞ얏면젼지 나가ᄯᅡ 그것들은 눈ᄭᅵ
멀거ᄂᆡ … 어딕ᄒᆞ이칸ᄂᆡ가가ᄂᆡ … ᄒᆞ엿슬분ᄓᅵ며
天ᄭᅵ만ᄭᅵ도의신ᄂᆡᄂᆡ라ᄒᆞᄆᆞᆫ 余가ᄯᅥ나기前 곳터ᅌᅵ自然
ᄭᅵ神知가잇스ᄂᆡ라. 돈메르를지ᄂᆞ 淸人ᄭᅵ力事를불ᄂᆡ타
ᄀᆞ가계되ᄀᆡ月臥中으로ᄋᆞ 熱ᄒᆞᆫ 空氣가 吐出ᄒᆞᆫ다 아ᐧ
ᄒᆞᄂᆞ님이시며 感謝ᄒᆞ오ᄭᅵᆷ며 案内人을ᄎᆞ자 淸人家 浮屋
으로ᄉᆞᄒᆞᄀᆡ 淸人의집은참 더럽기도ᄒᆞ다 그더러운속ᄲᅢ
셔萬懷里ᐧᄒᆞ여 就眠ᄒᆞᄂᆡ라 그런데 池君의 消息은못
ᄂᆞᆺ드ᄭᅵ 人力車로왓다ᄂᆞᆫ말 ᄉᆞᆮ드럿다.

    六月八日
그더러운 淸人家ᄲᅢ셔 이러나ᄂᆡ 旧高ᄒᆞ엿ᄭᅥ食後
가되ᄭᅵ 同志드리반ᄭᅵ來往ᄒᆞᆫ다 淸服을ᄎᆞ리고보ᄭᅵ
天然ᄒᆞᆫ 旧人ᄭᅵ淸服입은거시며.
即時行李를 全羅道人 李壽基라ᄂᆞᆫ 案内者ᄭᅵ任置ᄒᆞ고
步行으로 西间島를行ᄒᆞᆫ다. 同行人中ᄭᅵ 李時学, 池君
과그와에 靑年몟치다.   余ᄲᅢ行李를 앗든李者는숲ᄭᅵ
行李를 가지고여 라 낫ᄯᅡ. 所謂大事業ᄲᅢ秘密ᄒᆞᆫ 機関ᄭᅵ事
務를 맛튼者가이모양이ᄂᆡ 그 機関을ᄭᅵ히 알 것더라.
一낫ᄲᅢ쥐웁으로 胡服을입고 그 胡鞋를신으ᄂᆡ 아조 거롭수
가업다 安東縣市街는 廣大ᄒᆞ되 道路가 淸人의열굴갓치
축ᄒᆞ다 그 市街를 横断ᄒᆞ야 案内者를ᄯᅡ라 먼ᄯᅳᆺ을
품고 외로운거름ᄲᅢ 重大ᄒᆞᆫ 責任을지고 東業으로 ᐧᐧᐧᐧ!
우리를 案内ᄒᆞ야 ᄂᆡ가는人은 本来ᄲᅢ義ᄲᅢᄂᆡᄉᆞᆮ든 憲兵補
助員인데 獨立運動ᄋᆞᆫ退ᄒᆞ고 나ᄋᆞ셔 現今ᄋᆞ은우리을 爲
ᄒᆞ야 읻ᄭᅵᆷ에힘쓴다드라. 우리의行路는 鴨綠江右岸을泝
ᄒᆞ야上ᄒᆞ며 遠ᄭᅵ 義ᄲᅢᄂᆞᆫ 統軍亭을 바라보며 또 日俄戰
役에 初戰으로 有名ᄒᆞ든 鴨綠江戰을보ᄂᆞᆫ것 갓치고
地形을 探尋ᄒᆞ며 온다. 俄軍ᄭᅵ自己의 左翼을 旧軍
ᄲᅢ包囲을ᄒᆞᆫ事實일ᄭᅵ라. 璦河附近地ᄂᆞᆫ 平ᐧ小丘
ᄲᅢ 包囲ᄒᆞ기에ᄂᆞᆫ適合ᄒᆞ드라. 主人의 말을드ᄭᅵ現今도
旧间山谷ᄲᅢ 埋骨이 잇다ᄒᆞ드라. 日暮ᄒᆞ고밤도 깁프ᄆᆞ여 同
行勇士들도모도 足痛이난모양이다. 이ᄂᆞᆫ 淸鞋ᄭᅵ 닥이다.
柾 지 洒小ᄒᆞᆫ 胡人家ᄲᅢ 宿所를 定ᄒᆞ고 璦河邊에沐浴

하니 爽快하나 胡人의 飮食은 實로 못 먹을 것이 鷄卵 或 個만 먹고 烟氣 胡臭 中에 겨우 여지홀자니라

六月九日以来

今日붓터 東北方으로 每日 五六十里式 行進하며 山川을 보니 壞仁縣에 不及하고 一日程附近까지는 山 淸水麗하야 山에 杜鵑聲은 孤客의 懷를 無上히 或慰或悲하게 하드라 谷谷에 瀑下하며 山勢奇ㄴ하야 奇巖絶壁이多하니 昔日에 우리 民族이 此地에 雄據하엿다가 그 後孫이 不肖하므로 他族에게 被奪되믄 恨하며 一끈으로난 現今 우리 民族이 如此히 自然的 浩然한 뜻으로 活働하믈 反思하니여 勇氣가 生하야 다리도 발도 안니 압프드라 各地에 우리 民族이 移住하는 者가 만으니 대개 教育은 업드라 快當帽子라는 村에 오니 獨立團分事務所가 잇난 모양이니 無賴漢이 잇서 貧寒한 百姓을 困難이 구난 모양이라 우리 獨立事業도 이걸 보면 寒心하다 懷仁縣은 城을 두루고 더러우나 都會處러라 此地에서 有志者라는 거슬 만나니 頭上一角에 배재을 두루고 形便니 업드라 余는 落心하엿다 實로 말안니더라 되지도 못한 것드의 말소리는 엇재 그리 큰지 구가다ㄱ 머드라 處處에 胡人兵房은 果然 구데기 갓치 반타 그 画像은 實로 見而失笑 치 아닌 人니 업스러라 되지못한 거시 稱兵는 잘하드라 四億萬大国에 아마도 三億五千萬우 구데긴가 부다 참 눈니 시구려 못 보겟다 胡人의 馬車는 볼만하더 그 中에 軺車라는거슨 乘客用인데 엇지도 흔드난지 오래 반타시면 五臟腑가 裂하것스며 輛車는 馬, 驢가 七八匹 或 十餘匹 이 끌하는 거시 잇스니 여는 交通이라고 全無하므로 商業가 全用하니 十餘車 或 二十車가 連尾하야 갈 대는 본반하야 셔여 반식 되는 말채을 들고 쭈에 ㄱ하면 셔물고 가는거슬 보니 果然 太古三皇時節갓드라 同行하는 李時榮君은 大邱人니 為人니 活潑하고 勇氣잇난 好漢이라 余도 한愛之하노라 每니 余는 胡食을 못 먹으므로 게당가와, 鷄卵만 먹고 오니 몸이 맨부弱하여지며 到處에 자미라고 업슬뿐 외에 懷

仁지난 後로 山 끼꺼지 無맛하끼 胡人의 性質같도다 游君은 雜歌을 부르더 余도브르다 嶺은 數十個은넘엇다 그中에 崗山嶺은 最高山이니 嶺上에올나 北業方을 바라보니 長山矮領 이아직도 일 만지 밧고랑 같치 뵈이끼 雲霧中에 싸이메 眼力이 모자러니 同行 靑年諸는 아~져거술여아 하메 讃然嘆服하드라 無理안니라 實로 밧키도 하다 余人이足痛메적이도한 밤에 四五 處 는되미 우러가이 촌치 現수活働하는 이地帶는 우리의 祖先 기가働하든 바다 渤海扶餘女真의 諸国이 雄據하엿엇다 끝~지 우리国民 니足 佳하고 水田을 뜨나거시 가장 보기에 깃뿌드라 道路의 險惡하믄 아마 東洋에 苐一이되리니 道面에 土部은 엽고나 石이 散載하야 一步라도 行할때는 脳을을너드라 山間에 散居하는 우리人民는 實로 實心한재잇스니 그도른 大概 慶尚道나 平安道人이나 그머러 그더러운 엽뜬그 衣服은 夜间에 만니면 鬼神으로 밧것드라 그드러 脳裡에는 国家社會모도엽고단지 밥뿐 니더라 사람이라 니사람이요 同族으로 보니 韓人이드라 痛歎컨대 昔메 우리 斥族이죽이 니가 치되니 他民族의 自然的退伐을 늘하니니 우리의苦難니 꿋치잇서 約望间밤에 奉天省柳河縣 孤山子大肚子에잇난 西間島武官學校에 到着하니 南一湖君家에足宿하엿다 本武官學校는 本年 三月끼지 普通教育을 扬하엿다가 独立 宣言以後로그거은 全癈하고 軍事學을 始作하니니 매우凡事에幼弱하드라 胡人家 끼满入하엿고 新建築도하는 中이 더 니더라 學生은 内地로셔独立宣言한니 来로 日人의 壓迫을因하야 出境 한青年과 또는 西间島等地로셔来한 것 모도 二面系이될낙 말낙 하니 이 거스로 世界强国의 一이되는 日本을 저敵코자하믄 너무도小하드라 그러나 南满们에 잇난 우리 カ이 原弱하다 그러무로 此에 의더 大~的으로 하믄 不可能 이다 더구나 地方在民니 貧하므로 이에 셔 더 要求할 道理가 업다 余 보니 載 니间先到한 申英均 氏가 잇자 氏는 京城武官學校二回出身니니 為人니 軍人的軍人 니므로 우리国家에 難得之人 이드라 新来人 니우리三人 니되지 旧来教育하든人 니 自然 우러물 싈메 하야 니 그사이에 自然 學生까지도 新旧의 分 기잇스니 우러 民性 니싈

로써 犧牲되니 이러하므로 充分한 敎育도 못하고 事故에
事故를 因하야 紛波가 만흐나 南一湖氏는 오직 公平하게 事
務에 獻身하드라 嗚呼라 余가 同胞를 爲하는 一片의 私
도 업시 自己의 安寧을 不顧하며 妻子의 哀訴를 뿌리츠고
高尙한 行動을 가지고 此地에 왓드니 今日에 至하야
보니 너무도 世人은 숭숭하도다 本學校에 旧在하든
人들은 知識도 업고 心도 업스면 거긔 名譽와 主權을
(변치도 아닌 主權) 까지고 우리들 一種機械로 使用할
여한 다 自己들의 能力이 能히 余를 機用할만 하면 오르
것이나 하지만은 彼들은 軍事學도 勿論 普通學도 모르는 愚
夫요 人格도 업나니라 小人의 行動으로써 卒業生들 우리
안테 反抗하도록 추기는 일도 잇다 如此히 曖昧한 地
方, 人民을 아지못하고 余는 너무 重要視하미 余의 不遠
이다 余는 思하야 이모양으로는 都底히 最後最大한 目
的을 못 實行하리라 한다. 以上과 갓트므로 學科에 其他도
든 것시 無爲하게 日月을 보냄으로 잇다 거긔마다 馬賊의 襲來가 만다
滿洲의 賊이 部隊를 치여가지고 各都市라도 白晝에 襲來하야
여러 萬金을 奪去하며 或 人子人女를 收斂하야 山中에 雄
居하야 大金을 徵收하며 人家에들며 隊生을 揮고드바니
기친다 그 家도 小日 數十이며 大幾千이라 所謂官兵
이란 거슨 傍觀的이오 오히려 月給이 遲滯되면 銃을 가지고
盜賊이 된다 昨年夏에 孤山子 武官學校에 兩次夜間
에 襲來하야 學生, 敎師幾人을 捕去하엿다 잇던 學生은
그 賊과 格鬪하야 被傷者도잇 섯다 이러하므로 軍事敎育을
自然이 充實치못하다

孤山子에는 孤山이라고 一獨山이 잇고 그 山南斜에 우리人의
古塚이 만타 이는 必也에 高句麗朝의 遺蹟인가 하노라 田野에
서 石造한 빵이독 古器 等이 近年에는 得拾이만타 大韓年이
오數가 移入한 以來로 事蹟이 分明하니 한다 或 滿洲人들도 말
하기는 韓人이 滿洲를 固有하쟈는 者바라 한다 우리 歷史를 보아
도 이 滿洲도 本是 우리의 領土가 分明하다 漢唐以後로 漸次로
遼東滿洲를 빗끼며 現今 우리가 此地에 活動하미 우리
의 祖先이 이미 雄據하든 그 後蹟을 말부미다 枯木에 生花

하난 格이라한다 그런에 余의 疑심이 만타 이는 우에 말하낫이 너본 滿州地方에 산든 우리 扶餘族이 멸치되口 現今으로 養종받낫셧난가 鴨綠江을 넘엇나? 胡狄에 同化하엿낫口 他地方으로 移住하낫가? 우리의 歷史家의 硏究을 待하노라

　　　愛友의 死!

學校事務室에서 夏七月 10에 午飯을 畢하고 나니 午后 一時半가에 急然이 三源浦(自城山으로 七十里 되는 地니 西間島 韓族會가 잇난 곳이니)로서 나의 愛하든 李時榮君의 死去다 余는 鴨綠江을 넘은 以來로 첨 번의 哀痛이다 君은 余를 더브러서 東縣에서 부터 同苦을 今日까지하口 水余도 그 爲人을 敬愛하엿드니 今日 그 死去을 意外로 드리니 余의 마음이 오직 落心되리오 또 君이 三源浦를 감도 公務로 自己의 島南한 意見으로 간 거시다 余는 곳 行裝을 차려 發程하나 午后二時 다 脚을 加하야 수여八時에 三源浦에 當到하매 愛情의 淚로 余 哭하니 君은 十五歲 되는 兒子가 잇더라 하余는 그을 만나고 십다

夏節이 將暮하口 初秋가을 마그하다 여러 有志들은 木葉이 落하면 軍事行動이 不利하니 어서 武器을 準備하여 가지고 鴨綠江을 한 번 넘기가 所願이라 한다 余도 그러하게 생각하나 目下의 形便으로는 鴨綠江을 姑捨하고 개천도 못 넌너 것다 생각한다 그러나 玆에 武器問題가 生하야 或은 撫松으로 사러 가자 하며 或은 俄領으로 가자 한다 會議한 決果로 俄領니꼴스크로 가자 한다 委員을 定하니 余에 申英均 兩人이다 우러 두 사람은 떠나기로 行裝을 차리고 余는 武器事件 外에 俄領가면 李東輝氏을 볼 거시다 또 그外他 故鄕人이나 親戚을 만나러 한다

西間島 韓族會는 自治機關이라 有爲한 任員이 잇스니 李相龍 金東三 南一湖 諸氏는 可히 事을 相議할 만하드라 軍政署가고 中에 잇스니 總裁가 李다 그는 年今六十歲나 그러나 愚味치 안니하고 人의 長이 될 만하다 그러고는 그 外는 모도 그러니 하水 一面에 멧가 저러라

九月 中旬에 余는 申英均君으로 先發하야 水 盤石縣 朝陽縣 은지나 十餘日만에 吉林에 當到하엿다 中路에 자미잇게 旅行한다 秋中인고로 田고에 옥수수 콩이 旣熟히 엿스므로 趂火하야 구버 먹는다 山에 들으면 머루 오미자을 다 먹는다 每口五六十

里許가 반그로 別로 太平을 만니되야. 秋天에 기럭이는 그들의 故鄉으로 것ㅣ一聲에 南飛하네

　　　나라오네 ㅣㅣㅣㅣ 겨ㅣ 기럭 떼여
　　　걸ㅣㅇ오네 ㅣㅣㅣㅣ 나를 보러여
　　　겨들은 自己의 故鄉 山 川을
　　　잇지 안ㄴ코 차자 가노나아 ㅣ
　　　이몸은 겸ㅣ 멀리가네 멀리ㅣㅣ

나는 秋天은 空閑한데 겨ㅣ 기럭 떼을 보면 서호차 중 언 ㅣ 하고 ㅣ겨 반 꼿으로 돌을 화면 엄 떠 진드시 橫철ㅣ 하니면 서ㅣ 간여ㅇ ㅗ이되면 實 참하다아 ㅣ 나는 이미 妻子를 이른 것갓 다 잇찌는 만 니하니이는 것 갇다.

吉林에 당도하ㅇ아 우리 有志 드리 만는 軍政司에 간다. 軍政司 라ㅣ 가 軍隊事業하는 길 갇너 그러ㅣ사 바니 말뿐ㅣㅣ다. 朴東坤 黃土堂 諸君ㅣ 잇다. 林君은 꼭 胡人 갇드다고 言語씨 行動이그는 數十年을 胡地에 잇넌모양 이다. 吉林과 셔 李覺 崔鎭 兩君을 만난다. 幾日을 뫗地에 留하야 가 俄領으로 갈거니다. 吉林은 安東縣 만믓크나 大都會라할수읻다 各街見物을하니 山水 가妙하다 할수 잇다 松花江은 그 東溝은 흘너 哈爾賓 에 汽船이 來往하며 此 배山 連 그하ㅣ 不 高하다. 山上에 俄軍 ㅣ지은 砲臺가잇다 아마 俄日戰役에지엇걷지 西山上에 는 關雲長의 廟가잇다 크게지엇다 胡人은 아마 도 雲長의 魂그로사ㅣ 복다. 韓人料理집도잇드라.

數日間하드니 不期하고 朴容萬氏을 만낫다 氏는 米国으로 우리 지ㅣ 도르크 을 經하야 北京으로 간다 하드라 억시ㅇㅇ 事호在 北京米公使을 보라 간다드라 氏가 余가出發時에 吉林第一樓에서 午餐을 먹이ㅣ 中 国 料理水上 等은 西洋에 不下하며 余는 잗머 그씃시 同에 吉林ㅋ 뎐 쾬에서 申君은 吉林에 若在하고는 金某로 同伴하야 長春으로 向하 엿다 長春 할으빈은 日本의 勢力 內라나 韓萬 뿐 닰도 日本의 綱 른버 서가미 第一 帽階이다 그러나 밋넌거는 하나넘이 나을 保枯하 시미다 아ㅣ ㅣ余은 이에 滿洲幕을 닫고 차고잔 西伯利亞로 向하 노라. 吉林에서드ㅣ 京城으로새로 總督으로오는 齋藤實이 南大門停車場에서 俄 領老人勇士 姜　　　氏의 爆彈에 마즈나 失中되야 革帶만 傷하고 죽지안엇셔 하나 此事ㅣ 우리의 存楮이 世界에 알 볼빈한일 이만 라

八. 西伯利亞 (시베리아) 一

檀紀四千二百五十二年 1919年

檀紀四千二百五十二年 秋九月 日에 余는 西間島 軍政署에 의우
署에 依한 事務를 알아가지고 길에 이르며 가지 未에 떠난 것스
던 일에 依 林容萬氏을 作別하고는 第一行에 長春으로 갈새 夜
八時頃에 長春에 와 닜地는 日軍에 中心이오 中人의 料理家에
서 轉休하고못한 밤 行을 타고자 하나 余는 決心하고 日本 行動
오로 日本人 노릇한 나가 방은들 그 미가 무주간에가 듯 넉지로 간 나
스렌쉰 內에 日本 憲兵將校下 ㅣ 사무을 ㅣ 하나 每事는 先制
가 必要하다 가 져 日本 憲下 士을 믿고한 밤 行을 모르고 그 과 ㅣ 가
반 가 가트리 며 내기 이 車에 실다오. 大余는 그 맘다고 內宮 구을 보거
고 種類고 乘車하ㅣ 조음이나 하도 車內에 더 못 賣服하고 翌日朝
에 할 빈에 到着하 水中人 料理店에서 少休 하고 다시 海蔘威로오
하려한다. 할빈은 大都市 더 그러서 路上이 면 塵芬이 黄塵萬丈이 라하
시 며 기로다. 俄国은 戰爭以來로 財政이 太히 하며 지금 시베리에서께 했 手紙
간른 紙帑은 通用하니 內地 一円이면 三十円이나되다 스덴쉰內에
그러스도 의 像을 位碑한치 裝置하야 情報는 求하ㅣ 지 憲兵을 라ㅣ 라ㅣ 라민지
滿洲民 1 ㅓ 덕 비을지 스덴쉰 內外에 지덕이 간치 우몽거린것이 中国도
나막하다 共知ㅣ 무 어ㅣ 하나 余는 同 ㄱ 種의 関係로 나ㅓ 人 보기붓 그럽
다. 日本軍隊, 俄軍隊, 中国軍隊 等이 밝서 간다 奔走하며 市的 交通
은 馬車로 行하ㅣ 므로 清潔하ㅣ 없어 이 스덴쉰은 우리 祖先의 自秋을
後世 千萬 年로 잊지못 한 곳 시다 우리의 勇士 安重根氏가 伊藤을
쥬인 곳시 이다 나는 마음으로 感謝한 듯슨 皇天에 祝하면 ㅣ 東
車하고 東으로 간다. 떠그라서 나 ㅣ 에 駅 에 到着하엿다 二至 到着一達

實로 길기도 길다가 두록 平原이다 려두도 直線이다 스덴쉰 마 득俄
人의家屋 뿐이다 中人이라 ㅣ 는 집이어듸 잇 낭지 ㅣ 쩍 기오 ㅣ 몬ㅣ 난 거
는 中人 뿐이다. 俄人 도 文明운 하엿다 半開라 한 수 잇다 그 후 하ㅣ
더 러운 것 보면 아직 도 머럿다 쩨드루구라도政府는 옆 때 野心
만 쓰고 希臘数을 가지 ㅣ 리 国 후을 바 보는 맨 드려 도 나 그 더문에
今日에 쓱 日이란 치고 ㄴ 쿄ㅣ 으라이가지지 반 ㄴ 뒤 ㅣ 기가 聯合軍의 侵入
이 안ㅣ 고가 日本의 野心 實行 地가 아닌가 自今以後로 이 俄国을
보는 有志 ㅣ 도라. 佳国하는 者 ㅣ 이메 注意 탕 거신가 하 노니
俄国의 彼得大帝以来로 그 侵畧따그 教民主義 가수다을지으며라

542 영인본

엇지 往古歷史을 읽고 알리오고 見本니게 시라 그後은 累時로 教育하니
엇지 無事히 斗国을 能保할 理가 잇슬가二 晝夜만에 넘 뽈스크(蒲王
営)에 下車하 야 우리 先進者 李甲氏의 宅으로차자가니 李氏는 불릿已去
하고 업다 海老 旅館前 俄人旅館에 定宿하엿다 中俄兩国境에
오니가 빳그라니쓰나 야 或은 삐루라 한다 이는 国境 이라는 意味라다 이곳 여
붓터는 中国人은 旅行券이 잇서야 俄領으로 넘는다 俄人官吏
가 馬鞭으로 쳐가면 셔中人을 좃차 버린다 그 이라 몰리고 켜려 몰러
앗 만 보아도 이世界의 人種갈린지안 타 불샹하다 中人을 獨立国民
니라면 여 犬豚의 待遇을 밧는다 韓人는 그닥 지안니하다 相當
이 아는 까닥이다 余는 생각하엿다 겨 니中人 갈히 되지면 이世上에 人
으로 나지말고 山獸로 날하 미도러 여 조결타 하엿 겨뜨 靑實 中人은 갈러
졀하다 아 니 中国은 언계나! 우리나라는 獨立을 언계나! 누구머 빠
를고?

蒲王領 노메라(蒲 舍)에서 數十 里에 當하면 여 各 方面人 士을 相逢
한다 地方觀念 이모도 잇다 業道. 西道 여을 自己덜 기리 도黨派가 잇
다 아 니 이거시 大韓니는 한理由 것 안넌가? 그려 海外同胞들은 이
런 演劇을 한다 余는 三方面人 士을 보니모도 自己는 올코 他二道의 하는
는 不까 하 란다 事業에 對하 야 競爭이 면 오 되려 까한 데 이거슨 여
로 妨害하며 他人니 못 되기을 바라 니며 鼻笑하며 自己의 愚昧 하 오 惡하
물모른다 셔을 害은 妊 하마 슨 비체 하다 兩党은 合하고 一心이며 비교젹 事에 밧
다 業 党은 愚 直하다 余는 어듸까지 中立한다

우라지 오스도크 留하는 李鏞君을 만나러 간다 왓다 中領 磨刀石에 軍
人 魯을 부치자고 發起하 야 간 드니 數個處에 왓고 上海 에서 李東輝
氏의 書信과 代表一人 니보고 할빈 柳東說 氏는 안 니온다 이는 自己의
무슨 不滿 이잇스므로 안 니옷끼 다 金亨燮은 上海로 軍務次官 노릇
가 고 안 니온다 벼슬을 못 하려 하 고 일은 누가 할눈지! 이것 도 우리 同胞에
大欠点 이다 편하 고 伏놈 고한 일은 競爭하 고 冒險 하며 苦生은 실 에 한다
余는 思 한다 軍人은 軍事行動 實地에 風雨을 무릅쓰고 死 生 고 오슷
에 往來하고 조흐리라 한다

543

1920年

B. 四千二百五十三年 (庚申)

四千二百五十三年 一月 元旦은 藉王偵스와 노코스카에 俄人家에
서 休 五星期를 더러 新年을 마졋다 三千里二千萬을 爲하야 胃死
하고 出奔한 결世 新年에 이러헙게 年을 보내여 가는 큰 일이여 숨는 이
아 ㅣ 외나와의 空日虛月로 보내난가 하고 가슴이 떨리여 걱이 난다
祖國에 罪을 진는다 一月末에 秋風萬리洞으로 軍人 얼마잇스므로
敎育次로 간 다슘 村舍家에 널여 잇스니 敎育도 못하겟다

三月一日 !

有感多恨한 此日을 맛난다 쯧洞學校의 主催로 紀念式을 擧行
하고 右志의 絶痛한 演說이 多하엿다

三月十八日

우스리 地帶外水淸 치모우에 俄國共産黨과 連絡하고 軍人
召集이 되므로 구는 中晃吉 君으로 더브러 니코리스크 에서 金河錫君
을 만낫다가 우라지보스도크 에 왓다 眾 ·右志로 專業에 相議하고

三月二十一日

치모우스멘원에 下車하니 夜十時나 되엿다 鄭在褒, 張基永의
諸氏가 同伴 ㅣ다

一邊으로 外水淸聯合總會을 열고 每日 靑年入隊者等 十餘式이다
무삼 일 하는걸 갓다 그러나 日本軍은 約 一個聯隊가 치모우에 來하야 水隣

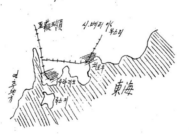

營에 잇다 日本軍은 눈
뜨그래서 每日 드러오
는 우리軍人을 본다
日本軍司令官은 海港
俄政府에 對하야 强
한 手段으로 韓人軍隊
을 헷치란 다 俄軍隊
에게 退却을 만나 며 온다 日本軍隊에 最後的通 知가 왓 다 만일
韓人軍隊을 안 ㅣ 解散하면 戰爭이라도 하리라 근니다 할일업서 俄
人은 韓人入籍者만 받고 外는 解散 시긴 다 痛哭하여 兵敎하드라
아 ㅣ 무삼 悲劇인가 俄人의 無勢力도 께 憐하며 우는 뜻 막 뜰은
개모 안이다
俄人側에 爲事者가 업다 共産黨이니 무에니 하는 人드리 모도 卒
業이나 軍事知識 잇 난 者가 안 ㅣ오 모도 學校 敎師드러다 그것

드러무덤 앞 이잇스리요 石炭礦에 잇든 大砲을 가지다 가 營 门 마
다 이오 日本 營 峽 떼 간 다 가 空中으로 砲 가을 보내 그들 뿐이며 萬一의 準備
는 少無하다

四月四日의 烈民!

팽ㅣ팽ㅣ하는 난데 업는 小銃 소리 五六放인가 하드니 쿵ㅣ쿵하고 大
砲소리 나자 曉天을 바수 난듯한 銃 砲 聲이 一時에 난다 朵 張 基
永 鄭在寬 朴君化 諸人 드러 집는 家 屋 집 엽 도 떤 에 銃 丸ㅣ까지
탕 소리와 갓치 떵 팽ㅣ하고 超彈ㅣ雨 갓다 우리는 아직 이 銃 砲 聲에는
나 깔 뿐이며 얼절 줄을 모른 다 日本ㅣ俄軍 에 對하 야 이게 戰하ㄴ 줄은 알 걸
다 아ㅣ 大事 다 우리 인 난집 까지 包圍 하지만 비 가하는 마음이 난 이 벌
덕이 러 난 다 가슴이 덜덜한다 자 셔히 드르ㄴ 銃 聲ㅣ 먼데 서 난다 귀 우리는 브
르 러ㅣ 衣 服을 입 고ㅣ 와을 버다 보ㅣ萬景이고 요하다 아 도 안ㅣ 운 더 말
도 못 짓기지 안는 다 우리는 山으로 登走하 야 林ㅣ에 수므ㅣ 좀 아울ㅣ 부음
나 銃 砲 聲은 더욱 甚하다 朵의 할 바을 모르 겟다 아ㅣ多烈民의 첫 日이
며 俄人은 만ㅣ死 傷 되엿것다 距 離가 간 차 우리 俄 軍ㅣ며 餘 存 한 우
리 軍人ㅣ避치도 못하고 別로 有力한 戰 鬪 도 못하고 捕 虜나 死 傷하 엿슬ㄹ 러ㅣ
생각 하 며 서 山을 넘어 女 家 에 드러 食事을 畢 하고 그 길 로 內 水 淸으로 向
하면 다 日本은 俄 共 産 黨 軍 隊 에 對 하 야 强 制로 武 裝을 빼 앗 고 解
散을 시기 이라 日本은 正 當 戰 鬪을 避 하 얏 흠 와 비슷 하니라
이 간치 치 모 두 軍 隊 召 集 도 끗을 마첫 다 中 領이란 村 落을 지나서 內 水 淸
大 宇 地 味 抱 水 间 에 왓 다 知 面 도 別 無 하고 탓ㅣ 섭ㅣ 하 다

四月十三日

青 枝 洞 水 淸 師 範 学 校에 到하야 그 後 山 上 에 잇 난 古 城 趾을
探 見하ㄴ 芳 今之 感을 不 勝 할 너라 이 城은 土 城 이니 渤 海 又 业 技
餘 時代 거 시며 城 上 에 古 木이ㅣ 며 幾 尺이 되 엇 다 아ㅣ 우리의 事
業 도 ㅣ 後 되 면 이 간 치 지 나 간 자 죽 뿐ㅣ 리 라 생 각 하 니 悲 ㅣ感 한 一
滴의 淚을 뿌려 古 人을 弔 하 노 라

五月十四日

山 野 에 草 木이 茂 盛 하 니 四 方 에 馬 賊이 橫 行 하 난 지 라 馬 賊은 本
來에 中 国의 特 産 物 이라 中 人은 馬 賊 하 믈 一 名 譽요 快 男 兒 며 悄 痛
女 子 漢 이라 한 다 이는 必 也 에 水 滸 誌 에 서 出 하 미ㅣ 中 国은 이 로 써 亡
하 여 가 는 一 原 因ㅣ다 目 下 에 도 水 淸 東 部 水 走 泗 地 方으로 馬 賊
約 三百이 큰 떼 을 지 나 大 宇 地 味로 行 하 므 로 이 여 大 宇 地 味의

545

青年을 中心하야 胡人討伐隊을 召集하니 人員이 三十餘名이요 余가 隊長으로 指揮하며 兵器가업고 人員도업다

五月十八日

胡賊 三百이 大宇地味业山에 到하므로 서로 交戰하야 約一時餘에 至하니 胡賊은 多數을 밋고 包圍하므로 退却하엿다 胡賊은 人家에 入하야 家屋 三十八個을 一時에 放火하니 火光이 衝天하다 夜半에 至하니 火光으로 天以赤 이라 아! 나參中의 慘이냣 天豈無心하리요! 討伐隊는 抱水洞山中에 避하엿다 그밋헤 胡賊은 後을 恐하야 逃去하얏고 그後을 따라가니 胡賊은 石炭礦에 日本軍이 作한 堡壘에 入據하자 俄人의 軍兵도 衝戰하야 包圍하야 二百餘名은 殺하니 賊이 散하얏더라 우리도 軍人의 死傷이 잇섯다

六月五日

本日은 余의 生이라 外水淸 대인채물山中에또 胡賊 五三十名이 来擾하야 近傍往年의 財産을 强集하난 報告가온지라 10시頃붓터 行軍하야 今末明에 대인채물山을 三面으로 包圍하고 攻擊하야 크로 賊徒 스서 싸에 과하니 人餘는 逃去散土하니라 今日은 余의 生이지만 去夜붓터 一睡을 못하고 食物도 未得하고 末明其터而도 下하다 그 深草中에 이슬은 頭上을지나 난데 萬金으로 못 밧구난 貴한 生命을 彈雨中에 例列다 朋友中에 말하난 者도잇다 胡賊 갓흐라 이꼴에 말난 아니 그도 可然하다만 大事을 못하는 싸에 小事도 못할가 하난 余의 本意냐 우리 民族 갓치 不祥한 거시업다 倭奴의 壓迫 俄人인데 설음 밧고 거기까가 맛 되지못한 中国胡人까지 봐서여긴 한 財産 牛馬卫까지 가져가니 엇지 痛忿치 안나리요 後日 有志들아 今日 余의 行動을 웃지말기을! 連하야 外水淸에 胡賊이 잇으므로 部下勇士을 派遣하야 討伐하며 數次에 及하야 秋節로 畜하야 되난 胡賊의 반이 라는 엇다

九月十七日

余가 海水浴을 잘못하므로 傷寒에 드러 웻기니나 臥席하 엿다 各地有志의 親切한 慰問을 밧 喫緊하오니 近來에 余 는 긜콤에 削하노라

余가 北间島로갓 间題가 보하엿다 이는 北问島에 히游

学校을 始하므로 今의 榮華를 求하까락이라

江東秋 { 草ㆍ黄金色
{ 木ㆍ盡嘉紅

{ 錦風吹不盡
{ 眞是漢陽情

述懷詞 { 萬里业走一片心
{ 胡賊横行民不安

{ 公道正義五次戰
{ 能壓異賊氣依然

九月二十八日

朱의 病은 全快치못하 엿다. 业間島로 갈 口字가 急하엿섯口에 病席을 떨
치고 張基永ㆍ金昌變ㆍ金麗河ㆍ李斗煥ㆍ朴元勳 等으로 同伴하야 珍큼海
에 木船을따라 順風 에놓을달아 獨立軍의 重任을 띤 이배는 無事히 산길치간
다. 許多한 同志를 作別하고 朱는 弱한 몸을 精神하려 굼만 日暮하자 海港
前을지나 시지미 에 到着하 엿다. 海港前洋에서 日本駆逐艦을 안껏보 적
의가 엇지 이배를 받느요 夜에 漢家에라고 시지미河口村 에 數口宿하고後來
를 待한다.

水濱

中領业間島

우라지오스톡크

東海

十月四日

우라지오스톡크에 在한 叔世가쿠의 遠行
送別하기爲하야 朱의잇난 民초편 에 來하
야 同伴諸人은 善待하고 還하신다. 傳說
을 드니 业間島 韓國軍을 日本의 秘蜜을들고
中国軍隊가 解散하라 하다. 이는 우리獨立軍에 一大重
件거다. 그러나 그獨立軍의 輕擧함도있다.

十月十三日

本日 中領을 넘엇다. 山中四里無人地帶다. 後到人의 傳言을 드니 朱等이
俄地를 出發하고 四五分쯤하야 日本將校以下八名이 隨後하 엿쓰니 山中에
서엇지 맛지 딧지 相不雷하엿다. 日軍은 東馬하엿다 하나 其狀하 다. 高山国境을넘어
中地 윗스거무 에서 宿한다.

十月十九日

傳說은 樺하니 馬賊이 日本領事館을 夜襲하고 日軍이 巨滿江을넘어 业間
島로 侵入하야 獨立軍으로도 散去하며 見下우리엇하니 只五十里以거리에侵入하
엿다. 家屋을 燒火하며 人民을 죽인다. 向方은 東하야 金城 에 자고 다시出
行하여 太平村 에서 有志의 厚待를 받고 夜行으로 土城 에간다. 太平江
을 夜渡하였다

月黑霜滿衣, 孤舟渡江客, 若提业青兒

今在風雲中

이리하엿다 一笑一歎한다. 朱永變君도 一今지엇
다. 우리는 方向을 全要하야 俄偕侶으로도 넘 거로한다. 도도 太平村
東方으로 直路을 取하노라고 黍山을 다란다. 勇氣을 倍하야 一高

547

峯에올나 携帶한 点心을먹으고 그峯은 七雄峯이라 우리가 이러 命名하고 또
山을넘으고 또 泰山을넘어가 泰山 樹海 中에서 失方하야서 彷徨하다가
山中에 露營하여 火木을말니우고 밥이 없어손 구락으로 少量식집
어 먹는다 그러 나 七雄이 一環 되야 笑談하여 水寒睡을 계 르 나니 白
霜이 滿衣드러 曉에 니러나서 議論니給니하야 或北 或南 或東 或東니向
서 各自己方向비올 한 다 엇지하나 다시 樹海을 달느다 天幸으로 兩泰山
니 小村에왓다 배곱포다 밤을싀계서곰 밥 먹자 하고 南二十里村에
日暮이왓던다 또 불이야.... 하여 밤 도 잘못 먹으더러 써 가지고 無人地
境 一百二十里 泰山 메드럽다 一胡人家 에 드러 小豚을 탈닛하여 고 胡가
十八 円을 달낫다 그 거시 盜賊 질안니한 만하게 말나 기여우 삼우 山오늘
그만코 길커도다 樹는 아이 기되여 行步을잘못하게쓰러 걸다 山中川
邊에서 또 露營하다 낫 드레온 을 想及하면 서 雨夜은 露營하니
古道가顔色에 비치운이 翌日에 人家에 겨우 와서 飢渴은 免하였다

十月二十五日

秋風을 받안곤 에 秩会革命軍本部에서 尙하고 西业城에 인노
血誠圍에가서 金淸堯. 蔡英 兩君을 만난다 여기서 金圭晃.
밋그 圍隊을 만낫다 우스거우 에서 日暮 이 온 다는 소리에 다라난
張基永 君을 만낫다 하나 君은 또 蜂蚤 통래운 지 모 살 겄다고 同志 는
죽으라고 다라 낫 더라. 張君에 對하 야 今 畜에 腰折 할 일 l만 타 고

날마다 秋金主昇氏가 같이 얘기하며여 家人은 웃거온다.

十月二十九日

니콜스크 붐꼴水室에 오니 叔母도 있고 金雄君을 맞낫엇오래간만여. 朴烔健의 消息은 무루기 吉林으로도갓던다 泉의 잘못시만 하연제 또 맞날리 泉는여시 冒險하리는 事로 海港으로가 겸다모도 맞유하나 泉는天運이가은 侥倖함 하문안다. 姜꼴木가 集内 타yy 汽車은 타고ㅡ복室에 抱束하면서 海港姜副尉家에 潛入하엿것이 日震兵所는近家다yy, 危險한 일이다. 夜宿하고 뫼翌 l 日은 十一月一띠이다 l 汽船은(獨室) 타고 金坑里海岸에 下船하니가슴이열번다 아y 過去는모도 꿈이다. 約一個月前에 某地에 某船을 타고 业间岛獨立軍으로 간 여는거시도라서 제자리에 왓엇.

十月十五日

本日은 米国에다 世界聯盟会議을 연다드니 別일이엄난 모양이다. 列强이모드러리가 부러리게된고로두 水명은듯지마난 다 社幸间家로 叔母를 가시게하야 軍事書을 모게하여다. 無事往返하십년지!

549

今日은 一九二十一年 一月一日이다 이 新年元旦에
안녕하야하도 맞天皇 일이地球 왔인지 가 변하엿어
昨年六月五日에 곰주새벽부터戰場으로生命을
써여놓고 戰爭하얏드니 今年은이게엄격진인가
新年이 미라고라 衣好食好하거니

C四千二百五十四年 (辛酉) (1921年)
一月一日 (水淸抱水洞에서)

昨夜의꿈을깨며계우心不平한눈을부비고닛어낫다 李南原이
가 今朝에떡을 待接하마고 旣約이잇스므로通信이기
을 待한이아직洗手도안이하얏더 벗家學徒가밧가테
여 마부자 ... 베루슬기를타고 ...ㅂㅂ... 日本을안이
뵈이는데 ... 그보얼 海山은山으로만는더余도無意
識으로그後을따른다 約二十步는갓스가 頭上에一響
의 銃聲이왓다 아이時는이마는 것도더 海山은이미小
丘을넘는더 銃聲이連發하며 彈丸이 前後左右
뿍地을자랑하는白雪을擊하얏 一場의 戰幕을여럿
다 海山은볼위안이 비운다 余는큰山을 橫斷하리山
面으로登하니 彈丸은余을 周飛한다 余는萬事
將次急하는思하며 여러가지로過去을 起思하
면서山下을보니 日本은안이 비인다 幸여 俄人뿐비면
避할必要는없다 彈丸中에서이오리보얏도日本인앙
다 余는여시생각하고回還하기로決心하얏 俄人은向
하 아이온다 꾸뭊다 余의問答하는演劇!

余 축어 (엇제그러느야) ... 가방버리면서웃는다
俄警官 구다허기 (어되로가오) 怒을이滿面하야
余의俄語는短小하므로 나의짐으로간다하쓴 잇 겆여
中語로말한다 余 우메드팡쓰짜이나벤 ....
(나의집이뎌러다)하면 여가누山 彼方을가르친거
俄警官도기가막커여 警官 ... 뭇도쓰마기 하고
북하드라 嗚呼라余는늘에 捕捉한봄이되얏드니
大字知味의黃錫根君의주선으로 今夜에出放하
야 細事은在心하기로그만記코하노라

終日은白雪이紛々下하야四五寸에도하려라 夜
에 十餘村으로白花을빼고올나오니 心中所懷가
잇々하여져 西伯利亞業으로오난冽風은나의心을
붓그럽게하드라 여러同志의慰問을바드리라 歈
海山은나보다도여러年間을春昔을지나쓰므로날
보다 더욱마음에 悲感이多하리라

(right margin vertical text)
朝에黨의代人이다 捉水洞으로오려하거늘수러가리두에가서러合視人이多數水洞口에서러나
千人叩擊이大字地方金쓰와다 그後에또따라日本兵이왓다가또다시共同運動히엿여
署十餘日前其리捉水洞과大字地帶民会와土地問題발生하야또大字地帶民会가三歲礦誓이療
이苦新할止않인것을모르고로쓸
見者가水日本共동로여긔라햐면
그저야다는것을알고로그쓸
로쓸 俄人警察

一月二十五日 (旧庚申十二月十七日)

昨月에 징큰으로 여塚土門村에 来하야 該村에 殺人件
事를 解決하고 今日은 赤楊村에 来하야 故鄕人 李
氏宅에 留하노라 数日前에 傳說을 드르니 日兵이 海
港에서 米國海軍大尉를 銃하엿스믈 因하야
米國은 日本에 対하야 軍大한 交捗이 잇스니 日本이 此
에 應치 안니하면 砲火의 蓋을 열는지 未測이러
라

今冬은 참 降雪도 小하거니와 寒치 안니하다 十年以来로
처음이라고 말하니 西伯利亞東端도 實로 이갓트면 우리 獨
立軍된 포토로도 자미잇게지났다 하나 甚히도 으시
미안 年가 遠山에 殘雪이잇슬쑨리오 田野에 風이
吹하면 揚沙飛塵이 大段하더 앗들에갓든 金麗河
君이 大韓国民議會에서 秦을 오라는 公文을 가지고와 더 金君을 만나니 반갑다

二月五日 (十二月二十八日)

前月에 其事件으로 京城法院에 被捉되엿든 业春叔
母主가 無事放免되야 海港으로 還来하엿다 하니
實로 余는 무시라고 말할슈 없시 깃뿌도다 日本貴
族은 共조도 私하는 없드니 잇더는 個人의 雙가지되
야 余의 사랑하는 貞和 十六日밤에 放免하엿다
云니다 日本갓치 罪惡이 만코 野蠻이 업다
無力한 女子드리 무슴 罪가 잇스니 무에는 안다
그 蠢行을 行하야 閨中婦女을 捕着하는지참
아무리 公平이 생각하야도 人道을 모르는 倭러라

二月二十日 (辛酉正月十二日)

봄이 完然하다 楳末枝에 白花가되엿다 朴宗根君
이 通信을 보니에 曰速니기 黑龍으로人하라드니라
摣銃하고 登山踏하니 鹿也 猪也 或 兔也하니
一獸를 相逢도못하고 還舎하니라 日兵二十數人
이 小宇地味俄村에 往返於大頗하니라

二月二十三日 (正月十五日)

今日은 旧正月望日이라 불근돋지에 留한지이미月餘다
主人과 멧近家老人드러 相會하야 酒幾杯을 分하여余

늘 보내니 慰寂한다.

述懷　萬里孤客雪寒野
　　　千山墨懷依酒消

又　半醉半眠日將倒
　　萬里鄕山眼前開

三月一日　水淸套楊村에서

今日은 無窮花三千里에 半萬年의 歷路를 가진 우리 게自由라하
는 人生의 最大高尙한 宣言한 第二週年이오 第三年을 끝난 날이
다 自由을 宣言하고 第三年幕을 開하면서 于今껏 獨立을 못
하기는 姑舍에라 하야 뿟고 더운 일이다 아이 獨立하자면
너무도 犧牲이 없다 너무도 全韓가 幼하다 너무도 政
治에 밝는이 빨니 實施力이 少한 圍尺이다 너무도 自擄하
는 英雄이 만타 너무도 黨派가 만타 너무도 實際方面에
努力하는 者 적고 虛名에 徬徉한 者가 만타 上海臨時
政府에 求仕가는것 보아도 알고 거기當事者드리 勢力
(虛名의勢) 다툼하는것 보아도 안 벼 그더리 軍事方面 에는金
戲을 한푼안니쓰면서 費用每月大洋銀 四千円을 用
한다는것 보아도 안다 우리靑年中에 知識잇는者들
은 모도 上海로만 간다 中俄領地에서 서로銃 끄을며
고 조밥아菩生은 안니하자한다 獨立되면 벼슬받하려한
다 우리나라에 仕官熱이 亡國헌 한條件이건만 以上
과같은 緣故를 因하야나 우리 獨立이라하는거시 無形으로 今
日까지온거시다 朿가 此地에 空留함도亦 無味하다
本村에서 學校을 新立하므로 朿는 請하므로 學校名을
秀英學院이라하야 엇고 本日그院式을 兼하야 宣言紀念
式까지하여 各有志드리 来然하야 民衆을 庸하매 現今의
不遇운 款하야 將来을 希望하니라 朿는다못 우리兄弟姊
妹의 健在를 祝하노라
三月十五日

이近日에 大風雪이 吹飛하야 火精 雪니치마곳 헤及하니 꺿
地에 十五六年間 来住하는이도 初로當하는 大雪이엇 하드라
雪에맷게시 家々 相通이 數日後에나되 며 山中獐類가

人家近處로食物에困하야下來하야水学生들도捕来하며벗山
彼山中에셔獵銃이山을울니며 金昌燮, 安永鎮兩君이日
外水淸으로◦◦을輸来하엿다 가水走江으로入去하드라
蘚春様은食味가非甘하드라그러나山中에셔그도貴味로먹것다도
青奥水海藻에셔多数로잡의며百枚에五六十戋이나좀더잇스면五十
戋에二百数을너무리라한다 內地로셔奥般드리多数로海
路로入来하야벗等海邊으로来着하야多数을買得하야回還하
드라

三月二十一日

積雪이半녹은듯하다그러나아직도人馬가단니는跡外에는못단
니다石炭礦攻圍戰에負傷된裴埈百君이近一年만에退隱하
訪来하니喜傷이相半나여君은死地에冐險하든勇士이며海港과의
毌戰以来로幾度參戰한人이드니今番負傷은君으로써一
生의不具을지녀右腕이不用되게하엿도다

上海에잇난우리臨時政府軍務部의出版으로북間島軍政署
總裁徐一君의檄告文및其路軍戰開詳報라하는거시왓기여
余은큰希望으로봇너매우心腸을断케하는痛念한語句도잇다
그러나그中에좀過度한칭린이잇는듯 何物論잇間島今番事件은余도大
概는아는거시다그詳報에曰日本軍의死者가聯隊長一人, 大隊長
二人, 將校以下一千二百五十四人, 傷者가將校以下二百餘人으
니며그軍政署軍隊는(總数가四百餘셔이다)死者一人이오傷者가
五人이오捕虜된者二人이드니다 然則이軍隊는能히四百으로敵의
聯隊(混成으로砲兵및기門이난거심)와接戰하야其百의三倍以
上을全滅시긴거시라 東西戰史에그런例가잇게는잇다그러나
이軍隊은日本軍의攻圍을만나셔逃避한거신가하엿드니
이갓치公開할만한勝을어드리라한다 余는우리民族이虛譽
분조아하며實行이엄셔不伴하는因习이잇스믈恨하는바러니
늣도赤然니다우리의前程이잇말로맛드실걷다 하여할수잇다 아니
겨一끼리쓰로레오나다쓰는六百軍으로題軍十里하야孤城
을직키다가페르쓰幾萬의軍의包圍攻擊을만나全滅하도
록惡戰하엿스므로全기리쓰民族의大忿怒을빗드기녀大團
軆분진게하야스은듯大軍을뫼아페르쓰軍을大破하고그王
레오나다쓰만部下가戰死곳에碑을셔우고섯엇스되

거리仏人 아무리는 너히를 위하야 그명 영대를.
즉 노라

하엿다 아 이 戰例와 軍政署의 절란 바 某所 오 이걸 뿐안니 自古
으로 外地에 와서 國事를 謀하는 우리의 先輩가 모도 此式으로하엿쓰
므로 今々가지 아무하는일업시 失心만하엿며 深々하게 우리 失心한거시
다 우리民族간치 事業에 鐵健업는民族은 世界에드무다 公直한性
質은 매우少하다 무어슨하는지 正直이업 虛名을 滿足하다 余는 이로써 將
來을 만니 念慮하엿 獨立 宣言以来을 더욱더하다. 上海政府라는 듯즈
로 작구 돌여가는것 보아도 알것다 또 此間島에 三十六 團躰의 獨立軍은 갈
어가지든 성거리난것 보아도 알것다 모도 大將이오 겨우두 參謀官 니오 된
거안닐거외다 가뜻 건기모으 司令官 니오 總裁오 將 校 안니 뇨兵操
典에 방字의 出處 는 모나도 무어스니 리며 他人의 말은 맞난듯 게 作定이
오 英雄은 맨 英雄이다 實로 卅 數치난년가 將 못 엇지한 方法 으로이
거슨 使用외充이 되게 할 고뵈 게 獨立보다 第一 重大한問題
로 나는 重大視한다

四月四日 (旧三月二十七日)

지나간 二日에 나는 滿春洞으로 왓다 今日은 日本年多妖의 한꿕 격물시며 및
日은 우리, 俄人의 恨니 되 며念 히아는 紀念日이다 二十餘 日前에가지 清二十年
來로 처음이라는 大雪이 곰만 녹지 今 日晨에 또 雪이 온다 하드라도 만니 오너 실다.
撤兵외오리! 俄国이 共産主義 가소波되자 聯合軍은 그 危險함을 防禦
하자고 西伯利亞에 出兵하 멸엇다 이에 共產黨이 敗走하자 此后年에 聯合
軍니 撤退 하엿다 그러나 獨 히 日本은 極東에 対한(浸)係 가 他聯合軍과
는 不然하야 同一視 하긴맛 하믈미 實을 삼고 今日까지 他国의 惡感을 사
면서 일엇다 다 만니도안 너인고 俄人을 메려가지로 壓迫하며 우리은 몸시 壓迫
하엿다. 日本의 出兵의 內意을 말하자 면俄人의 共産黨을 조 춤보다 大韓의 獨
立運動을 방害하 며라고 군目的 이다 日共이 西伯利亞에 입소면 서하는 行動은 누
아도 알걸니 그런고로 日兵의 撤退는 俄 서나 大韓人 니간회기다 리는거시다 이간치하야
今日까지오드니 近来에 거믈나 뻐스로 의 主權?, 사 훈리 像業 외 土地 ? 笑은 掌나
에녀코 撤兵하 기한 다 云 니다. 아직은 모르겄 며 仔細한 款條件은 日後에 나올
수가 잇스리라 獄 니나 만일에 日本 니이번에 撤兵안 니하 면다 시 增兵 하야
極東에 거大波 니瀾은 이르킬거시다 日本帝路軍人 側에서는 增兵을主唱도
일디 軍人도는 아 마 俄 力에 滋맛을 만 니부친 거시 니 此也에 그 가남을 하며 일

가인스러우리라하여 日本의 陸海軍當局者의 野心은年에 兩眼에 轟ㅣ 나빌인여그러
가고 軍國議의帝國은 不遠하리라日本東京에有名한雜誌第三帝國의實施가되
라라 영지만라日本人은누숨다 獨逸의野心은 辱하면 여리 東洋獨逸이라自任
한다. 이거시 不遠에 俄羅斯의 ㅁ공라이 政府 같히되리라

嗚乎在賈氏는身病으로 매우홀홀한다 홈비는모양이다 ㅁ前에왓다가 링코 海边
으로가드라 同化主唱하고 日本앞 모르단나늬되元梅는 東京에우리勇士朶
氏의手에被殺하였다 非我라 日本上下가 또눌나서 韓人은무셔허것다

四月十一日 (三月五日)

陽地에 黃花가 피고 草芽가 紅.黃두빗츠로 新春을 자랑한나 遠山北
面에 殘雪이 点々이니 마인다 喬木上에 갓치가서 巢를 진고 野ㅣ向 春雄
가自鳴이로다 洞名이滿 春洞인가 西伯利亞 봄이 외려 하 더듣게
시 더 나의 童天園에 千葉百花 가一時 咲하 엿걸다 王祥을 一木에
ㅊ回 러가 湧金 水 쯔흔 샘에누가 마시고 꽃구경 하냐가 외로운젹 ㅣ貞
은어린이 해 들 더 리고 잘 잇냐가 萬春天園에 ㅁ ㅂ을 보고 낙을하자리고
ㅁ山에 꼬고리 우는노래 故山에 꼬리가 왓난가 東園에 伐木聲을
內外地가 갓고나. 생겨더린 암 닭이 쌀 보고 색끼부르는꾸. 聲은 나의 삼
랑하는 三君 난 여 더 잇나니 나도 그 갓튼 마음을 잇건만도 國家와 疾役을 盡하
는 마음을 이기지 못하야 故 土을 바리 고 이곳에 왓노라 나의 生響에 놀
래飛去하는 알 두 새이 야 네의 마음 네가 모르 낫고 니. 富貴도不願하리 이곳
에 왓거든 너을 점 은 은 伏 侍 가 됩 끼 로 여 기 왓 다. 듯 게 변 켜 ㅣ 木童 兒 小 晨 腦
宮歌는 늘피 노래 마러라 人낫이어니누가 愿 怨 없 슨 은 야 萬 古雄 材에
李舜臣도 小人의害을보앗스며 千古英雄 나 물 레 온 도 千秋怨魂은 ㄴ 니 海
中孤島에 두엇더 絶世美人虞氏 ㅆ 哫 ㄲ 項羽 도 虞兮之歌一曲에 千
古英雄이 분명타 건 ㅅ坡下一戰에 後世英雄으로 울게 하엿 여人낫苦業
이 淸雲 간 드 니 怨業이 相半야 出山越山 에서 伐 木하는 것, 雉 ㅊ 누 무에 사
고 노래하 火 自己의 幸 福 이 이 에 잇 낫 뜻 하 더. 짜 려 에 나무 ㅁ 싣 고 가 셔 풀 녀 는 세 성 께
부르는 맙 소 느 그 童 荷 을 지 고 도 쌀 까 믄 愛 하 한 더 西 伯 利 亞 별 분 뜰 에 溫 春 넉 진
만 도 殺氣 느 더 복 심 하 다. 日前 에 ㅌ 두 라 지 오 르 도 르 에 아 러 시. 밀 려 채 의 쒜 미 노 ㅁ 에 쳐
하 ㅆ 及 亂 이 이 럿 녀 아 ㅣ 皇 天 은 심 로 無 心 하 다 富 하 ㅁ 强 하 며 要 者 늘 도 ㅁ 벼 셔 弱 弱 하 ㄱ
貪者을 만 녀 흠 는 나 上 누 가 강 치 오 녀 이 山 밋 져 나. 아 래 드 ㅁ ㅣ 미 집 져 집 셔 点 心 지 은 때 ㄷ
烟氣가 나 며 牧童 은 호 을 꾸 리 워 ㅣ 리 러 하 며 셔 自 己 집 으 로 간 여 나 도 불 너 노 릿 ㅣ ㅣ 두 못
한 거 슬 보 며 自 然 의 美 人 을 희 롱 하 며 여 ㅑ 을 거 리 山. 불 나 린 다. 이 여 의 르 가 집 은 萬 里 ㅎ 야 외 로
은 홈 아.

四月二十日

近日은 春色이 漸深하다 마츰에 드리치못진에서 姜閏模 韓一羲 兩君니 ○을차지서왓다 來한 目的은 余로 同伴코저하 ○다 김은 晚春川에 오래간만에서 맛기가 빤다 今日兩人을 同伴하야 불조둥지로와서서 將次大字地方으로가서 議事하리라 한다 日本은 西伯利亞에 增兵하야 빠시계에 兵力을 集中하엿다 米國은 英, 法에對하야 米日間戰에 中立與否를 물엇다드니 써 오늘써가 金鑛에 米人 누구의사람 俄人 하니 十年 俄權으로 採擴한다하며 매우 世上(極東의 風雲)이 將雨 果晴에 무어에 歐着인지모르겟다 余는 思하노니어차간에 世上은 紛紛하 고 米 만커시나 주大亂을 起하야 左右間에 大殺戮, 大破壞 하야 그後에 大人物이 出하여서 春中明月에 新世界를 질거한 다 아 天의 罪 水人의 罪 水

正都共州로서 胡賊約 五百名이 此地方으로 未하엿다 한다 可 憐하다우리流民이며 可憎하다 支那人 여우리는 獨立보다도 此 支那人을 金滅시기리라 胡賊 대문에 支那도 亡하니 隣国거지정 이가시다 余는 明年은 胡賊的 勇飛 러니 幸운 ?

春朝가 閑寂하니 鷄聲조차 間音이다 餘 內가이난것 갓다 流水 冬永이 얼은 도시 消溶하게 흐르드 체 마츰 데참새 소리春舞乙우이 ○동하다 幸年일때에 나는 死生니에멋던왓다간다하엿드니 쳬울시이아닌가

四月二十四日

余는 七八人一行으로 東湖에서 日幕에 가服을 탓다 春○니 지자 몸이 선니하다 비밀行動으로 東湖灣을 橫斷 하야 쌋는날 未明에 漢村에 到着하야 前路 은자니산 피며 韓人家에 드러 空腹을차닌後에 東 北方을 바라고 작구간다 ○○

數 ○○에 달멍거우學校에 到着하야 安永鎭. 全後 兩君을 맛나니 깃멋다. 다시 行하야 水起河에 잇는 韓同僚의 軍 隊에가니 매우 親切히 對接하드라. 이軍隊에서 可決이 되야드리치프진에 잇는 美国

橫의 軍隊와 統合하야 余을 司令官으로 任
하니 余는 不可避로 맡 텄다.
다시 行하야 泰山을 넘어 六七日以내 뜨러치
못진에 當到하야 此 此地의 軍隊을 統率하야
余가이에 軍隊을 맛타지나 우리 民族의 最히 可憫
한 片心 때문에 內部의 風波가 多生하야 人民이
나 他國人을 맛나웃게되라
美國橫 蕭品燦이가 當初에는 自己의 能力不足으로
軍隊을 余의게 統治을 식이나 軍隊全部가 余의게
잘 服從하믈 보고 그시기에마음을 두고 나을 도로에 排斥
하자는마음이 生하므로 여러가지로 小人手段으로 人을 困
케하나 余는 相持 치나 나므로 決局은 小人等이 一人式
散去하드라 對抗
余는 司令官이 되자곳 뜨러치 못진 村을 堅固한 防
繁縛을시으며 軍隊敎練을 一新하며 軍用에 充
케하며 一便으로 學徒隊을 組織하야 土官養
成에 盡力하니 左軍이 一新하드라

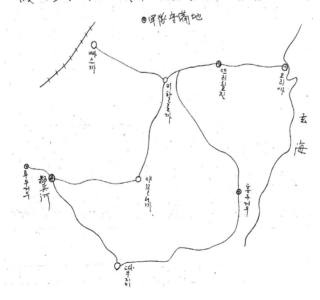

⊙軍隊守備地

五月 □

都兵河의 俄軍司令官과 聯絡이 完足하야 俄軍의 軍用品은 分用케되고 그때 아꾼리까 地方에 胡賊이 만흐므로 余는 步兵 一小隊를 (長 李學云) 아꾼리까에 守備로 내여 守眠僕을 保護하니라
今年에는 胡賊이 四方에 蜂起하므로 余가 率隊의 勇將 猛卒은 各地에 이르는 轟破하니라

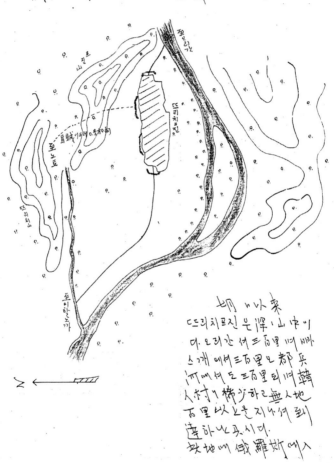

去冬 以來
따리치포진은 深山中이다. 오리강 여三百里 니쌔쓰개에서 三百里오 都兵河에서도 三百里 되니 韓人村이 稀少하고 無人地 百里以上을 지나 到達하나 포시다.
此地에 俄羅斯에入

耕作하는우리同胞가約四十戶가잇섯
다. 住民우매우良順하고獨立軍을매우歡迎하드
라. 姜國模부隊가秋豊에니日本軍의威迫
을밧고此地에맛긴秋엿스니今秋을당하니
約一個年同에四十戶에二百名의獨立軍의
食料의責任을負擔하엿스니고穀多하엿스
□可知러라
姜國模의友乱기잇서스나別事없시平定하다

九月　　　日

都兵河俄軍司令官과交涉한거다으로우은全軍
隊를다리고都兵河로가기로하야守備隊에두고
移軍하야아푸라까에와서여긔푸라게地帶隊
長을세크로터보러相面하고이때星谷海洲守
의軍政委員레우신을相面하고다시行軍하야都
兵河에到着하야高麗村에司令部을두고俄軍과
共同作戰을하며俄國에잇스므로俄軍의助力과
그指示을從하야行動하니라

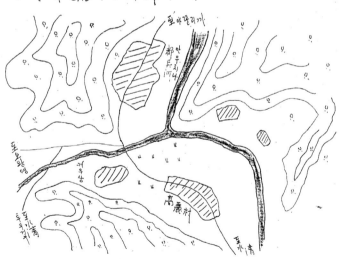

一九二一年 十月十一日以來 戰爭(赤白耳戰爭)

承이야! 血이야!?

戰半島의 自由를 爲하야 朝鮮族의 自由를 我가며 世界人類의 進步에
落伍者를 免하기를 하야 우리은 지나간 三年前에 獨立을 宣布하고 在世
人類에게 무른바가 있섯다 그러나 이 일 始作한 當日붓터 涙나 血이야 들은
勇氣바쉰나고 그效果를 아직없고 用者은더욱 用하며 効者은더욱 効하야苦
心者은 誤解者을 及 罪者, 狂者의무리가 더욱 半島보다 도中 涸国(俄)에
빈 이다 이는모든 뉘의罪인가? 오즉아 옷기 끝끝을 恐하는가 !!!!

우는 오 까지되고 에駐屯하면 다가 俄軍과 同一步 調를取할 者하야 移駐하야 都
克河(自古로軍上有善地上有先計) 에來하야 各處空地에 軍隊를 流連하야
平潭하야 등予等쉰지 않다 그러나 仮戰,被服,費用은因 不足하야 軍隊在
俄도 養이 곳 來하야 우의軍隊의 粒栗을 抱盡하고 室內로도자 副官美
我 養이 곳 來하야 우을 무릎러우은뜻 그래이 하리처苦하면다 副官은 俄交通
信을左右에쥐고 俄司令官만데데른거신 되여 水淸地에에日本軍과서로 侵入하기
及同某出戰하은거시다 우은곳 応苦하고 軍隊의 出動을 命하야 各部가一時에
奔走하야 봉사커 都겠시나 俄의 初에서取하던 未葉을맛藥하고 我水은 結 仙하얏다
其出在에 난 儀人의 行軍하여 俄軍도 同行이나 奔行에 우은 水淸地方에서
의戰業進行에 多大한 希望을 쉰치고 戰爭을 第二位에두엇섯다
수前十時에 日본군과 俱報하고 봋庶이大作하야 白雪이야쁜을가러운
野을더 러버여 白色이시비켜야을꾸며라

今日은 두두거우村에 駐軍하야
  某地守備隊을 슴하야로
아 ! 참고라 올음이 저軍樂隊
을누가 慰勞한가同胞戰友 在하
그 款은 眼前에야다 이 悌軍
의心理을 日後에 同胞에게야
여줄가하는 생각을 누르지못한
다

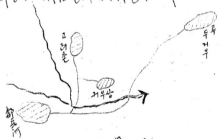

十月十四日

數日行行하야 北淸 두두거우 地方에로하야 北淸俄軍과도슴하니此地로
來駐軍隊가九個軍隊러라 봋氣은 侵骨하고 孤軍萬里에 往人으로서나
日주의 懷思을앗게하얏다 夜十時頃에 人家에 到着하야 산지 行程이 下里
에 無타 무의 大炭을 넘은것이 陰曆으로 십사인지 月色은 雪色을 띄여 半空에 놉게 하얏다

十月十七日 以後戰爭

平沙 地方에 數日駐屯하다가 白軍과 相距가 二三里 밖에 過하야 半年前 一時에 圧倒의 出現하야 攻戰에 오르다 札晴多 老巨千也 城附近에서 彼我의 斥候의 衝突이 있다. 黑星 은 藏座하고 地戶 몰르는것이 주로 軍隊는 城에 들고 여긔 東明을 가려고 各니 黃林 前面을 보니 俄赤軍이 본 山이에 辟하고 白軍은 都左右로 包圍하야 進退 한다. 軍은 黃 함을 보고 도러히 交戰을 正当하못 할짜고 昨年과같이 退却한다. 新千의 水 戰은 此處彼處에 이러나 가 全部가 退却하는 中이다. 噫噫 新覺白千戰 場에서 주의 一步만 謀하였으면 多數의 軍士를 失覺거니나 주의川澗 眼界를 全命을 잔 보았다.

平沙주 新橋에 戰 거진 包圍를 当하였다가 가 軍隊가 빠진다다. 抵口에 軍隊가 死境에 오르도록 戰團하이가 地已로 軍은 沿邊冊谷地에 戰爭이 起하므로 俄赤軍과 協力하기 為하야 艮水를 바리고 都足河로 넘었다. 軍隊는 金光澤 李涵 三特校가 ~~~~ 本 가 連副官이 躍 指揮 하게 되다.

白軍의 都足河 撤收戰

주가 都足河에 넘어 온 二日만 에 白軍은 萬難을 무릎쓰고 都足河(빠르게냐 戰 된 辱攻하자 晨頃 붓터 都足河 거 귀에서 大混戰이 났하였다. 그러나 우리는 都足河을 襲하기로 作定이라 로 一畧戰 치는이는다. 巢山中에 雪 中露宿은 寶로 二三朝식 지나기 밧빼니라. 一朝 빼 俄쪽이나며는 다 人生으로는 이말 한 難 團은 아바 萬幸으로 되기였다도 여긔무거다. 미하인로가. 주구 앞가 糸地을 巢山으로 넘고 넘어서 깨커 谷地 들어서 이밤 楊唐子에 드었다. 본地에서 軍備團이 對한 軍人과 武装을 收拾하여서 주은 俄軍과 別하고 羅扶違로 드러 가기로하다 본 서 白軍은 하바름쓰고 市가世을 占領하야 우리는 都底하 볼므로 가까이 가를였다. 이때은 아바 도 十二朝 初旬이나 되였스니라.

俄兵隊을 가도를 封에 全部 가 白軍에 降伏간 였다. 大隊長이 本몇 白軍과 內応 했거시드라. 주은 羅扶違 에서 俄軍 敷批 號를 슬라 밧다시 軍馬를 整頓하였다. 羅扶違에서도 數十里 氷上에로니 가니라 봄 谷에 軍馬을 두고 暫 時 過 冬하게 뵈다 리다.

봄 谷을 길날가, 다이재 茅의 夏河을 川邊에 본 活하는 곳 何오 山戰을 잔 가서 사라가는 곳이니 어 맘 히 없는 늘이 맑으는 山 谷이다.

新談笑語가 手소건으로다. 戰爭勞役에 一笑 하였도라 다. 이로 # 第 지못하노라.

봄 谷에 넘어러 支那人을 義子를 定하고 있는 李進士라고 와서 軍隊 에 강냉이 二三 俵 떠 써을 義捐하였다.

561

D.四二五五年 (1922年)

(시베리아記)

一月 元日

지나간 先期붓터 여러 번 戰爭에 \<우리〉의 軍隊는
人馬을 整頓하라 新年을 羅扶遺에서 맛는다.
羅扶遺을 一次을 놀나러 라 한다 이만에 約三百餘里가 되
며 夏间에 交通이 깁흔 곳까지 잇스니깐 도, 水百里 되므로 道
路가 업고 通來가 업스니 或 木船으로 荒險을 무릅쓰고 上
江하미 잇스나 冬에 一次도 잇스나 마 마 하 다. 矢不에 繼
水하면 짜 리(썰매) 로 단 니나 萬里長洛이 므로 잘못
가르면 雪中에 糞虫한 다.
하 ㅣ 엇지하야 우리 軍陽을 나다 라 바 갈은 潜山絶谷에 맛난 가 수 풀 흐 다시, 이
갈은 苦寒이 업스리라 한 다 이로 筆記 치못 하 라 어느 土 어느 畵家가 주은 더라
왜 쇄 이게를 쓰게 그릴가
雪로지은 數万幕, 어름으로지은 步哨 곳! 尾로 溫垫地에서 사온 사 람은
그모양을 想像치못하리라 여近 地은 人類은 稀少하고 만저 다 여러 집 낙깨
가 수 돏을 더 라 或水遷에 或은 山间에서 隻數은 잡어먹으면 아 그러나 수
甚独立年 나 브 들 만 그 모든 山 谷으로 排布하고잇 다.
\<우리〉는 胡客 나 다 숨쉬기를 못 매 다 우은 도적 같지 한 山谷에 이슬수잇스
므로 軍際을 나 라 거름도 封에 旧모 年 하 얏 나 俄 군 俄 年 將校 열었고
軍隊는 나 나 同一步調로 이 만 市을 攻擊하기로 하 얏 더.

이 만 夜 襲!

一月末頃 이 갓치 이 만 市에 軍備 団 军人 이 白年 안 테 四五十名이 殺
害을 當한 고 報難로! 이 만 市을 奪取 하 얏 스 나 쏘 가 이 므로자 라 여도로
와 커 우 谷으로 逃却 하 얏 다 此 戰爭에 나는 가장 彈丸雨下中에셔 軍隊을
指揮 하 얏 다 于今 來 여러 번 戰爭中에 第一로 盛弹 集 束에 잇 엇 스
나 左右前後 人 ㅣ 多備 하 나 散弹 은 구의 모一枝 도 봇 던 더럭 다. 韓
俄 两年 人 은 荒險은 만 하 나 나 두을 바 지 目向 写髏 을 나은 마 친 弹丸
은 못 지엇 다 하 고 무엇 다 — 都 是奪取戰 은 今番 必로 하 얏 다.
그 後 와 커 우 谷을 余地에 白年 나 하 며 바 품 스 로 에 敵 世 하 며 海 港
나 무 市 을 바 라 더 近 都하 운 다 라 우리을 轉戰 하 앗 다.
우은 라 岩에 드러 러 모 던 에 둔 엇 스 베 四月 경에 黎元河에 還 军
하 얏 다. —

시나갓. 矢初에 各地에 轉戰하여야 七個月 만에 此 백지산의 中心地로 드러올 것이다 그간에 弟의 心裡苦痛이 많엇다 이로 말할 수도 없다. 누가 弟와 靜閒히 있을 때에 이야기를 하려 변할 것이다.

五月十五日 月曜日

近來에 余 및 余의 軍隊는 沿海洲 都兵河(안우치나)에서 先頭의 惡戰苦鬪하든 歲月은 목느르라고 滿面한다 그러나 將來의 企圖는 余의 企圖대로 되기를 바란다.

이 世界는 如何間에 變할 것이다 前日에 歐洲大戰亂은 結局 無勝負가 되엿다 그래서 그 勝負는 未來에 내줄 것이다 그때에는 요롬때 뿐 안이라 그 主動地가 極東이 되리라 그때에는 우리는 必要 以上의 必死의 努力을 要할 것이다

日本은 아직도 꿈을 깨지 안니엿다 極東聯合國이 成立되고야 黃人種이 生存하리라 弟는 日本民族에 對하야 絶叫한다 極東의 滅亡? 興起가 日本의 自覺의 如何에 잇다고

同部 西山上에서 杜鵑이가 初鳴한다 弟가 四年에 첫번 西間島로 入來할 제 高山嘉峰에 杜鵑이가 울어서 弟의 客懷를 鼓橫하든 생각이. 그때가 갓가운가

日本軍隊는 撤隊를 畢하엿고

露國吉官이 弟의 企圖에 對하야 多大한 助力을 하것다 한다

五月二十一日

水淸로에 金品受, 金志澤, 畫또되는 三名에 吹가 來意을 무른다라 水리 가려하니라

五月二十八日

春眠不覺曉, 處々聞啼鳥

우리에게 閑, 閑한다이 이같이 閑居하는 우가 民族에 對하야 罪을 지음가라 昨夕의 音淚을 들앗다 活動할 時가 는다 山野에 跋陟을 痛恨하다 가자! 저! 岸까지?

每日日陽하니 吠러、枯脇鮮 실로 少恨되다

犬夫応取萬古名, 豈了碎々伏櫪駒
風雲未霽雪紛々, 定得男子畫士程

이 詩는 우가 臺南陸軍幼年學校에 在學時에 리은게시가 少때서쓴느라 古懷을 未비가다

六月七日 　　　都兵河을 대반다

우은 遊來의 雄來을 在圖하고 秋豊、鍾秋 地帶로 軍隊을 率하고 出發한다 日本軍、向우을 中斷하라한다 天의 祐을 바라가 此夜에 두두우 에 宿營하다

　　　中斷、忍渡河의 勇士의 譚

六月八日 の事을 晝夜兼行하야 深山의 露宿 此山中에 捕鹿으로 軍曰 西軍 鐵路을 橫斷하야 日本軍、向우을 橫斷하야 느 豆江에 驕 少年의 軍身越江으로 渡江하야 비 軍의 步哨을 煙封而眠하드라

秋豊에 到着하니 美國樣의 軍隊 共産軍隊의 衝突로 困難가 우가 都辰히 企圖을 못펴엇더라 우은 事가 不如意을보고 스가 憤으로 秋에 入來하야 軍事教鍊譯에 着手하니 비 우의 빠지산戰을 終了하엿다

　　　日本軍의 徹退

多年間 西伯利에 以다가 犧牲다하야 我軍에 困難을 밧든 日本 은 徹兵하니 惜々하다

十月三十一日 (九月十二日)

近來에 軍事學書을 出版刊行하야 俤는 옛 靑年으로 新興洞 에 居을 기업한지 분 四月이차 것다 우리가 居하는 高地에 海흑을하라면 大海가 뵈이고 그안에 湖水가잇다 每日 바라 보기만하드니 午後에 나는 그湖을 가보기로 條定하고 나왓다 과 얗 그가 지 美한 湖水는반다

나 平水 甚新에 故步함만하다
來信을 接하니 上海에서 尹海가 暗殺을 考하야 死在傾刻이
라하니 본더 死한지도 모르겟다 尹君은 俄領書에 改名으로는 何
爲한人인데 何故로써 밧이되는지는모르 實로는 上海도 危地로
다 아바 大事을 成功하기 前에다 죽고 멧치이니 哀惜가
하노라
우리民族은實로 要擧하다 안도못하 더서 써 함만하니 事
不成이오 얏셔너는 內外人을 勿論하고信用만일
나때다 다라 將次 雄立하고라 면 다시 武斷政治을
써써하리가 그러나 好不好間에 우리民族의 目下
의程度의 所致인가하노라

十一月三十九日

近來에 書類出版하기為하야 金坑里에 移當한다
친다 의韓人共産黨會議로마사지 얏고 西伯利亞에
잇는 韓人軍隊도 全部再裝을 解除하게되엿다
池青天이海三威에 到着하엿다가 上海国民戈會로갓
다 오것다고 通信이잇다 池君은 實로 오래간만에 文字라
도 밧게되엿다
凉浦軍에 贈稿
三春相別이 얏스커늘 悤悤東天涯自流
朝長思君不見. 無심上下 秋楊柳

十二月六日
大風이분다 浦口이出발하는지

吾人의 愛!
人人에 愛하얏戒도로잇다 그愛을 以 그人의 所欲 대로 他物에
맥기우며얏시는다 그즉기為하야서는 自辯까지도 액끼지안는거시다
国을 愛하며 父母을 愛하며 友을 愛하며 兄을 愛하며 弟을 愛하
며 子을 愛하며 妻을 愛하며 妾을 愛하며 金錢을 愛하며 名譽을 愛
하며我의心에 合理한者을 愛하며 善한者을 愛하는 모든 愛中에 오직
一人에權을 愛하나니라
나의 愛는 神聖하며 都底히 他의 構求이나 金錢으로 삿수업는 愛일
다 나의 愛을 밧는 者는 幸일다 福일다 死한 後에도 밧 치난젓시이 愛
의 善物일다 他人을 부러워하다 그의 愛을 보고! 커 1 집쿤 海中에 오

한 고묘(高妙)함이 今日 大風에 부러저 오나의 愛는 더 굳이 大壁갈이 더욱 怒波가 生한다

그 海上에 반뜻불갈이 반짝거리는데 浪波는 大風을 못이기여 더리고
다시 뒤여 보기에도 쉰 듯 하루군이 날것갓다 그러나 오직 이나의 愛는
火소니러지 자 호사오드는 状흥치 잇다 夏天에 特次 暴下하사는 黑屋
덩어것다 아, 이사람을 밧는者는者이다 滿足이다

四二五六年 (1923年)
(시비리아記)
一月一日

天賦의 自由을 차자 無窮花 三千里의 扶保民을 安樂하기 爲하여
그 責任을 지고 온지 본내 芳로독 初은 잡앗가 歲月은 우리에 對하야
도 無私하게 간다 우리로 것침 없시 등보다 그 事業은 實노 天에
對하야 붓고럽다 너무도 幼稚하다 自由을 차난 事業家로서 너
무로 小兒갓다 말이 이로 고흘이 少하다

그러나 우리 는 前進하자. 저 祖國의 자주 독더러나.

水淸金坑里에서 芳五年 元日을 심심하게 迎接한다 新羅는
風波가 만것 갓지 大風이 吹하야 天地가 큰 戰국 가씻 것이다
同志 姜시며 와 談話로 써 送別 迎新하엿다

小鏈芳独立團에서 交通으로 來하며 張基永君 배치에 로서
來到하야 家事을 物니하든 上逆잇이로소 크 滅戰욱자 셔 자셔
히 그 內幕을 分明이앗 잇다

金主見喜로 通淸이 잇다 모두 将来의事에 對하얏 그 好感이
씨

李容鍋 氷하 되앗다 나은 近에 上海派 人닷과 相逢이씨
고 그러나 내가 上海派에 든거는 决고안이다 나은 그 兩者을
爲뜻할 것뿐이다 어느派에 對夯。셔도 나은 몯 나, 그뿐
거시다.

一月

여러 同志들과 나 은 海開催되는 國民代表会議에 參席하
려고 만히 勸하여 나도갈이 行裝을 收拾하여가지고 張基永 余
돔鎬 맷ㄱ 友러同伴하야 馬車로 金坑里를 떠나 치모우 에到着하야
다음 麗河가 있드라 一夜를 지나 이곳에서 汽車를 타고 우료로 駅에 來
하이가 또 一夜를 지나고 翌日에 나코르스크 市에 爲하야 具金義道 代
의家을차지니 民이 이미 日本軍隊에감 되어 져 있으믈 것고 그 주 南戎이 시
다 狀况에서 錢이 甲하면서 여러 同志을 만났다 上 海로 國民
代表会議에가는 사람 되는다 나도가기로 決定이 되였네
上海派에서나를 舉하야 代表会議에서써 옳은으로 (軍人側으로)
推舉하는 모양이다 나은 그러써 興에 全然 無関인게딸에 나는 거사이
로 갈에하다

一月 b에 金奎昱 張基永 들 두을 떠났다 그러나 小 後紡에 사이 아기
使狗닌봐 나는 佪迢 하고 屋張 大은 次다 歲 며에 ㅁ슴 淸潔
로써 나은 다퇴하였ㅇ 그러부로 나은 여긔나기로마초 失決
로하였다

上海에 朝鮮人의 代表스러믠 된 日本은 鉄隊各地에 使狗人
満在한 時에 우는 큰 冒險이로왔다

國民代表会에가는 우의 目的은 但시 内外地의 連動者을 以
期会에 만나보자함에 있다   그밖에 이것으로스 흥에
내身에 効果을크게 내려하는 안ㄱ 생각한다

九. 上海國民代表會議

四千餘年의 長久한 歷史를 가지고 往日에 南滿洲 北滿洲 沿沿洲에 大雄
飛하든 民族으로 一時에 不幸히 日本놈에 印을 맞하 잇다가 四年前에 獨立宣言한
以來에 不統一의 程度로 目縣이 被害가 多하야 써에 國民代表會議
를 이작한 根本精神이엇다

슬포다그러나 그 根本精神이 徒勞上에 무슨 한 益이잇는가 (此等기
利益도업고 만거시다)

予는 1923年二時에 晉卯를 띄나 梅빗든 行하이스빠라서나이 各驛
을 넘어 長長 中東鉄路을 타고 哈爾賔市에 到着하엿다 全히 日本勢力
線을 지난 中人旅館에 一夜을 가내고 翌日에는 더욱 冒險이나 長春驛
에 到着하야 大膽히 나의 特長인 日本人의 行世로 日本人 旅館長春
舘에 드럿다 마유이 이옹긴い 가지 못 予을 나의 運命을 무엇보다 밋으므로
紫筆의 氣向이 며 氣向 에 나가 日本千葉縣中國星 로하엿다 이옷은
나가 驛옷學校에 이옷때에 잔 사람까닥이다 그 다음에 奉天驛에 到着하야
다 한日人노듯으로 以 썩이 욘늘뉘어 汽車을 쌌에 奉天
旅館에 没届하엿다 오래간 난에 日本다 며 우에 붕을 더지니 感想이
이 삼하다 그러나 나 上海에 무치의 國民代表會議 사인을 今地号
에 나 日本人을 그들을 멷나 고 난海로 가는 人을 찾자고 그 러나 勢거이아
겨하가 못 수업다 순진한 日本 東京서 방보으로 가 나 대이야 日本人을 찾
을 거선님성 나 음 은 거시다 —— 長春奉天에 서 日本旅館에서
나은 日女의 手으로 래 간 반 에 食車을 마엇다 이삿에서 旅館下人을
보내여 車票을 사논 큰 車가 댁은 館 向 하이 馬車을 큰이 1歌에 나 1下
人이 붕여기가 된다 車가 떠나 기까지 下人을 쉬이 놋 큰 쓴 때 업사
이 애가 로 日本 巡査 이늘을 넘려라 떠나다

二月十七日

晨에 天津市에 到着하엿 가 天津이 처음이 그 다 써밧 이우로 집을 쫏나 여 人力車가
나을 끈고 내레로 도라단 나다가 겨우 佛人租界內 佛照樓에 到着하 잇 돔
을 쉬기 되엿다 좀 마음이 비인다

몇 時을 몸을 쉬고 나시 上慳行의 汽車을 타고 써 나오나 異域의 城落의 寬情
의 懷을 놓숫이 一般이다 午后二時 頃에 發車하더니 비 땅은 붓서 어우
溫和하다 車内에서 中國人을 쌋내의 橫說로 불쑛하야 마읕 리 내엿다

二月十八日

黃河을 지나 次 南京에다 ㅇ르니 雨下하고 靑한 麥田을 보니 緣竹이村〉
에 싸홈리민다

夜에 楊子江을 건너 南京에 到着하야 旅館에 暫間 休息하얏다 此處에
서 또 一英語 演士이엇다

二月十九日

午前 九時에 上海에 到着하야 여러 知己의 友을 만났다 次 國民代
表會을 圍圍로 朝鮮人의 政治界을 보드엇다

1923　十. 西伯利亞 二 1923年

四.五六. 氣九月　月에 上船호야 西端人의 汽船을 타고 아시 西伯利
亞 브라지보스토크港에 到着하얏 마침 로붓 到 西伯利亞 第二次 기근
飢에 入하야 一月餘에 간 대 보다도 만이 赤色 赤 具 가아다 韓人은
의슬… 다 李東輝 (上海派 共産의 首領으로 過激戰의 巨首) 金奎
煬 (伊希其難度의 가장 辱을 받이 떠난者) 水淸慶(錫) 薺 等의 諸人
의 出迎을 맛은 다 新韓村에 가 宿所를 定하고 얼마간 잇게 되면 다
秋間을 海港에서 消耗하얏다. 每日 海辺에 散步 또 海
水浴을 하고 秋末에 나로스크市 金容浩家에 來하야 面
하얏다.

上海로에 來한 國民委員 一團은 從地 共産委員 一流을 서로
容치못하여서 修, 等의 設 計도못하고 暗謁도나 슬플으내엿으니
彼를 敎호로 不追하고 니市에 滯在하얏스나
失問에 數次 海港에 下去하야 義白式을지우다가 返하얏.

安武 氏가 生同 島로 出張하얏다 本木 薫 根氏도 且 同島로出
張하엿다.

武懷을니는 獨立軍人들이라 失節을듬하야 此 地에슨 人갈이
彷徨하을 突 를 見不認 見 나니 우리의 事水次 나 하에간다
人心은 獨立이 抱意을하나 精神上이나 物 質로은 춤기들이
례한다.

부근에 니 柱을 焱 視한다 그人 物까지도 얿슨 秋한
다
박은 超 越 敎니있다.

四二五七年 1924년

一月一日

春조은 바그다드로 市 아드는 라한스가 아니 春조은 家에서 庚庚에 方뿐 곰을 午前 七時 二十分에 깨엿다. 아니 쌘、하다. 主、益 皆 일다. 못써 春조 내가 病城 온 뒤 난 지가 大 十餘 여 初日은 이곳 에서 마 젓다. 胸中 에 온 개가 가득하야 무시라고 쓸지 모르겟다. 아니 못 悲心感 뻗내가 이 설、한 마음은 어디다 붓칠가

一月一日曲

나의 一身도 喪心 하거니와 나의 집을 喪心 하다
우리 社을 도 喪心 하고 獨立 運動도 喪心 하다
일호도 喪心 하고 民族도 喪心 로 다 따가 측
자 하 에도 喪心 하다

春조은 悲가고 度은지나 梁 觀으로 넘어간다
數日前 에 獨立軍 사 스라 도라가을 며 르마 당질가 누거을 보앗다 모양이 宝로悲
劇이드나 春조은 想像 한 獨立軍! 이란 歌을지엇다

想像 한 方立軍! 銃을버는것?!

1. 여름모자 쓰고 서울 저런 것을 뒤에
2. 韓半島 의 결백한 鐵路을 벌려 하려고 옛 빛을 보엿드
   山
3. 西山 에지는 해는 실、도하다
   너의고향 이곳서면 수里 悉여

맛 빠진 메커터에 간 발 하 려서
별 니덜 라만 나는 우리 獨立軍
사람
韓清 한 사 들은 코 우 늑하떠
부모나 차자가셔 보려느냐

넝쳐로신 너의 文世 이곳 잇스면
엇드 어하려요
너의 모양 보려

今이 泗洲 멧 地方 有志가 國民 老贤 烽을 徹班 하기爲하야 感軍을 設하고 請하엿스므로 나는 出席하야 夜深까지 逑取樂 하엿다. 軍鄕 에서 設 人의 演說 이잇섯고 나는 過去 의 無宝地 及 獨立運動을 攻 하며 十五의 慶費을 當言 하얏다

叔新 안테 편지을 보낸다
지금은 시베리아 의 銀 世界 이다 못시도 침다 그라나 春조은 比旺的 便柔 니
오날 히 日을 보낸다

一月 六日

國民委員 語君으로 더부러 秋風 四社에 단이며 大 歡迎을 받것
다 連日 酒肉 歌로 長日長夜을 놀내가 몸이몹시 困하다
대잔채 社에갓을 時에 蓬坪 北家에 가서 知面하게되다
秋風 俄籍老社에서 國民委員會을 매우 後援한줄을 間이
多하드라 聲天의 今番行에 原곳青年의 有爲者을 만나 知面하
엿다

一月 十五日

本日에 第一回 國民委員 會議을 開幕 한다는데 北牛其他
地方에서 未到하므로 延期 된거시다 聲天은 臨時하야 브라디보도로
港에가서 參席하니라
모르다바에게 흐르스키民은 因病 休職하엿고 레비民은 精病에
辛苦한다

獨逸과 共產處이 敗을 당하고 民主黨에 有力하다
日本 東京에서 그皇帝가 出行하는거을 社会處人이 射擊하얏고
그곳 不幸이고 皇은 不中하고 그組聲逃人
는곳 逮捕하얏다

一月 十七日

大邱에서 丁NN의 著信이 來하므로 매우 반가웝고 또 周
養로 빗가 나는 NN을 사랑한다
近日에 日本 東京東部以東에 大地震나다시 잇스므로 그損害
가 太 甚하다 云니, 自然의 戰伐을 받하는 日本島을 廣心하다

二月 二十日

非常에 挫折되는 레비民과 死는바다 아, 偉大誕人數에 高하는
레비도 써나니 移此 업도다 레비는 決로 自己의心하는 바을 그期限
內에도 良好한決果을롯엇도는거라한다

二月 二十四日

만라디오 속기港에서 開하자 우리의 第一回 國民委員會은 二月 NN로
延期 되다

니코라스크市의夏面 (1924年夏)

아! 無味하니市의여름! 本性本來가華命似러니無否渭하는
빼진산革命보다도 더욱가빠다하은나의 仝夏의 標語이다
市內에 高麗領事館 가있다 그곳에서모와늘거도하며 (公)園에 散步하며
흐리운江에서水浴이나

그外에北京上海그他各地에서오는通信을볼때되며반거시唯一한
幸福이다

앗지하았우리는그中에도 나는日々히 寂寞에빠지는가 아!明도
흐미히 寂寞에一秒一分씩 빠진다

1924年九月三十日 水

赤兵의獨立軍慘殺한事件

本年九月 ㅇ에秋豊재라거우에서赤軍騎兵一隊가 자피거우
山中에있는우리獨立軍三十一名을銃殺한事件의突발하자一
般우리民族의譜望이바누너이나 그理由도엇고단지主義上
過去의同苦上, 뇌日歎憤으로 12미아泚泚에俄們은獨冠狂
쫓가드럿다그만 게못하겄다 더욱이나그被殺한多數은에미
빼지산兵으로革命한 苦楚를미西們制西에쥐맛본그苦이드리다
이것이俄們의本蕊를나온거시라고은볼수업다 泚泚에무슨語
가?! 그被殺者에다드러브려數千河山中에서苦生한青年들은
나온平俄們의같은兄弟單이있다고토하겄다 俄們에있는우리同志
人의社會가너무도複雜하니것!

寒心한우리獨立運動者의近情!

1924年十月十三日 月曜日

秋來니... 를 ... 의 氣가 나 井邊에 氷을 보며 ... 몰이 ... 다
... 은 브러받나야 所 ... 을 二室에 ... 지 四五日이나 되다 室은크고 또
... 한 好室이다 從, ... 에 나와 ... 別 人이다 하면 ... 의
... 다 나는 누사기에 ... 를 ... 小說을 ... 다 그 主人公되는 ...
王... 에 對한 少數 ... 를 배울거시 만다

在界의消息 1. 中國의 內亂이 漸大하야 ... 派 ... 한 張作霖
의 戰爭. 또 江蘇(吳佩孚派) 浙江의 戰爭이 잇스니 아직은 그 勝
負을 모르겟다   2. 中東鐵道을 ... 正式은 赤俄의 ... 下에서
엿스므로 赤俄의 勢가 ... 에 ... 하엿다   그런데 이中國의 內
亂의後推者가 ... 니 日米日日 同俄의 三者가 ... 보다 그러므로 神
經이 敏한 政客은 ... 極東에서 第二回의 世界大戰이 난다
고 ... 言하니 或 ... 즐머리... 지

近來에 ... 우리獨立運動에 有志의 近情을 記하엿다가 ... 의 ...
... 가 ... 米國의 通으로 有名하는 ... 豪萬은 日米 總統 蔣의 ...
한다 ... 朝鮮의 內地에 ... 한 事實이 ... 으로 ... 으로 ... 터 日狗로 認定
한다 ... 의 行動을 모르것다 매우 疑心한 놈이엇다
... 東, ... 國 ... 는 中人... 가 ... 하야 ... 朴은 ...
... 이에 對하야 ... 을 二派로 ... 칠事... 하다가 不
... 되면다 心也에 ... 日米니 張作霖을니 이기거나 ... 이러니 ...

1924年 十月 ... 日 ...

秋來 ... 가 分明하야 ... 이 雨니 ... 洞을 몸 溫 ... 한 ... 氣이다 ...
金昌淑君이 同參 ... 을 革新하고저 ... 敎... 競 著 ... 읽엇스나
... 運動의 一般狀況을 드르니 ... 心한거시 ... 가 ... 經濟 ... 을 不
... 에 主 ... 가 日 我의 手中에 ... 라하는 ... 고하다 心也에 ... 이
... 면 韓人은 破敎하기가하다 ... 우리 革命的 ... 運을 ... 進하는지 ...
지

中國內戰   上海 ... 戰에 ... 이 勝利하고 直 ... 은 馮玉祥 ...
... 으로 曹 ... 을 避하고 ... 吳佩孚 ... 에 聽儐 이며 北京을 馮軍의 ...
... 가 ... 하나 아직 內容의 眞狀을 모르것다 그러나 ... 派 ... 運動이다

威義가 近接: 中軍鐵路로 威海에로나 率로 威軍이 江境이 大
諸하야 市街을 過日 張의 有利을 讚道한가 모를거는 政的의 意態
이다 呀지 가까지 何尾을 便嚷과 生者을 비로 殺戮하는 威軍이 이거슬 慞
近가야! 明日은 누구를 더브러 海近인가 아깐어나
東軍이그고 援立軍報告. 相干 에 재머거야 에서 또 이렇에 援立軍 에
다니던 書軍 宣교하면다

          1924年 十月 十日 月

日本은 中國 內亂에 馮의 移의 亚威을 倦에 驚動 되야 임데까지 中
立이가드니 內閣決議로 第十七 師團에서 第十 師團에서 등 中에
一師團을 天津. 秦皇島. 山海關 等 雨에 出動하기로하엿드라
英國 現中 進艦隊가 딴다 島에 達中 泰다은 可權能 通 信"이고
米國 船도 등千이 中國 沿岸에 急率宣"이다
佛國 도 소비트 威國을 政 誤한아니 무노라 佛側이 赤
化에 近한민가 威側이 불노아지 國을 諒 解하민가

          十月 二十 에   土

日本 制浿凤 이 좌고 糯 威 가야 게 무리 도가 中國 內亂을
믈이 落成 馮의 反行과 張의 흥爰 과 藜의 長 吸 으로 더나
上의 笈展 이 안 되이나 初 段落을 畢延 등하다 아마도 제國을
이스나 露骨的으로매우조심하난 리다
威에서 諸浿道 國 境에 놈千의 輔 옷하나 보다 드느지 ?

          十二月 三十 에 月

鲜 替 權君이 回北京. 來하여다시 ○○○으로 繼하엿 엇는데그
通信이 없음을 나은 매우 싸이란다. 우리의 만은모든시 먼치
아 아고 이따 이맨 하니 이일은 엇 드지 민가
나 1 로 無意味 하니 이世 上을 한해두해 로머 저 드리게 되는
將矣은 무엇 브다 다일을 아 안다 정말 싵 은 이오 는 중 2오 직 나도
華船 의 목이 먄나 等것 다 내가 이 西 伯利亞 東 端에 잇는거시
오들몱가 他 康로 가 는 거 시 옳 가

1925年

나의 目的이란 革命뿐 必要한 外에는 個人 倫理上에 그
純實한 그들에 걸리지말고 기운나은 世界에 大言한다
이 世上에서 얌전 사람 이란거시 무어신가 自己의 거름거리로
함부로 못걸는 者니라

或은 男女의 關係로 말하자 男女가 서로 交際한다 논다
은가 깊으은 뜻이오기로 人類社會에 무슨 偉人이 誠
은 할 要 行이 되난가 그런히 이만 論하上에은그다지
誠에 까지 떠을 必要가 없을거시다 이는모드 하소리지어니
은그물에 숙人이 걸이쉬 그러하미다 모드우수을 일키
없 解放한가 人類의 解放이 이것 이아닌가 人類을 써의에서
차한이 人類을 써의에서 解放.하

　　　　　一月十三日

昨日도저고혼잣의마음도쓸 하며 咯虛實에と韓 鬚權의溢
僊에 인지하여 이다지도 없난지 答 하난다 康城 으로書信을 쓰였
다

　　　　變하ロット는나의마음

내가 去年 1923 年秋에 쓰양 영 써있다 본서 一年半 기되다
그동안 軍人俱樂部의事業에 對하야은 幾多의 일은 하얏스나 壹
나은 閒遊 하얏다 그 閒遊 한 까닭에 나의마음은 너무 굿 하면
못익기여져자 마음이 變하여 가는거는 나는 알엇다 배내기 變하
얏슴가 革命 精神上에 잘 못이 만코 安 逸을 엇으자 함이다 이에
는 내가 罪을 짓난거시다 覺 悟한 革命者가 이럴수없다 罪
天은 아직도 머린거시다 徹底치못한거시다 내가 맘인에不
徹底할것같으면 最初의決心이 水泡에 歸한거시다 나
은다시 決心하며 마음을 채질하지

　　　　　　　五月五日

昨日米國에 인난 날가 義 것에 團結을 보닛다 옥 이近日日米에關係
는가 日俄에關係온지을 드러기 쉬도돗又 늦뜻하지고 하겠다 一
日俄을 去俄을 즈렁 하얏다 近日에는 米國으더라시 音俄을 憲說가 닷음
日俄을 俄에 배기近 着하다 보 日俄間이 聯盟맺겠다 —— 日俄交拮

65

三月一日

아가운 日月을 外地에서 虛費한 뎀이다 ─ 昔年에 엇느떼에 韓
半島 之族으로써 自由의 旗下에서 萬歲를 부르게 안가!
한울 두손! 긔해 두세! 가기을 간다 ㅎ면은 우리의 事業은 家
登 未聞이다 ─ 英雄을 將先하고 事業을 逢ㅣ라ㅎ니 꼭 우리은 두르셰로
ㅐㅣ로다 ─ 西伯利 天地에 稽屑이 近ㅁ에 一層 더하여 아직도 ㅡ
雪이 ㅇㅣ읏 ─ 近日에 매우 자미잇다 質目도잇ㅣㅐ �잇고 花
金에 花一核도잇다 ─ㄹ니나한ㅡ 還을 不人에 庁蔚城으로 周還지
ㅐㄴㅏㄹ은 君은 室內에 間 即하ㅣㄴㅏ 水夜에 H 상市 佔울節에게
서ㅁㄴㅣ ㅡ 運動의 紀念式을 行하ㅕ ㅣ 不勝欣喜러ㅣ

三月十一日 水.

今日에 貞은 海港에 서ㅣ 를ㅓ 連絡船을 타고 本國으로 向하
얷다 ─ 서로 惜ㅣ ㅣ龍 感懷은 被此이 同一이겟다 ─
나은 이ㅏㅁ으로 花带를 ㅣ回还하엿다

三月十四日 土

北間島 東興학校 師務에 잇스ㅣ떼 光 普天團車 亚日報의 主
催로 海外 同胞戰 ㅣ同念의 物品價格. 約九十四ㅣ를
가지고서 ─ 君ㅣ을庄感鶴君이 今日中償으로 行하엿ㅣ
庄飛은 方番에 凤人 動店에 大金 하엿다

三月十一日 日

貞이 떠나ㅅ지가 ㅣ ─ 멧 째 가되나 毛上 점은 ㅕ되 가지간지지 못ㅣ이나
過하ㅣ ㅅ ㅎ나지 今ㅁ점 雄基에서 汽船을 타는시 아직도 못탄ㅅ지
가가나 잘갓느면 莘也ㅣ ㅏ 와 ㅣ 日和狗의 搜索이나 안나ㅎ나는지
모르겟다 ─ 나은 貞을 곳아이들다가ㄹ고ㄴ다ㄹ고ㅣㅣ것다ㅣ고 읺다

三月 廿五日 木

近日에ㅣ나은 毛이시에ㅣ지 못하다 ─ 貞의 到着與否ㅣ몰ㄹ나셔
떼우 궁ㅣ하ㅐ다 ─ 나은 近日에 배로을 爆笑을 배운다 ─ 그로ㅐ
用診을본다 ─ 잠으로나은 無意味하게 논다 ─
中国은 그떼로 濤ㅣ潮ㅣ連하ㅣ이이ㄹ나온다 ─ 昙個军ㅣ後院
하ㄴ은 ㄷ듣ㅣ 떼 ㅣㅂ本 投政府은 近ㆍ無 力한ㅣ이 가는 ㅼ

이다— 積雪이 쌓기 消盡하였다 그러나 下層이 近 ○○
이었다 아마 存城을 여러가 荒弊가 ○ 焿하였것다

四月 ○日 水

비氣가 배우 暖하여 雪이 거진 녹엇다 그러나 道路는 難行으로
○難으로 못∧질다— 宣이 香港에서 보낸 ○지가 왔다 못시 애처러운 말로 ○하고 그나
이었시다 나는 ○信에 誠心을 다하여 後慮하것다 또 드러오
라고 ○告을 보냇지 宣을 家로 돎은 이七年間에 없고 나의 ○外라
○ 蕃○○에 더욱 哀惜하였다 그같은 내가 ○後에 後로 감독하
나은 民族을 爲하야서 死力을 썻스나 家을 ○하야 ○ ○ ○ 妻○○
○로 不顧하였다 그러므로 ○○에 ○을 來訪○○에 ○하였다 그
러나 ○지 兩企을 求하였나는 ○ ○은 우리民族事業 ○ ○○가 없스니
○○을 다려다가 ○○나 ○하며 바드며 지나여 보것다— 나은 아무때
도 ○에 對하야 反對을 못할것이— 나은 今番까지 ○에 ○을 敬愛하다
나○○○ ○더욱이 ○情하보리라

四月 八日 水

○○으로 春暖일운을 맛건다 存城에서 ○이 壽宴 소다—
○이 이것으니 배우 ○○이다 宣이는 存城을 起る○에 義州—
○○—奉天—長春—哈爾濱—○지라쏘야○—나의 ○○—
○○○—海路로 묵거우—○○—元山으로 存城에 ○
○○ ○ ○形상을 그렷것다—

四月 十○日

○○ 이못하고 ○○ 豊慶하다 ○○에 一友가 來訪하
야 ○談에 ○○나 ○의 ○○에 ○戰에 及하여 서로 ○ ○○
○을 ○○○○가가 自由○ 事故에 맘을이어 가○○시 우리 ○氏가
○○天地에 大波瀾을 企圖라고 왓다가 失敗을 함은 우리 韓○
○○로 進○에 千載의 遺憾으로 好機을 失하였스믈 ○○
○○가 ○然 그러다 ○○○○ 가○가○ ○ 이가 ○○의 導
火線을 ○○ 乾坤一擲은 雄圖을 가지고 ○거을 等時 그○

局에 職人으로써는 能히 그 任務를 辭하는 人物이 없는때 車室이었다
日本 普通選擧法이 通過되인다 한사 橫領에 日本 官憲은 爲何한
...일 日本 民衆을 辜하겠은가 決코 日本을 이 善導하는 端을
...의 韓半島이 解放運動...

四月七日 金

... 主人의 慰安을 받고 昨出한
... 盧ㅇ範氏의 來訪
하드라

五月四日

... 車室을 되었다 그리고 ... 가무ㅈ...
午前午後에 나는 花園을 지었다 ... 趣味이었다 朴敏權의 ...
市立에 ... 尼市 停車場을 지내때
... 春愛에 자고갔다 春園에 ...
... 우리 아무 소일이 없다 ...
도 花園을 지냈지 ...

五月十日 日 暮雨暮風이頻ㅣ醫하

... 雲이 走去 奔來한다 ... 川際은 가자으멧
萋萋靑草人稀 ... 들었다 ... 居室 앞에 섰는 범荘에
나물 캐러 온 ㅣ 어린 아이들 무에ㄹ
... 草이 間을 두진다

今日에 擧히만 래 花을 初見하다

五月十七日

從雨年 晴이다 柳大鎭 나가 胞帷에 來到하야으
菩信을 ... 우리ㅣ에 回答을 ...

581

눈이 무르녹아 나무 끝이 綠을 돌치* 뜨다

中國 共俄의 勢力再홈이 하동에 있으며 内地에서는 天大金水가 되어 機械의 餘殺이 있으나는 示威行動으로 서세우一時우 示威이 떠도는모양이다 ——

民政黨에서는우에 元帥을수壽에 大統領으로 擇擧 되었다
英佛은 世界平和을 圖謀하나 協約을지어가지고 本을 배격하야 利코하는 모양이다 土耳其은 軍費擴張이 實行한다 —— 日本東京에 新俄의 大使가 來 X 났다

精神上의捕虜?!

사람은 精神上의捕虜 되는것에 하나 이것을 X 만 하면 精神
上의 慰安인가 하느라 —— 이 規定에 넘어서면 決心지못하야 그때
은 이捕虜을 다시 잊치 못 X 거시다 —— 金의捕虜 義의捕
虜 金戰의捕虜 大慾의捕虜 모든거시 모두이를을 東縛이
있기되는거시 X다 모러면이捕虜를 못하면 빼우어려울거시X다
古今에 偉人X가 이것을 빼앗는가 이것을 빼앗으면 精神X 態가
어느 程道에 잇고? 아마 偉 量한人物이되고아니 —— X 거시다 ——

五月廿七日 가

連日春雨가 나노른 田畓에 農業가 매우잘 아들 X 모양기에다
木X 菜蔬 次 김과花다 X X 잘으면 豊年兆가 X 났하다다
米國이 大船隊의 本部을 日本으로 하여금 海洋을 許치 아니
다 —— 日本 戰意는 매우 不親을 X X 가 하다 —— 그러나
X 군 我들間 다시 X 握手하一 小 X 다 ——

俄中의關係가 매우 暗雲에 싸인다 問題은 中東鐵路線 때믄
은 X 다 同戰까지을 모르것 X 내 매우 危 X 하다 그런데 將來
에도 이 中東線問題가 中俄日三國間에 決고 X 거
서 안니고 軍事와 交通과 商業 X 로 매우 極東의陸火
山인가 한다 —— 그런데 가라한大使은 中東線은 X
俄 와 같이 推成을 回復하자고 매우 힘쓴다 —— 云 니나니
이와 같은 紛州가 날까 걱정 X 된다 ——

獨逸에 한다면 히틀將軍이 大統領에選擧 되므로 멧*國
은 祝賀을 姑捨하고 매우 X 심에 한다

六月十七日　水

人生의 ～ 和應 ～ 五殼이라 ～ 年 ～ 天地가 ～ 生 ～ ──
～ 年 ～ 同 ～ 野水散步 ～ 였다.
그래서 나 는 國際主義 ～ 內容을 가 ～ 어 되었다 ── 領的이 ～ 運搬
～ 지금으로 ～ 노라.

～ 國土 ～ 世 ～ 에 ～ 書 ～ 에서 勞動者 ～ 들 ～ 참 ～ ～
모양이다 아 아버 ～ 身 ～ 点 이 ～ 기러기 ～ 더러지 ～ 며 다 ──

六月二二日　月

오 ～ 는 ～ ～ 丁街 에는 맨 못지가 붉다 ～ 더기
도매우 덥다 ── 나는 몸으로 寂寞하게 이 尼寺 ～ 바 ～ 나 ～ 아 街에
～ 이 ～ 自由를 革命者가 國軍 ～ 逃避 ～ 아 ～ 域에 ～ ～
을 맛 ～ 사람같이 不幸 한 者 ～ 없스니라 ～ ～ 본 ～ 日本 東京에
～ ～ ～ 作氣이다 心理로 肉體 ～ ～ 아 ～ ～ 先
～ 잇 ～ ～ !! 古人이나 後人이나 누가 이것을 알 ～ 잠 ～
～ ～ 한 가 19　都庭히 ～ 누가 ～ 참 ～ 한 사 ～ 없스 ～ 리가
～ 에서 靈魂 ～ 그 사 ～ 시 ～ 때 ～ 엇스리라 ──! 人生이 ～ 인
에 나 같이 하 ～ 면 이 宇宙의 眞理 을 슬거웁게 ～ 하겠다 ──

～ 五日　～

本國으로 ～ 書 ～ 長女 智理 ～ 次女 智慧 ～ 汝 ～ 가 ～
搬 ～ 어 ～ 이 ～ 香港 ～ 到着 ～ 다 우 ～ 로 ～ 의 에 ～ 나고 三
～ 의 명 ～ 우 ～ 에 刺 激 ～ 그 ～ 하 ～ ～ ～ 모지로 ～ 것다
그 아들 ～ 中을 王 ～ 고 ～ 앗 ～ 가 ～ 보 ～ 다　汝을 못을 앗 ～ 도
또 ～ 父가 ～ ～ 하 次 ── 場의 戶를 못 ～
～ ～ ～ ～ 도 ～ 없다　 이제 은 나는 家庭의 ～ 되 ～ 었다 ──

九月二十八日　月

秋色 秋氣 秋 心이 一到 時 에 天地 ～ 寂 ～ ～ 上은 家庭을
～ 以 家的 生活 을 하 ～ 느라 ──
智理 智慧 ～ 韓人學校 ～ 入學하고 智蘭 ～ 은 俄人學校 에 入
學 ～ 엇다 ──
～ 은 近來 에 어지 도 마음을 바 ～ 고 平 穩 生活 을 하니 實은 ～ 아 ～ 다

金光澤 金有慶 君이 레닌그라드로 留學가 출발되어 이르크스크市에 書信이 왓다 나는 君等의 健在을 바라노라

十月一日 木 晴시나씨때

쓸 l 한 찬 바람이 宍쌍이 西伯利亞의 特産 찰이분다 뿌옷 l 한 구름이 떠서 찬바람에 이리저리 불니는거시 더욱 애쓸 l 한 마음 品이안니는수가없게한다

아 l 過去 七年前에 獨立運動에 數万名의 靑年이 捨身 l에 끌녀지바 드니 今年 今秋졈을 제各끼 자리을 잡고언지 나안는지 나은 今秋을 別로 헙지안니고 家庭生活을 하나 우리멧 l 同志은 今年 今人으로 l는 者가 만흐니 어느 民族을 勿論하고 革命當時에 l러한 시때 우러드런가시러것이 自己 가잇것다 여他 例를 가더 볼 l 는 다

十月十三日 火

野林에 丹楓이 물근 l 누릇 l 하다 李瑄玉君니 水淸으로 幸到하얏다 水淸諸友의 安否을 드럿다

近一來에 日本니 內地로된 社會主流의 代表가 來到하여서 高麗支會質 組織의 �運動이 逆境에 絶望하야 그 內幕에는 싸움으로 若干軍屋하는 中이다

秋이때 愛가 나리 太陽벗 데에 따뜻이적우가자마는 l옵데

十一月二日 月

秋日이여긔 그다지冷하지안니하다 나는今冬을 北市에서 지내기로 準備이다

近日 中國形便니 볼만하다 吳佩孚激가 連戰連勝하야 張作霖을 圍로 l을 l 는 中國 中心이 모도 吳 l에 傾向하는 中한다 別일이 없은때 無意味한 아투쓰로 l 은 보게된거은 朝鮮人政界이 것다 小局小人 l l 湄小濤으로 朝鮮 革命 大事業이라는 시주령이깜 넘듯한 감 씨 l情하노

나는 朝鮮人社會가이러만 줄은 꿈도 못꾸엇다 l大人난배로 慶地을 삼상하고 事業에 進就 l生에 l 만은 l가 있었난 朝鮮人 니 빽뜻하면 永遠의 辱을 世界歷史上에 멧 줄의 l 그라 記念하고 안거시라 撃天가 獨立運動은 始作할때 歐風에 엄하기은 우러는 至多이얏 故 石上에 붓은 砂金 l 라고 하얏다

그리하고 나중에 구滿足한 讚言을 聽言하엿다 近頃에는 그外에 金은 料 石에 간고보니 金갓이만 거고 윷 쇠가 아 보지의 親切이 나 낫ㅅㅆ 모르지 다 갈고보면 그속 에 頃 金이나온가? 可憎로이 안이요잇 ㄴ시 놋쇠이면 우리는 모도죽 어버릴ㅎㅏ니라

十月六日　金

近日은참으로 우리우의 家率은 平安過라나 冬日우은 靑門은두리다 가 體結相詩形 錄言 으ㅅㅆ다 日本 陸軍 中央幼年学校 心陸 年士官学校의 多来이年이다 全혀 憤慨言샵言수郑으로나 不平滿ㅅ한 詩句 이다 이제生각하여보아도 몸싸리친다 우리의 大 은 罵 日本軍隊 生活의 所因하ㅣ다 우의 精神의 歷 固참ㅏ 地他 모든 美 ㅆ은 모도이나 末滴学う 되거시ㄱ ㄴ 詩曲을 마ㅅ 시다

昨日에 韓馨權,崔俊衡 両氏가 来ㅏㅆ다 우리의 慣来에 対ㅏ 相議하엿다 그러나 百無一策은 우리의 年命男가 寒心ㄱ 닌것뿐ㅣ다

十一月十三日　金

田野에 殘雪이 殘在하ㄹ이ㄷ 新이 加ㄴ ㅣ에 失節이 空안하다 우, 近日에 無為ㅏ 告ㅎ다 達ㅣㄴ하ㅣ 않ㅣㄴ것이가 누구더러 이약하ㄱ 그外에 또나우마음이不平한거ㅣ 家住ㅣ다 七年間에 에멋바쓰 自 安나팀자라엿도ㄱ오려려 單獨生活하ㅣ가ㄷ 른든엤ㄷ 이것이 어여서누 처의 安樂ㅏ 家産되ㅏ는 듯엤ㄷ 엇더 거읏 어매 로우라임ㄷ 性品上에다ㅏ도 貞더우ㄹ 不合ㅎ거시다 ㅣ글 차재ㅣㄴ 나은 小廈人 이ㄴ우 더윽 틸비롤까악에 大陰이ㄴ 그다지 아지몰ㅎ는윴으로 안니며ㄷ

十一月十五日　日

閑寂ㅏ 秋来에 感을 쓰者이 依然하ㅏ 人心에 兄妹王振ㅣ高서 信에 썼다 내 後에 왓음으로 友援의書을 받넌것갓다 저음였 시다 何하면 우은 모이잇섯ㄴ니 早卒하엿거ㅣ 니ㅆ 그리지 後에쯧옛지못하엿다 無二한 나의 兄妹의 健康ㅏ 勉学 은가 간다 나는 兄妹가 엄마아에 튼스럽게자갓싯제는ㄹ 給ㅁ

585

明年夏期放學에는 꼭 오라 하여서 는다간—

十一月二十三日 月

閒寂한 나의 家中에서 나는 이러한 後로 草金 대불은즉은 房內를 정리 갓
가다 엿다.

意外에 金 默田이 來訪하엿다 여르 時局과 天道敎에 對하야는 交談
하엿다.

東洋의 風雲은 中國을 中心으로 大波, 風이 起하는 며 蘇俄는 廣東政
府나 馬主 祥을 公然이 武器供給한다 中國은 自今으로 書北다
좃다르게 内訌이 連續가 된다.

朝鮮内로서 共産派 幹部가 組織이 되면다 그러나 俄領 비있는 沒各은 大
多數가 反對하 는 中心 제그 烏之雌雄은 누가만 나요
京鄉에 오는 家族 主 振니는데 평지을 보멋다

十二月一日 火

零下 極寒이라 주 비 室内에 花草 두리분만 다 게 잔자라다
더러는 꽃이 피고 두이는 니메매 가 여난근 武은 끗 방울이며 햇다
주 이것으로 바라볼 때 이 時間을 보내노니
中來鐵路線에있는 金華植一派水華物軍을組織하고
進 는 日에 이런 旧人 等운좃가는 니 잇 있으니 郭興思 潮水日
솟엇더고 라 그우른 国우른国 무운府라고 대답 三一運
動나 來를 兒戲가 半나 上에이우리이인이 엿지 實心치안커늘
三国誌演義을 今日에 다시 比国次讀塔다오라 三国誌元 实
로 中国이 日大勢스이데 를 그린거시라 方 番은 離가 統一라것은
지 分牒하것스니 今 時가 에 뒤는 序로 中国의 統一은 不可거늘
다 三国誌을 본 때에 다 中国의 女日形便이 寒心하여보인
다 三国時代에는 到3强의 侵慾이 跖엇기 今日은 그럿이 만
니나 다 列强의 野慾에 欲止不能이다

十二月二日 水

昨日雨이 止치안니며 汎国嵐이 되멋나 나은 室内에 서뱡아갓다하며
서得타운 생心하다가 社稷伺 赴郎의山水음 小谷하는 것을 이르커여速히

가서 몸비을 憩졌다 聲天園의 聲天閣이며 東山上의 雲深臺는 나종에
붓자랑과 옛드리고外에 湧金水의 藥水 며池에는 金魚 며그石橋는
實로나의사랑하는거시라

余가반일에 日後나도成功
하야京城에 드리가 씨니
園을 치리라

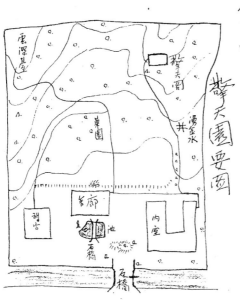

聲天園要圖

십二月五日　　土

오늘은外出도안니하고 睡山으로 橫榴를 消日하였다 實庚
가嚴寒의 完然하니 海港 武官學校 美쯘水 만들레서의
지가잇다 나은씃 李에 工夫를(俄語)하여보고라한대 연지하는
지計畫하이나에서지
崔睡山이 今日 對話間에 独立運動에 対하야 意見이 매우다
르다三두間는 더기안에비바셔 現块一時를잇으며 彼々运
動을 不能에뵛것다 云이하니 予는 매우 意味잇게듯는同時에 설
이들으다? 勢는 所炔인지!

予는 早曉間에 한 決心을낫 ㅓ한수嗚다 園圍의 事
情의 必要를 因하야 셔그도 何인고?

独立運動이 世界大勢와 나自然이 沈着하에지나 그러나 一方에對

思潮의 勃興이 独立運動을 大意味로변된가만하자면 革命運動
으로드러간 그러므로外 観은平 静에잇으나 内 容은지나간 1919年
三一 運動当時以上의 一 組織的으로드러간다 破壊하고을 考하
고 建設로간다 그러므로 晬山의 言과같이 三三年까지現 狀대로
가면 独立運動이 不能이라하는 誤解로만다

그러나 우리는 組織時代에準備을하여야할것다 後日에 大權飛>
할 技能을더기르자 한다
이에対하여야할決心을要한다— 中 間補助決心이것다

            十二月八日 火
自眠以来의 自 責이 足 條두나 사이엇다 蒼 天 는이西伯利亜
의 積需은 빗분지라 이미 七 年이 將 盡하고 八 年은마 즉 러한다고
사의心神의 苦痛을 밧아지만 心 神의 鍛 錬으로 밧앗노라 그런데 革命家
이라는 名儀로한일이 적다 적은것도 그만두고 進 이하지못하고 以日来
에 새 年明年으로 送 旧迎 新하여 막가운 日과月은 보내나 実을 즉지못하야
生긴갓다 나는 一日二十四 時 間동안에 자거나 또무슨일에 마음을 밋게
두기 外에는 드는이가슴이 뜩끔 ~ 하 나 朝 鮮의 独立運動이 엇졔되나 엇
졔맛츠 혼가 하고 몬시 苦痛이 된다 나는 아무때 에도 不 安 心 神 経 常 態에
잇다 煩 腦이여 그러하나 以 몸이健康하여못지는가 한다

        宇宙의 造物主 는나의게 革命의 思想만주고 權은 주지만
        난가 權은 自己로 準備하라 이것지 ?

이것이 나의 近来의 標 語이것다

            十二月十二月 土
残 雲 残 月 晨 에 이러 것 다 東 窓 으로 더 月 光 一 條 가 우의 寢 基
에 빗인다
三 国 志 에 趣 味 를 못 더 고 條 晤 을 보던 다 今 에 도 劉 玄 德 이 三 顧 孔 明 하
던 意 을 읽 그 떠 치 明 의 未 及 也 盧 에 그 分 天 下 三 分 에 두 가 지 에 의 奇 話
에 敗 败 가 몰 나 요 吾 人 의 無 款 云 ☒ 붓 그 러 이 앗 얼 떠 치 明 의 爲 人 을
부 러 워 하 노 라 ,
数 日 来 로 冠 幕 된 支 那 内 乱 는 張 休 霸 ☒ 日 本 逃 走 로 一 段 落 은 지 엇
으 니 自 此 로 또 한 불 안 한 거 서 다.

即景

雜城都에 閉隱하니
冬日도 遲々하다
책상 우에 半開한 꽃
더러지고 더러피엿도다
窓外에서 힌 雪上을 바라보니
참새 떼가 안젓는 마른가지
찬 바람에 흔들녀
危殆하게 뵈이는구나
王孫은 何處在 한지
홀로하여 孤寂漠々 거만데
西像에 해가지니
明日에는 그 무엇신지
저문이 땅 떵이에 보는
赤이나 白이나 띄는다
비기좋은 未완 언제나
나의마음 대로 쉬여볼가

十二月十四日 月

東窓에 뜨든 해가 花草의 입々은 多情스러히 빛인다 나는 그 앞에서
閑々 하이 안 젓서 日記를 쓰노라
나의 생각은 近々에 더욱 支那形便을 따라 煩月問하기은 마지못하는것슴
하고 漢々 하는 섬々하다

十二月十五日   火

今朝으로 반サ 日이 데인 嚴令내다 張作霖내가 마시 日本의 援
助을엇어 春末에 還 來하엿다 흐니가 不可測은 支那의 今日
形便인가 하노라
康澤中部에 깃빛 紛擾을 때에 扶餘民族의 革命運動을 寂
々未聞이다 그런데 海外에 만여에 잇는 扶餘族은 그散布은
아직도 두수 업은 한듯가 나 本實에 드러가면 엇려지못하른實로
섭々하다 ──

589

抹傺民族散敷圖

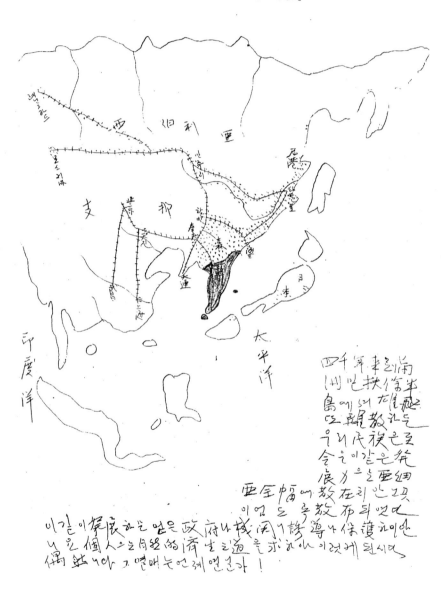

西伯利亞

支那

印度洋

太平洋

四千年來로 滿
州와 扶傺半
島에서 雄飛
도 하고 競敎하든
우리 民族은로
슴을 이갓튼 發
展가으로 亞細
亞全幅에 散在하얏고짓
이얏든 우 敎布 되얏다
이길이 發展하든 맨은 政府나 機閣이 誘導나 保護지미란
니은 個人으로의 自發的濟生을 道를 求치나 이럿케 되시다
偶然나다 그맨매는면에 엿흔가!

十二月十七日　水　(十一月一日)

氣候도 조코 太陽은 사랑스러히 빛인다. 그러나 물이 깁다 바닥
치 떠서 비이 파色이 完然하다. 水觀 腰山諸氏水 集会라며,
中國 騷乱에 對하야 相議 하야가 혼하얏다.

十二月十九日　土

中國騷乱은 저 서히 得罪되엿되水메우곳 낫다.
中東鉄路線沿沿地에서 朝鮮人의 軍事的行動을 計画가
는 모양이나 大段치 아니며 別로 奇異로 行動을 안 낫다한다.

十二月二十二日　火

昨今 両日이 座失에 도로히 비멋다. 旧暦으로 至節이며 自古
로 무슨 緣으로 來 즉흐며인지 모르것다. 나도 戦友을 請하야
아낫라밧 즉흐먹은 가.

十月二十三日　水

日氣은 매우 衣 차하다. 그러걱러 이날도 보낸다. 나는 또今 遠가
에 무엇으로 가느지로 것다. 事業으로 가는지 病는山 으가
는 苦痛으로 가는지 平明으로 가느지 絶望으로가느지 希望으로
로가는지 도모지모르것다.

十二月二十四日　金

近日에나는 面上에 부스럼이 낫다 크지는가 으나 不便로하다 苦끔파
가앗다 終休學에오는거시 다.
韓水觀이 請書하水 奬枳을 논다가 갓다.
南風이 분다 그러나 穴業을 더욱 심하야
나을 家事도라며가 업으며 圖書도 뜨르리 다 口괴타? 좋을던지!!

十月二十六日　土

去春初에 레나 注 睇으로 鐘 을 못가는 李昊儀先人에 生日에
無事히 周还하얏대 다. 朝辰ᅵ나러로 二편지을 썻다. 朝鮮 女들에 對하야 水物水不足한것은
筆하야서 죽엇다. 모르지? 엇더케 받것인지

十二月 十七日　日

人生도이며 三四○이 나를 것 떨이다 父母를 주시게는 閑寂無事

太平한 氣나엇 나 明年을 따行할 런지

十二月 十九日　火

非日猶屋에 生……

…社會…不平으로事業의不平을……人生의不平을보면

……無識味하는 생각하며 그反面으로이中間이果然自身

인지 不自然인지 그것을 나도알수가 업다 人生이라는거시 自己의 爲인데나

강전치 못더라 갓가시인지 그도 모르것다 사람의 良心이라함이 事實인가

그것도모르것다 良心이 잇으면 그는 自己의爲 益과及 對로가는거시나 良心이

잇으면 自己의 有形無形의 利 益을보 수가 업다 그러므로 世間에 所謂

道德家라는 사람은 良心이 豊富한者이니 그사람은 말 러가면 良心衆

에 걸인서 …다 元來에 사람은 甘은 甘하다하며 辛은 辛하다하나 喜怒

哀樂을 喜怒哀樂이라하는거시 可하며 理에 合하니 唯物者이면 自己의利

益을 …다 다 갓흐도 可하며 理에 合되 홈이것다 마음에잇느나 마음 良心뜯에

서威을 體面에 끈 여서는거는 勿論不可理란거시것다 도덕질하는거는

무엇인가 良心이면가 良心일가 그도良心이라할거시다 强한者가 弱한者

의 所有物을 도격질한다더야 4 빼앗다함이 强者의 力의行동 …더 理에 잇은 事實

이라 할거시다

주의 心理은 이�??이되 밧 어느거시 合理인지 不合理인지 모르고 苦痛을 가지고

多恨의 한末에말 한찻 二天으로 永別 러진 그 다시 못볼 날 이 1925年을 보낸다

2도 모르지 1925年을 내가 빠 ??는지 내가 가난지 그러나 다시 못볼 1925年 내 1925年

도나을 다시 못 볼거시다 그러니 兩者가 서로 가난거시다 그리하 1925年으로 1926

年 또그마음 또 그 다 음 하고 그年 ‥無盡 來 하나오 적 나온 有盡의 生命을

가지 그의 多恨의마 을 내 보 노라—

아! 이 人生은 오직 無窮恨에 나 오나 有限의 恨에 서 나오라가

도 ??도 러 히 이 恨 진 은 번지 못한 거시다

나은 이러게 喝琢하고 哭辱을 보내노라

아! 그 恨 은 싸 ㄹ노라 하며 오히려 樂 일다

多恨과 喜趣은 없어 안시진다더라—

그도 閑情寂 ?? 가 안나?지

1925年 末日이다 十二月三十一日 木 多恨 多憾이다

金鵬有가 金基鉉을 生하고 基鉉이 金奎濬을 生하고 奎濬이 金鼎禹을 生하고 鼎禹가 金薛天을 生하고 薛天이 金秀八이를 生하니라
金鵬有의 上代는 家譜가 없으므로 아직 모르겠으나 北青 門族에게 考하면 알것이다

金基鉉의 號는 蓮湖라 하며 二子을 두니 長은 秉濬이 無后하고 次는 奎濬이라 하니라
金奎濬의 字은 星卿이라 하고 號을 精湖라 하니 一子 一女을 두니 子는 鼎禹며 女은 北青居山 裵门에 出嫁하니라
老來에 薛天을 따라 日本東京에 來하여 死하니 墓은 日本東京玉川에 在하니라 官은 叅奉을 在함

金鼎禹 字는 範三이니 妻는 咸平尹氏니 名은 玉聯이오 官은 先達 司果 總巡으로 日本에 留学하여 東京高等工業学校를 卒業하고 韓国当時에 工業界의 先進이며 陸軍砲兵副領 三品을 年五十三에 卒하니라(一九〇八年)
一八九五年 秋에 家率을 다리고 京城 千里를 陸行하여 移住하여 廣州 草月面 鶴峴里에 農莊을 買定하고 家率은 此에 住하고 長子 成毅를 다리고 日本에 留学하니라
一八九八年 秋에 母親 金夫人이 卒하고 墓는 鶴峴里下東葛洞 後山에 在함
一八九九年 秋에 妻 尹夫人이 卒하니라
一九〇〇年 夏에 日本留学을 畢하고 還国하여 陸軍 軍器廠長을 맡으니라

六

金擎天은 擎天兒라하니 本名은 光瑞이든 朝鮮一
에 三一運動以來에 海外에 出奔한 後로 號가 名으로 代用
되었다 一八八八年六月五日에 北靑西門 外에서 生하였다
妻는 柳貞이라 하니 京城阿峴人이다
年十五에 京城學堂을 卒業하고 十七歲에 日本에 留學하야
東京陸軍中央幼年學校 및 陸軍士官學校를 卒業
하고 東京目黑騎兵第一聯隊附로 在함
一九一一年秋月에 京城社稷洞一六六番地本邸에
回還하야 祖父, 妻, 妹,를 本邸에두고 다시 東京聯隊에
在職함
一九一三年一月에 家率을 다리고 日本東京에 移居함
一九一五年六月十一日에 長女智理가 生함

九月에 騎兵少尉로 任騎兵中尉로 陞職함
仝年에 陸軍戶山學校를 卒業함
一九一七年에 騎兵學校를 卒業함
一九一七年二月八日에 次女智慧가 生함
一九一八年六月九日에 京城社稷洞本邸에 休暇로 回來하였다 心
身을 因로 公休養함 留學한지 十有五年만에 回來休養함
였다
仝年十二月에 다시 東京聯隊에 在職하였으나 當時에 海外海內
에서 歐洲大戰以來의 影響으로 革命의 氣分이 漸加되
므로 다시 聯隊에 休暇를 얻어 一九一九年一月에 京城本邸에 還하야 三一運
動에 參加되니라
一九一九年四月十七日에 三女智蘭이가 生함

七

| 저자 |

김경천金擎天

1888년 6월 5일 함경도 북청에서 태어났다. 8살 때 서울로 이주했고 15살에 경성학당을 졸업했다. 17살이 되던 1904년에 일본으로 유학을 떠나 육군사관학교에 입학했다. 이후 1919년 초까지 15년이 넘도록 일본군 사관생도와 기병장교로 복무했다. 1919년 서울에서 3.1운동이 일어나자 만주로 망명하여 항일무장투쟁을 준비하다가 그해 가을 노령 연해주로 건너갔다. 1919-1922에 연해주에서 마적 및 일본군, 러시아 백군과 싸워 혁혁한 전과를 올렸으며 이를 바탕으로 전설적인 김장군으로 연해주 일대에 널리 알려졌다. 러시아 내전이 끝난 뒤에는 한국의 독립을 위한 무장투쟁계획이 좌절되어 실의의 날들을 보냈지만 가능한 중간보조 일을 멈추지 않았다. 1936년 소련정부로부터 탄압을 받아 체포되었고 1939년에 잠시 석방되었다가 다시 체포되어 러시아 꼬미자치공화국 북부철도수용소로 옮겨져 복역하다가 1942년 1월에 사망하였다. 1956년과 1959년에 소련 군사재판소에서 재심되어 무죄를 선고받았다. 1998년에는 한국정부로부터 건국훈장을 추서 받았다.

| 탈초 및 현대어역 |

김병학金炳學

1965년 전남 신안에서 태어났다. 1992년 카자흐스탄으로 건너가 우스또베 광주한글학교 교사, 알마아타고려천산한글학교장, 아바이 명칭 알마틔국립대학교 한국어과 강사, 재소고려인신문 고려일보 기자, 카자흐스탄한국문화센터 소장을 역임했다. 펴낸 책으로 시집『천산에 올라』,『광야에서 부르는 노래』, 에세이집『카자흐스탄의 고려인들 사이에서』, 번역시집『모쁘르마을에 대한 추억』,『황금천막에서 부르는 노래』,『초원의 페이지를 넘기며』,『회상열차 안에서』, 고려인 관련 편찬서『재소고려인의 노래를 찾아서 I·II』,『한진전집』,『김해운희곡집』등이 있다.

| 러시아어역 |

유 콘스탄틴

1964년 우즈베키스탄에서 태어났다. 1985년 고리끼 명칭 투르크메니스탄 국립대학교 독일어학부를 졸업하고 1991-1994년 카자흐스탄 아바이 명칭 알마틔국립대학교 한국어과 학과장을 역임했다. 1994-1995에는 한국정신문화연구원에서 수학했다. 사회언어학을 연구하면서 재소고려인 방언문제에 관한 논문들을 썼고, 한국의 학술 및 문학서적들을 러시아어로 번역했다.

숭 실 대 학 교
한국문학과예술연구소
학술자료총서 05

경천아일록 읽기

초판 1쇄 인쇄 2019년 6월 24일
초판 1쇄 발행 2019년 7월 5일

저   자 | 김경천(金擎天)
탈초 및 현대어역 | 김병학(金炳學)
러시아어역 | 유 콘스탄틴
펴 낸 이 | 하운근
펴 낸 곳 | 學古房

주   소 | 경기도 고양시 덕양구 통일로 140 삼송테크노밸리 A동 B224
전   화 | (02)353-9908 편집부(02)356-9903
팩   스 | (02)6959-8234
홈페이지 | http://hakgobang.co.kr
전자우편 | hakgobang@naver.com, hakgobang@chol.com
등록번호 | 제311-1994-000001호

ISBN 978-89-6071-884-5 94910
     978-89-6071-237-9 (세트)

값 : 45,000원

이 도서의 국립중앙도서관 출판예정도서목록(CIP)은 서지정보유통지원시스템 홈페이지
(http://seoji.nl.go.kr)와 국가자료종합목록 구축시스템(http://kolis-net.nl.go.kr)에서 이용하
실 수 있습니다. (CIP제어번호 : CIP2019024610)